D0560685

FANNY STEVENSON

ŒUVRE D'ALEXANDRA LA PIERRE

CHEZ POCKET

L'ABSENT

Alexandra Lapierre

FANNY
STEVENSON

Entre passion et liberté

ROBERT LAFFONT

© Éditions Robert Laffont, S.A., Paris, 1993

ISBN 2-266-00820-X

MA FEMME

Loyale et sombre, vivante et vraie,
Avec des yeux d'or et de mûre sauvage
Droite comme une lame
Intègre comme l'acier
Telle est celle que le Maître d'Œuvre
M'a donnée.

Fureur et valeur, honneur et flamme,
Un amour que la vie n'a jamais pu user,
La mort épuiser,
L'enfer abîmer,
Telle est celle que le Tout-Puissant
M'a donnée.

Maître et tendresse, camarade et maîtresse, épouse,
Compagne de route,
Fidèle jusqu'au bout du voyage
Ame libre, cœur épris d'absolu
Telle est la femme
Que Dieu m'a donnée.

ROBERT LOUIS STEVENSON

NOS VOIX CONFONDUES

Elle était la seule femme au monde pour laquelle je puisse imaginer qu'un homme fût prêt à mourir.

PARIS – 1988

R.L.S. Tout commence ici par ces trois initiales. Robert Louis Stevenson.

Ses œuvres les plus célèbres, je ne les ai pas découvertes à l'adolescence. Le choc est survenu longtemps après, en dévorant presque par hasard les romans que, dans mes désirs les plus fous, j'aurais rêvé d'écrire, les aventures que j'aurais voulu vivre. Avide et fascinée, je m'enfonçais au cœur de l'œuvre, je comparais notes et variantes, j'épluchais les préfaces.

Réponses, recettes, clés, je cherchais, je trouvais vite et partout. D'une édition à l'autre en France, aux Etats-Unis, en Grande-Bretagne, au fil des époques, c'était invariablement la même image : Stevenson, un romancier pour enfants, un aventurier courageux, un homme exemplaire. L'immobilité de cette silhouette, sa cohérence m'invitaient à pousser plus loin. Outre la fidélité de l'écrivain à ses amis, toutes les introductions mentionnaient la présence d'une femme à ses côtés, une seule, la sienne. Mais là, divergences ! Selon le préfacier, la compagne du grand homme était muse et madone ; ou bien mégère et virago. Une aventurière, une petite-bourgeoise. Une illettrée, une initiatrice. Un bas-bleu, une dévergondée. Un démon, une martyre. La passion que chacun mettait à dénoncer l'influence de cette femme m'amusa. L'ultime dédicace de l'ouvrage qu'écrivait Stevenson l'année même de sa mort, en 1894, m'intrigua :

> *Prends toute l'œuvre : elle est tienne.*
> *Qui a fourbi l'épée, qui a soufflé sur les braises*
> *[mourantes,*
> *Qui a maintenu la cible. Immobile. Toujours plus*
> *[haut.*
> *Avare en compliments, prodigue en conseils, qui,*
> *[sinon toi ?*
> *A la fin du parcours, si l'écriture vaut quelque chose,*
> *Si le travail s'est accompli,*
> *Si le feu brûle sur cette page imparfaite,*
> *C'est à toi, à toi seule, que la gloire est due.*

A quoi diable pouvait ressembler la femme ainsi chantée par un tel écrivain ? De notre rencontre allaient découler cinq ans de ma vie. Je m'en tire à bon compte. Tous ceux qui connurent Fanny Vandegrift passèrent avec elle la fin de leur existence. Plus barbare, plus baroque que tout ce que j'aurais pu imaginer, plus humaine et plus monstrueuse, cette Américaine incarne à elle toute seule un mythe et un monde. Si son intimité avec Robert Louis Stevenson lui donne droit de cité dans la légende, son histoire dépasse le cadre d'un mariage avec un homme célèbre. Elle a vécu avant lui. Elle continue d'exister après. Témoin les souvenirs de son dernier compagnon, de l'homme qui lui fermera les yeux au matin de sa mort, du jeune amant qui passera le restant de ses jours dans son ombre.

SAN FRANCISCO – février 1914

Récit de Ned Field (Edward Salisbury Field), illustrateur, dramaturge et futur scénariste des *Quatre Filles du Docteur March* de George Cukor.

Elle était la seule femme au monde pour laquelle je puisse imaginer qu'un homme fût prêt à mourir.

La première fois que je la vis, c'était il y a onze ans. En 1903, en janvier 1903, dans la boutique de William Doxey, le libraire d'avant-garde de San Francisco. Comme chaque dernier mercredi du mois, j'attendais mon rendez-vous avec le maquettiste et les rédacteurs du fameux Overland Monthly. *Le journal occupait le second étage du même immeuble que Doxey sur Market Street et je conjurais l'angoisse que mes illustrations, caricatures et bandes dessinées soient à nouveau refusées, en feuilletant des manifestes artistiques. Si l'atmosphère des bureaux du journal* Overland *m'impressionnait encore, les poses fin de siècle des intellectuels qui fréquentaient Doxey me laissaient froid. J'avais vingt-trois ans, je venais de passer six mois à Paris et je croyais tout connaître des excès de la vie de bohème.*

Quand la clochette de la boutique tinta, je ne daignai pas lever le nez. Mais sous mon livre j'aperçus, qui descendait agilement les trois marches branlantes, un pied, un tout petit pied chaussé d'une ballerine rouge de danseuse. Quelque chose d'incroyablement coquet dans l'entortillement des rubans, dans le volume du nœud sur la cheville, dans la lente retombée des dentelles et des moires sur la jambe m'émoustilla d'emblée. C'était, ma foi, le pied le plus impertinent depuis les bottines des demoiselles du « Moulin Rouge ».

Jeune, elle avait dû être jolie, aujourd'hui elle était belle.

Avec son ample robe craquante, sans taille, sans corset, avec ses bijoux barbares et son extraordinaire crinière de boucles grises, nerveuses, coupées court, avec son regard lourd et fixe, elle évoquait une plante tropicale, un monde de tiges, de lianes et de fleurs — intense et vivace, sans âge et sans nom.

Malgré ses manières un peu précieuses, son début d'embonpoint et sa petite taille — elle ne mesurait guère plus d'un mètre cinquante —, cette femme dégageait un parfum de sauvagerie, et je me souviens m'être dit que la créature devait détenir de mystérieux pouvoirs avec lesquels mieux valait ne pas plaisanter. Au reste, infiniment modeste et féminine dans sa façon de saluer Doxey qui s'étouffait d'excitation en la recevant, tandis qu'elle le suppliait à voix basse, une voix sans inflexion, de ne pas se déranger, de cesser d'attirer l'attention, de la conduire dans le bureau du fond. Elle posa sur la manche du libraire une main souple de petit garçon. Ils traversèrent la boutique et je vis passer sous les plumes fantastiques du chapeau un profil ambré, napoléonien, où ne flottait aucun sourire. Le battant de la porte retomba derrière eux. Un vide, un silence, descendit sur la boutique. Un long moment de stupeur.

— Seigneur! s'exclama un client. Qui était-ce?

La double impression d'extravagance et de timidité, le mélange pour nous contradictoire de la pudeur, qu'on sentait presque excessive chez cette femme, avec l'intensité dramatique de sa mise, l'insistance, presque la violence de son regard, cette force vitale qui émanait d'elle, brute, désordonnée, douloureuse, nous intriguaient tous, et les yeux des hommes demeuraient rivés à la porte du bureau. Dans vingt ans, en admettant qu'elle fût encore de ce monde dans vingt ans, je savais que je pourrais reconnaître cette femme de dos, la nuit, entre deux éclairs.

— Excusez-moi, insistai-je auprès du caissier, mais qui était-ce?

— Ma mère, répondit derrière moi une voix chantante que je reconnus pour être celle de Belle Strong.

Cette personne à laquelle j'avais parlé quelquefois travaillait épisodiquement pour Doxey, recherchant à travers le monde les premières éditions d'auteurs américains. Cosmopolite et divorcée, elle m'avait paru plutôt piquante, et je ne trouvais pas sans charme la spontanéité *de ses bavardages, ses œillades, ses déhanchements, son rire rapide et primesautier — un net côté « oiseau des îles ». Mais Belle Strong avait, quelque part à Hawaï ou en Australie, un fils, un fils qui, comme moi, cherchait à se faire un nom, un fils de mon âge — bref, Belle devait approcher de la cinquantaine.*

— Ma mère, répéta-t-elle, sans chercher à dissimuler sa fierté, Mrs Stevenson. Et, comme je ne réagissais pas, elle souligna : Le cas étrange du Dr Jekyll et de Mr Hyde... R.L.S.

— Sa femme ?

— Sa veuve.

L'étonnant, c'est que je serrais l'adresse de Mrs Robert Louis Stevenson dans mon portefeuille depuis six mois et qu'il ne se passait pas de jour à San Francisco où je n'entendisse parler d'elle. Ses multiples aventures, ses voyages, ses scandales, sa relation avec l'un des écrivains les plus adulés de sa génération donnaient matière à d'innombrables articles, potins littéraires, ragots mondains, et j'avais toujours eu du mal à rassembler sur une même toile, autour d'un même portrait, les lignes de ces mille silhouettes projetées dans mon imagination. Aucune ne ressemblait à celle que je venais d'entrevoir.

On m'avait dépeint la rude pionnière du Far West, la chercheuse d'or de la légende américaine. Juchée sur son chariot dans les déserts du Nevada, sa winchester sur les genoux, les pépites de son homme dans le corsage... Difficile cependant, très difficile, de visualiser le subtil et flamboyant personnage de chez Doxey, en capote de coton poussiéreux et jupette de calicot, se ruant, avec tout un convoi de prospecteurs, sur les mines de Virginia City. On m'avait aussi décrit, dans le Paris incendié de la Commune, une artiste-peintre de l'École de Barbizon, émule sans le sou de Corot, élève avec Marie Bashkirtseff à l'académie Julian. On m'avait encore raconté l'histoire d'une planteuse de cacao dans une île des Samoa, qui avait osé soutenir les droits des indigènes contre les intérêts des Blancs...

Et toutes ces figures, tous ces visages se bousculaient dans ma tête avec les noms de tous ceux que la femme de Robert Louis Stevenson avait aimés, ses maris, ses enfants, ses amis — le roi de Hawaï, le gargotier de Monterey, Henry James. Avec les noms, aussi célèbres, aussi obscurs, de ceux que Mrs Stevenson avait haïs. Pour achever de brouiller mes images, elle était une ancienne camarade de classe de ma mère et la seule personnalité d'Indianapolis qui pût me pousser dans le monde. Quand j'avais quitté Los Angeles où ma famille s'était établie, pour m'installer à San Francisco, mes parents m'avaient vivement conseillé de lui rendre visite. Bien qu'ils l'aient perdue de vue depuis quarante ans, ils lui avaient écrit pour lui annoncer mon arrivée et la prier de veiller sur moi. Par timidité, ou par refus de fréquenter en Californie des congénères de l'Indiana, j'avais remis ma visite au lendemain.

Mais le lendemain du 8 mars 1903 me trouva, dès dix heures, au sommet de Telegraph Hill, devant une énorme maison crépie de blanc qui, à l'angle de Hyde et de Lombard Street, comme une forteresse, surplombait le Pacifique.

Je n'eus aucun pressentiment. Aucun soupçon. Rien. Pas la plus petite intuition qu'en me faufilant derrière le rideau d'arbres qui cachait entièrement l'escalier aux regards de la rue je jouais mon destin. Pourtant j'étais ému — il y avait de quoi. En entrant ici, je pénétrais dans le sanctuaire du héros de ma jeunesse, du maître de L'Ile au trésor, de l'aventurier qui avait vécu ses rêves et s'était construit, quelque part dans les mers du Sud, un royaume : Stevenson. J'allais rencontrer l'amoureuse qu'il avait poursuivie à travers un continent, l'épouse pour qui — le scandale, la misère, la maladie — il avait tout bravé. Son amie, sa muse, son juge. La sirène formidable de chez Doxey... Il y avait de quoi exalter le plus blasé des viveurs de vingt-trois ans. De là à imaginer que, passé cette porte, je ne quitterais plus cette femme, fût-ce un seul jour, durant onze ans, que chaque instant près d'elle serait toujours le plus intense, souvent le plus drôle de mon existence, et qu'ensemble nous allions sillonner l'Europe, explorer le Mexique, bâtir trois maisons, planter des parcs — impossible !

En ce jour de mars 1903, sur la plate-forme qui servait alors de perron à la forteresse de Fanny Stevenson, je me *souviens m'être un instant tourné vers le large. Sous moi, au bout de la rue droite qui tombait à pic dans la mer, une goélette appareillait. Ses voiles longeaient en silence les rochers rouges de l'île d'Alcatraz, l'horizon se soulevait, rond, lourd et huileux, et je contemplais l'océan avec une allégresse étonnée. Comme si je regardais le Pacifique pour la première fois.*

« Ma vie, devait-elle me dire non sans humour ce matin-là, ma vie, jeune homme, ressemble à une course folle sur la crête d'une vague qui roule et ne se brise jamais. »

Comment accepter qu'aujourd'hui, mercredi 18 février 1914, ce soit moi qui lui aie fermé les yeux pour la dernière fois ?

Elle avait soixante-quatorze ans, et je la croyais immortelle. Entendons-nous, je ne suis ni un rêveur ni un innocent. Ni, contrairement aux médisances, un pique-assiette. Et, n'en déplaise à certains héritiers de Mrs Stevenson, je ne suis pas non plus un gigolo.

Fanny était seulement, pour quiconque refuse la médiocrité, l'unique femme au monde. L'avoir connue, l'avoir aimée eût donné toute sa mesure à l'existence d'un homme. Mais avoir été aimé d'elle !

*
**

Ici se termine la narration de Ned Field. Ebauche d'article nécrologique ? Début d'une biographie ? Trois feuillets.

Quand, passionnée à mon tour par l'œuvre de Robert Louis Stevenson, je suis partie sur les traces de « Fanny », l'épouse que citaient toutes les préfaces de toutes les éditions depuis 1901, quand j'ai retrouvé en Californie les archives de l'homme qui avait été son secrétaire — et selon toute vraisemblance son dernier amant —, j'ai été bouleversée. Seulement trois feuillets rédigés, pour vingt volumes de documentation ! Les matériaux d'une enquête exhaustive, l'œuvre de toute une vie, l'œuvre que Ned Field n'a jamais écrite. Interviews des proches de Fanny Stevenson, piles de correspondance, coupures de presse, photographies — il avait tout rassemblé.

Ses dossiers, mes notes, ses lectures, mes voyages ont fini par se confondre. En poursuivant Fanny, nous poursuivions la même quête. Nous partagions la même vision. Pour évoquer cette femme qu'il avait tant aimée, je ne peux aujourd'hui qu'emprunter les yeux et la voix de Ned. Il avait préféré se taire. Je choisis de raconter. Mais, à son silence de jadis, existe-t-il une raison que j'ignore ? Le 29 août 1914, soit six mois après le décès de Mrs Stevenson, Ned Field s'unissait aussi étroitement que possible à sa mémoire en épousant son double — sa fille —, cette Mrs Belle Strong qu'il mentionne chez le libraire Doxey.

Belle avait alors cinquante-six ans. Lui, trente-quatre. Elle ressemblait trait pour trait à Fanny.

D'un demi-siècle plus jeune que l'une, de quelques décennies plus jeune que l'autre, Ned Field allait trouver le bonheur avec les deux générations.

Son extraordinaire aventure ne se termine pas là.

Ned avait autrefois conseillé à Mrs Stevenson de placer les droits d'auteur de son défunt mari dans l'immobilier. Il lui avait fait acheter quelques terrains aux abords de Los Angeles. Belle hérita de ces terrains. En 1921, on y trouva du pétrole. Belle et Ned devinrent milliardaires ! L'un des couples les plus farfelus — et les plus riches — de Hollywood dans les années folles. Jusqu'à la mort de Ned, survenue le soir du soixante-dix-huitième anniversaire de Belle... Mrs Field survivrait encore quinze ans à son jeune mari. Comme Fanny avait survécu à Stevenson.

Etranges pouvoirs exercés par ces deux femmes sur les mêmes hommes. Mystérieux échos d'une existence à l'autre. Répétitions. Hasards.

La mère et la fille s'étaient mariées une première fois, avaient divorcé et perdu leur fils cadet qui portait le même nom. Elles avaient travaillé la peinture avec les mêmes maîtres, partagé les mêmes amis, vogué sous les mêmes tropiques. Avec la même ferveur, elles avaient aimé et compris la Polynésie qu'elles avaient dû quitter ensemble.

Là s'arrête une étonnante communion.

Belle avait vécu sa vie à travers celle de sa mère. Mais Fanny avait vécu la sienne à travers celle de son amour : Robert Louis Stevenson.

Pour lui, pour le sauver de la mort qui le guette, elle a quinze ans durant forcé le destin. La constance de Fanny, sa violence, l'excès de ses contradictions et de ses désespoirs, jamais Belle n'en aurait même l'intuition.

« *Heart whole and soul free* », écrira Robert Louis Stevenson en parlant de son épouse. Ame libre et cœur épris d'absolu, Fanny sacrifie ses goûts à Stevenson, ses besoins, jusqu'à sa propre santé. Mais elle ne renonce à rien. Pas un instant, elle ne se perd de vue. Elle travaille sans relâche à la réalisation de son exigence la plus intime...

Un homme est de peu de poids tant qu'il n'a pas pris tous les risques, note-t-il en s'embarquant à sa poursuite sur tout un continent.

Dépasser ses propres limites, se fondre dans l'amour d'autrui, voyager plus loin et jusqu'au bout de soi-même — Fanny va tenter l'aventure. Chez elle, l'espoir a vaincu la peur.

Elle reste, aux yeux de ceux qui l'ont aimée, la femme qui osa.

PREMIÈRE PARTIE

LE SPHINX
1864-1875

CHAPITRE I

LA FILLE DE JACOB

*Une mine est un trou dans la terre
Qui appartient à un menteur.*

MARK TWAIN

INDIANAPOLIS – mai 1864

Quand je songe à Fanny, la Fanny de vingt-quatre ans qui s'est séparée en silence d'une famille qu'elle vénérait pour courir le monde sans grand espoir de retour, je suis saisie d'un élan de pitié. Une pitié surprenante car, devenue vieille dame, elle ne suscitera plus ce genre de sentiment. Trop secrète et trop digne. En dix ans, je ne crois pas que Ned l'ait entendue une seule fois se plaindre ou regretter quoi que ce soit. Elle n'épiloguait ni sur les circonstances de sa vie ni sur les mobiles de ses actes. Impossible de la faire parler d'elle-même.

Ned note quelque part que, si d'aventure il la questionnait sur sa personne, son apparence, ses états d'âme, ses rêves à vingt ans, Fanny haussait les épaules... Ou bien elle biaisait en évoquant le décor de ses voyages. Mais, de tous les mondes qu'elle portait en elle, Fanny demeurait résolument absente. Elle savait pourtant rendre tangibles d'un mot — mot toujours cru, insulte ou caresse — ses rapports avec les autres, elle pouvait ressusciter la moindre créature placée sur son chemin. Amitiés si violentes, antipathies si vivaces pour des êtres disparus depuis longtemps que Ned, sans les avoir connus, finissait par prendre parti... Mais sur « Fanny », rien. Motus. Elle demeurait de pierre. Muette. Muette comme elle avait dû l'être dans sa jeunesse... Qu'éprouvait-elle en quittant l'Indiana pour la première fois ? De la peur ? De la colère ? Des regrets ? Ou bien était-elle impatiente et grisée ? Qu'allait-elle chercher à l'autre bout du continent ? Silence ! Un vague sourire de sphinx flottait sur ses lèvres closes. Pas un geste. Pas une parole. Pudeur ? Humilité ? Inconscience de ses sentiments ? Fanny n'avait pourtant cru qu'à cela — les sentiments ! Nulle ne s'était livrée à ses émotions avec moins de retenue. Nulle n'avait obéi à son instinct avec plus d'impudence. Dans l'instant. A n'importe quel prix. Jusqu'au bout. Toute sa vie, elle n'avait suivi que son intuition. Quant à raconter ses cheminements, impossible... En sentant, en ressentant, la vie si fort, Fanny oubliait probablement tout d'elle-même. D'autres heureusement gardèrent gravée dans la mémoire l'image de la jeune fille en capote jaune qui faisait ses adieux à un passé heureux, sur le quai de la gare d'Indianapolis.

Je la vois, en ce jour de mai 1864, minuscule et fragile dans sa « crinoline de marche », une crinoline très courte qui remontait en bouillonné sur une sous-jupe ocre. La bottine dégagée. Les rubans du bibi noués sous le menton. La bourse au poignet.

— Il est si difficile de vous quitter..., avait-elle murmuré en levant vers son père un regard qui semblait tout en attendre. Si difficile que je crains de ne pas y parvenir.

Il l'avait serrée contre lui sans répondre.

Indifférents aux voyageurs qui se pressaient sur le quai, aux chiens qui reniflaient les malles, aux volailles qui piaillaient dans les paniers, ils étaient demeurés enlacés, en plein soleil, au pied du château d'eau.

Un peu à l'écart, sous l'auvent de la gare, Mrs Vandegrift, la mère de Fanny, les regardait. Un vague désarroi aux lèvres, sa petite personne comme écrasée par l'amoncellement des ballots, elle attendait la fin de leurs effusions en retenant par la main une enfant de six ans que dévorait l'envie de traverser la voie. Le long du train s'affairaient les quatre sœurs de Fanny, son frère cadet et ses amis d'enfance. Ils escortaient les cantines jusqu'au wagon à bagages, arpentaient les couloirs, déposaient sur les banquettes le carton à chapeaux, le sac à jouets, le pique-nique du déjeuner, le bouquet de lys tigrés. Ils allaient, passaient et repassaient près de Fanny sans un regard, sans un mot, sans un signe qui eût trahi leur affection. Chacun acceptait l'intimité privilégiée du père et de la fille. Entre eux, l'entente avait toujours été totale. Les principes de Jacob Vandegrift en matière d'éducation suscitaient une tendresse ostentatoire de ses enfants à son égard, ainsi que les commentaires des voisins. Croyant fermement qu'une bonne nature reste bonne, et qu'une mauvaise demeure mauvaise, il avait choisi de ne pas intervenir dans le développement de sa progéniture. Il laissait faire l'instinct.

L'époque voulait que l'on fût dur avec la jeunesse : « Qui aime bien châtie bien. » Et d'aucuns prétendaient que les cinq filles de Jacob étaient orgueilleuses, insolentes, tête en l'air, mauvaises maîtresses de maison. En un mot, immariables. D'autres constataient que la demeure des sœurs attirait tous les jeunes gens du comté, que les deux aînées s'étaient mariées à seize ans, que les gendres — très convenables — avaient emménagé chez les beaux-parents, qu'en dépit de la guerre de Sécession, ou peut-être à cause d'elle, les garçons de Danville, de Clayton et d'Indianapolis continuaient de s'y précipiter. A toute heure, la porte des Vandegrift restait ouverte, on s'installait chez eux pour un jour ou pour quinze, le salon servait même de lieu de rendez-vous aux universalistes qui n'avaient pas fini de construire leur église. A Noël, à Thanksgiving, aux anniversaires des voisins, aux fiançailles des cousins, la longue table de chêne se chargeait de crème, de cidre et de tourtes aux pommes chaudes, et l'on dansait toute la nuit sur le violon de Jake, le fils de la maison. L'été, à la lueur de l'aube, on prenait un petit déjeuner de gaufres et de sirop d'érable sur la pelouse en pente. L'hiver, on faisait des courses de luge entre les arbres du petit bois qui descendait jusqu'au tournant de la route. Ceux qui versaient au pied des arbres pouvaient voir les noms des garçons tombés là avant eux, Alex, Tom, Dan, avec des cœurs gravés dans l'écorce, et les initiales F.V., Fanny Vandegrift, l'aînée des filles de Jacob.

Au grand dam de tous ses soupirants, elle était aujourd'hui mariée et mère d'une petite fille. Elle avait vingt-trois ans. Elle en paraissait quinze.

Avec son teint ambré, son chignon qui se tordait en une natte nerveuse d'où s'échappaient partout, sur son front, ses tempes, sa nuque, des boucles mordorées que l'humidité crêpelait, avec ses yeux couleur de mûre et ses anneaux d'or aux oreilles, elle ressemblait à une bohémienne. Elle s'était longtemps crue laide. Selon la mode victorienne, une jolie fille devait avoir la peau claire, les cheveux lisses et blonds. Dans l'espoir chimérique de se protéger du soleil et du grand air, Fanny avait porté ses bonnets cousus sur la tête jusqu'à l'âge de douze ans, chaque jour elle avait frotté ses mains, son visage et son cou avec une ignoble décoction dont l'odeur lui donnait la nausée. Mais sa coquetterie prenait aujourd'hui sa revanche en défiant toutes les règles. Depuis son mariage elle ne portait que des couleurs claquantes, du rouge sang, de l'ocre et du bleu dur qui la brunissaient encore. Elle affectionnait la verroterie bariolée et se moquait des chapeaux.

L'éducation de Jacob avait eu sur le tempérament de sa fille aînée les conséquences les plus nettes. Pour n'avoir jamais été contrariée ni même vaguement dirigée, sa personnalité s'était développée dans toutes les directions, désordonnée et touffue comme une plante grimpante, sûre d'elle-même, spontanée, dominatrice, incapable du moindre calcul, incapable aussi de retour sur soi. L'introspection et l'étude n'étaient pas son fort, l'école n'avait guère tenu de place dans sa vie.

Pourtant, Fanny était de ces enfants dont les professeurs et les camarades se souviennent. Parce qu'elle faisait ce qu'elle aimait avec plus de passion que les autres — elle aimait peindre et raconter des histoires —, parce que son imagination, totalement débridée, se complaisait dans le bizarre et le tragique, parce qu'elle avait de l'humour, ses caricatures, ses dessins toujours anecdotiques et ses rédactions donnaient de délicieux frissons à toute la classe. Elle savait dramatiser la vie quotidienne et, d'un banal sujet de composition, tirer une histoire. Peu lui importaient les faits et les dates. Un passant devenait un conspirateur, toutes ses princesses étaient des fantômes. Elle visait l'effet, ne lésinait pas sur les superlatifs, et les élèves, haletants, la suppliaient de leur lire ses devoirs à haute voix. Elle s'exécutait sans manières. Elle aimait se faire peur. Elle aimait produire une forte impression. Autrement, Fanny parlait peu. De sa mère elle avait hérité le goût du silence et du secret.

D'instinct, cet instinct si cher à Jacob, elle faisait corps avec la terre. Elle connaissait le nom des arbres, des fleurs, des fruits sauvages ; elle plantait, bricolait, montait à cheval, dressait les chiens comme personne. Parfaitement à l'aise dans le monde concret, Fanny ne s'en satisfaisait pas. En cela, elle différait de son père.

Pour le reste, il lui avait légué sa violence et sa générosité, un tempérament foncièrement belliqueux, avec un net penchant pour les causes perdues, les faibles et les vaincus. Ce côté « protecteur » de leur commune nature cachait une certaine fragilité intérieure. Sous les épaules massives et l'intensité du regard bleu de Jacob, Fanny percevait une faiblesse qui la touchait. Elle vénérait son père. C'était elle qui dirigeait pour lui la propriété familiale. La ferme ne rapportait rien, mais elle s'autosuffisait : les légumes de Fanny, ses arbres, ses moutons, ses volailles nourrissaient, meublaient, habillaient les huit Vandegrift. Peu de luxe. Peu de soucis. Jacob n'était pas paysan et ne s'inquiétait guère de vendre ses récoltes. Il possédait en ville une entreprise de bois en gros qui servait à la construction de maisons et fournissait en combustible les trains du Vandalia Railroad, sur le tronçon de l'Indiana.

Un jet de vapeur s'échappa de la locomotive. On avait remonté le tuyau du château d'eau. Le temps pressait.

— Je t'ai recommandée à tous les chefs de gare, lui murmura-t-il à l'oreille sans desserrer son étreinte. Tu devrais voyager confortablement jusqu'à New York. Après...

Après, Jacob savait qu'il perdait tout contrôle sur le bien-être et la survie de Fanny. Elle allait s'embarquer avec sa petite fille sur l'océan Atlantique, descendre jusqu'à Aspinwall, traverser l'isthme de Panama, remonter le Pacifique, débarquer à San Francisco et s'enfoncer dans l'arrière-pays ensanglanté par les guerres indiennes. Le train est-ouest qui relierait en 1869 — dans cinq ans — les deux côtes américaines n'existait pas encore. Pour qui voulait atteindre la Californie sans franchir les montagnes en chariot, les plaines interminables, les déserts de tout un continent, la « route de Panama » était le chemin le plus sûr. Disons le moins long. Trente-deux jours au lieu de six mois. On préférait oublier que deux bateaux venaient de couler corps et biens. Que la dysenterie, la fièvre jaune et le choléra tuaient plus du quart des voyageurs. Que les enfants ne résistaient pas aux « fièvres de Panama »...

Jacob tourna un regard anxieux vers la petite Belle qui criait de joie en passant de bras en bras sous l'auvent de la gare. La famille s'y était regroupée autour de Mrs Vandegrift mère, et les sœurs de Fanny jouaient un dernier instant avec leur nièce.

— Es-tu sûre d'avoir assez d'argent ?

— Oh oui ! Ne te fais pas de souci, bien assez.

Pour entreprendre ce voyage, Fanny avait vendu tous ses biens. Elle avait bradé la maison que son père lui avait offerte en cadeau de mariage, elle avait réalisé sa dot en cédant sa part d'héritage à ses sœurs. Jacob ignorait seulement que, si sa fille ne possédait plus rien dans l'Indiana, elle ne disposait pas non plus d'argent liquide. La somme qu'elle avait réunie était déjà dépensée dans l'Ouest. Elle partait au bout du monde sans le sou.

— Il est temps, ma chérie, va embrasser ta mère.

Penchée à mi-corps par la fenêtre, elle avait regardé leurs silhouettes tant aimées disparaître au bout du quai.

L'angoisse lui desséchait la gorge, lui compressait la poitrine. Elle avait si mal au cœur qu'elle ne pouvait pas pleurer. Si mal et si peur... Comment vivre sans eux, sans la douceur de maman, sans Betty, sans Cora, sans Jake, sans Nellie ? Comment vivre sans Jo, sa complice de toujours, Jo, sa cadette de deux ans, enceinte et veuve aujourd'hui, qui avait tant besoin d'elle ? Les images de son bonheur perdu défilaient devant ses yeux secs. Dans la plaine rase, le long de la voie ferrée, elle revoyait Jo à treize ans sur son vieux poney, tandis qu'elle, elle galopait en tête avec le beau George Marshall. Sans doute Jo était-elle déjà amoureuse de George, comme George l'était de Fanny, et Fanny de Sam Osbourne. La légende familiale voulait que Sam et Fanny se fussent aimés au premier regard.

Originaire du Kentucky, Sam Osbourne avait fait de vagues études de droit et servait alors de secrétaire personnel au gouverneur de l'Indiana. A peine arrivé en ville, il était venu se présenter aux Vandegrift dont l'entreprise de bois en gros se trouvait sur la grand-place, face à la résidence. Jo racontait que Fanny, toujours garçon manqué, arpentait le jardin sur des échasses quand le lieutenant Osbourne, sanglé dans un uniforme lavande, avait poussé la barrière. Elle l'avait observé de ce regard scrutateur, intense et fixe qui semblait, comme celui de Jacob, vous clouer au mur. « Jo, avait-elle lancé, grande dame, tu peux avoir Marshall, je prends Osbourne. » Elle avait seize ans, lui, dix-huit. Ils s'étaient mariés le soir de Noël 1857. Un mariage d'enfants, le bonheur dans la maison croulant sous les roses d'hiver, l'amour fou — jusqu'à la guerre civile.

Emportés par l'élan patriotique qui soulevait le Nord contre les Etats voulant faire sécession, Sam Osbourne et George Marshall s'étaient portés volontaires pour défendre l'Union. Deux ans, ils avaient combattu du côté yankee, dans la même compagnie. Les deux garçons étaient rentrés capitaines. De leurs souffrances, Fanny ne pourrait jamais avoir l'idée.

Le 15 janvier 1863, cinq ans après le mariage de Sam et de Fanny, George avait épousé Jo. Mais les deux foyers n'avaient plus connu le bonheur. Dans les armées de l'Union, George avait contracté la tuberculose. Les pluies de l'Indiana le minaient. Seul le climat californien pourrait encore le sauver. Sam, insaisissable depuis la guerre, avait emprunté mille deux cents dollars pour conduire son beau-frère à San Francisco, l'installer au soleil et rentrer. Le 20 janvier, par un jour d'orage, les deux amis s'étaient embarqués sur l'*Ocean Queen*. Les fatigues de la traversée, le scorbut et les fièvres devaient achever ce que l'humidité des bivouacs avait si bien commencé : le 23, George Marshall s'éteignait. Il reposait dans l'un des nombreux cimetières de l'isthme de Panama.

C'est alors que Fanny avait reçu la lettre : Sam ne rentrait pas. Il lui demandait de réaliser tous leurs biens, de quitter ses parents, de s'embarquer avec leur petite fille et de le suivre. Elle avait obéi. Avec désespoir. Sans une hésitation. Si l'aînée des Vandegrift vénérait son père, elle idolâtrait son mari. La guerre où il s'était enrôlé volontairement, sa décision d'accompagner, après une si longue absence, George en Californie, rien n'avait diminué la tendresse de Fanny et de Sam. Elle l'aimait comme elle aimait Jacob, avec une loyauté violente et passionnée, une confiance au nom de laquelle elle acceptait sans condition de tout sacrifier. Même son bonheur.

Elle le rejoignait.

Peu importait que Sam Osbourne eût dépensé la dot de sa femme et toutes leurs économies pour acheter, quelque part dans la sierra Nevada, un trou dans la terre. Ce trou que Fanny, avec la foi des épouses de prospecteurs, appelait « une mine d'argent ».

Ma très chère Jo,

Impossible de t'écrire dans le train : pendant cinq jours, nous avons été secouées, ballottées, malaxées comme des paquets d'os dans un sac. Quand tu recevras cette lettre, vers le 21 de ce mois, nous grillerons, je l'espère, sous le soleil de Panama. Voyage triomphal jusqu'à New York — sinon que le contrôleur n'a pas accepté le passe gratuit que papa avait obtenu pour moi des directeurs du Vandalia. Cette sale brute m'a fait payer ma place, plus une amende ! Attends, ce n'est pas fini. A Dayton, changement de train, changement de contrôleur. Je réponds (poliment) au nouvel abruti qui me réclame le prix de mon passage que son prédécesseur m'a allégée de treize dollars et qu'il a gardé mon billet.

— Pas de billet, pas de voyage.

J'explose. Il jette mon bagage sur la voie. Je prends tout le wagon à témoin. Les voyageurs se lèvent. C'est l'émeute.

— Inadmissible ! hurle mon voisin, un certain Mr Hill (je t'en reparlerai). J'ai vu cette jeune fille payer son billet. Tout le monde l'a vue...

— Ça ne me regarde pas, elle paie ou je la fiche dehors.

Et il me traîne jusqu'à la plate-forme !

Le prochain train passe lundi, je me suis rattrapée à la poignée en changeant de tactique :

— Vingt-six dollars ? Oh, monsieur le contrôleur, c'est plus de la moitié de mon budget pour tout le voyage. Et je vais jusqu'en Californie, en passant par Panama !

— Ça ne me regarde pas. Les gens ne devraient pas voyager sans avoir de l'argent plein les poches. Surtout les femmes...

Là-dessus, il regarde Belle qui s'accrochait à ma crinoline en répétant : « Esclavagiste — tyran — sudiste... »

— Madame, cette enfant parle trop bien pour son âge. Elle doit avoir plus de cinq ans. Vous allez me payer treize dollars pour vous, et treize dollars pour elle.

Bref, ma bonne Jo, le Railroad de papa m'a arnaquée de trente-neuf dollars... Pas d'affolement, j'en ai récupéré quinze. Mr Hill a organisé pour moi une petite collecte auprès des voyageurs. Et, rassure-toi, j'ai été très correcte : j'ai commencé par refuser. Ne raconte pas cela aux parents. Inutile de les inquiéter. Pauvre cher papa. Dans l'enveloppe qu'il m'a remise au moment du départ, j'ai trouvé le ravissant pistolet de l'oncle Knodle, le Derringer de poche à la crosse d'ivoire, et la plus émouvante des lettres : « Prends bien garde à la racaille, ma chérie. Le Far West est un pays prometteur, mais dangereux. Je crains que tu n'y trouves la vie très différente de ce que tu as connu. Tu vas côtoyer le meilleur et le pire. Je te sais courageuse, Fanny. Sois prudente ! » Peut-être, Jo, allons-nous te revenir très riches ! Sam disait que les filons du Nevada avaient fourni en or toutes les armées de l'Union. Des millions et des millions de dollars. Sam disait que c'était uniquement grâce aux richesses des mines que le Nord avait pu payer la guerre, grâce à elles que nous allons vaincre les confédérés. Il disait qu'à San Francisco les prospecteurs ont des boutons de diamants à leurs chemises, que leurs femmes prennent des bains de champagne, que leurs maisons en marbre blanc ressemblent à des pièces montées. Si notre mine rapporte cent mille dollars par mois, comme celles des camarades de Sam, nous visiterons l'Europe tous ensemble, qu'en dis-tu ?... Je me monte la tête, ma vieille Jo, c'est ma façon bête de surmonter ma tristesse. Prends bien soin de toi et du bébé, j'aurais tellement voulu être près de toi pour la naissance ! Prends bien soin de papa. Vous me manquez tous tellement ! J'ai l'impression d'être partie depuis une éternité. Tu me diras si les tulipes ont pris. J'espère que les tubéreuses vont donner quelque chose. J'aimerais savoir comment poussent les groseilles que j'ai plantées.

Cette idée de groseille me met l'eau à la bouche. Je bourre Belle de pignons que nous avons achetés aux Indiens dans les gares. Mais elle s'est réveillée trois fois

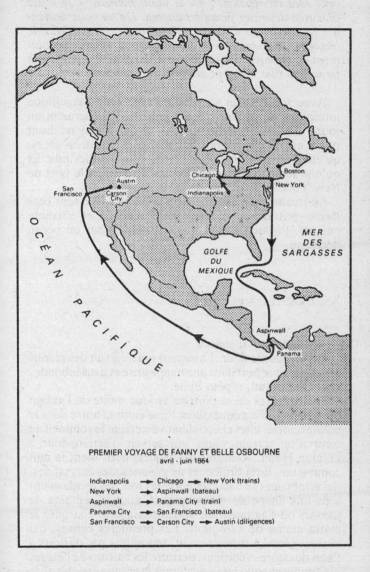

PREMIER VOYAGE DE FANNY ET BELLE OSBOURNE
avril - juin 1864

Indianapolis	→ Chicago → New York (trains)
New York	→ Aspinwall (bateau)
Aspinwall	→ Panama City (train)
Panama City	→ San Francisco (bateau)
San Francisco	→ Carson City → Austin (diligences)

35

cette nuit en répétant : « J'ai faim, maman. » Je n'ose plus rien dépenser jusqu'à Panama. On va nous demander quatre-vingts dollars et vingt-cinq cents par kilo de bagages pour traverser l'isthme. Nous devons absolument économiser — parce que « ma fille, comme dirait papa, ma fille, nous ne sommes pas rendues ! ».

Avec son cran et sa pudeur, avec cette magnifique intrépidité de gamine que ses ennemis appelleraient un jour « inconscience d'écolière », ce que Fanny ne disait pas, c'est qu'elle n'avait rien mangé depuis trois jours, qu'elle écrivait d'une chambre où couraient les rats. Et qu'une tempête ravageait depuis deux jours le port de New York.

Le steamer n'avait que trop attendu : avec sept cent trente passagers dont quarante femmes et soixante enfants, l'*Iroquois* appareillerait demain sur un océan déchaîné.

ASPINWALL – mai 1864

— Maman, j'ai chaud.

Pas un souffle d'air. La vapeur qui s'élevait des marais enveloppait le port dans une nappe grise et nauséabonde.

— J'ai chaud, répéta Belle.

Fanny écarta de sa poitrine la joue moite de l'enfant qui geignait. Recroquevillées l'une contre l'autre dans le même hamac, elles cherchaient vainement le sommeil au cœur d'un terrain vague qui servait d'arrière-cour à l'Union Hotel. Alentour des piquets hérissaient la nuit comme une forêt brûlée, et de gigantesques chrysalides, qui semblaient se balancer entre les souches, gémissaient sous une chape de moustiques. C'était la centaine de hamacs où s'agitaient les autres passagers débarqués le matin même de l'*Iroquois*. Les premières classes, qui avaient réussi à trouver un lit, reposaient par dortoirs à l'abri des stores vénitiens, derrière les balcons de l'étage.

Comme chaque semaine depuis la grande époque de la

Ruée vers l'or — quinze ans plus tôt —, les compagnies new-yorkaises continuaient de débarquer sur la côte atlantique de l'isthme de Panama une moyenne de mille personnes qu'elles abandonnaient là, pour immédiatement remonter chercher de nouveaux passagers. D'ordinaire, les voyageurs ne passaient qu'une nuit à Aspinwall. A l'aube, ils s'entassaient dans un tortillard qui prenait six à huit heures pour traverser l'isthme. Arrivés à Panama City, ils pouvaient en principe s'embarquer dès le lendemain pour la Californie. La remontée sur le Pacifique, de Panama City à San Francisco, durait alors quinze jours. Mais, cette fois, Dieu seul savait si l'on s'embarquerait jamais. Perdu dans les mers du Sud, ou retenu sur les côtes mexicaines, ou délibérément escamoté par les armateurs, le *Saint Louis* n'apparaissait pas. Un mois sans bateau. En outre, la compagnie de chemin de fer profitait de la panique pour quintupler le prix du passage à travers l'isthme. Pas d'argent, pas de train jusqu'à Panama City. Quiconque ne pouvait payer le prix fort resterait donc parqué sur la côte atlantique. Entassés par milliers dans ce trou infect d'Aspinwall où pourrissaient tous les déchets des tropiques.

Là était mort George Marshall, l'ami d'enfance, le beau-frère de Fanny, elle en eut la certitude en découvrant la baie. Rien d'oppressant pourtant dans ces collines d'un vert ocre, boisées, moussues, qui tombaient doucement dans l'écume des brisants. Une flottille de barques indigènes, où les Noirs et les Indiens pêchaient à la ligne, mouchetait un lagon doré que le soleil brûlait. Les mâts de trois voiliers américains tanguaient au bout des trois môles qui barraient la mer étale de longs traits parallèles. Perpendiculairement aux jetées filait en droite ligne la voie ferrée, noire. Des digues aux dépôts, des dépôts à la gare, de la gare aux voiliers cheminaient deux files de chapeaux et de pantalons blancs qui portaient, poussaient, traînaient, sur des charrettes à bras, sur des brouettes bleues et des dos cuivrés, d'immenses ballots rouges.

Pendant les six derniers jours de la traversée, l'atmosphère de l'*Iroquois* avait oscillé entre un conservatisme étroit et une excitation grivoise. Passé Saint-Domingue, on avait vu, chose inconcevable à l'embarquement, les gentlemen de première classe taper le carton avec les messieurs de seconde, et les émigrants de la soute apparaître à demi nus au soleil de l'entrepont. La chaleur augmentant d'heure en heure, les gants, les sous-jupes, les crinolines et les corsets avaient disparu dans les malles. Au diable la mode et les usages : on arrivait sous les tropiques. Il n'était cependant question à bord que de décence et de convenance, de bienséance et de préséance. Contrairement aux hommes, les quarante passagères ne se mélangeaient pas d'un pont à l'autre. Leurs pudeurs, leurs affectations, leurs snobismes demeuraient l'unique, l'ultime certitude en ce moment où toutes les valeurs basculaient. Elles tentaient de se regrouper, recherchant furieusement la compagnie de celles qu'elles jugeaient leurs égales. Tâche d'autant plus ardue qu'elles venaient de tous les horizons et que leurs signes de reconnaissance étaient désormais brouillés. Bourgeoises ou paysannes, américaines de naissance ou fraîchement émigrées, elles partageaient pourtant le même rêve — faire fortune — et suivaient un homme que la fièvre de l'or taraudait. Comme Fanny, elles étaient jeunes, pour la plupart mariées, mères d'un ou deux enfants. Seule différence : elles ne couraient jamais le monde sans escorte. Un frère, un cousin, un fils aîné, éventuellement un amant, le plus souvent un époux leur servait de garde du corps. Jusqu'en Californie. A destination, le jeu changerait...

A bord, l'absence de chaperon avait conféré à Fanny et à sa fille un statut particulier, si particulier qu'en dépit d'une tempête dans les eaux de New York la traversée leur avait paru une merveilleuse croisière. Sans qu'elles aient rien demandé, le chef de cabine les avait surclassées, le médecin soignées, le capitaine invitées à sa table presque chaque soir. Mr Hill, leur voisin du train, qui devait avoir quelques moyens car il voyageait ici en première classe, avait veillé à leur confort avec un zèle très paternel, et tous ces messieurs se pressaient pour les distraire et les protéger.

La fraîcheur de Fanny, ses silences, son aisance faisaient souvent aux hommes cet effet-là. Ils n'avaient qu'à la regarder, minuscule et très droite face à l'océan, sa petite fille riant en plein vent dans ses bras, pour désirer jouer, entre elles et le vaste monde, un rôle de garde-fou. Elle le savait. Elle en profitait. Elle acceptait toutes les invitations, tous les cadeaux, tous les secours. Sans avidité. Sans rouerie. Et sans une once de naïveté. On désirait l'aider ? Elle ne demandait pas mieux ! Mais elle n'attendait rien de Mr Hill ou de quelque autre soupirant, elle n'avait même pas l'idée de ce qu'elle aurait pu en obtenir. Elle se contentait de s'adapter à l'image qu'ils avaient d'elle. Parce qu'elle était secrète, muette, et caméléon, son image se résumait à celle d'une enfant désarmée. Cet émoi teinté d'admiration, la plupart des hommes l'éprouvaient en sa présence, un picotement que Mr Hill traduisait par un éternel : « En voilà une courageuse petite femme ! » Sans préjugé de classe ou de fortune, elle arpentait tous les ponts, jouait aux dés avec les matelots, fraternisait avec l'équipage. Ce pouvoir de séduction ne cessait d'étonner les dames, de quelque milieu qu'elles fussent. Elles, elles ne voyaient rien de touchant dans ce profil sombre ; rien de vulnérable dans ce regard fixe et sûr ; rien de tellement féminin dans cette taille souple, oui, mince peut-être, mais trop nerveuse et trop ferme. Bref, le charme de Fanny n'opérait pas sur le sexe faible et l'antipathie était tout à fait réciproque. A l'exception de sa mère et de ses sœurs qu'elle admirait, la fille de Jacob traitait les femmes avec indifférence. Mais gare aux escarmouches : Fanny avait le bras vengeur et passait chez elle pour rancunière comme une Indienne. Elle savait haïr aussi fidèlement qu'elle aimait.

A peine débarquée à Aspinwall, elle avait battu la campagne pour trouver le cimetière où, pensait-elle, George Marshall reposait. Sans s'inquiéter de ses malles qu'on empilait au hasard, sans rechercher la chambre qu'on se disputait au prix fort, Fanny s'était engagée dans la rue principale, se faufilant avec sa fille entre les bouges et les bordels, les salles de billard et les tripots. Elle avait ensuite franchi la voie ferrée face à la mer et traversé les hangars où cuisaient, sous les toits de tôle ondulée, les régimes de bananes, les noix de coco, les amas de coraux et les tas d'ivoire végétal en partance pour New York, blancs et farineux comme des pommes de terre géantes. Elle était ainsi arrivée à la seconde rue principale. Couvrant une centaine de mètres, des cabanes, bâties sur pilotis pour échapper aux serpents, alignaient leurs balcons. Les rez-de-chaussée, ouverts à tous vents, servaient de garde-meubles aux monceaux de bagages que les voyageurs espéraient emporter à travers l'isthme ; les premiers étages servaient d'hôtels. Là, au cœur du village, stagnaient deux mares profondes, anciens bras de mer que la construction du chemin de fer avait fermés. Y flottaient toutes sortes d'immondices, chiffons, bambous, feuilles de cocotier, poissons morts, singes crevés, même des mulets qui se décomposaient dans une odeur suffocante de charogne.

Les miasmes de ces mares tuaient quelques familles indigènes chaque semaine. On n'y succombait pas obligatoirement sur place. Quatre des voyageurs de l'*Iroquois*, qui avaient déjà visité Panamà, étaient morts en mer à l'approche des tropiques. Même les chanceux, qui croyaient avoir échappé aux fameuses « fièvres d'Aspinwall », connaîtraient toute leur vie des accès de paludisme.

Prise à la gorge par la puanteur, Belle s'était mise à pleurer. Juste devant elles, à l'entrée de l'Union Hotel, trois vautours dépeçaient une tortue de mer. L'ourlet du petit pantalon en dentelle de l'enfant trempait dans un liquide verdâtre. Fanny avait saisi sa fille à bras-le-corps, et continué rapidement vers l'intérieur du village. De sa main libre, elle avait remonté par l'avant l'arceau de sa crinoline en coton rouge sang, très ample, qui découvrait jusqu'au genou son bas blanc et le haut de sa bottine. Sa traîne baignait dans la boue. A nouveau gantée, corsetée, chapeautée comme toutes les passagères pour descendre à terre, elle offrait un formidable contraste avec les Indiennes, accroupies sur le pas de leur porte, la chemise roulée jusqu'aux hanches, qui la regardaient passer en malaxant des mousselines pastel dans des baquets de fer. Sous le plumetis noir de sa courte voilette, les yeux de Fanny s'attardaient, fuyaient, revenaient sur ces poitrines penchées, nues et luisantes.

Elle arriva au bout de la rue. Là, en lisière de la forêt équatoriale, s'étendait le cimetière. C'était un gigantesque cimetière blanc où les tombes et les croix s'alignaient sagement entre quatre murets. N'était l'odeur nauséabonde qui persistait, cette nécropole solidifiée par la chaleur tranchait avec la saleté, avec le bruit et le fourmillement du port. Une paix, comme Fanny n'en avait jamais connu, écrasait les morts.

Elle déposa sa fille et s'avança dans l'allée transversale sans quitter du regard les arbres de la forêt mitoyenne dont les lianes velues enjambaient les murets pour reprendre racine sous les tombes. Elle se sentait épiée. Belle devait partager cette impression car elle la suivait à pas comptés, gardant, sous sa grande capeline de paille, le visage levé vers le ciel compact et ouaté.

Le cri aigu d'un cacatoès, brutalement, déchira le silence. L'enfant s'accrocha à la main de sa mère. Et alors, de partout, comme un fulgurant flot d'injures, les hurlements de milliers de singes se déversèrent sur elles. Criaillerie suraiguë, menaçante, qui les cloua épouvantées parmi les stèles, minuscules taches rouges au cœur de l'immensité blanche. La paix retomba, plus pesante.

Elles n'eurent aucun mal à découvrir ce qu'elles cherchaient. Si Sam, le mari de Fanny, avait oublié de lui préciser le lieu et le nom du cimetière, sa lettre regorgeait d'indications topographiques. A partir de l'allée centrale, troisième à droite, dernière croix. C'était bien là, à Aspinwall. L'intuition de Fanny ne l'avait pas trompée. « Capitaine George Marshall. 1836-1864 ».

Déjà le plâtre s'écaillait, les mauvaises herbes poussaient dans les fissures. La tombe, soulevée par les lianes, recouverte par le lierre, allait disparaître.

— Fais une prière, Belle.

Sans rien trouver en elle pour cet oncle à peine entrevu, la petite joignit les mains et garda quelque temps la tête baissée. En se redressant, elle eut la surprise de remarquer sur le visage de sa mère de grosses larmes qui coulaient. C'était la première fois que Belle voyait Fanny pleurer.

Elle pleurait de pitié, de regret sur son compagnon de jeu, son premier flirt. Elle pleurait sur Sam qui avait enterré ici, seul, cet ami tant aimé. Elle pleurait sur sa sœur Jo dont cette tombe brisait l'existence. Elle pleurait sur leur jeunesse.

En se mariant, Fanny n'était pas sortie de l'enfance. Elle n'avait pas grandi en mettant Belle au monde, ni même en se séparant de son père sous le château d'eau de la gare d'Indianapolis. Son enfance, elle y renonçait maintenant. Elle le savait.

*
**

— On va tous crever ici. On n'arrivera jamais en Californie.

Ces mots chuchotés autour d'un feu que quelques campeurs de l'Union Hotel tentaient vainement d'allumer couraient comme traînée de poudre d'un hamac à l'autre. « On va tous crever ici. » Dans la soirée, il était tombé une averse d'eau glacée. Le bois ne prenait pas. Les vêtements collaient à la peau. Malgré la chaleur, à cause d'elle, on n'arrivait pas à se sécher. On avait froid, on étouffait. La panique gagnait. Personne n'était parvenu à dormir depuis quatre nuits. Les victimes des fièvres claquaient déjà des dents. On les entendait geindre et délirer dans leur hamac. A côté de Fanny, une femme sanglotait. Des bouges, sur la plage, lui parvenaient les cris des hommes qui jouaient et se soûlaient. Boire. Fanny avait empêché sa fille de se désaltérer à la louche d'eau que les voyageurs se distribuaient chaque soir au coucher du soleil. Dans sa lettre, Sam avait bien recommandé qu'elle ne touchât pas à l'eau. Elle suivait mot à mot ses instructions, procurant à Belle des boissons bouillies, du thé ou du café qui excitaient l'enfant sans la désaltérer. Pour elle-même, Fanny marchandait une tasse d'alcool de coco, le tord-boyaux local. C'était moins cher, beaucoup moins cher, qu'un repas... Vaguement ivre en permanence, et ce depuis sa visite du cimetière — presque une semaine... Même si le prix du billet à travers l'isthme finissait par baisser, elle ne possédait plus les quatre-vingts dollars nécessaires. Entre la location du hamac et la nourriture, son argent avait filé. La nourriture ? Parlons-en ! Aspinwall ne pouvait subvenir aux besoins de tous ces visiteurs dont l'attente risquait de durer. D'autres passagers pouvaient à tout instant débarquer de New York. Et, tandis que les indigènes opéraient des razzias dans les bagages, que les négociants yankees augmentaient leurs tarifs déjà vertigineux, les passagers de l'*Iroquois* se nourrissaient d'iguane, de singe cru et de fruits dérobés aux entrepôts, ces fruits qui leur donnaient la diarrhée. Sortir d'ici. A n'importe quel prix. Comment ? Fanny ne pouvait plus compter sur les secours de ses soupirants. Les « riches », ceux qui avaient accepté de dépenser d'un coup toutes leurs liquidités, s'étaient embarqués sur le premier, sur le seul train qui parcourait les soixante-quinze kilomètres d'est en ouest. Les autres, ceux qui comme Fanny n'avaient pas pu payer, risquaient de manquer le bateau. En admettant qu'il arrivât jamais, le *Saint Louis* ne pouvait embarquer que mille deux cents personnes ; il y en avait déjà deux mille à l'attendre à Panama City. Certes Jacob Vandegrift avait bien retenu une cabine, il avait bien câblé les six cents dollars de la traversée à la compagnie californienne. Mais que vaudraient ses dollars si Fanny ne se trouvait pas au port, prête à prendre le steamer d'assaut ?

Pour la énième fois, elle sortit de l'Union Hotel, contourna les mares, longea les rails et pénétra dans la cabine qui servait de gare. Belle la suivit en titubant. Il devait être minuit. Peut-être davantage. Ici les heures ne comptaient plus. On dormait l'après-midi. La nuit, on errait. « Papa, gémissait l'enfant à demi endormie, papa. » Comme Belle, Fanny dans son for intérieur réclamait Sam. Seule l'idée de le retrouver un jour effaçait la peur de mourir à Aspinwall. Elle était décidée à trouver le chef de station ce soir. Elle allait l'amadouer, le séduire, obtenir qu'il affrétât un train. Jusqu'à Panama. Pour elle.

Elle connaissait les lieux. Sous le toit de tôle de cette

« salle d'attente » chauffée à blanc, elle avait fait le pied de grue deux journées entières. Personne — jamais personne pour la renseigner. Pas un banc, pas une chaise où s'asseoir. Mais la nuit, la pièce paraissait moins vide, moins crasseuse, et Belle se roula en boule dans un angle. Fanny, inquiète, regarda son enfant s'installer par terre. Elle appréhendait le serpent enroulé, la tarentule invisible dans l'obscurité. Ici, on ne se couchait pas au sol, sous peine de ne jamais se réveiller. « Non, Belle. Non. Non. » Elle ne cessait d'empêcher sa fille de boire, de manger, de la suivre au bord des mares : elle n'eut pas le cœur de l'empêcher de dormir… Après avoir rôdé quelques instants autour de la petite, elle s'approcha du guichet. Entre les grilles rougeoyait le bout d'un cigare. Par le fenêtron s'échappaient de rares bouffées de fumée. Enfin quelqu'un ! Elle se pencha. Un homme, assis dans le noir, se balançait en taillant un bout de bois.

— C'est vous le chef de gare ?

Il ne répondit pas. Sans doute ne comprenait-il pas l'anglais. Elle le distinguait mal. Il devait avoir une barbe. Le panama sur l'œil. Les bottes sur la table où reposait le télégraphe.

— *Quiero ver*, tenta-t-elle en espagnol, les deux seuls mots qu'elle avait appris en une semaine à Aspinwall.

— Te fatigue pas…

Il était américain.

— Quand part le prochain train pour Panama City ?… — Pas de réponse. — Qu'est-ce que vous faites derrière ce guichet ?

— J'attends.

— Vous attendez quoi ?

Il gloussa :

— Le prochain train.

— Pour quand ?

— Ça… Il eut le même rire. Ça, ma petite dame, il faudrait le demander au chef de gare.

Elle lui jeta un regard mauvais et l'abandonna pour s'assurer qu'aucun danger immédiat ne menaçait Belle. Puis elle se dirigea vers la porte ouverte sur le quai et s'appuya au chambranle. Elle guettait, dans la nuit, un cheminot, un aiguilleur, un conducteur, n'importe qui capable de la faire passer à travers l'isthme. Elle allait leur offrir son alliance en or.

— J'ai été plus d'une fois dans votre situation..., soupira l'homme qui devenait bavard. Si c'est à vendre votre bagouse que vous songez, je ne pense pas que ça les intéressera...

Elle voyait des rats courir sur le ballast, des silhouettes passer au loin en beuglant d'un bar à l'autre sur le front de mer, et l'océan noir, luisant, qui se brisait sur la plage entre les bouges.

— ... Non, je pense vraiment pas que ça les intéressera..., répéta-t-il.

Elle l'entendit reculer sa chaise et se lever. Elle songeait à l'inquiétude de Sam, s'il ne la trouvait pas sur le quai de San Francisco parmi les passagers du *Saint Louis* — à l'horreur de rester à Aspinwall un jour de plus.

— ... Moi, murmurait-il à son oreille, je prendrai bien ce que vous avez à vendre : je te paie ta place, si tu partages mon hamac.

L'étonnement cloua Fanny sur place. Aucun homme jamais ne l'avait insultée. Elle ne savait même pas ce que c'était. Prenant son silence pour un acquiescement, l'homme l'enlaça par-derrière, en la pressant contre le chambranle. A peine l'eut-il touchée que le canon du Derringer s'appuyait contre sa gorge. Le bras levé, elle le braquait à bout portant. Il recula. Elle avança. Sans le lâcher.

— Est-ce que j'ai l'air d'une femme qu'on insulte ? siffla-t-elle.

L'homme crut qu'il pouvait plaisanter :

— Pas précisément, Lady, mais t'as pas le rond.

L'acculant contre le mur, elle enfonça le canon dans sa gorge.

— J'ai ça.

— Ça vous avancera pas à grand-chose, haleta-t-il.

Il vit son index s'enrouler autour de la détente. Il crut qu'elle allait tirer. Elle le crut aussi. Déjà son doigt se refermait. Elle allait appuyer. Il ferma les yeux. Elle éructa :

— Déguerpissez !

Sans demander son reste, il fila. Elle demeura en suspens, le bras tendu. Ahurie.

Ce n'était pas la peur, c'était la colère, la brutalité de sa haine qui l'hébétait. Elle resta figée, le visage impénétrable, l'œil fixe. Son bras était descendu le long de sa jupe que le soleil et la transpiration avaient fanée. Elle gardait le pistolet collé contre sa cuisse... Enfin elle se mit à trembler.

Son regard tomba sur Belle. Un animal pris au piège. A demi relevée dans l'encoignure, l'enfant avait suivi la scène et n'osait plus bouger. Un élan de pitié secoua Fanny. D'un léger coup de pouce, elle désarmorça, remit avec négligence le pistolet dans sa poche, et tenta de lui sourire.

— Dis donc, plaisanta-t-elle, il ne nous aura pas fallu longtemps : ta mère a failli tuer un homme... Elle lui tendit la main. Viens.

*

— Traverser l'isthme à pied ? Vous plaisantez, mon petit !

Elle était allée réveiller Mr Hill qui reposait avec les passagers de première dans les dortoirs de l'étage. Là, les hommes et les femmes dormaient séparément, et sa présence · à cette heure au-dessus d'un lit masculin suscitait déjà des commentaires.

— Voyons, voyons, vous plaisantez ? Soixante-dix kilomètres à pied ? Avec les fièvres du Chagres et la chaleur qu'il fait !... Et comment traverserez-vous le fleuve, il n'y a pas de pont !

Imperturbable, elle balaya l'argument :

— Il existe forcément un pont, Mr Hill.

— Et les montagnes, chuchota-t-il, la forêt tropicale, les marécages — soixante-dix kilomètres de maré-cages... Mon petit, vous allez vous perdre !

— Nous suivrons la voie ferrée.

— Vous vous ferez écraser ! Ce ne sont que tournants et précipices. Pas de bas-côté ni à droite ni à gauche de la voie. S'il vient un train !

— Puisqu'il n'y a pas de train.

— Il en viendra bientôt... patience.

— Taisez-vous. Habillez-vous. Rejoignez-moi en bas.

Sans réplique, le ton. Il ne se donna pas la peine de s'offusquer et se leva. Elle enfila le couloir extérieur, et, toujours suivie de la petite Belle, si petite qu'elle n'arrivait même pas à la hauteur de la balustrade, dévala l'escalier. Les bottines dans la boue, immobile sous les pilotis de l'Union Hotel, elle l'attendit en échafaudant un plan. Elle n'y avait pas réfléchi une seconde.

... C'était possible. D'autres avant elle avaient traversé l'isthme à pied. Quand le chemin de fer n'existait pas, les voyageurs n'avaient pas le choix... Oui, c'était possible, c'était faisable. Il fallait que cela le fût, car elle ne risquerait pas davantage de manquer le bateau. Elle comptait sur cet argument pour convaincre Mr Hill, lui qui avait commis l'erreur de ne pas s'embarquer sur le premier train, alors qu'il en avait les moyens.

A cinquante ans, Mr Hill croyait en la raison. Il croyait aussi à la grandeur des Etats-Unis et à la solidarité de ses concitoyens à l'étranger. En cela, Mr Hill était un homme du XVIIIe siècle et un poète. Il se rendait à San Francisco via Panama, pour y choisir des graines et des plants tropicaux qu'il comptait cultiver dans ses serres de l'Indiana. Cette passion pour l'horticulture l'avait rapproché de Fanny. Avec intérêt, elle l'avait écouté disserter sur le repiquage des orchidées. Les cours de jardinage s'étaient poursuivis jusqu'ici, jusqu'à ce soir. Au passage, Fanny avait appris qu'il appartenait à la même loge maçonnique que son père, argument de poids dans la discussion à venir.

Elle espérait seulement que les prix prohibitifs d'Aspinwall n'avaient pas complètement nettoyé Mr Hill, qu'il possédait encore assez de dollars pour acheter les vivres et les mules dont elle avait besoin. Quatre mules qui transporteraient Belle et les bagages.

— On pourra toujours les revendre à Panama City, chuchota-t-elle quand il l'eut rejointe sous le balcon de l'Union Hotel. Nous devrions y être dans trois jours.

— Toute la question, soupira-t-il, c'est d'y arriver.

— Si vous savez vous taire, Mr Hill, je vous y conduirai.

L'étonnant, c'est qu'il commençait à la croire. Elle n'avait pas la moitié de son âge, aucune idée de la vie, aucune expérience des tropiques. Mais il se laissait séduire par la solidité de cette petite femme, par son sens pratique et, surtout, par sa prodigieuse sûreté de soi. La volonté de Fanny, cette détermination qui ne connaissait ni le doute ni l'échec, le surprenait et déjà le subjuguait. Mr Hill perdait du terrain. Elle le sentit.

Baissant la voix, presque inaudible, elle poursuivit :

— Pas un mot aux autres... Si tous les passagers se mettent en tête de partir à pied, les indigènes vendront leurs bêtes à prix d'or. Donc, motus jusqu'à ce que j'aie trouvé nos mules. De combien disposez-vous ?

— Cent dollars.

— Passez-les-moi. Vous, occupez-vous de récupérer vos malles et de les convoyer jusqu'au cimetière. J'y serai à l'aube. Nous partirons tout de suite.

C'était la première fois qu'elle proférait devant lui plus de cinq mots d'affilée. Frappé par son ton d'autorité, Mr Hill ne se douta pas, mais pas une seconde, combien l'exaltation de Fanny le grisait. A quel point son goût de l'action, du secret, du drame était communicatif. Avec ses airs de conspiratrice, elle l'amusait prodigieusement.

— Dans trois heures, j'aurai un guide, des vivres et des mules... Rendez-vous au cimetière, Mr Hill. Et, dans trois jours, nous serons à Panama City...

« ... Et dans quinze, ajouta-t-elle dans son for intérieur, Sam ! »

Sa fille à ses basques, elle disparut le long des mares, vers l'océan.

**
*

Ni Fanny ni Belle ne raconteraient leur marche à travers l'isthme. Pas un mot sur leur périple avec Mr Hill. Pas même une ligne dans leur correspondance. Les lettres à leur famille se perdirent-elles en route ? Ou bien Fanny raya-t-elle de sa mémoire cet épisode trop pénible ? Taire ce qui la gêne est assez dans sa manière...

Elle n'oublierait pourtant rien des affres d'Aspinwall. La puanteur des mares demeurerait très présente à ses narines. Et la peur de mourir des « fièvres » dans le hamac de l'Union Hotel, d'abandonner Belle sur l'isthme, la terreur de ne plus revoir Sam peupleraient longtemps ses cauchemars.

Sans doute ne fit-elle pas toute la route à pied. Entre Matachin et Panama, elle dut attraper un train, car Belle, en évoquant dans son autobiographie les aventures de son enfance, mentionne la fenêtre d'un wagon d'où elle regardait « des singes et des perroquets ; toute une jungle mystérieuse, chaude et bruissante ». Mais s'agissait-il du même voyage ? Belle n'avait pas six ans. A dix, elle repasserait par les tropiques.

Pas un mot non plus sur leur séjour au port de Panama.

Rien sur la traversée à bord du *Moses Taylor*, le steamer en provenance de San Juan qui finit par les embarquer. Quant à Mr Hill, son nom ne figure pas sur la liste des passagers... Etait-il parvenu vivant à Panama ?

Fanny, que je sais incapable d'indifférence, prétendrait n'en avoir aucune idée, aucun souvenir...

Et rien sur ses impressions, ses toutes premières impressions du Pacifique. Rien sur San Francisco.

Après quarante-sept jours de voyage, le mercredi 20 juin 1864, elle accosta dans la cité de la Porte d'or.

Sam ne l'y attendait plus.

A vingt-quatre heures près, ils s'étaient manqués.

En dépit des souvenirs de Belle qui se rappellerait s'être reposée quelques jours avant de partir pour le Nevada avec son père, Fanny s'embarqua dès le lendemain, 21 juin, sur la diligence de la Pioneer Line. Direction Placerville. Seule, encore une fois.

Pourtant, Sam était descendu des sierras pour accueillir au port sa femme et sa fille. Il avait chevauché toute une semaine dans la chaleur des déserts qui séparaient son camp de l'océan. Impatient, fiévreux, il avait guetté les bateaux qui entraient dans la baie, espérant toujours apercevoir, appuyée au bastingage, la silhouette de Fanny. Mais, jour après jour, le *Saint Louis* tant attendu n'apparaissait pas. Et, le 19 du mois, un télégramme catastrophé de son associé l'avait rappelé au camp.

Aucun prospecteur, fût-il légalement propriétaire du sol, ne prenait le risque de laisser sa mine inexploitée, encore moins de s'en éloigner. « Qui va à la chasse perd sa place », c'était l'usage, et d'autres chercheurs d'or, trop heureux de trouver le puits et la galerie déjà creusés, s'employaient désormais à en extraire le minerai ; une expression consacrée résumait leur activité : « *to jump a mine* » (fondre dessus et l'occuper). Sam avait donc perdu sa mine. La loi ne le protégeait pas. Sauf la loi du plus fort — celle des colts et de la dynamite. S'il voulait récupérer son bien...

OCCIDENTAL HOTEL – 21 JUIN 1864

Mes chers parents,

Vite un mot de San Francisco. Sam nous attend à Austin, par-delà Placerville et Carson City. Nous partons dans une heure — et dans dix mille neuf cent quatre-vingt-huit minutes, nous serons avec lui ! Même à distance il nous entoure, Belle et moi, il nous enveloppe de ses pensées. Sur le quai, à minuit, nous avons trouvé l'un de ses amis qu'il avait chargé de guetter tous les bateaux. Encombré d'un bouquet de mes lys tigrés, ce monsieur Atchinson nous a conduites en landau à l'Occidental Hotel, où Sam nous avait réservé la plus belle chambre. Les propriétaires nous ont fait mille grâces car ils aiment Sam comme leur fils. Vous n'imaginez pas combien il est populaire, combien en six mois il connaît de monde à San Francisco. Presque toute la ville est venue en son nom nous saluer ce matin. Oui, j'exagère... Mais à l'hôtel les hommes ne parlent que de lui. De sa bonté. De son courage. Et d'or. Des petits sacs de poussière circulent de table en table, et Mr Atchinson m'a montré un « échantillon » de notre mine. C'est verdâtre. Ça ressemble au plus banal des cailloux, et vous ne devineriez jamais qu'avec ce bout de quartz Sam va nous installer au paradis !

Même légèreté de ton dans la suite de la lettre. Pas une plainte, rien qui exprimât la déception, la terrible déception de n'avoir pas trouvé Sam au terme d'un tel voyage... Seulement l'impatience de le rejoindre !

Inaccessible aux plaisirs de San Francisco, Fanny s'enfonçait dans la région la plus isolée, la plus aride aussi, de tout l'Ouest américain. Sept cents kilomètres en diligence, dont trois cents sur les pentes vertigineuses des sierras et quatre cents dans le désert. La fameuse route du « Pony Express »...

NEVADA – juin 1864

— Austin, dans combien de temps ?

— Vous, ma jolie, vous feriez bien de boire un grand coup avant Devil's Gate ! Les sierras, c'est pas du gâteau la nuit... Baissez-vous. Vous me gênez.

Sur le siège extérieur de la diligence, Fanny, les poings accrochés aux courroies, le visage entre les genoux, se recroquevilla pour que le conducteur puisse poser le canon de sa winchester contre son dos.

Dans les défilés, il conduisait d'une seule main ; de l'autre, perpendiculairement à sa hanche, il brandissait son arme ; l'œil droit surveillait les chevaux et le précipice ; le gauche, les rochers en surplomb. De là tomberaient les bandits. Du côté de Fanny. En cas d'attaque, elle se trouvait très exactement dans sa ligne de mire.

— Aplatissez-vous, nom de Dieu !

C'était elle qui, au relais de Placerville, l'avait convaincu de la prendre à côté de lui. Il n'y tolérait d'ordinaire que l'employé de la Wells Fargo, sa cassette et son fusil. Mais dans les sierras, trop propices aux embuscades, personne ne se disputait la place extérieure, et la banque dissimulait son agent, avec son or, parmi les passagers. D'où la nouvelle habitude des bandits de fouiller et, dans le doute, de molester tout le monde. En vingt ans d'attaque de diligence, aucun voyageur n'avait jamais été détroussé, avant que les transporteurs de fonds ne se déguisent en mineurs.

Dans la voiture, ils se ressemblaient tous. Le colt à la ceinture, la flasque de whisky en bandoulière, sans col, sans foulard, mais les trois boutons de leur chemise en pilou rouge boutonnés jusqu'à mi-barbe, le feutre brun mollement enfoncé jusqu'aux sourcils, les hommes, douze au total, présentaient l'aspect banal des prospecteurs que la chance déserte et qui s'obstinent à la poursuivre de montagne en montagne. Le regard morne, ils se dévisageaient les uns les autres, serrés, secoués, ballottés, se demandant lequel de ces voyageurs miteux portait sur lui, dans ses bottes éculées ou dans son froc, les dollars de la Wells Fargo. Et tous, par petites rasades, s'enivraient en silence. Peur des bandits. Peur des Indiens. Peur des virages en épingle à cheveux que le conducteur prenait sans ralentir. Peur aussi de la diligence en sens inverse, lancée dans la pente au galop de ses six chevaux, dont on n'entendait plus les grelots étouffés par les hurlements du vent dans les pins.

Pas un mètre d'un virage à l'autre. En amont, les rochers. En aval, le vide.

Fanny, la tête en bas sur le siège, apercevait les squelettes blanchâtres des bêtes écrasées au fond des ravins, les roues, les essieux accrochés aux arbres. Belle, heureusement, dormait à l'intérieur, entre les bottes des passagers que l'alcool commençait à échauffer. Le conducteur se donnait lui aussi du cœur au ventre. Mais l'œil levé, les rênes d'une main, le fusil de l'autre, il gardait son arme bien posée sur le dos de sa passagère — canon mobile, pointé au-dessus d'elle vers les rochers en surplomb.

— On arrive..., hoqueta-t-elle, la bouche contre sa jupe, entre deux cahots, dans combien de temps ?

— Si vous bougez, marmonna-t-il en la maintenant pliée, c'est votre tête qui saute en premier... Vous auriez bien dû boire un bon coup !

— Merci, je ne bois pas.

— Je vois : de l'eau tiède.

— C'est ça, de l'eau tiède.

— L'Ouest, pour vous, ça dure depuis longtemps ?

— Hier.

— C'est bien ce que je pensais. Les dames d'ici ne font pas tant de manières pour se soûler la gueule. Contre la trouille, c'est radical... Vous y viendrez !

L'imbécile ! Qu'avait-elle besoin, elle, d'un remontant ? Elle n'avait ni peur, ni froid, ni mal. L'inconfort de sa position, elle ne le sentait pas. Bravement elle se releva. Mais, dans la férocité de son regard, pas trace de courage, rien de ce fameux « cran » qui avait naguère séduit Mr Hill. Quelque chose de fixe, de hagard et de surexcité.

— Baissez-vous !

Elle se débattit au hasard, résistant de toutes ses forces à la pression de la crosse qu'il lui appliqua entre les omoplates.

— ... Vous tenez absolument à vous casser la figure ?

L'idée qu'elle pouvait tomber ne lui venait même pas. Il finit par la lâcher.

— ... Tant pis pour vous.

Elle se rassit bien droite, la tête exactement dans la ligne de tir du fusil que le conducteur gardait pointé sur la montagne.

Sans doute Fanny traversait-elle la première de ces crises qu'elle appellerait non sans humour « mes petites inflammations du cerveau ».

Dès le départ de Sacramento, quand les chevaux avaient pris le galop, elle s'était mise à trembler. Fatigue ? Impatience ? Au relais de Placerville, Belle l'avait vue tourner comme un taon autour des animaux qu'on changeait, gesticuler, parler toute seule. Trop près ou trop loin du but — elle n'en pouvait plus d'attendre. Tout en elle explosait. Fini le temps où le souvenir de Sam, la perspective de le revoir, de passer auprès de lui le restant de ses jours, apaisait son angoisse. Elle ne parvenait même plus à se le représenter, lui, leurs retrouvailles, leur vie à venir. Elle n'imaginait rien. Mais, vers « Austin », elle tendait de tous ses muscles, de tous ses nerfs. Chaque coup de fouet s'imprimait dans sa chair. Son esprit, comme halluciné par l'obsession d'arriver, dévalait les pentes à cent mètres devant les chevaux. Plus vite. Plus vite ! Elle percevait tout, les contractions des huit croupes, le heurt des sabots, le souffle des naseaux au fin fond du vallon alors que les roues franchissaient à peine la côte. Après une nuit et un jour, la diligence déboula dans le désert.

Un trait d'ocre à peine plus pâle au cœur de l'immensité brune : la route. Droite. A perte de vue. Jusqu'aux nouvelles chaînes des sierras qui fermaient l'infini — quelque part dans ces montagnes devait s'agripper Austin. Mais loin, si loin que les crêtes noires semblaient raser la ligne rosâtre de l'horizon. Et derrière, sans un pli, sans une ride, tendu comme une toile immense et vide, le ciel. Bleuté. Sans nuage. Sans soleil. Sans lune. Entre chien et loup. Ni vapeur. Ni brume. Même pas de poussière. Le galop des chevaux ne soulevait rien. Insoutenable impression de vide. Pas un arbre, pas un rocher, pas une forme où arrêter le regard. Brouillés par la vitesse en une platitude sépia, le gris des pierres et l'argent des touffes de sauge se mélangeaient aux carcasses qui jonchaient la voie. Chariots renversés, brouettes, ballots abandonnés, pioches, pelles rouillées, les décombres d'une ruée déjà ancienne se fondaient dans l'aridité du désert.

Il faut avoir parcouru cette région du Nevada pour prendre la mesure de la désolation où Sam entraînait sa femme et sa fille. Quand, sur les traces de Fanny, j'ai fini par poser à mon tour le pied à Austin, je n'ai eu qu'une idée. En partir. Et vite ! Cailloux. Sable. Buissons d'épines. Poussière d'alcali qui brûle les yeux, crevasse les lèvres, pollue l'eau ; sur ce plateau comme dans le désert, rien ne pousse. Ni odeur ni couleur, mais des cabanons sans toit, sans fenêtres, coincés dans le cañon ou piqués de guingois à flanc de colline. Des sentiers raides qui grimpent comme les doigts d'une main ouverte sur les pentes. Et qui s'arrêtent, sectionnés. Quarante degrés l'été. Moins trente l'hiver. Avec, en prime, blizzards et avalanches. Une rivière, paraît-il, quelque part.

Etait-ce l'encaissement du camp? La nappe d'obscurité qui s'y abattait en plein après-midi? Les pyramides de gravats, les puits béants, les rails — toute cette tristesse commune aux paysages miniers? L'endroit me déprima au point de songer sérieusement à redescendre dans le désert. Ou bien était-ce la certitude que ce trou ressemblait trait pour trait à l'Austin que Fanny avait trouvé au bout du voyage? Ce camp n'était pas une ville fantôme. Rien à reconstruire en rêvant. Point de nostalgie possible.

Tout ici avait commencé seulement quatre ans avant son arrivée. Jusque-là, rien. Pas même la piste. Plutôt que de traverser une succession de montagnes, les chariots venus de l'est avaient préféré le chemin plus long, mais plus facile, qui suivait au nord la Humbolt River. Même les chercheurs d'or des années 1849 ne s'étaient pas aventurés dans cette région sans ressources naturelles.

Deux événements avaient pourtant transformé ce gigantesque terrain vague en une fourmilière. Le Pony Express et le télégraphe. Deux innovations qui résultaient de l'impatience des Californiens à communiquer rapidement avec l'Est, plus rapidement que par la route de Panama...

Recherchons jeunes gens. Maigres. Solides. Nerveux. Cavaliers exp. 18 ans maxi. Prêts à mourir chaque jour. Orphelins préférés.

Par cette petite annonce affichée dans toutes les banques de l'Ouest, les gares et les saloons, le Pony Express offrait vingt-cinq dollars la semaine — une misère — aux sans-famille suicidaires, prêts à relier à cheval la Californie au Missouri en huit jours. Deux mille neuf cent soixante et un kilomètres en droite ligne, sur les terrains les plus difficiles, au travers des flèches indiennes. Du quinze kilomètres à l'heure à une époque où trente-cinq kilomètres par jour passaient pour un exploit.

Exploit de courte durée. Quelques mois après que le

galop des cavaliers eut pour la première fois troublé la paix des déserts, sur le même tracé — le plus court — s'élevaient les poteaux du télégraphe. Communiquer avec l'Est prenait maintenant trois jours. Trois jours au lieu de huit. Le Pony Express n'avait plus sa raison d'être. Seul le grésillement des fils se mélangeait désormais au mugissement des pins dans les sierras. Pas un visage pâle à quatre cents kilomètres à la ronde. Sauf les anciens cavaliers. A la dérive, ils continuaient de traîner autour des relais désaffectés.

Et c'est ainsi qu'un ex-messager du Pony Express, un certain Talcott, avait rapporté en 1862 à « Jacob Station », l'ultime relais avant la montagne, une pierre dont la couleur verdâtre l'avait intrigué. Verdâtre comme les veines d'argent dans le quartz... D'un relais à l'autre, le bruit avait couru.

En octobre 1862, ils étaient une dizaine à fouiller le sol gelé. Sans vivres. Sans chauffage. Sous la tente ou dans des huttes. Par moins quinze la nuit.

En décembre, les échantillons envoyés au bureau des garanties de Virginia City avaient révélé une veine qui contenait une quantité d'argent exceptionnelle. Le miracle s'était produit !

En janvier, cinquante prospecteurs campaient entre Jacob Station et la Reese River, un filet d'eau, le plus souvent à sec, au pied de la montagne. En février, ils baptisaient « Austin » leur village à flanc de coteau. Austin en souvenir de leur Texas natal. En mars, deux bordels, deux hôtels, cinq saloons, un journal s'étaient installés dans l'encaissement du « Pony Cañon ». Au total, cinquante bâtiments. En juillet, deux cent soixante-dix-neuf. En octobre, trois cent soixante-six.

Et mille trois cents compagnies minières. Et quatre mille personnes.

Dans le désert, sur l'ancienne piste, droite, interminable, du Pony Express, les convois chargés de foin, de bois, de matériel à forer, à concasser, à raffiner, les trains de vingt mules, les chariots, les charrettes, les cavaliers, les piétons, les diligences se suivaient à touche-touche. Si par mégarde un attelage se rabattait sur le côté, il lui faudrait attendre une heure, sous la neige de ce mois d'octobre 1863, avant de pouvoir se faufiler à nouveau entre deux convois.

La ruée avait duré un an. En décembre, tout était fini. Personne n'osait s'en aller. Mais, au lieu des cent prospecteurs qui débarquaient quotidiennement à Austin, il n'en arriva plus que vingt. Puis dix. Puis cinq en avril 1864. Parmi eux, Sam Osbourne. Il était l'un des derniers aventuriers qui continuaient à rêver de faire fortune sur les bords de la Reese River.

Depuis trois mois, le bruit courait que les filons ne valaient rien, que les gisements, si gisements il y avait, coûtaient trop cher à exploiter, que l'engouement pour la région reposait sur l'affabulation des spéculateurs... Vrai ? Faux ? Pendant que Fanny continuait sa course parmi les décombres de la ruée, à San Francisco la Bourse s'effondrait.

AUSTIN – fin juin 1864

Minuit. Sous les fenêtres à guillotine de l'International Hotel, juste à la sortie du saloon, une cinquantaine de mineurs attendaient. Même feutre délavé rabattu sur l'œil, même chemise de flanelle, même pantalon brun en toile de tente — une jambe sortie, l'autre rentrée dans les mêmes bottes à bout carré —, même pipe de bruyère à la bouche, et même fusil à double canon, la terreur des buses, retenu par la même corde en bandoulière sous le bras droit. Tous barbus et chevelus, déguenillés et rapiécés, ils exhalaient la même odeur âcre de transpiration, celle aussi du tabac à chiquer et de la dynamite qu'ils utilisaient pour creuser leurs galeries. Et tous cachaient dans leurs poches déformées les mêmes cailloux qu'ils manipulaient avec les mêmes gestes fébriles.

La surexcitation de ces jeunes gens sans âge, presque identiques et interchangeables, ne ressemblait à rien. Imaginez une armée de gueux qui se prendraient tous pour Crésus. Aucun d'entre eux n'avait de quoi rentrer chez lui, mais chacun se croyait l'homme le plus riche du monde. Et se conduisait comme tel. Mendiant et milliardaire.

— Regarde-moi ça, se chuchotaient-ils en extrayant de leurs pantalons une pierre grosse comme une noisette — tu vois, là, les taches d'or ? Et la strie d'argent ? Ça, ça provient de ma mine, la Reine des montagnes. Et c'est juste à la surface ! A peine quelques coups de piolet. Le truc le plus saturé d'argent. Parce que c'est toi, et que tu es mon ami, je t'en donne six pieds et tu m'invites à souper. Pour moi, six pieds de plus ou de moins, la Reine des montagnes est tellement riche, quelle différence ? Mais pour toi ! Regarde l'analyse... Je ne veux pas que tu me croies sans avoir vu l'analyse. Regarde...

L'un ou l'autre brandissait alors un papier graisseux qui certifiait que la roche analysée recelait une proportion d'argent de milliers de dollars par tonne. C'était sur la foi de ces analyses qui présentaient la pierre comme caractéristique de la mine — alors que le prospecteur n'avait évidemment fait analyser que l'échantillon le plus riche, le minuscule caillou qui, seul sur une tonne de déchets, contenait une particule de métal —, c'était sur la foi de ces « analyses » que le comté était devenu fou !

Et ceux qui, de loin, croyaient à une folie douce se trompaient. Ces visionnaires vivaient comme des chiens et travaillaient comme des forçats. Ils avaient librement choisi le labeur le plus épuisant, le plus dangereux et le plus ingrat. Sous terre, les explosions de gaz, les incendies et les éboulements faisaient d'innombrables victimes. Ceux que les accidents, l'épuisement, le scorbut, les bagarres et le whisky ne tuaient pas mouraient de la fameuse « maladie du mineur », la silicose, une asphyxie des poumons causée par le dépôt de cette fine poussière de rocher que produisaient les « faiseuses de veuves », les premières perceuses à air comprimé. Peu leur importait, ils persistaient à les utiliser et à penser que l'argent, leur argent, se trouvait à la surface du sol. Encore une fois, erreur. Pour ce qu'ils en savaient, leur filon, si filon il y avait, pouvait aussi bien courir à cinq cents mètres de profondeur. Ils avaient donc le choix : soit forer un puits à la verticale jusqu'à la roche contenant « la veine », soit descendre dans le désert et creuser un tunnel qui atteigne leur veine par le bas. En admettant qu'ils finissent par atteindre la roche contenant le minerai, il leur faudrait l'extraire et le convoyer par milliers de tonnes aux usines de raffinage, pour en obtenir quelques grammes d'argent. Si l'on songe que la simple séparation des déchets coûtait au mineur cent dollars la tonne, leurs lingots se trouvaient décidément à des années-lumière. Cette idée ne les affectait pas. Euphoriques, ils creusaient leur galerie et, tous les samedis soir, descendaient de leur lointaine concession vers Austin, parcourant jusqu'à vingt kilomètres dans les montagnes pour ne pas manquer, grande distraction, l'arrivée de la diligence.

C'étaient toujours les mêmes rites. Ils buvaient, jouaient, se vendaient, s'achetaient des métrages de sous-sol dans leurs mines jusqu'à l'heure incertaine où, par-delà le rempart de rochers qui surplombaient le désert, quelqu'un apercevait les deux quinquets de la voiture.

Aussitôt, le beuglement des ivrognes et le cliquetis des pianos mécaniques se taisaient et, dans le bruit sourd des bottes sur les planches du trottoir, tout le camp se hâtait vers l'International Hotel.

A l'écoute des grelots qui se perdaient dans les tournants de la route, tous ces hommes rêvaient encore. Mais ce qu'ils espéraient là, ce n'était pas leur courrier, les journaux, les nouvelles colportées par les passagers, le cours de l'argent à San Francisco, celui de l'or à New York, l'état des mines dans les autres camps — ce qu'ils espéraient, c'était « voir une femme ».

Ah, le froufrou de la robe qui peut-être s'extrairait de la boîte. Le parfum du chignon qui passerait. Le son mat de la petite bottine sur le bois. Une cheville entr'aperçue... la dentelle du pantalon... qui sait, un bas ? Ils imaginaient un compliment galant, un cadeau...

Extraordinairement, à l'Ouest, le sexe fort avait une mentalité de midinette. Il ne pensait pas à la gaudriole. Il pensait mariage.

C'étaient les femmes qui dans les camps choisissaient leur époux. Elles pouvaient divorcer, se remarier, redivorcer à leur guise. Tromper leurs hommes ? Elles se le permettaient en toute impunité. Les voler, les assassiner — jamais, à ce jour, une cour du Nevada n'avait condamné un jupon. Pourvu que la dame fût de race blanche, elle s'en tirait indemne, avec les plates excuses des jurés.

Cette clémence, ce respect et, dans bien des cas, cette authentique chevalerie que pratiquaient les hommes de l'Ouest s'expliquaient par l'affreuse disette dont ils souffraient : autour de la Reese River, dans tout le district, elles n'étaient que cinquante-sept. Cinquante-sept femmes pour quatre mille hommes. Et parmi elles, douze étaient des prostituées de bas étage, et cinq avaient moins de dix ans. Même les plus âgées, celles qui atteignaient la trentaine, trouvaient autant de partis que de concessions dans la montagne. Il fallait donc faire vite. Attraper la dame au saut de la diligence. A ce stade, la cérémonie durait aussi longtemps que les fiançailles : soixante secondes.

— Vous le prenez ?
— Oui.
— Tu la prends ?
— Oui.
— Affaire conclue. Un dollar, SVP.

Quand Fanny, les lèvres déchiquetées par le vent, les yeux rougis, les cheveux emmêlés, sauta du siège, un silence quasi religieux s'abattit sur Austin. Pas une plaisanterie. Pas même le chuintement d'une mastication. Immobile et muette, la foule des mineurs appuyés aux roues qui servaient de rambarde à l'International Hotel la regarda ouvrir la portière et prendre dans ses bras une enfant. Elles se plantèrent au milieu de la rue. La lueur blême de la lune les enveloppa toutes deux dans un même halo. Et pas un souffle d'air. Une nuit de plomb. Elles étaient seules. Les autres voyageurs avaient fait escale dans les camps, sur le chemin. Un instant, Fanny hésita. Ce fut cet instant qu'ils saisirent pour s'avancer. D'un seul mouvement, tous ensemble, ils l'encerclèrent. Sans agressivité. Mais le regard avide. Elle ne bougea pas. Ils en profitèrent pour la serrer de près, la frôlant, la pressant, la poussant. Elle les sentait à peine. Immobile à son tour, elle les dévisageait, et dans ses yeux fiévreux c'était la même hâte, le même désir. Elle s'accrochait à l'un, à l'autre, cherchant goulûment sous tous ces chapeaux, derrière toutes ces mèches, toutes ces barbes taillées à coups de couteau, les yeux, la bouche, le corps de Sam.

Enfin la poussée de la foule lui fit perdre l'équilibre, elle fit un pas et s'avança, comme un papillon incertain, vers la lumière de l'hôtel. Les rangs, devant elle, s'ouvrirent. Respectueusement. Elle passa. C'est alors que, dans le contre-jour, une haute silhouette, les bras en croix qui repoussaient les battants du saloon, s'encadra sous le chambranle. Belle fut la première à le reconnaître.

— Papa !

Elles tombèrent contre lui qui les retint serrées toutes les deux dans une même étreinte.

Ils ne parlèrent pas.

Il ne lui demanda aucun détail de son voyage. Elle ne lui raconta rien. Pas un mot pour se dire avec quelle ferveur ils s'étaient attendus. Combien l'un à l'autre ils s'étaient manqué.

Blottie, lovée contre lui, elle gardait les yeux clos, le front levé, les lèvres posées sur le cou de l'homme qu'elle aimait. Elle respirait la douceur, très particulière en cet endroit, de la chair de Sam, une peau merveilleusement lisse et chaude, la pulsion régulière du sang dans la veine, le cuir et le miel de son tabac, ce parfum distinct, l'odeur de Sam... Elle sentit alors sous la barbe qu'elle ne lui connaissait pas les lèvres de Sam frôler ses lèvres. Un baiser furtif où elle s'enfonça comme dans une eau tiède et très profonde.

Doucement il la détacha de lui et, hissant Belle à califourchon sur ses épaules, il les emmena.

— C'était la femme de Sam, commenta un mineur.

La foule regarda leurs silhouettes grimper le sentier vers les hauts d'Austin et, mélancolique, se dispersa.

Contrairement à toute logique, ils ne furent ni surpris ni déçus l'un par l'autre. Leur réunion leur procura l'immense félicité qu'ils en attendaient.

Les aventures que Sam avait vécues sans elle, les expériences que Fanny avait faites durant son voyage, la nostalgie de sa famille, du confort, de la sécurité, rien ne vint s'interposer. Elle ne sentit pas l'infinie tristesse du camp, elle ne souffrit pas de leur pauvreté, de leur solitude à venir.

Ils s'étaient retrouvés aussi proches, plus proches peut-être... La personnalité de Sam, sa présence lui donnaient très exactement ce qu'elle attendait de la vie. Tout se réalisa à Austin comme Fanny l'avait rêvé.

CHAPITRE II

LA FEMME DE SAM

Rien de ce qui brille n'est de l'or.

Aphorisme de prospecteur

AUSTIN – juillet 1864-mars 1865

Blond, raie sur le côté. Pommettes saillantes. Lèvres charnues. Yeux pâles — probablement très bleus — en amande. Quelque chose de bienveillant et d'extraordinairement rêveur dans l'expression. Sam Osbourne, sur les rares photos que j'ai vues, semble un très bel homme.

Ce qui me frappe aussi chez lui, c'est ce mélange intéressant, presque touchant, de virilité et d'enfance, de force et d'absence.

Le souvenir qu'il a laissé dans l'Indiana, sa réputation au Bohemian Club de San Francisco, la qualité de ses amis, leur fidélité à sa mémoire me le rendraient sympathique. Sympathique aussi, à cause de l'adoration dont les propos de sa fille témoignent à son égard. Belle, toujours très sensible à l'esthétique, ne tarit pas d'éloge sur la beauté physique et morale de son père. Quarante ans après leurs retrouvailles d'Austin, elle le décrira encore tel qu'il lui était apparu cet été-là, aussi fort, aussi grand que sa mère était petite, aussi blond qu'elle

63

était brune, aussi insouciant, tendre et léger que Fanny pouvait être intense.

D'après ce que j'en sais, le mot qui résume Sam Osbourne serait sans doute « le charme »... Charmant, car expansif, sans trace aucune de mesquinerie ou de fanatisme.

Charmant aussi, parce que insaisissable.

Contrairement aux autres prospecteurs, la plupart immigrants de la première génération sans terre et sans foyer, pauvres hères qui avaient tout à gagner dans les mines, déserteurs de l'une ou l'autre armée, meurtriers qui fuyaient la justice au fond de cette région isolée, Sam Osbourne était officier, diplômé en droit et fils de famille. Il aurait très bien pu continuer à prospérer paisiblement dans l'Indiana. Son emploi à la Cour suprême de l'Etat, ses bons rapports avec ses beaux-parents, son bonheur conjugal l'avaient totalement comblé — jusqu'à la guerre de Sécession. Comme beaucoup de soldats, il en était rentré « différent », incapable de se réinsérer dans le train-train quotidien, « incapable, diraient certains, de se fixer ».

Instable, il l'était sans doute. Même Belle ne pourrait nier que des courants obscurs, des fascinations morbides et douloureuses se cachaient sous la santé, sous la simplicité apparente de son père. Je soupçonne que ce sont ces forces qui ont séduit Fanny.

Non, rien n'obligeait Sam à s'exiler au bout du monde. L'or en soi ne l'intéressait pas. Et si la perspective de faire fortune l'enivrait, s'il rêvait aux mille façons dont il dépenserait son argent, le succès ou l'échec de ses entreprises le laissaient, au fond, assez indifférent. Pourquoi alors y engloutir tous ses biens ? Pourquoi risquer dans ce cañon sinistre sa vie, et celle des deux êtres qu'il adorait ? Rien ne l'y obligeait. Rien, sinon le goût du danger. Celui de l'errance et du rêve.

Le mari de Fanny était probablement l'un des seuls authentiques aventuriers d'Austin.

Elle parlera peu de lui — il la touchait de beaucoup trop près ! Muette comme toujours sur ses propres émotions.

Mais, à l'époque où Ned Field la rencontrera, Mrs Stevenson aura la dent plutôt dure à l'égard de son premier mari. Le jeune Ned se gardera bien de lui faire remarquer que ni la bonne conscience, ni le confort, ni l'argent ne l'avaient jamais séduite chez un homme. Même la sécurité — quoi qu'elle en dise à soixante-dix ans — ne l'intéressait pas. D'instinct elle aimait les vagabonds, les joueurs et les idéalistes. Tous les êtres à la poursuite d'un rêve. Ceux comme Sam Osbourne — et comme Robert Louis Stevenson — qui recherchaient l'aventure pour l'aventure. Et dans une certaine mesure, comme lui, ce Ned Field qui, à vingt-trois ans, deviendra le compagnon d'une femme d'un demi-siècle plus âgée, dont il épousera plus tard la fille quinquagénaire.

Dans ses notes, Ned ne souligne pas que c'est précisément la précarité et l'irrégularité de leur situation, l'inconscience, le courage, le grain de folie qui plaisaient tant en lui à Mrs Stevenson. Ce dernier attachement de Fanny partage plus d'un point commun avec le premier. Similitudes que Ned préférera taire : il perdrait trop à la comparaison.

Entre Fanny Vandegrift et Sam Osbourne, les sentiments avaient pris racine au plus profond.

Rien de fugace dans leur amour. Rien qui ne leur fût à tous deux essentiel. Leur passion allait résister longtemps aux circonstances. Exclusive de sa part à elle, tranquille de sa part à lui.

*\
**

Une chaleur sans humidité. Un soleil au zénith. Pas un mouvement. Personne sur les sentiers. Ni chiens, ni chats, ni même de mules dans les granges. Pas âme qui vive dans les cabanons. Çà et là pourtant, les reliefs d'un petit déjeuner, une tasse renversée, une cafetière, un sac de couchage ouvert, une chemise à terre. Fossilisés. Seules les centaines de pancartes qui hérissaient les montagnes, les pelles piquées droit dans les remblais, et les petites pyramides de sable semblaient vibrer sous l'ardeur de juillet. Mais sur les plates-formes, autour des puits, rien. Hommes et bêtes s'affairaient au fond des galeries. De l'aube jusqu'au couchant, chaque jour de l'année, le camp demeurait mort et muet. Pas un souffle. Pas un cri. Le silence. Qui l'écoutait vraiment entendait, montant de la rivière, des coups sourds et intermittents.

A genoux sur un rocher, Fanny battait son linge. Le lit de la rivière était à sec, mais entre les pierres stagnaient des flaques ocre. La gorge et les bras nus, en nage, ses cheveux remontés dans le vieux feutre de Sam, elle battait, frottait, rinçait, recommençait. L'eau, chargée d'alcali, ne lavait pas ; elle était salée et non potable.

Ni eau, ni pain, ni sucre, ni café. Austin, trop éloigné des marchés, manquait de tout, et la subsistance de la famille Osbourne, l'organisation de leur vie dépendaient exclusivement de l'inventivité de Fanny. Créer le goût du sucre, fabriquer de la levure avec du bicarbonate, du café à base de son, du savon à base de lard : ces concoctions prenaient des jours, quelquefois des semaines à préparer. Comment, sans médecin et sans médicaments, soigner la toux de Belle, une colique, une coupure infectée... Dans son isolement, elle observait les Indiens, leur façon d'utiliser les plantes et les racines.

Les Indiens. Si les mineurs se débrouillaient pour ne pas les voir, Fanny, elle, avait le sentiment de vivre parmi eux.

A la seconde où Sam disparaissait sous terre, les Piutes collaient leurs visages à sa fenêtre. Le menton tatoué, les ailes du nez barrées de traits rouges jusqu'aux tempes, tête et torse nus, sans plumes, sans colliers. Mais armés. Couteau à la ceinture, fusil dans le dos.

Hommes, femmes, enfants, ils venaient s'agglutiner contre le carreau. Ils la regardaient vaquer à ses occupations. Des heures entières, ils suivaient des yeux le moindre de ses mouvements, commentaient à voix basse le moindre de ses gestes. Elle rêvait de les chasser. Elle n'osait pas. Elle les savait fiers. Elle les craignait.

Peut-être reconnaissaient-ils en elle, en sa peau mate, ses prunelles sombres, sa chevelure qu'elle portait souvent nattée dans le dos, une femme de leur race. Sam, à demi sérieux, redoutait un enlèvement. Peut-être ne réclamaient-ils que le « café » qu'elle finissait par leur servir à la fenêtre. Elle leur tendait une tasse, une seule à la fois, froidement. Même réserve et même timidité en offrant son breuvage que la raideur des Indiennes Piutes en l'acceptant. De part et d'autre, pas un geste pour communiquer. Pas un sourire. Pas une grâce. Fanny était néanmoins la seule personne d'Austin qui s'intéressât à leurs pratiques. La seule, avec Sam, qui n'éprouvât aucune condescendance à leur égard.

Sitôt leur café bu, ils disparaissaient. D'ordinaire, cette disparition la soulageait. Mais l'absence prolongée des Indiens pouvait signifier préparatifs de guerre et massacre de Blancs. Voilà une semaine qu'elle ne les avait vus ! Même les Shoshones, qu'elle rencontrait d'ordinaire à la rivière, ne se montraient pas.

Le battoir levé, elle s'immobilisa. Elle venait d'entendre quelque chose dans son dos, comme un éboulis de gravier.

Entre les rochers se coulait, vers elle, un serpent à sonnettes.

Les mains sur son linge, la tête dans les épaules, le corps arc-bouté, elle attendit. Il approchait, elle le sentait à moins d'un mètre de sa cheville. Il allait la mordre. Un grésillement de toupie, le serpent se dressa.

Qui eût pu la voir dégainer à cette vitesse, se retourner, viser, tirer ? La tête du reptile explosa. Tué à bout portant. Et son corps continuait furieusement à se tordre entre les jambes de Fanny.

Le recul lui avait fait perdre l'équilibre contre les rochers. Tout le dos râpé, en sang. Mais elle exultait... Aussi habile au Colt Navy 41, le plus meurtrier des pistolets, aussi rapide qu'avec son Derringer de poche ! Elle leva un regard triomphal vers les mines en surplomb... Qu'attendait-elle au juste ? Une ovation ? Personne. Aucun mineur n'était sorti de sa galerie. Même Sam, en admettant qu'il ait entendu le coup de feu, n'émergerait pas pour s'enquérir de son sort.

C'était cela, l'existence d'une pionnière parmi les chercheurs d'or, vie âpre, vie usante. Vie affreusement solitaire surtout.

L'idée de la reprocher à Sam ne l'effleurait pas. Jamais un mot, jamais un regard, un soupir, qui exprimât le moindre regret pour leur bien-être d'antan.

Mais, depuis qu'elle l'avait rejoint, Fanny ne songeait qu'à une chose : recréer pour lui un nid très douillet. Le confort de Sam. Les aises de Sam. La sérénité de Sam. Elle s'était débrouillée pour transformer la cabane de toile et de papier où il l'avait installée, sans poêle, sans meubles, sans même de fenêtre — un antre —, en une maisonnette, avec, dans ce paysage aride, un potager ! Table, chaises, lits, elle avait tout fabriqué de ses mains. Efficace et secrète, elle s'était mise au travail.

Ce côté « fourmi », ce côté enveloppant aussi, rendait Fanny extrêmement attirante aux yeux des hommes. Sam Osbourne comme Stevenson, comme Ned Field étaient de ces mâles jeunes et très virils qui aiment qu'on s'occupe d'eux. Elle était de ces femmes, à la fois mystérieuses et terriennes, qui tissent autour de leurs proches un cocon. Cocon que Stevenson et tous les autres trouveraient sécurisant. Cocon que ses détracteurs qualifieraient un jour d'étouffant. Manifestement, ils n'en avaient pas expérimenté l'enchantement...

Il est vrai que, mine de rien, elle imposait sa marque. Trois mois après son arrivée, elle avait tout chamboulé dans la vie du camp. En vue — exclusivement — du plaisir de Sam. Sept étés après leur première rencontre, il continuait d'incarner pour elle le seul homme au monde, l'amant. Pour lui, elle était l'épouse. Epouse admirée, épouse respectée qui concrétisait l'image très chérie de la famille et du foyer. Belle pourtant venait se mettre entre eux : Fanny tendait à exclure son enfant de sa relation avec son amour, Sam comprenait totalement sa fille dans la tendresse qu'il portait à sa femme.

« La femme de Sam. » Avec son sourire de sphinx, sa façon d'écouter et de savoir se taire, sa prodigieuse efficacité dans un univers où la débrouillardise pouvait seule changer ou sauver une vie, avec son sens pratique et sa fantaisie, elle appartenait à cette sorte d'êtres que les hommes placent sur un piédestal. Et si les rares dames de la région l'avaient immédiatement trouvée fière, les mineurs, eux, la trouvèrent « idéale ».

A la grande joie de Sam qui depuis la guerre n'aimait rien tant que les camaraderies masculines — les amis, les copains, les partenaires —, tout Austin afflua chez lui. Sa maison devint le centre de la vie sociale, un havre où l'on dégustait les plats que la maîtresse de maison parvenait à concocter, où l'on discutait le rendement des mines, où l'on jouait au monté et aux énigmes, où les mineurs nostalgiques chantaient les airs de leur pays... Rien d'intellectuel, rien d'artistique. Mais pour ces hommes que les troupes de théâtre venaient rarement distraire, qu'aucune douceur de vivre ne rassurait, l'installation au camp de « la femme de Sam » changea l'existence. Elle incarna le rêve auquel, dans leur solitude, ils ne pouvaient prétendre. Et comme elle aimait qu'on l'aime, elle les accueillit tous, conjuguant les rôles de confidente, de conseillère et de déesse. Ainsi, dans ce camp primitif au fin fond du désert, à des centaines de kilomètres de la ville la plus proche, Sam jouissait-il des raffinements de la civilisation, de ce qu'en d'autres lieux et d'autres temps il appellerait résolument son « club », ce qu'elle appellerait un jour un « salon ».

*
**

— Tu es une enfant de l'amour, Belle, murmura-t-il à l'oreille de sa fille, c'est pour ça que tu es si jolie...

Penchée sur une table à quelque distance, Fanny, qui découpait l'une de ses robes pour y tailler des rideaux, leva sur eux ses yeux couleur de mûre. A cet instant elle fut submergée par la certitude que jamais en ce monde elle ne pourrait être plus heureuse.

Sam venait de lire à haute voix *La Belle et la Bête*, leur conte préféré. La nuit de septembre tombait chaude et tardive. Il se balançait doucement, gardant blottie contre lui leur enfant, cette petite fille qui ressemblait trait pour trait à Fanny, brune comme elle, minuscule pour son âge, coquette, délurée...

— ... C'est pour cela, poursuivit-il avec tendresse, que tu es si jolie et si gaie. Parce que ta maman et moi nous t'avons désirée pendant notre lune de miel.

Le regard de Sam fila joyeusement au-dessus de Belle et s'accrocha aux yeux de Fanny. Il lui sourit. L'affection, la complicité, le désir : elle reconnut ce qu'elle éprouvait dans la chaleur de ce sourire. Elle tenta de le lui rendre, mais, incapable de soutenir la violence de son émotion, elle baissa brusquement la tête. Dans son trouble, elle regardait sans le voir le calicot à demi coupé sur la table. Elle n'était consciente que de la présence de Sam. Il se leva, porta délicatement vers le petit matelas posé au sol l'enfant qui dormait déjà. Peu importait que, derrière lui, Fanny pût apercevoir, par cette unique fenêtre pour laquelle elle taillait des rideaux, une dizaine de petits feux dans la nuit. Et des nuages de fumée qui montaient par à-coups vers le ciel étoilé. Des signaux partout au cœur de la montagne. Peu importait que la tribu des Shoshones se fût alliée à celle, plus belliqueuse, des Piutes, dans le but, disait-on, d'attaquer tous les camps autour de la Reese River. Les mineurs de Hangtown à vingt kilomètres au nord avaient été massacrés la nuit dernière. Pas de survivants.

Quand il eut couché sa fille, il décrocha son fusil et l'arma. Il arma aussi les deux pistolets à ses côtés. Puis il boucla son ceinturon sur les hanches de Fanny. Pour eux, l'affreuse veillée des pionniers en territoire indien commençait.

La mort, elle avait déjà appris à vivre avec. Qui se promenait dans le cimetière d'Austin, qui lisait les dates et les épitaphes sur les tombes, s'apercevait qu'aucun de leurs occupants n'atteignait vingt-cinq ans. Qu'ils avaient tous fini salement. Mais, ce qui hantait les cauchemars de Fanny, c'était le récit des femmes de la région. Lors de leur première et seule visite, elles lui avaient conté avec force détails les tortures infligées par les Piutes à l'une de leurs voisines, cette pauvre Mrs Patterson. Le viol par toute la tribu. Le tatouage, une bouillie rouge et noir qui désormais recouvrait son menton comme une barbiche sanguinolente. Et les brûlures. Son nez avait été brûlé jusqu'à l'os.

Sam connaissait le sort qui attendait sa femme et sa fille. Il savait, bien sûr, qu'à la première poussée, à la première grêle de flèches ou de balles, leur cabane s'effondrerait.

Cela ne l'empêcherait pas de se rappeler cette nuit comme sa meilleure soirée dans le Nevada.

Vers onze heures, des cris de guerre et des coups au mur l'avaient glacé de terreur. Fanny, perdant brutalement son sang-froid, avait déchargé ses deux pistolets — douze balles dans la porte...

A la dernière rafale, la fenêtre, avec tout le pan, se détacha d'un bloc et bascula dans la nuit. Offerte et désarmée, Fanny se retrouva face à un groupe d'Indiens plaqués au sol. « Chez Lloyd ! » hurla Sam en la poussant sur la pente. Elle plongea. Il saisit Belle. Roulant, trébuchant, ils coururent comme des forcenés jusqu'au cabanon voisin. La violence de leur intrusion ne sembla ni surprendre ni déranger les deux hommes attablés qui jouaient au monté.

— Les Indiens ! éructa Fanny, au paroxysme de l'hystérie.

— Deux as... à moi de donner.

Sam barricada la porte, balaya les cartes, renversa la table pour bloquer l'entrée. Aucune réaction des joueurs.

— Des sacs, ordonna-t-il, pour les fenêtres !

Rien. S'écartant un peu, leurs hôtes regardaient passivement Fanny cacher sa fille sous la paillasse.

— Surtout tais-toi... même si tu m'entends crier, ne bouge pas !

Elle recouvrit le lit de toutes les roches qui s'alignaient sur les étagères puis, se retournant vers le plus jeune, un blondinet nommé John Lloyd, elle s'empara prestement de son colt. La voyant faire, l'autre mineur se recroquevilla sur lui-même, porta la main à sa bouche, hoqueta, elle crut qu'il allait vomir. Dehors, les coups et les cris avaient repris. Les Indiens encerclaient le cabanon. Enfin, le garçon qu'elle avait désarmé se décida. Un coup de folie. D'un trait, il traversa la pièce, écarta la table, ouvrit :

— Vos gueules !

Brusque silence.

— ... Ça va comme ça... Entrez !

L'expression de Fanny, Belle ne s'en souviendrait pas. Mais l'énorme éclat de rire qui salua l'apparition d'une dizaine de mineurs emplumés et barbouillés resterait à jamais gravé dans sa mémoire.

— C'est..., hoquetaient-ils entre deux accès d'hilarité, c'est une farce !... Vous avez marché comme des bleus !

— Bande de salauds !

Sam, les yeux exorbités, haletait en les regardant.

Il reprit son souffle, respira une bonne fois, gloussa, pouffa :

— Vous m'avez eu jusqu'à l'os !

Il partit d'un fou rire qui lui mit les larmes aux yeux :

— ... Putain... si j'ai marché ! »

Pas une hésitation. Pas une protestation. La blague de ses camarades le soulageait trop pour qu'il ne partageât pas leur euphorie en toute sincérité.

— ... Quand le mur s'est effondré... nom de Dieu, j'ai cru que ça y était !... jubilait-il. J'ai vu, se balançant dans la nuit, le scalp de ma femme !

Redoublement de joie qui déboucha sur une formidable beuverie. Sam était très habitué à cette sorte de distraction dont il goûtait l'humour.

Se déguiser en bandit, dévaliser son partenaire, le faire danser de terreur une petite demi-heure participaient du divertissement traditionnel. On s'amusait comme on pouvait dans le Nevada... Les cardiaques et les mauvais joueurs n'avaient pas leur place parmi les mineurs. Statistiquement, les deux tiers des hold-up étaient des canulars fomentés par les meilleurs amis de la victime.

Pas plus que Sam, Fanny ne se fâcha. Elle se tut.

Le choc passé, elle aida Belle à sortir de sa cachette, l'étendit sur le lit, la berça. Et quand, malgré le vacarme, l'enfant se fut endormie, la femme de Sam se retira dans un coin et attendit la fin des libations.

Je m'étonne tout de même qu'elle n'ait pas réagi. Qu'elle n'ait pas, en cette circonstance, exprimé quelque indignation. La femme avec laquelle allait vivre Stevenson se serait insurgée dans la seconde contre ce qu'elle jugeait stupide ou dangereux. La femme de Sam Osbourne semblait, elle, capable de tout encaisser. La joie, comme le courroux. Fanny stockait, et n'oubliait rien.

Entre la Fanny d'Austin qui ne rêvait que les rêves de Sam, qui n'avait pas de vie intérieure, d'ambition, d'idée que celles de son mari, entre cette Fanny-là et l'étrange sirène que Ned allait rencontrer à San Francisco, la distance paraît telle que j'en viens quelquefois à me demander comment l'une a pu donner l'autre ; et si je puis prétendre connaître l'une ou l'autre.

Il y a quelques années, en relisant ce qu'avait écrit Robert Louis Stevenson sur son épouse, je suis tombée sur un mot à propos de Fanny, qui répond plus ou moins à mes interrogations. *La plus directe, la plus masculine des femmes pourrait bien, à votre grand étonnement,* notait Stevenson, *se déplier comme un télescope, s'étirer par tronçons successifs en une kyrielle de personnalités, dont la dernière en date semble ne rien devoir à la première.*

En parlant des incarnations de Fanny, il ne se trouvait pas au bout de ses peines ! Et je crains que Sam n'ait pas eu — ou trop tard — l'intuition des gouffres que recouvraient les silences de Fanny.

Parce qu'elle venait de vivre la frayeur de son existence et qu'elle continuait de redouter une attaque indienne ; parce qu'il avait participé malgré lui à une plaisanterie dont la lourdeur le choquait, le dénommé John Lloyd se retira dans le même coin que Fanny et s'enferma avec elle dans une même réserve. Ce furent leur mutisme en plein tapage, leur conscience du danger et leur passivité qui scellèrent ce soir-là une amitié de vingt ans.

Avec son teint trop rose et ses bouclettes trop blondes, son nez trop long, ses jambes trop grêles, John Lloyd souffrait de la certitude d'être laid. Sa petite taille l'obsédait. Il gardait donc, à l'égard du monde, une distance mi-coquette mi-guindée que soulignait la régularité très ostentatoire de ses habitudes.

Certes il buvait; mais toujours « à la santé de la reine » ! A chaque anniversaire de Sa Majesté, il se lançait dans la confection d'une sorte de pudding qu'il dégustait en tête à tête avec un mineur anglais. L'eût-on traité d'Anglais lui-même qu'il eût boudé toute une semaine. Gallois. De quel milieu ? Difficile à dire. Sûrement ni marin ni paysan. Ni fils de famille en quête d'aventure, John Lloyd détestait « l'aventure ». Il aimait l'ordre et les traditions. Et s'il avait soif de s'enrichir, c'était par ambition sociale. Probablement issu de la petite bourgeoisie, il avait poursuivi ses études jusqu'à l'université. La nécessité l'avait forcé à émigrer. Fanny n'en connaîtra pas davantage.

Leur relative éducation, parmi des hommes qui pour certains ne savaient ni lire ni écrire, avait attiré l'un vers l'autre Lloyd et Osbourne. Idéologiquement ils s'opposaient. Face à Sam, ex-volontaire de l'armée yankee, Lloyd se voulait partisan de l'esclavage et sudiste. Peu importait. Austin était loin du monde, la politique ne servait ici que de prétexte aux libations et, devant une bouteille, les deux hommes s'entendaient.

Sa fascination, toujours teintée de méfiance et de jalousie, à l'égard de l'épouse de son meilleur ami allait rendre John Lloyd incapable de s'attacher à quiconque jusqu'à l'âge de cinquante ans. Et quand, respectable banquier, il finira par se marier, il rompra sans une explication et du jour au lendemain avec ce couple de vagabonds qu'il avait peut-être un peu trop aimé. Ni Fanny ni Sam ne feront jamais allusion aux sentiments compliqués de Lloyd. Mais, à leur premier fils, ils donneront son nom.

*
**

Nous, soussignés John Lloyd et Sam Osbourne,
approprions une concession de trois cents pieds sur cette

74

veine d'argent s'étendant au nord et au sud de cette
pancarte, avec tous ses embranchements, angles, inclinai-
sons et sinuosités. Et cinquante mètres de terrain de
chaque côté de la veine, pour l'exploiter.

Ce bout de carton, à demi brûlé par la neige et les
vents devant une cavité, constituait l'unique vestige des
velléités minières de Sam.

— Au fond, résuma-t-il à la fin de l'hiver 1865, je ne
suis pas fait pour le travail manuel...

Les Piutes n'avaient pas encore massacré sa famille,
mais, la dot de Fanny, les emprunts aux banques de San
Francisco, les centaines de dollars prêtés à plusieurs
reprises par Jacob Vandegrift et par Jo, la veuve de
George Marshall, sa mine avait tout englouti. Un
gouffre. Au bout d'un an de privation au fond de ce
trou, les Osbourne étaient débiteurs dans trois Etats
différents, Indiana, Californie et Nevada, avec un
compte plus long chez l'épicier que leurs galeries mises
bout à bout.

Ce mercredi-là, Sam et son partenaire émergèrent de
leur puits à l'heure du déjeuner. Ils s'assirent côte à côte
sur la plate-forme et, la tête appuyée au wagonnet, se
laissèrent chauffer au soleil de mars.

— Veux-tu que je te dise, résuma Sam en allumant sa
pipe, le secret, le vrai secret du succès dans les mines
d'argent ?... C'est de ne pas les travailler !

— Exact. Ne rien faire, approuva Lloyd qui, le pied à
la bouche, tentait de cisailler avec ses dents un fil de ses
chaussettes.

— Tu pars tranquillement prospecter dans les
montagnes, tu jouis du paysage, tu casses quelques
cailloux en sirotant une bière, tu trouves une veine
bien saturée d'argent... Et tu vends le filon aux
esclaves du travail manuel qui se crèveront, eux, à
l'exploiter.

Sam sourit au souvenir des mineurs imbéciles qui, lors
de son voyage à San Francisco, lui avaient volé sa
concession. Ils s'y étaient cassé le dos et les dents. Elle
ne valait rien. L'ennui, c'est que sa seconde galerie,
celle qu'il creusait depuis six mois avec Lloyd, semblait
ne profiter qu'à Belle.

Piolet à l'épaule, l'enfant disparaissait sous terre chaque matin. Installée près de son père, elle creusait son petit trou, et le soir, ô miracle, elle trouvait, elle, du métal dans son minerai. Là, entre deux cailloux — déjà amalgamé, fondu, frappé —, un sou !

— ... Que veux-tu, mon pote, ni toi ni moi n'avons une âme de brute.

— D'actionnaire, oui ! coupa Lloyd. Prospecter, c'est fini. Vendre aux indépendants, fini aussi. Mais acheter des parts dans une grosse boîte... une très grosse boîte qui aurait le fric pour importer d'Europe les meilleurs géologues, pour traquer la veine jusqu'aux entrailles de la terre, pour y plonger avec des centaines d'hommes...

Il se tut, et les deux mineurs réfléchirent un instant.

— Les mines d'argent coûtent probablement trop cher à exploiter..., concéda Sam. Trop cher pour des mineurs indépendants, trop cher même pour des compagnies de mineurs...

— Qui te parle de mineurs ? Les mineurs n'ont plus rien à voir avec le pognon. Ils travailleront bientôt pour les boîtes qui les payent, c'est tout... des boîtes dont les fonds viendront de l'Est...

Lloyd répugnait souvent à s'exprimer. L'œil buté, il s'arrêta. Silence. Sam, les dents serrées sur sa pipe, lui donna un coup de coude.

— Continue... je t'écoute.

— Quand la guerre finira, les industriels de l'Est qui n'auront plus besoin de leur fric pour la financer se tourneront vers l'Ouest... Et moi, par saint Georges, je serai là pour les recevoir !

Sam haussa les épaules :

— Les mecs dont tu parles n'ont pas besoin de nous... Tu ne feras jamais fortune avec eux.

— Et avec ça ?

Leurs regards errèrent lentement sur les pentes pelées. Les tentes en contrebas. Les cabanons miteux avec leurs tonneaux de whisky en guise de cheminée. Les tas, les trous. Ils s'arrêtèrent sur le puits qui béait à leur droite. L'idée d'y redescendre, d'y forer tout le jour, d'y poser quelques bâtons de dynamite, de manquer sauter avec...

— Tu as raison, murmura Sam, j'en ai marre. On n'a pas une chance ici...

Il sauta sur ses jambes, battit la poussière de son feutre contre sa cuisse, vida le culot de sa pipe et conlut :

— Allez, on se tire !... J'ai envie d'un bon bain et d'une bonne cuite en ville... Retour à la civilisation !

Dans la seconde, ils plantèrent là six mois d'efforts. Ils abandonnèrent leur mine, les tonnes de minerai extrait, les wagonnets, les outils intransportables, et ils redescendirent vers le camp. Cette conversation, la première du genre entre les deux amis, s'était déroulée le 2 mars vers midi. A l'aube du 3, la porte de la maisonnette qui avait abrité le bonheur de Fanny battait à tous vents.

Si, en pliant bagage, elle s'était imaginé que cette soudaine débâcle pouvait signifier « retour à la maison », c'est qu'elle n'avait rien compris à la mentalité des hommes de l'Ouest. Aucun mineur ne rentrait chez lui avant d'avoir fait fortune. Question d'amour-propre, et de survie morale. Ils avaient trop sacrifié pour renoncer : ceux qui ne capitulaient pas la première semaine ne capituleraient jamais. Et plus ils restaient, plus ils échouaient, moins ils rentraient. « Pas maintenant !... Pas si près du but. » Autant dire que ni Sam ni Fanny ne reverraient de sitôt la solide maison familiale sur la route verdoyante de Danville. Les cailloux et les buissons de sauge n'auraient, en revanche, pas de secret pour eux.

Ce matin de mars là, les Piutes attendirent en vain leur tasse de café. Ils finirent par se servir seuls. Au soir, la table, les chaises, les lits, les objets que Fanny avait fabriqués, les plants que Fanny avait cultivés, tout avait disparu dans la montagne. Le reste, les pelles, les pioches, la vaisselle et les quelques malles échappées aux razzias d'Aspinwall, était allé solder la veille les dettes les plus criardes chez l'épicier. Juste quelques hardes et quelques jouets bringuebalaient sur le toit de la diligence. Douze heures après leur départ, il ne restait pas trace du passage des Osbourne à Austin.

Rien derrière, rien devant, sans regrets, sans projets,

en sens inverse sur la route de Pony Express, ils repartaient de zéro.

VIRGINIA CITY, NEVADA – mars 1865-décembre 1866

Sept cimetières d'hommes assassinés. Sept prisons vides. Cent vingt saloons, huit cents prostituées et seize mille litres de whisky débités par semaine — ce fut là, dans cette ruche, ce coupe-gorge, que le drame eut lieu. Virginia City. La ville la plus brutale de tout l'Ouest américain. La communauté d'alcooliques la plus vaste au monde. L'un des sous-sols les plus riches de l'histoire...

Vingt millions de dollars lourds extraits en quatre ans, trois cent millions dans la décennie à venir.

Truffes, caviar, homards. En plein désert, à des milliers de kilomètres du Paris de Napoléon III, champagne Mercier, rubis Boucheron, crinolines Worth.

Adah Menken, dernier amour de Dumas père, dans une suite de l'International Hotel. Modjeska, célébrissime actrice, sur les planches de Piper's Opera. Mark Twain à la rédaction du *Territorial Enterprise*. Virginia City — La Mecque des artistes. L'Athènes de l'Ouest. L'Eldorado des chasseurs de prime, des joueurs professionnels et des avocats véreux. Une torche entre ciel et pierre.

Visibles de partout au cœur de l'immensité grise, grands bâtiments de briques. Futaie fumante de cheminées d'usines. Immeubles de bois rouges, banques, bourses, bordels, fausses façades surplombant le vide.

A deux mille mètres d'altitude — un brasier.

Dans le lointain, plaquées contre un voile bleu de vierge, les neiges éternelles. Au premier plan, une immensité mamelonnée où les lacs luisent comme des lunes échouées. Un air si rare, si léger qu'il fait palpiter le cœur et siffler les oreilles. La vibration continue du cristal.

Fanfares, pompiers, défilés, revolvers, militaires, cuivres, éperons, sabres — une coulée incandescente sur le damier pentu des artères et des rues. Vingt mille personnes au total, sur une surface de moins d'un hectare. Et huit niveaux de galeries en sous-sol, un réseau qui s'enfonce jusqu'à neuf cent quatorze mètres dans les entrailles de la terre !

Les mineurs d'Austin n'avaient vraiment rien vu...

Ici, la plus petite mine située sur la Comstock Lode — la veine mère — employait six cents hommes, en roulement de trois équipes, vingt-quatre heures sur vingt-quatre.

Jour et nuit, éternellement comme des marteaux d'horloge, les piolets frappaient, la dynamite explosait, la mort fauchait.

A huit heures, quatre heures, minuit, lanterne et casse-croûte à la main, petit bob sur la tête, sous-vêtement garance et torse complètement nu, les mineurs de Virginia City s'entassaient par deux ou trois sur des cabines à claire-voie qui les descendaient à la verticale pendant près d'un kilomètre. Interminable.

Vapeurs. Gaz. Suffocations. Avec la profondeur, la chaleur augmentait. Si, par mégarde, leurs coudes touchaient la paroi du puits : brûlure au troisième degré.

Au dernier niveau, le thermomètre indiquait + 65°. L'enfer. Ils allaient devoir y survivre huit heures. Au bout de trente minutes dans cette fournaise, le cœur lâchait. Ils prenaient donc une pause toutes les demi-heures et se précipitaient dans la « chambre froide » où fondaient pour eux de gigantesques pains de glace. Contre les blocs, ils se frottaient. Ils se roulaient dans les glaçons, les léchaient, les suçaient et, pour finir, vidaient les bacs dans leurs fonds de culotte. On prévoyait cinquante kilos de glace par homme et par jour. Deux chambres froides par galerie. Mais un mineur s'évanouissait toujours quelque part... S'il perdait conscience sur le monte-charge qui le ramenait à la surface, il plongeait dans le vide.

« Je ne suis pas fait pour le travail manuel. » Cette fois, Osbourne et Lloyd se le tenaient pour dit.

Retournant à son premier métier, Sam avait trouvé un emploi de greffier à la Cour qui siégeait cinq à six fois par jour. Si la justice de Virginia City était vendue, elle était honnêtement payée.

Mon bien cher père,

écrivait Sam à Jacob Vandegrift,

Politesse d'abord, plaisir ensuite, comme disait Richard III en se rasant, avant d'assassiner les bébés dans la Tour... Auriez-vous la gentillesse de demander à Jo de rechercher dans mon secrétaire, à la ferme, les papiers militaires d'un de mes hommes, le capitaine Plum, et de les lui envoyer. Il vient de m'écrire une lettre de huit pages sur Jésus, les apôtres, la Bible, et conclut en me demandant son acte de démobilisation... Merci.

Dites aussi à Jo que j'ai ici avec moi les papiers de George — entre autres, sa commission sur parchemin signée de Lincoln. Trop précieux pour les confier à la poste. Fanny les lui rapportera en rentrant à la maison.

Je voudrais que Fanny et Belle reviennent à la ferme cet automne. Je les enverrai par Panama si j'obtiens, à l'une des usines de raffinage, la place d'amalgamateur — rien à voir avec le mélange des Noirs et des Indiens. Amalgamer, c'est un procédé pour séparer l'argent du minerai — pour moi, le premier pas vers la direction d'une mine. Un surintendant gagne ici cinq cents dollars par mois !

Si je n'obtiens pas cette place, je serai sans emploi en janvier et devrai sacrément me démener. Fanny, pour sa part, se débrouille splendidement. Elle va coudre tous les jours chez les nababs de la ville, et les enfants riches du Nevada sont tous habillés par madame. Les mères, qui sortent chaque soir, se l'arrachent pour qu'elle garde leur progéniture à domicile, bref elle se fait quatre dollars par soirée, la journée d'un mineur. Ajoutez à cela qu'elle joue au monté comme une joueuse professionnelle. Elle a gagné hier quarante dollars. Vous devriez la voir battre, couper, donner — et gagner ! Je lui ai dit que c'était la dernière fois qu'elle jouait pour de l'argent. Elle est trop mordue. Impossible de l'arrêter.

Aucune lettre, de toute ma vie, ne m'a fait plus de plaisir que la vôtre. A votre place, la plupart des parents auraient assommé un gendre qui jette un millier de dollars — vos dollars — par les fenêtres. Vous pouvez compter que je vous rembourserai jusqu'au dernier sou. Ou bien je resterai ici, à les gagner jusqu'au Jugement dernier.

Je ne vais pas vous importuner avec mes remerciements. Mais j'essaierai de vous prouver que je suis sensible à votre gentillesse. J'essaierai de vous prouver combien je vous suis reconnaissant. Quand je reviendrai à la maison, j'aurai remboursé toutes mes dettes.

Je travaille toujours comme greffier chez Squires Mills. Je ne gagne malheureusement que cent cinquante dollars par mois. Mais, si j'obtiens la place dont je vous parlais, nous pourrons compter sur deux cents à trois cents dollars.

Tout bien considéré, je ne pourrai pas rentrer avec Fanny cet automne. Mais elle se taille déjà des robes en prévision de son retour. Surtout, que Betty attende son arrivée pour se marier ! Vous ne pouvez imaginer combien elle se réjouit d'être avec vous tous pour la noce.

Quel genre de cheval dressez-vous pour Belle ? Elle a été un peu malade. Fanny l'a emmenée se reposer une semaine dans la vallée et maintenant tout va bien ! Mais comme la ferme nous manque !

Jo, pourquoi n'écris-tu pas ? Et toi, petite Cora ? Et Jake ? Et Nell ? Je vous ai écrit à tous et vous n'avez pas répondu. Ce sont peut-être les Piutes et les Shoshones qui lisent mes lettres ; ils ont considérablement dérangé le courrier ces derniers temps.

J'aimerais être sur la véranda, avec vous, père. Nous fumerions tous les deux à l'ombre des roses, tandis que les poules picorent dans la cour, que les chiens tournent à nos pieds, que le dîner se prépare derrière nous.

Dommage.

Mais nous serons bientôt près de vous. En tout cas certains d'entre nous...

Ecrivez-nous, et croyez-nous vos très affectionnés fils et fille.

Sam.

Pas un mot de la main de Fanny. Même pas un post-scriptum, un bonjour, un baiser ou une signature.

Cette lettre, caractéristique des rapports de Sam avec sa belle-famille — affection et malaise, soucis d'argent et promesses —, ne disait rien de leur vie réelle à Virginia City.

Il parlait pourtant d'ennuis de santé. Il mentionnait un voyage de Belle et de Fanny à San Francisco. Il taisait ce qui s'était passé en leur absence. Ce qui se passait depuis leur retour.

*
**

Une vingtaine de jours après l'installation des Osbourne à Virginia City, une épidémie de scarlatine avait ravagé la ville.

Sam et sa famille habitaient alors une maisonnette de bois blanc, préfabriquée, comme il en existait des centaines dans la périphérie de Virginia City. Quatre-vingts mètres carrés terrain compris, clos d'une petite barrière, un porche, deux pièces, et la cuisine dans le jardinet. Fanny avait encore traqué planches, barils et clous, scié, planté, taillé, cousu. « Home sweet home », rideaux à fleurs et fauteuils à bascule, un nouveau nid où l'ami Lloyd venait festoyer tous les soirs.

Ce matin-là, au moment de partir coudre chez l'une de ses clientes, elle remarqua que Belle chipotait son petit déjeuner.

— Tu n'as pas faim ?

— Si.

Son regard scruta le visage congestionné de l'enfant.

— Tu es malade ?

— Non...

Inquiète, Fanny l'emmena, comme elle le faisait toujours quand elle travaillait à l'extérieur. Mais, prostrée à ses pieds, la petite ne jouait pas. A une heure, elle la reconduisit. Au soir, Belle délirait.

— Je vais chercher un médecin ! s'exclama Lloyd, rentré dîner avec Sam qui, d'un geste brutal, le retint par la manche.

— Reste là ! Aucun charlatan ne s'approchera de ma fille...

Pour avoir aidé, pendant la guerre, aux saignées et aux amputations, Sam affichait le plus total mépris à l'égard de la profession médicale. C'était son seul préjugé.

— ... Fanny seule connaît la constitution de Belle... Si quelqu'un peut la sauver, Fanny le peut. Fanny seule !

— Il faut un docteur, insista Lloyd. Les enfants meurent partout.

— Justement ! rétorqua Fanny.

Penchée sur sa fille, guettant son moindre souffle, elle la veilla et la soigna. Elle ne dormait pas, se nourrissait à peine. Les garçons tentaient de la relayer, mais ils finissaient toujours par s'assoupir. A la fin de la seconde semaine, alors qu'elle pressait un grain de raisin sur la pauvre langue tuméfiée de l'enfant, Fanny l'entendit murmurer : « Encore, maman. » Les premiers mots depuis sa maladie. Quand Fanny lui eut distillé dans la bouche la grappe entière, la petite parut satisfaite. Elle reposait calmement. La fièvre tomba ce soir-là. Belle était sauvée. Et ce fut Fanny qui s'effondra.

Epuisée, elle laissa Sam les envoyer toutes les deux en convalescence au bord de la mer, dans la famille de l'un de ses nombreux amis. Il les embarqua à l'aube du 8 avril 1865 sur la diligence de San Francisco. Elles partaient à leur corps défendant.

— Vous avez toutes deux besoin de repos, murmura-t-il en serrant leurs petites mains tendues.

Devant la ferveur de leurs visages amaigris, la fixité de leurs regards, leur détresse, le cœur de Sam se serra.

L'idée qu'avec elles s'en allait son bonheur lui traversa l'esprit. L'intuition que cette séparation signait peut-être la fin d'une époque, que ce départ pouvait être définitif... Il ne voulut pas s'y attarder.

Les chevaux, énervés par l'attente, se cabrèrent. Un cri. Sam vit Belle et Fanny projetées au fond de la voiture. Déjà la diligence filait sur C Street, elle traversa d'un trait la ville engourdie, disparut dans le tournant, déboula dans le désert. Ils n'avaient pas eu le temps de se dire au revoir !

Ahuri, vide, Sam resta planté au milieu de la rue. La maladie de Belle, la fatigue de Fanny, la tristesse, la tension de ces dernières semaines l'avaient lui aussi éprouvé.

Brusquement, une bouffée de joie lui monta à la gorge : c'était fini ! Belle se portait à merveille. Fanny allait récupérer. La vie reprenait. La vie, telle qu'il l'aimait. Il pouvait à nouveau rire et s'amuser... S'amuser, depuis la guerre, signifiait pour Sam copains, cuites et catins. Les filles ne manquaient pas à Virginia City. Un instant, la pensée d'une descente au bordel, à cette heure, l'égaya. Bravement il résista : il partit travailler.

En chemin, parmi les rares passantes du petit matin, il reconnut, ô surprise, le minois de Mrs Betty Beaumont Kelly, une jeune et jolie veuve rencontrée jadis sur le vapeur entre New York et Aspinwall.

— Ça, par exemple !

Mrs Kelly l'avait aidé à soigner George Marshall dans ses derniers moments. Sam lui en savait gré. Elle avait été très bonne pour George. Très bonne pour lui aussi quand George l'avait quitté. Ils s'étaient perdus de vue à Panama, mais retrouvés à l'Occidental Hotel de San Francisco. Une nuit, une seule, qu'ils avaient passée ensemble. Tous deux en gardaient un souvenir agréable. Et sans conséquence.

— Que faites-vous ici, dans ce trou ?

Betty lui apprit qu'elle tenait une pension pour mineurs, oui, ici même sur C Street. Elle démarrait. Elle avait fait les choses en grand et commandé ses meubles à San Francisco. Mais, catastrophe, son déménagement n'arrivait pas ! Chez elle, le salon restait totalement nu, les chambres sans brocs ni cuvettes. Ses clients se plaignaient, elle allait faire faillite avant même d'avoir eu le temps de rentrer dans ses frais. Très naturellement, Sam proposa de lui prêter ses propres meubles. Elle pouvait emporter toutes les chaises, la vaisselle, même les rideaux : en l'absence de sa femme et de sa fille, il n'avait besoin de rien. Le temps de tenir jusqu'à la livraison de ses caisses, Mrs Kelly accepta. Cependant, pour qu'il ne fût pas incommodé, elle tint à le loger.

Ce qui se passa ensuite, Sam ne s'en souviendrait guère. Du moins, guère plus que les vingt mille autres habitants de Virginia City. Il pourrait seulement dire que le 10 avril, par un matin plutôt brumeux, il avait entendu les cloches carillonner aux églises de la ville. Tout ce qui pouvait pétarader, les deux canons du prévôt, les centaines de fusils, les milliers de revolvers, les kilos de dynamite explosaient sur C Street. Les gens couraient dans les rues, s'attroupaient, hurlaient. La nouvelle, l'extraordinaire nouvelle, de la reddition du général Lee avec toute l'armée sudiste venait d'atteindre le bureau du télégraphe. Le conflit le plus meurtrier de l'histoire américaine — plus meurtrier pour les Etats-Unis que la Première et la Seconde Guerre mondiale du siècle suivant — prenait fin. Et le parti de Sam, celui de Virginia City, avait gagné...

Aussitôt les mines et tous les commerces fermèrent. Tous, à l'exception des cent vingt saloons. Un océan de whisky submergea la ville. Ce fut la plus formidable débauche du Far West. Vingt mille personnes ivres mortes durant cinq jours et cinq nuits.

Au matin du sixième jour, quand les caniveaux furent jonchés de corps entassés et ronflants, un second télégramme arriva au bureau de la Western Union :

« *Président Lincoln assassiné au théâtre.* »

Puis, coup sur coup, deux dépêches :

« *Président Lincoln mort à 8 h 30 ce matin.* »

« *Rapports contradictoires. Président mort à 9 h 22.* »

Et plus rien. Pas une nouvelle pendant quarante-huit heures. Virginia City, stupéfiée, cessait de communiquer avec le monde.

Des émeutes avaient éclaté à San Francisco. La

foule y saccageait les journaux suspectés de sympathie sudiste. L'état de siège était proclamé. Dans la panique, le télégraphe avait été coupé.

Ainsi Fanny, bouleversée par les événements, rentrat-elle sans prévenir. Ce qui l'attendait, après moins d'une semaine d'absence, allait la surprendre.

*
**

En pénétrant dans sa maison, elle ne comprit pas. Vide. Plus un meuble. Rien. Même le poêle avait disparu ; le conduit pendait du toit, avec une grande tache de suie sur le plancher. Et pas trace de Sam.

Elle ressortit, fit deux fois le tour du bâtiment comme un animal désorienté, revint se planter au milieu de la pièce qui naguère servait de salon.

Immobile et couverte de poussière, son sac de tapisserie à ses pieds, sa fille serrée contre sa crinoline, elle cherchait du regard, sur les murs, sur la porte, une feuille, un papier — quelque chose qui ressemblât à un message.

— On a même pris mes dessins, commenta Belle d'une voix morne.

Aussi étonnée que Fanny, beaucoup plus contrariée, l'enfant fit remarquer que sa dînette, ses poupées et ses livres manquaient aussi.

— ... Où est papa ?

La petite pleurait.

Cette détresse de sa fille secoua la stupeur de Fanny. Elle lui saisit la main et partit s'informer auprès des voisins.

On ne savait rien. Oui, on avait vu Mr Osbourne déménager. Il conduisait une carriole, il allait vers C Street. Non, il n'avait pas l'air malade. Une dame l'accompagnait.

— Qui ?

On l'ignorait. On pourrait peut-être la décrire : Fanny la reconnaîtrait, c'était tout son contraire. « Blanche. Belle. Blonde. Longues gouttes de jais aux oreilles. Coquet col de batiste. Crinoline en crêpe de Chine noir. »

Piqûre, morsure, brûlure, à chaque détail Fanny se raidissait. Elle ne souffrait pas. C'était seulement une vague irritation, de l'agacement. Très net, l'agacement.

« ... L'air convenable. En tout cas, bien aimable... Une veuve peut-être ? Riche, pour sûr ! »

Avec avidité, elle cherchait dans sa mémoire une image, un nom. Elle ne voyait pas... Elle ne voyait pas le rapport entre la veuve, ses meubles et Sam.

A tout hasard, la voisine lui donna, sur C Street, l'adresse d'une pension de famille où Fanny pourrait attendre des nouvelles de son mari... Quelque chose dans le ton dont on usa lui crispa tous les muscles de la gorge. Cette fois, elle eut mal. Elle eut aussi très peur.

Elle réagit comme toujours devant une menace ou un danger : elle fonça droit sur ce qui la terrifiait.

Le bibi en bataille, la bottine rageuse, la jupe balayant furieusement les cadavres de bouteilles, elle entraîna sa fille vers C Street.

Qu'imagina-t-elle ? Quelles scènes, quelles voix, quels visages ? Quelle relation entre la veuve et Sam ? Quand elle arriva au numéro 330, Fanny sanglotait.

Sa fille la décrirait telle qu'elle ne l'avait jamais vue : une petite femme hoquetant devant la barrière d'un cottage cossu. Que craignait-elle ? Je ne suis pas certaine qu'elle le sût elle-même.

Mais c'était la première fois, en se sentant si triste, qu'elle ne pouvait appeler Sam à la rescousse.

Evoquer leur complicité, cette communion où elle puisait sa force depuis huit ans, lui était devenu pénible. Pire : défendu.

L'impossibilité d'en référer à Sam, cette bizarre interdiction de songer à lui, laissait maintenant Fanny sans idée. Sans ressort. Sans racine. Creuse. C'était ce vide qui l'épouvantait. Un gouffre.

Ou bien était-ce l'atmosphère de la ville ? Les drapeaux en berne à tous les piliers, les tentures de deuil qui, de balustrades en balcons, par grandes plaques sales, maculaient le rouge des façades ? Etaient-ce les cris d'un prédicateur qui menaçait Virginia City de destruction ? Le silence des mineurs devant les banques et les saloons ? Le murmure continu des prières au-dessus des églises ? Partout ce noir. Et le service des morts.

En lisant la plaque « B.B. Kelly Lodgings », Fanny, le regard noyé, s'accrochait désespérément à la main de sa fille.

Son premier réflexe fut pourtant d'éloigner Belle.

— Reste dans le jardin.

L'enfant s'arrêta au milieu de l'allée. Fanny s'avança. Sur le perron, au moment de tirer le cordon, elle reprit son souffle et jeta par la fenêtre un coup d'œil... Quelle ne fut pas sa surprise en reconnaissant, épinglées au papier rouge et or, les gravures de mode qu'elle avait découpées dans son *Harper's Weekly*. Et le buffet, et les fauteuils, et la table qu'elle avait fabriqués de ses mains.

Elle ne sonna pas. Elle entra.

Dans le remue-ménage qui suivit, je la retrouve telle que Ned Field l'a connue. Tombant sur la si blonde et si blanche logeuse, elle l'étripa. On l'entendit la traiter de « voleuse » d'un bout à l'autre du désert. En temps normal, ses injures n'auraient dérangé personne. Mais le jour des obsèques de Lincoln, au cœur de l'extraordinaire recueillement, ce fut un scandale dont Virginia City parlerait longtemps.

Terrifiée par son tapage, la veuve Kelly tenta de la faire taire en lui restituant sur l'heure tous ses effets. Erreur. Le va-et-vient du déménagement qu'orchestraient les ordres tonitruants de Fanny aux portefaix attira encore l'attention. Attroupement. Et shérif. Fanny expliqua le cas. Jamais Belle ne l'avait entendue s'exprimer plus clairement :

— Mes meubles !

De Sam, pas un mot. Elle ne prononça pas son nom, ne mentionna pas sa disparition. Aucune allusion à son mari. Elle ne réclamait que ses « meubles »... Pour quelqu'un qui allait semer ses affaires sur tous les océans, elle mit cette fois une belle énergie à les récupérer.

Au soir, les dames Osbourne avaient réintégré leur

salon, poêle, dessins, gravures, dînette, pas une épingle ne manquait à la boîte à couture.

Sam, en écoutant la scène du lit de sa maîtresse, avait jugé plus prudent de ne pas se montrer. Mais, s'il crut qu'obsédée par ses meubles Fanny n'avait pas soupçonné l'infidélité, il la prenait pour plus naïve qu'elle n'était.

Le regard qui l'accueillit en fin de journée ne lui donna pas la mesure des bouleversements qui l'attendaient.

Soulagé que Fanny ne lui fasse pas de scène — seulement la tête —, Sam ne s'expliqua pas. En minimisant cet incident, qu'il s'obstinerait toujours à appeler « une stupide histoire de meubles », il pensait qu'elle l'oublierait vite.

Ce fut précisément au moment où il se rassurait, où il songeait même à présenter la veuve Kelly à sa femme, qu'elle l'attaqua.

Sans que Sam s'en doutât, l'univers de Fanny s'était effondré. Apparence. Tricherie. Pacotille. Elle avait pris conscience que son « idéal », ce pour quoi elle vivait depuis huit ans, l'union avec Sam, reposait sur le vide. Il l'aimait, oui, il l'aimait bien, il l'aimait moins, il n'avait probablement pas cessé de courir ailleurs, et ce n'était pas cela le pire.

Le pire, c'est qu'il l'avait rendue parfaitement heureuse, qu'elle avait reçu de lui, de la vie, ce qu'elle en attendait. Ce qu'elle attendait ne valait rien. Du toc.

Oscillante, Fanny ne savait désormais que vouloir, vers quel idéal tendre, où investir sa formidable énergie. Sinon, peut-être, dans la révolte. Table rase.

On a beaucoup dit — du moins la famille Osbourne a dit — que c'était l'intransigeance de Fanny qui avait poussé son époux à lui être infidèle. Les frasques de Sam, son goût pour les femmes, le jeu, la spéculation, la ruine à répétition, Fanny en porterait la responsabilité. On avait sans doute raison. L'épouse, naguère si loyale dans l'adversité, si discrète et soumise, allait se répandre en un déluge de reproches à faire fuir même le plus constant des maris. Sciemment, en huit jours, Fanny détruisit huit ans d'harmonie.

Pour cette femme instinctive, la mise en question de tout ce qu'elle avait jamais ressenti et voulu aboutissait au vertige. Un abîme de doutes quant à sa propre existence, un néant si complet que, leur passé, leur avenir, Sam risquait de ne rien pouvoir sauver.

La veille de la première des scènes, qu'elle qualifierait plus tard d'« une médiocrité honteuse », ils avaient fait l'amour.

Plus proches, plus soudés que jamais. Leur chant du cygne... Sam en garderait le souvenir d'une douceur et d'une communion parfaites. Eût-il été moins candide, il aurait vu avec quelle sauvagerie Fanny le regardait s'enfoncer dans la jouissance, tandis qu'elle se retenait. La brutalité de sa joie en l'entendant, lui, se noyer dans le plaisir, quand elle restait au bord...

Au matin, gaiement, il se rasait lorsque, étendue derrière lui, elle dit :

— Séparons-nous.

Pas d'estafilade. Mais le bras de Sam retomba. Il se tourna.

— Pourquoi ?

— Je ne veux pas vivre avec un homme que je ne respecte pas.

Elle parlait d'une voix monocorde, les mains sur le drap, le dos appuyé au coussin. Elle évoquait, dans ce moment de totale immobilité, avec sa crinière de boucles noires, ses prunelles fixes qui ne regardaient rien, sa poitrine lourde et nue, et les colliers de verroterie qui miroitaient entre ses seins, quelque idole primitive et dangereuse.

Essuyant le savon qui maculait encore sa barbe au-dessus des pommettes, Sam s'approcha.

— Qu'est-ce que tu as ?... C'est encore cette stupide histoire de meubles ?

— Je crois que je n'ai plus confiance.

— Oh, Fanny, tu dramatises toujours !

Elle ne répondit pas. D'un geste exaspéré, il battit le lit de sa serviette.

— ... Enfin, qu'ai-je fait de si abominable ? Mrs Kelly était une amie de George, elle avait des difficultés, j'ai voulu l'aider, je ne pensais pas que cela te gênerait... Ni ta sœur ni toi n'étiez là pour soigner George. La dernière nuit, c'est Mrs Kelly qui l'a veillé, c'est dans ses bras qu'il est mort !... Et dire que tu nous gâches la vie pour une stupide histoire de meubles !

Fanny baissa la tête. Son instinct la trahissait-elle encore ? S'agissait-il seulement de la disparition des meubles ? Se trompait-elle ? Pourtant, cette souffrance, Fanny ne l'inventait pas, elle existait ! Pourtant ce dégoût en évoquant la veuve Kelly, pourtant cette peur... Folle ? Imbécile ? Une histoire de meubles et le cerveau qui bascule... En la faisant douter de tout, d'elle, de ses sentiments, de la légitimité de sa colère, Sam achevait de la précipiter dans ce néant qui la terrifiait. Fanny réattaqua. Au hasard.

— ... Tu lui as donné les dessins de Belle.

— Je ne lui ai rien « donné » du tout. Je lui ai prêté la maison en attendant son déménagement.

— « Ma » maison.

— La nôtre !... Nom de Dieu, Fanny, je ne te savais pas si jalouse... Jalouse de tout, et de tout le monde !

Il sortit. Elle resta nue. Immobile.

Sam allait essuyer un feu nourri durant six mois. Et plus il se déroberait, plus elle s'acharnerait.

En public, Fanny continua de se taire. Devant Lloyd, devant Belle, pas un reproche. L'enfant n'entendit jamais les cris derrière la mince cloison. Et, si Belle s'aperçut d'un changement, elle trouva la chose à son avantage : sa mère reportait enfin toute son attention sur elle. Quant à Sam, il devenait chaque jour plus complice de sa fille, il s'en sentait proche et le lui montrait. Fanny ne montrait rien.

Mais quand son regard se posait sur les yeux bleus de Sam, sur sa barbe blonde, sur ses lèvres, la lueur fixe et

folle qui passait dans les prunelles de la belle Mrs Osbourne donnait la chair de poule, même à John
Lloyd qui l'aimait. « Elle exagère », songeait-il. Sam
était bien d'accord.

Ses amours avec Betty Kelly ne lui suffisant plus,
il s'entoura d'une cohorte de filles, et jouit auprès
des tenancières, des propriétaires de saloons, des
mineurs et des brokers d'une popularité dont Fanny
connaissait trop bien le charme.

Noël 1865 fut un enfer.

Elle n'avait pu rentrer chez ses parents cet
automne-là, comme Sam l'avait promis dans sa lettre
aux Vandegrift... Deux ans loin de la solide maison
familiale, loin de Jo et de son père. Quelle importance ? Sam, sans le sou, se croyait à nouveau millionnaire. Il possédait près de trente mille « pieds »
dans toutes les mines inexploitées de Virginia City.
Convaincu que chaque pied valait de cinq à dix
mille dollars, il continuait d'emprunter, de vendre et
de spéculer. La fièvre de l'or ne le lâchait plus.

Et quand l'un de ses nombreux partenaires lui
proposa de repartir à l'aventure, il sauta sur l'occasion.

Il irait prospecter dans les montagnes du Montana. Un mois. Le temps de faire fortune au cœur
de cette région où l'on venait de découvrir de fabuleux gisements... Fanny et Belle l'attendraient à Virginia City.

La petite fut seule à regarder le convoi, la
colonne de mules, les huit chariots, et la quarantaine de chercheurs d'or à cheval qui, le matin du
28 mars 1866, s'ébranla dans la poussière du désert.

C'était le premier exode que Virginia City ait
connu. Ce devait devenir le plus beau massacre de
Blancs pour l'année 1866.

**
*

Sais-tu, ma chère Betty, écrivait Fanny à sa
seconde sœur qui allait se marier, *sais-tu que je crois
pour toi à un avenir très heureux ? Tu possèdes*

désormais tout ce dont une femme peut rêver. Un époux que tu respectes, en qui tu as confiance, et qui t'aime. Tout ce que j'ai perdu par ma faute.

Le printemps, l'été passèrent sans nouvelles de Sam. Pas un mot, pas un message. Le silence total.

Elle rêvait de lui chaque nuit. Toujours le même cauchemar. Elle se voyait assise sur un banc, dans une pièce vide et close. Des formes empoignaient Sam sans qu'elle puisse rien faire. Elle s'accrochait à lui qu'on entraînait au fond d'un couloir. Fanny restait dans une salle, à l'attendre. Enfin la porte s'ouvrait. On jetait Sam à ses pieds. Sam méconnaissable. Sam sanguinolent. La barbe brûlée. Les ongles arrachés. Les yeux crevés. Elle hurlait. Elle se réveillait. Coupable. Coupable de n'avoir pas été torturée à sa place. Ce sentiment ne la quittait plus.

C'était à cause d'elle qu'il ne revenait pas. C'était son intransigeance qui l'avait chassé de Virginia City. Elle l'avait peut-être envoyé se faire tuer. S'il était mort...

Elle n'osait plus sortir travailler. Elle craignait qu'en trouvant la maison vide il ne s'en retournât. Elle cousait donc chez elle et parlait à Sam dans sa tête.

Elle aurait tant voulu lui dire qu'elle lui pardonnait, que c'était à elle de demander pardon... Un douloureux monologue qui n'en finissait pas.

Dès l'aube, réveillée par son cauchemar, elle se postait à la fenêtre. A chaque instant, elle entendait la barrière s'ouvrir. Le blizzard de novembre secouait les planches, roulait dans la rue les ballots de foin, précipitait les barils et les bâches sur les pentes.

Quand elle allait en ville, partout elle croyait reconnaître la jument baie de Sam. Sous le feutre d'un cavalier, la barbe de Sam ; sous le long manteau, les bottes et les éperons de Sam. A perdre haleine elle le poursuivait jusqu'au désert, glissant sur le jus de tabac qui stagnait par flaques entre les planches des trottoirs, ou s'étalant de tout son long dans la neige.

Cet hiver-là, les trente poteaux alignés du télégraphe, les piliers et les pylônes qui bordaient C Street, disparaissaient à mi-hauteur sous la poudreuse. Les porches, les balustrades, les balcons, d'un rouge désormais rosé par le givre, ployaient sous les stalactites.

Autour des mines, les pyramides qui hérissaient l'uniformité blême évoquaient un dédale de volcans lunaires. Avec leurs remblais de glace, les puits ressemblaient à des cratères. Dans la blancheur des couloirs soufflaient et fumaient de longs trains de mules, de chevaux et d'ânes parmi lesquels des hommes gesticulaient en battant la semelle. Oisifs.

Avec le froid, la récession qui avait vidé Austin Camp venait de s'abattre sur Virginia City.

Depuis quelque temps déjà, la richesse de la veine mère semblait épuisée. Les usines de raffinage fonctionnaient au tiers de leur rendement. Crise. Mais pas ruine. Chacun gardait la foi dans la fertilité des sous-sols. Il suffisait seulement de creuser plus profond.

Pour tenir jusqu'à la découverte des nouveaux filons, les industries sans actionnaires empruntaient donc aux banques qui consentaient des prêts massifs. Deux millions de dollars avancés en un an aux petits propriétaires. John Lloyd avait vu juste sur ce point : dès la fin de la guerre, les gros capitalistes s'étaient tournés vers Virginia City. Si bien qu'en cet hiver 1866 les usines de raffinage, grevées d'hypothèques, les compagnies de transport, insolvables, et la plupart des mines de la Comstock venaient de tomber aux mains des banquiers. Il ne restait plus aux particuliers qu'à plier bagage.

— Sam avait raison ! s'exclama Lloyd en apparaissant dans le salon de Fanny le matin du 3 décembre. Les gros mecs s'enrichissent tout seuls, ils n'ont pas besoin de nous !

Il plongea son visage poupin dans la fumée qui montait de sa tasse. Ce qu'il était venu dire l'embarrassait, et la chaleur du café achevait de l'empourprer.

— ... Les gens quittent la ville, les petits, j'entends. Les ruinés... Ils se replient sur San Francisco.

Llyod hésita et, profitant du moment où Fanny se tournait pour reposer la cafetière sur le poêle, il avoua :

— Je pars aussi.

Elle pâlit sous son hâle.

Avec Lloyd s'en allait son dernier lien avec la réalité.

S'appuyant au dossier, elle contempla une seconde cette chevelure de boucles rases, la nuque rosâtre constellée de taches de son, le doigt court et noueux qui s'obstinait à gratter une tache imaginaire sur la nappe à carreaux... Elle tenait à Lloyd. Elle y tenait autant qu'il tenait à elle. Pour d'autres raisons.

Gêné par leur silence, il poursuivit :

— Vous feriez bien d'en faire autant, Mrs Osbourne !

— Et Sam ? demanda-t-elle.

— Sam se débrouillera toujours. Mais vous, d'ici une semaine, vous ne pourrez plus passer. La route de Reno est déjà coupée. Les torrents débordent. Partout des avalanches. Vous allez rester bloquée tout l'hiver... Il faudrait même vous dépêcher : les diligences sont bondées. J'ai dû réserver ma place deux semaines à l'avance.

Elle fit un effort sur elle-même pour paraître calme, et s'assit.

— Quand partez-vous ?

A nouveau, Lloyd hésita.

— Ce soir.

Elle hocha la tête, songeuse.

— Bien sûr.

— Vous devriez en faire autant, insista-t-il.

— Si Sam rentre et ne nous trouve pas ?

— Soyez raisonnable, Mrs Osbourne !... Toutes vos clientes sont descendues passer la saison dans la vallée. Comment survivrez-vous ? Jamais Sam ne vous aurait laissées, Belle et vous, geler ici ! A San Francisco, vous trouverez facilement du travail. Vous pourrez l'y attendre.

— Comment nous retrouvera-t-il là-bas ?

— Il vous trouvera.

Inquiet des responsabilités qu'il prenait à l'égard d'une femme qui ne lui était rien, Lloyd recommença à nettoyer la nappe. C'était la première fois, en huit mois de visites quotidiennes, qu'il parlait à Fanny de façon si directe. D'ordinaire, leurs conversations louvoyaient, ils s'entendaient tous deux pour ne pas en venir au fait. Llyod ne restait de toute façon que quelques instants, Fanny ne le retenait pas et, quand ils se séparaient, ils n'avaient généralement pas évoqué Sam dont la pensée les obsédait. « Sam. » Llyod éprouvait lui aussi à l'égard de Sam un net sentiment de culpabilité. Il aimait la femme de son ami. Mais il l'aimait d'une passion tourmentée où l'attirance et le rejet entraient à part égale.

La confusion de ses deux désirs, celui de fuir Mrs Osbourne qu'il sentait néfaste à sa tranquillité et à son avancement, celui de la protéger et de la posséder, s'exprimait chez lui par des crises de silence et d'agressivité. Sans que ni l'un ni l'autre sachent pourquoi, Llyod pouvait bouder Fanny toute une semaine. Il la boudait, mais il venait. Pas un jour où il ne fût monté prendre son café avec elle. Et c'était cela, la fidélité, qui attachait Fanny à John Lloyd.

— Ne partez pas. Pas ce soir !... Je vous accompagnerai dans une semaine... Laissez-moi l'attendre encore une semaine.

Ils l'attendirent en vain.

La veille de Noël, les voisins virent Mrs Osbourne, armée d'un seau et d'un balai, barbouiller furieusement sa maison de graffitis rouges.

Une demi-heure plus tard, elle laissait à jamais derrière elle ses fameux meubles et s'embarquait avec Belle sur la dernière diligence à franchir les sierras avant le printemps.

Les pillards et les squatters qui dépèceraient la cabane liraient sur chaque mur le même message sanglant :

A San Francisco. L'hôtel où tu nous avais installées. Nous t'attendons. Viens !

SAN FRANCISCO – OCCIDENTAL
HOTEL – 1867

— On vous demande au bar...

A demi tournée vers le garçon d'étage, Fanny demeura immobile au fond du fauteuil. Mais dans le contre-jour le groom devinait, qui tremblait sur ses lèvres tombantes, la question qu'elle ne parvenait pas à poser.

— ... Qui ? Sais pas, admit-il. Mais un homme.

L'émotion de cette femme gênait le jeune chasseur, au point qu'il n'osait ni insister ni se retirer. Il resta donc sous le chambranle de la suite numéro 11, gardant la porte ouverte, attendant que la cliente trouvât la force de se lever pour descendre. Le regard interrogateur, avec quelque chose de fixe qui pouvait ressembler à de la terreur, elle ne bougeait pas.

Derrière elle, le bouillonné des voilages, où s'engouffrait par rafales la brise marine, palpitait comme un mur d'écume. En transparence, on devinait le soleil blanc, le ciel dur et cristallin d'une magnifique journée à San Francisco. L'air de la chambre sentait l'océan, le tabac, la fraise et l'ananas. Un panier de fruits mûrissait entre les candélabres de la cheminée. Un cendrier plein de mégots y fumait.

Comme chaque après-midi, elle était seule. Sa petite fille sortait se promener sans chaperon, tandis qu'elle restait à coudre et à rouler ses cigarettes près de la fenêtre. Industrieuse et passive Fanny.

Boucles brunes sagement relevées sur la nuque. Oreilles dégagées, sans ornement. Col blanc. Crinoline couleur puce. Veste à basque courte en lainage écossais, la simplicité, voire l'austérité de sa mise, jointe à l'excentricité de certaines de ses habitudes, étonnait le personnel. Cette femme confondait-elle l'Occidental Hotel avec une minable pension pour mineurs ? Elle reprisait elle-même ses bas, lavait son linge, faisait son lit, pique-niquait sur le tapis de repas froids qu'elle confectionnait. Souci d'économie ? Timidité ? Elle ne semblait pourtant pas épatée par le beau monde de la salle à manger, ni même impressionnée par le luxe de l'hôtel. Elle naviguait entre les tentures de lampas, s'enfonçait au creux des moquettes, se lovait dans la soie de son couvre-lit avec le plus parfait naturel. Comme si, toute sa vie, elle avait vécu dans les palaces. Elle savait aussi distribuer des pourboires et donner des ordres. Mais elle ne laissait personne veiller sur ses affaires personnelles.

Bref, Mrs Osbourne différait en tout des clients de l'Occidental.

Elle était apparue à l'hôtel moins d'une semaine plus tôt. Un samedi vers cinq heures, au moment où les épouses, fraîchement enrichies par les spéculations minières, dégustaient un plateau d'huîtres farcies après leurs courses sur Montgomery Avenue. Le premier snobisme du San Francisco cossu. Une tradition, déjà...

En sautant de la diligence le soir de leur arrivée, tandis que Fanny et Belle s'époussetaient, John Lloyd avait compté les banques. Huit banques sur un seul pâté de maisons. Huit banques éclairées au gaz avec, en guise de publicité, un patchwork de devises sur les vitrines, des billets du monde entier qui grimpaient, bariolés, du sol jusqu'aux enseignes.

— Tellement d'argent !

En remontant vers l'Occidental, Lloyd, mi-fasciné mi-choqué, avait aussi voulu compter les restaurants. Innombrables et bondés. Il avait noté leurs deux entrées, l'une sur la rue, pour les « familles » ; l'autre sur l'allée, dans le noir, pour les « privés ». Et cinq étages de salles toujours organisées selon le même système. Au rez-de-chaussée, pièce commune réservée aux couples pseudo-légitimes, aux femmes seules et aux enfants qui prenaient tous leurs repas en ville. Au premier, salons réservés aux réunions maçonniques, aux clubs et aux banquets. Enfin, aux trois niveaux supérieurs, les « P.C. » réservés aux soupers galants. P.C., Private Cooking, traduction très approximative, mais initiales identiques à celles des Cabinets Particuliers des illustrissimes restaurants parisiens ! « La Maison Dorée », « Le Café Riche », « Tortoni », mêmes noms reproduits sur les enseignes de San Francisco. Et même décor. Couloir, portes basses, banquettes rouges, miroirs biseautés, sonnettes à cordon et petits verrous. Mais en Californie on prévoyait « *serviettes et savonnettes à l'étage* », « *douches et vestiaires au fond du couloir* ». Toute la différence...

— Tellement d'argent !... avait répété Llyod dans un long soupir où l'envie, le plaisir et le dédain se mêlaient. Vous êtes certaine de vouloir descendre à l'Occidental ?

— Les propriétaires sont des amis de Sam.

Une explication qui suffisait aux yeux de Fanny à justifier toutes les extravagances : sans un sou en poche, elle s'installait à l'hôtel le plus coûteux de la ville.

« Elle doit être beaucoup, beaucoup plus riche que je ne croyais », avait songé Lloyd en lui tendant son réticule devant le porche. Moment de gêne où ni l'un ni l'autre n'avaient su quoi se dire ni comment se quitter.

— Quand je serai installé, Mrs Osbourne, je viendrai prendre de vos nouvelles. Bonne chance.

— J'attendrai votre visite. Ne m'oubliez pas, John !

Brutalement, ils s'étaient quittés. Elle avait regardé sa courte silhouette disparaître dans la brume, s'évanouir derrière le dos-d'âne, vers l'océan. Puis, tournant le dos, elle était entrée.

Effervescence. Grouillement. Moiteur de serre. Dans le brouhaha, parmi les failles, les moires et les poults-de-soie, pas une hésitation. Droit sur la réception.

En cheveux, couverte de cette poussière d'alcali qu'elle semait au passage, avec pour tout bagage une sacoche élimée, et dans son sillage une fillette habillée en garçon, Fanny Osbourne avait fait sensation. C'était probablement la première de ses formidables entrées dans les halls d'hôtels, bouges ou palaces du monde entier, dont Ned Field allait être le témoin les dix dernières années de sa vie.

Mais à l'époque où Ned lui servirait de secrétaire, à l'époque où clients et domestiques le poursuivraient, lui, jusqu'aux ascenseurs avec leurs éternels « qui est-ce ? », « comment s'appelle ce personnage ? », la barbarie des accoutrements de Mrs Robert Louis Stevenson, ses chapeaux baroques, ses robes craquantes, ses bijoux tribaux expliqueraient suffisamment la curiosité des passants. Elle continuerait à ne rien remarquer. « ... Mon Dieu, comme ces gens sont aimables ! » s'étonnerait-elle quand tous les chasseurs à la fois se disputeraient le plaisir de lui ouvrir une porte, toutes les chambrières l'honneur de la servir. Trop naturelle, trop instinctive, et trop humble aussi, pour imaginer un seul instant que ces hommages, ou ces critiques, puissent lui être destinés. « A moi ? Mais qui pourrait s'intéresser à mes petites manies ? » Elle s'escrimerait à se croire invisible, « ordinaire », aussi ordinaire qu'à vingt-cinq ans, en traversant le hall de l'Occidental Hotel. Elle faillit pourtant s'y faire lyncher. A pas impérieux, le menton levé, l'œil noir et fixe, elle fendit la cohue des femmes assises, balayant du coude les oiseaux piqués dans les chignons, accrochant son sac aux fruits des chapeaux, secouant les grelots des « suivez-moi, jeune homme », ces longs rubans que les élégantes laissaient tomber de leurs boucles postiches jusqu'aux reins.

Ebouriffées, chiffonnées, la perruque de travers, le colibri sur l'œil, ces dames montraient les crocs. Fanny, inconsciente du carnage, poursuivait. Elle tapait déjà la sonnette de la réception et d'une voix pressante mais basse, presque inaudible, réclamait le patron en se nommant :

— La femme de Sam.

— Mrs Osbourne ?

A la grande surprise du personnel, le manager s'était précipité :

— ... Mrs Osbourne ! Quel bon vent ? Soyez la bienvenue, mon petit... La 11 pour Mrs Sam !

Remous de surprise, vibration de révolte dans le hall : la suite numéro 11 occupée un mois plus tôt par la reine Emma de Hawaï ?

— C'est la chambre que Sam vous avait réservée pour votre arrivée, vous vous souvenez ? — Si Fanny se souvenait ! — ... Nous avons dû la retapisser, je crois que vous y serez bien en l'attendant...

La porte rouge et or fermée derrière elle, Fanny se jeta sur le lit et s'abandonna. Enfin en sécurité !

Ce n'était pas le luxe de la chambre. Ni l'épaisseur des murs. Ni la solidité des meubles. C'était le lieu que Sam avait choisi pour l'accueillir jadis. C'était là qu'il avait été aimé, admiré, dorloté. Là qu'elle redevenait Mrs Osbourne, « la femme de Sam »... Là qu'il la chercherait, là qu'il la trouverait.

100

— Y a quelqu'un au bar, finit par insister le groom. Un homme en bas qui vous attend...

Ivre de bonheur, les arceaux de sa crinoline relevés jusqu'au menton, Fanny courait dans les couloirs, elle dévalait l'escalier, elle traversait le hall. Son cauchemar avait pris fin !

— Mrs Osbourne ?

Accoudé au bar, du côté qui communiquait avec l'hôtel, se tenait un inconnu.

Chemise à carreaux rouges, pantalon rentré dans les bottes, il portait l'uniforme familier des prospecteurs. Mais propre, fleurant bon la lavande, rasé de près pour la circonstance.

— ... Mrs Osbourne ?

Elle ne put pas répondre. Elle ne pouvait plus parler. Elle s'était statufiée sous le chambranle.

En la trouvant si petite, l'air déjà si blessé, le visage de l'homme se durcit. Il posa son gobelet, ôta son chapeau et répéta :

— Vous êtes bien Mrs Samuel Osbourne ?

— Oui, souffla-t-elle.

Il hésita. Le sang de Fanny, abandonnant ses joues, refluait par à-coups sur son cœur.

Pâles tous deux, ils se regardèrent. L'inconnu finit par baisser les yeux. Il demanda très vite :

— Votre mari a bien quitté Virginia City le 26 mars dernier avec le convoi Atchinson ?

— Oui.

— J'ai de mauvaises nouvelles pour vous...

Cette fois, elle chancela. Il n'y avait plus une goutte de salive dans sa bouche. Elle respirait à peine. L'homme se hâta de poursuivre :

— ... Ça s'est passé en juillet. Au nord de Hangtown, à quelques kilomètres. Les Indiens ont attaqué. Tôt le matin. Une vingtaine. Votre mari a été blessé.

Un torrent, une tornade de joie souleva le cœur de Fanny : Sam n'était que blessé !

L'homme lut le soulagement dans ses yeux, mais ne dit rien. Elle comprit alors que le pire allait venir.

— Il n'est pas… ?

L'homme hocha la tête. Affirmatif. Puis, comme pour atténuer l'horreur de la nouvelle, il conclut :

— Il n'y a eu aucun survivant.

Elle ne s'évanouit pas. Elle ne poussa pas un cri, pas une plainte, pas un sanglot, pas un gémissement.

Ce qu'elle redoutait jour et nuit depuis huit mois venait d'arriver.

Elle remercia l'homme d'avoir pris la peine de l'avertir. A pas lents, elle regagna sa chambre.

Une fois seule, elle fléchit. Mais elle ne tomba pas.

Désormais, Fanny Osbourne s'interdisait jusqu'au soulagement des regrets et des remords. Elle se refusait même la permission d'avouer son chagrin et de s'y livrer.

Sam était mort. Elle l'avait tué. Elle n'était pas sa veuve. Elle était son assassin. Indigne même de le pleurer. Elle se déniait à jamais le droit aux larmes, le droit au chagrin et au deuil.

*
**

— Maintenant vous allez retourner chez vous, murmura John Lloyd en la regardant plier bagage.

— Non.

Cette réponse le surprit. Mais, craignant de se montrer indiscret, il se tut.

Indifférente au qu'en-dira-t-on, Fanny recevait John Lloyd dans sa chambre. Il s'était posé sur le lit, à côté du sac qu'elle bouclait. Ce fut elle qui poursuivit :

— Le retour pour Belle et moi coûterait près de mille dollars. Je ne les ai pas.

— Votre famille vous câblera l'argent… ou bien vous enverra le billet.

— Je ne pense pas.

Llyod hésita. Il se dandina d'une fesse sur l'autre. Enfin, timidement, il demanda :

— Vous leur avez écrit ?

— Non.

— Vous ne leur avez pas écrit !

Atterré, il avait bondi.

— ... Vous ne leur avez rien dit pour Sam... ? Ils ne savent pas que Sam est... ?

Elle ne répondit pas et ferma d'un coup sec les deux taquets du sac. Il la regarda saisir la poignée, soulever, poser le sac à terre.

— Et vous comptez rester ici ? demanda-t-il, incrédule.

— Oui.

— Toute seule ?

— Oui.

— Mais... pourquoi ?

A nouveau, elle ne répondit pas. Son regard, si direct d'ordinaire, se dérobait. Elle se baissa et rouvrit le sac.

— ... Qu'est-ce que vous allez faire à San Francisco, toute seule avec votre fille ?

— Je travaillerai.

Il arpentait la pièce de son pas trottinant. Il ne comprenait pas !

— ... Mais vous aviez tellement envie de rentrer ! Vous me parliez sans cesse de votre famille. Vous me disiez que vos sœurs vous manquaient. Vous me racontiez que votre père et vous...

Elle se releva. Leurs regards se croisèrent. Lloyd sentit qu'il la torturait.

Le désespoir de cette femme lui fit alors si peur que, d'un coup, il abandonna la partie.

— ... Eh bien, admit-il, évidemment, si vous le désirez, je suppose que vous pourriez louer une chambre dans la pension où j'habite... Le quartier n'est pas gai. Mais l'endroit est propre. Et la logeuse fait crédit.

Incapable de parler, Fanny acquiesça. Elle prit Belle par la main. John Lloyd empoigna le sac. Ils descendirent.

Dans les longs couloirs capitonnés, sur les marches rouges de l'escalier, au fin fond des moquettes à ramages, elle semblait noyée. Elle portait déjà les habits qui la ratatinaient. Minuscule et pitoyable silhouette noire. Déracinée.

— Chez vous, insista Lloyd, à la maison, Mrs Osbourne, parmi les vôtres, la douleur serait moins dure à porter...

— Justement, murmura-t-elle.

Il haussa les épaules. Puis, brusquement impatienté en passant devant la caisse, il lança :

— Et peut-on savoir ce que vous comptez faire avec votre note d'hôtel ?

Elle ne le regarda pas et dit :

— Je la paierai.

*
**

En effet, elle paya. Elle s'acquitta même très largement de sa dette. Connaissant les dispositions morales de Fanny, j'ai tout lieu de penser qu'elle cherchait à expier.

Je regrette que Ned ne l'ait pas questionnée davantage sur cette période ! Elle répétait à l'envi qu'elle n'en avait aucun souvenir. Lui savait qu'elle aurait pu décrire, latte par latte, le parquet de sa chambre, la couleur des murs, l'odeur de la pension ; il savait qu'elle les gardait fichés dans sa mémoire, ces plus infimes détails de l'hiver 1867... Et Ned n'en tirerait rien ! Pas même une impression.

Fanny se taisait-elle pour mieux combattre l'atrocité de certains souvenirs, de certaines émotions qui continuaient de la hanter ? Ou bien se défendait-elle contre l'idée, rétrospectivement insoutenable, d'avoir été torturée pour rien ? Par hasard. Par ennui. Par indifférence...

Peut-être aussi souffrait-elle d'un vague et tenace sentiment de culpabilité à l'égard de Belle. Culpabilité qu'elle niait aussitôt mais qui l'avait déchirée. De quel droit avait-elle refusé à sa fille le retour dans la solide maison familiale, les consolations, le soutien de Jacob Vandegrift ? De quel droit Fanny, dans un dénuement matériel et moral proche de la désespérance, avait-elle gardé son enfant à San Francisco ?

*
**

Elle avait connu l'isolement dans un monde d'hommes, la lutte pour la survie dans les grands

104

espaces ; elle allait découvrir la misère et la solitude dans une ville grouillante. Veuve. Un enfant à charge. Sans ressources. Sans amis. Coupée de sa famille par tout un continent. Et triste, si profondément triste que, de toute son existence, Fanny Osbourne ne pourrait plus pleurer. Elle allait pourtant reconstruire son univers.

Elle trouva rapidement un emploi de retoucheuse dans une boutique de mode. Quelque chose de différent, de mystérieux dans ses manières, sa petitesse ou peut-être sa dextérité à pousser l'aiguille, lui valut d'y passer pour une Française en exil. « Française », c'est tellement plus élégant dans la couture ! Fanny ne démentit pas. Elle finit même par se présenter d'office comme une cousette de Paris. Peu importait qu'elle ne parlât pas la langue, qu'elle n'eût pas la notion la plus élémentaire de la géographie ou du régime de son pays putatif, elle bluffa sans vergogne.

Par la suite, qu'elle le veuille ou non, Fanny passerait toujours et partout pour une étrangère. Même chez elle. Des plaines de l'Indiana aux îles du Pacifique, de San Francisco à Grez-sur-Loing, d'Edimbourg à Sydney : une créature venue d'ailleurs. Curieux paradoxe. Car nulle plus qu'elle ne sut se fondre dans le décor, nulle mieux qu'elle ne s'adapta aux circonstances.

La « Française » besognait de l'aube jusqu'au couchant dans l'arrière-boutique de « Singers ». Pas un mot pour se plaindre du travail, au contraire elle en réclamait. Le soir, elle rapportait de l'ouvrage à la pension et continuait, au chevet de sa fille endormie, d'ourler au bas des crinolines de longs boudins de lavande séchée qui embaumeraient les bals de San Francisco.

Pour elle, finis les tours de valse, les écossaises et les quadrilles. Finis les galops à cheval, les marches dans la nature, le chevillement à la terre. Elle se déniait tout droit au répit et au plaisir. Même les dimanches quand, à l'appel des mouettes, Belle et John Lloyd partaient explorer les docks, Fanny restait confinée. Elle brodait, en sus des commandes pour Singers, de la layette, des nappes, des coussins qu'elle vendait sur Market Street par l'intermédiaire du Women's Exchange. Durant tous ces mois, elle ne vit ni la mer ni les mâts qui se balançaient au bout de la rue. Mais, en septembre, elle savait qu'elle parviendrait à nourrir, vêtir, éduquer son enfant sans faire appel aux Vandegrift dont elle estimait ne plus mériter le soutien. Alors seulement elle leur écrivit la mort de son mari. Le soir même, elle se préparait à fêter le neuvième anniversaire de Belle.

Ma mère, raconterait Belle, au prix de Dieu sait combien de veilles, et je n'ose imaginer combien de points, avait acheté la tête d'une poupée chinoise, et fabriqué le corps avec de l'étoupe. Si la grâce manquait à Mathilda (ce fut le nom que je donnai à la poupée : Mathilda était le second prénom de ma mère), elle se rattrapait par son élégance. Avec les chutes des robes qu'elle confectionnait, ma mère avait fait pour ma poupée une garde-robe complète. Des vêtements qu'on pouvait mettre et enlever, avec des dessous ourlés de dentelles, parfaits jusqu'au plus infime détail, de minuscules boutons, des boutonnières festonnées... John Lloyd avait acheté une dînette complète, avec une théière, des tasses et des soucoupes. Avec des boîtes à cigares, il avait même fabriqué une table.

Mon anniversaire fut charmant. John, ma mère et moi nous assîmes par terre autour de la minuscule table, avec Mathilda qui présidait. Mon gâteau était un petit quatre-quarts que nous mangeâmes dans la dînette. Ma mère en robe noire faisait de son mieux pour sourire, et, quand je lui demandai : « Quel âge tu as ? », elle me répondit qu'elle avait plus d'un quart de siècle ! John était très gai et il avait l'air heureux et enfantin avec ses joues roses et ses cheveux tout bouclés. J'imagine qu'il faisait autant d'efforts pour m'amuser que pour distraire ma mère...

Distraire Fanny. John Lloyd y parvenait quelquefois. Mais ni lui ni elle n'avaient de temps pour la bagatelle.

Il l'aimait, oui. Il l'aimait d'autant plus, il l'aimait d'autant mieux qu'elle lui semblait inaccessible à l'amour. Si elle avait jeté aux orties sa robe de veuve, il aurait fui. Elle le savait. Lui aussi. John travaillait le jour comme garçon de courses dans une banque ; la

nuit, avec les livres empruntés à la bibliothèque municipale, il étudiait le droit. Existence laborieuse pour tous
deux. Existence sans luxe et sans espoir. Existence
qu'elle finissait presque par accepter sans révolte.

Et puis, aux premiers jours d'octobre, le miracle eut
lieu.

*
**

Routine du matin. La pension sent l'odeur acide,
presque entêtante du chou et du gaz. Au loin une cloche
carillonne. Un incendie quelque part. Fanny, courbée
sur la porte qu'elle tente de fermer, relève la tête. Elle
écoute. Elle compte. Cinq coups ? Le feu court dans ce
quartier. Quatre ? Six coups ? Le sinistre frappe une
autre partie de la ville. Dehors, le martèlement des
sabots sur les pavés de bois s'est arrêté lui aussi. A
cheval, à pied, au lit, partout les habitants de San
Francisco comptent. Certains se précipitent vers leur
domicile, d'autres l'abandonnent en hâte. L'été, la
cloche les mobilise ainsi plusieurs fois par jour. Les
carillons des pompiers constituent le chant distinctif de
San Francisco. Aujourd'hui, il pleut. Avec la cloche, les
gouttes qui tambourinent sur les carreaux font vibrer les
glands et les passementeries du couloir. Neuf coups. Le
danger s'est éloigné. Fanny termine de fermer sa porte.
Boucles brunes sur l'œil, bourse au poignet, elle tire le
battant, tout en levant la poignée, et tourne la clef. Pas
facile. La serrure est faussée. Leur chambre surplombe
l'escalier. A quelques pas, Belle rêvasse en l'attendant.

En bas, le grelot de l'entrée a tinté. Stetson sur l'œil,
un homme. Long manteau qui dégouline. Bottes aux
talons éculés. Flaque. Belle la coquette admire la pointe
des bottes. Elle aime les bottes texanes. Mais propres.
Fanny a replacé la clef dans sa bourse, mis ses gants,
rabattu sa voilette. Elle s'apprête à descendre. Bruissement de la crinoline contre la rambarde. L'homme lève
la tête. Un hurlement déchire l'air.

— Fanny !... Baby !
— Papa !

Belle a volé dans ses bras. Fanny a pâli.

Au cœur, un bonheur si violent qu'il ressemble à de la douleur... La souffrance. Cela y ressemble. Sam vivant. Sam vivant. Sam. Combien de fois en deux ans a-t-elle rêvé Sam vivant, Sam de retour, Sam. Elle sombre. Une vague la recouvre et la roule. Elle se noie. Sam l'étouffe. Il l'étreint. Passive, Fanny. Morte à l'intérieur.

*
**

— Et alors ?

— Alors, le même jour j'ai frôlé la mort quatre fois !... D'abord Sam Orr et moi — Sam Orr, c'est mon nouveau partenaire — nous sommes retrouvés tout seuls au milieu du désert. Ne me demandez pas comment nous avons fait, nous n'avons jamais compris. Orr prétend que nous nous sommes endormis à cheval ! Possible. Car devant nous plus de convois ! Les chariots avaient disparu. On appelle, on crie, on les poursuit. Peine perdue. Nous nous sommes égarés en plein désert... C'est grâce à ça qu'on en a réchappé. Les Indiens ont attaqué les autres à quelques kilomètres de là. On n'a rien entendu. Notez, nous n'étions pas en meilleure posture. Ni eau. Ni vivres. Rien. Même les boussoles et les cartes étaient restées dans les chariots. Un soleil de plomb. Des rochers partout. Et rien. Pas même une ligne d'horizon où accrocher le regard. Une immensité blanche. Bouillante. Les chevaux sont morts de soif le lendemain. J'ai dû abattre Myra. On a continué à pied. Le soleil, la soif nous rendaient fous. En marchant, nous abandonnions un à un nos habits, croyant sans doute que, nus, nous aurions moins chaud. A mesure, je me suis débarrassé de tout... sauf d'une chose, une seule... Tu sais ce que c'est, Belle... Non, tu ne sais pas ?

L'enfant hocha négativement la tête et se lova au creux de son père. Avec délice, elle retrouvait l'odeur sucrée de son tabac, la chaleur de ce corps, de cette voix. Une voix grave et gaie, un peu chantante, l'accent du Sud, le Kentucky dont il était originaire. Un « gentleman », son père. Malgré sa barbe hirsute, ses cheveux longs brûlés par le vent, Sam restait suprêmement élégant. Distinction de gestes, à laquelle Fanny avait été si sensible. Il sortit de sa chemise un petit livre de toile.

— Tu le reconnais ?... Tiens. Je te le rapporte.

La petite s'en saisit. Si elle le reconnaissait ! C'était son conte préféré, *La Belle et la Bête,* dont elle avait fait présent à son père le jour du départ. « Tiens, je te le rapporte. » Tout Sam, contenu dans ce geste. Sentimental. Chevaleresque. Charmeur. « Tiens, je te le rapporte. » En une phrase, il gommait deux ans d'absence.

— Et alors ?

— Alors, alors, on se croyait morts. Je vous imaginais toutes les deux, mes chéries, sur la pelouse verdoyante de grand-père Vandegrift, quand soudain, là, entre deux rochers, une mare. Petite. Mais une mare ! De l'eau ! Nous nous y traînons. J'y arrive avant Orr. Je vais y plonger la tête quand, derrière moi, Orr gronde : « Ne bouge pas ! » Je me retourne. Là, à deux doigts de mon visage, un serpent à sonnettes ! Orr tire. Il abat le serpent. Un caillou qui fait ricochet m'atteint à la tempe. Je perds conscience. Sauvé ! Sauvé une quatrième fois ! Car, si j'avais bu une seule goutte de cette eau, j'étais cuit. C'est ce que nous ont dit les prospecteurs attirés par le coup de feu. La mare était empoisonnée par l'alcali. Une journée de veine — les Indiens, la soif, le serpent, l'eau. La mort n'avait vraiment pas voulu de moi !... Les prospecteurs nous ont recueillis, on est repartis avec eux, et me voilà...

La suite de ses aventures se perdait dans le chaos des souvenirs. Longues marches, barbiers, saloons, longues marches. Fanny ne comprendrait pas trop pourquoi Sam n'avait pas donné signe de vie. Longues marches, barbiers, saloons, pourquoi n'avait-il pas écrit ?

— Mes lettres ont dû se perdre.

Qu'avait-il fait, jour après jour, mois après mois, durant deux ans ? A l'entendre, il s'était perdu dans d'autres déserts.

Elle ne le questionna pas davantage. Sam à la maison. Sam tout contre elle. Sam lisant à haute voix un conte de Noël. Sam soulevant Belle endormie. Le matin de Noël, Sam et Fanny cachés ensemble derrière le lit, qui regardent leur enfant découvrir la pile de cadeaux.

Eblouissement. Osmose. Famille. Comme avant.

*
**

Ils n'évoquèrent pas les mois qui avaient précédé le départ de Sam. Aux oubliettes, la veuve Kelly. Ils reprirent le fil où ils l'avaient laissé au camp d'Austin. Une entente, un bonheur, que la dureté des circonstances n'affectait pas.

La vie matérielle s'améliora considérablement avec le retour de Sam. Son aisance, sa gentillesse, son éducation lui permirent de se lier très vite avec les intellectuels et les aventuriers de San Francisco. La ville n'en manquait pas, et du meilleur cru.

En quinze jours, il retrouva, grâce à ses nombreuses amitiés, un emploi de greffier à la Cour, sortit sa famille de la sinistre pension, l'installa dans une maisonnette sur la 5e Rue. Comme avant. Et comme avant, John Lloyd y vint souper chaque soir. Le retour de Sam lui facilitait l'existence à lui aussi. Finies les hésitations, les angoisses, « j'ose ou je n'ose pas ? ». Epouse de son meilleur ami, Fanny Osbourne redevenait l'impossible amour. La douleur et le réconfort de sa vie.

*
**

Comme avant. Tout est comme avant. Fanny jubile. Sam tendre. Sam amoureux. Sam — comme avant. Chez les Osbourne se retrouvent les jeunes lions de la ville. Avocats sans cause, peintres sans commande, banquiers sans fonds. Une sorte de bohème. On y discute art, politique et spéculation minière. On y fait de la musique, flageolet, guitare, la jolie maîtresse de maison cuisine, écoute et se tait. Se méfier des silences de Fanny.

A qui sait l'entendre, son mutisme change de sens.

Elle écoute, elle se tait, mais avec une âpreté que Lloyd ne lui connaissait pas. Elle s'instruit.

Je prends des cours d'aquarelle, confie-t-elle à sa sœur. *Je voudrais apprendre à colorier des photos. Si jamais je me trouve à nouveau dans le besoin, cela me sera utile. C'est très demandé, la peinture ne coûte pas cher, je peux l'exécuter rapidement. Tous les avantages pour gagner ma vie.*

L'idée qu'elle doit pouvoir survivre sans Sam est née. Dans ses lettres à ses sœurs, elle tait encore ce qui les occupe, elle et Sam, en ce mois de février 1868. Une nouvelle grossesse. Personne dans l'Indiana ne sait, personne ne saura qu'elle attend un enfant. En revanche, elle ne tarit pas d'éloges sur John Lloyd.

Tandis que je vous écris, une photo de papa me regarde. Je n'avais jamais eu de cadre pour cette photo, aussi, l'autre jour, John l'a-t-il emportée en cachette et rapportée encadrée — n'est-ce pas gentil et attentionné de sa part ? Il se trouve tellement laid qu'il prend mal la moindre allusion à l'apparence physique, ou même à une photographie... Il n'est pas beau, ça, c'est sûr. Mais plus on le connaît, plus on a confiance en lui... Plus on découvre son honnêteté, sa gentillesse, plus on l'aime. Et plus on le trouve beau.

Sur le « beau Sam », pas un mot.

**
*

Comme avant. Oui, tout est comme avant — au temps de la veuve Kelly. Pendant la grossesse de sa femme, Sam a recommencé de courir la gueuse. Incartades que, cette fois, Fanny pressent dans la seconde. Son odeur, quelque chose de fébrile, de fuyant dans le regard. Elle le renifle, le guette. C'est la jalousie. L'ignoble jalousie avec son cortège de nuits sans sommeil et de colères pleines de doutes.

A nouveau, le drame. Sam découche, Sam a une maîtresse, une divorcée qu'il entretient avec l'argent du ménage. Sans importance, dit-il, une passade, rien, patience, Fanny, patience. Elle l'imagine tenant l'autre dans ses bras, lui disant les mêmes mots...

— C'est elle ou moi ! menace l'épouse, au hasard.

— Mais c'est toi, bien sûr.

Fanny s'arrondit. Sam ne rompt pas.

Cette fois c'est clair, Fanny a peur. Une angoisse qui la tient au cœur et ne la lâche plus. Peur qu'il ne s'en aille. Encore. Peur qu'il ne la laisse. Encore. Peur de la vie sans lui. Et peur de la vie avec cette menace. Quand elle songe à l'horreur des deux années d'abandon, elle se dit : « Jamais plus. » Obsédée par la terreur d'être à nouveau quittée.

Le 28 avril 1868, dans la maisonnette des Osbourne naît un petit garçon.

Un mois plus tard, à peine relevée de couches, Fanny fait ses malles. C'est elle qui quitte Sam. Elle fuit. Terminée, l'illusion du bonheur, l'illusion de l'amour. Elle retourne dans l'Indiana.

Un nouveau-né à bout de sein, une fillette de dix ans à bout de bras, elle redescend en troisième classe vers Panama. Les fièvres d'Aspinwall, ses mares, ses hamacs. L'horreur. En sens inverse. Moins l'espoir. Cette fois, Fanny Osbourne ne va vers rien.

Durant le voyage, elle baptise son fils « Samuel Lloyd » en mémoire des deux hommes qu'elle laisse derrière elle, celui qui l'aime, celui qui l'a aimée. Deux êtres du passé. Au total dix ans dont il ne reste rien, croit-elle. L'enfant, lui, va survivre. Mais le prénom de son père disparaîtra bientôt des mémoires et des états civils.

Une année entière, elle va rester de l'autre côté du continent. Loin de Sam.

CLAYTON, INDIANA – Mai 1868-juin 1869

Je devais être à demi morte de faim en arrivant du Far West, avouera-t-elle à la fin de sa vie, *pour garder un tel souvenir de la nourriture dans l'Indiana !*

Qui n'a pas visité la maison des Vandegrift ne peut imaginer la douceur d'y vivre. L'axe. L'ancre. Le but de tous les voyages. Construite dans un virage, elle semble fermer la route dans les deux sens. Une solide bâtisse de briques rouges qui bloque l'horizon. Rien d'encaissé ou de clos, cependant. La ferme se carre sur une vaste pelouse qui descend vers un verger. Les pommiers s'alignent devant une prairie grasse, à peine vallonnée, qui moutonne entre les bosquets de noisetiers. Bucolique et douillet à souhait. L'anti-Nevada. Derrière une haie touffue, un porche de bois, trois marches blanches, de grandes fenêtres à guillotine qui ouvrent sur un parterre feu. Le lys tigré, la fleur fétiche de Fanny.

Les effluves de la maison Vandegrift, un parfum de femme. Mélange d'encaustique — les boiseries, le parquet, l'escalier sont cirés chaque jour —, de pommes qui mûrissent au fond des compotiers, du pain d'épice qui dore dans le grand poêle à bois du salon. Bruissement de femmes aussi. Sept jupons. Des breloques, des ciseaux, des aiguilles qui cliquettent. Quelque chose de miellé dans l'air, ça bourdonne, ça froufroute, ça chantonne. On est bien loin de la tension de Virginia City. Sous terre éclatent les rires des enfants qui suivent à la cave leur petite grand-mère. Esther Vandegrift conduit chaque soir la troupe de ses ouailles entre les barils de cidre, les bocaux de cerises, les chapelets d'oignons, le thym séché, les jambons qui pendent au plafond. *Et voilà le casse-croûte qu'elle nous préparait*, racontera Belle, émerveillée, *une tranche de clafoutis qu'elle nous coupait comme du pain, large et bien épaisse, et par là-dessus une de ces couches de confiture — au moins trois centimètres! Dans l'autre main, elle nous distribuait une lichette de fromage frais et un gros cornichon. Dans la bouche, une pomme reinette. Nous ressortions à la queue leu leu pour monter nous coucher. Il y avait mon petit cousin George, quatre ans (le fils de Joséphine et de feu George Marshall), mes tantes Cora, seize ans, Nellie, treize ans, et moi-même. Nous dormions tous dans la même chambre. Nous les filles, nous portions des chemises de nuit*

*roses à petites fleurs, si longues que nous les remontions
jusqu'au genou pour embrasser grand-père qui fumait sa
pipe sur le porche.*

Appuyée à la colonne, Fanny regardait le profil de
Jacob Vandegrift. Le cheveu ras et gris. Le nez busqué.
Les lèvres sensuelles. Chaque mouvement du rocking-
chair plongeait cette tête bien-aimée dans l'ombre. Elle
reparaissait rouge, puissante, nimbée de fumée.
L'odeur de son tabac évoquait l'odeur de Sam. Et
l'expression comblée du demi-sourire qui s'ouvrait sur la
pipe. Jacob jouissait de ces nuits d'été qui rassemblaient
autour de lui sa femme, ses filles, son fils et ses gendres.
Jo venait de se remarier avec un voisin de longue date.

De longue date... Tous si jeunes ! Aucun n'atteignait
la trentaine. Fanny, l'aînée, vingt-huit ans. Les autres,
vingt-six, vingt-deux, vingt, seize. De gais lurons. A
table, devant un café ou une bière, ils montaient une
affaire, projetaient un pique-nique, évoquaient des
souvenirs d'enfance.

— Tu te rappelles, Fanny, quand on avait attaché
Jake à l'arbre et qu'il... ? demande Jo en desservant.

Fanny se rappelle, bien sûr ! Mais entre Jo et Fanny :
un gouffre. Rien à se dire. Jo, sa vieille complice, n'a
même pas conscience de ce qui les sépare. Un siècle. Un
continent.

*J'ai quelquefois le pressentiment que je ne vous rever-
rai jamais,* avait écrit Fanny de San Francisco, *ce serait
un bonheur trop grand.*

Aujourd'hui, ce sentiment d'isolement parmi ceux
qu'elle croyait si chers et si proches achève de l'attrister.
Quatre ans durant, elle n'a pensé qu'à cela : la joie de
les revoir. Ni joie. Ni plaisir. Rien. Pas même de
l'ennui. Et pourtant, ils n'ont pas changé. Ils se ressemblent à eux-mêmes : légers, gentils, faciles. Elle garde,
elle, le goût de la poussière d'alcali dans la bouche, ce
goût pâteux de cendre qu'ils ne connaissent pas. L'été
passe. Soir après soir, ils s'éloignent davantage. Elle ne
sait comment les rejoindre. Elle voudrait leur faire

partager. Elle essaie de leur raconter. Elle tente de leur décrire. Les paysages, la frénésie des mineurs, les coutumes des Indiens. Ils écoutent, ils s'intéressent. Mais c'est Fanny qui perd le fil. Son talent de conteuse l'abandonne... Elle se raccroche au concret. Les détails pratiques, le matériel. Le prix d'une winchester à Virginia City, d'une pioche à Austin, de la corde. Aux filles, elle explique la recette du riz chinois, des rouleaux de printemps de San Francisco. Mais le miracle n'a pas lieu. Même avec Belle, c'est la cassure. Choyée, entourée, la petite s'adapte, plus proche de ses jeunes tantes que de Fanny.

— Tu as reçu de bonnes nouvelles de Sam ce matin? murmure Jacob en tirant sur sa pipe.

Sam. Elle n'y pense plus. Jamais. Une vie antérieure. Aucune nostalgie. Pas vraiment de douleur. Une autre vie qui ne la concerne pas ou si peu. Ailleurs, autrefois...

Son veuvage à San Francisco, son labeur de couturière, la résurrection miraculeuse de Sam. Jacob y revient, y retourne, mine de rien.

— ... Ses affaires marchent bien?

La seule émotion qui demeure en songeant à Sam, c'est cette morsure des derniers mois. Un étau qui la prend à la gorge, qui l'étrangle. Sam épris d'une autre. Sam qui pense, parle, sent comme cette autre. Fanny revoit sa silhouette s'éloigner. Sam, nimbé de ce parfum nouveau, de ces promesses nouvelles, qui disparaît derrière le dos-d'âne vers la mer. « Ce soir, ou bien demain matin, ou dans dix jours, ou dans dix ans, il ne rentrera pas. » La certitude de n'être plus aimée, la peur d'être à nouveau quittée.

Dans la grande maison Vandegrift ne demeure en Fanny que cette peur. Elle l'exorcise en se raccrochant à des souvenirs plus lointains. Peine perdue. Le temps du bonheur? Peine perdue! Elle conduit le buggy sur la route d'Indianapolis, se poste devant la petite maison où grimpaient jadis ses rosiers. Mais non, aucune émotion... Les nouveaux propriétaires viennent d'y ajouter un étage, on parle de la démonter, de la reconstruire ailleurs. Méconnaissable, sa maison. Peu lui importe.

Gênée, honteuse de son indifférence, elle essaie de ranimer la flamme, feuillette l'album familial, retrouve le compte rendu de son mariage dans l'*Indianapolis Star* du 28 décembre 1857. « Devant une grande et joyeuse assemblée, devant M. le Gouverneur et tous ses aides de camp, le 24 de ce mois ont été mariés, par le révérend Foster, Samuel Osbourne Esq. et Miss Fanny Vandegrift, fille de Jacob Vandegrift habitant cette ville. Puissent nos vœux se réaliser : qu'ils trouvent dans le voyage de la vie le bonheur conjugal, seul bonheur qui nous reste du paradis perdu. Le Bonheur Conjugal, seule félicité qui ait survécu à la Chute. »

Elle ricane. Sans colère, sans regret. L'image de Sam — sabre au côté, boutons astiqués, qui se cambre dans son uniforme bleu lavande —, elle ne parvient même plus à l'évoquer. Ne restent que les mots : « Sabre au côté, boutons astiqués »... Et puis, quelquefois aussi, une impression qui ne ressemble à rien. Une sorte de vertige, la sensation physique de perdre pied. A l'improviste, n'importe où, dans la cuisine, dans un champ, le sol se creuse sous ses pas, la terre monte vers elle, les arbres convergent, le ciel descend et l'écrase, l'air vibre, le bourdonnement lointain d'une contrebasse lui emplit la tête, envahit ses membres, agite son corps qui semble se balancer au-dessus du vide. Le souffle coupé, elle lutte, s'agrippe et soudain bascule. Elle tombe droit dans un puits interminable, mi-boyau mi-galerie, qui conduit à la mort. Tout au fond l'attend une eau noire où tremble le visage de Sam. Sauveur ? Bourreau ? Sa bouche charnue s'approche, se fait suppliante et charmeuse. Elle va s'ouvrir, l'absorber, la reprendre.

— La place d'une femme, Fanny, est auprès de son mari...

C'est Jacob qui attaque ainsi. Derrière eux, la petite bande se hâte de débarrasser, Jo emporte les dernières bouteilles, la mère s'éclipse et referme la moustiquaire. Le père et la fille restent seuls. Légèrement en retrait, Fanny se roule une cigarette, habitude qu'elle a prise chez les mineurs, Jacob continue de se balancer, les lèvres fermées sur sa pipe, l'œil rivé sur l'étendue noire.

— ... Quoi qu'il se soit passé entre Sam et toi, Fanny, tu dois rentrer...

— Où ?

— Chez toi.

— Mais c'est ici chez moi !

— Non, et tu le sais bien...

Neutres encore, leurs voix résonnent dans la nuit. Fanny écrase son mégot sous sa petite bottine. Jacob tire quelques bouffées.

— ... C'est à San Francisco, où vit ton mari.

— Je n'y retournerai pas.

— Il t'aime encore, il me l'a écrit...

— C'est Belle et Samuel Lloyd qu'il veut revoir, pas moi !

— Il t'aime, Fanny.

— S'il m'aime, il n'a qu'à venir ici.

Jacob se lève et lui fait face. De son regard bleu aussi fixe que celui de sa fille, il la cloue au poteau :

— Que Sam ait eu des torts à ton égard, c'est certain. Mais toi, ma petite, tu n'es pas facile à vivre non plus !... C'est un brave garçon... Sa conduite au moment de la mort de George Marshall l'a prouvé... Il m'a envoyé ses comptes... Il ne se débrouille pas si mal... Il vient d'acheter une petite maison de l'autre côté de la baie, juste en face de San Francisco... Une maison à toi, Fanny, avec un jardin, une cuisine...

— C'est toi qui me dis ça ?

Ulcérée, elle le mesure. Son père. L'indompté, l'indomptable qui n'a jamais cru qu'à l'instinct, aux émotions, aux sentiments...

— C'est toi qui me parles de cuisine, de terrain et d'un restant de vie avec un homme qui me trompe et qui ne m'aime plus ?

Ou bien Jacob a vieilli, ou bien Fanny n'a toujours pas compris ce qu'elle est en droit d'exiger de l'existence et d'elle-même !

**
*

Même vieillissante, quand la mode viendra, quand le mouvement pour la libération de la femme se propagera aux Etats-Unis, Fanny ne sera ni féministe ni suffragette. Elle haussera les épaules devant l'« égalité des sexes » et sourira du « droit de vote pour les femmes ». En 1910, l'œil railleur, le quolibet à la bouche, elle assiste à la tournée de conférences que donne Belle, militante dans les rangs du premier Woman's Lib. *Au cri « Emancipation ! », ma fille galvanise la foule en jupons, quel talent, quelle bêtise !* note cette vieille dame indigne qui a joué durant sept ans un rôle politique dans toutes les luttes intestines de Samoa, qui vit alors avec un galant, son cadet d'un demi-siècle. *Moi, je bâille à ces théories. Vrai, je dois être gâteuse : les revendications de Belle et de ses amies m'assomment.* Etonnante méconnaissance de soi qui la résume tout entière. Car nulle plus que Fanny Vandegrift Stevenson n'a exigé le droit d'être libre, et d'être femme. Sa vie ne fut même que cela : une longue, une inlassable quête de l'autonomie.

*
**

Pourtant, la Fanny de trente ans va respecter toutes les règles. Elle va obéir à son père et rassurer sa famille ; elle va rentrer chez son mari et donner un foyer à ses enfants. Mais ce qui la chasse de l'Indiana en ce mois de mai 1869, ce n'est pas la pression parentale ni le désir de plaire. Ni même les pleurs de Belle ou ceux du petit qui auraient besoin d'un père. C'est la lettre de Sam qui arrive un matin :

Essaie-moi. Essaie-nous. Qu'as-tu à perdre ? Entre nous subsiste l'essentiel. Je t'attends. Ensemble, reconstruisons.

Reconstruire ? Depuis près d'un an, les pieds, les mains dans la terre, elle plante, elle sème, elle taille, elle arrose, elle cultive. Jamais le potager n'a regorgé d'autant de tomates. Le jardin foisonne de fleurs, la vigne grimpe jusqu'au toit. Reconstruire... Si c'était possible ?

Brusquement, Fanny fait ses malles. Une fillette de onze ans aux côtés, un bébé dans les bras, elle repart en sens inverse. Elle va parcourir à nouveau huit mille kilomètres pour rejoindre Sam. Mais, cette fois, elle ne passe pas par Panama. Finies les fièvres d'Aspinwall !

Le 10 mai 1869, soit trois semaines avant le voyage de Fanny, les rails reliant l'Est à l'Ouest des Etats-Unis se sont rejoints à mi-chemin dans les montagnes du Nebraska. Un fil court désormais de l'Atlantique au Pacifique. Le Transcontinental existe ! Une œuvre de titans, six années de duels financiers, d'accidents, de meurtres, plus d'un million d'hommes au travail, dont près de dix mille reposent six pieds sous terre. Deux cents arrêts, une trentaine de changements de train, dix jours de voyage.

A l'arrivée, Fanny garde à jamais imprimée dans sa conscience l'image d'une nature vierge et folle. Le pressentiment d'une civilisation en voie de création. La révélation d'un monde. L'extase d'une force illimitée. La sienne.

Fanny ou l'Amérique.

Six ans plus tard, Robert Louis Stevenson ne s'y trompera pas. A peine aura-t-il rencontré Mrs Osbourne au cœur de la vieille Europe qu'il la décrira à ses amis comme l'incarnation d'un nouvel idéal féminin : « *The American Girl* ». C'est de la liberté, c'est de la sauvagerie des grandes plaines qu'il sera tombé amoureux.

*

En ce mois de juin 1869, la femme que Sam Osbourne accueille au train de Sacramento ne ressemble guère à l'épouse romanesque d'Austin. C'est un être plus jeune encore, une Fanny d'avant la maternité, d'avant le mariage, d'avant l'amour. Un être assoiffé d'apprendre, d'exister par lui-même et de tout absorber.

CHAPITRE III

L'AMIE DE REARDEN

A San Francisco, la loi est ignoble :
quand un homme ne traite pas sa femme
comme elle voudrait, elle divorce
et trouve un autre mari !

TIMOTHY REARDEN, juge.

EAST OAKLAND – 1869-1875

Un quadrillage de barrières blanches, de granges au toit bombé, de carrés d'arbres, de chemins poudreux, dans un océan de verdure qui roule sa marée d'herbes jusqu'au Pacifique. Une mer dure, aveuglante, qui avale la fumée moribonde des ferries se croisant dans la baie. Au loin, un amoncellement de cubes ocre sur des mamelons hérissés d'où semblent jaillir, droits, noirs, intermittents, les traits des mâts. San Francisco, vu de la maison de Fanny. Inséparable du jardin et de la mer, une maison voyageuse, arrivée en pièces détachées dans le ventre d'un navire, comme l'écrira Stevenson, séduit par ce passé romanesque, une petite maison de bois blanche qui a croisé au large du cap Horn, entendu de la cale le chant des marins, le sifflet du maître d'équipage, avant de disparaître là, entre les palmiers blonds et les cytises brique, sous une masse, une mousse de roses feu.

Quand les deux énormes buissons appuyés à la véranda s'enflammaient ensemble, l'effet était saisissant, racontera Belle. *Jaune paille, et rouge sang, leurs branches confondues étranglaient les frêles piliers du porche, zigzaguaient comme des flammèches vers l'auvent, incendiaient tout le toit, se ruaient vers la cheminée d'où semblaient alors jaillir des fusées d'or que la brise marine rabattait sur les trois fenêtres aux volets verts du premier étage. Une lente pluie cuivrée venait alors moucheter les nappes de soleil entre les bosquets fleuris de la pelouse.*

Dans le jardin d'Oakland comme dans tous les autres jardins de Fanny, une constante : pas d'axes qui viendraient compartimenter l'espace. Pas d'angles droits. Aucune délimitation nette. Ni haie taillée, ni labyrinthe, ni clôture. Mais un vaste espace piqué de gerbes où se mélangent toutes les formes, toutes les textures, toutes les odeurs. *A l'ombre de l'un de ces bosquets, de mystérieux sentiers prenaient naissance,* poursuit Belle. *Ils serpentaient, disparaissaient dans les pentes. Derrière d'autres arbres et d'autres arbustes se cachaient l'écurie de ma mère, son stand de tir, son studio de photo, tout un monde que, de la maison, l'on ne devinait pas.*

Trois ans après son retour chez Sam, Fanny ne laisse toujours aucun repos à l'été. A cheval dès l'aube, elle galope sur les chemins poudreux, s'entraîne au pistolet à cent pas dans la grange, farcit ses citrouilles, greffe ses rosiers, poche de lourdes pêches qu'elle nappe de vanille et saupoudre de pétales cristallisés. A la cuisine, à l'office, au jardin, pas une heure de la journée où elle ne soit occupée. La nuit, elle se confectionne des robes cossues, très librement copiées des journaux de mode parisiens. Nœuds, brandebourgs, plumes, velours, volants, ses toilettes visent à l'effet. Non que Fanny ait franchement mauvais goût. Juste une nette tendance à la surcharge. Sur les boulevards, on la prendrait sans doute pour une provinciale enrichie... ou pour une Américaine ! A Oakland, l'élégance de ses enfants, Belle en pantalon de dentelle, Lloyd en costume marin, fait l'admiration de toutes les mères du comté. Mrs Osbourne passe pour une femme sophistiquée. Fanny tire de cette réputation joie et fierté.

Encore l'une de ses contradictions. Elle se veut un modèle d'idéal bourgeois !

Bonne cuisinière, bonne maîtresse de maison, économe, proprette, cette femme en quête d'elle-même est avant tout une femme d'intérieur. Elle pense recette, façon, cuisson. Ses rideaux, ses bibelots, ses babioles, elle les aime avec passion. En marchant, elle dégage un parfum d'encaustique et de cannelle. Ses bruits ? Le cliquettement de la fourchette, le roulement de la machine à coudre.

En évoquant les multiples voyages de Fanny, ses aspirations si modernes, je dois faire un effort pour me souvenir qu'elle se serre chaque matin la taille dans un corset, se ceint les hanches d'un faux cul, s'empile camisoles, inexpressibles et jupons, s'agrafe dans le dos les cinquante œillets d'un bustier, s'arrime un pouf et une traîne.

Mrs Osbourne appartient complètement à l'ère victorienne. « ... Elle appartenait aussi à la préhistoire ! » grommelleront bientôt ses détracteurs.

*
**

Ongles courts. Doigts fuselés, étroitement joints. Pouces fléchis, retroussés vers l'extérieur. Poignets si fins qu'ils semblent près de se rompre. Accrochées à la boule de glaise, d'argile ou de farine bise, les mains de Fanny travaillent la pâte. Elles courent, palpent, pétrissent sans répit. Mains d'une squaw industrieuse. Mains d'un très jeune garçon. Les mains de Fanny. Sombres. Souples. Savantes. Et si différentes qu'elles ne semblent pas appartenir à la même personne.

La droite, carrée, avec des phalanges presque noueuses, plonge dans la matière, l'étrangle, la gifle, tandis que l'autre, la gauche, ovale et lisse comme une coquille d'ivoire, la roule sous sa paume, l'use avec des torsions de serpent, la polit comme l'eau le rocher.

Un ultime coup de pouce, une dernière caresse,

ensemble, du même geste cette fois, les mains saisissent leur œuvre, la posent à plat sur la grille, l'enfournent dans le poêle et s'attellent à une tâche nouvelle.

Mais tout à l'heure, quand la voisine, toujours à l'affût des secrets de Fanny, ouvrira le four, elle poussera un hurlement de terreur. Là, parmi les flammes, ricane une bouche béante et des orbites mortes. Une tête de Gorgone assez semblable aux médailles antiques que Fanny n'a jamais vues.

— C'est une sculpture ? demande Belle, effrayée.

— Idiote, lui répond son frère Samuel Lloyd, c'est le pain du souper.

Les monstres, la peur, le jeu si chers à l'imaginaire de Fanny qui enchante Sam.

Fasciné, il l'a regardée fondre sur ce lopin de terre qu'il avait acquis, lui, sans en attendre merveille. Avec ferveur, avec frénésie, elle l'a transformé en ce paradis plein de fleurs, de fruits, d'odeurs que ses enfants adorent : il s'en réjouit. Pas une once de misogynie chez lui. Après quinze ans de mariage, l'énergie de Fanny continue de l'épater. Il approuve ses entreprises, encourage ce que les autres prennent pour des lubies. Le daguerréotype, par exemple. Quand, non contente de broder sur soie les fleurs qu'elle cultive, Fanny se met en tête de fixer ses bouquets sur des plaques d'acide, de développer ses clichés la nuit au fond du jardin, dans un lieu noir et nauséabond qu'elle baptise pompeusement son « laboratoire », il est le seul de la famille, des amis, à ne pas renâcler. Tirer des photos, une passion d'avant-garde en 1870, un exploit qui n'est pas à la mode.

— Mais qui sait si cela ne te sera pas de quelque secours en cas de coup dur ?... Une femme doit pouvoir se débrouiller seule.

Ce principe très libéral pour un homme de l'époque, Sam l'a jadis mis en pratique en disparaissant quelques années sans laisser d'adresse. Si Fanny croit lui avoir pardonné, elle n'a rien oublié.

Lui, en revanche, a effacé d'un rapide coup de gomme toutes les mauvaises années. « Tout va bien », songe-t-il, léger. Les enfants lui sont revenus. La maison est en effervescence : on prépare un mariage. Fanny a ramené avec elle de l'Indiana sa jeune sœur Cora. L'adolescente vient de s'éprendre du grand complice de Sam, de l'homme avec lequel il a échappé au massacre des Indiens, Sam Orr, son compagnon de bourlingue. Les amoureux flirtent sous les charmilles, les chiens sillonnent la pelouse, Belle devient une charmante adolescente que son père emmène quelquefois souper en tête à tête.

Je n'ai jamais entendu mon père hausser le ton, raconte-t-elle. *Je crois bien qu'il ne m'a jamais grondée... ni même sermonnée... Quand j'avais fait une bêtise, quand par exemple j'avais négligé de lui obéir, de recoudre ses boutons comme il me l'avait demandé, au lieu de m'attraper comme la plupart des parents, il collait un petit mot à mon miroir : « L'attention de Miss Beauté est attirée sur la veste très déboutonnée de son pauvre papa. » Bien sûr, je fonçais sur mon aiguille et l'embrassais au passage.*

Belle ressemble de plus en plus à Fanny. Du moins, physiquement. Petite comme elle, le teint ambré, elle partage avec sa mère la coquetterie, l'habileté aux travaux d'aiguille et une passion pour son père. L'éducation que Jacob Vandegrift et Sam Osbourne donnent à leurs enfants se ressemble : « Apprends à jouir de l'instant, répète Sam à sa fille. La vie est si courte ! Hier est déjà loin, et demain n'est pas arrivé... » Les lendemains, Sam laisse à Fanny le soin de s'en soucier.

Infatigable comme ses chevaux et ses chiens, elle ne renâcle pas à la tâche. Elle ne prend même plus le temps de dormir. Sans doute craint-elle d'éprouver à nouveau cette étrange inquiétude qui palpite dans ses veines. L'impression vague, constante, d'être sur le point de manquer quelque chose... Quoi ? Ou bien d'avoir une besogne très urgente à accomplir. Un travail dont elle ignore le sens et le but.

Durant les longues journées dorées et les nuits sans fin, des élans, des espoirs qu'elle ne peut formuler, des rêves imprécis comme ceux qu'elle avait eu jadis à quinze ans dans les bois d'Indianapolis, la taraudent.

Désirs d'amour ? L'amour — elle aime Sam, elle l'aime bien, elle l'aime moins. Il n'est plus l'axe de sa vie. Le pivot ? Ce n'est ni sa passion pour un homme ni même l'amour de Belle et de Samuel Lloyd. Et pourtant ! En ce mois de juin 1871, Fanny va accoucher de son troisième enfant. Jamais elle n'a vécu de grossesse plus paisible. Sans ralentir ses activités, sans renoncer à ses galopades, elle attend ce bébé dans la plénitude. Ce qu'elle avait aimé dans la venue de sa fille, c'était la fille de Sam. Avec la naissance de son fils, la promesse d'un nouveau bonheur conjugal. Mais cet enfant-là ! C'est toute la tendresse du monde, la certitude qu'ensemble ils seront invulnérables. La sécurité totale dans l'amour maternel.

*
**

— Es-tu contente ? demanda Sam en lui rendant le nouveau-né.

Elle le prit avidement, le serra contre son flanc, pencha ses boucles brunes sur le duvet blond du bébé et s'absorba dans sa contemplation.

Les roses jaunes s'effeuillaient sur le napperon de la table de nuit. Une lueur chaude et vacillante tombait du plafonnier, deux globes en verre ciselé qui touchaient presque le pied du lit. Un grand lit de bois sombre flanqué de hauts pilastres tournés et travaillés. Accroché à l'un d'eux, Sam observait sa femme et son fils.

— Il me ressemble ! s'extasia-t-il. C'est frappant !

Fanny leva sur lui un regard aveugle. Ses lèvres naturellement boudeuses se détendirent en un sourire de Joconde. Son front, comme lavé, lissé dans la pénombre, n'exprima rien.

— Je ne trouve pas, murmura-t-elle.

Sa voix, sa chevelure, sa tête semblaient flotter sur la blancheur des grands coussins de dentelle. La fatigue qui tirait ses traits avait effacé les fossettes, épuré les lignes du nez, rendu parfait l'ovale du visage. A cet instant, son immobilité rappela à Sam un souvenir désagréable, le masque de l'idole de Virginia City, la statue redoutable de leur première scène de ménage, celle qui, tranchante au terme d'une nuit d'amour, avait laissé tomber : « Je ne veux plus vivre avec un homme que je ne respecte pas ! » Aucune trace d'agressivité cette fois dans l'expression de Fanny.

— Comment l'appellerons-nous ? poursuivit-il avec simplicité.

— Hervey.

— Hervey ? Quel drôle de nom !

— Hervey, répéta-t-elle de sa voix d'eau courant sous la glace.

— Si tu veux, concéda-t-il, prudent.

Elle eut un sourire d'ange qu'il ne lui avait jamais vu, déboutonna d'une main, avec lenteur, sa chemise tandis qu'elle soulevait l'enfant. De son cou, de ses bras, de sa poitrine lourde émanait une jouissance qui toucha Sam et le gêna.

A trente et un ans, Fanny semblait être devenue mère pour la première fois. Se sentant de trop, il sortit.

Sam allait bientôt sortir de toutes les pièces où elle se trouvait, sans qu'elle le remarque. Du jour au lendemain, elle oublia jusqu'à l'existence du père de ses enfants.

La naissance de Hervey l'avait alanguie, presque ralentie. En cette fin d'automne, sa silhouette arborait une grâce nouvelle, quelque chose de plus rond et de plus plein dans les épaules et dans les hanches. John Lloyd, l'amoureux de toujours, qui traversait la baie chaque dimanche pour venir déjeuner, se méfiait de cette douceur-là. La belle Mrs Osbourne vibrait seule, de joies sensuelles, de plaisirs secrets dont elle l'excluait, lui comme les autres.

Notre mère n'avait jamais été du genre mère poule, racontent Belle et Samuel Lloyd. *Elle aimait les enfants, mais ne gâtifiait pas. Les bébés la laissaient plutôt froide. Du fait de la dureté des circonstances, elle n'avait guère pu jouer avec nous quand nous étions petits... Avec Hervey, tout changea ! On l'entendit babiller d'un bout à l'autre du jardin, et rire, rire !*

126

Au fond, nous n'avions jamais entendu l'éclat de son rire. Pour nous, cette explosion de gaieté, c'était le mystère et le bonheur.

— Je suis désolée, Sam, murmura-t-elle en se poussant loin, tout au bord du lit. Je suis désolée, je...

Elle roula plus loin encore, se suspendit au-dessus du sol entre le sommier et les draps. Puis elle demeura là, bordée, coincée, avec l'espoir que Sam s'endormirait.

— Tu ne veux pas? demanda-t-il à son oreille.

Elle se dégagea.

— Je ne peux pas.

— Comment ça, tu ne peux pas?

Elle se tut. Elle écoutait Hervey s'agiter dans la pièce voisine.

— Je ne peux pas, soupira-t-elle en le sentant s'accoler à nouveau. Et soudain, véhémente : C'est vrai, répéta-t-elle, je ne peux pas!

Répulsion? Revanche? Sam la laissait de marbre. Elle était si occupée d'elle-même, des jeux de son corps avec son petit garçon, qu'aucune autre sorte de tendresse ne la touchait. Mais dévorer de baisers les joues de son enfant, respirer le parfum suave de sa peau, étreindre à pleins bras son corps dodu, admirer la grâce de sa nuque inclinée!

Sam se laissait repousser sans mot dire et s'endormait. Les états d'âme, les explications, les complications, il les avait en horreur. Et puis il plaisait trop aux femmes pour se laisser tenter par l'idée de violer la sienne.

Il patienta un mois. Ensuite, il se fit une raison. A San Francisco, il mit dans ses meubles une maîtresse qui l'adorait, resta coucher chez elle, et cette fois ne se donna pas la peine de le cacher. Ses amis lui connurent deux foyers qu'il entretenait de ses maigres appointements. L'un en ville à deux pas du tribunal où il travaillait, l'autre à East Oakland où il passait ses weekends.

Cette nouvelle infidélité réveilla les démons de Fanny. Très vite elle reconnut, inchangée, sa vieille souffrance, celle qui lui tordait les entrailles, lui mordait la gorge jusqu'à la nausée. Absente à elle-même, elle vécut quelques mois comme elle avait vécu jadis, dans l'attente de Sam. Dernier sursaut d'un amour défunt ? Incapacité de se déposséder d'un bien qu'elle avait fait sien ? Quand Sam, pimpant, guilleret, arrivait le vendredi soir dans la maison croulant sous les roses, quand il l'étreignait avec ostentation devant les enfants, passait ses week-ends à s'occuper d'eux, à écouter leurs histoires, à leur raconter ses aventures — bon père, bon mari —, Fanny se transformait en statue de sel qu'envahissaient d'affreuses haines.

Durant ses nuits de solitude, elle se voyait sur la mer déchaînée, à bord d'un voilier aux mâts cassés. Avec Sam et les enfants. Une lame fauchait Sam, le courant l'entraînait, il se laissait aller, se laissait couler. Fanny plongeait à son secours, luttait dans les vagues pour découvrir qu'une bouée lui ceignait les reins, qu'il flottait paisiblement sur l'eau, qu'il barbotait et souriait. Derrière elle, le bateau gîté filait vers les récifs. Les enfants allaient s'y écraser. Et Fanny hurlait et nageait, nageait à leur poursuite.

Au printemps, elle troqua ses trois poneys contre un pur-sang, son Derringer de dame contre une winchester à répétition, sa layette à froufrous contre le bon vieux tabac gris du mineur, et se remit en selle et en cuisine.

Cigarette aux lèvres, manches retroussées, batterie de casseroles déployée, elle s'enchaîna à ses fourneaux. Alchimiste ou magicienne, cette fois ses bisques, ses chauds-froids, ses fonds de sauce et ses rôts atteignirent la perfection. Fini le temps des recettes empiriques ! Son inspiration se nourrissait désormais de traités qu'elle recevait de France et traduisait à grand renfort de dictionnaires. Elle correspondait avec trois chefs de Louisiane, comparait leurs techniques, leurs ustensiles, leurs ingrédients. Autre originalité de Fanny, et non des moindres au XIXe siècle : elle s'intéressait à toutes les cuisines du monde, se passionnait pour la gastronomie orientale, s'approvisionnait dans le lacis grouillant de Chinatown où pas une Blanche ne s'aventurait. Elle notait ses recherches, ses expériences, ses échecs, se désespérait de ses tâtonnements, visait à l'excellence et, sans en avoir la plus légère conscience, s'employait à faire de ses dons culinaires un art.

Art, le mot est lancé. Les inquiétudes, les fourmillements, les rêves, les élans avaient enfin trouvé un exutoire.

Plus proche du grimoire que du livre de cuisine, le carnet de Fanny se présente comme un épais volume de maroquin rouge, aux feuilles dorées sur tranche qui craquent en tournant. Au fil de ces pages chargées et raturées, qui sentent la vanille et le chocolat, s'édifie tout un monde où foisonnent le goût et l'odorat, le mot et le trait.

Entre les taches de sucre, de fruit, les colonnes de chiffres, les proportions, les temps de cuisson, se déroulent, grimpent, tournent les histoires de fantômes qui peuplent ses cauchemars, de suicidés, de naufragés, et puis des contes moraux, des fables sur les bêtes et les fleurs, des allégories enfantines qui l'aident à vivre. D'elle, de ses proches, Fanny ne parle pas. A aucun moment le grimoire ne s'apparente à un journal intime. Plutôt à une trame, une toile aux fils tissés serré, que vient zébrer d'encre une plume noire ou bleue. En marge, à l'envers, se surimpressionnent pastels et aquarelles. Couleurs, volumes. Fanny crayonne, elle croque, elle caricature. Ici, c'est la silhouette ventrue d'un moule à gâteau. Là, le kaléidoscope bariolé d'une coupe de sorbet. Plus loin, le profil horrifié de ses invités devant un pied de cochon. Ses dessins sont drôles, quelquefois macabres. A ce festival ne manque que le son : pas une notation musicale.

Le jardin vibrait pourtant sous les accords de Belle à son piano, le silence ne régnait jamais l'après-midi, Fanny elle-même s'essayait à la guitare. Prête à tout absorber, elle cotisait aussi à une bibliothèque tournante qui lui envoyait de New York une sélection de « classiques ». Sorte de *Reader's Digest* avant la lettre, il s'agissait de morceaux choisis, de condensés, quelquefois de simples résumés. *L'Iliade* et *L'Odyssée, La Comédie humaine* en un seul *booklet*. Fanny lisait. Au hasard.

Durant l'année 1873, ce n'est pourtant pas la littérature qui la bouleverse, ni les concerts en matinée qu'offrent les théâtres de San Francisco. Mais une promenade qu'elle fait chaque dimanche avec les enfants et des centaines d'autres visiteurs.

A l'angle de Mission Street et de la 14ᵉ Rue s'étendaient sur plusieurs hectares les Woodwards Gardens. C'était un fabuleux parc d'attractions où voisinaient un jardin botanique, un zoo, un aquarium, des cygnes mécaniques sur un lac artificiel et des Chinois géants déguisés en dragons. Le Disneyland du XIXᵉ siècle. Avec, en prime, la culture ! *Un spectacle unique au monde*, vante la brochure publicitaire. *Dans un pavillon bien éclairé aux murs tendus de velours rouge, avec des tapis profonds et des poufs confortables pour que le visiteur puisse admirer sans fatigue sous une bonne lumière et une juste perspective, se trouvent rassemblés pour le seul plaisir des San-Franciscains tous les chefs-d'œuvre de l'histoire. Inutile désormais de courir les océans, de s'enfermer dans les vieux musées de France et d'Italie : pour quelques cents, les Jardins Woodwards vous offrent le voyage.* La première galerie d'art. La première exposition de peintures au Far West.

L'ensemble était dû au pinceau d'un artiste qui allait donner un sens nouveau aux élans de la ménagère d'Oakland. Il s'appelait Virgil Williams.

Curieusement, j'ai retrouvé la trace de Virgil Williams dans le camp de mineurs d'Austin à la date où Fanny s'y trouvait. Le journal local signale son passage sur les diligences de la Wells Fargo le même mois. La coïncidence s'arrête là, car ils ne se sont pas connus dans le Nevada. Williams, originaire de la Nouvelle-Angleterre, avait autrefois étudié à Rome, où il s'était marié avec la fille d'un peintre américain établi à la Villa Médicis. Mariage malheureux qui avait abouti dix ans plus tard à un divorce et à l'installation de l'artiste à Boston. Un matin, Williams avait vu débarquer dans son studio Mr Robert B. Woodwards, un spéculateur enrichi dans les mines d'argent de Virginia City, qui venait chercher à l'Est des valeurs sûres. La visite de Woodwards se concluait en fin de journée par l'achat de tout le studio, murs, toiles, cartons et palettes compris. Et par un contrat passé avec le peintre pour qu'il vienne créer dans son parc d'attractions de San Francisco une galerie où figureraient tous les chefs-d'œuvre cotés de l'univers. Pendant des mois, Williams, sponsorisé par Woodwards, avait couru les musées et copié frénétiquement. Dix ans plus tard, il ne rêvait que d'une chose : tout brûler. Et ne plus jamais entendre parler de cette galerie qui l'avait dépossédé de son âme et de son art.

Devenu Le peintre de San Francisco, Virgil Williams s'était alors lancé dans la création de la première Art Association de l'Ouest américain. Il avait repris contact avec les musées d'Europe. En guise d'encouragement et de solidarité, la ville de Paris avait expédié à San Francisco les moulages de quelques statues du Louvre. Flattée, la Chambre de commerce avait ouvert les caisses en grande pompe pour découvrir avec effroi qu'il manquait des membres et des têtes. Elle avait traîné le transporteur en justice. L'incroyable, c'est qu'elle avait gagné : le transporteur, en l'occurrence la Wells Fargo, s'était vu condamner à payer des dommages et intérêts pour les bras manquants de la Vénus de Milo.

Virgil Williams avait alors compris l'urgence et la nécessité d'ouvrir une Académie des beaux-arts à San Francisco. Cette école qu'il dirigera jusqu'à sa mort allait devenir la fameuse *School of Design.*

Et quand Belle Osbourne, seize ans, très douée pour la caricature, manifesta la velléité d'y prendre des leçons, Fanny, à qui le nom du directeur était connu, l'inscrivit tout de suite... et s'inscrivit avec elle !

Ici commencent les mystérieuses influences, les échos, les coïncidences entre les destinées de la mère et de la fille. Complices ou rivales, durant le demi-siècle qui allait suivre, elles s'entraîneraient l'une l'autre, se poursuivraient dans toutes les aventures et sur tous les océans.

Pour l'heure, Fanny Osbourne venait de fêter seule

son trente-quatrième anniversaire. Elle commençait à vivre.

SAN FRANCISCO SCHOOL OF DESIGN
1874-1875

Ça, c'était mon idée du paradis ! racontera Belle. *On me retira du lycée et, trois jours par semaine, ma mère et moi traversions la baie pour aller étudier. Sur le ferry, je commençai à remarquer combien sa beauté attirait l'attention. A l'école de dessin, dès le premier concours, elle gagna la médaille. Sur le coup, cela ne sembla pas lui faire grand effet. Mais, après sa mort, je l'ai retrouvée, serrée dans son coffret à bijoux, un petit disque de cuivre au fond d'un écrin noir, la médaille qu'elle avait emportée partout avec elle, jusqu'au bout.*

L'école de dessin se trouvait au-dessus du fabuleux Marché californien, au coin de Market et de Pine Street. Omniprésence de la nourriture dans la destinée de Fanny, c'est entre les melons odorants, les avocats ventrus, l'amoncellement des crabes et des langoustes, que se cachait la petite porte qui ouvrait sur un escalier. Quelques marches et, de la rue animée, l'on passait dans une vaste pièce sous verrière. La lumière tombait dru sur une dizaine de moulages grandeur nature, montés sur socle. La Victoire de Samothrace, le Discobole, la Vénus de Milo se dressaient entre les chevalets.

De tous les âges et des deux sexes, une vingtaine d'étudiants en blouse blanche se regroupaient autour de leur maître. Puissant, superbe, avec une barbe blonde taillée court à la Van Dyck, des yeux noirs, pensifs, très enfoncés dans leurs orbites, Virgil Williams avait la distinction, la réserve, la bonté d'un professeur de rêve. Il avait surtout la passion du beau et savait la communiquer. Son éducation de protestant pudique ne lui interdisait pas l'enthousiasme : Virgil Williams n'aimait rien tant que découvrir une œuvre digne d'admiration qu'il vantait haut et fort. La première génération de paysagistes californiens, celle qui travaillerait à rendre la lumière des déserts, les couchers de soleil sur la Vallée de la Mort, les aubes roses sur les rochers du Yosemite, passerait entre ses mains. De l'enseignement de Virgil Williams, ses élèves garderaient l'empreinte et la nostalgie.

— Pour l'examen de fin d'année, je vous demande de me dessiner, telle que vous l'imaginez, la main droite de la Vénus de Milo. A vos fusains !

Belle, avec les autres jeunes gens, se rua sans réfléchir sur sa feuille. Fanny demeura seule, plantée au pied de la statue. Les yeux brillants, la bouche entrouverte, elle semblait plongée dans un intense bonheur physique.

— Elle vous plaît ? murmura Virgil Williams avec une pointe d'humour.

— Oui, répondit-elle sans le regarder, comme si elle craignait de se laisser distraire de son plaisir. La lumière, le mouvement, la matière... c'est comme si je ne les avais jamais vus. Pas vous ?

Il sourit de sa naïveté. Mrs Osbourne figurait parmi ses étudiants les plus âgés et les plus doués. Sa totale inculture le ravissait. A la lettre, elle ne savait rien. Une terre vierge où s'imprimait à grands coups d'émotions l'ivresse de la beauté. L'élève idéal pour un professeur : la virginité des sens, couplée avec la maturité.

Sans idée. Sans image. Sans référence. Le trouble de Fanny n'en était que plus brutal et plus profond. Williams n'avait qu'à jeter un coup d'œil sur ses dessins. A chaque exercice, c'était la même pureté de trait, la même audace dans la couleur. Quelque chose de maladroit et de puissant qui rendait sa copie immédiatement reconnaissable. La joie devant un idéal esthétique que cette femme parvenait à exprimer sans le comprendre — n'était-ce pas précisément cela, l'art ? se demandait-il quelquefois.

— Travaillez, Mrs Osbourne. Travaillez !

Le soleil était à son zénith. Il commençait à faire très chaud. La bouche close, les boucles plaquées, le dos tendu, Fanny traîna son chevalet jusqu'à la Vénus. Coude à coude avec sa fille et ses camarades, elle se mit à la besogne.

Comme à l'ordinaire, elle fut la dernière à terminer. La nuit tombait sur les statues. Par coulées, le brouillard descendait des collines, il s'étirait comme un vélum dans le ciel, couvrant déjà les toits jusqu'à la mer où le ferry n'attendrait pas. Fanny frissonna, jeta son châle sur ses épaules et traversa l'atelier désert. Ses bottines soulevaient une poussière bleue qui l'enveloppait tout entière et semblait la poursuivre. A la porte, elle tendit son dessin roulé à une silhouette qui l'enfourna dans un grand sac.

— Et si je n'étais pas là, moi, pour fermer derrière vous ?

Un chapeau à plumes sur l'œil, un enchevêtrement de brocarts et de soieries, dix colliers de jais au cou, une chaîne à la ceinture où cliquetait une foule de colifichets, un canif, une boîte à crayons, un porte-monnaie et les cinq clés de l'Académie, Dora Norton Williams avait été, elle aussi, l'élève préférée de Virgil avant de l'épouser en secondes noces, trois ans plus tôt à Boston. Médiocre portraitiste, mais très douée pour les natures mortes, Dora Norton se prenait au sérieux, se voulait peintre, revendiquait sa liberté d'artiste et son droit à la parole. *C'était une maigre petite dame yankee, très autoritaire,* dira Belle à qui Dora avait dû faire quelques remarques désagréables quant à son talent. *Elle se targuait de toujours dire la vérité, et sa prétendue franchise pouvait tourner à la plus effroyable grossièreté.*

— ... Vous avez les yeux injectés, Mrs Osbourne, commenta Dora en donnant un dernier tour de clé. Les joues en feu, les mains rouges.

— Je me suis excitée..., concéda Fanny en manière d'excuse. Comme si quelque chose d'important était en jeu... Je vous ai fait attendre, et tout ça pour quoi ? Pour rendre médiocrement la main de la Vénus de Milo ! Est-ce là un résultat ?

— Qu'escomptiez-vous ?... aboya Dora. Un plaisir esthétique n'est pas un salaire qu'on puisse encaisser.

Une fois goûté, il doit s'évanouir comme un parfum qui s'évapore sans laisser de trace.

La voix sèche, la quarantaine bien sonnée, la femme qui parlait ainsi saurait gagner le respect de Fanny par son courage moral, sa fantaisie et sa décennie d'avance sur elle, dix ans d'expérience dans le monde des arts. Elle allait devenir l'unique personne du sexe féminin, hormis sa fille, à qui Fanny se confierait. L'amie de toute une vie.

A soixante-dix et quatre-vingts ans, Fanny et Dora trouveraient tout de même le moyen de se brouiller.

En comparant les dates, je constate avec étonnement que l'aventure à la San Francisco School of Design ne dure qu'un an. Elle va pourtant transformer Fanny, profondément.

La femme qui ne parlait pas, qui bougeait peu et dans l'ombre, l'amante passionnée d'Austin, la ménagère d'Oakland, se mue en coquette. Une précieuse. Mi-bas-bleu, mi-bohème.

Certes, Mrs Osbourne apprend le dessin. Certes, elle a du talent. Mais c'est surtout de la « vie d'artiste » dont Fanny s'éprend à cette époque. Chez les Williams, sous l'égide de Dora, elle fréquente d'autres peintres, le musicien Oscar Weil, le poète Charles Warren Stoddard qui revient du Pacifique et conte des histoires à la Pierre Loti sur ses amours indigènes. Tahiti, Hawaï, les îles Marquises, il est le premier à introduire les mers du Sud dans l'imaginaire de Fanny. Elle se grise en écoutant ses récits, en partageant les conversations, en dévorant les livres qui s'échangent. Un an. Durant cette courte période, elle se lie avec tous les êtres qui vont compter dans sa vie, jusqu'à son entrée dans les milieux littéraires de Londres. Avec tous ceux qui vont faire d'elle une femme à jamais différente de l'épouse délaissée d'un greffier au tribunal. Sam se trouve pourtant au cœur de ses nouvelles relations. Il connaît Virgil Williams de longue date. Ainsi qu'un autre personnage dont Fanny va travailler à faire son complice et son mentor : l'avocat Timothy Rearden.

— C'est donc ainsi que vous me voyez, Mr Rearden?... Gentille, romanesque, un peu simplette?

L'homme dont Fanny prenait d'assaut le studio au-dessus de la grande Bibliothèque Mercantile lisait couramment le grec ancien, traduisait pour son seul plaisir des ballades de l'allemand médiéval, s'essayait à la versification latine, bref incarnait ce que San Francisco comptait de plus érudit... Et de plus misogyne. Arrivé à dix-huit ans de Cleveland, Ohio, Timothy Rearden espérait comme chacun s'enrichir au Far West. Fasciné par l'aventure sans l'aimer, il avait trouvé un emploi de comptable à la Monnaie et poursuivi sagement des études d'avocat. Il laissait derrière lui une mère veuve et une sœur célibataire qu'il pensait prendre en charge, fortune faite.

Le destin voulut qu'il ne fît pas fortune, qu'il les abandonnât toutes deux dans l'Ohio où il ne retourna pas. Mais, taraudé par un sentiment de culpabilité, il allait leur écrire chaque dimanche durant vingt ans. Les deux femmes garderaient toutes ses lettres que la Bancroft Library de Berkeley conserve aujourd'hui avec quelques photos.

Une moustache qui tombe à la gauloise sur une bouche close. Un nez court aux narines très ouvertes, qui palpitent. Quelque chose d'intense dans le regard, une expression presque dure. Sur les clichés, Rearden paraît vivant. Le nœud flou de la cravate, le reflet moiré de la soie, la veste de velours côtelé, tout en lui reste proche de nous. Même sa susceptibilité, perceptible dans l'expression des sourcils à peine froncés, même sa tendresse dans la fossette enfantine du menton. A l'inverse de ses contemporains qui posent et n'expriment rien devant l'objectif, Rearden est manifestement gêné par l'appareil, voire agacé.

— N'est-ce pas, Mr Rearden, que vous me croyez vaine?

Fanny jeta négligemment son mégot allumé dans l'âtre, maculant de cendres l'un des carreaux de céramique qui encadraient la cheminée. Un jeu de l'oie du début du siècle dont Rearden était très fier.

— Cessez donc de fumer, Mrs Osbourne. Vous vous donnez un genre que votre mari devrait vous interdire.

— Côté genre, Mr Rearden, mon mari n'apprécie que ce qu'il y a de plus vulgaire... Vous êtes bien placé pour le savoir !

Durant ses études juridiques, Rearden avait rencontré le Gallois John Lloyd qui l'avait présenté à son ancien associé, Sam Osbourne. Fanny absente dans l'Indiana, les trois hommes avaient pris l'habitude de se réunir chaque dimanche pour bavarder. Aussi différents les uns des autres que possible — Osbourne, c'était le charme, Lloyd le sérieux, Rearden l'intelligence —, ils avaient en commun le besoin d'échanger des idées dans un monde uniquement voué à l'action.

Avec quelques journalistes de l'*Overland Monthly*, les trois compères créèrent alors ce qui allait devenir l'un des clubs les plus fermés de l'Ouest, le club qui compte aujourd'hui parmi ses membres Ronald Reagan, George Bush et la plupart des présidents américains du XXe siècle : le Bohemian Club.

Tout avait commencé très modestement par une collecte pour la location d'un lieu confortable où discuter ensemble de musique, peinture, littérature. Rearden avait trouvé au-dessus du Marché californien un local trop onéreux pour la petite bande, qui en avait sous-loué une partie à l'un de ses membres : Virgil Williams. Celui-ci en avait fait son école de dessin. L'étage était rapidement devenu le centre culturel de la ville. School of Design d'un côté, Bohemian Club de l'autre, le groupe, sous l'égide de Williams et de Rearden, avait choisi la chouette comme mascotte. L'oiseau d'Athéna, déesse de la sagesse et symbole de la nuit, convenait à ces jeunes hommes, journalistes, avocats, navigateurs, artistes venus d'ailleurs.

Tentés par l'aventure, séduits par le printemps éternel de la côte Ouest, certains peintres européens allaient apporter à San Francisco, par l'intermédiaire du Bohemian Club, leur expérience de la vraie vie de bohème, du Quartier latin et des ateliers parisiens.

— Paris, Mr Rearden, vous connaissez ? Non, bien
sûr. Vous, vous ne connaissez que vos bouquins, votre
solitude, vos frustrations de vieux garçon. Allez-y,
montez-y sur votre piédestal, prenez vos grands airs et
méprisez vos semblables...

Cette fois, il fut tenté de la jeter à la porte. Il se
contenta d'envoyer au feu la nouvelle cigarette qu'elle
s'apprêtait à allumer.

— Vous m'incommodez ! aboya-t-il.

Elle le laissa faire en haussant une épaule.

— Pauvre ami !

Les reins calés contre l'accoudoir d'un vieux fauteuil
de cuir, les jambes croisées l'une sur l'autre, elle leva
légèrement une bottine dont elle fixa le bout.

— Avouez que je vous fais peur.... Allons, appro-
chez-vous, Mr Rearden... A moins que vous ne crai-
gniez que je ne vous mette en retard... Vous retrouverez
vos petits camarades du Bohemian Club ce soir, n'est-ce
pas ? Je le sais : Mr Osbourne a pris ce prétexte pour ne
pas rentrer à Oakland ce week-end ! Racontez-moi donc
ce qui se passe de l'autre côté de mon atelier : je meurs
de curiosité.

En bâillant, elle insista sur « meurs » et Rearden
faillit encore la traîner dehors. Depuis qu'elle étudiait à
l'école de dessin, Mrs Osbourne ne se ressemblait plus.
Elle se montrait chatte avec la terre entière. Avec lui,
elle flirtait. Sam avait eu grand tort de laisser son épouse
courir les ateliers et fréquenter les artistes. Libre de
s'instruire ? Quelles balivernes ! La métamorphose de
Fanny tendait à confirmer les théories de Rearden. En
juillet 1868 dans l'*Overland Monthly,* il avait pondu un
essai sur la question : « *Favouring Female's Conventionalism* ». Il y démontrait l'inanité de l'émancipation
féminine.

— Vos paradoxes me font rire, Mr Rearden. Voulez-
vous me dire en quoi votre mère et votre sœur sont
différentes de moi ? D'après ce que je me suis laissé
dire, c'est votre mère qui vous a fait vivre ! C'est elle qui
a travaillé pour vous. Pour votre éducation. Quant à
votre sœur, elle n'est pas à votre charge, que je sache.
Elle est institutrice. Elle gagne sa vie. Moi aussi, je

gagnerai ma vie. Un jour, avec mes tableaux, c'est moi
— pas Mr Osbourne qui dilapide son salaire avec ses
maîtresses ! — c'est moi qui nourrirai mes enfants.

L'homme qui au premier coup d'œil classait les
personnes du sexe en deux catégories ne savait plus du
tout en face de quelle sorte de femme il se trouvait. Au
début, il avait vu en elle le type de la parfaite *house-
wife*. Le genre qu'on épouse. Maintenant elle appartenait plutôt à celui qu'on séduit. D'autant que la nouvelle Mrs Osbourne l'attirait. Elle le troublait, l'affolait
comme ne l'avait jamais touché l'ancienne Fanny. Ce
petit corps souple. Ce bavardage d'oiseau. Ses froufrous, son parfum. Il résistait. Primo, c'était l'épouse
de Sam. Et Rearden, fidèle en amitié, ne trahissait pas
ses amis. Secundo, quel accueil recevraient ses
avances ? Dans l'incertitude, Rearden préférait
s'abstenir.

— N'est-ce pas, Mr Rearden, que vous me prenez
pour une excitée ?

Il lui darda un regard méprisant :

— Mais non, mon pauvre petit !... Seigneur, les
femelles de San Francisco se sont donné le mot aujour-
d'hui. Elles veulent toutes passer pour des hystériques !
C'est un genre, une mode, elles la suivent toutes. Mon
Dieu, si les femmes comprenaient enfin à quel point
elles sont charmantes quand elles ne compliquent pas
tout. Taisez-vous. Montrez-vous agréables. Soyez satis-
faites de ce que vous avez. La vie sera belle...

— Satisfaite ? Encore faut-il qu'il y ait quelqu'un qui
vous aime et qui vous comprenne...

— Ma chère, dit Rearden, c'est une ineptie de
vouloir que des gens qui s'aiment puissent se comprendre... Inutile de se comprendre pour s'aimer. De même
qu'il n'est pas nécessaire de s'aimer pour se comprendre. Moi, par exemple...

Il s'approcha, ouvrit ses bras sur les deux accoudoirs,
se pencha. Beau garçon, les lèvres sensuelles, les
narines palpitantes. Elle l'évita, sauta sur ses pieds.

— Vous, vous êtes un égoïste qui n'aimez ni ne
comprenez personne !

Elle écrasa son nouveau mégot sur une nouvelle case

du jeu de l'oie, ce qui avait le don, elle le savait, d'exaspérer Rearden. Elle susurra :

— ... Sauf peut-être la belle Mona Wills qui vient de s'enfuir en Europe avec un violoniste allemand... Ah, Vienne ! Ah, Londres ! Ah, Paris !... Elle sourit. Paris, Mr Rearden !

Il rougit. Touché. La seule femme dont Rearden ait jamais été amoureux venait en effet de s'enfuir à l'étranger avec un autre.

— Alors, Othello, que me donnez-vous à lire cette semaine ?

Les lèvres de Rearden se découvrirent en un sourire méchant.

— Pour Madame Osbourne, *Madame Bovary* fera l'affaire. L'histoire d'une guenon qui empoisonne la vie des siens et la sienne au passage. Ça nous vient de Paris, dont vous paraissez très entichée...

Elle haussa les épaules, tendit la main, soupesa le volume, et sortit sans remercier. Leurs rapports ne seraient jamais empreints de plus de cordialité.

Timides jusqu'au malaise, ils cacheraient leur sympathie réciproque sous de constants assauts qui conduiraient à de véritables prises de bec, dont l'un et l'autre oublieraient même la cause. *Vous me demandez ce que j'ai fait à Rearden*, écrit-elle en 1880 à son amie Dora Williams. *Demandez-le-lui : il le sait peut-être. Moi, je n'en ai pas la moindre idée.* Ils croiseraient ainsi le fer comme deux adolescents, ils joueraient à la guerre par pudeur, par pruderie, alternant trêves et bouderies.

On ne sait jamais ce qui vexera ou ne vexera pas Rearden... s'interroge-t-elle encore. *Je me demande pourquoi il m'a virée. Je me demande si je n'étais pas « trop » pour lui. Qu'il soit un peu fou, ça je ne le nie pas. Mais la compagnie des gens un peu fous est infiniment préférable à celle des autres...* Rearden ne sera pas toujours aussi tolérant. Dans une lettre à sa mère sur le chapitre des femmes divorcées, il écrit : *J'éprouve à leur égard ce que j'éprouve envers les crapauds. Elles me paraissent gluantes.*

N'empêche qu'avec sa bruyante condescendance pour celle qu'il appelle *la petite femme dont je vous ai parlé*

Rearden gérera plus tard la propriété d'Oakland, refusera les honoraires que Fanny ne peut lui payer, rachètera en cachette un tableau signé d'elle pour une somme supérieure à sa valeur et la tirera plusieurs fois de mauvaises passes financières. C'est lui qui, pestant toujours, plaidera son divorce !

Quant à Fanny, elle le proclame dans toute sa correspondance : *Je peux seulement dire que j'ai eu plus d'affection pour Rearden que pour quiconque. Vous,* ajoute-t-elle, *vous Dora, et lui, vous êtes les deux seuls êtres dont je me sente suffisamment proche pour dire des bêtises.*

En descendant le petit escalier de Timothy Rearden, en trottant devant la porte de la Mercantile Library où il passait le plus clair de ses journées, Fanny en ce mois de décembre 1874 fut prise d'une tristesse soudaine. « ... Ce vieux cynique de Rearden n'aime que les garces... Si j'étais un peu gentille, c'est à la seconde qu'il me mettrait à la porte. Ce qui l'amuse en moi, ce sont mes vacheries. Il va être servi ! »

*

Pour l'heure, ce qui se dégradait surtout, c'était le statu quo avec Sam. *Quand j'étais seule avec mon père,* raconte Belle, *il était toujours gai et facile. Mais, quand ma mère se joignait à nous, immédiatement l'atmosphère se tendait, pleine d'émotions réprimées, de sentiments refoulés (...). Un jour où nous nous tenions au salon de notre cottage d'Oakland, ma mère cousait, j'étais blottie aux pieds de mon père qui lisait à haute voix* La Foire aux vanités *de Tackeray (...). Il en était au moment où le capitaine Osborne part à la guerre, où sa femme découvre qu'il l'a trompée avec Becky Sharp. J'écoutais avec grand intérêt quand ma mère interrompit d'une voix glaciale :*

— *Je m'étonne que tu oses lire ta propre histoire, capitaine Osbourne !*

Mon père sursauta, s'empourpra :

— *Seigneur Dieu, hurla-t-il, es-tu capable d'oublier quelque chose ?*

On m'envoya dans ma chambre.

La rancune, ce défaut coûtera cher à Fanny. Cette fois, il ne s'agit pas de cela, plutôt de l'une de ses fameuses « inflammations du cerveau » qui chez elle frisent la phobie. Il suffit qu'elle sente la botte insouciante de Sam se poser sur le perron, qu'elle entende son sifflement en appelant les enfants, qu'elle respire le parfum miellé de son tabac, pour que sa gorge, son cœur, son foie, tout en elle remonte et se contracte. « Le voilà... Il est là. » Sans haine, avec une tension, une répulsion si vives que Fanny en a la nausée. Chaque week-end, l'arrivée de Sam lui donne des poussées de fièvre. Elle se secoue, se reprend, oscille entre une politesse froide qu'elle prend pour de la maîtrise de soi et des bouffées d'agressivité. Le cottage d'East Oakland est zone sinistrée le week-end. Les amis se le tiennent pour dit. Même John Lloyd renonce à son repas dominical. Les Osbourne passent leurs fins de semaine sans visites, sans sorties. Une vie sociale ensemble, alors que Sam promène sa maîtresse chez tous leurs amis — à quoi bon ? Reste la vie de famille. Ils ne communiquent plus que par l'intermédiaire des enfants.

— Au fait, Belle, n'est-ce pas l'heure du dîner ? demande Sam, affamé.

— Hervey, il fait froid... Dis à ton père de te mettre ta veste !

Elle ne parvient même plus à lui adresser la parole, il ne fait pas l'effort de lui parler, elle en a peur, il s'en méfie. Ni l'un ni l'autre ne tentent un rapprochement. Ils se craignent trop pour oser un geste, un mot. Sur ce point, le seul, ils s'entendent. Sam se glisse, se faufile, disparaît d'une pièce à l'autre, « surtout que Fanny ne me remarque pas » ! Elle se montre, s'étale, « surtout que Sam ne reste pas » ! Les premières fleurs frémissent dans le jardin. Les chiens jouent sous les arbres fruitiers. Jamais la chaleur d'avril n'a semblé plus clémente, l'obscurité des bosquets plus sensuelle.

Ils n'ont pas d'yeux, pas d'oreilles, pas de visage. Même Sam le charmeur. Quelque chose de dur déforme sa bouche quand il marchande à Fanny l'argent de la semaine. En dépit de son apparente bonhomie, il prend plaisir à refuser de lui allouer une somme fixe. Il attend qu'elle réclame. Pour qu'elle obtienne un sou de lui, il exige qu'elle justifie ses dépenses et ses besoins, qu'elle lui montre le livre de comptes, et le fond de sa bourse. Alors seulement, Sam cède. Aucune pingrerie dans ces mégotages. Tout ce qu'il gagne, pour ses amis, pour la femme qu'il aime, il le dépense. Mais sa compagne de San Francisco lui coûte cher. D'autant qu'il a lui aussi besoin de liquidités : le rêve de s'enrichir dans les mines l'a repris. Il spécule, parie toute sa paye sur les nouvelles concessions du Nevada et se croit, selon les heures, millionnaire ou ruiné.

L'idée qu'après tous ses désastres Sam continue de sacrifier à la fièvre de l'or, qu'en plus il préfère le confort de sa maîtresse à celui de ses enfants, jette Fanny dans des rages qui achèvent d'exaspérer Sam. « Un garçon très intelligent..., dira de lui Timothy Rearden, mais totalement dépourvu du sens de la famille. »

Ce dimanche soir, les enfants endormis, Belle lisant au lit, ils se retrouvèrent en tête à tête. D'ordinaire, chacun se hâtait de disparaître dans ses quartiers. La nuit était froide et grise, l'obscurité chargée d'eau. La brume enveloppait le jardin d'où montait une rumeur sourde. Le chant d'une source dans la terre. Le premier grouillement du printemps. Ils restaient là, de chaque côté du porche, appuyés à la balustrade. Entre eux se mêlaient la fumée de sa pipe, celle des cigarettes qu'elle allumait à la chaîne. Au loin, comme emprisonnée dans un nuage, sur l'océan dansait la lueur de San Francisco. Ils auraient pu être bien.

La sérénité de cet instant les suspendait tous deux dans un même sentiment d'attente. Un soulèvement de tout leur être les portait ensemble vers l'eau du jardin et de la mer. Un désir d'étreindre. Un besoin de se fondre. Ils allaient s'approcher, ils allaient se rejoindre. Un geste suffisait peut-être pour détourner le destin... Tous deux espérèrent une seconde que l'autre tendrait le bras, que l'autre lui prendrait la main et la serrerait. Ce désir s'évanouit avant même qu'ils aient eu le temps de l'éprouver. Ils restèrent immobiles. Ils ne ressentaient qu'une amertume vague. Maintenant chacun tâchait d'oublier la présence de l'autre, de voler à cette nuit une petite joie solitaire et secrète. En marmonnant « bonsoir », Sam fut le premier à quitter le porche. Le lendemain, dès l'aube, il prit le ferry. Deux heures plus tard, Fanny à son tour s'échappait.

Pour s'occuper des garçons durant ses absences à San Francisco, elle avait engagé une gouvernante que Timothy Rearden lui avait trouvée et recommandée. Encore un service rendu par Rearden ! Originaire de l'Ohio comme lui, mais la poitrine pigeonnante et le chignon pyramidal, Miss Kate Moss acceptait d'être très irrégulièrement payée, de dépendre du bon vouloir de Mr Osbourne qu'elle adorait. Passionnée, autoritaire et lettrée, elle manquait de charme et menait son monde à la baguette. Elle avait même réussi à mettre un semblant d'ordre dans la vie de Belle, lui inculquant de force les rudiments de la grammaire française, l'obligeant à étudier son piano trois fois par semaine. Miss Kate le clamait haut et fort : cette petite partageait trop l'existence de sa mère. Mêmes activités, mêmes horaires, mêmes fréquentations. Et Belle n'avait que seize ans ! Fanny, qui n'était pas du genre à supporter la contradiction, écoutait les critiques de Miss Kate. Les deux femmes partageaient la même tendresse pour l'enfant aux longues boucles blondes qui s'était couronné « Prince des nuages » le matin de son quatrième anniversaire.

— Regarde, maman, cria Hervey, la dame qui vient... elle est belle ! On dirait une fée...

Assise sur les marches du porche, Fanny dessinait le profil de son fils. Elle leva le nez. Une jeune femme remontait le sentier. Un bibi plat juché comme une assiette sur un énorme postiche, une robe à tournure beaucoup trop habillée pour une toilette d'après-midi, une grande bottine de chevreau rouge, un bas à rayures, elle s'approchait, souriante. Fanny s'était dressée.

— De quel droit venez-vous ici ?

La femme hésita, balbutia :

— Il n'y a aucune raison pour que je ne vienne pas ici.

— Il y en a une excellente. Dehors !

L'autre rougit, recula.

— Vous pourriez être un peu polie... moi, ce que j'en dis, c'est pour vous... une visite de courtoisie que je vous faisais... on a tout intérêt à s'entendre toutes les deux... pourquoi pas ? Vous pourriez venir de temps en temps chez nous à San Francisco avec les enfants... Sam, ça lui ferait plaisir... ça arrangerait tout le monde... ce serait drôlement plus civil. Et puis pour les enfants...

Elle effleura la joue de Hervey, qui la regardait, subjugué. Fanny attrapa son fils.

— Foutez le camp !

— Dites donc !

— Miss Kate !... hurla-t-elle de toute sa voix. La grosse jeune femme parut derrière la moustiquaire. Emmenez Hervey !

La gouvernante s'empara de l'enfant et ferma la porte. Au même instant Fanny, repliant sa langue entre ses dents comme elle l'avait vu faire aux mineurs, envoya au visage de la visiteuse le plus formidable crachat qu'elle pût produire. Elle avait visé la figure, il atterrit mollement entre les dentelles du giron. L'autre, sidérée, fit :

— Oh !

Elle regarda sa poitrine, ne tenta pas de se nettoyer, tendit les seins comme pour éloigner la chose et, le buste en avant, sa traîne zigzaguant furieusement dans l'allée, elle tourna les talons. Fanny la suivit du regard. C'est alors qu'elle fut secouée d'un spasme. Accrochée à la balustrade, elle se mit à pouffer. Elle riait, elle riait. Un énorme fou rire de gamine. Elle ne se serait pas crue capable de commettre un geste aussi dégoûtant ! Elle n'en revenait pas. Comment avait-elle osé ? D'autant qu'elle n'avait jamais vu cette femme, qu'elle ne pouvait être sûre qu'il s'agissait bien de la créature de Sam. Mais l'intuition ! En entendant le déclic de la barrière, en apercevant son bibi rouge et sa bottine, elle n'avait pas douté : ainsi c'était cela, la femme que Sam lui avait préférée. Son rire se calma. Même pas jolie. Elle détaillait mentalement la taille épaisse, les grandes mains, les cheveux teints. Et Sam lui avait préféré cela ! Elle l'avait imaginée à l'image de la veuve Kelly, blonde, fière et redoutable. Un chiffon. Un tas. Et Sam lui avait préféré cela ! Elle trouvait à la laideur de sa rivale un immense plaisir, et une déception plus grande encore. Il passait donc les trois quarts de son temps avec cet épouvantail. Et il s'en contentait. Médiocre. Sam était vraiment médiocre. D'abord cette pensée la réconforta.

Elle regarda autour d'elle. La petite maison, le jardin clos qu'elle aimait.

Plus médiocre encore qu'elle ne l'imaginait. Soudain l'idée de la nullité de Sam l'épouvanta. Elle allait donc passer sa vie ici. « Mrs Osbourne, la femme du greffier, qui a de vagues aspirations littéraires et artistiques. » Coincée dans le rôle de bas-bleu. Frustrée par les infidélités de son mari. A moins que, comme l'héroïne du livre français que Timothy Rearden lui avait prêté, elle ne prenne un amant... Rearden justement. Pourquoi pas ? Un instant, elle se représenta Rearden l'enlaçant, sa belle main sur son sein, sa moustache contre sa bouche... Il la traiterait de guenon la minute où il l'aurait possédée. Aux yeux de tous ici, elle ne serait jamais que Mrs O. Plus ou moins honnête, plus ou moins volage. A l'école de dessin, elle deviendrait au mieux un artisan habile. Elle pourrait décorer des assiettes de porcelaine, ou bien illustrer des journaux pour dames. Elle regarda encore l'enclos de son jardin. Les lys tigrés se dressaient. Les roses s'enflammaient. Que pouvait-elle accomplir de plus ici ? Elle songea à sa maison. Voilà dix fois qu'elle changeait les rideaux, qu'elle retapissait sa chambre, qu'elle redécorait le salon... Que pouvait-elle accomplir de plus ici ?

Son regard vola vers la baie de San Francisco. Le brouillard s'enroulait, se rembobinait comme un grand cylindre de coton blanc, reculait sur les flancs du mont Tamalpais, découvrant une suite de vallons où se déchiquetaient, en fines cascades, des cordées de nuages.

En premier plan sur la mer, une lumière dure, qu'un reste de brume filtrait encore, illuminait un brick sans voilure. Ses deux mâts dressés, sa proue, ses gréements squelettiques zébrant l'océan à longs traits, il s'allongeait, s'étirait vers une tache à l'horizon, un minuscule point noir, le remorqueur qui peut-être le halait vers le large. Pourtant le brick semblait immobile. Collé, cloué contre le ciel rose. La baie tout entière avait pris les teintes d'un chromo. Une colombe allait descendre, voltiger à l'avant du bateau, tandis qu'au-dessus des nuées Dieu, le bras tendu, le doigt pointé, montrait la voie. A cet instant, l'idée naquit et la décision fut prise.

*

— Je pars, Mr Rearden !
— Ah oui ? Bon débarras.
— Tim, arrêtez, je suis sérieuse : je pars.

Elle avait grimpé ses étages quatre à quatre, elle avait fait irruption sans frapper. La pipe à la bouche, il travaillait devant le feu.

— Le Vieux Monde ! haleta-t-elle, emphatique.
— Ce n'est pas assez loin.
— Tim, s'il vous plaît... J'ai à vous parler, c'est sérieux, j'ai des conseils à vous demander.
— Entre moi et les femmes de votre espèce, il n'y a pas assez de deux océans...
— Tim !
— Allez au diable !

Elle fit volte-face, claqua la porte et prit d'assaut le Cable Car numéro 10. Accrochée à la hampe, ses jupons traînant du marchepied aux pavés de bois, elle sauta devant chez les Williams.

*

— Dora, je pars.
— Ah oui ? Quelle bonne idée ! Et où allez-vous ?
— Le Vieux Monde !

— Comme c'est original, ironisa Dora que Fanny avait surprise dans sa cuisine.

— Vous croyez que Mr Williams consentirait à me donner quelques adresses ?... Des recommandations auprès de ses connaissances ? Des noms ?

— Mais bien certainement !

S'emparant de la bouilloire, Dora conduisit son amie au salon, la fit asseoir et servit le thé.

— Comme je vous envie, ma chère. Rome, c'est le seul endroit pour étudier !... Rome ou Paris. Vous faites bien. Douée comme vous l'êtes, vous n'aurez aucune difficulté à vous faire remarquer. Moi, si je pouvais !... Seulement, avec les responsabilités de mon mari... Nous vous aiderons ! Nous vous recommanderons ! Nous vous trouverons un professeur ! Nous vous ferons exposer au Salon !... Là-bas, vous allez progresser vite, très vite. Loin des soucis matériels, de votre maison, de votre jardin qui vous mobilisaient beaucoup trop... Sans tous ces enfants !

— Mes enfants ? Je les emmène !

— Seigneur Dieu ! Mais pour quoi faire ?

*

— Bien sûr, tous les trois ! Vous n'imaginez pas, John, que je vais me séparer de mes enfants ?

— Mais sauf votre respect, Mrs Osbourne, que ferez-vous là-bas ?

— Je peindrai.

— De quoi vivrez-vous ?

— Je travaillerai... ce ne sera pas la première fois !

John Lloyd était bien placé pour savoir à quelle période de sa vie Fanny faisait allusion.

— Mais à l'époque vous n'aviez pas trois enfants à charge. Vous habitiez votre pays... Comment vous ferez-vous comprendre là-bas ?

Elle haussa les épaules.

— Je me débrouillerai !

— Et Sam ?

— Quoi, Sam ?

— Sam, les enfants...

— Sam, coupa-t-elle, Sam a sa vie, et moi, j'ai la mienne. Les enfants ? Parlons-en ! Il ne les voit pas plus d'un jour par mois ! Et encore ! Alors, un peu plus, un peu moins, pour lui ça ne fera pas grande différence...

— Il est au courant de ce... projet ?

— Je ne parviens pas à le joindre... (Malicieuse, Fanny eut pour la première fois depuis bien longtemps un vrai sourire.) Je pourrais peut-être passer chez cette dame, lui rendre sa visite de... comment disait-elle... de courtoisie ?

*

— Jamais ! hurla Sam.

— Sinon..., lança-t-elle au hasard, je demande le divorce !

— Tu es devenue folle, je vais te faire enfermer ! Folle à lier. D'abord tu craches au visage des gens, ensuite tu veux arracher tes enfants à leur maison, à leur famille, à leur père... Le Vieux Monde, tu vas le voir dans un asile !

— Ou dans un cercueil ! gronda-t-elle. Puis, changeant de ton : Sam, écoute-moi. Nous ne pouvons continuer ainsi... (Elle avait sa voix chantante et basse, sa voix de source qui court sous la glace, sa voix d'autrefois.) Je suis fatiguée...

Se laissant tomber sur le canapé, elle prit sans violence le poignet de Sam qu'elle força à s'asseoir à côté d'elle. La photo de Jacob Vandegrift, encadrée d'or par les soins de John Lloyd, trônait au-dessus d'eux. Tout un passé. Toute une existence dans ce salon. Dix-huit ans de souvenirs conjugaux. Sur la porte du poêle à bois s'étalait une plaque en fonte bien astiquée : *home and comfort*. La chatte s'enroulait sur la carpette. Les dessins des tapis répondaient aux ramages des papiers peints qui eux-mêmes s'harmonisaient avec les étoffes des fauteuils. Sur les chaises à bascule, même les plus rustiques, se carraient les coussins brodés par Belle et Fanny. Dans les vitrines s'alignaient les terres cuites de l'une, les tableaux de l'autre. Des dessins humoristiques du minable camp d'Austin, avec ses mamelons hérissés de pancartes, ses tentes flanquées de barils en guise de cheminée. Des caricatures de Sam et John Lloyd déguisés en prospecteurs, feutre sur l'œil, bottes avachies et pelle à l'épaule : *On n'est pas faits pour le travail manuel.* Disposées en quinconce sur le piano que recouvrait un châle à franges, la photo de Belle dans sa première robe à tournure, celle de Hervey à deux mois. Et sous un globe, un fragment de la seule pierre où Sam ait jamais trouvé un filon d'argent.

— J'étouffe, dit-elle. J'ai besoin d'être seule... J'ai besoin de temps... Je voudrais rentrer à la ferme.

— Rentre. Passe quelques mois chez tes parents dans l'Indiana. Moi aussi je suis très attaché à cet endroit... Peut-être même pourrais-je venir avec toi.

— Non.

Vexé, il bondit sur ses pieds.

— Nous sommes mariés tout de même !

Elle laissa retomber sa main sur l'accoudoir.

— Si peu... Sam, laisse-moi partir.

Il s'éloigna et lui tourna le dos.

— Et les enfants ?

Elle se tut. Il fit volte-face, répéta :

— Et les enfants ?

— Pour Belle, pour son apprentissage, l'Europe sera une formidable expérience...

— Si tu pars, Fanny, tu pars seule, trancha-t-il.

Elle baissa les yeux, murmura :

— Je ne peux pas vivre sans eux.

— Alors, tu restes.

Il allait quitter la pièce.

— Sam, cria-t-elle, ce sont mes enfants, je ne peux pas les abandonner ! Elle ajouta plus bas : Et je ne peux pas rester !

— Et moi, Fanny ? aboya-t-il. Moi ? Ce sont mes enfants à moi aussi !

— Pour ce que tu les vois ! lança-t-elle avec amertume.

— Parce que tu crois que c'est agréable de venir ici le week-end ? C'est l'enfer, cette maison !

— Ah, triompha-t-elle, tu vois bien qu'il faut que ça change... qu'il faut que je m'en aille...

150

Il se tut. Elle poussa l'avantage :

— Sam, donnons-nous un an. C'est vrai que je deviens difficile... C'est vrai que je tourne mal... on dirait une mégère, c'est vrai... Je ne m'aime pas... pas plus que tu ne m'aimes, précisa-t-elle tristement. Toi, tu aimes cette femme. Tu as ta vie. Un métier... Moi, je n'ai que mes enfants... Laisse-moi partir. Laisse-moi devenir quelqu'un ! Quand je serai fière de moi, tout ira mieux entre nous.

**

En ce mois de mars 1875, Fanny transplante ses fleurs dans la serre. Elle met sous housse son laboratoire. Elle fait ses malles. Elle ferme le cottage. Les voisins arroseront les plantes. Sam vivra à San Francisco. Il enverra un mandat tous les mois pendant un an, il n'a pas convenu de la somme. Il le fera pour les enfants. Comment diable a-t-elle réussi à le convaincre ?

L'homme qui déteste les scènes, qui fuit les explications et les drames ne connaît plus un instant de repos depuis que Fanny s'est mis en tête de partir. Si, à Oakland, elle tanne et supplie, à San Francisco, c'est pire encore : « Qu'elle fiche le camp avec ses mômes, cette hystérique ! » tonne la maîtresse que la perspective d'être débarrassée de Mrs Osbourne enchante. Au Bohemian Club, le son de cloche est différent, mais le projet de Fanny le poursuit toujours. Rearden et John Lloyd, qui n'aiment rien tant que les cancans en dépit de leur réserve, commentent à satiété. Virgil Williams, lui, se tait : son silence n'en devient que plus éloquent. Blessé dans son amour-propre par le fait même qu'on veuille étudier ailleurs, il se contente de dire que ses élèves sont libres de choisir leur professeur. L'Europe ne peut pas être une mauvaise expérience. Il souligne avec grâce qu'il en garde, lui, un souvenir ébloui. Sur le palier, postée à la porte de l'Académie, Dora organise un comité de soutien :

— Mrs Osbourne ne pouvait tout de même pas rester enchaînée toute sa vie à ce raté qui ne lui donne pas un rotin.

Le scandale, l'aventure, elle approuve. Elle clame si haut et si fort cette approbation que l'école, le club et son salon ne bruissent que du départ projeté de Mrs Osbourne et de ses trois enfants.

Assaillie de doutes, Fanny perd le sommeil, s'absorbe dans ses préparatifs et reste à l'écart.

Mais un soir, à la sortie de l'un de ses derniers cours, Timothy Rearden vient la cueillir.

— J'ai à vous parler, grommela-t-il en l'entraînant entre les étages d'huîtres et de coquilles Saint-Jacques amoncelées.

— Je croyais qu'il n'était pas convenable de me parler. Ecrivez-moi, Rearden, je suis pressée.

Il l'attrapa par le coude.

— Je vous accompagne jusqu'à l'omnibus de Market Street.

D'une ruelle à l'autre, leurs visages tantôt zébrés par l'ombre des fils télégraphiques, tantôt baignés par la lumière dorée du soleil, ils descendaient, remontaient, traversaient des carrefours, plongeaient soudain dans des trouées de ciel bleu, se cognaient contre le mur d'une montée trop raide. Transis par le vent froid de la mer, ils s'emmitouflaient dans leurs écharpes, ou bien, déboutonnant leurs manteaux, ils peinaient comme en plein été.

— Ce n'est pas convenable pour une femme de partir seule à l'étranger.

— Convenable, vous n'avez que ce mot à la bouche : la respectabilité, vous en crèverez !

— Et vous aussi, ma chère. Tout le monde ici vous condamne.

— Seriez-vous triste de me voir partir, Rearden ?... Tiens, cette idée ne m'était pas venue. Vais-je vous manquer ?

— Taisez-vous et pour une fois faites preuve d'un tout petit peu de jugeote... Vous n'allez pas quitter Sam, tout de même !

— Pourquoi pas ?

— Parce que, Mrs Osbourne, une dame de votre âge, aussi charmante soit-elle, ne quitte pas son mari.

— Mêlez-vous de ce qui vous regarde !

— Et vous, regardez-vous : les aiguilles ont tourné. Elles tournent toujours. Votre jeunesse est derrière. Bientôt, ma chère, vous grisonnerez !

Rearden constata, non sans plaisir, qu'en dépit des ans Mrs Osbourne savait encore rougir.

— Calmez-vous, mon petit. Vous voilà aussi noire qu'une Indienne.

Elle manqua lui arracher les yeux, la moustache où, sous le poil, se dissimulait un sourire. L'explosion, Rearden n'attendait que cela. Elle se contint. Sans ralentir, comme si elle cherchait à le semer, la voix un peu haletante, elle adopta un ton mi-badin, mi-raisonneur :

— Vous haïssez donc tellement les femmes, mon pauvre ami, que vous cherchiez toujours à les humilier ? Que vous ont-elles donc fait ? Et moi, qu'est-ce que je fais de si répréhensible ? Je ne me sépare pas de mon mari, comme vous aimeriez à le croire, je ne quitte pas Sam... Je ne dilapide pas l'héritage de mes enfants, je ne vends rien, la maison reste en l'état... et pourtant Dieu sait si j'ai besoin d'argent ! Je ne prends même pas la peine de louer le cottage en mon absence, c'est vous dire... Je pars en voyage, voilà tout. Un voyage d'études. Qu'y a-t-il de si mal à cela ?

Les quatre chevaux de l'omnibus reliant Market Street à l'embarcadère venaient de tourner le coin. En cette soirée du vendredi, la voiture était bondée. Fanny dépassa l'arrêt et poursuivit à pied parmi la foule des hommes qui se hâtaient vers la mer. Rearden la rattrapa.

— A propos de ces études, justement...

Ils croisaient des groupes de Chinois au crâne rasé, à la longue natte dans le dos, ils se mélangeaient à la foule des coolies malais, des *vaqueros* mexicains, des juifs orthodoxes — toutes nationalités, toutes couleurs, toutes races que Rearden exécrait.

— Je ne veux plus vous entendre, Rearden. Je hais votre étroitesse d'esprit et votre grossièreté.

— Un mot encore...

— Assez !

— Mon petit, vous allez m'écouter... Pour ce qui est de votre talent, de vos prétentions artistiques — sornettes et balivernes ! Sachez que vous ne deviendrez jamais un grand peintre.

Cette fois, elle en eut le souffle coupé. Elle dut s'arrêter. Il venait de l'attaquer dans ce qu'elle avait de plus précieux. Mais Rearden ne cilla pas sous le regard implorant qu'elle lui lança.

— Enfin, enchaîna-t-il, je vous rappelle combien la route est épineuse pour une matrone qui choisit de tourner le dos aux lois de la société... Vous espérez vivre en accord avec vous-même, c'est cela, n'est-ce pas ? Suivre votre instinct ? Aller jusqu'au bout ? Espèce de dinde ! Sachez qu'une femme qui sort du droit chemin se perd à jamais. Si vous partez, si vous quittez Sam, vous êtes finie. Voilà, je vous ai tout dit. Maintenant, vous ferez comme vous l'entendrez, conclut-il en sortant un petit paquet de la poche de son paletot. Sans transition, avec le même air grognon, il le lui tendit. J'ai trouvé quelque chose d'assez joli sur votre ami Rubens. Dans le genre, c'est bien écrit. Lisez avec attention, ce petit livre vous intéressera.

Il la planta devant le débarcadère et rebroussa chemin.

Elle voleta des planches aux ballots, claudiqua jusqu'aux hangars comme un moineau blessé, revint sur la jetée et s'immobilisa au bord de l'eau. Elle aurait voulu s'embarquer tout de suite, sur n'importe quel bateau, disparaître et tout recommencer à zéro. Longtemps, elle regarda la lueur des vaguelettes mourir à ses pieds.

*

Tôt le lendemain, Fanny entendit le déclic de la barrière. Sam, la mine mauvaise, les yeux rouges, l'haleine fleurant le whisky, se laissa choir devant elle sur une marche du porche. Il gronda entre ses dents :

— Je reviens vivre avec toi.

— Oh, Sam, soupira-t-elle.

— J'ai quitté cette femme... Je reviens vivre avec toi !

Elle regarda sa nuque fléchie, ses épaules voûtées, ses mains qui pendaient. Un chien battu. D'instinct Fanny respectait la faiblesse. Son père racontait volontiers que, jeune fille aux courses d'Indianapolis, elle négligeait ostensiblement le favori et pariait toute sa fortune sur la rosse qui avait le plus besoin d'encouragements. A sentir Sam si défait, elle fut prise d'un grand élan. Affection ? Compassion ? Peur ?

— Je reviens vivre avec toi, répéta-t-il.

La voix était dure. Haineuse. Pas la moindre tendresse dans le regard. Rien qu'une formidable hargne. Prêt à mordre. Elle réfléchit un instant.

— Ça ne marchera pas.

— Et pourquoi ? Ça a bien marché dix ans !

Elle haussa les épaules et rentra. Il resta assis, l'humidité du bois transperçait son pantalon, il se tourna vers la maison :

— Fanny ! tonna-t-il. Ce n'est pas à quelques miles que tu emportes mes enfants... Ni pour six mois ! Ni pour un an ! L'Europe, c'est un continent, un monde, une vie !... Tu les arraches à leur terre. Malgré eux. Malgré moi... Et tout ça pour quoi ?

« Pour quoi ? » Le visage décomposé, Fanny s'immobilisa. Pour quoi ?

— Mais pour leur donner une chance de s'instruire... Pour que Belle puisse devenir une véritable artiste.

Elle trichait. Elle le savait. Elle restait là, debout dans le couloir, transie de peur. Que faire ? Rester ? Reprendre la vie avec Sam ?

D'ici un mois, il promènerait à nouveau quelque créature à son bras, une ancienne, une nouvelle, il réapparaîtrait ici le dimanche, il mégoterait sur l'argent du ménage, il repartirait le dépenser ailleurs. Et toute leur vie, il la confinerait dans ce rôle de ménagère mécontente de tout et d'elle-même. Le regard de Fanny tomba sur son reflet que lui renvoyait la psyché du couloir. Entre les sourcils noirs, deux rides bien visibles donnaient à son visage une expression tendue.

Aux commissures des lèvres, deux autres entailles accentuaient le pli naturellement tombant de sa bouche. L'horloge tournait, Rearden avait raison sur ce point.

Mince, presque maigre, le buste étriqué dans une jaquette d'homme qui creusait ses reins et moulait ses hanches, les cuisses entravées par sa jupe à tournure que fermait devant et derrière, sur toute la hauteur, un ruissellement de boutons en jais biseauté, des dizaines de gouttes noires et luisantes, elle évoquait un animal amphibie, une sirène, une bohémienne préparant un mauvais coup. Elle s'imagina dans quelques années. Il lui semblait qu'elle n'aurait alors plus une goutte d'eau sous la peau, plus de sang dans le cœur. Un os de seiche. Que faire ? Si elle ne s'en allait pas maintenant, le moment serait passé, elle le savait.

— Tu en prends seule la responsabilité, Fanny... Tu me voles l'enfance de Samy et de Hervey. Tu me voles la jeunesse de Belle. Tu me voles mes enfants !

*

Le 28 avril 1875, Fanny est prête. Elle a fermé le cottage, elle fait descendre ses malles à la gare de Valejo. Miss Kate et les enfants ont été prévenus la veille : ils partent pour l'Indiana. De là, ils iront à New York où Miss Kate restera chez l'une de ses tantes. Fanny, avec Belle (seize ans), Samuel Lloyd (sept ans), Hervey (quatre ans), s'embarquera pour la Belgique. Un an d'études à la célèbre Académie de peinture d'Anvers.

Pourquoi Anvers plutôt que Rome ou Paris, comme le suggérait Dora ? Est-ce à cause du livre sur Rubens offert par Rearden ? Ou parce que, aux yeux de Sam, un port de Belgique paraît plus rassurant qu'une grande capitale ? Parce que, de New York à Paris, Anvers est une étape obligatoire ? A moins que, dans son impatience, elle n'ait choisi le premier bateau en partance.

Ce dont je suis sûre en revanche, c'est que Fanny ne saurait situer la Belgique sur une carte ni dire s'il s'agit d'un royaume, d'un empire ou d'une république. Quant à la langue qu'on y parle — mystère. Le flamand, le français, elle n'en connaît de toute manière pas un mot. Elle oublie en outre que Sam ne lui enverra pas d'argent, ou bien le minimum, qu'elle n'a aucun point de chute, ni amis, ni relations en Europe. Elle ignore surtout que l'Académie de peinture d'Anvers est interdite aux femmes. Elle part pour rien.

*

En cette seconde moitié du XIXe siècle, l'Europe voit beaucoup de ces aventurières américaines débarquer sur ses côtes. Aucune n'arrive à trente-cinq ans passés, chargée de famille et sans le sou.

A l'assaut de l'Art et du Vieux Monde.

L'OISEAU DES TEMPÊTES
1875-1880

DEUXIÈME PARTIE

L'OISEAU DES TEMPÊTES
1871-1880

CHAPITRE IV

QUAND MÊME !

Vivre, c'est comme la griserie du champagne, simplement vivre !

FANNY OSBOURNE

EN MER – juillet 1875

A l'arrière, sur le pont des secondes, debout, droite, tout près du bastingage, une femme en robe de coton à rayures tient serrés contre elle ses trois enfants. Joli groupe. Les fils, très blonds tous les deux, se disputent une paire de jumelles en se racontant la mer. Knickers et spencer, boucles sages et nœud papillon, le plus âgé semble peut-être trop raisonnable, trop passif pour un garçon de son âge. Le petit, lui, déborde de vie. En costume marin, avec de longues anglaises, un regard noir et profond à demi caché sous l'épaisseur des cils, il se laisse couper le souffle par le vent. Puis, à petits coups de langue sur la lèvre, il goûte le sel sans lâcher les jumelles qu'il tient d'une main, ni sa sœur de l'autre. La beauté de la jeune fille en toilette écossaise, un châle à carreaux rejeté sur l'épaule, s'oppose résolument au charme diaphane des garçons. Très brune, terrienne, elle rit et se dandine, pour le bénéfice exclusif des passagers qui jouent au *shuffle-board* derrière elle. A chaque palet qui file sur le pont dans un frottement de bois, elle sait qu'un regard d'homme s'attarde sur sa taille, sur sa chevelure luisante qui se déroule en deux longues boucles jusqu'aux reins. Innocente, elle en sait déjà long.

La mère, plus sobre, plus austère, la nuque et les oreilles dégagées, avec pour seul bijou une grosse croix d'or au col, veille sur sa famille. L'œil brûlant, elle fixe le sillon d'écume qui moutonne à perte de vue. Sa voilette de plumetis crème se plaque contre son nez droit, contre son front bombé et ses tempes étroites, tamisant ce profil de camée, cette splendeur de chair trop lisse et trop ambrée qui se découpe durement sur l'océan. Elle semble immobile, mais tout en elle bouge et bruisse. Sa bottine tressaute sous les vibrations des moteurs, les pans rouges de sa ceinture viennent battre les rubans du chapeau, le gris, le grège des rayures se cassent sur le faux cul, s'ouvrent en éventail sous le pouf et cascadent en plis coupés jusqu'au pont.

— Maman, on est encore loin ? s'impatiente soudain Hervey, le plus jeune des garçons.

— Où habiterons-nous ? s'inquiète Samuel Lloyd.

— Et papa ? s'enquiert Belle.

— Papa viendra !... Fanny enveloppe ses petits dans ce regard lourd dont l'aplomb les rassure et la foi les exalte... Nous, murmure-t-elle à voix très basse, nous allons connaître des aventures que personne à San Francisco n'a vécues. Pas même les chercheurs d'or !

Avec son emphase de pythie, ce ton rauque et voilé qu'elle gonfle sans l'enfler, ce chuchotement de source qui court en secret vers la mer, Fanny libère chez ses enfants d'étranges forces. Rêve, jeu, voyance, chacun se rapproche et se tient coi.

ANVERS – août-octobre 1875

Tout s'est finalement passé comme je l'avais prévu, écrit-elle à Dora. *Nous avons disparu sans même avoir le temps d'en avertir nos amis. Le temps ?* San Francisco-

Anvers, via Indianapolis. Vingt-cinq ans avant les premiers vols d'avion, un demi-siècle avant Lindbergh, Fanny semble sillonner le monde avec la plus grande facilité. Pour prendre la mesure d'un tel voyage, je dois, moi, me souvenir qu'elle s'est d'abord embarquée sur le Western Pacific Railroad jusqu'à Valejo, de là sur le California Pacific jusqu'à Sacramento, ensuite sur le Central Pacific jusqu'à Ogden, puis l'Union Pacific jusqu'à Omaha, nouveau changement de train jusqu'à Chicago, sur le Vandalia Railroad descente vers Indianapolis, ultime tronçon en tortillard jusqu'à Clayton ou Danville, buggy jusqu'à la ferme Vandegrift.

Au terme de ce périple de douze jours, sanglée dans son corset, assise sur des sièges qui ne soutiennent ni les épaules ni la tête, sans couchette la nuit, avec deux enfants en bas âge, plus de deux cents arrêts, une correspondance manquée qui l'oblige à attendre vingt-quatre heures dans le hall de la gare d'Omaha, elle ne reste qu'une semaine dans sa famille. Et puis elle enchaîne et repart pour la suite d'un voyage dont la perspective m'effraie, et qu'elle renouvellera, elle, sans hésitation, jusque tard dans la vie.

Nous avons été coincés par le déluge dans l'Indiana plus longtemps que je ne le voulais, poursuit-elle comme si de rien n'était. *Les passerelles et les ponts avaient été emportés. A la fin, incapable d'attendre plus longtemps, j'ai engagé un cocher auquel j'ai fait jurer sur la Bible de m'obéir quoi que j'ordonne. J'ai loué un vieil omnibus de campagne et deux solides chevaux. Avec mes enfants et mes malles, j'ai traversé le déluge. Des rives détrempées, nous avons dérapé dans des torrents bouillonnants, au risque d'être emportés et noyés. Sur toute la route, il ne restait qu'un seul pont, et des patrouilles empêchaient les gens d'y accéder. Nous l'avons traversé. Il s'est écroulé un quart d'heure après. Je ne pense pas que j'oserais recommencer une telle équipée. J'ai risqué non seulement ma vie, mais celle de mes enfants. Après tout, c'est peut-être une chance que j'aie été si impatiente, car j'avais attendu trop longtemps chez mes parents et mes billets de train étaient périmés. Je suis arrivée à New York au bon moment. Le bateau qui partait était presque vide et je n'ai eu qu'à payer cent soixante-quinze dollars pour tout le monde jusqu'à Anvers, avec les deux meilleures cabines. Je ne croirai plus jamais à la légende du manque de galanterie des Anglais. Le fait que Belle et moi soyons deux Américaines sans chaperon nous a valu d'être traitées avec le plus grand respect. A Liverpool, un vapeur nous a fait traverser le Channel. Nous sommes arrivés à Anvers vers onze heures du soir. La douane est montée à bord, mais aucune menace du capitaine n'a pu les convaincre de fouiller nos affaires la nuit même. Il faisait très froid, il pleuvait et il n'y avait pas assez de couchettes pour tous les passagers. Je me suis approchée du plus aimable des officiers, j'ai pris l'air aussi perdu que possible, ce qui n'était pas difficile, je n'avais pas à me forcer, et j'ai murmuré : « Je voyage toute seule avec ma très jeune fille et mes deux petits garçons. Vous imaginez combien cela va nous être difficile de rester ici toute la nuit ! Je m'en remets à votre galanterie. » Mes malles furent descendues dans l'instant, les cadenas ouverts et refermés. Le capitaine a hélé un fiacre, et en quelques secondes nous nous sommes retrouvés à l'hôtel, dans une chambre, une seule pour nous tous car l'hôtel était plein. Epuisés, nous nous sommes assis une seconde en silence. A cet instant, la cloche de Notre-Dame d'Anvers s'est mise à sonner les douze coups de minuit. J'ai soudain pris conscience que j'étais arrivée. J'ai retenu ma respiration pour écouter. J'avais les larmes aux yeux. Je crois que j'éprouvais la même chose que Mr Williams la première fois qu'il a vu Rome. C'est un moment de ma vie que je n'oublierai jamais. J'étais assez sentimentale pour imaginer que le Vieux Monde me souhaitait la bienvenue.*

Tout entière à son enthousiasme, Fanny ne se laisse même pas troubler par la nouvelle, par la catastrophe de l'inutilité de son voyage.

Mais, bon Dieu, s'est écrié le directeur de l'Académie quand je me suis présentée à lui le lendemain, bon Dieu, pourquoi n'êtes-vous pas un homme?... Je ne pourrai donc pas étudier à cette Académie ni dans aucun atelier de la ville, mais j'espère n'avoir pas totalement perdu mon temps. Le directeur me conseille des cours particuliers, six mois de travail intensif pour apprendre ici l'anatomie, puis une autre année d'études à Paris, et encore une à Rome. Je vais faire exactement ce qu'il me dit.

Avec quel argent ? Fanny ne soulève pas le problème. Si toutes les jeunes filles un peu douées suivent en effet des cours particuliers, si l'exposition au Salon ne leur est pas interdite, si certaines même y connaîtront le succès — je songe à l'Américaine Mary Cassatt, à Berthe Morisot, à Eva Gonzales, à Marie Bashkirchieff —, toutes au départ sont soutenues par une fortune personnelle. La leur, celle de leur famille ou de leurs amis.

Des amis ? Mais j'en ai, moi aussi ! s'exclame-t-elle non sans innocence. *Les patrons de l'hôtel du Bien-Etre, papa et maman Gerhardt. Les gens les plus chics qui soient. Ils nous ont gâtés à mort, vraiment. Ils vont m'aider dans ma carrière.*

Pas une once de préjugé social chez Fanny. Un refus d'appartenir à aucune classe, une résistance à la notion de milieu. Même à Londres, quand elle fréquentera les cercles les plus fermés, elle ne sacrifiera à aucun de leurs snobismes, elle n'obéira à aucun de leurs codes. Le mot « élite » reste pour elle lettre morte. Fanny, l'antithèse d'une intellectuelle, le contraire d'une « aventurière ». Elle ne s'intéresse aux êtres que pour les émotions qu'ils suscitent en elle. Elle aime, elle déteste, et de ses sentiments, de ses sentiments seuls, découlent la moindre de ses idées, le plus infime de ses actes. La liberté de sentir, elle en fait toute une morale : l'héritage qu'elle veut laisser à ses enfants.

La vieille mère flamande, une grosse dame, enroule ses bras autour de mes épaules, elle me parle gentiment dans sa langue, je lui réponds dans la nôtre, et nous rions tous gaiement. Je leur ai dit d'abord que leurs prix étaient trop élevés pour moi, aussi m'ont-ils cherché un petit appartement. Ils en ont trouvé un, après s'être donné beaucoup de mal, à deux maisons de la leur. Ils pensent que c'est beaucoup mieux que je vive seule plutôt que de partager un appartement avec des roommates. « Vous savez, explique la vieille dame, les autres pourraient se plaindre si les enfants font du bruit. Moi, j'en ai eu onze et je connais le problème. » Cela, évidemment me fut traduit, le mari parle un peu l'anglais. Belle me demande de vous dire qu'à l'inverse du damier de San Francisco Anvers est un lacis de ruelles pavées et tordues qui s'enroulent sur elles-mêmes. Nous partons dans un sens, nous nous retrouvons dans l'autre, et les derniers étages des maisons se rejoignent au-dessus de nos têtes. Rien n'est comme chez nous ! Ici, des chiens muselés tirent des chars à bancs et des bidons de lait, à chaque carrefour s'élèvent des statues de saints et de madones éclairées par des bougies, mais, le plus extraordinaire de tout, c'est encore l'habillement des gens. Quelle mascarade ! Les hommes portent d'énormes pantalons et des vestes courtes, les femmes de vastes coiffes à oreillettes et de grands manteaux. Nous sommes repérables à cent mètres au milieu de cette population géante et déguisée, qui nous prend pour des nains ou des enfants. Belle rentre de voir pour la troisième ou la quatrième fois La Descente de croix de Rubens. Le petit Sam est fou de Rubens. Hervey a un peu de fièvre depuis notre arrivée. Pour le moment, il tape sur un tambour et fait un bruit horrible, ce qui vous expliquera, je l'espère, certaines incohérences de ma lettre. Belle me dit de vous dire encore que notre maison, voisine de l'hôtel des Gerhardt, est un immeuble de quatre étages en pierres apparentes. L'intérieur est noirci par l'âge et la poussière, et chaque étage ne comprend qu'une seule pièce. En fait, il n'y a que cinq pièces, les plus petites chambres qu'on puisse imaginer, et un tout petit hall d'entrée. Entre nous, les pièces sont si petites que nous habiterons tous dans la même et que la grosse Miss Kate devra, je pense, rester sur le seuil. Vous vous demandez sûrement ce que Miss Kate fait là (...).

Miss Kate ? Fanny ne devait-elle pas laisser la gouvernante chez des parents à New York ?

Ici se nouent les étranges relations qu'elle tisse avec les personnes à son service. Fanny. « Haïe ou frénétiquement adorée. Indifférence impossible », ainsi la décrira Stevenson, ainsi la jugeront ses employés qui la suivront jusqu'au bout du monde. Miss Kate commence la série des dévouements extrêmes avec un certain sens du mélodrame...

Au départ de New York, le 2 août dernier, devant le *City of Brooklyn* en partance pour Liverpool, elle n'avait pu se séparer de Fanny et des enfants.

— Emmenez-moi avec vous ! avait-elle supplié.

— Voyons, Miss Kate, vous savez bien qu'avec ce que m'enverra mon mari en Europe je n'aurai pas les moyens de vous payer.

— Mais je travaillerai pour rien !

— Ma pauvre Miss Kate, je ne pourrai même pas vous nourrir !

— Je ne mangerai pas !

Fanny avait jeté un coup d'œil sceptique sur la silhouette de Miss Kate. Bâtie comme un homme, les hanches larges, la bouche plus large encore.

— Prenez soin de vous, chère Miss Kate. Faites-le par amitié pour nous. Dès que nous sommes de retour, je vous préviens, et vous nous rejoignez à East Oakland. Adieu !

Sans grand succès, elle avait tenté d'embrasser la gouvernante qui s'était dégagée pour filer en reniflant. Tristement, elle l'avait regardée disparaître.

Durant la traversée, Fanny et Belle marivaudent avec une cour de jeunes hommes sur le pont des secondes : deux d'entre eux, fascinés, les poursuivront de leurs assiduités pendant plusieurs années. Le premier, un riche Sudiste, planteur de coton dans le Kentucky, se met en tête d'épouser la fille ; l'autre, un chirurgien new-yorkais, de séduire la mère, quand soudain surgit une dame imposante qui se jette à leurs pieds.

— Je vous aime ! Gardez-moi ! Pardon, pardon. Je me cache dans la cale depuis deux jours. J'ai pris à mes frais un billet de troisième classe. Je reste avec vous. Vous ne pouvez plus me débarquer.

Avec surprise, une touche d'agacement, un zeste d'émotion, Fanny relève Miss Kate. Les deux femmes s'étreignent.

Elles vont connaître ensemble de longues nuits de veille. Un cauchemar dont ni l'une ni l'autre ne pourra se remettre.

PARIS – octobre 1875-avril 1876

Paris chaos, Paris gravats, Paris chantier, Paris charnier. Quatre années après les massacres de la Commune — près de vingt-deux mille victimes, plus de morts en une seule semaine qu'en six ans de Révolution française —, Fanny débarque sur un quai de la gare du Nord.

Nos derniers jours à Anvers avaient été confus, raconte Belle. A peine étions-nous bien installés dans notre maison de poupée que mon petit frère tomba malade. Le médecin, un Français recommandé par papa Gerhardt, le regarda dépérir : « Je ne comprends pas ce qu'il a, finit-il par admettre. Conduisez cet enfant à Paris, les spécialistes l'y guériront sans difficulté. » En quelques jours, ma mère refit nos malles. Elle vendit le peu que nous avions, rendit la maison et nous arracha tous aux bras de la famille Gerhardt. Une semaine plus tard, nous étions à Paris. Comment se débrouilla-t-elle pour trouver un logement dans cette grande ville où nous ne connaissions absolument personne ?

Bombardée par les Prussiens. Brûlée par les communards. Pulvérisée par les travaux d'Haussmann. La poésie du Paris que découvre Fanny, c'est la poésie des ruines.

Pans de mur, déchirures. Cendres, suies, les Tuileries incendiées, l'Hôtel de Ville, la préfecture, les Archives, le palais d'Orsay, pierres, puits, trous, plus un arbre debout. Les rues Royale, Rivoli, Lille, éventrées. Au total, deux cents immeubles condamnés.

Avenue de l'Opéra, les maisons s'effondrent dans les cris des expropriés qui vendent leurs effets à l'encan. En ligne droite, du Théâtre-Français au palais Garnier, on perce. Doré sur fond noir, le toit du nouveau temple de la musique et de la danse ferme l'horizon. Sur les hauteurs, masquées par une gigantesque palissade, s'amoncellent les pierres blanches du Sacré-Cœur de Montmartre. Epoque bénie pour quiconque s'intéresse à la peinture ! Millet, Corot, les précurseurs de l'Ecole de Barbizon, viennent de mourir. Mais pour la première fois, au printemps dernier, on a prononcé le mot « impressionnisme ». Monet peint sa série des gares Saint-Lazare. Renoir habite rue Saint-Georges, Degas rue de Douai, Henry James y rend visite à Tourgueniev, et une certaine Mrs Samuel Osbourne s'installe à quelques pas, dans un galetas du quartier de l'Europe. Elle arrive à l'heure la plus excitante. A ce moment de l'histoire où l'art va basculer dans le XXe siècle. De cela, Fanny n'aura aucune intuition. Et comment le pourrait-elle ?

Elle livre, sur un autre champ, une bataille qui va l'accaparer corps et âme jusqu'à la défaite finale. « L'art, la vie, c'était pour nous la même chose », écrit son concitoyen, le peintre Will Low, qui étudie à Paris à la même époque. Il ne croit pas si bien dire ! La vie. Fanny se bat pour elle de toute son incroyable énergie, la vie, l'art, la mort. Et Fanny qui s'interpose.

De ce premier corps-à-corps, de son terrible échec, Fanny va garder tous les traits qui agaceront ses détracteurs. L'obsession de « sauver » ceux qu'elle aime. La manie du diagnostic, la crainte du mauvais présage. Un zèle d'infirmière travaillant à contrecarrer le destin. Même ses amis lui reprocheront cette obstination à jouer les gardes-malades, à se répandre en prédictions, à se désoler ensuite qu'on ne l'ait pas prise au sérieux.

Pour l'heure, dans ses lettres à Dora Williams et à Timothy Rearden, Fanny ne révèle rien. Non seulement elle ne se plaint pas, mais elle enjolive. Dora l'admire,

Rearden la blâme : elle bluffe. Comment leur avouer la façon dont elle passe réellement son temps à Paris ? Les silences de Fanny sont toujours plus lourds que toutes ses phrases. Qui sait lire entre les lignes devine l'angoisse.

OCTOBRE 1875 – FANNY À DORA

Chère Mrs Williams,

J'ai rêvé de vous et de votre mari la nuit dernière et, bien que le rêve n'ait pas été très agréable (j'ai rêvé que je me disputais avec vous), il a quand même servi à me rappeler que je vous devais une lettre.

Nous sommes, je suppose que vous le savez déjà, nous sommes maintenant à Paris. Je crois que vous avez dans l'idée de venir un jour ici, aussi serez-vous intéressée par notre façon de vivre. Donc, voilà. Nous habitons un appartement. Nous avons tout l'étage à nous et nous sommes aussi tranquilles que si nous habitions notre propre maison. Pour quinze dollars en tout, plus deux dollars par mois au concierge, nous avons deux grandes chambres, un joli petit salon, une toute petite entrée et une très élégante salle à manger avec un poêle de porcelaine, d'immenses miroirs dans chaque pièce, pour ne rien dire de la cuisine avec son petit réchaud à charbon. Notre mobilier est des plus primitifs, généralement fabriqué de mes mains. Nous avons une prise d'eau gratuite dans la cuisine, qui vient non pas de la Seine comme dans la plupart des immeubles, mais d'un puits artésien qui donne une eau pure et glacée. Et nous aurions aussi l'éclairage au gaz si nous avions les moyens de le payer.

Je suis très séduite par la façon de peindre des Français, mais je n'y connais pas grand-chose et ne suis pas très bon juge. Je n'ai pas encore vu tous les meilleurs tableaux. Jusqu'à présent, il n'y a rien que je préfère à Rubens. Belle et moi, après nous être informées auprès du consulat, allons étudier à l'académie de M. Julian. Son atelier, créé il y a une quinzaine d'années rue

170

Fontaine, ouvre des succursales dans tout Paris. L'une d'elles, ô miracle, est réservée aux femmes. Il en vient du monde entier. Ça promet d'être passionnant.

OCTOBRE-NOVEMBRE 1875 – FANNY À REARDEN

Cher Mr Rearden,

    Tout va bien.

    Depuis que nous sommes arrivés à Paris, notre santé à tous s'est améliorée. Avec la maladie d'Hervey, je n'ai pas encore pu aller à l'académie Julian. Mais il va mieux. Je trouve tout de même qu'ils donnent d'énormes doses de quinine ici. Hervey en absorbe plusieurs grains à la fois. Quand c'est mélangé avec de l'eau, la quinine prend toute la cuillère. Le pauvre enfant a tant souffert qu'il boit passionnément le sirop amer, espérant que ça va alléger sa douleur. Bien qu'il soit encore très maigre et très pâle, je suis moins inquiète.

NOVEMBRE 1875 – FANNY À DORA,

    Vous me demandez des nouvelles de ma vie de bohème. J'en ai plein! Belle, qui va chaque jour à l'atelier, me rapporte que lundi prochain M. Julian donne un bal costumé pour la classe des dames, à la condition qu'aucun élève de la classe des hommes ne vienne. Les jeunes filles ne peuvent s'y rendre sans chaperon. Bien sûr, le cœur de Belle va se briser si elle n'y va pas. Aussi irai-je avec elle, mais pas en costume, ça c'est juré. Ça va être un événement artistique. En haut du grand escalier se tiendra un homme tout nu qui posera comme une statue avec une lampe sur la tête. Les couloirs seront éclairés par des lampions, et l'on postera des pages en costume médiéval pour empêcher que les gens ne se perdent. Le souper qui sera servi dans les appartements personnels de M. Julian consistera seulement de brioches, de gâteaux, de vin et de fruits, mais la pauvreté de la chère sera compensée par l'heure très à la mode à laquelle le festin sera servi : deux heures du matin. Nous allons, je crois, beaucoup nous amuser !

Si j'étais vous, je ne prêterais aucune attention aux imbécillités que Rearden raconte sur moi. Il a toujours été contre mon voyage. Ne l'écoutez pas. Bien qu'il soit ce que vous dites, je l'admire, moi, pour d'autres qualités que son intelligence. Je l'admire pour sa générosité, pour sa tendresse à l'égard des enfants, pour son raffinement et pour une sorte d'innocence, quelque chose d'enfantin dans les manières, qui semble être en contradiction avec son sale caractère. C'est une créature bizarre.

Je n'ai pas été particulièrement surprise à la nouvelle du mariage de votre cousine. Vous avez tout à fait raison de penser qu'une telle chose serait impossible pour Belle. Elle a pourtant eu une opportunité de ce genre sur le bateau. Un planteur de coton du Kentucky m'a demandé sa main. Elle n'en a rien su. L'offre du planteur était bien plus avantageuse encore que celle dont vous me parlez ! Je vous en dirai davantage un jour, ne parlez de ce mariage à personne, s'il vous plaît. Il n'en a jamais été question dans mon esprit, même une seconde, alors que bien des mères auraient sauté sur l'occasion de faire entrer quelques milliers de dollars dans la famille. N'en parlez surtout pas à mon mari, il accepterait !

Mon petit Hervey est encore très malade. Le docteur dit que je ne dois pas m'attendre à beaucoup d'amélioration avant trois mois. Ecrivez-moi plus rapidement qu'avant. Pensez combien je suis loin, combien je suis seule.

A vous toujours,

Fanny M.

NOVEMBRE 1875 – FANNY À REARDEN

Cher Mr Rearden,

Tout le monde est allé se coucher, sauf Miss Kate et moi-même. Mon petit Hervey est toujours très malade. J'ai fait chercher un des plus grands docteurs de Paris, qui a dit que mon enfant était atteint de beaucoup de maux et qu'il était menacé de tuberculose osseuse. Le traitement est très douloureux et très pénible pour l'enfant. Nous devons enduire son flanc tous les soirs pendant un mois avec une drogue si puissante que tout le monde dans la chambre en est aveuglé.

Bien sûr, j'ai du mal à étudier. Je suis fatiguée. Néanmoins, jusqu'aux trois derniers jours, je suis allée chaque jour à l'académie Julian. Il paraît que c'est le meilleur atelier de peinture du monde pour les femmes. L'endroit est fréquenté par des Suédoises, des Russes et quatre ou cinq autres Américaines.

On entre par le milieu du passage des Panoramas. On monte un petit escalier en colimaçon complètement noir et dégoûtant. L'atelier occupe deux pièces, une grande et une petite, très enfumées et bondées. Sur tout un côté de la pièce s'élève une estrade pour le modèle. Les dames s'agglutinent autour avec leurs chevalets. Il faut arriver à l'aube si l'on veut avoir une bonne place. Autrement, on ne voit littéralement rien. Si l'on est trop près, on ne voit rien non plus. Avec la maladie de Hervey, il m'est difficile d'arriver à l'heure.

Quand un inconnu entre, M. Julian, le directeur, prend ses grands airs. Mais, dès que la porte se referme, il se rue sur son tabouret et avec toutes ces dames il critique la personne qui vient de sortir. C'est une habitude très française qui vous irait bien.

Le matin, nous avons un modèle qui pose pour la tête ou la main, et l'après-midi, un autre pour le nu. Une semaine sur deux, nous avons un modèle mâle. Les hommes sont vaguement drapés, les femmes dans le plus simple appareil. Ça m'est complètement égal de dessiner des nus, mais je dois avouer que quand la femme juchée sur l'estrade rit et plaisante avec M. Julian, ou bien met sa culotte devant nous, toujours en lui parlant, elle cesse d'être un modèle, redevient une femme, et je n'aime pas beaucoup ce moment. Hier, quand M. Julian a appris que le modèle, une très jolie fille, savait danser, il a valsé avec elle, toute nue. Est-ce que ce ne serait pas choquant à San Francisco ? Deux vieilles filles américaines en ont perdu la tête. Nous avons beaucoup de plaisir à travailler jusqu'au samedi. Mais ce jour-là, à neuf heures du matin, *arrive M. Tony Robert Fleury. L'horrible correcteur. Il appartient au jury du Salon, redécore l'Hôtel de Ville qu'on reconstruit en ce moment et passe pour l'un des plus grands peintres de France. Je le trouve, moi, extrêmement fat et tout à fait désagréable. Son travail consiste à montrer les défauts de nos œuvres, ce qu'il fait avec la plus grande onction. Il est absolument ravi quand il a trouvé quelque chose de vraiment mauvais. Il est donc reçu dans un silence glacial et nous laisse le moral à zéro. En ce moment, je n'ai vraiment pas besoin de cela. Aussi ai-je retourné mon chevalet contre le mur pour qu'il ne me remarque pas. Au moment où il s'en allait, ma voisine a méchamment attiré son attention sur mon dessin. A ma grande surprise, et à celle de ma délatrice, il l'a loué plus fort que tout ce qui avait été fait à l'atelier, disant que c'était si innocent, si naturel et si frais qu'il fallait que je garde ce style, sans m'occuper de ce qu'il disait aux autres. Hein, mon cher Rearden, vous qui prétendiez que j'étais nulle !*

Dans nos lettres, ne parlons plus du tout de John Lloyd, voulez-vous. Je préférerais que nous évitions ce sujet. Cela me paraît injuste que nous plaisantions à son sujet sous prétexte que vous l'aimez moins. Je suis tout à fait consciente que la moindre émotion est gâchée quand elle m'est dévolue. Mais savoir que j'ai un ami au monde est un sentiment merveilleux, et cela, l'ami, je l'ai en John. Il est bien le seul.

Pour répondre à votre question, certes, je crois aux droits des femmes au sens général, mais pas pour moi. La nature a fait de moi l'une de ces créatures que les grands esprits méprisent et qu'ils appellent ironiquement les « increvables ». Je ne voudrais pourtant pas être le chêne trop solide qui se tient tout seul. Cela me rend triste de l'imaginer sans abri, sans autre support que ceux qu'il se crée.

Il fait un froid mordant ici. Depuis vingt ans, c'est l'hiver le plus rigoureux. Nous avons été obligés de garder du feu dans une des pièces et nous ne pouvons pas nous réchauffer. Les enfants sont transis. Je frictionne les petits. Rien n'y fait. Ils tremblent de tous leurs membres sous les couvertures. Le froid est vraiment une des choses que je déteste.

174

Lorsque vous recevrez cette lettre, ce sera Noël. Je vous souhaite un très, très bon Noël. J'aurais bien aimé que vous ayez juste un petit moment de regret à l'idée que je sois si loin, ou du moins à l'idée que votre amie Miss Kate soit si loin.

Vous me dites que vous êtes sincère quand vous me dites des choses aussi gentilles. J'ai relu votre lettre, en les cherchant partout, sans succès. Est-ce que vous avez oublié de mettre cette feuille dans l'enveloppe ? Ecrivez-moi de toute façon, quoi que vous disiez. Personne d'autre ne m'écrit et vos lettres sont au moins quelque chose.

P.-S. : Après avoir griffonné ce mot que j'ai oublié de poster, j'ai reçu votre lettre recommandée. Merci infiniment de vous être souvenu de moi, merci pour le cadeau. J'avais mon argent, tout ce que je possédais, sur mes genoux, et je faisais des comptes avec un papier et un crayon pour voir si je pourrais acheter quelque chose à Belle et aux enfants. Mon mari a dit dans sa dernière lettre qu'il ne lui serait pas possible de m'envoyer quoi que ce soit de plus que l'habituel, qui a déjà bien du mal à couvrir nos dépenses. J'avais tristement conclu que je devais laisser passer Noël comme si de rien n'était.

Je suis sûre que cela ne vous ennuiera pas si je prends l'argent pour les enfants. Ça me fait beaucoup plus plaisir de l'utiliser de cette façon et je sais que c'est ce que vous vouliez.

Fanny M.O.

JANVIER 1876 – FANNY À REARDEN

Cher Mr Rearden,

Je suis contente que vous ayez trouvé ma lettre drôle. C'est plus que je pourrais dire de la vôtre. Mes jours sont si stupides et mes nuits si fatigantes que je suis cependant contente de recevoir du courrier, n'importe lequel. Je pourrais même lire un almanach ou un livre de cantiques.

Si je suis méprisable, si j'ai besoin qu'on me coupe les griffes, c'est seulement, comme vous le diriez vous-même, une faiblesse toute féminine, pas tellement surprenante vu les circonstances. Comment aiguisez-vous vos griffes à vous ? Sur le dos de vos amis ?

Je ne suis pas allée à l'école de dessin depuis un certain temps à cause de la maladie de Hervey. Pendant les deux dernières semaines, Miss Kate et moi-même n'avons pas été nous coucher avant le matin, et, même là, nous nous sommes contentées de petits sommes. Hervey va un peu mieux. Bien qu'il ne soit que sept heures du soir, Miss Kate va se coucher maintenant. Pensez combien je suis gentille de continuer à vous écrire.

L'idée que vous vous faites de la rue de Naples m'amuse. Ça a peut-être été une rue élégante avant la guerre, mais elle a été durement bombardée par les Prussiens et brûlée par les communards. Aussi, bien que l'architecture soit récente, ne reste-t-il pas grand-chose. De chaque côté de la maison, ce sont des ruines. La rue est plutôt étroite et courte, juste quelques pâtés de maisons, et très tranquille. Je l'aime pour cette dernière raison, et aussi parce qu'elle se trouve presque sur le point culminant de la ville. Nous ne sommes pas loin du parc Monceau. C'est un très joli endroit tranquille et ombrageux où les garçons pourront jouer cet été.

Est-ce que vous avez entendu parler du médecin de Hervey ? Il vit à Paris depuis bientôt vingt-cinq ans, mais il est né dans votre ville où son père était médecin avant lui. Il s'appelle Johnstone et il est assez célèbre. Qu'en pensez-vous ? Je crois avoir confiance. Je ne suis pas sûre. Je ne suis plus sûre de rien. Hervey est-il bien soigné ? Ecrivez vite ce que vous pensez de lui. C'est urgent.

FÉVRIER 1876 – FANNY À DORA

Vous me demandez qui nous voyons ? Personne. Nous ne connaissons âme qui vive ici. Les soirées sont longues pour Sammy et Belle qui veillent au chevet de leur petit frère. S'il vous plaît, ne racontez rien de tout cela à Rearden, il serait trop content. Puisque vous voulez absolument connaître la vérité, nous sommes très pauvres. Mes enfants ont toujours froid. Je ne parviens plus à les nourrir. Belle, que rien n'abat, s'en tire à peu près. Même le ventre vide, elle continue de se rendre à l'acamédie Julian. Sur le chemin, elle a fraternisé avec des commerçants qui la prennent pour une petite bonne et lui donnent des friandises. Ma fille est une nature heureuse. Le destin ne peut l'anéantir. Elle tiendra le coup. Mais Sammy, à voir la façon dont il se cloue misérablement aux vitrines des boulangers, je sais que mon petit garçon a toujours faim. Je l'ai inscrit à l'école communale. A cause de ses cheveux blonds et de son accent étranger, on l'y traite de Prussien. Il ne se plaint pas. Mais il se décourage facilement, lui si sensible, si plein d'imagination. Et maintenant, maigre et pâle. Il tousse beaucoup.

Tout l'argent que mon mari m'envoie va aux médicaments de Hervey, aux docteurs. J'ai essayé de trouver du travail, mais qui s'occupera de mon bébé malade ? Miss Kate ne peut plus avancer. Elle a perdu elle aussi une dizaine de kilos. J'essaie de tenter mon tout-petit avec des raisins, des gâteaux, ça coûte cher. Il ne peut plus rien avaler. Ses yeux brillent de fièvre. Il tremble sans arrêt. J'ai engagé mes derniers effets.

Mr Osbourne fait sans doute ce qu'il peut, mais nous manquons de tout. Il ne se rend pas compte ! Non, il ne se rend pas compte.

FÉVRIER 1876 – FANNY À REARDEN

S'il vous plaît, cessez de me quereller. Je me sens assez seule et triste comme cela. Vos sarcasmes, vous les avez écrits pour me faire du mal et je m'en fiche ! J'ai été malade. Je suis si inquiète, si paniquée à propos de la santé de mon petit enfant.

Ce que vous me dites dans votre lettre, c'est cruel. Mais vous avez raison. Tout cela est de ma faute. Je ne sais plus quoi faire. Vous avez raison. Je n'avais aucun droit d'emmener mes enfants si loin. C'est ma faute. Je n'aurais jamais dû les séparer de leur père. Nous lui manquons. Nous manquons beaucoup à Sam. Je n'avais pas idée que nous lui manquerions à ce point.

Je pensais que nous lui pesions, que notre départ le soulagerait. Ses lettres me touchent. J'aurais voulu lui remonter le moral. Malheureusement, je ne crois pas que mes lettres y parviennent, bien que j'essaie très fort. Je ne peux pas supporter l'idée de me montrer égoïste, pourtant c'est ce que j'ai été. Quand je pense qu'il est si malheureux de notre absence. Je ne savais pas qu'il me manquerait à ce point. C'est atroce d'entendre mon petit Hervey l'appeler. Il ne cesse d'appeler son père dans son délire. Je n'ai aucun droit de le garder si loin. Et je ne peux plus le ramener.

Je vous en prie, ne m'écrivez plus de lettres d'injures. Si vous le faites, je crois que je pleurerai. Cette fois, j'ai besoin qu'on m'aide.

MARS 1876 – FANNY À REARDEN

Ça fait maintenant six semaines que je n'ai pas été me coucher avant l'aube. Hervey a été très malade. Je crois qu'il est pour le moment hors de danger. N'alarmez pas son père.

Avec la fatigue et l'angoisse, je suis devenue si maigre que, si mon charme ne repose, comme vous le dites, que sur mes yeux et mes formes, il ne reste que mes yeux. A dire vrai, je ne suis plus que cela : des yeux. A l'école, ces dames m'ont demandé de poser pour elles « La Douleur ». Si M. Julian me paie, d'accord. J'ai tellement besoin d'argent. Ce serait bien la première fois que mes difficultés me serviraient à quelque chose. Qu'il y ait quoi que ce soit de tragique dans mon physique ne m'était jamais venu à l'esprit, j'aurais plutôt pensé le contraire. Mais je suppose que l'on ne se voit pas. Vous non plus, mon cher, vous ne vous voyez pas !

Vous me dites de ne pas laisser les docteurs m'affoler à propos de Hervey. Je n'ai pas besoin des docteurs pour cela. Et celui qui s'occupe de Hervey est si gentil et si bon que je l'aimerais beaucoup s'il ne vous ressemblait pas physiquement.

Quant à votre croquis de la frise du Panthéon, vous devrez attendre qu'il me soit à nouveau possible de sortir.

Je me couche en général vers trois ou quatre heures du matin, je dors par petits sommes de dix minutes jusqu'à l'aube, me lève comme un somnambule, donne à Hervey son bain thérapeutique, arrange ses pansements, prépare ses médicaments pour la journée, prends mon petit déjeuner, avale un peu de poudre de Guarana pour me remettre sur pied. Je dessine toute seule au chevet de mon enfant jusqu'au soir, absorbe mon dîner et veille une autre nuit. Maintenant, vous vous demandez pourquoi j'écris des lettres un peu bizarres ?

J'ai cessé d'aller à l'atelier depuis déjà deux mois, à ma grande déception. Une telle occasion d'apprendre, de travailler, je ne l'aurai plus de toute ma vie. Belle, en revanche, y va tous les jours et fait de grands progrès. Je suis très fière de ma fille, si gentille, si talentueuse et si jolie. Il me semble qu'il n'existe pas d'enfants aussi formidables que les miens. J'imagine que toutes les mères pensent cela. Mais ne trouvez-vous pas que Belle est supérieure à la plupart des jeunes filles ? Et que, dans un sens, elle n'est pas égale à mes garçons ? Ne croyez-vous pas que ces enfants suffiraient à remplir de bonheur toute la vie d'une femme ? Si je perdais l'un d'entre eux, j'en mourrais. J'oublie que c'est à vous que j'écris, que vous ne pouvez me comprendre.

La semaine prochaine, je vais emmener Hervey chaque matin en dehors de la ville boire du sang frais.

Pendant que j'écris, ses symptômes ont empiré. J'espère que ça va passer. Sa toux est affreusement caverneuse. Il souffre. Il souffre.

TÉLÉGRAMME DE PARIS, 1ᵉʳ MARS 1876, FANNY À SAM

Impossible transporter Hervey. Viens. A n'importe quel prix. Viens vite.

TÉLÉGRAMME DE MONTRÉAL, 14 MARS 1876, SAM À FANNY

Je serai à Paris mardi en quinze.

TÉLÉGRAMME DE LIVERPOOL, 29 MARS 1876, SAM À FANNY

S'il te plaît, télégraphie des nouvelles de Hervey.

TÉLÉGRAMME DE LONDRES, 29 MARS 1876, SAM À FANNY

Je pars ce soir pour Newhaven et Dieppe. J'arrive demain matin.

MÊME JOUR, FANNY À SAM

Encore vivant.

AVRIL 1876, TIMOTHY REARDEN À FANNY

Chère Mrs Osbourne,

Voilà ce qu'il en coûte à une femme, à une mère, de se conduire en gamine ! Si vous étiez restée bien sagement chez vous comme je vous le conseillais, rien de tout cela ne serait arrivé. Quelle idée d'entraîner vos enfants dans pareille aventure ! Et maintenant, vous voilà depuis cinq mois à Paris, sans argent, avec un petit garçon malade que vous ne pouvez soigner ! Et vous étudiez, dites-vous, moins qu'à San Francisco ? Jolis résultats. Beau gâchis. Hervey a dû attraper froid, à moins qu'il n'ait contracté quelque maladie contagieuse en Belgique ou sur le bateau. Que cela vous serve de leçon !

Maintenant que le mal est fait, vous feriez aussi bien de rester en Europe. Apprenez donc un peu d'anatomie en France et travaillez vos couleurs, ce ne sera pas du luxe.

Vous vous êtes crue forte en quittant votre pays, vous n'étiez qu'irresponsable. Entre nous, ma chère, ce qui arrive vous pendait au nez. Vous avez confondu le courage avec l'inconscience et cet aveuglement vous a perdue. Cessez donc vos folies et sauvez vos enfants !

180

Mon cher Tim,

J'ai vu une lettre de toi apportée par le concierge dans la chambre l'autre jour, et Mrs Osbourne l'a lue au chevet d'un petit garçon très malade. Quelque chose que tu écrivais l'a gravement peinée. Je suis sûr que ce n'était pas ton intention. Seulement, c'est arrivé très mal à propos.

Notre petit garçon est mort ce matin à cinq heures, et sa mère est paralysée de douleur. Je vais rester avec elle jusqu'à ce que son état me permette de la quitter et je rentrerai rapidement. Je suivrai sans doute cette lettre de près, mais je sais qu'il était important que tu aies de nos nouvelles. Je t'écris donc le premier parmi ceux près desquels je cherche de la sympathie dans notre chagrin. Ecris à Mrs Osbourne car elle n'a jamais eu autant besoin de réconfort et de messages d'amitié.

QUELQUES SEMAINES PLUS TARD, FANNY À REARDEN

Cher Mr Rearden,

Dans une de vos dernières lettres, vous m'avez dit de couper les boucles de mon enfant et de lui donner un air un peu plus viril, comme à Sammy. J'ai coupé ses boucles blondes et c'est tout ce qui me reste de mon enfant. Vous pensiez qu'il n'était pas aussi viril que Sammy à cause de son joli visage et de ses boucles. Vous vous trompiez. Il n'y a jamais eu de petit garçon plus brave au monde. Sa mort a été hideuse et son agonie une torture. Son apparence était si terrible que les étrangers ne pouvaient pas le regarder et que Sammy avait peur de lui. Bien que j'aie essayé de préparer son père, il a poussé un cri d'horreur et, couvrant son visage avec ses mains, il est tombé à genoux. Et mon petit garçon, si brave, qui savait de quoi il retournait, car il était devenu très sage en mourant, a essayé de réconforter son père, il lui a tapoté la tête avec sa petite main, il lui a souri d'un sourire qu'aucun humain, je l'espère, n'aura la terreur et la misère de revoir.

Les docteurs ont dit que c'était un cas très intéressant et très extraordinaire que celui de mon enfant, au cœur si faible et qui a pourtant mis un mois à mourir, qui s'accrochait à la vie par la seule force de sa volonté. Je ne l'ai pas quitté du jour ou de la nuit, dormant trois heures à côté de lui sur son oreiller, excepté le jour de son anniversaire où je suis allée chez le marchand de jouets et lui ai rapporté quelques petites choses. Quel terrible, quel affreux anniversaire !

Je n'osais pas le quitter parce que, toutes les heures, il saignait à un autre endroit. Je n'oublierai jamais l'odeur du sang. Il disait soudain : « Le sang, maman. Va chercher les appareils, attends que je sois prêt. » Alors il accrochait ses mains l'une à l'autre, fermait les yeux et disait : « Maintenant. » Il serrait les dents et il attendait, et il ne poussait pas un gémissement, pas un cri, pas un mouvement, bien que la douleur le rendît affreusement malade après. Quand il disait « sang », tout le monde sortait de la pièce en courant. Son père est resté une fois jusqu'à ce qu'il ait vu la sonde et, là, lui aussi est devenu pâle et il s'est enfui. Personne ne peut imaginer ce que mon enfant a supporté. A travers toutes ses souffrances, il n'a jamais perdu la tête. J'aurais préféré qu'il soit inconscient. Quand, durant les violentes convulsions, ses os craquaient, se brisaient dans un crépitement de cravache, sortaient de leurs jointures, quand il était couvert de sang, il se renversait dans mes bras et me regardait dans les yeux, et il écoutait mes paroles. Je ne pouvais supporter qu'il souffre cette terreur en même temps que cette souffrance, et j'essayais de murmurer des mots encourageants à son oreille. Il pouvait à peine m'entendre, l'hémorragie ayant crevé ses deux tympans.

Mais personne ne peut imaginer cette agonie, et ça a duré des jours et des jours. Ses os avaient crevé la peau. Ils étaient à nu. Mon enfant ne proférait toujours pas une plainte. La seule chose qu'il a demandée, ça a été de revoir le ciel et l'herbe encore une fois, et tous les deux nous guettions le matin de printemps où nous *avions convenu que son père le porterait dehors pour une promenade.*

Un jour effroyable, j'ai senti l'odeur du sang et je n'ai pas pu le trouver. J'ai cherché toute la journée. Mon enfant devenait à chaque heure plus faible. La nuit, j'ai brûlé tout le devant de mes cheveux en regardant avec une bougie dans sa gorge, mais je ne trouvais toujours pas le sang dont je respirais l'odeur. Il avait une hémorragie interne. Il a demandé que son père chante une chanson qu'il avait entendue il y a longtemps, quelque chose, a-t-il dit, qui parlait d'au revoir à la vieille maison, d'adieu aux jeunes camarades qui jouaient autour de la petite cabane. A un moment, il s'est réveillé et il m'a dit : « Allonge-toi à côté de moi. » Après cela, il n'a plus jamais parlé.

Son père a essayé de me consoler en me disant qu'il était mort si tranquillement, mais moi, je l'ai entendu pousser un sanglot, un horrible sanglot qui est sorti juste avant qu'il meure. Mon brave petit garçon qui n'avait pas pleuré une fois ! J'ai su alors qu'il mourait et que ce pleur était involontaire. Il n'aurait jamais poussé ce cri s'il avait su que je l'entendais. Il n'y a pas de réconfort pour moi, il ne peut y en avoir. Mais rendez-moi mon enfant !

Le temps a changé, le premier jour de printemps, mon petit garçon est allé se promener comme je le lui avais promis, mais il est allé se promener seul et il n'est jamais revenu.

A Noël, vous m'avez envoyé de l'argent pour que je m'achète quelque chose. Je l'avais dépensé pour les enfants. Hervey avait vu un joli costume, aussi je le lui avais acheté, lui disant que c'était Mr Rearden qui le lui offrait. Il l'avait gardé avec beaucoup de soin pour le porter en rentrant, afin que vous le voyiez avec. Il le porte maintenant, et vous ne le verrez jamais dans son joli costume. Il m'avait demandé de vous en remercier, et aussi de vous remercier pour les animaux en peluche que vous lui aviez donnés, et de vous dire au revoir de sa part. Il a dit au revoir à tout le monde. C'est trop cruel que mon enfant soit mort. Ils ont essayé de me consoler en me disant qu'il est mieux là où il est, que, s'il avait vécu, il aurait été sourd, muet et difforme. Ça, ça me fait juste sentir qu'il doit être fatigué d'être ainsi couché sur le dos et que je dois absolument le déterrer pour le retourner. Ensuite, ils me parlent du paradis. Quelle sorte de paradis pour mon bébé, tout seul, sans sa mère ? Je ne peux pas croire qu'il soit mort, bien que sa mort soit partout avec moi dans le sommeil et dans la veille. Tandis que je le suivais jusqu'à sa tombe, que je marchais derrière le petit cercueil blanc, pourriez-vous croire que j'essayais d'attirer son attention à lui sur la neige qui tombait ?

Fanny M.O.

Le matin du 8 avril 1876, le matin de l'enterrement, une bise aigre et glacée mordait les visages et tourmentait les arbres. Le printemps qu'on avait cru enfin établi après des mois si rudes n'était à nouveau qu'un souvenir. La neige pesait partout. Elle brûlait les bourgeons. Elle rognait les feuilles. Elle cassait les tiges. Dans le ciel, sur le sable, entre les croix, elle luisait, verdâtre. Cinq silhouettes cherchaient leur chemin au cœur du cimetière Saint-Germain. Elles trébuchaient parmi les tombes et les caveaux les moins chers de la région parisienne, moins chers qu'à Montmartre, moins chers qu'au Père-Lachaise. Mais les Osbourne sont si pauvres que, même ici, ils n'ont pu offrir à leur enfant qu'une sépulture provisoire. Dans dix ans, les os brisés du petit corps de Hervey seront jetés à la fosse commune.

La terreur de cette échéance va poursuivre Fanny chaque jour. La fosse commune. Chaque jour durant dix ans, elle va craindre de ne jamais posséder assez d'argent pour éviter la fosse commune.

En novembre 1884, puis en avril 1886, Robert Louis Stevenson, devenu son époux, envoie lettre sur lettre à son avoué : *Pour l'amour du ciel, préoccupe-toi immédiatement de la tombe de Hervey Osbourne à Saint-Germain-en-Laye. Trouve l'adresse du marbrier. Et fais en sorte que la concession soit prolongée. Occupe-t'en immédiatement. Je suis pratiquement sûr que le délai arrive à son terme. L'angoisse de la pauvre mère est indescriptible.*

De la mort de son enfant, la robuste constitution de Fanny ne se remettra pas. Elle ne retrouvera jamais sa formidable santé de pionnière. Ni son équilibre mental. Elle a des hallucinations, des trous de mémoire et des vertiges. Elle ne parvient pas non plus à retrouver Sam. Ils vivent seuls leur profonde douleur. Et quand Sam suggère avec mollesse qu'elle rentre avec lui, Fanny ne répond rien. Elle sent que, cette fois, il n'éprouve aucun enthousiasme à l'idée de reprendre la vie commune. D'autant qu'il a installé dans le cottage d'Oakland sa dernière maîtresse. Cela, Fanny le sait par leurs voisins.

Main dans la main, Sam et Belle marchent tristement dans les rues de Paris au printemps. Fanny demeure prostrée chez elle. Amputée. En 1911, trois ans avant sa propre disparition, elle écrira : *Mon petit Hervey aurait été un homme de quarante ans aujourd'hui. Je le pleure encore comme s'il venait de mourir. Mon petit enfant me manque.*

Toute sa vie, elle criera sa douleur de mère, année après année. *Il n'y a pas de jour, de nuit où je ne porte en moi le souvenir de mon bébé.*

Et, comme si l'horreur de ce deuil ne suffisait pas, une autre perte se profile. L'homme auquel Fanny tient plus que tout au monde. Son père.

Jacob Vandegrift perd la tête. *Je ne serais pas du tout surprise que la prochaine lettre m'apporte la nouvelle de sa mort,* écrit-elle à Rearden au printemps. *Il y a quelque temps, sa sœur préférée, à laquelle je ressemble beaucoup, est devenue folle elle aussi. Elle s'est enfermée sans manger jusqu'à ce que mort s'ensuive. Mais j'oublie toujours, quand je vous écris, que tout ce qui vous intéresse, ce sont les choses amusantes !*

La famille Vandegrift semble avoir souffert d'une certaine fragilité mentale. Plusieurs d'entre eux se sont suicidés. Un cousin de Fanny s'est pendu. Elle-même, avec ses « inflammations du cerveau », traversera plus d'une crise où les pertes de mémoire ne seront que les symptômes les plus bénins.

Cette fois, la folie la guette pour de bon. Un fantôme. Elle fait peur. Même à Sam qui sait ce qu'elle pense. Il le lit dans ses yeux :

« Si tu n'avais pas tout dépensé pour ta maîtresse, si tu nous avais envoyé de quoi vivre, ne fût-ce qu'un minimum, j'aurais réussi à sauver Hervey ! »

« Si seulement tu n'étais pas partie, songe-t-il. C'est ce voyage, Fanny, qui a tué notre fils. »

« Je me suis tant battue ! Si tu savais... Mais tu n'as pas voulu savoir ! Pourquoi ne m'as-tu pas aidée ? Pourquoi m'as-tu laissée si seule ? »

« Tu n'avais qu'à rester ! »

Ils s'accusent. Ils se murent dans leur silence. Deux blocs de souffrance et de haine. Jusqu'au jour où le médecin qui a soigné Hervey commente en observant le visage tiré de Sammy : « Madame, il est essentiel de conduire d'urgence cet enfant à la campagne ! La tuberculose le menace. »

Terrifiée à l'idée de perdre son second fils, Fanny réagit. Un Américain de rencontre lui recommande « Grez-sur-Loing ». Un petit village bien tranquille en face de Barbizon. C'est le quartier général d'un groupe d'artistes anglo-saxons. Malheureusement, l'endroit est fermé aux familles. Les épouses, du moins les épouses vertueuses, y sont très mal reçues. Les peintres chassent de leur fief les bourgeois et leurs moutards. Mais l'hôtel ne coûte pas cher, la nourriture y est saine, le paysage reposant. Un dimanche, Fanny et Sam prennent le train à la gare de Lyon jusqu'à Bourron-Marlotte, puis la diligence jusqu'à Grez. Cette journée passée en tête à tête ne les rapproche pas. Mais, au retour, Fanny donne congé de son logis rue de Naples. Elle met le peu qu'elle possède au garde-meubles et reconduit Sam au train pour Le Havre, où il s'embarquera le 14 avril 1876 sur le *Péreire*.

Le même jour, une diligence dépose sa famille à la lisière de la forêt de Fontainebleau, dans la cour d'une auberge de village. Fanny va enfin rencontrer sa destinée.

GREZ-SUR-LOING – premier été – mai
à septembre 1876

Hôtel Chevillon. Jardins et Bosquets. Bateaux de Pêche. Barques de Promenade. Un cochon festoyant à une table si tentante que saint Antoine s'en voile la face, l'enseigne grince furieusement au bout de ses chaînes et flamboie rouge sous le porche à chaque rafale.

Avec l'aube, la tempête s'est calmée. Trois jours et trois nuits, il a plu. Dans la cour pavée de l'auberge, les toits de la vieille bâtisse croulent sous le poids des tuiles spongieuses et détrempées. Entre les dalles du perron, les herbes se couchent, couvrant les marches d'une mousse glissante. Sur les remises et le cellier, la vigne vierge retombe mollement. Les feuillages des saules pendent. Le mur du jardin, qui descend en terrasse jusqu'à la rivière, diffuse une faible lueur grise. Sur la berge, la coque des barques retournées ruisselle, huileuse comme au retour d'une longue traversée. On entend dégouliner, une à une, les dernières gouttes de pluie qui tombent des roseaux et rident la surface noire de l'eau. Du quadrillage des potagers monte une froideur légère et parfumée. Le mince croissant de lune, un trait blanc comme une entaille d'ongle dans la glaise, pâlit à la cime des peupliers. Une tour renversée aux longues fenêtres en ogive s'étire dans le courant. Des bandes de nuages disparaissent sous les arches du pont. Sur l'autre rive plane une épaisse brume bleuâtre. C'est le soleil qui se lève entre les pins de la forêt.

*

— Mrs Osbourne, aboya Miss Kate en descendant ce matin-là, j'ai à vous parler !

L'escalier de bois gémit sous son poids. Ses bottines claquèrent sur les dalles froides de la grande salle à manger. Fanny, noire et droite dans l'obscurité, tendait ses mains vers l'âtre où crépitait un feu de branchages.

Une lampe à huile brûlait d'une flamme mourante devant la fenêtre et dorait les carreaux. Dehors le petit jour paraissait plus gris. Sur la longue table d'hôte, Ernestine, la nièce de la maison, disposait les bols du petit déjeuner. Dans la cuisine, on entendait le tintement des bidons et de la cafetière en étain.

— Qu'y a-t-il, Miss Kate ?

— Il y a que cet endroit me paraît trop inconfortable pour y rester davantage... C'est primitif, ici !

— Primitif ? gloussa Fanny en attrapant du bout de sa bottine un tabouret. Miss Kate, où donc est passé votre bel instinct de pionnière ?

Elle s'assit. La gouvernante approcha.

— Je n'ai pas fermé l'œil. Il n'y a même pas de volets aux fenêtres !

— Il fait encore nuit...

— Justement ! Et pour le sommeil, dont le docteur disait que Samuel Lloyd avait tant besoin, cet hôtel est une calamité !

— Sammy ne se réveille jamais avant midi, il tombe de fatigue le soir, il mange comme quatre, commenta Fanny, agacée. Vous m'accorderez, Miss Kate, que la nourriture ici est exquise. Vous qui aimez tant la bonne chère, vous devriez apprécier...

Miss Kate ne releva pas. Se rengorgeant, elle tendit les mains au feu et, sentencieuse, raisonna :

— Pourquoi n'êtes-vous pas rentrée avec Mr Osbourne ? Comme je l'écrivais à Timothy qui me disait lui aussi dans sa lettre...

— Je vous prierai de vous mêler de vos affaires !

— Rearden est mon ami et ce sont mes affaires : voulez-vous m'expliquer ce que nous faisons dans ce taudis ?

— Vos malles. Vous faites vos malles, si vous voulez. Je ne vous retiens pas.

— Mais vous retenez vos pauvres enfants ! Et vous les enfermez entre quatre murs couverts de ces monstrueux graffitis noirs. Belle dort sous une femme nue... Il y a même des hommes nus...

— Miss Kate, l'attrait du vice vous tape sur la tête.

— D'affreux dessins au charbon !

— Pochades d'étudiants ou caricatures de politiciens français. •

— C'est scandaleux ! Comment les propriétaires autorisent-ils ces vandales à barbouiller de telles horreurs ? Elle tapa frénétiquement sa jupe. On s'en colle partout. Ça, là, sur ma manche, c'est de la craie ou de la peinture à l'huile ?

— Miss Kate, soupira Fanny, qu'est-ce qui vous chagrine ce matin ?

— Il n'y a qu'une salle de bains pour tout l'étage !

— Que Samuel Lloyd, Belle, vous et moi sommes seuls à utiliser.

— Pour le moment ! Mais la mère Chevillon me disait hier qu'avant la fin de cette semaine l'hôtel serait plein d'une douzaine d'habitués qui traînent derrière eux tout le Quartier latin. Une horde barbue, chevelue. Et sale ! Vous imaginez tous ces hommes braillant la nuit dans notre couloir ?

— Le petit peintre que nous avons trouvé en arrivant ne m'a pas paru très dérangeant.

— Parce qu'il est américain, solitaire, et qu'il se lave. Mais attendez qu'arrivent les Anglais !

— Eh bien ?

— Une bande de soudards qui forcent leurs chiens et leurs femmes à boire. Sous cette table, ils ont crevé deux bull-terriers qu'ils ont enivrés à l'absinthe tout l'été passé.

Elles s'attablèrent ensemble, au bout de la longue planche où s'alignaient une quinzaine de chaises vides. Ernestine, la nièce de la maison, leur servit un café odorant. Puis, serrant contre son tablier blanc une miche de pain bis, elle la découpa en tartines qu'elle distribua généreusement. Miss Kate affecta de se calmer. Son regard fila vers la fenêtre où la flamme de la lampe venait de mourir.

— Ces toits gris, ces murs gris, ce ciel gris, et ces nuages qui courent sans cesse me dépriment.

— C'est curieux, murmura Fanny, moi, j'aime le paysage...

— Ici, il n'y a pas de grande montagne pour se détacher sur le ciel bleu, vide et cristallin de nos sierras !

Chez nous, c'est beau, s'emporta Miss Kate, c'est grand ! Ici, c'est triste et mesquin.

— Moi, reprit Fanny à mi-voix, le pont de pierre avec ses arches, la tour en ruine, la vieille église et ce jardin qui descend en espalier jusqu'à l'eau me plaisent, je crois. Ce calme, cette solitude. J'aime entendre les clapotis sur la rive et les voix qui montent du lavoir sous l'église. Les draps qu'on lave ici doivent être plus frais, plus doux.

— Franchement, Mrs Osbourne, je ne suis pas venue en France pour écouter les paysannes battre leur linge au milieu des poissons et des nénuphars !

— Et pourquoi donc êtes-vous venue ? s'impatienta Fanny.

— Pour vous rendre service ! aboya Miss Kate. Et il me semble avoir fait plus que ma part !

— Qui vous dit le contraire ?

— Vous pourriez m'en être un peu reconnaissante !

— Miss Kate, vous avez le caractère du cochon sur l'enseigne !

— Peut-être, Mrs Osbourne, mais comment vous en seriez-vous tirée sans moi quand les plaies du pauvre Hervey...

La gouvernante s'arrêta, baissa les yeux et poussa un profond soupir. Ernestine allait, venait autour de la table sans comprendre un mot de ce que racontaient ces deux femmes. Fanny, pâle, se taisait.

— Je crois que vous cherchez à m'annoncer quelque chose, Miss Kate, finit-elle par articuler.

— Vous n'avez plus besoin de moi. Sammy court la campagne et pêche la truite du haut du pont. Belle explore les ruines du château et rêve. Vous, qu'il pleuve, qu'il vente, dès l'aube vous prenez vos couleurs, votre parasol, et vous filez peindre dans la campagne. Je m'ennuie.

— Je comprends, dit Fanny.

— J'ai une tante à Paris. Elle est riche. Elle m'a proposé un emploi de dame de compagnie.

— Et vous l'avez accepté...

— Je voulais d'abord voir comment c'était ici.

— Vous avez vu ?

Miss Kate hocha la tête sans mot dire. Fanny se leva. Elle s'approcha de la fenêtre et posa son front sur la vitre close. Dehors, la lumière semblait captive des toiles d'araignée et les gouttes d'eau tremblaient sur l'argent des vignes vierges. Le dernier lien avec Hervey s'en allait. Miss Kate, le témoin, la compagne, celle qui avait partagé tant d'amour pour l'enfant.

Comme deux alliées qui ne peuvent supporter ensemble l'horreur de leur défaite, elles se déchiraient. L'affreux dénouement avait abouti à la nécessité de se séparer. Malgré son émotion, Fanny ne trouva en elle ni l'envie ni la force de retenir la gouvernante. Elle n'éprouvait que le regret de son fils.

Depuis leur arrivée à Grez, il lui semblait qu'elle flottait. C'était une somnolence vague, à mi-chemin entre l'absence et le calme. Son sang pourtant recommençait à battre. C'était un flux qui courait, inéluctable comme celui de la rivière au fond du jardin. Le froid du carreau tira Fanny de sa torpeur.

— Quand désirez-vous partir ?

— A l'instant.

— Il faut réveiller les enfants.

— La journée promet d'être belle, commenta Miss Kate en guise de conclusion.

Quelques heures plus tard, un long mouchoir blanc s'agitait à la fenêtre de la carriole qui la reconduisait à grandes guides au train de Paris. Miss Kate opérait une sortie honorable. Elle avait versé quelques larmes et promis d'écrire. Mme Chevillon et sa nièce, en coiffe et en sabots, Fanny et Belle en deuil, Sammy, sa canne à pêche et son panier à la main, regardèrent le bras potelé s'agiter entre les ormes, puis disparaître.

— Elle nous portait malheur, commenta laconiquement le petit garçon.

— Sam, s'écria Belle, tu ne dois pas dire cela !

— Mais c'est vrai !

En trois jours à Grez, l'autoritarisme de la gouvernante avait entravé cette liberté toute nouvelle que l'enfant semblait découvrir : il se sentait heureux pour la première fois. Depuis la mort de Hervey, sa mère lui témoignait une sollicitude, une tendresse dont il entendait jouir en exclusivité. Avec ses affreuses prédictions sur le débarquement des barbares qui le chasseraient du paradis, avec ses incessantes jérémiades quant à l'inconfort de l'auberge, Miss Kate avait failli lui gâcher son plaisir. Pauvre Miss Kate. Elle n'était pourtant pas la seule à se plaindre de Grez. Treize ans avant elle, les frères Goncourt se désolaient dans leur *Journal* de la dureté des lits chez les Chevillon. Cela ne devait pas les empêcher d'y coucher trois étés, et de commencer sur la table d'hôte la rédaction de *Manette Salomon*. Comment une Américaine de l'Ohio pouvait-elle deviner que cet hôtel, qu'elle traitait de taudis, recevait la fine fleur de la bohème et du Quartier latin ?

L'endroit avait été « découvert » par deux peintres italiens en promenade dans la forêt de Fontainebleau. Membres de l'Académie, officiers de la Légion d'honneur, ils avaient leurs entrées à la cour de Napoléon III, mais c'est chez Jules Chevillon qu'ils s'installèrent en 1863. Le cadet, Joseph Palizzi, se fit même construire un studio sur le terrain de l'auberge. Il y demeurait encore à l'arrivée de Fanny.

A sa suite, d'autres Italiens, quelques Espagnols, et bientôt l'ensemble de la colonie étrangère qui étudiait l'hiver dans les ateliers parisiens émigrèrent à Grez. A deux heures et demie de train de la capitale, mais plus paisible et plus secret que Barbizon où la présence de Diaz, de Millet, de Corot, les maîtres, avait attiré des centaines de disciples, Grez présentait l'avantage de s'étirer au bord du Loing... La rivière pour les paysagistes ! Les jeux de l'eau et de la lumière offraient une inépuisable matière d'étude aux travailleurs inspirés. Aux sportifs et aux oisifs, les joies de la natation et du canotage. De tous les horizons, de toutes les tendances et de tous les âges, ces hommes s'étaient mis d'accord sur un point : l'hôtel afficherait toujours complet pour les crâneurs, les touristes et les bourgeois. Durant quarante ans, jusqu'à la guerre de 14, la famille Chevillon allait materner, nourrir et soigner avec une inépuisable bonté plusieurs générations d'artistes. Ecrivains, peintres, musiciens que leurs pays d'origine revendiquent aujourd'hui. Des frères Palizzi aux frères

Goncourt, d'August Strindberg à Robert Louis Stevenson, de Théodore Robinson à Carl Lindström, tous
célèbres chez eux, court le même fil. Un lien. Un lieu.
L'auberge Chevillon. A Paris, à New York, les galeries
exposent désormais ce qu'il est convenu d'appeler
« l'Ecole de Grez ».

*

Sous le pâle soleil de mai, la paroi grise des champs de
maïs craque et frissonne. Les chardons bleus et les
pissenlits blancs fleurissent doucement dans la terre
encore dure des chemins creux. Les peupliers se dressent immobiles au bord de la rivière. Entre les îlots, le
Loing ondule, lourd comme une coulée de chaume clair.
Les poissons filent sous les nénuphars. Au loin, par
l'une des arches du pont, on aperçoit la silhouette rousse
d'une vache qui boit à longs traits. La paix solennelle de
la campagne à l'heure de midi. A l'abri d'un grand
parasol crème, le dos bien droit sur son pliant, la palette
à bout de bras, Fanny tente de reproduire la douceur de
ce printemps. Elle a planté son chevalet sur la berge,
affûté ses crayons, mélangé ses couleurs. Elle entend sur
le pont la voix de Sammy qui pêche avec Mimi et Kiki
Chevillon, ses nouveaux camarades. A côté d'elle, sous
la même ombrelle, le profil appliqué de Belle se penche
sur un dessin qu'elle compte envoyer à son père. Fanny
renaît.

— Mais qui leur a donné cette adresse ?
— Moi, concéda un grand bel Américain portant
monocle, qui affectait des manières Nouvelle-Angleterre et répondait au nom gaulois de Pasdessus.
Cet aveu provoqua une levée de boucliers sur le quai
de la gare de Bourron. Ils étaient cinq ou six jeunes gens
fraîchement débarqués du train, qui hésitaient maintenant quant au lieu de leur villégiature. Outre leurs
gesticulations, la pratique bruyante de la langue anglaise
et l'habitude de s'interpeller par leurs patronymes, ils
avaient en commun la bizarrerie de leur accoutrement.

On les aurait crus costumés, sans pouvoir dire avec certitude de quels déguisements il s'agissait. La recherche du détail vestimentaire qui les rendrait « uniques » permettait pourtant une identification immédiate. De Barbizon à Cernay-la-Ville, de Montigny à Grez, les colonies d'artistes savaient que le béret bleu et le gourdin d'épines ne pouvaient appartenir qu'au peintre irlandais O'Meara. L'homme au grand feutre mou, aux knickers de peau, aux incroyables chaussettes rayées rouge, c'était évidemment le paysagiste Stevenson, l'Ecossais aux allures de gitan. La veste de velours noir, le sac à dos, c'était son cousin, son alter ego, celui qu'on appelait l'*Autre Stevenson*. Par une aberration familiale, ils se prénommaient tous deux Robert. L'aîné, ici présent, Robert Alan Mowbray Stevenson, dit « Bob », étudiait la peinture à Paris. L'*Autre*, Robert Louis Stevenson, dit « Louis », son cadet de trois ans, s'intéressait plutôt à la littérature et ne séjournait en France que par intermittence. Pour l'heure, il se morfondait chez ses parents à Edimbourg. Quant à l'écharpe jaune, croisée en cache-cœur sur la poitrine, elle protégeait des humidités de la forêt le tendre Robinson, le peintre asthmatique à tête de gargouille.

— C'est toi, Pasdessus ? beugla O'Meara en brandissant son bâton.

— Elles travaillaient passage des Panoramas, au-dessus de moi, chez Julian, expliqua-t-il.

— « Elles », combien ?

— Deux.

— Quel âge ?

— La mère et la fille.

— Bravo : une ruine et une demoiselle à marier. Très fort, Pasdessus ! gronda Bob Stevenson.

— Avec un môme en plus !

— Encore, si la fille était seule...

— Mais chaperonnée par sa vieille mère, on ne pourra rien en faire !

— Elles avaient eu des malheurs, expliqua Pasdessus, elles cherchaient un endroit calme, c'était tôt dans la saison, je ne pouvais pas deviner qu'elles s'installeraient !

— Barbizon, intervint gentiment Robinson, Barbizon, la dernière fois que j'y suis allé, grouillait d'Anglaises. J'ai cédé la place.

— Si ces femmes s'implantent, menaça O'Meara, nous devrons changer de crèmerie.

Boîtes de couleurs sur le dos, chevalet sous le bras, le groupe avait traversé la voie pour s'installer au café de la gare. Attablés côte à côte, l'Américain, l'Ecossais et l'Irlandais formaient une assez jolie brochette : trois types de beauté virile où la jeunesse le disputait à la force. O'Meara, roux, le corps rude et mince. Stevenson, inquiétant, noir et souple, l'œil luisant, la bouche gouailleuse sous la moustache. Pasdessus, plus grand, plus lent et plus ennuyeux peut-être, avec sa tête blonde de sculpteur sportif. Tous vidaient à longs traits quelques bouteilles d'un vin âpre que le cabaretier, connaissant leurs goûts, se hâtait de sortir. Stevenson fit claquer sa langue.

— Il nous a fallu du tact et du temps pour créer cette colonie...

— ... Faire la conquête de la population.

— ... Inspirer confiance à l'aubergiste.

— ... Lui apprendre le crédit illimité.

Il y eut un silence où chacun médita.

— Avec leurs exigences et leur argent, les femelles de Pasdessus vont faire monter les prix.

— Descendre le crédit.

— Adieu la liberté !

— Les épicières sont partout. La forêt est couverte de papiers gras qu'elles laissent le dimanche.

— Ces dames n'ont pas l'air si polluantes..., avança timidement un jeune homme dont la calvitie, la rondeur et la sagesse vestimentaire rendaient le physique tout aussi remarquable.

— Bloomer, bondit O'Meara, tu passes à l'ennemi ?

— Il est amoureux ! gouailla Stevenson.

— Je croyais que tu ne caressais que tes toiles...

Le petit monsieur rougit et se tut : c'était l'hôte auquel Miss Kate avait fait allusion, le seul occupant de l'auberge lors de l'arrivée des Osbourne début mai. En un mois, Fanny n'avait pas échangé une parole avec lui. Eussent-ils bavardé le soir, à chaque extrémité de la table, qu'ils se seraient découvert, au fin fond de ce petit village de France, un passé commun. Originaire de Californie, Bloomer connaissait Virgil Williams. Les œuvres des deux artistes sont aujourd'hui exposées sur les murs du musée d'Oakland.

— Puisque c'est toi, Pasdessus, le responsable de la catastrophe, tu vas faire la besogne, ordonna Stevenson en prince de la bohème. J'attendrai de tes nouvelles chez la mère Antony à Moret. Son auberge ne vaut pas l'hôtel Chevillon, mais on y travaille en paix... J'approuve tout moyen à ta convenance. Zigouille-les si besoin est.

Il lança sur la table le prix de la tournée, les derniers sous d'une fortune qu'il ne possédait plus. Puis, d'un pas rapide, il se dirigea vers la forêt.

— Je t'accompagne, clama O'Meara en brandissant son gourdin.

Ils disparurent tous deux dans le tournant de la route.

Pasdessus et Robinson s'embarquèrent ensemble sur la carriole que Bloomer avait conduite de Grez. Aucun d'entre eux ne pouvait imaginer avec quelle angoisse ces dames attendaient leur arrivée à l'auberge. S'ils exécraient les intruses, l'antipathie était plus que réciproque.

*

La dernière semaine de mai, ils ne les virent pas, ni la mère ni la fille, pas une fois. En dépit du chahut qu'ils s'acharnaient à poursuivre jusqu'à l'aube, elles se levaient tôt et disparaissaient dans la campagne avant qu'ils aient ouvert l'œil. Seuls les paysans, cheminant par groupes vers les champs, croisaient, entre les hauts murs de maïs, au creux des chemins verts, deux silhouettes sombres qui filaient. Bâton de marche à la main, chapeau de paille sur l'œil, jupe relevée au-dessus de la bottine. Elles portaient en travers des épaules, ficelé comme un fagot, leur matériel de travail. Pliants, parasol, chevalets, toiles, boîtes de couleurs. A la hanche, dans une besace, leur gourde et leur pique-nique. A la taille, un plaid ou un châle. Elles peignaient tout le jour dans quelque endroit mystérieux de la forêt et ne réapparaissaient qu'au crépuscule. Leurs pas chuintaient sur l'herbe humide. Leurs voix murmuraient doucement dans la fraîcheur du soir. Elles avançaient côte à côte avec plus de lenteur. En passant, elles saluaient d'un imperceptible hochement de tête les paysans du matin, elles piétinaient derrière les vachères qui poussaient leurs troupeaux jusqu'à la rivière. Quelquefois, la « Belle Américaine », comme on l'appelait désormais dans le village, flattait la croupe des bêtes tandis que sa fille cueillait des fleurs sur les bas-côtés. Elles ne s'attardaient pas.

Par quelle porte dérobée se faufilaient-elles dans l'auberge ? De quelle complicité, de quelle indulgence bénéficiaient-elles auprès des Chevillon ? Pourquoi ne répondaient-elles pas à la cloche d'Ernestine ? Comment soupaient-elles sans descendre à table ?

Cette mystérieuse présence féminine excitait la curiosité de ces jeunes hommes auxquels Pasdessus, pour obtenir son pardon, avouait maintenant que les jupons qui bruissaient à l'étage tournoyaient avec grâce.

— Le petit garçon blond qu'on aperçoit sur le pont avec les fils Chevillon laisse plaisamment augurer de leur physique... Elles sont jolies ?

— Oh, mais l'enfant ne leur ressemble pas ! commentait le sage et mystérieux Bloomer qui jouissait d'un avantage sur ses camarades : il les avait vues.

Si ces dames ne se faisaient pas oublier, elles n'étaient pas gênantes. L'auberge s'emplissait, et la vie s'y déroulait comme les autres années. Jusqu'en mai, jusqu'à l'ouverture du Salon, la délibération du jury et la remise des médailles, les peintres ne s'installaient à Grez que le week-end. Mais, avec la fermeture des Beaux-Arts et des ateliers privés, ils prenaient par centaines leurs quartiers d'été autour de Paris. Foin de la lumière artificielle. A bas les modèles professionnels. Durant trois mois, le Quartier latin travaillait « sur le motif ». Croquis, études, esquisses seraient peaufinés en studio l'hiver suivant. A la mi-juin, tous les villages de la forêt de Fontainebleau se hérissaient de chevalets.

— Mais où est le mari ? reprenaient les nouveaux venus.

— Quelque part en Californie.

— La mère court ?

— Ah ça, va savoir ! intervenait Pasdessus qui tenait absolument à souligner le côté affriolant de l'affaire.

Bloomer secouait la tête :

— Ni bégueule ni légère.

— Sérieuse, alors ?

— Différente... En d'autres siècles, cette femme aurait joué un rôle... une Médicis... une Bonaparte... Conspiratrice ou frondeuse... La protéger et lui obéir. Moi, elle me ferait plutôt rêver. Si elle acceptait, je la peindrais en reine... en reine prisonnière. Chez elle, rien, mais rien d'ordinaire !

— Et la fille ?

— Exquise ! renchérissait Pasdessus. Des yeux noirs qui lui dévorent la frimousse. Une bouche ! La fraîcheur de dix-sept printemps. Pulpeuse avec ça !

— La petite te plaît, Pasdessus ?

Cette question avait été posée par le dernier arrivant, un autre paysagiste écossais, ami des deux Stevenson, qui étudiait la couleur chez Carolus Duran, boulevard Montparnasse. Mr William Simpson, dit « Willie Simpson l'Aîné », pour le différencier de son frère Walter. Le signe distinctif de « Simpson l'Aîné » était un singe qu'il promenait négligemment à l'épaule. Le pauvre bull-terrier ivre mort sous la table l'an passé, auquel Miss Kate avait fait allusion, lui avait appartenu. Cet été, il le remplaçait avantageusement par un ouistiti alcoolique.

— ... Quoique la compagnie des guenons me paraisse infiniment préférable à celle des femmes... si nous priions ces dames à dîner ? Une invitation en règle, où nous leur ferions la cour... Pasdessus s'en donnerait à cœur joie avec la fille, Bloomer avec la mère. On s'amuserait à les flatter, à les cajoler et, clac, au moment où elles ne s'y attendent plus, on les fout dehors !

La proposition, lancée de l'une des petites tables rondes du jardin, entre absinthes et vermouths, fut largement approuvée. On posta sur tous les chemins menant à l'auberge, sur la rive et dans la cuisine, un réseau de guet chargé d'intercepter les fugueuses. Un filet où Fanny et Belle, au retour de l'une de leurs courses, vinrent donner. Ce fut Robinson, l'asthmatique Robinson avec son cache-cœur jaune, qui eut l'heur de les cueillir.

— Mesdames, mes amis et moi-même serions très honorés si vous acceptiez de partager notre souper de ce soir.

— C'est très aimable à vous, monsieur, mais ma fille et moi recherchons le calme.

— Et nous apprécions notre solitude, insista Belle de sa jolie voix claire.

Il dut s'écarter. Elles passèrent et disparurent.

La timidité de Robinson, la politesse de son intervention eurent tout de même pour conséquence le rapprochement tant redouté des deux parties.

« Adieu la liberté ! » Le premier soir où les deux dames Osbourne s'installèrent en bout de table, leur mutisme, leur réserve jetèrent un froid tel que les peintres se réunirent en conseil dans la cour après souper.

— Invivable ! Il faut dare-dare rappeler Stevenson de Moret. Lui, il saura les déloger... Qu'O'Meara rapplique aussi !

— Il y a urgence : « l'Autre Stevenson » arrive d'Edimbourg début juillet.

— Il aura peu de temps, comme d'habitude.

— Ces statues aveugles, sourdes et muettes, leur gosier lardé d'ombrelles, le feront fuir...

— Il préfère déjà Barbizon à Grez...

— De toute façon, Barbizon est fichu, marmonna Robinson que l'invasion des étudiantes anglaises dans le champ de son maître Millet continuait d'épouvanter.

— Si l'un ou l'autre des Stevenson déserte Chevillon, nous les perdons tous les deux et c'est Grez qui sera fichu !

On dépêcha donc à dos d'âne vers Moret un garçon du village porteur d'un message de détresse.

*

Le souper du lendemain leur parut moins terrible. Les intruses se taisaient, mais leur silence semblait dénué d'hostilité. Ni pruderie ni hauteur. Elles écoutaient. Elles s'intéressaient. Il faut avoir entendu la conversation à la table d'hôte des Chevillon ! Un feu d'artifice. Une tour de Babel. Dans toutes les langues, quinze jeunes gens discutent d'art en gesticulant. Français, Suédois, Ecossais, Américains, les uns écorchent le *r*, les autres le roulent, les troisièmes le sifflent. L'Art. L'Art. L'Art. A la quête de leur idéal esthétique, ils arrivent du monde entier pour étudier à Paris. Au prix de sacrifices qu'ils n'avouent jamais. Fils de famille, de bourgeois, de petits-bourgeois, ils échangent leurs idées avec la conviction que de leurs croyances, de leur travail, dépend l'histoire de la peinture. Chez eux se confondent l'aplomb et le respect des maîtres, l'enthousiasme et le doute. Les panneaux de la salle à manger barbouillés de dessins, de pochades, de portraits témoignent de leur valeur ou de leur nullité. Les bougies coulent sur la table. Les flammes vacillent dans la nuit. Le front de ces hommes brûle d'une ardeur qui trouve un reflet dans les yeux de Fanny, un écho dans le cœur de Belle. Ils le sentent.

Dès le troisième soir, ils parlent devant elles, ils parlent pour elles. Le Salon, le jury, les médailles, la carrière. Ils se servent à boire, ils caressent les chats, ils fument, ils griffonnent.

— Robinson, où as-tu travaillé aujourd'hui ?

— Au carrefour de la Fin-du-Monde. Mais je n'ai rien pu faire. Je manquais de blanc. Et toi ?

— Je n'ai pas travaillé non plus. Je cherchais des motifs.

— Et vous, mesdames ? demande Pasdessus.

— Dans la forêt.

— Pour la forêt, il faut attendre encore. L'été se fait désirer. Les bois ne sont pas aussi beaux qu'ils le deviendront bientôt.

— La forêt en cette saison a pour moi le piquant de la bière amère, murmure Fanny.

— Joliment dit ! s'exclama Pasdessus. Et mademoiselle, que fait-elle ?

L'œil sombre de la jeune fille pétille.

— Oh, moi, où va ma mère, je suis !

Avec le jour, elles redeviennent muettes, elles se font invisibles. Rien ne change dans leurs habitudes. Elles continuent à se lever tôt, à pique-niquer seules dans la campagne. Et à prendre leur repas du soir en bout de table.

Belle répond, Fanny écoute. En sphinx. Elle ne se mêle pas aux conversations. Loin de gêner ces jeunes hommes, son mutisme les intrigue. Ils ont vingt, vingt-cinq ans. Comme les mineurs d'Austin, cette attention féminine les stimule. En sa présence, les passes d'armes se font plus bruyantes. Quelquefois plus brillantes. Tous brûlent d'attirer le regard de la « Belle Américaine », de lui arracher un sourire. Et surtout... de conquérir sa fille.

Belle, dans toute la splendeur de ses dix-sept ans, est aussi séduisante, plus séduisante peut-être que Fanny. Elle semblera toujours plus accessible.

De Sam, Belle a hérité l'optimisme, la légèreté, l'insouciance du lendemain. Femme, elle se montrera charmante et gaie avec ses amis, facile à vivre avec ses maris... Epithètes qui ne conviennent guère aux relations humaines de sa mère ! Elle n'a ni l'intelligence ni l'envergure de Fanny, mais sa bravoure, sa fantaisie et son type de beauté.

Elles se ressemblent. Belle, plantureuse et romanesque. Fanny, dramatique. Mêmes prunelles ardentes, démesurées dans un petit visage de gitane. Même souplesse. Même sensualité. A la suite du planteur sudiste qui avait demandé la main de Belle sur le bateau d'Anvers, le cœur de ses voisins de table bat la chamade.

La dernière quinzaine de juin s'écoule. Mme Chevillon s'est chargée d'apprendre aux peintres le malheur qui frappe la famille Osbourne. Le deuil rend plus touchantes les deux silhouettes, courbées sous leur matériel de travail, qui passent sur le pont de Grez. Les jeunes gens tentent d'adoucir, par leur gentillesse, le regret de l'enfant perdu. Le maïs dore au soleil. Les fleurs des nénuphars glissent sous les arches. Belle accepte les hommages. Fanny laisse faire. Elles ne se lient ni l'une ni l'autre.

Tout allait encore changer quand le sombre Stevenson arriva à la rescousse de ses compagnons. Il apparut chez Chevillon le premier matin de juillet.

*

— Maman, je l'ai vu ! hurla Belle en faisant irruption dans la chambre.

— On sait, intervint Samuel Lloyd, nous, on t'a vue par la fenêtre : tu parlais avec lui.

— Alors ? demanda Fanny.

— Il m'a abordée dans la cour.

La menace des « deux Stevenson » pesait plus que jamais. Durant les dernières semaines, les peintres avaient décrit ces jeunes bourgeois d'Edimbourg comme les meneurs les plus bohèmes et les plus doués de la petite bande. Avec son singe et sa bouteille d'absinthe, « Simpson l'Aîné » laissait présager le pire quant aux excentricités des Ecossais ! Magiques, on les disait magiques. Et terriblement misogynes.

— Alors ? répéta Fanny.

— Alors... il est beau !

— Idiote, dit Sammy.

— Il a ôté son chapeau pour m'adresser la parole, puis il s'est incliné et il s'est présenté... il s'appelle Bob.

Sammy haussa les épaules.

— Il avait l'air de se ficher de toi...

— Pas du tout ! Il souriait très aimablement...

— Tu parles ! Il montrait les crocs. On aurait dit le loup du Petit Chaperon rouge... Prêt à te sauter dessus et à te manger, ma vieille.

— Sammy, tais-toi ! ordonna Belle en le repoussant. Celui-là, depuis qu'il fréquente Kiki Chevillon !

Leurs trois ombres gesticulaient sur les murs blanchis à la chaux, se confondant avec les caricatures de Thiers, de Gambetta et de quelques autres célébrités locales. Fanny, penchée sur l'un des lits, rassemblait leurs affaires du jour. Elle enfonça d'autorité un canotier sur la tête de son fils, noua son chapeau.

— Allons-y !

Claire et gaie, sa voix tinta dans le matin d'été. Belle releva la tête. L'ombre d'un sourire flottait sur les lèvres de sa mère, une expression où le défi le disputait à l'humour, qui surprit l'adolescente.

— Eh bien quoi ? s'expliqua Fanny en réponse à la muette interrogation de sa fille. Nous n'allons pas nous laisser chasser d'ici par ce fou d'Ecossais !

Belle émit un petit rire de gorge. C'était la première fois depuis la mort de Hervey qu'elle entendait Fanny exprimer un désir. « Rester. » La toute première fois qu'elle lui redécouvrait un élan, un besoin, une volonté. « Grez. » Ce jour-là, elles enfilèrent le couloir en faisant claquer leurs talons sur les lattes du plancher.

Je l'ai rencontré, écrira Fanny à Rearden, *d'une façon que vous qualifieriez, vous, de rusée. J'aidais Sammy à pêcher, je lui jetai sa ligne, quand j'ai harponné par son col de chemise un gentleman qui passait en canoë sur la rivière. A demi étranglé, il a dû accoster, et me demander de le « déshameçonner ». Je n'y suis pas parvenue. Il a donc fallu qu'il se déshabille devant moi... Rassurez-vous, j'ai fermé les yeux ! Belle a fait de la scène une série de dessins humoristiques qu'elle envoie à son père.*

Cent trente ans plus tard, cette série existe encore. Légende : *Maman fait la connaissance de l'Anglais.* Suivent d'autres dessins : *Aventures à Grez.*

Debout droit à l'avant du même canoë, le gentleman pagaie en sifflotant. Assises à la queue leu leu derrière lui, deux silhouettes féminines se laissent conduire. L'une droite, le profil caché sous un immense chapeau, l'autre tête nue, à demi renversée. Sous-titre : *Nous partons en bateau.*

Cette promenade les conduira tous en eau profonde. Mais — qui l'eût cru ? — envoûté par ces deux sirènes, c'est le navigateur qui se laissera entraîner dans les rapides.

*
**

Bob Stevenson. Peintre. Musicien. Philosophe. Critique d'art. Diplômé de la prestigieuse université de Cambridge. Il passe parmi ses camarades pour un génie. « Génie dans le sens le plus fondamental du terme », disent-ils.

Il y avait en lui quelque chose de mystique, écrira le poète Henley, l'homme qui découvrira Kipling, Conrad, Barrie... *Nous avions beau être comme cul et chemise tous les deux, ce quelque chose-là, je n'ai jamais pu le cerner. Mystique. Mythique. Magique... Et bien des années plus tard, tandis que je suis assis là à les pleurer tous les deux, je pense que l'humanité aura dix Robert Louis Stevenson, non, cent, pour un seul Bob Alan Mowbray Stevenson... Je n'ai jamais connu personne tel que lui ou l'approchant.*

Bob Stevenson. La nonchalante distinction d'un gentleman, la liberté d'un bohémien. Une beauté qui fait rêver... Le teint hâlé, l'œil noir et luisant, la moustache tombante. On lui prête des aventures, des bonnes fortunes, de mystérieux excès. Belle le tient pour un prince polonais qui voyage incognito. Sammy, pour un terrible vaquero mexicain. Ses amis dè Grez racontent qu'il a jadis partagé son patrimoine en dix parties égales. Qu'il en dépense une part chaque année. Qu'au terme de la dixième il se suicidera. *Je ne l'ai jamais vu jeter quelques pièces sur la table, s'acheter du tabac ou payer la tournée, sans frissonner à l'idée qu'il raccourcissait ses jours !* écrira Samuel Lloyd. Bob Stevenson, le compagnon dont la présence électrise l'atmosphère.

La bonne fée penchée sur son berceau a dit : « Je lui donne tous les dons. Il pourra tout faire... », poursuit Henley dont l'amitié passionnée trouvera bientôt ombrage à l'influence de certaines Américaines. *Mais sa sœur la méchante fée sourit et dit : « Il sera si fin, si subtil, qu'il ne pourra aller nulle part. »* La méchante fée se trompa en partie : Bob a créé la critique d'art en Angleterre et cette création-là ne mourra pas. Mais, en tant qu'artiste, il est parti dans toutes les directions et, sur ce terrain, la prédiction de la méchante fée se réalisa.

Un être touché par la grâce. *Fanny ne s'y trompe pas. On l'appelle aussi Adonis ou Apollon, du fait de sa souplesse et de la perfection de son corps,* écrit-elle à Rearden non sans un trouble retour à la coquetterie. *Il est exactement comme un héros de roman, une main de fer dans un gant de velours, et tout et tout... C'est le meilleur peintre de Grez. Il excelle à tous les jeux d'adresse. Il parle toutes les langues. Il n'a aucune ambition. Bizarrement, c'est à vous qu'il nous fait penser, Belle et moi.*

Compliment à l'intention de Timothy Rearden ? Ou de Bob Stevenson ?

Ce que Fanny ignore, c'est qu'en se présentant sous les charmilles, en bavardant avec l'une des dames Osbourne dans la cour de l'auberge, en l'entendant rire, c'est du charmant minois de Belle que le gentleman est tombé amoureux. Bob Stevenson appartient à la race de ceux qui se donnent sans se préserver. Il se trouve à un moment de sa vie où il plonge...

Rien d'alarmant, écrit-il à son cousin, « l'Autre Stevenson » qui attend quelque part en France des nouvelles de l'expulsion. *Rien d'alarmant. Tu peux venir.*

Mais, avant cette apparition-là, le jeu va encore se compliquer avec l'arrivée d'un dernier larron. Béret bleu sur l'œil. Gourdin d'épines. O'Meara, l'Irlandais au sang chaud. Frank pour les intimes.

**
***

— Lincoln n'aurait jamais gagné la guerre sans nous... l'audace, le cran, le génie stratégique des

Irlandais. Croyez-moi, Miss Osbourne, quelques Irlandais de plus ou de moins, et la victoire change de camp.

Une voix grave, chaude, qui chante l'amour et la mort à la veillée. Un casque de boucles fauves. Un œil d'acier, frangé de cils roux et drus, un regard dur qui pétille de vie. Vingt ans... O'Meara a, pour plaire aux dames, la droiture, la flamme et la pureté d'un très jeune homme. Fervent catholique, une tendance à l'arrogance le pousse à jouer les aristocrates alors qu'il est originaire de la moyenne bourgeoisie de Dublin, fils cadet d'une famille nombreuse et désargentée. De tous les aficionados de Grez, O'Meara est celui qui aime le village avec le plus de passion. Il y retourne l'hiver pour y travailler de longs mois dans la solitude. Sa fidélité à l'auberge ne se démentira pas : il y séjournera onze années consécutives. « Je revis au contact de cette nature... », avoue-t-il à la mère Chevillon qui éprouve à l'égard de cet enfant-là une tendresse toute particulière. A Grez, O'Meara vient chercher les camaïeux de gris, chers à son inspiration. Les ciels couleur d'eau. La douceur bleutée des brumes. L'air aux teintes de violette. Le trait si léger des roseaux et des saules.

Aux beaux jours, il pose ses pinceaux. Ennemi de l'école impressionniste, il fuit les lignes dures, abomine les ombres prononcées, et refuse tout net de travailler au soleil. Il n'en devient que meilleur compagnon l'été.

Dans l'attente des matins brouillés et des pluies tant redoutés par ses collègues, il se charge d'organiser les batailles navales sur le Loing, les randonnées en forêt et les concours de chant à pleins poumons au coin du feu.

— Vous aimez *Carmen* de Bizet, mademoiselle ?

— Oh, moi, à part *La Fille de Madame Angot,* je ne connais rien à la musique française... Je ne connais rien à la musique tout court. Ni à la France d'ailleurs.

— Vous jouez du piano, n'est-ce pas ?

— Ouiche, je tape dessus !

Le naturel de Belle, son absence de toute prétention intellectuelle doublée d'un réel sens artistique séduisent le cœur vierge de l'Irlandais. O'Meara inclut dans son programme de réjouissances estivales l'éducation de cette petite Américaine qui avoue avec tant d'humilité ne rien savoir. Pain bénit pour un puriste tel que lui ! Avant même que Bob Stevenson ait terminé ses travaux d'approche, il prend la jeune fille sous son aile, se constitue son guide et son mentor, s'investit d'une haute mission : réformer son éducation, tant religieuse qu'esthétique.

— On dit *yes*... pas *yeah*, vous avez un accent effroyable, Miss Osbourne ! Vous faites des fautes d'anglais à chaque phrase. Notre langue est riche : utilisez-la correctement !

Titillée par ce ton protecteur, émue par cette mâle autorité, Belle corrige le mot qu'elle a prononcé à voix trop traînante, la syllabe avalée ou mâchouillée, l'expression d'argot jugée vulgaire dans sa bouche. Elle accepte les reproches avec d'autant plus de grâce que le bel O'Meara semble avoir noué son gourdin aux cordons de son tablier : il porte son ombrelle, déplie son chevalet, mélange ses couleurs. De la cave où la jeune fille aide sa nouvelle complice Ernestine à écrémer le lait, aux cuisines où, sous l'égide de la mère Chevillon, elle s'initie à l'art de battre une omelette et de moudre le café à point, Frank O'Meara ne la quitte pas. Rusé, il déjoue la surveillance de Fanny et parvient sans cesse à s'isoler avec la jeune fille.

En dépit du désordre, des bouteilles et des mégots qui traînent, des bottes, des sabots, des pinceaux, des toiles qui sèchent, l'ambiance de l'auberge s'apparente davantage à celle d'un club qu'à l'atmosphère d'un bouge. La petite colonie respecte une morale implicite et des règles de vie. Travail. Convivialité. Esprit d'initiative. Tension vers un idéal esthétique. Pas d'idées révolutionnaires, rien d'anarchique. Seuls les saillies de Bob Stevenson, l'éclectisme de son savoir, la formidable intelligence qui explose dans le moindre de ses propos font planer sur la table d'hôte un vent de folie.

— Vous souriez ? triomphe-t-il un soir en regardant Fanny. Attendez que Louis arrive ! Lui, il a vraiment de l'humour. Moi, je ne suis qu'un cuistre. Lui, c'est un homme d'esprit !

Tel ne sera pas l'avis de Mrs Samuel Osbourne.

— Ne trouvez-vous pas qu'il y a de la bonne vieille romance française dans l'air ? murmura, en cette nuit du 6 juillet 1876, Pasdessus à l'oreille de Belle.

Chaque soir à la fin du repas, entre le clafoutis aux cerises et la prune à l'eau-de-vie, le hiératique sculpteur y allait de sa petite phrase. Repu, il se carrait au fond de son siège et, tandis que les discussions se faisaient plus intimes, il distillait quelques galanteries. Ce soir-là, au dessert, sa cour fut interrompue par l'accord tonique qu'O'Meara plaqua au piano. Une casserole, ce piano ! Il avait lui aussi absorbé quelques petits vins de pays et s'en ressentait. Fruit d'une collecte où chacun avait donné selon ses moyens, on l'avait acheté l'an passé à un brocanteur de la région qui se chargeait de le réaccorder de temps en temps. La caisse scandait les bals improvisés, quand les peintres faisaient venir de Paris grisettes et modèles, leurs maîtresses, pour un soir, un seul, où l'on valsait au bord du Loing.

Le chant d'O'Meara montait sous la voûte, une romance à la gloire d'une révolutionnaire, une brune aux yeux de braise. Il détachait chaque mot et, le corps à demi renversé sur le tabouret, les yeux rivés au visage de Belle, il ne s'adressait qu'à elle. Rougissante, ravie, elle tentait de soutenir son regard.

Bob Stevenson et Fanny observaient la scène. Tous deux sentaient qu'ils assistaient à cet événement que, dans leur inquiétude, dans leur impuissance, ils intitulaient « la naissance de l'amour ». Ils songeaient que le premier flirt n'a pas grande importance, qu'il faut un commencement à tout, que cette émotion-là passe. Avec mélancolie, Bob Stevenson constatait qu'une surprenante beauté émanait du corps d'O'Meara, tendu tout entier vers la jeune fille. Le piano se tut.

Il y eut un instant, avant les applaudissements, où personne ne bougea. C'est cet instant-là qu'un animal, un chat peut-être, choisit pour pousser son cri. Un appel puissant, où se confondaient détresse et désir, une plainte infinie qui déchira le silence des berges et sembla se répéter dans la campagne jusque sur l'autre rive.

— En voilà de l'amour, ou je ne m'y connais pas ! clama Pasdessus.

— Comment peux-tu parler de l'amour, tu ne l'as jamais connu, lança O'Meara en reprenant d'autorité sa place aux côtés de Belle.

— Qu'est-ce que tu en sais ?

— La serpillière s'approche sans risque du feu, gouailla Bob dans un sourire de loup moqueur. On ne peut s'attendre à ce qu'un aveugle soit touché par le romantisme d'un coucher de soleil...

— Et qui vous dit que je ne suis pas fou de mademoiselle ? plaisanta le sculpteur en faisant le geste de prendre la main de Belle et de la baiser.

— Laisse tomber, Pasdessus ! intervint à nouveau Stevenson. Beaucoup d'êtres dignes de s'aimer se ratent ou se rencontrent sous de mauvais auspices... C'est ton cas.

Ernestine servait le café dans de hauts verres en faïence azurée. Les lampes à huile qui fumaient sur la table, les cigarettes, les pipes et la vapeur du café enfermaient les convives dans un halo de brume bleutée. Dehors, les hirondelles rasaient les berges. Le soleil se couchait, violet, entre les bancs de nuages. Une brise légère poussait contre la vitre les brouillards de la rivière.

— Je te demande bien pardon ! Puisque l'amour est l'aventure illogique par excellence, la seule que nous soyons tentés d'appeler surnaturelle, rien n'empêche mademoiselle de m'aimer !

Belle, gênée, chercha du regard le secours de sa mère. Mais Fanny avait les yeux fixés au loin, vers le battant de la demi-porte qui s'ouvrait par moitié sur la rue. Les lanternes, suspendues au-dessus de l'huis, éclairaient le visage d'un homme.

Une figure en lame de couteau, longue, très longue, qu'allonge encore une chevelure plate d'un blond cendré. Une moustache à la gauloise, qui retombe en mince filin de chanvre sur la malice du sourire. Le nez est fin, droit, mais les pommettes hautes et saillantes soulignent l'écartement inhabituel des sourcils. En amande, les grands yeux bruns aux reflets fauves pétillent à la lumière. Ce qui frappe, c'est la chaleur de leur expression lorsqu'ils observent Fanny Osbourne.

Des années plus tard, Robert Louis Stevenson prétendra avoir eu le coup de foudre dans la rue. Il dira être tombé amoureux d'elle en apercevant par la croisée ouverte cette jeune femme si digne en son grand deuil, si noble et naturelle parmi les artistes gesticulant. Il décrira l'indulgence, le mystère de son demi-sourire, ses yeux d'or où dansaient doucement les flammes des bougies. Belle devait ajouter qu'elle-même avait surpris l'expression de sa mère, intense et comme fascinée. Ce serait ce regard de Fanny qui aurait révélé à la jeune fille l'être qui allait changer leur vie.

La vie ne devait en réalité changer que longtemps après.

— Louis Stevenson !

— Le voilà !

— Où diable étais-tu passé ?

— Ça fait un mois qu'on t'attend !

S'appuyant sur le battant, il sauta lestement dans la salle.

Un mètre soixante-dix, cinquante kilos, vingt-cinq ans — extrême maigreur, longueur et jeunesse —, ce physique-là, il le gardera toute sa vie.

Godillots de marche éculés. Sac à dos grossièrement ficelé aux épaules qu'il voûte. Vieille veste de velours sans boutons et sans doublure, chemise ouverte sans col et sans cravate, le débraillé de Robert Louis Stevenson lui a déjà valu quelques arrestations par des gendarmes trop zélés, quelques nuits au poste pour vagabondage. Qui sait regarder note néanmoins qu'il conserve toute l'assurance d'un bohème de bonne famille. Reçu avocat au barreau d'Edimbourg l'an passé, il vient de se voir allouer par son père une avance sur son héritage, somme rondelette qu'il prête, dépense et partage sans lésiner. A ses yeux, l'argent ne compte pas. Le confort non plus. La liberté, oui. Son sac à dos contient un volume des poésies de Charles d'Orléans, une excellente bouteille de cabernet-sauvignon, du tabac, de l'encre, une plume et du papier. Pas de peigne, pas de rasoir, pas de linge de rechange. Il se fait raser en route par les barbiers locaux, blanchir par les lingères, sa chemise trop usée, il finit par la jeter... habitudes plus onéreuses que le luxe d'une valise ! Mais Robert Louis Stevenson ne possède rien. Ni sur lui. Ni ailleurs. Cette légèreté ne l'empêche pas de vivre bien. Sa culture, ses manières, l'éclat de sa conversation lui valent d'appartenir à l'un des clubs les plus fermés de Londres, où il loge à l'occasion. Il a choisi son mentor, conservateur au British Museum, parmi les membres éminents de l'intelligentsia anglaise. Il publie ses premiers articles dans le très sélect *Cornhill Magazine* dont le rédacteur en chef, Leslie Stephen, gendre de Thackeray et futur père de Virginia Woolf, ne craint pas de le recevoir avec la célèbre romancière George Eliot. Il fait chez les uns, chez les autres, des descentes éclairs, reste quelques jours ou quelques semaines, puis disparaît à nouveau. *Tu ne dois pas être peinée par mes absences*, écrit-il à sa mère. *Il faut que tu comprennes que je serai un nomade plus ou moins toute ma vie. Tu ne sais pas combien j'ai rêvé de voyager. Autrefois, j'allais voir passer les trains, et je rêvais de partir avec eux.*

Fils unique, enfant fragile couvé par sa famille, il reste très attaché à ses parents auxquels, depuis l'adolescence, il ne cesse de s'affronter. Dans la maison cossue du quartier le plus résidentiel d'Edimbourg, les scènes se succèdent, mélodrames d'une violence inouïe entre un père fanatiquement religieux et ce garçon qui doute et s'interroge. *Maintenant que j'ai recouvré un semblant de santé, tu dois prendre mes habitudes vagabondes comme faisant partie de moi*, plaide-t-il encore auprès de sa mère. *Attends que j'aie trouvé mon rythme, et tu verras que je passerai plus de temps avec toi que partout ailleurs. Seulement, accepte-moi tel que je suis et laisse-moi le temps.*

Londres, Paris, Menton, Montigny, Barbizon, Grez. Grand marcheur, Robert Louis Stevenson voyage à pied, seul ou avec un ami. L'amitié tient dans son cœur une place vitale.

Brouhaha, bousculades, claques dans le dos, étreintes, il est reçu à Grez comme l'enfant chéri du groupe. Quelque chose qui participe de la mascotte et du héros. Bob l'étreint, le conduit à table, lui offre sa place à la droite de Mrs Osbourne, à laquelle solennellement il le présente :

— Mon cousin. Mr Stevenson, un jeune homme qui écrit.

Robert Louis Stevenson plie sa maigre silhouette, agite ses doigts interminables en signe de négation et corrige :

— ... qui veut écrire... ou du moins qui espère écrire un jour...

— Ne l'écoutez pas, Mrs Osbourne, s'interpose Bob. Ce garçon est génial. C'est le plus doué d'entre nous... il le sait d'ailleurs. Il est aussi suffisant, aussi complaisant que n'importe quel bourgeois... Je suis certain qu'il s'imagine qu'on publiera un jour jusqu'à sa correspondance. « Les lettres de R.L.S. » Mais oui, tu connaîtras la gloire, mon fils ! « Quoi, me direz-vous, célèbre, Louis ? Si simple, si gai, si naturel. Un si brave type. Exactement comme nous. Seulement plus gentil ? » Méfiez-vous ! Il a l'air malingre comme ça... il est fort, il est dur comme le granit des phares que construisaient ses ancêtres ! Regardez-le avec son œil qui pétille de vie, sa moustache qui frise... Il voit déjà les titres de ses livres sur le dos des hommes-sandwichs de Londres...

— Bob, tu es un monstre... mais je t'aime ! s'exclame Louis en l'étreignant dans un éclat de rire. J'ai toujours pensé, et je pense encore, qu'en te recevant pour maître et pourvoyeur j'ai été favorisé des dieux... Mon affreux cousin, madame, poursuit-il, tourné vers Fanny dont il manque de renverser le verre, vous étonne sûrement par sa façon de jouer du piano, de peindre et d'écrire... Mais quand il prend chaque petit bout de l'univers entre ses mots, quand il le démonte comme s'il l'avait créé, quand il en tripote toutes les facettes en y réincorporant la vie tout entière, quel délice ! Oui, madame, c'est par l'excellence de son raisonnement — aussi dingues que vous paraissent ses idées, aussi délirants ses arguments —, c'est par la démente lucidité de ses conclusions qu'il vous ravira !... Moi, je lui dois tout ! Il est venu me tirer de mon lit quand j'y croupissais à Edimbourg, il m'a entraîné à l'air libre, il m'a montré que la vraie vie se traquait dehors, que le vrai Dieu n'était pas fait de ce médiocre tissu bourgeois, qu'il fallait nettoyer son âme et son cerveau des habitudes, des principes et des formules toutes faites. Il m'a appris à avancer seul. Libre. Et à plonger quelquefois dans l'infini.

Volubile, Robert Louis Stevenson gesticule, se lève, se rassoit.

— Et ton père ? coupe Bob.

— Il ne change pas. Il continue de penser qu'un homme qui ne croit pas au Christ et à l'Eglise ne peut être qu'un coquin, un fou, ou un imbécile... Il se lamente, il met ce qu'il appelle mon égarement sur le compte de la jeunesse... Mais si la jeunesse ne raisonne pas toujours juste, il y a fort à parier pour que la vieillesse ne soit pas plus perspicace... Un homme découvre qu'il s'est trompé à toutes les étapes de sa vie, et il en déduit au bout de son existence qu'il a enfin totalement raison. Extraordinaire conclusion !

Ce soir-là, les dames Osbourne suivaient la conversation avec difficulté. Fanny ne serait pas sensible au charme de cette voix, de cette verve, à ce sens de la causerie que tous s'accordaient à trouver sans égal. Comme les gendarmes, elle trouverait seulement à Robert Louis Stevenson l'air « bizarre ». Et quand il se mettrait à rire en ouvrant grande la bouche, quand il glousserait par saccades qui montaient vers les aigus, elle le qualifierait carrément d'« hystérique ». Seules l'admiration réciproque des deux cousins, leur tendresse si librement exprimée trouveraient quelque grâce à ses yeux. Mais, des deux Stevenson, celui qu'elle préférerait jusqu'à l'automne serait Bob.

— Maman, il est formidable !

— Qui ?

— Louis ! s'exclame Samuel Lloyd.

— On ne dit pas « Louis », mais « Lewis », corrige vertement Belle avec un superbe accent british mâtiné d'irlandais et d'écossais. Lou-ou-iss, répète-t-elle, sentencieuse.

— Ma pauvre fille ! riposte Sammy en se détournant.

Il est aussi marrant que Bob, maman! Plus même! On était avec Mimi et Kiki sur le pont quand Louis est venu nous chercher. Et tu sais ce qu'il a fait? Il nous a emmenés dans son bateau. C'était magnifique! Il a accroché tous les canoës à la queue leu leu, on s'est couché au fond, on a fermé les yeux et on s'est laissé aller au fil de l'eau. On s'est réveillé, devine où? A l'entrée du souterrain qui conduit au château de la Reine Blanche! Ce soir, on va l'explorer avec des lanternes. Je peux y aller? S'il te plaît... Louis viendra te demander la permission tout à l'heure. Dis oui, maman!

Séduire les femmes qui l'attirent par l'intermédiaire de leur progéniture, une vieille pratique de Robert Louis Stevenson. Un vieil instinct. Il s'y est exercé naguère auprès de deux dames russes en villégiature à Menton, dont les petites filles ne juraient que par lui. Cette passion des enfants, la connaissance de leurs rêves et de leur monde, lui portera chance : c'est à l'intention de Sammy, pour amuser le gamin, pour le distraire, que Stevenson écrira bientôt l'œuvre qui lui apportera gloire et fortune, *L'Ile au trésor*.

Robert Louis Stevenson faisait toujours aux enfants l'honneur de les traiter avec considération, même si une petite lueur amusée dansait parfois dans ses yeux bruns et brillants, racontera Samuel Lloyd. *Je le tins immédiatement en haute estime.*

Sammy ne fut pas le seul. Avant lui, un autre garçonnet avait été ébloui par ce camarade de jeu, au point de vanter ses qualités à sa mère, la très belle et très intellectuelle Mrs Sitwell. Le premier amour de Robert Louis Stevenson.

A cette femme, Louis écrit chaque jour depuis trois ans. Elle est la confidente, la muse et la madone. Mariée. Chargée de famille. Séparée de son époux que personne ne connaît. Plus âgée, beaucoup plus âgée que son jeune admirateur, elle a aujourd'hui trente-six ans, soit onze ans de plus que lui. Comme Fanny. Mrs Osbourne et Mrs Sitwell convolaient au même âge — dix-sept ans — alors que Louis jouait encore aux soldats de plomb. L'une et l'autre naviguèrent à bord de lourds voiliers qui les conduisirent au bout du monde, quand l'enfant, penché sur ses cartes, rêvait de voyages dans la chambre d'Edimbourg.

Mrs Sitwell a connu elle aussi la dure existence des colons. Sydney, Calcutta, Bombay. Elle a vu du pays ! Sourire de Joconde, regard fixe, elle passe pour distante : ses admirateurs lui trouvent le charme exotique d'une rani indienne. La main et le pied minuscules. La chevelure et les yeux de braise. Le nez aquilin. Le teint ambré. Comme Fanny. Malheureuse en ménage, elle tente de subvenir seule à ses besoins, enseigne la littérature et s'adonne aux plaisirs de l'esprit. Dans d'affreuses conditions, elle a perdu l'un de ses enfants, un fils.

Mais l'extraordinaire série de coïncidences qui relie la destinée de ces deux femmes ne s'arrête pas là... Le prénom de Mrs Sitwell, inscrit dans les registres de l'état civil ? Frances. C'est le nom de baptême de Fanny Vandegrift ! Le diminutif de Frances Sitwell, le seul que ses proches lui connaissent ? Fanny, bien sûr.

Fanny Sitwell. Fanny Osbourne. L'Anglaise, l'Américaine, les deux faces du même rêve amoureux ?

Pour l'heure, Louis n'a ni le temps ni le loisir de séduire Fanny O. Il ne reste que trois jours à Grez, avant de partir pour d'autres aventures. Il laisse auprès d'elle son meilleur agent de publicité, Bob, qui ne tarira pas d'éloges à son égard, il le sait.

*
**

Bob passe l'été à l'auberge. Du paisible village au bord du Loing, il va faire un curieux tableau vivant où se mélangent les palettes de Manet et de Watteau, *Le Déjeuner sur l'herbe* et *Les Fêtes galantes*.

Ballades à la guitare. Promenades en barque. Siestes langoureuses au fond des hamacs, le petit pied de Fanny se balance. Il caresse l'herbe, il effleure l'eau. Ambré. Cambré. Nu. Sous le regard de ses quinze admirateurs, elle sort de sa mélancolie. Elle s'anime. Elle s'amuse.

Elle joue. Elle jouit. Trente-six ans. Fanny Osbourne se retrouve telle qu'elle était avant son mariage. Plus garçon manqué que les garçons de Clayton et de Danville, elle dévale à nouveau les vallons enneigés de la ferme Vandegrift. Trente-six ans. Avec ses espadrilles pourpres, son costume de bain noir dont la jupe sous le genou ne cache rien, son fichu rouge sur les hanches, elle est superbe. Nul ne met autant d'énergie à foncer dans la mêlée des canoës, à déstabiliser la yole de son adversaire, à verser dans les rapides, alors qu'elle ne sait pas nager... *Ils m'ont donné ma propre barque que je mène comme un cheval sauvage,* crâne-t-elle auprès de Rearden.

Elle peint. Ils plongent. Elle coule. Ils la sauvent. Le soir, on expose les œuvres de la journée dans la cour de l'auberge. On observe, on critique, on discute d'art sous les charmilles, de littérature, d'histoire, de morale. Ses comptes, on les règle sur la rivière lors de folles batailles navales. Régner sur un cénacle de jeunes hommes : Fanny vit un rêve. Elle rend la justice sous son arbre. Elle préside le souper du soir. Elle a son trône réservé auprès de l'âtre pour la veillée.

Petit vin de pays, café dégusté les yeux mi-clos dans de grands verres, abricots gorgés de soleil, le jardin de l'auberge se transforme en voyage à Cythère où s'enchevêtrent les intrigues amoureuses. Fanny est attirée par Bob. Bob par Belle. Belle par O'Meara. Personne ne se déclare, et les émotions vont et viennent, vaquent et bourdonnent comme les milliers de libellules sur le Loing.

*
**

Fanny leva la tête vers la pleine lune, puis, comme épuisée par une sensation trop violente, elle la reposa sur le dossier du fauteuil. La nuit était trop douce. Trop noire. Elle étouffait ce soir. Le jardin, noyé dans la pénombre, avait disparu tout d'un coup. La rivière luisait et serpentait au cœur de l'obscurité, un immense collier de jais dont les nœuds de pierre étranglaient par endroits la moire vallonnée des îlots. Le sombre visage de Fanny avait cette gravité des races qui luttent depuis des siècles. Les nattes brunes, encore humides de la baignade, épousaient la courbe de ses épaules, de ses seins. Elle écarquillait un peu les prunelles comme si une vision lointaine et lumineuse excitait son intérêt. Elle soupira. L'image de Hervey hantait sa mémoire, son cœur, ses mains. Plus vivant, plus palpable que jamais en ces nuits d'été. Elle le sentait qui pesait contre elle. Elle pouvait retenir entre ses doigts la fluidité des boucles de son enfant, serrer dans ses bras son petit corps, le respirer. Plus encore que l'idée de sa mort, l'absence physique de Hervey la torturait de désir. Elle avait besoin de le caresser, de l'étreindre, de le porter sur elle, en elle.

Quand chaque muscle de son dos, de son ventre, se raidissait, endolori par l'effort physique, alors seulement Fanny parvenait à se libérer de ce vide. Sa nuque roula sur le dossier. Elle savait Bob proche. Pourquoi ne venait-il pas ?

*
**

Ocre et lisses, les prés fauchés s'étalaient devant eux. Fanny et Bob avaient pris le chemin qui menait aux champs. La terre brûlait sous la canicule de midi. Les piquants des chardons bleus, les pétales sang des coquelicots grisonnaient de poussière. Ils obliquèrent dans un sentier, longèrent les parois abruptes des champs de maïs. Dans le ciel sans nuage, une alouette les suivait. Son pépiement aigu leur fit lever la tête.

— Elle nous accompagne, remarqua Fanny avec satisfaction.

Bob jeta un coup d'œil à l'oiseau. Une promesse de bonheur... Fanny se sentait bien. D'abord la longue marche au soleil, puis, dans les yeux de Bob, quelque chose qui avait brillé, quelque chose d'affectueux tandis qu'il lui parlait de l'avenir, une sorte de sollicitude dont elle avait été privée depuis longtemps. Ils étaient partis se promener à l'heure de la sieste, sous l'œil intéressé de la petite bande. Ils avaient marché en silence, puis Bob s'était mis à parler. Ragots et commentaires sur les artistes que les dames Osbourne devaient, ou non, revoir à Paris cet hiver.

— Pasdessus n'est pas un homme pour vous. Il a l'air convenable comme ça, mais ne vous y fiez pas. Ce n'est à aucun moment, sur aucun plan, un gentleman.

— C'est quoi, un gentleman ?

— Louis Stevenson, mon cousin, dont vous avez semblé faire si peu de cas.

Elle haussa une épaule.

— Et vous ? demanda-t-elle.

Il rit.

— Surtout pas moi. Dans ma famille, je passe pour une brebis galeuse. Sur son lit de mort, l'un de nos jeunes cousins a fait appeler mon oncle, le père de Louis, pour l'avertir que j'apporterai le malheur dans sa maison... La mienne n'a pas été très prospère... Mon père a passé treize ans de sa vie muré chez lui par la neurasthénie.

Fanny demeura silencieuse. Elle connaissait les rumeurs qui couraient sur les deux Stevenson. On racontait qu'ils hériteraient d'une énorme fortune dont ils ne profiteraient pas. Les hommes de leur famille mouraient jeunes et fous, victimes de mariages consanguins depuis des générations.

— Mon père aussi va mourir fou, avoua-t-elle. Qui sait si je ne suivrai pas son chemin ?

— Le suicide me paraît une meilleure solution.

Ils s'efforcèrent de rire.

— L'un de mes amis, qui vous ressemble d'ailleurs, m'écrit ce matin que je suis déjà une vieille bique édentée qui ferait mieux de rentrer dans le rang...

— N'en faites rien, Mrs Osbourne. Continuez d'exister telle que vous êtes ! C'est ce type-là qui a tout oublié de la vie.

Il la prit par le coude et l'entraîna sous les jeunes pins.

— ... Croyez-moi, quand mon cousin reviendra, faites-y attention... Il pourrait bien vous apprendre des choses.

— Quel genre ?

— La lecture, par exemple.

— Merci beaucoup, je connais mon alphabet.

— Ne faites pas l'imbécile! Vous êtes venue en Europe pour cela, non? Apprendre... Parce que vous poursuiviez un idéal de beauté? Vous croyez en votre art, n'est-ce pas? Louis porte le respect du sien au plus haut degré! Il est, je pense, un homme de lettres jusqu'au bout de ses longues jambes... La littérature. Nul plus que lui ne l'aime, nul n'y a réfléchi avec autant de passion et d'honnêteté.

— Et vous? répéta-t-elle.

Bob haussa les épaules. Son regard pétilla de mépris.

— Ça n'a rien à voir. Moi, je suis une plume... fantasque, exquise... et paresseuse. Certains artistes ont besoin de réunir les conditions optimales pour travailler. Un climat tempéré, une bonne santé, une rente de mille livres par an, le calme d'un monastère et l'approbation universelle. Ils taillent inlassablement leurs crayons avant de commencer. D'autres travaillent dans la cale d'un bateau, sous les ponts, en crachant leurs poumons, une meute de créanciers aux basques. J'appartiens à la première catégorie. Louis, à la seconde. Il a beau avoir passé toute son enfance au plumard, enfermé ou ballotté d'une ville pour tuberculeux à une autre, ça n'empêche : spirituellement, c'est un fort des halles! Je crois qu'il n'a jamais fait que ce qu'il voulait!

— Et vous? insista-t-elle.

Bob réfléchit une seconde. Ses sabots claquèrent sur les pierres.

— Moi aussi, j'ai toujours fait ce que j'ai voulu. Mais je veux quoi? Toutes les aventures, toutes les idées, je pars dans toutes les directions... Génial si vous voulez, mais le génie sans le talent n'est rien.

— Moi, je dirais que c'est le talent sans le génie...

— Erreur... Louis a du talent! Enormément de talent. On peut s'appuyer sur lui... Vous devriez le revoir à Paris!

— Et Frank O'Meara? demanda-t-elle soudain. Devrions-nous revoir O'Meara?

Bob se pencha et la dévisagea. Elle connaissait ce regard étrange, presque hostile, chez les hommes. C'était l'expression de Rearden quand elle l'avait blessé. Elle pâlit.

— C'est à votre fille, madame, qu'il faudrait poser cette question.

— Belle est jeune, répondit-elle avec légèreté. Comment saurait-elle ?

— Oui, elle est jeune.

Fanny lut une telle souffrance, une telle tension sur le visage de Bob, que son cœur se serra. Aussitôt une vague de tristesse l'envahit, qu'elle reconnut. C'était cette vieille impression d'avoir perdu un être convoité depuis des années, depuis la naissance de sa fille, depuis le départ de Sam pour la guerre de Sécession.

— Sortons du bois, dit-elle, ici l'atmosphère m'oppresse.

Ils descendirent jusqu'à la rive. Elle se sentit tout de suite mieux parmi les ajoncs, dans les vibrations d'ailes et les ronronnements d'insectes. Elle comprenait ce qui se passait en Bob. Les sentiments du jeune homme n'étaient-ils pas prévisibles ? Il avait vingt-huit ans. Elle, trente-six. Mais ce qu'elle éprouvait ressemblait à la douleur de la jeune femme trahie d'antan. Quand Sam ne la regardait plus, quand il en aimait une autre. Cette fois, aucune jalousie. Rien qu'une formidable sympathie pour le désarroi de son compagnon. Une acceptation immédiate et totale de sa défaite de femme.

Elle plongea les deux mains dans les roseaux pour se rapprocher de l'eau et de la terre, de cette nature chaude, bourdonnante, prolifique. Ils ne prononcèrent pas le nom de Belle.

— Chez Pasdessus, dit seulement Bob, l'amour n'est qu'une complication du sentiment. Chez Simpson l'Aîné, un flirt. Chez O'Meara, une idée fixe. Mais chez moi, dit Bob, c'est une maladie, et puisque vous savez que je passe pour fou, vous savez aussi que chez ce genre de gens la maladie d'amour est toujours sérieuse.

Ils échangèrent un regard et Fanny, pour la première fois, vit des larmes dans les yeux d'un homme. Elle s'appuya au bras de Bob qui referma le coude, serrant la petite main contre lui.

— Rentrons, dit-il. Les autres vont croire que je vous ai violée et assassinée...

220

Ils rirent un peu, puis, accrochés l'un à l'autre, s'en retournèrent.

*
**

Cette nuit-là comme à l'ordinaire, Fanny prenait seule le frais dans le jardin. Le vent apportait le parfum tiède des épis de maïs qu'on avait coupés dans la journée. Derrière elle, le loquet de la porte cliqueta. Elle entendit les rires, les cris, les conversations dans la salle à manger. L'herbe chuinta. Un pas pressé qu'elle reconnut. Bob. Ses joues s'empourprèrent. Les doigts de ses mains posées sur les accoudoirs s'enfoncèrent dans les nœuds d'osier. Le pas s'arrêta, fit demi-tour, elle entendit à nouveau le loquet, le bruit des rires, des conversations, la porte se ferma. Bob n'avait pas éprouvé le besoin de la rejoindre. Elle était vieille. Rearden triomphait. *Une vieille bique édentée.* Elle était lasse.

— Seriez-vous triste, Mrs Osbourne ? demanda une voix à côté d'elle.

C'était celle du cousin, « l'Autre Stevenson » qui avait débarqué à Grez l'après-midi même. Il arrivait d'un incroyable périple en canoë qui l'avait conduit d'Anvers à Pontoise... et, de là, sur les rives du Loing. Son apparition avec « Walter », le frère de Simpson l'Aîné, avait créé une véritable commotion dans l'auberge. On les avait vus surgir au fond du jardin, hirsutes sous leurs casquettes rayées de collégiens anglais, debout en équilibre à l'avant de leurs esquifs, l'*Aréthuse* et la *Cigarette*. Quinze jours de naufrages, de tempêtes, de solitude, de visions sur les canaux de France et de Belgique. La matière du premier livre publié par Robert Louis Stevenson, *An Inland Voyage*.

— Devrais-je être gaie ?

Elle ne le regarda pas. Louis Stevenson s'assit en tailleur à ses pieds.

— Vous songez à votre mari ?

— A lui. A mes enfants. A moi.

— Et alors ?

Il roula une cigarette qu'il lui tendit en se tournant à demi. Instinctivement elle la prit. Leurs deux visages se rejoignirent au-dessus de la flamme. Le regard brun de Louis, levé sur elle, l'enveloppa dans une vague de chaleur.

— Et alors... Elle aspira une bouffée, hésita. Je songeais que je n'avais guère réussi...

— Sornettes !

D'un bond il sauta sur ses longues jambes. Fumant, gesticulant, une main caressant sa moustache, l'autre battant l'air, il se mit à tourner autour du fauteuil.

— ... Je vous ai aperçue partir à l'aube en juillet... Vous travaillez.

— Pas assez.

— J'ai vu ce que vous faites, votre toile *Le Pont de Grez* qui sèche contre le mur...

Elle tenta de suivre des yeux cette silhouette si maigre qui semblait sauter de droite à gauche. Une danse de Saint-Guy. Elle y renonça. Il lui donnait le tournis.

— *Le Pont de Grez,* oui, représenté combien de milliers de fois ?

— Je ne vous l'envoie pas dire ! Je l'ai vu exposé sur les murs du Salon à l'Académie et dans les cartons de tous les étudiants du Quartier latin. Entre nous, aucun pont de Grez ne m'a paru avoir la candeur du vôtre !

— Litote pour la naïveté ?

Il éclata de rire. Il continuait de parler, marchant maintenant de long en large, d'un arbre à l'autre, devant ou derrière elle.

— La vie du postulant à quelque art que ce soit est ponctuée de petits succès au cœur d'une kyrielle d'échecs. Il faut tout supporter. C'est un parcours du combattant. Première étape, le peintre ou l'écrivain joue avec sa matière. Il se conduit comme un enfant qui triturerait un kaléidoscope. Stade deux, le jeu s'ordonne. Il utilise les morceaux de verre bariolé à des fins de représentation formelle. Cette étape-là paraît longue, pénible. Ceux qui vont au-delà se comptent sur les doigts d'une main. Stade trois, insuffler la vie à ses représentations, donner une signification aux faits...

— Vous qui avez vu ce que j'ai fait... Croyez-vous que mon talent justifie que je reste à Paris l'hiver prochain ?

Un instant, Robert Louis Stevenson s'immobilisa. Une sorte de sourire dansa dans ses yeux.

— Gare à ceux qui se laissent tenter trop tôt par les flagorneurs ! gouailla-t-il en tirant sur un mégot qui lui roussissait la moustache.

Elle insista :

— Bob prétend que vous savez reconnaître ce qui est bon de ce qui ne l'est pas... Il parle de votre sens critique... J'ai besoin de savoir ! Parce que, si je n'ai pas en moi cette sorte de talent-là, ma présence en Europe n'est pas acceptable. C'est faire payer mes... mes... elle hésita, mes prétentions trop cher à d'autres !

De son regard plein de vie, Louis dévisageait ce visage de femme torturée par le doute, la peur et la détermination féroce de poursuivre.

— Vous seule serez un jour en mesure de répondre, prononça-t-il gravement... Il se remit à marcher. Mais ce que je peux vous dire, c'est que moi, quand on s'esclaffe : « Tu perds ton temps à grattouiller des petits morceaux de littérature !... Pourquoi n'écris-tu que des articles ?... Pourquoi ne publies-tu pas un grand livre ? », je me méfie !... Si mon ange gardien me laissait tomber, si je succombais trop vite au désir de grandeur sans avoir les moyens de mon art, je risquerais de fausser mon style à vie !... On a toujours tendance soit à se hâter, soit à retarder le jour dangereux de la première création... le jour du saut dans l'inconnu... Cela dit, il n'y a de Mozart ni en peinture ni en littérature. Prenez votre temps. Travaillez. Etudiez. Copiez les maîtres. Apprenez les techniques... Pour le moment, vous appartenez à cette catégorie d'artistes qui trouve un asile idéal à Grez. Dans l'argot de la colonie, nous les appelons les « Somnolents ». La somnolence fait partie de l'éducation artistique. Mais ce n'est qu'une étape dans la grande aventure...

— Mon but à moi, pendant mes années en France, est de parvenir à représenter la vie !

— Pari perdu d'avance ! La vie est multiple, infinie, illogique. Une œuvre d'art est nette, rationnelle, réductrice...

Elle sourit.

— Si vous croyez à la suprématie de la vie sur l'art, pourquoi diable voulez-vous écrire ?

Il lui répondit sans s'arrêter de tourner :

— Pour chercher.

— Le plaisir que vous trouvez à cette quête se suffit donc à lui-même ?

— Sans doute... Il répéta : Le plaisir des choses se suffit à lui-même. Et vous ? demanda-t-il en se plantant soudain devant elle.

Elle leva le visage.

— Quoi, moi ?

— Vous — vous posez des questions, vous écoutez, mais vous ne livrez pas grand-chose de vous-même. Pour parler, il faut être deux.

— Je n'ai rien à dire.

— Comment, rien à dire ? Je n'ai jamais connu de femme comme vous... Vous êtes tellement... tellement différente. Tellement américaine !

Vexée, elle écrasa sa cigarette dans l'herbe.

— Ça signifie quoi, ça ?

— Vous incarnez tout le drame, tous les rêves d'un monde nouveau... Tiens, là, alors que nous devisons « esthétique » dans le jardin le plus civilisé de la planète, j'imagine que vous portez votre six-coups dans le corsage... Vous n'êtes pas d'ici ! Vous appartenez à l'univers des chercheurs d'or, des joueurs professionnels, des trappeurs... De vos dix doigts, vous pouvez tout faire. Tuer. Créer... Quand vous marchez, vous bruissez comme le roulement d'un torrent. Vous sentez le feu de camp, le buisson de sauge... Vous serez aimée par ceux qui rêvent de sierras, de cañons, de forêts...

Elle soupira, mais resta de marbre. Leurs regards se braquèrent droit devant eux vers la masse sombre des arbres.

— Ce bois, là-bas, est une grande fontaine de jouvence !... s'exclama-t-il. François Ier, Ronsard, combien d'hommes déçus s'y sont retirés ?... De tous les endroits cachés d'Europe, ce lieu est peut-être celui où vous pourrez le mieux reprendre souffle. Vous avez raison d'aller y travailler chaque jour. Dans la forêt, l'artiste apprend à ne pas oublier la poésie de la vie et de la terre... Le frisson incommunicable de la nature... Quand vous vous serez rendue maître de votre art, c'est ce souvenir-là qui vous protégera d'une reproduction triste de la vie.

— La tristesse, vous semblez ne pas la connaître, vous, dit-elle avec une pointe d'hostilité.

— Ici, je vis un moment de paix, de liberté... Dans l'instant. Cet idéal n'est peut-être pas très élevé, mais il est accessible et simple... Quand j'en aurai mon compte, je bouclerai mon sac et reprendrai la route.

— Quel moraliste !... Vous parlez comme une dame catéchiste de l'Indiana !

Il éclata de son rire enfantin.

— Venez m'écouter demain. Je monte en chaire. Je me suis arrangé avec le curé. Un sermon... Si mon père m'entendait, il en aurait une attaque ! Vous viendrez ? Ce sera totalement absurde...

Septembre. Les arbres jaunissent. Un à un, les peintres regagnent leurs ateliers. Dans les oreilles de Fanny, Bob a parlé d'or. Premier signe de maturité peut-être, elle a renoncé d'un coup à transformer son attirance pour lui en romance. Elle suit donc ses conseils et s'intéresse à « l'Autre Stevenson », dont la gaieté la distrait.

La gaieté, c'était sa vertu cardinale, écrira son ami, le poète Edmund Gosse. *Il semblait sauter de montagne en montagne et danser sur les sommets de la vie. Son sérieux, sa passion pour les choses abstraites étaient constamment affranchis et libérés par une inhérente jovialité. Et, quand il avait construit sur le sable l'un de ses châteaux intellectuels, une grande vague d'humour venait tout balayer. Je ne peux me souvenir d'aucune de ses plaisanteries. Et les retranscrirais-je à froid qu'elles ne me paraîtraient probablement pas drôles. Louis n'était pas tant spirituel que plein d'humanité. Un regard à facettes ouvert sur le drame qui se jouait autour de lui. Un sens de la relativité à l'égard des choses de la vie. Je voudrais que son humeur gaie, son goût du rire ne soient jamais oubliés.*

Fanny, intriguée, le laisse porter son chevalet, sa boîte, son ombrelle. O'Meara suit la fille, Louis la mère. Il l'accompagne quand elle part peindre dans la forêt. Il lit sous le grand parasol, il écrit à ses pieds. A table, il s'assoit à ses côtés. Le soir, lorsque l'un a terminé son article, l'autre son esquisse, ils s'isolent sous les saules de la rivière pour bavarder. Elle a trouvé en Robert Louis Stevenson le même mentor artistico-littéraire qu'en Rearden. L'agressivité en moins.

D'étape en étape, où le plaisir, où la gêne se combinent et grandissent, ils peuvent lire chacun dans les yeux de l'autre l'expression de leur propre émotion. Point n'est besoin de déclaration, écrit Louis en octobre dans un essai qu'il intitule *On falling in love.* Titre prometteur : *De la naissance de l'amour.* Les dés sont jetés. Quant à Fanny, elle confie à Rearden, avec cet étrange mélange de pudeur, d'hostilité, de rouerie qui caractérise leur amitié : *Vous avez absolument raison, mon cher : quand je rentrerai à la maison, mes amis de la bohème me manqueront ! Surtout ces deux cinglés de Stevenson qui sont, avec toutes leurs bêtises, si pleins de joie, si pleins de vie, que leur simple présence vous grise. Je n'ai jamais entendu l'un ou l'autre prononcer un mot cynique ou mesquin. Je ne les ai jamais vus faire quelque chose qui ne soit généreux et gentil. En dépit de toutes les terribles histoires qu'on me raconte sur leur compte, je continue de croire que ce sont les plus galants hommes que j'aie jamais rencontrés.*

Ce panégyrique vise-t-il à rendre Rearden jaloux ? Ou bien illustre-t-il le début de fascination qu'éprouve Fanny ?

Quoi qu'il en soit, le petit groupe de Grez ne sait plus qui des deux Stevenson la Belle Américaine préfère... Les cancans vont bon train : les cousins, Frank O'Meara, la famille Osbourne prolongent leur séjour fort tard dans l'automne.

226

En rentrant à Paris, Fanny et ses enfants ne connaîtront plus l'affreuse solitude des étrangers sans le sou.

*Je n'ai pas encore la force de tenir une maison et nous
allons emménager avec une autre famille au 5, rue de
Douai, dans le quartier Montmartre. Ma santé s'améliore, et le docteur dit que mes trous de mémoire sont un
contrecoup de l'hiver dernier, qu'il s'agit d'une suite
d'attaques de nerfs,* écrit-elle à Rearden. *Vous, toujours
aimable, vous dites qu'une attaque de nerfs n'arrive
qu'avec l'âge, que c'est à la vieillesse que je dois mes
évanouissements. C'est pourtant d'attaques de nerfs dont
souffre Mr Louis Stevenson qui est bien plus jeune que
moi... Lui, j'aimerais qu'il n'éclate pas en sanglots au
moment où on s'y attend le moins. C'est tellement
gênant ! Quand il fond en larmes, je ne sais jamais quoi
faire, si je dois lui tendre un mouchoir ou regarder par la
fenêtre. Comme mon mouchoir est généralement plein de
fusain, je choisis la seconde solution. Je l'aime beaucoup,
il est très drôle, mais par moments sa compagnie est un
peu embarrassante. L'autre jour, nous allions rive
gauche en fiacre, quand il s'est mis à rire, à rire.
Impossible de l'arrêter. Il m'a alors demandé de lui
retourner les doigts, chose que je n'avais pas très envie de
faire, aussi riait-il de plus en plus fort ! Il m'a dit alors que
je ferais mieux de m'exécuter, sinon c'était mes doigts à
moi qu'il allait retourner et casser. Il m'a pris la main, il a
commencé à me faire mal, et je ne m'en suis tirée qu'en
lui mordant la paume jusqu'au sang. Il est immédiatement redevenu lui-même et s'est confondu en excuses.
Mais ma main est restée hors service pendant deux jours.*

Curieuse façon de faire connaissance. Fanny force le
trait, elle dramatise la scène. Une manière bien à elle
d'exprimer son trouble, sa crainte devant un homme qui
ose aller jusqu'au bout de lui-même, dans le rire, dans
les larmes. Sans fausse pudeur.

... Et c'est maintenant l'histoire, conte Robert Louis
Stevenson, *de deux êtres qui s'aventurent pas à pas dans
l'amour, comme deux enfants dans une chambre noire.*

CHAPITRE V

UNE GENTILLESSE PASSIONNÉE

L'essence de l'amour, c'est la gentillesse.
Ce pourrait être même sa meilleure définition.
Une gentillesse passionnée...
La gentillesse devenue frénétique,
importune et violente.

ROBERT LOUIS STEVENSON

PARIS – deuxième hiver – octobre 1876-avril 1877

— Belle, viens ici !

Si la jeune fille qui ouvrait le battant avec mille précautions avait espéré gagner la chambre du fond sans être entendue, peine perdue, les lattes du parquet avaient craqué. Elle claqua donc la porte, déposa bruyamment son carton à dessin sous la patère, dégrafa les vingt boutons de sa redingote, dénoua les brides de son chapeau qu'elle déposa sur la console. Et puis, s'approchant de la glace, elle examina son visage. Elle avait les lèvres gonflées, la bouche trop rouge, les yeux trop brillants...

— Belle, je t'attends ! s'impatienta au salon la voix de sa mère.

— J'arrive !

S'observant toujours, elle lissa les frisons de sa courte

frange, redressa le premier nœud de sa robe fourreau, se pencha pour inspecter les autres, au total sept gros nœuds de velours marine qui descendaient en ligne droite de sa gorge aux bottines. Le corsage, la jupe à rayures bleues, sans volants, sans plis, épousaient ses formes, accusaient sa poitrine, ses hanches, moulaient son postérieur, et s'épandaient, à la pliure du genou, en un drapé de coton plus foncé.

— Belle !

Sinueuse, elle enfila le petit couloir où le papier peint à ramages se décollait par pans. Tentures mitées, buffet néogothique, cheminée en fausse griotte d'Italie, pour modeste qu'il fût, ce meublé ne ressemblait guère à la mansarde de l'an passé. Sam envoyait régulièrement son mandat. Une somme mince, mais ponctuelle. De la misère, les Osbourne étaient passés à l'aisance d'une pauvreté organisée. L'entrée de l'appartement, situé sous les chambres de bonnes au dernier étage de l'escalier de maître, s'ouvrait sur deux pièces qu'occupaient deux Américaines, une certaine Margaret Wright et sa fille, de l'Illinois, autres relations du sculpteur Pasdessus, l'homme qui avait naguère fourni l'adresse de l'auberge Chevillon. Les dames Wright, flanquées elles aussi d'un garçonnet, habitées elles aussi par une ambition artistique qui les avait conduites jusqu'à Paris, n'empiétaient pas directement sur le territoire de Belle et de Fanny. Elles préféraient, elles, les plages de Normandie à la forêt de Fontainebleau, l'École de Honfleur à celle de Barbizon, et dédaignaient toute villégiature au bord du Loing qu'elles qualifiaient de provincial. Le partage de la cuisine et du salon s'opérait donc sans heurt. Par couple du même âge, les mères, les filles, les garçons partageaient les mêmes intérêts. L'étroit couloir bruissait de frous-frous, de rires, de coups de sonnette. Les visites se succédaient au salon, où la bohème anglo-saxonne de la rive gauche venait se mélanger à la petite bourgeoisie américaine de la Nouvelle-Athènes.

Belle s'était arrêtée sur le seuil de la salle commune : Fanny, dos à l'âtre, lui faisait face.

— Tu sais quelle heure il est ? demanda-t-elle, glaciale.

— Dix heures, je pense, articula légèrement la jeune fille.

— Je croyais que nous avions convenu que ton Irlandais te ramènerait avant la nuit.

— Ne l'appelle pas « ton Irlandais », s'il te plaît, maman ! Son nom, c'est O'Meara !

— Ne biaise pas, ordonna Fanny sans hausser le ton. Nous avons fait un pacte. Tu ne le respectes pas. Je vais être obligée de te ramener avec moi après l'atelier.

— Maman !

Belle, câline, s'élança vers sa mère. Mais la cuirasse de daim, le système de cordons et de ligatures qui retenaient sa jupe droite et collante, gênait sa démarche. L'époque était loin où les femmes cachaient leurs hanches sous la cage de la crinoline, songea Fanny, loin, si loin le temps de sa jeunesse. Belle cherchait tendrement à pousser sa mère dans le fauteuil, à s'accroupir à ses pieds, à poser sa tête dans son giron. Fanny résistait.

— Cesse tes cajoleries ! Ma parole, tu flirterais avec n'importe qui !

Toutes deux habillées de bleu, aussi brunes, aussi minces l'une que l'autre, de la même taille, de la même force, la mère et la fille luttèrent un moment. Fanny se laissa tomber dans le fauteuil.

— Belle, je ne plaisante pas !... Tiens-toi bien !... Ecoute-moi...

— Ecoute-moi aussi, maman... Avec O'Meara, nous ne faisons rien de mal... Veux-tu que je te dise pourquoi je suis en retard : nous avons oublié l'heure au Louvre devant les Vélasquez.

— Oublié, vraiment ? Au Louvre ? A dix heures du soir ?

Fanny repoussa sa fille. S'installant au pied du fauteuil, Belle leva son petit visage où la malice le disputait à l'innocence.

— ... Après le Louvre, nous avons marché jusqu'au jardin du Luxembourg.

— Belle, ne me raconte pas d'histoires : le Luxembourg ferme à six heures !

— Ensuite, nous avons poussé jusqu'à Montparnasse... O'Meara voulait me montrer l'atelier de Carolus Duran où il travaille avec Bob. Nous y avons rencontré Sargent, l'un de leurs amis, un Américain de Boston. On est monté chez eux.

— Belle, cria Fanny, tu es montée chez O'Meara ?

— Maman, voyons, nous étions trois ! Ils logent tous ensemble au-dessus de l'atelier. Comme pour nous chez Julian, ils doivent s'inscrire le lundi matin à l'aube pour avoir une bonne place pendant la semaine. Les étudiants français qui habitent le quartier les battaient au poteau à chaque coup. O'Meara, Bob et Sargent ont contourné le problème en emménageant carrément dans l'immeuble. Comme ça, ils s'inscrivent le dimanche soir. Les autres ont beau arriver à quatre heures du matin, c'est O'Meara et sa bande qui ont les meilleures places ! On devrait en faire autant. Trouver un meublé passage des Panoramas. Plutôt que de perdre une heure le matin, une heure le soir, et sillonner Paris dans le noir !

— Ne dis pas n'importe quoi : d'ici au passage des Panoramas, nous mettons à peine vingt minutes ! De toute façon, traverser Paris dans le noir ne semble pas beaucoup te déranger, ma fille !

— Toi non plus, ma mère... Il me semble qu'avec Louis tu es rentrée bien tard mardi soir.

— Belle, ça suffit !

— Et tu ne m'as pas dit où vous étiez allés tous les deux, ajouta-t-elle, taquine.

Fanny hésita. De quelle autorité pouvait-elle user à l'égard de sa fille ? Et pourquoi s'y forçait-elle ?

— J'ai peur pour toi, Belle. Tu es si... si jeune.

— Mais toi aussi, tu es jeune, maman ! Que crains-tu donc ?

— Que tu t'attaches, Belle.

— Maman, il m'aime !

— Ces années en France auront une fin... Elles ne peuvent pas durer !... Nous allons partir, Belle.

— Quand ? s'inquiéta la jeune fille.

— Un jour... bientôt...

— Mais quand ?

— Dès que ton père ne nous enverra plus d'argent... Dès qu'il exigera notre retour... Cette période ne compte pas... Une parenthèse... Notre vie est là-bas ! Nous devrons un jour quitter tous nos amis d'ici. Nous ne les reverrons jamais. Tu me comprends ?

Belle hocha négativement la tête.

— Non ! O'Meara m'aime, et chez les Irlandais, c'est pour la vie.

— T'a-t-il demandée en mariage ?

— Maman !

— Quoi, « maman ! » ? T'a-t-il, oui ou non, demandé de l'épouser ?

— Mais il ne peut pas !

— Comment cela ?

— Il n'a pas d'argent, tu le sais bien !

— La pauvreté n'a jamais empêché un jeune homme de fonder une famille.

— Et sa carrière ?... Il faut d'abord qu'il réussisse... Sa carrière !... Vis-à-vis de sa famille...

Fanny prit la tête de sa fille entre ses mains.

— Tu as répondu à ma question, Belle. Avec O'Meara, comme avec tout le monde ici, c'est du provisoire. Ne perds jamais cette réalité-là de vue, ma chérie. C'est du provisoire. Elle eut un geste douloureux : Tout ça ! Paris...

— Et Louis ?

— Bob et Louis aussi.

Belle se dégagea :

— Je ne veux plus t'entendre, maman ! Tu prédis toujours le pire.

— Ça n'est pas le pire, Belle.

La jeune fille pâlit et recula encore.

— Tu vas m'empêcher de voir O'Meara ?

— Non, ça ne servirait à rien... Tu continuerais en cachette... Je ne veux pas que tu me mentes... Je ne veux pas que tu triches... Je te fais confiance. Tu peux voir O'Meara. J'exige seulement que tu respectes les termes de notre pacte. Tu ne rentreras pas après dix heures, tu ne monteras pas chez lui, tu ne commettras pas l'irréparable. Tu me comprends ? Rien d'irréparable... avant de m'en parler.

A chaque condition, la jeune fille acquiesçait avec passion. Fanny insista :

— O'Meara est jeune et toi, Belle, tu es tout feu, tout flamme...

— Oh, maman, ne sois pas si naïve ! Je suis peut-être flirt, mais pas au point de me donner à lui, si c'est cela que tu cherches à dire !

Fanny, presque gênée, voulut nier. Elle se tut. Belle poursuivit :

— Ecoute, je vais tout t'avouer... Il me plaît plus que les autres, c'est vrai. Je l'ai laissé m'embrasser, c'est tout... La seule chose qui compte pour moi, c'est de devenir une grande artiste ! Comment t'expliquer ? Esthétiquement, lui et moi, nous nous entendons. Après avoir travaillé si dur toute la journée à l'atelier, apercevoir sa silhouette à la sortie, c'est merveilleux ! Avec lui, je sais que je vais encore apprendre... Quand nous marchons côte à côte dans les rues de Paris, quand il me fait découvrir toutes ces galeries d'art dont je ne soupçonnais pas l'existence, quand il m'explique les vieux maîtres qu'il admire, tu ne peux imaginer mon bonheur. Je n'ai jamais connu une émotion pareille... Au Louvre, il m'enseigne Vélasquez, il m'enseigne Dürer... Au musée de Cluny, il me raconte l'horrible Révolution française dont il connaît tous les drames, tous les meurtres. Il me parle de sa religion, il m'ouvre les portes de Notre-Dame... Il plonge ma main dans l'eau glacée du bénitier, il allume un cierge à saint Antoine, et nous faisons tous deux, en secret, un vœu... le même... j'en suis sûre, le même ! Tu comprends ?

Fanny caressa la joue de sa fille.

— Je comprends... Si tu savais comme je comprends... Maintenant, va te coucher. Nous nous levons à cinq heures demain.

— Et nous serons les premières inscrites à l'atelier, et nous aurons les meilleures places pour travailler, et ce mois-ci, maman, nous décrocherons la médaille, et nous l'enverrons à papa !

— C'est ça, nous l'enverrons à ton père.

*

Etonnants rapports mère-fille en période victorienne ! Il semble que les dames Osbourne aient sauté plusieurs générations de femmes, pour n'appartenir qu'à la dernière en date, celle qui fleurit en cette fin de XXᵉ siècle.

Quelle mère, fût-elle américaine, quelle mère des années 1870 se serait adressée à son enfant avec une telle franchise ? Quelle fille lui aurait répondu avec cette sorte de confiance ? Complicité. Rivalité. Relations passionnelles.

Le jour viendra où, comme beaucoup de jeunes femmes d'aujourd'hui, Belle n'éprouvera à l'égard de sa trop présente génitrice que révolte et colère. « Tu m'étouffes ! lui criera-t-elle bientôt. Laisse-moi vivre. Je ne suis pas toi ! » Déchirements, cris et critiques, regrets et réconciliations se succéderont jusqu'à l'heure où, devenue mère à son tour, Belle se reconnaîtra dans les contradictions de Fanny.

En ce mois de novembre 1876, elles poursuivent côte à côte le but qu'elles se sont toutes deux fixé. Peindre.

*
**

— C'est la première fois que je pose pour des femmes et, dussé-je crever de faim, je jure bien que c'est la dernière !

La porte de l'atelier claqua. Sa couronne d'épines sur la tête, ses longs cheveux flottant, Balducci, le plus célèbre Christ de Paris, déboula dans le passage des Panoramas.

Il faut avouer que les dames de chez Julian torturaient leurs modèles de jolie manière. Le règlement des ateliers était pourtant formel : le temps de pose ne devait pas excéder quatre heures, avec des répits de cinq minutes toutes les heures pour les modèles masculins, toutes les demi-heures pour les féminins. Ces dames n'en avaient cure ! Elles exigeaient des postures intenables, avec une préférence pour les contorsions, tête renversée, reins cambrés, bras tendus. Nulle part dans le monde de l'art ne se rencontraient une telle âpreté au travail, un pareil pouvoir de concentration, une semblable compétition. La grande salle était pleine à craquer de femmes. Sur les murs, une main d'écorché, un tronc, le masque de Dante, dansaient d'étranges sarabandes. L'atmosphère du studio était si chargée d'électricité que tout geste inconsidéré, tout regard intempestif sur la feuille d'une voisine suffisait à faire basculer les chevalets comme une boule dans un jeu de quilles. A cette tension spectaculaire existait une raison simple. La nécessité.

Si les professeurs de la section « hommes » dispensaient bénévolement leur savoir, en échange du coup de pinceau de leurs élèves pour les grands tableaux et les commandes officielles ; si les étudiants mâles n'assumaient que le coût des modèles et la location des salles, les dames, elles, payaient tout. Elles payaient l'école, elles payaient les modèles, elles payaient les maîtres. Elles en voulaient donc pour leur argent... économisé sou par sou durant des années.

Pauvres, seules — les artistes fortunées, à l'exception de l'aristocrate russe Marie Bashkirtseff, préféraient les leçons particulières à la promiscuité des ateliers —, elles arrivaient du monde entier avec le rêve d'étudier à Paris. Espagnoles, Suédoises, Suissesses, Anglaises, Américaines, boucles blondes, chignons gris, papillotes, lunettes, de tous les âges, de toutes les formes, pas une qui n'ait sacrifié une famille, un pays, un époux à la passion du Beau. Pas une qui n'ait préféré l'Idéal à la sécurité. L'Atelier de Dames de l'Académie Julian : un nœud de petites rivalités, un foyer d'héroïsmes superbes.

Quinze heures par jour, elles travaillaient. Par deux, par quatre, elles partageaient un logement, elles formaient des alliances, des clans et des coteries. Pour plaire au correcteur, pour s'en faire remarquer, pour éclipser les compagnes dont le talent leur faisait de l'ombre, elles ne reculaient devant aucun artifice. Avec l'idée fixe qu'« une nature artistique exprime toujours quelque chose de sa beauté intérieure dans son aspect physique », chacune cultivait un genre et se faisait une « tête » en rapport avec son œuvre. La brune Espagnole, éprise des vierges de Raphaël, se teignait en blond vénitien. La Suissesse, amoureuse du Greco, se laissait mourir de faim. L'Anglaise s'enlaidissait de besicles et de godillots pour prouver qu'elle ne s'intéressait qu'à son œuvre. Quant à la plus âgée des Suédoises, elle arrivait au studio, le visage entouré d'un linge qu'elle nouait sur le haut de son crâne en œuf de Pâques : elle tenait à dire qu'elle souffrait de rages de dents, mais besognait quand même ! Elles travaillaient jusqu'à midi, ne s'octroyaient qu'une heure pour déjeuner, poursuivaient jusqu'à cinq heures, poussaient le zèle jusqu'à prendre des cours le soir. Durant leur temps de répit, elles se repliaient en groupes dans l'antichambre ; les unes lavaient leurs pinceaux au grand lavabo, d'autres pelaient des oranges. Perchées sur les tables, assises au sol, elles grignotaient leurs pique-niques en commentant le classement de fin de semaine — toujours injuste ! Ou bien elles comparaient les prix du marché de la rue des Martyrs avec ceux de la rue de Buci.

— Qui veut savoir où j'ai trouvé ce délicieux gruyère ? demandait, la bouche pleine, une Anglaise en papillotes.

— Où ? s'exclamaient les autres.

— Rive gauche, à la crémerie où se rassemblent les étudiants de Carolus Duran.

— A combien ?

— Six sous !

— Et tu en paies douze pour ton billet d'omnibus ? Tu parles d'une affaire !

S'ensuivait la sempiternelle discussion sur le coût de la vie à Paris et les mille combines pour s'habiller à peu de frais. Chacune se vantait de surpasser les autres en matière d'économie. Etonnante rivalité où l'exaltation artistique le disputait au pragmatisme. Une seule personne trouvait grâce à leurs yeux. C'était Sophie, la bonne, qui attisait le feu du poêle, balayait les copeaux des crayons, retapait les coussins de l'estrade, changeait les draperies du fond entre deux séances de pose. Elle s'était fait une spécialité d'espionner Tony Robert Fleury, le « correcteur », quand il commentait les progrès de telle ou telle auprès de M. Julian. Propos qu'elle s'empressait de répéter aux intéressées. Des ragots de Sophie dépendait le moral de ces dames durant toute une semaine.

En ce matin de décembre, juste avant la coupure de midi, la forêt de chevalets ondula sous la brise d'excitation habituelle. Les élèves avaient reconnu derrière la porte le pas pesant de Robert Fleury. Le modèle qui jouait les Bacchantes cambra les reins, lascive ; tandis que chacune se concentrait sur son travail. Le correcteur entra lourdement, passa de chevalet en chevalet, commenta telle ligne, critiqua telle proportion, barra d'un grand trait de fusain une forme, retoucha quelques dessins, déchira, gomma, distribua quelques « pas mal » et repartit avec un « bonjour, mesdames ! » qui laissa tout le monde dans la stupeur.

— Achetons-lui des fleurs, susurra l'Espagnole teinte en blonde, l'une des rares élues qui avaient eu droit au « pas mal ».

— Vous croyez encore à l'efficacité des pots-de-vin ? aboya Fanny qui avait reçu, pour son malheur, un blâme du maître.

— Il est incontestable, lui avait-il dit à voix haute et claire, que vous n'êtes pas aussi douée pour le dessin que pour la peinture. Le côté pictural, la couleur — cela va tout seul. Mais la construction ne progresse pas. Or c'est par là qu'il fallait commencer ! La forme. Vous avez mis la charrue avant les bœufs. Et maintenant vous piétinez. Ne perdez pas votre temps ainsi. Oui, vous pataugez, c'est évident ! Et comme vous êtes habile, cela m'ennuie.

De honte, le cœur de Fanny s'était mis à battre.

— Cela ne m'amuse pas non plus, mais je ne sais qu'y faire.

— Il y a longtemps que je voulais vous en parler. Il faut essayer par tous les moyens de sortir de l'impasse.

— Dites-moi ce que je dois dessiner. Un écorché, une perspective ? Je copierai tout ce que vous m'ordonnerez.

— Très bien. Venez me voir samedi chez moi. Nous en causerons.

**
*

— Voilà, nous en sommes là, avoua-t-elle piteusement à Louis Stevenson, venu la chercher pour souper rue de Douai. Je suis passée chez Robert Fleury ce matin. Il habite tout près, au 69, c'était facile. On m'a fait répondre de laisser mes dessins. M. Tony Robert Fleury est en vacances jusqu'au 8 janvier.

Chaque soir, O'Meara, Bob et Louis quittaient la rive gauche, traversaient la Seine et grimpaient les quatre étages des Osbourne. Ils sortaient tous ensemble, ou bien par deux. Et Bob, esseulé, se joignait à l'un des couples.

*

L'un épris de la fille, l'autre de la mère, les cousins Stevenson le sont pour les mêmes raisons. Ni courtisanes ni oies blanches, Fanny et Belle incarnent un type de femme différent de toutes celles qu'ils ont connues. Une nouvelle race qui les trouble et les intrigue.

Les demoiselles de bonne famille n'ont jamais attiré ni Bob ni Louis. Tous deux préfèrent les dames de petite vertu. On murmure à Edimbourg que Louis s'est épris d'une prostituée au point d'annoncer leurs fiançailles à son père. Ragots, rumeurs sans fondement. Seule certitude : à vingt-six ans, Louis aime soit les filles de joie, soit les intellectuelles. Celles-ci tombent sous le charme de son esprit ; elles le conseillent, le protègent, le forment, le poussent. Mais elles ne deviennent pas ses maîtresses. Elles restent les épouses de ses amis, les compagnes de ses professeurs. Les femmes plus âgées... Même Mrs Fanny Sitwell, avec laquelle il correspond quotidiennement, continue de se refuser à lui. Bien que séparée de son mari, elle respecte les conventions. Elle ne se donnera au mentor de Stevenson, à l'homme qui sera le compagnon de toute sa vie, Sydney Colvin, qu'après leur mariage, après la mort du premier époux. Agés respectivement de cinquante-huit et soixante-quatre ans, Colvin et Mrs Sitwell ne convoleront qu'en 1903. Ils auront attendu plus d'un quart de siècle.

Pour ce fils de nantis du vieil Edimbourg, Fanny Osbourne n'appartient à rien, et surtout pas à la société victorienne. Ni bourgeoise, ni prostituée, ni aristocrate, ni bas-bleu, elle évolue dans un *no man's land*, un univers mystérieux et lointain qui titille son imagination. A ses yeux, Fanny, c'est l'Aventure.

Quant à elle, l'épouse délaissée du greffier d'Oakland, elle trouve dans la nervosité de ce jeune homme, dans son enthousiasme, dans son goût des idées et des mots, dans son travail acharné pour devenir un écrivain à la hauteur de son ambition, la matérialisation de cette sensibilité artistique qui l'avait tant obsédée.

Ils se parlent beaucoup. Ils ne font même que cela : parler et marcher. Elle l'écoute avec cette attention passionnée qui séduit tant les hommes. Louis lui raconte sa jeunesse d'enfant unique et maladif, l'extraordinaire bonté de ses parents, mais aussi leur désapprobation quant à sa volonté d'écrire. Il lui confie leur conflit religieux qui prend pour son père des proportions tellement douloureuses ! En évoquant cette souffrance qu'il inflige à un être aimé, Louis fond en larmes. Ce sont les fameuses crises d'hystérie décrites par Fanny à Rearden. Mais ce que Fanny cache à son ami de San Francisco, c'est qu'en écoutant Stevenson elle pleure avec lui. La nécessité de peiner ceux qu'elle chérit, le remords insoutenable qui s'ensuit, Fanny les connaît. Mais, habituée à la rudesse des aventuriers, elle n'avait jamais rencontré un homme qui osât pleurer devant elle. Loin d'y voir un signe de faiblesse, elle y lit une preuve de courage. Le courage de ses sentiments, qui caractérise Robert Louis Stevenson. Si Fanny, pour Rearden, minimise l'étendue de son trouble, elle l'exprimera tout l'hiver à l'atelier Julian, en peignant les rives du Loing, le pont de Grez, le jardin de l'auberge Chevillon. Elle ne pressent pas le danger. Elle s'imagine assez vertueuse, assez sage, assez forte pour ne pas devoir résister à cet élan, formidable chez Robert Louis Stevenson, vers la vie. Vers la création. Elle se laisse happer. Elle s'avance, éblouie, dans son sillage. Louis, comme Bob, est un être touché par la grâce. Quiconque le rencontre tombe sous le charme de sa parole et de sa gentillesse. Aussi Fanny a-t-elle répondu à ses lettres quand Louis est reparti pour l'Ecosse. Point n'est besoin de grandes déclarations. Avec l'absence se cristallisent les sentiments. Au lendemain de Noël, le 2 janvier 1877, Louis se précipite rue de Douai. Jusqu'à la fin des vacances scolaires de l'atelier, Mrs Osbourne accepte de déambuler avec lui dans Paris. Bras dessus, bras dessous, ils écument les bouquinistes des quais, ils soupent dans la crémerie de Montparnasse, ils sillonnent la Nouvelle Athènes, quartier général des impressionnistes.

— D'habitude, la perspective d'être incompris ou de ne pas m'être exprimé avec exactitude ne me dérange pas, lui expliquait-il en sortant de chez le marchand de couleurs où elle avait acheté ses tubes et ses toiles, à l'angle de la rue des Martyrs.

Ils longèrent l'église Notre-Dame-de-Lorette et débouchèrent rue du Faubourg-Montmartre, vers les grands boulevards. Dans l'étroit lacis des rues, les omnibus avaient peine à se croiser. Les chevaux piaffaient, tandis que la haute roue d'un bicycle tentait de se frayer un chemin parmi les carrioles et les tombereaux.

— ... La vérité entre les humains est si difficile à faire passer, poursuivit-il. Elle est si ténue... Si fugitive ! La plupart des gens ne parviennent à être que partiellement honnêtes, et cela n'a au fond pas grande importance... Mais je ne peux plus souffrir l'idée que je vous trompe... que je ne me montre pas à vous tel que je suis... C'est comme une douleur... L'idée que vous m'aimiez par erreur... Pour des qualités que je n'ai pas !

Elle rit.

— Mais qui vous dit que je vous aime ?

Comme Bob cet été, Louis referma contre son torse la petite main posée sur son bras, il la garda coincée, là, sous la chaleur de son coude, dans le velours de sa veste. Cet élan d'affection ne ressemblait en rien à la gentillesse du cousin. Fanny n'osa pas ôter sa main. Elle rougit. « Et si c'était cela ? » pensa-t-elle.

Une sorte de jubilation l'envahit. « Si c'était cela, qui arrive enfin ? » cette chose convoitée depuis si longtemps, qui lui manquait, qu'elle attendait, qu'elle avait crue revenue avec la naissance de Hervey, qu'elle avait crue à jamais perdue avec sa mort ?

La certitude qu'une force émanait d'elle la rendait sereine. Elle était aimée. Aimée d'un homme jeune et superbement intelligent. Bien plus intelligent que Sam. Plus intelligent encore que Rearden ! Elle leva un regard admiratif sur le visage émacié suspendu au-dessus d'elle.

Casquette de collégien sur l'œil, foulard rouge de marin au cou, chemise de flanelle ouverte sur un torse rosi par le froid, veste de velours élimée, courte pèlerine d'agent de police ou de postier, la dégaine de Robert Louis Stevenson, son rire, ses gesticulations attiraient l'attention de tous les passants. Les vendeurs des quatre-saisons qui remontaient la rue bourbeuse grommelaient sur son passage. Les bonnes en cheveux, et les demoiselles de magasin qui pinçaient le pavé, pouffaient en lui coulant des regards étonnés. Fanny, d'ordinaire très soucieuse de son apparence, ne se sentait à aucun moment gênée par l'originalité de son compagnon.

— Je vous aime beaucoup, admit-elle. Et je ne vous aime pas. Nous sommes d'accord ?

Il rit.

— Bien sûr que non !

— Je pourrais être votre mère, susurra-t-elle, coquette.

— Ma mère voulait faire de moi un ingénieur, pas vous. Vous ne m'aimeriez pas en ingénieur. Si ? Ingénieur comme son mari. Mes parents s'aiment comme au premier jour : les enfants d'amoureux sont des orphelins. Notez, je comprends son admiration pour mon père : il est quelquefois très drôle. Quand il ne se croit pas obligé à la rigueur, c'est une tendresse. Et une intelligence... Les phares qu'il a construits, les instruments d'optique qu'il a conçus sauvent chaque année des milliers de marins. Grâce à mon père, la vie des gens est un peu meilleure... Son existence aura été utile... Moi, je n'ai servi qu'à lui donner du souci.

— Chacun son domaine. Vos essais sont superbes. Votre article sur la forêt de Fontainebleau, je n'ai jamais rien lu d'aussi bien écrit !

Il sourit.

— Vous me flattez... Et pourtant, poursuivit-il, retrouvant son sérieux, quand je vous écoute, ma vanité personnelle n'existe plus... Je crois même que je prendrais un plaisir très dangereux à vous énumérer tous mes défauts, tous mes points faibles, pour vous entendre les expliquer un à un... Les excuser peut-être...

— Par exemple ?

— Je ne suis pas un hercule... Ma mauvaise santé me force à passer un jour sur deux couché.

— Mais ça n'est pas un défaut, ça ! Vous supportez tout sans une plainte. A Grez, je vous ai entendu tousser des nuits entières. A fendre l'âme ! Le lendemain, vous étiez le plus gai, le plus enthousiaste de toute la bande. Moi, j'appelle cela du courage !

— Quelle joie de vous entendre me défendre ! jubilat-il avec la mine gourmande d'un enfant qui se délecte. Encore ! Je suis paresseux.

— Paresseux, vous ? Vous avez toujours le crayon et le papier à la main ! Vous écrivez sans cesse. Vous travaillez comme aucun d'entre nous !

— J'ai un caractère de cochon.

— Vos... Fanny réfléchit un instant. Non, le caractère de cochon, c'est probablement exact. Vous êtes violent. Mais c'est toujours pour défendre les bonnes causes !

Sans cesser de marcher, ils se jetaient des regards éblouis. Ce qu'ils admiraient l'un en l'autre, c'était cette force vive qui coulait dans leurs veines : « Bob a raison, pensait-il. Cette femme-là a du cran ! » « Bob a raison, pensait-elle. Moralement, ce garçon-là, c'est un roc ! » Si un tel homme l'aimait, elle comptait jouir de cet amour. Quel risque couraient-ils ? Elle avait onze ans de plus que lui. Elle se sentait assez vieille pour le tenir en bride. Oui, elle était vieille. Elle était sage. N'avait-elle pas résisté à l'amour de John Lloyd quand elle se croyait veuve ? Résisté à la cour de Rearden quand elle se sentait humiliée et trompée ? Quel risque courait-elle avec Louis ? C'était un si jeune homme. Presque un adolescent. Quel risque ? Un amour impossible. Mais cet amour-là durerait. Il durerait au moins jusqu'à la séparation, l'inévitable séparation. Elle prendrait bien garde que rien de laid, rien de bas, rien de mesquin n'entache leur affection. Entre eux, ce serait une tendresse de son invention. Comme les lys tigrés, les « lys Fanny » qu'elle avait fait planter aux Chevillon dans le jardin de l'auberge et qui s'épanouiraient peut-être au printemps... Belle et O'Meara s'aimeraient aussi ! Avec la même pureté. Au nom de quels principes les surveillait-elle ainsi ? Pourquoi s'obstinait-elle à gâcher leur plaisir ? A quelle peur, à quelle lâcheté obéissait-elle ?... Que redouter ? Que craindre ?... Belle s'attacherait ? Et alors ? C'était cela, l'essence de la vie, l'attachement aux êtres dignes d'être aimés. O'Meara était digne. Au diable les conventions !... Oser. Aimer. Et puis, quand le temps serait venu, partir. Emporter avec soi la magie des moments passés. Ne rien oublier. Et poursuivre.

Après cet examen de conscience, Fanny poursuivit résolument son chemin sur l'asphalte boueux des trottoirs de Paris.

Pour toute la famille Osbourne, l'hiver se transformait en un rêve éveillé.

**

Monsieur L. STEVENSON
5, rue de Douai
PARIS (9ᵉ)

Si Louis, fidèle à ses humeurs vagabondes de la rive gauche, déménageait d'hôtel en hôtel, son intimité avec Mrs Osbourne devenait telle qu'il se permettait de faire suivre son courrier chez elle. Fanny, le port d'attache, l'ancre ? L'idée qu'il pouvait la compromettre ne leur venait à l'esprit ni à l'un ni à l'autre.

En rentrant ce soir-là, elle déposa la liasse d'enveloppes adressées à Louis dans la coupelle de l'entrée. Elle y laissa aussi le restant des lettres, dont une enveloppe. Elle n'avait que trop bien reconnu l'écriture.

Elle ralluma le feu du salon, éparpilla au sol ses dessins et, les jambes repliées sous ses grandes jupes, ses doigts jaunis roulant cigarette sur cigarette, elle contempla son œuvre... Faible, très faible. Elle ne

parvenait pas à dépasser le stade de l'ouvrage de dame.
Les peintures encore, les aquarelles, cette nature morte
là, ce vase bleu, ce petit livre ocre — passe encore. Mais
les dessins ! Ni plans ni proportions.

Accroupie, mégot à la bouche, elle approchait les
feuilles des flammes pour mieux voir et mieux comprendre. Le feu lui brûlait les joues, ambrait son front
bombé, roussissait sa frange où, parmi les boucles
noires, se glissaient déjà quelques cheveux blancs.

Dans un frou-frou, Belle la rejoignit devant la cheminée.

— Pour toi, insista-t-elle en lui tendant l'enveloppe.
C'est de papa.

D'un doigt mou, Fanny décacheta.

Merci de ta lettre et de tes bonnes nouvelles. Ici aussi,
tout va bien ! La maison reste en état et, si le jardin n'est
pas aussi joli, il se maintient. La Bourse de San Francisco
a continué de baisser et je ne pourrai te câbler le mandat
de ce mois-ci. J'espère que tu le comprendras. J'essaierai
de venir au printemps. Si je vends quelques métrages
dans mon filon de la Comstock Lode, nous nous
paierons du bon temps. Dis à Belle que je l'emmènerai au
théâtre. Dis à Sammy que je dresse pour lui un grand
poney du Kansas. Il le trouvera dans l'écurie à son
retour. Je leur écris à tous deux en attendant de les serrer
dans mes bras. Nous rentrerons tous ensemble en juin :
c'est la bonne saison pour voyager. Mrs Williams te fait
dire bien des choses, ainsi que John Lloyd et Rearden.

Fidèlement à toi.

Sam

— Que dit-il ? demanda Belle.

— Qu'il t'écrit.

— Mais encore ?

— Qu'il n'envoie pas d'argent ce mois-ci... Qu'il va
venir.

— Il vient ! C'est vrai ? De joie, le visage de la jeune
fille s'illumina. Quand ?

Fanny haussa les épaules en signe d'ignorance. Sam

— elle n'avait pas songé à lui depuis... depuis son dernier versement. Relégué dans un coin poussiéreux de son cerveau. Cette lettre qui lui rappelait son existence l'étonnait. Une intrusion. Désagréable ! Ainsi, Sam n'enverrait pas d'argent ? Comme d'habitude ! Comme l'année dernière... Allait-il encore les laisser mourir de faim ? Et le loyer ? Comment paierait-elle le loyer ? Et le troisième trimestre à l'atelier Julian ?... Voilà, Sam comptait venir rue de Douai. Fanny jeta un coup d'œil sur la pièce. Si vivante. Si chaleureuse. La cheminée en marbre rouge. Les causeuses défoncées. Le guéridon branlant. Elle en goûtait le charme pour la première fois. Sammy s'allongeait devant l'âtre pour jouer aux soldats de plomb à ses pieds. Belle se précipitait dans l'entrée : O'Meara arrivait !... La famille de Fanny. Son monde. Ses amis. Une vague d'affection la saisit quand l'amoureux de sa fille, le bel Irlandais roux, se pencha pour la saluer... Ainsi, Sam allait venir et les arracher d'ici ! Elle regardait Belle enfiler sa redingote, nouer son chapeau, impatiente de sortir avec son bien-aimé.

La nostalgie aidant, Fanny tentait de fixer cet instant dans sa mémoire. La crainte de tout perdre aiguisait son plaisir. Les portes claquèrent. Une course dans le couloir fit craquer les lattes usées du plancher.

— Vous avez lu ?

Essoufflé, rouge, criant avec cet accent écossais où les « r » roulent et bousculent le discours, Robert Louis Stevenson venait d'apparaître sur le seuil.

— Vous avez lu ? cria-t-il. Une critique sur mon article !

— Mais lequel ? demanda Belle qui se targuait de bien connaître l'œuvre de ses proches.

— *De la naissance de l'amour* dans le *Cornhill* de février ! Ecoutez ça : « Cet essai, sensible et perspicace, est peut-être la plus brillante analyse qui ait jamais été écrite sur ce sujet. On ne saurait trop conseiller aux lecteurs de garder l'œil ouvert sur le talent prometteur d'un certain Stevenson. »

Les yeux de Fanny flamboyèrent. Elle ne savait que trop d'où Louis avait tiré son inspiration. Le regard fixé sur les flammes, son sourire de sphinx aux lèvres, elle irradiait de fierté. Et, si cette nuit-là elle lui épargna les louanges, elle ne s'adressa plus à Louis qu'en l'appelant gaiement, avec une tendresse pleine d'ironie, *un certain Stevenson*.

FÉVRIER 1877

Vous moqueriez-vous si je vous disais que j'ai contribué à la création d'un journal, un journal anglais très conservateur qui s'appelle le London *? Les deux premiers numéros sont sortis et marchent bien à ce qu'il paraît. Je n'y ai pas écrit moi-même, pour la bonne raison que je ne saurais pas, mais j'ai aidé à choisir les collaborateurs réguliers, dont j'ai examiné les articles. J'ai accepté certains papiers, j'en ai refusé d'autres, je les ai même corrigés.*

Un certain Stevenson, celui des deux fous que j'ai l'autorisation de fréquenter, était ici, très malade. J'ai dû lui lire sa correspondance et répondre à sa place.

Secrétaire. Infirmière. Collaboratrice. Critique. Dans cette lettre adressée à Rearden, Fanny décrit par le menu l'existence qu'elle va mener les vingt prochaines années.

Et la moitié de la journée, je peins, lance-t-elle en conclusion. La moitié seulement ? Un tel dilettantisme ne peut justifier, aux yeux de ses amis américains, une prolongation de son séjour à Paris ! L'atelier Julian à mi-temps ? Si l'on songe au rythme de travail des dames de chez Julian, on s'étonne de la légèreté avec laquelle Fanny Osbourne accepte de se laisser distancer par les moins douées. *Je ne crois pas que je deviendrai un grand peintre. Je ne l'ai jamais cru. Je n'ai pas cette sorte de talent-là. Je peins et j'étudie seulement parce que cela me fait plaisir. Je sais exactement ce que je vaux,* écrit-elle encore. Aveu pudique d'une défaite ? Que sont devenues ses belles certitudes quant à sa vocation ? Viendra bientôt le jour où Fanny niera carrément avoir jamais étudié la peinture. *Artiste, moi ? Quelle idée !*

Pathétique renoncement dont elle n'a pas encore

conscience. Point de souffrance — en apparence. Il ne semble pas que, durant cette période, Fanny ait éprouvé un sentiment d'échec. Avec enthousiasme, elle s'investit d'une mission nouvelle. Epauler le talent de Louis. Cette intuition, fulgurante, qu'à ses côtés s'édifie une œuvre qui la dépasse, une œuvre qui les surpasse tous, bouleverse Fanny et la grise. Le mérite de cette intuition lui revient. A vingt-sept ans, Robert Louis Stevenson n'est rien. Ses écrits, certes reconnus par la critique, ne peuvent laisser augurer de l'avenir.

Articles, essais, poèmes, projets, Fanny lit, devine, pressent... Elle commence à s'effacer. Mais elle ne recule pas ! Sous l'humilité se cache la même revendication, l'éternel besoin, la seule exigence de sa nature. La création.

Participer au montage d'un magazine que liront tous les intellectuels anglais, cette aventure-là, l'épouse du greffier d'Oakland ne pouvait la rêver. D'autant que Henley, le rédacteur en chef, y chante ses louanges lors de la seconde parution. William Ernest Henley passe aux yeux de Robert Louis Stevenson pour l'un des plus grands poètes de son temps. L'amitié qui unit les deux jeunes gens, Louis l'a racontée à Fanny. Une rencontre douloureuse et romantique. Henley souffre d'une maladie des os. A dix-huit ans, on l'a amputé d'un pied. Ses quelques poésies ont été remarquées par le protecteur de Stevenson, Leslie Stephen, du *Cornhill Magazine*. De passage à Edimbourg, Stephen présente l'un à l'autre ses deux poulains : il emmène Stevenson au chevet du malade qui croupit dans un hôpital écossais. Entre les garçons, c'est le coup de foudre. Chaque jour, Stevenson retournera rendre visite à ce géant qui écrit ses vers dans la plus grande souffrance. Momentanément tiré d'affaire, Henley se jette à corps perdu dans la vie littéraire. Louis, lors de son retour de Grez, lui a raconté l'émotion de sa rencontre avec l'Américaine. Il la lui a décrite. Henley tombe sous le charme par procuration. Il publie une série de poèmes à la gloire des grandes dames de son temps. Le premier poème s'intitule *La Californienne*. Sans l'avoir jamais vue, il chante l'exotisme de sa beauté, les balancements de sa taille fine et ferme, les dangereuses lueurs de ses prunelles rousses *où flamboie une cruauté féline qui donne à penser.* Attirance, répulsion, à l'égard de l'inconnue qui a séduit son ami. C'est la première et la dernière fois que Henley vantera les mérites de Fanny Osbourne.

> *Une passion la flatte, mais*
> *Elle reste de glace, à moins qu'elle ne partage.*
> *Sans préjugés. Indifférente et libre.*
> *Elle pardonne tout. Et puis elle ose.*
> *La voilà, sa photographie !*
> *Je me demande si elle la reconnaîtra.*
> *Je crois qu'elle va l'accueillir avec un éclat de rire,*
> *Et que — très froidement — elle l'analysera.*

Portrait fidèle et visuel, portrait filtré par l'amour de Louis. Au reste, Henley se trompe. Si Fanny ose, elle ne sait pas pardonner. Les critiques, les offenses, elle s'en souvient. Henley aussi. Entre ces deux titans de la rancune, ce sera bientôt la guerre.

En ce mois d'avril 1877, l'hommage d'une telle figure achève de la séduire. Par Louis, Fanny vient d'accéder à un monde dont aucun de ses amis américains, même les plus brillants, ne peut avoir idée. Ceux qu'elle admirait tant, Virgil Williams, Timothy Rearden, se fondent dans la médiocrité.

***

— La lumière de l'été, le « vrai soleil » comme disent les impressionnistes, prend à la galerie Durand-Ruel une importance ridicule ! hurlait O'Meara.

— Mille pardons, rétorquait Bob en tisonnant le feu. Quelle surprise au contraire, quel cadeau à notre sale époque où rien ne se passe, quel miracle que ce jaillissement d'idées nouvelles ! Manet... Renoir... Enfin, une création originale !

— Tu parles ! Le mystère, l'un des attraits majeurs de la peinture, a totalement disparu chez Renoir ! Toutes les fantaisies de l'imagination cèdent aujourd'hui la place à la passion du vrai : c'est la mort de l'art !

248

Le soir tombait dans le petit salon de la rue de Douai. A la lueur des quinquets, Fanny trônait, emmurée dans son silence. Belle régnait seule sur le cénacle. Toute la bande se réunissait une dernière fois avant de s'envoler vers d'autres horizons. On comptait se retrouver à Grez en mai.

Louis repartait demain pour l'Angleterre... Edimbourg, Londres et Paris, il avait multiplié les voyages tout l'hiver. Maintenant, il rentrait. Durée d'absence indéterminée. Dans quelle disposition retrouverait-il Fanny ? Qui pouvait dire s'il la retrouverait ? Sam arrivait dans quelques semaines et comptait la ramener.

L'idée du « mari » les torturait l'un et l'autre. Mais la nature différente de leurs peurs s'exprimait par une exaspération réciproque. Pourtant, Dieu sait s'ils avaient su se donner des gages de confiance ! Fanny n'avait-elle pas accepté que ce soit Louis qui règle son trimestre d'étude à l'atelier ? Louis encore, qui paie le loyer de mars ? Le partage des frais, la prise en charge de certaines dépenses par celui des deux qui en avait les moyens leur paraissaient naturel à l'un et à l'autre. Jusqu'à ces jours derniers où, sans raison apparente, ils s'étaient refermés comme deux huîtres et se portaient sur les nerfs.

A la veille du départ de Louis, à la veille de l'arrivée de Sam, le passé remontait. Elle respirait à pleins poumons le parfum sucré de Hervey, elle sentait les boucles du bébé contre sa joue, la caresse de son enfant sur son front, les menottes malhabiles et dodues qui couraient sur sa bouche — dodues jusqu'à ce que les jointures sautent et les os craquent. Son petit lui manquait comme s'il venait juste de partir. Le rire de Belle la rappelait à la réalité et la torturait. Belle, ou l'oubli. Fanny en voulait à la jeune fille de ce bonheur, de cet amour qu'elle étalait. Comment pouvait-elle ne pas se souvenir que le premier anniversaire de l'enterrement de son frère approchait ? Dans sept jours. Dans neuf ans, la fosse commune.

Pas plus que Fanny, Stevenson ne partipait à la conversation. Il était irrité par le débarquement imminent du mari. Sam Osbourne. Le nom seul le mettait en rage. La femme qu'il aimait appartenait à Sam Osbourne... Jaloux. De quel droit ? Qu'était-il pour elle ? Rien. Ni son ami ni son amant. Pas un serment. Pas un baiser. Pas même une caresse n'avait été échangée. Si Belle embrassait O'Meara dans les coins, Louis n'avait jamais touché Fanny.

Etrangement, ni l'un ni l'autre n'avaient éprouvé le besoin d'une union charnelle. Jusqu'à l'annonce de l'arrivée du mari. L'existence de cet homme suscitait en Louis un brusque foisonnement de rêves et d'images... L'idée odieuse que Fanny avait vécu avant leur rencontre, l'idée qu'elle avait respiré avant que ne se croisent leurs regards, qu'elle avait aimé avant cette nuit de juillet à l'auberge Chevillon, le hantait et le torturait.

Elle, Fanny, qu'éprouvait-elle ? En la regardant trôner au-dessus du cénacle, sombre, indéchiffrable, sans un regard pour lui, sans un mot pour leurs amis, Louis se posait la question pour la première fois. Qu'éprouvait-elle ? Une tendresse mêlée d'ironie ? Une indulgence quasi maternelle ? *Une gentillesse passionnée ?* La mort de Hervey avait dû laisser un vide : Louis ne servait-il qu'à cela, combler le vide ?

L'optimisme de Stevenson le portait naturellement à croire en la réciprocité de ses sentiments. Mais de quel ordre pouvait être l'attirance d'une mère, d'une étrangère, d'une épouse de trente-sept ans, à l'égard d'un si jeune homme ? Désir physique ? Les faits tendaient à prouver que leur intimité ne reposait pas sur l'entraînement fatal d'une passion. Alors, l'aimait-elle ? Non. Comment le pourrait-elle ? Où trouverait-elle la place pour un pareil sentiment ? Elle songeait à son enfant mort. Elle songeait à son époux. Elle songeait au retour.

Louis chercha son regard. Peine perdue.

Les yeux fixes, les lèvres tombantes, les pieds joints, ses poings enveloppant l'extrémité des accoudoirs — un sphinx. Il ne pouvait désormais la rejoindre. L'intimité des derniers mois n'avait donc été qu'un leurre ? En commun avec son mari, elle avait un passé long de quinze ans, la naissance de trois enfants, un deuil qu'ils supportaient ensemble. Dans la balance, Robert Louis Stevenson ne pesait pas lourd ! Une santé délabrée. Une fortune dilapidée. Une carrière littéraire en devenir. Sam l'aventurier, face à Louis le bohème. Sans expérience de la vie, sans connaissance des femmes, Stevenson faisait pâle figure.

Et lui, l'aimait-il ? Soudain il en doutait. Le mutisme de Fanny, sa froideur le renvoyaient à lui-même et lui donnaient envie de la fuir. Il avait pris son billet pour Londres. Elle ne l'en avait pas dissuadé. Tous deux savaient que la présence de Sam à Paris allait changer la donne et doubler les mises. Cet été, soit Mrs Osbourne aurait réintégré la Californie. Exit la romance américaine. Soit Louis retrouverait Fanny à Grez. Alors ils s'appartiendraient.

— ... Dans la coloration, les impressionnistes ont fait une véritable découverte, hurlait Bob en gesticulant. Avant eux, seul Vélasquez avait reconnu que la lumière décolorait les tons ! Qu'en penses-tu, Louis ?

— Je m'en fiche, répondit-il sèchement. Je ne suis pas peintre, moi ! Je tente seulement d'écrire...

Il se tourna vers Fanny, elle ne réagit pas, elle n'avait pas écouté. Elle imaginait Sam. Sam à l'âge d'O'Meara, tel qu'elle l'avait retrouvé à Austin au terme du périple à travers l'isthme de Panama. Sam, déguisé en mineur, avec ses bottes texanes, son feutre sur l'œil, son piolet à la hanche, son six-coups au côté. Avec, en sus, une liasse de paperasses au poing, ses parts sur les filons d'argent de la Comstock Lode. Ce cow-boy, que diable venait-il faire à Paris ? Que pourrait-il comprendre, ce greffier d'Oakland, aux élucubrations de la petite bande ?

Excédée à l'avance, Fanny confondait la honte qu'elle éprouverait bientôt à présenter son balourd de mari aux artistes de Grez, avec l'affreuse colère qui lui ôtait le sommeil : elle continuait de rendre Sam responsable de la mort de Hervey. Par son inconscience, par sa ladrerie, il avait laissé souffrir leur enfant. Tandis que Hervey se tordait de douleur, Sam s'enivrait dans les bars de San Francisco, Sam courait les filles et les théâtres, Sam coulait des jours heureux dans leur cottage avec l'une ou l'autre de ses conquêtes. Peut-être même installait-il ses maîtresses dans les chambres des enfants ? Dans la chambre de Hervey ?

Si cet homme comptait la ramener dans la maison où était né leur fils, s'il comptait l'enfermer, elle, entre les barrières blanches d'Oakland, il se fourvoyait !

Qu'il vienne : elle l'attendait ! Elle ne rentrerait pas. Ni cette année ni la prochaine. « Jamais ! » se jurait-elle.

R.L. Stevenson et Mrs Osbourne se quittèrent sans un mot. Ils ne cherchèrent pas à s'expliquer. Pacte ? Ou malentendu ? Louis partit le 2 avril. Fanny resta rue de Douai.

S'ils avaient pris la peine de se comprendre, ils auraient lu, à l'instant du départ, la même fureur dans leurs regards et la même impatience. Impatience de se perdre, ou de se prendre.

Sam arriva en mai.

**
*

Explosion de vapeur. Vibration des poutrelles. Désintégration des verrières. Dans le jet bleu des fumées et des gaz, la locomotive surgit.

Noire, monumentale, elle progresse droit sur les deux femmes et l'enfant qui ferment la voie. Prêts à stopper seuls la machine, ils serrent les rangs. L'une se mouche. L'autre éternue. Un rhume les tient tous trois, que la fumée ranime.

— Tu as le nez si rouge que papa ne te reconnaîtra pas, marmonne Sammy à l'oreille de sa sœur.

— C'est malin !

D'impatience, Belle trépigne. Fanny, les yeux rougis sous le plumetis de la voilette, un mouchoir aux lèvres, la main droite crispée sur le pommeau de son parapluie, Fanny tousse. Les rails grincent. Les freins crissent. Une secousse. Le monstre souffle, puis bifurque : le train entre en gare sur un autre quai !

— Nous allons manquer votre père !

Obsédée par l'image d'un Sam lourd et gourd, elle le voit perdu, affolé, incapable de se repérer dans l'antre gigantesque des Chemins de Fer de l'Ouest. Elle se met à courir. Elle traverse de part en part ce temple de la modernité, cette antichambre de tous les rêves et de tous les départs à laquelle huit toiles de Monet rendent hommage en ce mois de mai 1877. La gare Saint-Lazare.

Il a sauté sur le quai. Elle le voit de loin. Sa tête blonde, puissante, surplombe la mêlée. Elle le reconnaît. Elle l'avait oublié. Il la surprend. Plus élégant, plus civilisé, plus distingué même que tous les artistes qu'elle a fréquentés durant l'hiver. Il marche sur elle. Il fend la foule. La fatigue du voyage ne l'a pas marqué. Un visage lumineux, qui rayonne. Il l'atteint. Il l'attrape. Il l'enserre. Il l'enveloppe. Elle se laisse aller. Elle se laisse glisser. Aucune résistance. Un immense bien-être. Elle ferme les yeux. Donnée. Rassurée. Elle respire le parfum miellé de son tabac. Elle se love dans la douceur de son cou. Elle retrouve le satiné de sa peau, là, juste à la naissance de la barbe. Elle ne se demande plus pourquoi elle l'a aimé. La redécouverte est immédiate et totale. Le lien ne peut être rompu. Elle l'accepte.

*
**

Belle gardera de leur semaine parisienne le souvenir d'un bonheur qu'elle n'a jamais connu. Fondus tous quatre dans la même sérénité, les Osbourne ont vécu cachés rue de Douai. La cellule reconstituée. Par miracle, les dames Wright se sont envolées en Normandie, leur laissant toute liberté de s'aimer. Fenêtres grandes ouvertes sur les toits de Paris, l'appartement résonne de chants yankees que Fanny accompagne à la guitare, de romances irlandaises que Belle apprend à son père. Soupers romantiques sur le tapis du salon, pique-niques à la table du balcon, ils sortent en famille pour explorer Montmartre et le quartier de la Nouvelle-Athènes. Place Saint-Georges, dans le susurrement du jet d'eau, Fanny, émerveillée, entend l'homme qu'elle a naguère qualifié d'ignare lui poser mille questions. A qui appartient cette maison ? Qui est M. Thiers ? Pourquoi a-t-on brûlé son hôtel ? Comment s'est-il débrouillé pour le faire reconstruire à l'identique aux frais de la République ?

De Paris, Sam veut tout voir, tout savoir, tout comprendre. Il ne se contente pas d'un tour au Louvre, il en explore chaque salle, trois jours durant, jusqu'à la fermeture. Il retourne plusieurs fois à Notre-Dame et ne s'en lasse pas. Il visite la troisième exposition impressionniste, dont la simplicité des sujets, le naturel de l'exécution l'enthousiasment. A la surprise générale, il s'intéresse à la peinture moderne au point de se porter acquéreur d'une toile représentant un jardin. Il a même câblé San Francisco pour qu'on lui envoie les fonds, qui n'arriveront jamais. Le charme de Sam ! A son fils bienaimé, il raconte les terrifiantes aventures des desperados qu'on juge devant lui au tribunal de San Francisco. A sa fille chérie, il fait la cour, l'assurant de l'indéfectible fidélité de ses anciens flirts. A sa femme, le récit des dernières manifestations artistiques auxquelles il a participé.

— Dans les locaux du Bohemian Club, je viens d'organiser l'exposition du panorama photographique de Muybridge. Sur huit mètres vingt, Fan, imagine ! Seize panneaux mis bout à bout, qui représentent la ville, la baie, le mont Tamalpais. Somptueux ! Tu devrais te remettre à la photo !

La miraculeuse harmonie avait duré une semaine tout entière.

Le dernier soir de mai, Belle, câline, était venue s'asseoir sur les genoux de son père.

— Mon petit papa, j'aimerais que tu connaisses l'un de nos amis, à maman et à moi.

— Quelqu'un qui te tient à cœur, ma chérie ? L'œil bleu de Sam avait pétillé de malice. Un Irlandais, peut-être ?

Belle avait rougi.

— Tu sais déjà tout ?

— Moi ? Je ne sais rien du tout !... Ainsi, tu veux me présenter un Irlandais ? Sale engeance !

— Papa, cesse de te moquer... Il attend dans l'entrée.

— Fais-le venir, petite folle !

Ce ne fut pas sans inquiétude que Fanny regarda son mari serrer la main de l'un des plus féroces défenseurs de Grez. La rencontre, le choc de deux univers. Les deux parts d'elle-même dont elle ne savait désormais laquelle triompherait. Rentrer ? Rester ?

— Monsieur, avait dit l'Irlandais, nous sommes une petite bande d'artistes qui aiment la nature et séjournent au printemps dans une auberge au bord d'un cours d'eau. Nous y organisons une fête en fin de semaine. Nous feriez-vous l'amitié d'être des nôtres ?

Sam ne pressentit pas le danger. S'il avait vu le visage de sa femme, peut-être se serait-il abstenu. Grez. Le lieu au monde où Fanny se sent revivre. Son fief. Son antre... Que Sam connaisse Grez lui déplaît d'instinct. Elle tient à conserver secrets l'auberge, le jardin, la rivière... Elle en garde le souvenir enfoui au creux d'elle-même. Elle accepterait sans doute de n'y pas retourner. Oui, elle accepterait de ne jamais revoir les berges du Loing et la tour de la Reine-Blanche... Mais que Sam connaisse Grez équivaut à un dépouillement.

— Je n'y suis allé qu'une fois et j'ai trouvé l'endroit charmant, dit-il.

— Cependant, mon mari préfère visiter la capitale.

— Pas du tout... J'accepte avec joie !

— Voyons, Sam, il n'y a rien à faire à Grez... Tu n'as pas traversé tout un continent pour t'enterrer dans un village !

— Pourquoi pas ? Tu l'as bien aimé, toi, ce village, tu y passes ta vie...

— Mais moi, j'y travaille !

Il rit.

— Je sais, mon épouse est une artiste... une cérébrale... une contemplative... Sam posa sur elle son regard bleu. Toi, Fanny, une contemplative ? railla-t-il. Que diable as-tu trouvé dans le sol de Grez, quel trésor dans la terre, dans l'eau ?

— Certainement pas de l'or ! coupa-t-elle.

A mi-chemin entre l'humour et la haine, entre le rire et le cri, un instant, ils se mesurèrent.

— Tu crains que je ne sois pas assez fin pour apprécier ? demanda-t-il avec une soudaine âpreté.

— Je ne voulais pas dire cela... Seulement, on ne mène pas à Grez le genre de vie que tu aimes.

— Qui sait ? Moi, je serais très heureux de revoir ce lieu que tu protèges avec tant de passion... Elle doit être bien charmante, ton auberge, pour que tu la préfères à notre cottage d'Oakland, bien confortable pour que tu y engloutisses ma pension durant les mois d'été !

Sous l'aménité du sourire, le bon vieux ressentiment d'autrefois, du temps où Sam se vengeait de sa femme en exigeant les comptes, le détail de chaque dépense, avant de lui allouer le moindre sou pour l'entretien des enfants...

*
**

— Qu'est-ce qu'il fiche là, le mari ? grommela « Simpson l'Aîné » en observant la rivière.

Sam avait sauté dans la barque que Louis pilotait l'an passé. Excellent rameur, il pagayait vers le pont. Son fils et les petits Chevillon s'agenouillaient sur les bancs, se penchaient vers le reflet des arches où se faufilaient les poissons.

— Une idée de ce gueux d'O'Meara, rétorqua Bob. Il a trouvé habile d'inviter ici son futur beau-père...

Dans la cour qui surplombait le Loing, à l'ombre du grand sapin, les deux Ecossais sirotaient mélancoliquement leur absinthe. Le ouistiti de Simpson l'Aîné perdait l'équilibre à chaque lampée, couinait et se cramponnait à pleines mains à la veste de coutil blanc de son maître.

— Je l'avais bien dit ! moralisait Simpson l'Aîné. Pourquoi diable avez-vous accueilli ces rombières l'an passé ? C'est le début de la fin ! On pouvait être sûr qu'elles attireraient le touriste !

— Il n'est pas antipathique, le mari, défendit Bob avec un sourire où la férocité le disputait au mépris.

— Brave même, opina Simpson, et gai avec cela !

— Son bon gros rire de primate aborigène vous réchaufferait le cœur...

— Et elle ? Qu'en pense-t-elle ?

Du menton, Simpson avait désigné l'autre rive. Sous leurs grandes ombrelles, deux silhouettes se découpaient, bleues, parmi les saules et les joncs. Fanny et Belle regardaient la barque passer sous le pont.

— Maman ! criait Sammy en gesticulant. On va descendre les rapides... Papa nous emmène pêcher aux chutes. On vous ramènera le déjeuner.

— Elle ? médita Bob sans quitter le groupe des yeux. Va savoir ! Ce qu'une telle femme a pu trouver à un type pareil reste pour moi un mystère !

Simpson n'aurait su démêler si Bob songeait à Sam ou à O'Meara, s'il parlait de la mère ou de la fille.

Les deux femmes s'éloignèrent en suivant le chemin de halage. Mille parfums d'herbes, d'arbres, d'écorces les assaillaient. Le murmure des bêtes d'eau montait autour d'elles. Mouvements furtifs. Clapotis. Un rat plongea. L'herbe frémit à leurs pieds. Un serpent disparut sous une roche. Elles laissaient derrière elles le pont de pierre et, sur l'autre berge, les bâtiments en U de l'hôtel Chevillon, les peintres attablés sous les arbres de la cour, le parterre feu des lys tigrés qui descendaient en espalier jusqu'à la rivière. Au cœur de l'eau verte, des murailles de roseaux formaient d'impénétrables îles.

— J'avais oublié combien papa aimait les enfants, commenta Belle sans quitter des yeux la barque qui disparaissait dans un coude de la rivière.

Sam, de dos, ses larges épaules jouant sous l'ampleur blonde du chapeau, Sam, plus que jamais, incarnait la jeunesse et la puissance.

— ... Il les aime autant que Louis, poursuivit la jeune fille. Tu ne trouves pas, maman, qu'ils se ressemblent ?

— Qui ?

— Papa et Louis.

Fanny, surprise, jeta sur Belle un coup d'œil teinté d'agacement.

— Pas du tout !

— Mais si, je t'assure... C'est le même genre d'homme.

— Ils n'ont rien en commun. Rien !

— Papa est très beau, Louis plutôt moche. A part ça...

— A part ça, ton père a quarante ans. Et la phtisie de Mr Stevenson...

— Il est phtisique ? se récria Belle.

Fanny esquissa un geste d'impatience.

— Je dis ça au hasard. Il tousse beaucoup. Je suppose qu'il crache le sang. Ça y ressemble... Quoi qu'il en soit, sa mauvaise santé conditionne sa vie. Je doute qu'il atteigne l'âge de ton père... Sa maigreur...

— Je ne dis pas que papa et Louis se ressemblent au physique ! Mais... leur gaieté, leur optimisme... je ne sais pas. Cette façon qu'ils ont tous deux de prendre la vie du bon côté... En leur compagnie, j'ai l'impression que tout est possible... Avec Louis, avec papa, il ne peut rien arriver de triste. Ils vous protègent du mal !

— En sécurité ? Avec ton père !

Le doute, la véhémence du ton laissèrent entendre à la jeune fille qu'entre ses parents l'harmonie des premiers jours avait déjà sombré.

Elles quittèrent la berge en direction du bois. A petits pas, elles longèrent la plaine. Leurs bottines butaient sur les cailloux du chemin, elles grimpaient une brusque pente, redescendaient dans une ornière. Au loin, les boqueteaux surgissaient de la glèbe, un groupe de rochers, quelques pommiers en neige. Vert tendre, les sillons de blé couraient vers l'horizon blanc, se déportaient à angle droit, contournaient les tertres. Dans le silence solennel des champs, leurs deux silhouettes se découpaient. Perdues au creux de la vaste nature, elles prenaient une importance étrange.

— A Paris, pourtant, vous aviez l'air... reprit Belle.

— C'était différent... Ton père était différent...

Belle n'insista pas. Fanny se taisait. Elle songeait au tout premier bonheur de leur arrivée à Grez. Cinq jours. Un siècle.

*
**

Quand la diligence de Bourron avait longé la grand-rue, quand les murs du vieil hôtel, l'alignement de ses fenêtres, son œil-de-bœuf avaient surgi dans le tournant de la route, quand sous le porche Fanny avait reconnu les silhouettes familières de Mme Chevillon et d'Ernestine en tablier et en coiffe blanche, un grand élan de joie l'avait saisie. A cet instant, elle s'était réjouie de ce séjour à Grez en compagnie de son mari.

Erreur. Cette fois, le miracle n'avait pas eu lieu. Dès le premier soir, Sam monopolisa la conversation et but plus que de raison. Erreur. Si sa gaieté trouva grâce aux yeux d'Ernestine, les Chevillon s'entendirent pour juger qu'il ne valait pas sa femme. En cuisine, on le trouva « banal ». A table, on le jugea « lourd ». Fanny le sentit.

Sous le feu croisé des regards, Sam se crut probablement obligé de jouer son personnage. L'aventurier. Le chercheur d'or... Il s'esclaffa de ses propres plaisanteries, décrivit d'abominables meurtres, raconta des hold-up qu'il n'avait pas vécus, crâna et déplut. Les peintres avaient accepté l'an passé la présence de deux jolies femmes dont le silence, la discrétion les avaient conquis, mais ils ne supportèrent pas ce touriste trop vantard. Bob et Simpson l'Aîné, montés en éclaireurs, rechignèrent de concert : papa Osbourne, maman Osbourne, petits Osbourne, la présence de Sam donnait au jardin de Grez ce côté bourgeois, ce côté famille qu'ils abhorraient. Cet Américain qui se félicitait en permanence de la bonne chère et des petits prix chez Chevillon ferait à coup sûr la publicité de l'auberge auprès de ses collègues d'Oakland. Bientôt la Californie tout entière débarquerait à Grez ! C'était le début de la fin ! Simpson exagérait le danger et Bob se montrait de mauvaise foi. Ils firent tout de même leur possible pour que Sam Osbourne soit classé dans la race des « indésirables ».

Sam s'ennuya-t-il à Grez ? Probablement. Se promener en forêt. Chercher le motif. Trouver l'endroit. Planter le parasol. Installer le chevalet. Ouvrir le pliant. Et rester là tout le jour, sans autre plaisir que celui des yeux, sans même le rêve de faire fortune — quelle monotonie ! Encore si, dans ce bois, le marcheur solitaire courait le risque de se colleter avec des bandits ! A Grez manquait l'aventure...

— Mais regarde ! s'exclamait Fanny. As-tu jamais vu une aussi belle forêt ?... Ici, la forêt, c'est comme la mer. Elle change d'aspect à chaque heure du jour... Elle mue. Elle s'agite.

— Tout comme chez nous !

Elle haussait les épaules.

— Chez nous, les clochers ne datent pas du XIIᵉ siècle et les tours ne sont pas hantées par la reine Blanche.

— Peut-être. Mais nos églises et nos résidences valent bien ces ruines !

En trois jours au bord du Loing, le fossé s'était creusé. Dès lors, Sam multiplia les faux pas.

Non content de s'adonner à la dive bouteille, il réussit à s'introduire dans les chaumières. Sans connaître un mot de français, il courut les jupons et s'attacha quelques cœurs. Manquement grave au code de l'honneur grézien ! Les artistes croquaient les bergères, ils brossaient les boisières, ils poussaient l'audace jusqu'à dessiner les fermières dans leurs cours et peindre les dentellières dans leurs chambres, mais défense de séduire les filles ou les femmes de paysans ! On respectait le rythme de la vie campagnarde. Règle d'or qui expliquait la bonne entente des colonies de peintres avec les autochtones. Sam passa outre.

Autre gaffe : il se fit délivrer par porteur express de Bourron une lettre bleue qui fleurait la lavande et lui arrivait de Paris. Une lettre postée à San Francisco. Il la dissimula dans son portefeuille, la lut en cachette, mais cette correspondance ne trompa personne. Et quand, au cours de la petite fête à laquelle l'Irlandais l'avait convié, Sam, croyant retrouver l'atmosphère de camaraderie chère à son cœur, se vanta de ses prouesses amoureuses et se répandit en détails sur ses récentes conquêtes, il signa son arrêt d'expulsion. Et le coup de grâce de son mariage.

— Tu prends Grez pour un saloon ?

L'œil navré, Fanny avait regardé Sam s'enferrer dans cette vulgarité qu'elle qualifiait à nouveau de « chronique ». Ni colère. Ni jalousie. Rien qu'un insurmontable agacement.

L'entente parisienne n'avait été qu'un leurre. Une flambée sans lendemain. L'amour retombait, vidé comme un soufflet. Ne restait qu'un tas de cendres. Elle le reconnaissait. Sans révolte. Pour la première fois, la conduite de Sam ne la concernait pas. Cette honte de lui, elle s'en défendait en affectant l'indifférence. Mais l'ultime beuverie, les dernières vantardises mirent le feu aux poudres.

— Tu es assez bête pour m'humilier devant mes amis ? Et tu espères me ramener là-bas ?... A tes coucheries ?

Sam, passif, l'écoutait. Le ton montait. L'après-midi était chaud. A l'ombre des roseaux, des bouleaux, seuls le frémissement des insectes, le saut inattendu d'une carpe, ce murmure véhément, brisaient le silence de la campagne. Elle arpentait la rive, son pied glissait quelquefois dans la vase, sa robe s'accrochait aux racines. Appuyé à un tronc, le visage vers le ciel, Sam mâchonnait une herbe. Elle poursuivit, tête baissée, sans cesser de marcher, sans rien voir :

— C'est ça ton idée, hein ? Me parquer à Oakland tandis que toi, tu fais le joli cœur en ville ?

— Combien de temps suis-je censé financer tes frasques ? coupa-t-il, glacial. Tes frasques et celles de Belle ?

Elle s'arrêta, lui fit face.

— Qu'est-ce que ça veut dire, ça ?

— Que tu élèves mal ma fille !

Il la touchait au cœur. Elle faiblit.

— Je croyais que tu t'entendais bien avec O'Meara ?

— La question n'est pas là : j'en ai assez de payer ! Je ramène Belle et Sammy avec moi. Libre à toi de nous suivre.

— Libre ? Tu triches ! Tu fais mine de désirer mon retour, tu sauves les apparences, mais tu triches ! Si tu avais vraiment voulu me ramener, tu aurais évité de recevoir les lettres de cette femme ici ! Tu n'aurais pas bu !... Comment pourrais-je vouloir revenir à cela ?

Brusquement désespérée, elle s'accrochait à lui.

— Comment revenir à cela ? Tu m'en ôtes toute envie !

Il la repoussa et monta s'enfermer dans leur chambre.

L'envie semblait bien l'avoir quitté, lui aussi.

La lettre qu'il reçut le lendemain, en sus d'une seconde missive bleue, lui fournit le prétexte recherché. Elle était signée Harry Muir, son nouvel associé, qui le pressait de rentrer à San Francisco. Le cours de la Bourse s'effondrait à nouveau. Ni Harry, ni Lloyd, ni Rearden ne pouvaient prendre la responsabilité de vendre à sa place. Il fallait qu'Osbourne saute sur le premier bateau. Une absence prolongée entraînerait la perte irrémédiable de ses placements. Faillite garantie.

A la grande tristesse de son père, Belle déclina l'offre de s'embarquer avec lui. Elle se montra si persuasive qu'il promit d'envoyer un mandat chaque mois jusqu'à la fin des études à l'atelier Julian. En échange, il arracha à sa fille et à sa femme le serment qu'elles rentreraient à Oakland l'été prochain. Quoi qu'il arrive. Elles jurèrent. Au mois de juin 1878, les Osbourne seraient à nouveau réunis en Californie.

En le regardant monter dans la diligence de Bourron, Belle fondit en larmes. Entre sa passion pour son père et sa volonté de devenir une artiste, elle se sentait déchirée. Ni Sam ni Fanny n'avaient évoqué son attachement à l'Irlandais.

**
*

Le 9 juin 1877, Sam Osbourne arrivait à Londres, d'où il s'embarqua pour San Francisco, via Montréal. Le 19 juin, Louis Stevenson arrivait à Londres, d'où il partit pour Grez, via Paris.

Pasdessus, Simpson Frère, Robinson, Bloomer débarquèrent avec lui. Toute la bande se retrouvait au complet. Les grandes tablées sous les charmilles, les batailles navales sur le Loing, les expositions de peinture dans la cour de l'auberge pouvaient joyeusement reprendre sous le soleil de juillet.

Mais, cet été-là, le grand nombre de leurs admirateurs ne protégerait ni Belle ni Fanny de l'amour.

GREZ-SUR-LOING – deuxième été –
juin-septembre 1877

— Alors, madame Osbourne, il est parti pour de
vrai, le mari ? apostropha de sa voix rogue la mère
Chevillon.

Assise à l'ombre bleue du sapin dans la cour, les
genoux largement écartés sous sa jupe grise, le cou à
l'horizontale, l'aubergiste astiquait avec fureur les anses
d'une grande jarre de cuivre. A chaque secousse, les
cornes de la marmotte, le foulard traditionnel qui lui
enserrait la tête, gigotaient comme deux petites oreilles
de lapin. Le bleu indigo du fichu brunissait encore ce
visage de paysanne où la malice le disputait à la bonté.
Brandissant d'une main son vase qui brillait au soleil, le
poing droit appuyé au creux des reins, la mère Chevillon
se leva avec un soupir.

— Les hommes, c'est meilleur de loin ! J'en sais
quelque chose... Vous aussi, pas vrai ? Les deux femmes
échangèrent un regard complice... Enfin, je dis ça, moi !

Fanny, sourire de Joconde aux lèvres, regarda la
silhouette trapue disparaître sous le porche.

Délestée. Libérée. Soulagée. Depuis le départ de
Sam, elle s'affairait, telle une adolescente qui retrouve
avec exaltation les odeurs, les secrets, la magie de la
maison de vacances. Pas à pas, elle se réappropriait son
village dont elle n'avait pas joui un seul instant durant le
séjour de son mari. En présence de Sam, elle s'était crue
obligée de faire l'article. « Grez — son clocher, sa tour,
sa rivière. » Comme si elle cherchait à justifier son
interminable absence d'Oakland par sa passion pour cet
endroit.

En cette fin du mois de juin, elle les retrouvait, ses
pavés gris, son quadrillage de sentes étroites, ses portes
basses dans les murs, les fameux murs de grès coiffés de
tuiles rousses qui descendaient tous parallèles, vers la
rivière. Inlassablement, Fanny répétait le trajet qui
conduisait à l'auberge. Longer la rue principale de

Grez. Tourner vers le pont, là, à gauche sous l'enseigne de saint Antoine et du cochon. Humer le parfum du chèvrefeuille qui grimpe à l'assaut du porche et pénétrer dans la cour. Dévaler l'escalier qui mène au jardin, enfiler la courte allée des quatre marronniers jusqu'au Loing. Les costumes de bain sèchent sur les coques des barques retournées, les avirons s'appuient à la première arche du pont. La rivière se perd mystérieuse dans l'archipel des îles, elle vient lécher les toits pentus des lavoirs et des embarcadères, elle disparaît en aval dans un tunnel de verdure. Retraverser le jardin vers l'auberge. Gravir le petit escalier qui ramène à la cour. Contempler un instant la vieille bâtisse couverte de vigne vierge, les toits tavelés de mousse, les balcons des deux ailes en U. Entrer par la porte-fenêtre du centre. Apercevoir à droite la salle à manger et la table d'hôte. A gauche, le bar avec son sol de terre battue et la vaste hotte de la cheminée où s'alignent bocaux, bouteilles, vases de toutes les formes et de toutes les couleurs. Respirer à pleins poumons l'odeur de bois brûlé, l'odeur de fumée et de vin qui s'attarde entre les tables rondes et les chaises de rotin. Continuer dans l'humidité du hall, prendre l'escalier de pierres froides qui conduit à l'étage. S'engager dans le couloir, laisser à gauche les chambres qui donnent sur la rue, s'arrêter à droite au numéro 12, poser la paume sur la porcelaine glaciale du bouton, ouvrir sans clé, traverser d'un trait la pièce toute blanche, se poster à la croisée ouverte. Du jardin, fleuri comme un parc, avec ses plaques bleues sous les marronniers, ses flaques d'or dans les allées, monte le parfum humide des roses et de la rivière. Entre les peupliers, sur l'autre rive, les taches blanches des parasols miroitent, nettes et dures, au soleil de ce premier matin d'été.

— Vous pensez qu'elle a sauté le pas ? s'enquit le hiératique sculpteur Pasdessus qui portait à la vertu de Mrs Osbourne un intérêt tout particulier.

Debout, tête nue, les bras tendus dans la rivière, il se laissait bercer par les vaguelettes. Sa belle barbe blonde frémissait à chaque souffle.

— M'étonnerait, marmonna Robinson, allongé sur la berge.

En pleine chaleur, sa tête de gargouille émergeait d'une écharpe jaune nouée en cache-cœur. Qui eût pu prédire que l'asthmatique Robinson deviendrait le peintre le plus célèbre de la bande ? Bientôt familier de Monet à Giverny, il reste aujourd'hui l'un des impressionnistes américains les plus cotés sur le marché de l'art.

— A quand la cabriole ? insista Pasdessus.

C'était avant le déjeuner, l'heure de la baignade, celle où les peintres se retrouvaient au bord du Loing pour commenter le travail de la matinée et programmer les réjouissances du soir.

Les commérages — vous qui prétendiez que les commérages étaient l'apanage des femmes ! écrit Fanny à Rearden. *Ici, mes amis ne font que cela : cancaner. C'est leur délassement favori. Ils se groupent par deux, par trois, ils parlent les uns des autres.*

Elle ne pouvait évidemment se douter que sur sa chasteté se focalisaient tous les potins. Dès son arrivée, Louis l'avait accaparée. Le petit groupe savait désormais qui des deux Stevenson « la Belle Américaine » préférait. Il lisait, il écrivait à ses pieds. A table, elle lui réservait la chaise à côté de son trône. Le soir, ils s'isolaient encore.

— Moi, je dis que vous n'y êtes pas : c'est déjà fait depuis belle lurette ! pérorait Pasdessus en caressant les nénuphars. Que croyez-vous qu'il faisait chez elle rue de Douai ?

Simpson l'Aîné, renversé négligemment sur la coque d'une barque, souffla quelques bouffées de sa pipe vers le ciel bleu sans nuage.

— Les choses ne se réaliseront qu'au retour de Louis.

— Il part ? s'écrièrent les autres.

Simpson regarda les étourneaux qui décrivaient, infatigables, de larges cercles au-dessus d'eux.

— Pas d'affolement... On a le temps... Il part quelques jours en août, au mariage de notre ami commun,

Charles Baxter... C'est son plus vieux copain, ils ont fait les quatre cents coups à l'université, ils ont dû prendre leur première cuite et sauter leur première fille ensemble... Le mariage de Charles Baxter, c'est la fin d'une époque et ça lui fiche un coup... Le passage à l'âge adulte... Même Henley, du *London Magazine*, s'est marié cet hiver... Tous ses amis se casent... Il songe à l'amour, Louis, il y songe, il y songe... Oui, je parie que ça se fera à son retour du mariage... quand il aura vu Baxter heureux avec sa femme... L'amour, c'est bien connu, ça se propage comme une épidémie. La jalousie aussi d'ailleurs : il n'y a qu'à vous regarder, messieurs !

— Je relève le pari, dit Pasdessus. Une bouteille de champagne que Louis est déjà un homme comblé !

— Deux bouteilles qu'il le sera au retour.

— Trois qu'il ne deviendra jamais l'amant de Mrs Osbourne ! lança le chevaleresque Robinson qui n'avait pas les moyens de se payer une bière.

Une délicieuse chaleur filtrait à travers la treille. Les taches de lumière palpitaient, les ombres déchiquetées des feuilles de vigne vierge, les ombres groupées des minuscules grappes de raisin couraient frémissantes sur la table. Des gros bourdons s'égaraient dans les verres où dansaient les dernières gouttes d'un vin rouge. Dans l'air saturé de parfums, le lilas qui ceignait l'auberge d'une mer d'écume mauve se mélangeait avec l'odeur du café fraîchement moulu, du pain chaud sorti du four et du tabac blond. En costume de bain, en bras de chemise, pieds nus ou chaussés d'espadrilles, les artistes restaient cet été-là de longues heures à bavarder sous la tonnelle. Belle, placée entre Pasdessus et O'Meara, laissait rouler sa tête rieuse sur le dossier du fauteuil. Fanny, en bout de table, présidait dans un vaste siège. La chaise à sa droite était vide. Elle avait remonté ses genoux sous son menton, appuyant sa tête brune sur son ample jupe pourpre. Elle restait tapie ainsi, fixant toute cette luminosité de ses yeux noirs, fendus, de beaux yeux de félin aux aguets.

— Où sont nos Ecossais ? s'enquit le dernier arrivant,

un homme d'âge plus que mûr qui chaloupait dans l'herbe vers la table.

Avec sa moustache blanche, son vaste panama, son costume trois pièces où luisait la rosette de la Légion d'honneur, il détonnait. Sa nonchalante distinction évoquait quelque major anglais en villégiature aux colonies. C'était l'Italien Joseph Palizzi, le peintre qui, près de quinze ans plus tôt, avait « découvert » Grez. Palizzi occupait toute une aile de l'auberge dont il avait fait son studio. Il y recevait les nouvelles recrues auxquelles il ouvrait sa cave et ses cartons. Un demi-siècle de peinture, l'intégralité de son œuvre — la visite chez Palizzi prenait des nuits et des jours. Fanny, qui savait écouter, avait totalement séduit le peintre vieillissant.

— Louis n'est pas ici ? s'étonna-t-il en baisant la main qu'elle jouait à lui abandonner.

— Il part à la fin du mois pour Edimbourg. Pour l'heure, il est à Moret.

— Que diable fait-il à Moret, quand vous êtes à Grez, ma chère ?

Belle, se penchant vers Palizzi, lui cria à l'oreille qu'il avait dure :

— Louis achète une péniche !

— Diantre ! Une péniche ? Pour quoi faire ?

— Une habitation ! répondit la jeune fille.

— C'est une bonne idée, approuva Fanny. Vous ne trouvez pas, monsieur Palizzi ?

— Je croyais qu'il n'avait plus le sou !

— Voilà bien des considérations bourgeoises, aboya O'Meara.

— O'Meara a raison, opina Belle qui avait appris sa leçon.

— Pourquoi s'attacher à un seul lieu, poursuivit l'Irlandais, rester toujours à la même place comme un vulgaire banquier ? Qu'en penses-tu, Pasdessus, toi qui as toujours des idées sur tout ?

— Moi ?

Au-dessus de la petite tête brune de Belle, les deux jeunes gens se mesurèrent. Tous deux serraient la jeune fille de près. Tous deux l'accaparaient comme si leur cour allait de soi, et chacun constatait que leurs hommages lui paraissaient à elle très naturels, en effet. Mais O'Meara la considérait comme sienne, et l'avis de Pasdessus sur ce point divergeait. A chaque repas, avec une amabilité entêtée, le sculpteur s'adressait à Belle sans s'interrompre, avec une sorte de violence, comme s'il voulait empêcher quiconque de lui adresser la parole. O'Meara, fou de jalousie, ne se défendait que par de brusques saillies, une suite d'attaques hors de propos. Pasdessus lui rendait la politesse par une cascade de sous-entendus.

— En effet, articula-t-il, si la terre est trop peuplée, les canaux sont libres.

— Mes amis, c'est fait ! Papiers signés. Affaire conclue.

Courant, fumant, gesticulant, Louis avait surgi d'on ne sait où : il n'arrivait jamais d'un point précis, ne semblait sortir ni de l'auberge, ni de la rivière, ni du jardin, ce qui rendait surprenante chacune de ses apparitions.

— C'est fait ! répéta-t-il, exalté. La dame se prélasse sur le Loing à quelques kilomètres d'ici : elle y attend notre bon vouloir, la gueuse !

Il se plaça devant Fanny, qui écarquilla les paupières et releva un peu la tête. Elle ne dit mot. Pasdessus, O'Meara les épiaient. Louis, à califourchon sur la chaise vide, traçait déjà dans la nappe des lignes à la fourchette.

— Cet hiver, on commence par le Sud. On remonte lentement par les canaux du Midi, on traverse toute la campagne française. On est à Paris en mai pour l'ouverture du Salon. On l'amarre à la Concorde !

Elle l'aimait, oui, elle l'aimait, ce tourbillon d'impossibles rêves qui hantait l'imagination de Louis Stevenson. A la différence des autres, celui-là mettait à exécution ses projets les plus fous. En dépit de sa mauvaise santé, malgré les problèmes d'argent qui commençaient à l'assaillir, il partait en campagne tel Don Quichotte auquel il ressemblait, pensait-elle. « Don Quichotte doublé du bon Samaritain », précisait-elle, malicieuse... Louis enfourchait une armée de chevaux de bataille pour le bonheur d'autrui. Oui, elle l'aimait, cette générosité qui imposait à Grez une troupe de chanteurs ambulants que toutes les auberges de la région avaient bannie, qui offrait à ces vagabonds l'intégralité de ses droits d'auteur sur la nouvelle qu'ils lui avaient inspirée... Eût-il été véritablement riche que Fanny n'aurait pas été touchée. Mais ne dépensait-il pas en secret les derniers sous de son héritage pour acheter une nouvelle garde-robe au peintre Bloomer qui s'était vu chasser du Louvre pour cause de tenue misérable ?

Avec ses bras trop maigres, ses épaules trop étroites, ce garçon incarnait aux yeux de Fanny le courage et la force vitale.

— Il y aura du vin, des livres, s'enthousiasmait-il. Une abbaye de Thélème où vivront librement les artistes de tous bords !

— Et nous vieillirons sur le pont, opina Robinson en serrant frileusement son cache-nez sur sa poitrine, vieillards à la barbe fleurie qui arrosent leurs géraniums...

— Attention, attention, hurla Pasdessus. Et les dames ? Où mettrons-nous les dames ?

— Je suggère l'installation d'une suite matrimoniale, lança Louis. Ceux qui auront choisi de s'accoupler comme des bourgeois auront droit de vivre un mois entre les fesses des amours que Bob se fera un plaisir de nous peindre, les seins des Vénus que Pasdessus nous sculptera et les cieux roses d'O'Meara...

— Il y aura aussi un canari, susurra Simpson l'Aîné dont le singe ivre mort venait de rouler sous la table. Un canari dans une cage en or au-dessus du lit.

— Et comment s'appelle-t-elle, votre péniche ? s'enthousiasma Belle.

— *Les Onze Mille Vierges de Cologne.*

— *Les Onze Mille* Verges ? s'inquiéta l'Italien.

— Vierges, monsieur Palizzi ! Vierges.

— Ah, très bien.

*
**

Batailles en canoë, concours de peinture, charades, bouts-rimés, les jeux battent leur plein. Mais, sur la palette, le jaune se fait plus ocre. Le rouge vire au violet. Les textures s'alourdissent. Bob erre seul dans la campagne. Ou bien il va d'un couple à l'autre. Ou alors il disparaît à Moret pour surveiller, prétend-il, les travaux qu'on effectue à grands frais sur *Les Onze Mille Vierges de Cologne*.

La péniche telle que les cousins Stevenson l'ont rêvée ne sera jamais tirée par le cheval de halage. Le charpentier de Moret la fera saisir en septembre. Insolvables, les jeunes gens devront même lui céder l'*Aréthuse* et la *Cigarette*, les canoës avec lesquels Louis et Simpson ont descendu les canaux d'Anvers à Pontoise. Pour l'heure, rien n'entame la bonne humeur.

Avec son rire contagieux, son énergie, sa poésie, Louis mène la danse. La joie explose à Grez. Une joie moins innocente que celle de l'été passé, quelque chose de lourd, d'entêtant qui bourdonne et ressemble au bonheur.

*
**

— Je serai de retour à la mi-août... Une dizaine de jours... M'attendrez-vous ?

Après le déjeuner qui s'éternisait jusqu'en milieu d'après-midi, Louis et Fanny avaient coutume de se promener. Les autres les regardaient s'éloigner, en débutant leur sieste dans les hamacs ou dans l'herbe. Belle, flanquée d'O'Meara et de Pasdessus, partait de son côté. Leurs assiduités conjuguées protégeaient la jeune fille de l'un et de l'autre, c'est du moins ce qu'espérait Fanny.

En bas dans les vergers, on récoltait les premiers abricots. Le vent charriait un parfum de fruits. Le ciel bleu où moutonnaient de gros nuages blancs se reflétait dans l'eau. Les cloches de l'église sonnaient, annonçant les vêpres. Une brume s'élevait des prés, enveloppant toute la campagne d'un voile de chaleur. Au centre de la grand-route qui conduisait à Nemours, Louis et Fanny avançaient côte à côte.

De dos, sous leurs vastes chapeaux, leurs silhouettes

offraient un tel contraste qu'elles frisaient la caricature. Très courte, très long. Brune, blond. Ils s'opposaient trait pour trait. Une petite tache pourpre, une interminable ligne blanche. Sa nuque à elle où frisottaient quelques boucles semblait posée sur des épaules trop rondes, trop larges, presque masculines comparées à la fragilité de son compagnon. Dressée de toute sa taille, elle arrivait à peine aux omoplates de Louis qui saillaient, pointues, comme deux ailes sous le tissu léger de sa chemise. Elle, elle semblait glisser, immuable et groupée, sans déhanchement, sans balancement des bras ; tandis qu'il dodelinait du chef, à droite, à gauche, une tête d'oiseau, aérienne, sur un cou, un corps qui se propulsait par saccades. Et pourtant leurs pas s'accordaient. Ils marchaient sans effort, au même rythme exactement, soudés par leur dissemblance même.

Ils se dirigeaient vers la forêt. Sur les bas-côtés, les moissonneurs plongeaient jusqu'à la poitrine dans le blé qui crissait comme de la soie sauvage.

Le couple coupa à travers champs, prit le sentier de bruyère et pénétra dans le bois. Louis dénoua son foulard et souffla. Une expression de sensualité enfantine illuminait son visage. Il attrapa la branche d'un pin qu'il respira à longs traits.

— Ce parfum, quel plaisir... Il n'y a rien de plus vivant qu'un arbre !

Fanny sourit. Ils suivaient l'étroit chemin forestier.

— L'absence est un espace mortel dans une relation. Pourtant je ne vous écrirai pas, dit-il... Les lettres n'approfondissent pas l'intimité, elles sont inutiles entre gens qui se comprennent...

Gênée, elle l'interrompit :

— Regardez ces clochettes, comme elles se dressent sur la mousse ! ... Oh, des fraises !

Il lui tendit son foulard. Fanny cueillit les fruits avec ferveur. Elle les disposa d'un geste précis dans le fichu. Ils reprirent leur marche, et tous deux s'enfoncèrent dans leurs pensées.

— Au fond, c'est encore la meilleure façon ! s'exclama-t-elle brusquement. Je les arroserai d'un léger filet de citron, j'y ajouterai quelques feuilles de menthe, je demanderai de la crème à la mère Chevillon et nous les mangerons à...

— C'est à cela que vous réfléchissiez tout ce temps ? s'étonna-t-il. Aux fraises !

— Cela vous surprend ? J'aime bien penser à la nourriture. Pas vous ?

— Si, maugréa-t-il. Mais j'espérais tout de même que vous songiez à autre chose !

Elle rit.

— Quel jésuite vous faites, Louis ! Je vous vois saliver à tous les repas... Manger, boire, vous adorez ça !

— Aimer aussi.

— Je croyais que ceux qui savent aimer n'ont pas besoin d'en parler, se renfrogna-t-elle.

Ils se turent un instant, puis Louis demanda avec sérieux :

— Pourquoi avez-vous amené votre mari à Grez ?

Elle haussa les épaules.

— Je n'avais pas le choix...

— Vous avez manqué de tact !

— Vous m'en voulez ?

— Oui.

Ils se turent à nouveau.

— Je suppose, reprit-il dans un soupir, que la jalousie fait partie de l'amour.

— C'est un sentiment bas !

— Pourquoi, « bas » ? Elle en fait partie, c'est tout... Quoique, dans le cas présent, il ne s'agisse pas vraiment de jalousie.

— De quoi alors ? Que me reprochez-vous ? Vous mettez en doute mon honnêteté à l'égard de qui ? De mon mari ? Ou de vous ?

— Je ne mets rien en doute ! Je ne vous soupçonne pas... Simplement l'idée que vous ayez pu vivre sans moi m'est pénible... J'aurais voulu que nous découvrions le monde ensemble.

— Cliché !

— Vous en connaissez trop, Fanny, et vous manquez l'essentiel !

— Qu'est-ce que c'est, l'essentiel ?

— La gentillesse… Aimer avec gentillesse.

— Oui, ce serait bien, dit-elle simplement. Mais la gentillesse en amour n'existe pas.

— Pourquoi la nier ? dit-il en précipitant les mots. Pourquoi cherchez-vous absolument à nous torturer ?

— Si je vous torture, je dois partir, coupa-t-elle en accélérant le pas.

Il la retint sévèrement par le bras.

— Cessez donc ce marivaudage !

Elle se dégagea.

— Vous voulez parler d'amour. Bien, parlons-en : je veux, moi, un amour qui ne vole rien à personne ! Et je ne songe pas à mon mari, contrairement à ce que vous pouvez croire… Son séjour à Grez, que vous me reprochez tant, a terminé nos relations. C'est fini.

— Il le sait ?

— Probablement.

Ils parlaient à mi-voix, un murmure pressant.

— Auriez-vous la force de le quitter ?

— La force ? ricana-t-elle. La force !… Vous, vous êtes « fort ». Vous pouvez à tout moment faire demi-tour. Vous épouserez une jeune fille de votre âge et de votre milieu qui plaira à votre père… Et moi, je suis forte aussi. A ma façon. Forte comme on l'est dans les sierras quand on a une longue route derrière soi et des rêves devant…

Elle demeura en suspens, incertaine quant à ses rêves.

— L'idéal, reprit-elle, est d'attendre longtemps le bonheur, que ce bonheur arrive, qu'il soit intense, qu'il soit rapide, puis qu'il disparaisse dès qu'il s'est accompli. Alors, je rentrerai chez mon mari et j'y passerai le restant de mes jours dans le silence et l'obscurité.

— Mais c'est monstrueux ce que vous racontez !

— *C'est la vie,* dit-elle en français, et c'est mieux que rien.

— Votre façon de mettre votre mari à toutes les sauces, de jouer avec l'idée de la séparation entre vous et moi, me choque et me révulse !

A nouveau ils se turent.

— Vous avez raison, murmura-t-elle. Me pardonnez-vous ?

Il sourit de son sourire de très jeune homme.

— Madame et mon amour, aussi loin que je me sois avancé dans la vie, je n'ai jamais pu découvrir ce que pardonner veut dire. Je continuerai donc à dire que vous avez manqué de tact.

— Mais me comprenez-vous un peu ?

— Dieu seul le sait. Je crois cela hautement improbable.

Frustrée, furieuse, elle pressa le pas.

— A quoi riment toutes ces palabres alors ?

Elle s'enfonçait à grands pas dans les fourrés. Soudain, comme une jument qui prend le mors aux dents, elle se mit à courir. Elle filait entre les troncs, le visage levé vers le soleil. Il la suivit et la rattrapa. Ils dévalèrent côte à côte la pente qui les ramenait aux champs. Elle sentit que le souffle de son compagnon devenait irrégulier. Il commença à tousser. Il dut s'arrêter. Une quinte affreuse lui déchirait la poitrine. Ses yeux se remplirent de larmes. Il devint blanc jusqu'aux lèvres. Effrayée, elle le fit asseoir. Il se laissa tomber sur la mousse. « Mon Dieu, c'est de ma faute ! » s'affola-t-elle. Elle s'agenouilla à côté de lui, prit sa tête sur ses genoux, lui essuya le front et, penchée sur lui, lui chuchota des mots apaisants comme à un enfant... Comme elle en chuchotait naguère à Hervey. Louis restait étendu, les yeux fermés. De fines gouttes de transpiration marbraient son front. Sous la moustache tombante, la bouche se pinçait. Les narines d'ordinaire frémissantes se fermaient. « S'il venait à mourir ? » Elle eut peur. Elle continuait à le caresser doucement. Ce visage émacié lui rappelait le petit visage de son fils se débattant contre la souffrance.

Peu à peu, la respiration reprit son rythme. Enfin Louis inspira profondément et Fanny l'entendit murmurer : « Respirer, quel miracle ! » Il sourit comme un rêveur qui s'éveille, et puis, sur elle, il ouvrit les yeux. Un regard frais, gai, qui pétillait de jeunesse.

— Ça va ? railla-t-il. Vous vous sentez mieux ?

— Moi ? s'esclaffa-t-elle.

— Vous êtes verte ! Vous avez cru que j'allais y rester ?

— Je voyais combien vous souffriez.

Il redevint sérieux.

— Lorsque j'étais allongé et que vous avez posé ma tête sur vos genoux, j'étais conscient de tout. Lorsque vous vous êtes penchée sur moi, j'ai senti que vous écartiez mes cheveux de mon front et qu'en les touchant vos mains tremblaient.

— J'avais peur pour vous.

— Cela, je le sentais aussi. Votre compassion battait autour de moi...

— Chut... Reposez-vous.

Il l'enveloppa dans un sourire tendre et satisfait, sauta sur ses pieds et, lui tendant la main, l'aida à se mettre debout. Il la retint contre lui. Troublée, elle voulut s'écarter.

— Regardez-moi, dit-il.

Elle leva sur lui des yeux inquiets. Louis crut y lire une prière. Il ne la prit pas dans ses bras. Pas encore.

— Pourrez-vous m'aimer un jour ? demanda-t-il seulement. Le pourrez-vous ?

Fanny baissa la tête. Elle sentait battre contre sa poitrine le cœur du jeune homme. Des petits coups effarés qui lui entraient dans la chair. Cet affolement l'émut si fort qu'elle releva les yeux. Un regard éclairci par la tendresse. Son visage était redevenu serein, lavé de toute méfiance et pacifié.

— Oui, je le peux, murmura-t-elle.

— Alors, tout va bien.

Ils poussèrent tous deux un long, un profond soupir de soulagement et, sans rien ajouter, prirent le chemin du retour.

***

— Bob ?

— Salut, Louis. Comment vas-tu ?

— Que fais-tu ici ?

— La sieste. Assieds-toi donc !

Les deux bras repliés sous la nuque, Bob esquissa le geste de se pousser un peu. Son corps, nu et bronzé sous la chemise bleue de paysan, disparaissait entièrement dans l'herbe. Seul son visage aux yeux clos et ses deux grands sabots de bois blond pointaient. Louis s'assit en tailleur. Etonnant, songea Bob, la bouffée d'air de bohème que la seule présence de Louis suscite alentour.

— Alors, demanda Bob, *Les Onze Mille Vierges de Cologne*, tu l'aménages ?

— Pourquoi n'es-tu ni à Moret ni à Grez ? La péniche, Bob, c'est ton idée ! Sans toi, elle n'existe pas...

— Je fais la sieste, répéta-t-il sombrement, et des études. Je voudrais étudier cette lumière crue, presque phosphorescente, d'ici. Et les paysannes bien en chair. Peindre constamment le Loing débilite le pinceau.

— Où loges-tu ? Pourquoi n'es-tu pas descendu chez Chevillon ?

— Il n'est pas commode d'être l'inévitable Bob : on le trouve à Montparnasse, on le trouve à Montmartre, on le trouve à Moret, on le trouve à Grez...

— Qu'est-ce qui te prend ?

Louis lança sur son cousin un regard soucieux.

— J'habite la pension Laurent... c'est plus sage.

— Pour qui ?

Sans ouvrir l'œil, Bob esquissa un geste du menton.

— Eux... Les O'Meara, les Pasdessus, tous ses flirts ! Je ne les supporte plus ! Je vais finir par casser la gueule de l'un et par noyer l'autre... Belle ne se doute même pas de mes sentiments !

— Elle a dix-huit ans, Bob. Souviens-toi comme on est absorbé par l'ardeur de ses propres émotions à dix-huit ans. Si tu ne lui parles pas, comment veux-tu qu'elle sache ?

— Tu sais comme moi que c'est O'Meara qu'elle aime. Mais tu peux faire quelque chose pour moi... Bob cligna de son œil noir en regardant pensivement le ciel. Tu as de l'influence sur la mère de Belle, je crois...

— Façon de parler...

— Belle est aussi bien que Fanny, n'est-ce pas ?... Lorsqu'elle se penche un peu en arrière... Et puis cette poitrine, cette ligne jusqu'à la naissance du cou... Ça s'oublie difficilement! Ce duvet doré sur la nuque... Cette peau mate où semble circuler du miel à la place du sang... Et ces bras!

— Je sais, soupira Louis Stevenson. Quand une telle femme commence à nous obséder, il faut qu'il arrive quelque chose... Quand une telle femme hante notre imagination... Femme de corps, homme de cœur, elle joue un rôle double... Elle est étrange... Une sorte d'hermaphrodite.

— Quand une telle femme hante notre imagination, reprit Bob, eh bien, il faut la posséder.

— Mieux, l'épouser.

Bob tourna vers Louis un visage incrédule.

— L'épouser? se récria-t-il. C'est une farce?

— Sans doute.

— Tu songes au mariage? Toi?

— En théorie.

— Tu vas vite en besogne. Je te signale qu'elle n'est plus de toute jeunesse, ta promise. Mariée, mère de famille, américaine, tout pour plaire.

— Puis-je compter sur ton appui?

— Certainement. En mettant les choses au mieux, je serais très flatté de t'avoir pour beau-père... Mais tout dépend de la dame... Elle est au courant?

— Non. Mais, dans le bois l'autre jour, j'ai lu de la gentillesse dans ses yeux et je pense que nous ferons affaire...

— Tu es fou, Louis.

— Je sais, avoua-t-il. Mais cette femme est la compagne que Dieu ou le diable me destinent. Je le crois. J'en suis même certain depuis près d'un an.

— De là à songer au mariage!

Louis sourit et soupira :

— Dans ce domaine, un homme est de peu de poids tant qu'il n'a pas tout osé.

*
**

Les eaux semblent de plomb. La barque, en s'éloignant du rivage, coule dans une torpeur magique. L'agitation de Louis, ses gestes saccadés, ce rire en

cascade sont tombés d'un coup, comme le vent. Avec
lenteur, avec précision, il rame. Ses avirons fendent sans
bruit l'étendue liquide. Le chapeau rabattu sur l'œil, il
regarde avec tendresse le petit corps brun qui barre face
à lui. La poitrine de Fanny se tend sous la robe claire.
Ses bras minces et musclés roulent, sa bouche palpite,
rouge et gonflée. Du soleil, elle en a dans les yeux, elle
en a dans la chair, elle en a dans le sang. La barque
glisse sans rider l'eau. Ils flottent entre deux ciels, hors
du temps, de l'espace. Peu à peu les berges se rappro-
chent. Les branches des saules qui plongent dans la
prairie de nénuphars en fleur leur caressent le visage, les
épaules, le dos, la même caresse. Ils enfilent un canal.
Ils avancent lentement sous une voûte de verdure. Au
fond miroite une nappe incandescente qui s'éloigne à
mesure qu'ils s'en approchent. Fanny, les yeux fixes, ne
la quitte pas du regard. Elle lâche lentement la barre.
Elle se lève, s'appuie somnolente à l'épaule de Louis,
s'allonge à plat ventre à ses côtés. En suspens sur la
rivière, les bras tendus, elle écarte de la proue les
lentilles d'eau et les longues plantes aquatiques qui
s'enroulent à ses poignets.

Debout au centre du bateau, Louis manœuvre à la
perche. De l'œil, il mesure le niveau d'eau et la chute de
reins qui se cambre, blanche sur les floraisons vertes et
roses. La légère impulsion qui les pousse s'affaiblit
encore. A bout d'élan, la barque touche terre sur un lit
de graviers. Elle s'immobilise au bord de l'étroit canal.
Louis va l'amarrer à la racine d'un saule et retourne
s'asseoir au-dessus de la forme qui n'a pas bougé. Le
visage inversé de Fanny, ses boucles, ses mains flottent
sur l'eau. Les insectes nagent nerveusement pour le seul
plaisir de troubler son image. Les libellules volettent
alentour. Le menton sur les poings, elle se replie, mais
demeure immobile. Elle sent son cœur qui palpite
contre la barque, qui bat si fort que Louis va l'entendre.
Il regarde son cou où se tordent des frisons bruns. Il
avance la main, pose légèrement ses longs doigts sur sa
nuque qu'il enserre. Elle frémit.

— Fanny, murmure-t-il, nous n'en pouvons plus.

— Non, nous n'en pouvons plus.

Alors, la retournant lentement, Louis la prend dans ses bras.

*
**

Le coassement des rainettes annonçait déjà le soir, quand il relâcha son étreinte. Elle reposait la tête sur sa poitrine, blottie, tranquille.

— Il y a une bête, chuchota-t-elle. Ecoute, là...

Une touffe d'herbe remua, une tête de martre apparut dans les roseaux et plongea. Les eaux se colorèrent de rose, d'hyacinthe et d'or. Les feuillages d'un bleu sombre se reflétèrent à nouveau sur le canal lisse. Une nappe d'humidité monta de la rivière où scintillait un pâle, très pâle croissant de lune. Heureux, brisés, ils repartirent avec lenteur.

*
**

Louis s'embarqua la nuit même pour assister au mariage de son ami. Fanny, debout à la croisée de sa chambre, écoutait le souffle régulier de son fils Sammy qui dormait à demi nu sur le lit pliant à côté du sien. Elle guettait Belle et regardait avec angoisse les éclairs de chaleur qui remplissaient la pièce d'une tremblante lumière blanche. L'air s'était chargé d'un parfum tourbillonnant de bois et de prés. Un bruissement parcourut soudain le poirier devant la fenêtre et des fruits durs tombèrent sur le gazon. Elle entendait le tonnerre, mais de très loin, un roulement profond. Qu'allait-il advenir maintenant ? Elle avait sauté le pas. Sans regret. Elle se sentait riche et fatiguée, comme après avoir rentré la récolte dans l'Indiana. Oh, elle n'était pas pressée ! Ce soir, elle voulait se reposer, savourer le présent, sa jeunesse et sa beauté comme un rosier épanoui dans la chaleur.

Au fond du jardin, sur la berge où naguère elle se disputait avec Sam, elle aperçut soudain la longue silhouette d'O'Meara qui, brandissant son bâton, faisait les cent pas. Elle devina qu'il abreuvait sa fille de paroles passionnées et la scène qui se déroulait là-bas l'inquiéta. Belle, cachée par la haie, demeurait immobile, palpitante dans la touffeur de l'été.

*
**

En l'absence de Louis, un vent contraire souffle sur Grez. Le ciel se charge d'électricité. L'atmosphère vire à l'orage. Le soir du 5 août 1877, la foudre tombe sur l'auberge Chevillon. O'Meara soufflette Pasdessus. Le sculpteur l'envoie rouler d'un direct du droit dans les bocaux de la cheminée. Belle, jetée au travers de son lit, sanglote. Les témoins, Simpson l'Aîné et Bloomer, vendent le piano de la salle à manger pour acheter des armes. Le lieu, l'heure du duel sont fixés. Au pistolet, à l'aube du 10 août, dans une clairière de la forêt de Fontainebleau... Sarcasmes, semonces, ironie, Fanny et Bob conjuguent leurs efforts, couvrent l'affaire de ridicule et parviennent in extremis à stopper le massacre. Mais, nouveau coup de théâtre qui complique encore les passions : le sudiste jadis rencontré sur le bateau d'Anvers, le riche planteur du Kentucky amoureux de Belle, débarque à Grez ! En mère prévoyante, c'est Fanny qui a gardé un contact épistolaire avec ce beau parti. Lui ayant interdit de parler mariage avant les dix-huit ans de Belle, elle a, le jour de cet anniversaire, communiqué l'adresse de l'auberge au jeune homme. Il vient donc faire sa demande en personne.

Sous l'œil de Bob, d'O'Meara, de Pasdessus, qui surveillent le nouveau couple à la jumelle, Belle et son prétendant causent au pied de la tour. Le sudiste offre sa main et sa fortune : « Vous pourriez même continuer à peindre, concède-t-il. Je n'y suis pas absolument opposé ! »

Avec une fermeté qui ne lui est pas coutumière envers ses galants, Belle l'éconduit. Au grand soulagement d'O'Meara. Au grand regret de Mrs Osbourne, qui sait qu'une telle occasion ne se présentera plus.

*
**

Une idée fixe habite désormais tous les hôtes de Grez. Chacun s'y adonne avec ferveur et régularité. O'Meara,

Pasdessus et Bob aiment Belle et se haïssent entre eux. Belle aime O'Meara, mais, quand Pasdessus la regarde, l'avidité de ses yeux — d'ordinaire plutôt inexpressifs —, sa convoitise la fascinent et la troublent. Bob, lui, la fait rire, et puis quand il se moque d'elle, quand il fustige O'Meara et Pasdessus de son mépris, il la fait pleurer. Fanny elle-même ne sait plus à quel saint se vouer. Quelle attitude adopter avec sa fille ? Avec O'Meara ? Avec Pasdessus ? Partagée entre ses responsabilités de mère et sa complicité de femme, entre la raison et les rêves qui la hantent, elle fuit. Mais elle fuit en avant.

Durant les nuits torrides où personne à l'auberge ne peut dormir, elle croit entendre la respiration chaude de Louis, elle sent le désir de Louis comme une main brûlante parcourir son corps. Elle descend vers la rivière. Debout, immobile, elle laisse la brise du soir caresser son corps en feu. Le Loing envoie de petites ondes noires se presser contre ses pieds, contre ses chevilles, comme si lui aussi la désirait.

Maman embellit chaque jour, écrit Belle à Rearden. Et pour cause ! La redécouverte du plaisir semble réussir à Fanny. C'est du moins l'avis de Louis qui la rejoint le 16 août 1877.

Le miracle de sa présence redonne à Grez toute sa légèreté. Il s'occupe des uns et des autres. Il rassure Belle, materne Bob, écarte Pasdessus, exhorte O'Meara au travail.

Avec Fanny, c'est l'osmose. Ils ne connaissent plus de ces prises de bec, bouderies, chamailleries dont leur amitié avait été coutumière... Disputes quelquefois sanglantes dont leur âge mûr retentira. Au terme d'une si longue approche, l'accord physique est immédiat et total. Ils s'unissent, ils s'entendent à la perfection. Point n'est besoin de grandes déclarations. S'ils bavardent sans cesse, ils se parlent de tout sauf d'amour. Pas un geste, pas un mot qui trahisse leur affection. Ni flirt ni mignardise. Mais la liaison de Louis et de Fanny ne fait désormais de secret pour personne. On en cause, on en jase. Et le chevaleresque Robinson a perdu son pari ! Comment, en pareilles circonstances, mettre un semblant d'ordre dans les marivaudages de Belle ?

Pour Mrs Osbourne, c'est le plongeon. La chute. En devenant la maîtresse de Louis Stevenson, elle rejoint la cohorte des femmes qui partagent à Paris l'existence des artistes. Rien désormais ne la différencie des grisettes et des modèles qui fréquentent par centaines la bohème des ateliers. Profondément conservateurs, les peintres aiment ces demoiselles l'espace d'une saison, ils les aiment, mais ne les respectent pas. Si Fanny a pu régner sur Grez, si elle préside aujourd'hui la table et les jeux, c'est qu'elle n'appartient à personne. Et qu'elle travaille. En jetant son bonnet par-dessus les moulins, Mrs Osbourne perd tout. Elle perd Grez, elle perd Paris et San Francisco. Les pires prophéties de son mentor Rearden se réalisent. N'avait-il pas prédit qu'elle se laisserait corrompre par la vie dissolue des studios, que loin de son mari, loin de son monde, elle tomberait comme une fille ?

L'incroyable, c'est que Fanny semble avoir quitté la dernière bande de terre ferme où poser sa bottine avec la plus grande spontanéité. Sans regret, elle largue ses amarres.

Et quand les prunes noires et lourdes tombent une à une sous sa fenêtre, quand la vigne vierge roussit sur la façade et les vents chargés d'eau secouent les quatre marronniers du jardin, Fanny cette année-là ne s'attarde pas au bord du Loing. Elle fait ses paquets pour Paris. Au grand regret de son fils Sammy qu'elle console du départ en lui annonçant : « Mais tu sais, *Luly* ne reste pas à Grez. » Luly, le nom d'amour que le jeune Osbourne donne à son grand ami. « ... Luly vient aussi ! »

Je ne suis plus aussi jeune qu'autrefois et j'ai la nostalgie du temps qui passe, écrit Louis à l'heureux époux Baxter. *Je me sens un peu plus lourd, et peut-être plus triste que par le passé. Le rire surtout, ce vieux rire hyperbolique, ce rire incontrôlable qui nous prenait aux tripes, qui nous pliait en deux jusqu'aux larmes, ce rire-là s'est éteint. Mais… bien que rien ne puisse ramener son heure de gloire au jardin ni sa splendeur à la rose, je prétends être un heureux mortel après tout. Nous sommes un peu trop vieux pour la nostalgie des verts paradis,* poursuit-il, *trop vieux aussi pour jouer les Werther. Si nous n'avons pas lavé notre esprit de toute cette camelote, de tous ces clichés immatures, je me demande comment nous pourrons vivre et mourir correctement.*

Simpson l'Aîné avait-il vu juste en prétendant que le mariage de Baxter fermait la porte à l'adolescence de Louis, qu'il annonçait pour toute la petite bande l'accession à la maturité ? Quoi qu'il en soit, le chant de triomphe de Stevenson semble aussi éloigné que possible des hymnes à la joie, des arias extatiques qu'entonnent les amants comblés.

… Amants au jour le jour, car l'avenir de Louis et de Fanny en cette époque puritaine ne se présente pas sous les meilleurs auspices. Avec ses trente-sept ans sonnés, sa fille à marier, son petit garçon à élever, son mari à rejoindre, Mrs Osbourne n'incarne pas précisément l'idéal de la demoiselle dont on s'éprend impunément. Elle n'est pas non plus la courtisane au grand cœur, ni même le type de l'initiatrice en volupté. Aucun doute cependant ne vient assombrir leur passion. Ils vivent ce qu'ils appellent déjà une « *Romance of Destiny* ». A Paris, comme à Grez, ils se comprennent et s'adonnent sans réserve aux plaisirs de la chair. Ils ne s'y adonneront pas longtemps. Dès le mois d'octobre, Louis se retrouve cloué au lit, non par l'amour mais par une conjonctivite purulente. Fanny ne se soucie même plus de préserver les apparences. Elle l'héberge dans le nouveau meublé qu'elle occupe avec les dames Wright 5, rue Ravignan : aux yeux de tous, Louis Stevenson habite sa chambre et partage son lit.

Elle le veille, bien qu'elle ne se porte pas mieux que lui. Lors de la dernière bataille navale à Moret, lors de l'ultime naufrage, son pied et celui de Bob ont été écrasés entre deux canoës. Bob termine une lourde saison avec l'orteil cassé, et disparaît chez sa sœur en Ecosse. Fanny, un claquage de la cheville, une déchirure au mollet, claudique sur des béquilles. Jour après jour, les yeux de Louis baissent. L'une boite, l'autre ne voit plus, beau début de romance... Amants éclopés que rien n'abat.

En novembre, la situation devient critique. Les paupières de Louis gonflent et suintent, la cheville de Fanny ne cicatrise pas. Elle s'affole. A qui demander conseil ? Quel médecin appeler ? Son impuissance lui rappelle encore et toujours la maladie de Hervey. Si Louis perdait définitivement la vue ?... Quelle folie d'accueillir ce garçon, alors que son propre état de santé ne lui permettait pas de le soigner ! Ses télégrammes à Bob demeurent sans réponse. Que faire ?

Bravant à nouveau toutes les conventions, Fanny va confier Belle et Sammy aux dames Wright pour conduire son jeune amant à Londres. Elle l'emmène chez Sydney Colvin, le mentor intellectuel et moral de Louis. Mr Colvin est professeur à l'université de Cambridge, bientôt conservateur au British Museum, membre fondateur du Savile Club : pas le genre d'homme à frayer avec les maîtresses de ses protégés ! Elle passe outre.

Deux mois après leur première étreinte, Fanny Osbourne expérimente la vie qu'elle mènera durant les vingt prochaines années : contre vents et marées, une quête de la santé à travers le monde. Sauver la vie de Robert Louis Stevenson. A n'importe quel prix.

Je suis sûre que rien de ce que j'ai à raconter ne vous intéressera, écrit-elle avec son agressivité coutumière à

Timothy Rearden. *Mais j'ai lu tous les livres et je m'ennuie à rester couchée depuis si longtemps ! Imaginez : je n'ai passé que quelques heures hors de mon fauteuil en trois mois. C'est rasoir ! Le docteur dit que, si je suis bien sage, je pourrai marcher dans un mois. Un mois, c'est long, long !*

Les amis du pauvre garçon qui devenait aveugle chez moi ne m'ont pas laissée quitter Londres. Du moins pas immédiatement après l'avoir déposé, comme j'en avais l'intention. Ils m'ont fait opérer le pied par leur propre chirurgien, un très bon médecin anglais. N'empêche, je suis tombée plus malade encore et j'ai dû rester couchée chez eux trois semaines !

Quels gens bizarres que ces intellectuels londoniens. Ce sont les chefs de file d'une coterie de puristes, et je me sentais tellement déplacée dans leur appartement qu'ils ont arrangé un petit coin pour moi, ou plutôt qu'ils ont tout dérangé... Ils m'ont entortillée dans des châles de couleur, ont jeté une peau de tigre sur le sofa qu'ils me destinaient et une autre sur moi. Tout le reste, les murs, les nappes, les rideaux, était bleu pâle ou vert d'eau. Aussi avec mes peaux de bête et mes fichus jaunes, ressemblais-je à quelque primate dont on aurait reconstitué la grotte dans un coin. Cela paraissait complètement incongru de voir le très sérieux Mr Colvin et la très sérieuse Mrs Sitwell s'asseoir à mes côtés et me parler des progrès de la littérature et des arts, dans l'anglais le plus châtié, avec un accent très aristocratique. Ils me faisaient plutôt peur, mais ne semblaient pas s'en apercevoir, quitte à descendre quelquefois à mon niveau et à me flatter comme on flatte un petit chat. Ils m'ont tout de suite appelée Fanny, mais ne m'ont jamais demandé de les appeler Sydney ou Frances, encore moins « Syd » et « Fanny ». J'aurais bien voulu, parce que ça aurait été drôle et inconvenant.

Ces gens ont été néanmoins très gentils. Avant de les rencontrer, on m'avait dit qu'il ne fallait surtout pas que j'allume une cigarette devant eux et qu'une bouffée de fumée polluerait à jamais leur gentil petit appartement. Mais quand un certain Mr Henley, celui qui avait écrit un poème sur moi l'été dernier sans me connaître, est venu

me rendre visite avec un certain Mr Leslie Stephen,
gendre de Thackeray, j'ai été tellement fascinée par leur
conversation qu'oubliant où je me trouvais je me suis
mise à fumer cigarette après cigarette. On a fait mine de
ne rien remarquer. Quand Mr Henley et Mr Stephen sont
partis, au lieu de m'assassiner, Mr Colvin est sorti me
chercher du tabac turc, du papier à cigarette, et il m'a
demandé de lui apprendre, ainsi qu'à Mrs Sitwell, à les
rouler! Voilà ce que j'appelle de la vraie politesse.

Premier contact avec les êtres qui « découvriront » la
plupart des grands écrivains anglais de leur époque, les
hommes qui publieront Kipling, Conrad, Hardy, Wells,
Yeats, Shaw. Et Robert Louis Stevenson. La bande
d'intellectuels qui influencera et censurera son œuvre
jusqu'après sa mort. Les futurs rivaux de Fanny, ceux
qu'elle qualifiera bientôt d'*amibes déguisées en amis, de
coups de poing costumés en copains.* Dans dix ans, elle
brouillera Henley et Stevenson, provoquant ainsi la
querelle littéraire de la fin du siècle. Pour l'heure, grisée
et guérie, elle regagne l'atelier Julian.

Quelle impression laisse-t-elle à Londres chez les
protecteurs de son jeune amant? De quel œil la chaste,
la cérébrale Fanny Sitwell a-t-elle observé l'impudique
Fanny Osbourne, sa rivale et remplaçante dans les
affections de Louis Stevenson?

Je suppose que Colvin éprouva à l'égard de cette
femme un soupçon d'étonnement, un zeste de condescendance, une pincée de sympathie, bref un cocktail de
sentiments contradictoires où se marient l'amusement et
l'indifférence. Rien d'entêtant, rien de lourd. Presque
un soulagement.

Comparée aux goûts de Louis pour des pêches en
eaux plus troubles, cette compagne provisoire paraît un
moindre mal. Mrs Osbourne a les pieds sur terre. Elle
prend soin de la santé du garçon, elle semble dotée, en
dépit de ses extravagances, d'un solide sens pratique.
Que demander de plus à une maîtresse? Cette liaison
avec une femme plus âgée ne peut que calmer et poser
Louis. C'est du moins ce qu'explique Mrs Sitwell, dont
la sagesse et l'esprit jouissent d'un grand crédit auprès

des parents Stevenson. Avec magnanimité, elle plaide la nouvelle cause de son protégé. Car le père, inquiet des interminables séjours en France de Robert Louis Stevenson, menace de lui couper les vivres et de rompre toutes relations s'il ne rentre immédiatement à Edimbourg.

Ni Sydney Colvin ni Mrs Sitwell n'imaginent une seconde que cette Fanny-là va laisser sa marque dans leur vie, qu'ils devront compter avec elle, avec ses goûts littéraires, son influence, son fanatisme durant les quarante années à venir.

**
*

— Mon père arrive demain rue Ravignan !

— Quoi ? hurla-t-elle.

— Tu sais que je lui avais écrit pour lui parler de toi...

— Mais je n'avais pas imaginé qu'il viendrait chez nous !

— C'est moi qui lui ai demandé d'entreprendre ce voyage... Je désire qu'il te connaisse, je veux qu'il rencontre Belle et Sammy !

— C'est du suicide !

— Non, c'est du culot.

— Ton père ne peut m'accepter ! Je suis mariée, je suis âgée, je suis américaine... C'est une histoire impossible... A quoi rime cette réunion, veux-tu me le dire ?

— A tenter d'être honnête avec ceux que nous aimons. A regarder les choses en face. Je ne continuerai ni à te faire vivre dans la clandestinité ni à tricher avec ma famille. Je veux être en règle avec le monde. C'est une histoire impossible, dis-tu. Très bien : nous vivons une histoire impossible. C'est ainsi et c'est clair.

— Très clair ! Après cette scène avec ton père...

— Nous saurons à quoi nous en tenir. Je serai soit plus à l'aise pour t'aider à subvenir aux besoins de tes enfants. Soit à la rue. Mais nous le serons ensemble. Même bateau, Fanny !

Prudente cependant, Fanny ne jouera pas la Dame aux camélias. Elle ne recontrera pas le père de son amant. Elle attendra le résultat de l'entrevue chez elle, tandis qu'attablé dans un café Louis expose ce qu'il appelle pudiquement « les nouvelles complications de son existence ». Cette conversation rassure plutôt Stevenson père. Le scandale se déroule loin d'Edimbourg, et la dame possède un époux quelque part… Inutile de rien bousculer. La passion de Louis pour une matrone de dix ans son aînée lui passera. En outre, l'Américaine rentrera tôt ou tard dans sa lointaine Californie. Patience !

Le vieux monsieur, touché de la sincérité de son fils, accepte de le recevoir sans lui faire de reproches, il lui accorde même une nouvelle avance sur son héritage. Tous deux conviennent qu'il passera Noël en famille. Louis ne pouvait espérer davantage. Il a gagné, ils ont tous gagné du temps. Mais combien ?

Jusqu'au printemps, ils oublient leurs soucis d'argent, leurs ennuis de santé, leurs angoisses, leurs séparations. Sans le terme à payer et les enfants à nourrir, ils oublieraient même l'existence de Sam, même le serment de rentrer en Amérique au mois de juin.

La romance de Belle bat son plein. La jeune fille se fiance en secret avec O'Meara. L'idée du « mariage » flotte dans toutes les têtes. *Un homme qui fuirait le mariage se trouverait dans la même situation qu'un guerrier désertant le champ de bataille*, écrit Louis. Curieuse comparaison pour un amant qui songe à se lier. Clairvoyance et réalisme concernant un état des plus utopiques en ce qui le concerne. Le mariage ? *Est-ce qu'un homme*, demande-t-il à son conseiller juridique Baxter, *est-ce qu'un sujet britannique et majeur peut épouser en Ecosse une Américaine (majeure si tu veux le savoir, et même très vaccinée) ? Si oui, dans quel délai et sous quelles conditions ? Est-ce que la licence serait plus facile à obtenir en Angleterre ?*

Début mars, retour à la réalité. Sam Osbourne n'envoie pas son maigre mandat. Avril, mai, toujours rien. Leur situation financière frise la catastrophe. Par miracle, Louis trouve un emploi qui justifie sa présence à Paris. Il sert de secrétaire particulier à l'un de ses anciens professeurs, ingénieur et membre du jury à l'Exposition universelle qui se tient au palais du Trocadéro construit pour la circonstance. Et, comme un bonheur n'arrive jamais seul, la publication à Londres de son premier livre, *An Inland Voyage* (le récit de son aventure avec Simpson sur les canaux d'Anvers), lui apporte vingt livres sterling et quelques bonnes critiques. Il se juge avec ce regard sévère qu'il n'applique qu'à lui-même : *Pas trop mal écrit. Mince. Médiocrement amusant, un peu poussif...* S'il sous-estime son travail, ses gains de cette année-là permettent de régler les dettes les plus pressantes de Fanny. Elle ne réclame pas l'arriéré de la pension à Sam. En juin, ni mandat ni message. Sam coupe les vivres et les ponts. Il fait le mort.

Le 1er juillet arrive l'ordre tant redouté. Un télégramme. *Rentrez.*

Fanny, ignorant l'ultimatum, s'installe à Grez. La famille Osbourne reprend ses quartiers d'été dans les hamacs à l'ombre bleue des saules. Mais Belle et Sammy seront seuls à goûter la beauté du jardin.

**

L'hiver a changé Fanny. Il l'a rendue plus sûre d'elle-même. Et beaucoup plus humble.

Au contact de Robert Louis Stevenson qu'elle a vu écrire, corriger, relire *An Inland Voyage,* Stevenson dont le travail et la vie se fondent dans une même exigence, elle a pris conscience qu'elle pouvait, elle, mélanger ses couleurs, ou bien les laisser dans leurs tubes, sans que la différence soit très sensible. Certes, elle a du talent, de l'énergie, de la ténacité. Mais elle manque de puissance, et de passion. Elle peint en amateur. Comment justifier sa présence à Paris, comment poursuivre à l'atelier Julian, en sachant qu'elle ne créera au mieux que de jolis ouvrages de dames ? Insoutenable découverte de sa propre médiocrité.

Découverte aussi que sa situation parmi les peintres de Grez a changé. Les artistes ne l'ont traitée d'égal à égal que, paradoxe, parce qu'elle leur paraissait « vertueuse ». Fanny se trouve désormais amalgamée aux filles dont ils font leur ordinaire, ces filles auxquelles ils interdisent Grez... L'auberge Chevillon lui sera bientôt fermée, bon et alors ? songe-t-elle. Sans Francisco aussi. Tant mieux. Mais Indianapolis ! Edimbourg ! Louis a beau répéter, avec sa fougue de jeune homme, que le divorce existe, qu'il l'épousera, qu'il se fait fort d'introduire sa femme en Angleterre, Fanny n'ignore pas que le scandale d'un divorce les coupera tous deux de leurs mondes. Quant à continuer de vivre en concubinage, ce serait ruiner à jamais sa réputation de femme et son autorité de mère, faire fondre la honte sur sa tête et celle de ses enfants... En outre, qui sait si Louis ne s'éprendra pas d'une jeune fille de son pays, de son milieu, de son âge, comme elle le lui prédisait naguère ?... Et même, même s'il continuait d'aimer Fanny Osbourne après qu'elle lui eut tout sacrifié, avec quel argent ferait-il vivre Belle et le petit Sammy ?

GREZ – juin-juillet 1878 – troisième été

A mesure que la soirée se rafraîchissait, les odeurs pressantes de l'été montaient des berges et des champs. Le parfum des rosiers tombait de la treille, ne lui procurant aucune ivresse. Rien qu'un vague écœurement. Face à la rivière, Fanny frissonnait dans son grand fauteuil d'osier. L'ombre des fleurs et des plantes se dessinait serrée à ses pieds, comme une résille, comme un filet. Elle releva la tête et regarda le mince croissant blanc sur le ciel incolore et vitreux. « C'est étrange, songea-t-elle, j'aimerais boire la lune. Elle seule pourrait étancher ma soif... Une liqueur ardente et glacée qui m'engourdirait jusqu'à l'oubli. »

Fanny entendait derrière elle le cliquetis des verres, elle devinait qu'à la lueur vacillante des quinquets la coiffe de dentelle d'Ernestine, la marmotte bleue de la mère Chevillon s'agitaient autour de la table d'hôte. Elles ne dressaient le couvert que pour quatre. L'été s'avançait et l'auberge restait vide. Le piano, vendu en août dernier, laissait un trou d'un gris sinistre parmi les pochades et les dessins. Echaudés par les complications de l'été passé, Pasdessus, Bob, les deux Simpson, Bloomer, Robinson avaient préféré planter leurs chevalets à dix-huit kilomètres de là, chez la mère Antony de Moret. Ils cédaient provisoirement le terrain à l'Irlandais O'Meara qui triomphait auprès de Belle. Les jeunes gens, tout occupés de leur amour, ne s'apercevaient même pas de la désertion.

De l'aube jusqu'au couchant, Fanny les cherchait des yeux. « Que fait Belle ? » Dans le crépuscule de ce soir, elle ne distinguait que la rangée des peupliers qui, comme une barrière de lances, fermait l'autre rive à ses regards. Là-bas, le cri d'un chat, d'un oiseau, d'un canard peut-être, venait de retentir. Elle sursauta... Ce même appel pressant, cette plainte infinie qui avait déchiré la nuit le soir de juillet où le visage de Robert Louis Stevenson était apparu dans l'encadrement de la porte. Hurlement de détresse. Chant d'amour et de haine. La lettre qu'elle allait écrire à Sam devrait ressembler à ce cri. Elle trouverait les mots qui résonneraient avec autant d'impatience, autant de désespoir et de méchanceté que la clameur de l'animal, là-bas, sur l'autre rive.

*

Ce dixième matin à Grez, Fanny s'était installée sous la tonnelle. Elle tentait encore une fois d'écrire à Sam. De sa retraite ombragée, son regard plongeait dans le monde rouge du soleil, sur son parterre de lys tigrés. Elle ne voyait rien. Elle n'imaginait rien. Elle ne parvenait pas plus à se représenter son jardin d'Oakland que l'appartement de la rue Ravignan. Rentrer ? Rester ?

Reprenant sa plume, elle barra la feuille blanche d'un grand trait vertical. En tête de colonne, deux noms. Sam. Louis. Avantages, inconvénients. A nouveau, elle tenta de raisonner et rien, absolument rien, ne lui vint à l'esprit. Le trou. Le vide. Pas une idée. Seule l'arrivée de Louis, qu'elle attendait pour le jour même, pourrait la tirer de cette affreuse torpeur. Un abîme de doutes que, dans son angoisse, elle ne parvenait même plus à formuler. Le gouffre.

Louis. Elle renversa la tête contre son dossier. Qu'aimait-elle en Louis ? Le feu pénétrant de ses yeux sombres, très écartés ? La finesse de son visage ? Ce quelque chose de doux, d'irrésistible dans le sourire ? Ses longues mains nerveuses qui s'agitaient inlassablement ? Cette éternelle cigarette, la cendre à demi consumée, coincée entre le majeur et l'index ? Son pas rapide, la grâce aérienne de ce corps élastique, ce corps si frêle qu'habitait une ténacité de fer ?... Son courage physique ? Le fait qu'il n'ait pas poussé une plainte quand il avait cru perdre la vue ? Qu'il ne parlait jamais de sa santé ? De ses souffrances ? de sa probable phtisie ? Ou bien son courage moral ? Sa façon d'affronter les situations et leurs conséquences ?

Elle admirait la manière dont il avait défendu auprès de son père leur liaison que personne ne lui demandait de révéler. Combien d'autres à sa place se seraient tus, cachés ?... Louis, toujours prêt à payer pour ses erreurs, mais n'admettant pas l'ambiguïté dans les rapports humains... Qu'aimait-elle en Louis ? Elle ouvrit sa pochette de tabac, roula entre ses doigts agiles une cigarette qu'elle colla d'un long coup de langue et, se renversant à nouveau, elle se laissa distraire par le plaisir fugitif des premières bouffées. Qu'aimait-elle en Louis ? Son humanité. Vivant, Stevenson, cent fois plus vivant que tous ceux qu'elle avait jamais rencontrés ! Chez lui, rien de convenu, rien d'apprêté, rien d'affecté. Elle aimait son refus de tout ce qui est communément accepté, son rejet des codes et des conventions. Elle aimait son mépris pour toute règle prudente ou restrictive, à moins que cette loi ne lui paraisse en accord avec sa conscience... La conscience de Louis. Totalement personnelle. Cette conscience qu'il interrogeait en permanence. Fanny aimait cela aussi, ce souci constant de vivre en accord avec soi-même. Chez d'autres, songeait-elle, cette habitude de se regarder, de s'interroger, de se remettre en question, conduirait au narcissisme. Chez lui, la pose devant le miroir ne menait qu'à la plus merveilleuse des générosités. Et s'il jouait un rôle, s'il travaillait avec une passion d'enfant à faire de la vie une histoire, un drame, un conte, le personnage qu'il y incarnait, c'était lui-même. Louis, ondoyant et divers. Poète, pour qui le monde regorgeait d'enchantement et de romance. Artiste en rébellion contre le timoré, contre le négatif, contre le mort vivant, une haine farouche pour la déesse Respectabilité, une horreur pour son acolyte, le dieu Confort. Casuiste qui travaillait à se créer une morale aussi éloignée de la froideur des lois de Moïse, aussi proche des enseignements du Christ que possible, une morale qui répondrait à ses exigences de charité et de joie. Louis. Le généreux, l'héroïque, le tendre. Un sentimental sans une once de sentimentalité. « L'action, Fanny, l'action ! » Un aventurier qui tentait toutes les expériences. Pas simplement les plus agréables. Toutes celles qui exhalent chez l'homme le sens et la certitude de sa propre existence... Elle songea de nouveau aux rapports qu'il entretenait avec sa très conventionnelle famille... Au fond, Louis n'aimait rien tant que se trouver au cœur de la bataille, dans des dilemmes moraux, dans des positions sociales difficiles, pour le seul, l'unique plaisir de se colleter avec lui-même, de se mettre à l'épreuve, de s'assurer qu'il se conduisait en accord avec son code de l'honneur, du devoir et de la gentillesse. Ce besoin de se battre trouvait en Fanny mille échos. Mais chez Louis, dans ce corps, cette organisation si frêle, une telle pugnacité la bouleversait.

Emue par le contraste abrupt entre la faiblesse physique et la force intérieure de cet homme, Fanny expira une bouffée et baissa la tête.

Après tout, qu'avait sa situation de si tragique ? Elle ne serait ni la première femme séparée de son mari ni la seule mère à vivre avec son amant... Et le scandale, comme l'avait très justement vu Stevenson père, le scandale éclatait loin des cercles de famille et n'éclaboussait personne... Quant à Sam... Que diable Sam pourrait-il réprouver ? Lui-même ne vivait-il pas avec sa maîtresse au vu et au su de tout San Francisco... Fanny commençait même à se dire qu'on la traitait bien mal, cette pauvre concubine de son époux… Elle rougissait de honte rétrospective en songeant qu'elle-même lui avait craché au visage… Oui, on la traitait mal. Et Sam le premier ! Comment Louis se conduirait-il à sa place ? Fanny écarta la question… « Incomparables », les deux cas étaient incomparables.

Louis Stevenson et Fanny Osbourne vivaient « *A Romance of Destiny* »… La rencontre entre deux êtres aussi différents, aussi proches, ne pouvait avoir lieu qu'une fois tous les mille ans. Cet amour-là valait qu'on s'y accroche… Comment pourvoirait-elle aux besoins de ses enfants ? Comment financerait-elle l'éducation de Sammy ? Eh bien, elle travaillerait ! Ce ne serait pas la première fois qu'elle se tirerait d'affaire. Travailler. A quoi ? Son talent ne laissait guère augurer l'espoir d'une grande carrière. Mais elle pourrait peindre des assiettes. C'était très populaire, la porcelaine. Evidemment, d'après ce qu'elle avait pu juger de la situation économique des ouvrières en chambre dont les artistes se servaient à l'occasion comme modèles, ces demoiselles semblaient trouver quelque difficulté à joindre les deux bouts… Et ses talents de couturière, pourquoi diable n'y avait-elle pas pensé ? A Virginia City, son habileté à l'aiguille lui avait rapporté un petit pécule et une jolie réputation !… A Paris, les cousettes s'usaient les yeux et se détruisaient la santé pour quelques sous. Bah, Fanny Osbourne se débrouillerait toujours ! Elle sourit en songeant qu'avec Louis, son imagination, son énergie, son sens de l'humour, elle ne risquait pas de croupir dans la tristesse et l'ennui… Elle, non. Mais Belle ? Mais Sammy ? Sans les mandats de Sam, la misère les guettait, cette misère qui avait tué Hervey ! Allait-elle flirter avec la mort une seconde fois ? Comment faire ce choix délibéré de replonger dans l'horreur les deux enfants qui lui restaient ? Bah, le danger n'était pas bien grand. Les parents Stevenson ne manquaient ni de cœur ni de fortune. Et lui, lui… Les critiques de ses premiers essais, les louanges qui saluaient son premier livre, le respect que lui témoignaient des hommes comme Henley et Colvin la confortaient dans ses certitudes… Lui, lui, il avait du génie !

Qu'aimait-elle en Stevenson ? — Fanny avait osé se le demander. Parbleu, c'était le créateur !

Fulgurante, l'émotion à la lecture des premiers textes de Louis, l'enthousiasme devant la pureté de son style, la finesse de ses analyses. Elle assistait, elle en avait l'intime conviction, à la naissance d'un très grand écrivain.

A elle, les dieux, ou le diable, avaient refusé ce pouvoir-là : engendrer une œuvre d'art. Sur ce point, Fanny connaissait la réponse à la toute première question, posée deux étés plus tôt dans le petit bois de Grez. Elle appartenait à cette catégorie d'artistes qui ne passeraient jamais au stade supérieur, ceux que Stevenson appelait les « Somnolents »... *Somnolente*, soit. Mais, au cœur même de son demi-sommeil, Fanny Osbourne ne manquait ni de sens artistique ni d'aspiration vers l'idéal... Nul, mieux qu'elle, ne savait repérer dans la maladresse d'une ébauche, dans la ligne d'une esquisse, la beauté du tableau à venir... Intuitive et visionnaire. Stevenson lui-même la disait infailliblement douée pour deviner le caractère des gens, leur valeur humaine, leur potentiel artistique. Infailliblement douée pour diriger le talent d'un autre vers son épanouissement...

Par la sagacité de ses conseils, par la solidité de son appui, qui sait si elle ne le conduirait pas au pinacle ? Elle le voyait déjà au Panthéon des immortels... Comment osait-elle hésiter une seconde entre son jardinet d'Oakland, quelques actions dans les mines de Sam, et la plus grande aventure de l'existence !

Elle reprit sa plume, *Cher Sam*... Elle écrasa d'un geste nerveux son mégot et, rattrapant sa pochette à tabac, se roula une nouvelle cigarette. C'est alors qu'elle aperçut Belle dans l'herbe au bord de la rivière. O'Meara la tenait serrée et l'embrassait à pleine bouche. Ils ne prenaient même plus la peine de se cacher... L'idée brutale que sa fille avait sauté le pas, qu'elle appartenait désormais à l'Irlandais, et du même coup à la classe des drôlesses et des noceuses — comme elle —, la certitude que O'Meara ne l'épouserait pas, qu'il l'engrosserait peut-être, la foudroyèrent. C'était son exemple. C'était sa faute. C'était elle qui conduisait sa fille à la catastrophe. Le cas tragique de Hervey ne lui suffisait donc pas ? Elle crut entendre la voix de Rearden, et cette voix l'accusait.

Un instant, elle eut l'intuition que l'emprise de l'avocat l'attirait vers le bas, que l'influence de Stevenson l'élevait. Rearden, c'était la peur. Louis, l'espoir... L'espoir ? Elle ricana. Celui de compromettre sa fille ? Celui de la voir se perdre avec elle ? A nouveau, le souvenir de Hervey, le remords de l'avoir entraîné dans pareille aventure la submergea.

De quelle inconscience, de quel égoïsme faisait-elle preuve aujourd'hui ? Parce qu'elle s'était ennuyée avec son brave Américain de mari, parce qu'elle avait traversé l'océan pour mieux jouer les artistes, parce qu'elle avait pris un amant pour passer le temps, parce qu'elle s'était laissé engluer dans ce qu'elle prenait pour une passion, elle s'apprêtait à laisser Belle saccager son destin ?... La vie de Fanny Vandegrift était derrière elle. Elle l'avait gâchée. Bien... Etait-ce une raison pour sacrifier l'avenir de ses enfants ? Cette comédie avait assez duré ! Elle devait désamorcer la bombe, stopper la machine pendant qu'il en était encore temps...

Saisissant une nouvelle feuille, elle inscrivit : *Nous serons à la maison en août comme convenu.*

Fanny cacheta et, l'enveloppe à la main, remonta quatre à quatre dans sa chambre.

*
* *

Sans explication, ni à Belle ni à Sammy, du jour au lendemain, elle embarque ses enfants et quitte Grez. Elle rentre à Paris, elle fait ses paquets, elle rend l'appartement, elle résilie l'inscription à l'atelier.

Et Fanny brise le cœur de sa fille qui ne lui pardonnera jamais sa hâte et sa brutalité.

*

— Vous êtes fiancés, très bien. Il t'épouse, oui ou non ? C'est le moment de choisir.

— Maman, pas tout de suite, c'est impossible !

— Alors, nous partons. Ton père nous attend. Il n'est que temps.

— Pourquoi devrais-je rompre avec O'Meara ? Parce que ta relation avec Louis mène à l'impasse ?

— Je ne te demande pas de rompre, mais de te ranger !

— C'est toi qui me dis ça ? Tu oses ?

Affolée de souffrance et d'incertitude, Fanny se raidit.

— L'aventure à Paris, c'est fini, tu as appris tout ce que tu pouvais chez Julian. Il est temps de faire tes preuves à la maison. Nous verrons ce que Virgil Williams pense de tes progrès.

Puis s'adoucissant, elle tente d'approcher Belle et murmure :

— Je ne veux que ton bonheur, Belle. Si O'Meara fait de toi sa femme, je donnerai mon consentement... Même si cela veut dire que tu vis loin de moi... Même si cela signifie que toi, tu restes en France...

— Mensonge ! Tu ne supportes pas que je sois heureuse ! Parce que ta vie est derrière toi, tu veux détruire la mienne. Parce que je suis jeune, parce que je suis jolie, parce que O'Meara m'aime, la jalousie t'étouffe !... Tu accuses toujours papa d'hypocrisie, mais depuis le début, c'est toi, maman, c'est toi qui triches !

— File ou je te gifle ! Il est grand temps de te discipliner... Je t'ai très mal élevée, ma petite, et je le paie aujourd'hui !

*

Belle se vit obligée de mettre le marché entre les mains de son amant. Le mariage ou la séparation. Devant ce choix cornélien, l'Irlandais se récusa. Il aimait Belle, il l'aimait à la folie... Mais il préférait le travail, le silence, les ciels gris de Grez aux fracas des dames Osbourne. Désespérée, trahie par tous ceux qu'elle aimait, Belle lui fit ses adieux. Sur un quai de la gare du Nord, elle sacrifiait O'Meara, son premier amour, à la tyrannie maternelle. Le train, le bateau qui séparaient les jeunes gens la conduisaient à Londres. Ils ne se reverraient plus.

NO MAN'S LAND – LONDRES – juillet-août 1878

Je vis les derniers jours de ma passion. Ils sont terribles, écrit Stevenson à Baxter. *Ensuite tout sera consumé.*

Ces derniers jours, ils les passent dans une modeste pension de famille de Chelsea. Ultime halte sur la route vers le bateau en partance de Liverpool pour New York.

De ce séjour anglais, Fanny ne gardera que le souvenir de ces grands yeux très écartés qui se suspendent aux siens, de ce rire, ce rire d'enfant qu'elle espère et n'entend déjà plus. Dans son désarroi, il lui semble que Hervey meurt pour la seconde fois.

— Je ne puis te séparer de moi par la pensée. Tu vas parler à ta famille ? demande-t-il.

— Oui, je parlerai à mon mari.

— Ton mari, Fanny, c'est moi ! Tu es Mrs Robert Louis Stevenson...

— Oui, répond-elle sur un ton de tristesse infinie, en quelque sorte...

— Si je te laisse partir, c'est pour que tu demandes le divorce !

— Laissons cela, veux-tu...

Bouleversé par la souffrance qui contracte ce petit visage de femme, par la fuite de ce regard d'ordinaire si brave, terrifié par ses dérobades, Louis insiste.

— Jure-moi que tu ne pars que pour clarifier la situation. Tu ne pars que pour revenir libre...

— Mais oui... Sans doute... Bien sûr.

— Fanny, il ne saurait être question d'orgueil, de faiblesse, de rapports de forces entre nous... Ecoute ! supplie-t-il en tentant d'attirer une attention qu'elle ne parvient pas à fixer. Ecoute : l'absence n'empêche rien. Ni la distance...

298

— Bien sûr, répète-t-elle mollement.

Il l'observe et conclut :

— Je viens avec toi ! Je ne te laisserai pas seule avec cet homme ! Vous vous expliquerez, et je te ramènerai.

Elle sourit, une expression pleine de tristesse, de grâce et de reconnaissance.

— Avec quel argent ?

— Donne-moi jusqu'en septembre. J'aurai rassemblé ce qu'il faut pour nos passages... C'est décidé, je t'accompagne !

— Surtout pas, non !... Ta présence compromettrait tout... Elle exaspérerait Sam... Non... Je dois régler mes affaires seule... Je m'arrêterai dans l'Indiana, je parlerai à ma famille, à ma mère, à mes sœurs... Si seulement... si seulement je pouvais voir mon père ! Si je pouvais lui expliquer... si seulement...

Les larmes lui montent aux yeux. Elle baisse la tête. En août 1876, quatre mois jour pour jour après la mort de Hervey, Jacob Vandegrift s'est éteint. Son père. Dans l'abîme de souffrance où Fanny se trouvait alors, elle n'avait éprouvé qu'un chagrin diffus... Elle va donc revoir la ferme, la grande maison de briques rouges, les chiens, les chevaux... Sans lui. Elle l'imagine, campé dans le tournant de la route, tel qu'elle l'a quitté. Une force vive en pleine maturité. L'ancre. Le havre où se réfugier. La maison Vandegrift. Sans lui. Comment est-ce possible ? En perdant Louis, en perdant l'amour de sa vie, Fanny mesure soudain à quel point son père lui manque... La solution, Jacob l'aurait trouvée. La solution !

— Rentrer... Mais que puis-je faire d'autre ? s'écrie-t-elle, le visage en feu, la poitrine haletante. Que puis-je faire d'autre ?... Elle se met en marche. Elle va, elle vient, dans son agitation elle emprunte les gestes de Louis, ses brusques pauses et ses redémarrages... Tu crains que je ne songe pas au divorce ? Mais je ne songe qu'à cela ! Je ne songe qu'à cela, répète-t-elle. Il n'y a pas de jour, de nuit, d'instant où cette obsession ne m'assaille, où je ne doive la chasser de crainte de devenir folle... J'ai peur... j'ai peur de perdre l'esprit comme mon père.

Une lueur passe dans ses yeux, découvrant au regard de Louis un gouffre d'angoisse.

Vidé de lui-même, plein d'elle, il perd ses phrases, il perd ses mots. Il n'a plus d'éloquence. Rien que cette tension furieuse, cette violence muette et groupée, qui caractérise Fanny.

— Mais raisonnons! reprend-elle mécaniquement. Raisonnons. Le divorce, sur quelle base puis-je l'obtenir? Sam n'y consentira pas. Il craint bien trop le jugement de sa famille, même s'il ne la voit jamais... Il aura peur de déplaire à ses copains, à son club, à Rearden... Le divorce, non, il n'y consentira pas. Il me faudrait des armes contre lui... Mais c'est moi qui ai tous les torts! C'est moi qui ai déserté le domicile conjugal. C'est moi qui l'ai arraché à ses enfants... Et c'est moi, jette-t-elle avec une sorte de rage désespérée, c'est moi qui le trompe!

— Fanny, calme-toi! Nul ne peut te forcer à rester mariée contre ton gré!

— Tu crois ça, toi? Elle ricane. Vraiment?

Tétanisés par l'angoisse de rompre, ils se serrent l'un contre l'autre. Ils ne peuvent plus bouger. Ils ne peuvent plus même s'aimer. Louis se ressaisit.

— Jure qu'en cas de besoin, jure que tu m'appelleras! C'est ma seule condition : tu m'appelleras et je viendrai!

— Je t'appellerai... Mais ce sont les derniers jours, Louis. L'avenir n'a plus d'importance... Profitons du peu qui nous reste... Il n'y a que cela... Profiter.

Dans leur chambre de Chelsea, ils s'oublient en travaillant. Louis fournit de nombreux articles au *London Magazine* de Henley. Il ne rend plus une ligne qu'il ne l'ait lue à Fanny. Elle écoute, elle corrige, elle suggère. Chaque mot, chaque phrase est passé au crible de son jugement. Censeur et critique, son intuition améliore considérablement l'œuvre.

L'intensité, le succès de cette ultime expérience les confortent tous deux dans l'absolue certitude d'une accointance unique. « *A Perfect Relation* », écrit Louis à

Baxter. Communion intellectuelle qui sublime — si besoin était — l'émotion sentimentale et le vertige physique.

Cependant, l'instant de la séparation se rapprochait, écrira près de cinquante ans plus tard le fils de Fanny dans son *Portrait intime de R.L.S. Je n'avais pas la plus infime perception du cul-de-sac où se débattait ma mère,* poursuit Sammy au chapitre « Stevenson à vingt-huit ans ». *Ni des tortures morales qu'ils enduraient tous deux. Et moi, ravi de rentrer à la maison, excité par les préparatifs du voyage, je caquetais sans cesse, je m'agitais, je m'impatientais. La date du départ n'arrivait pas assez vite... Pour eux, le mois d'août allait sonner le glas de toutes leurs espérances. Août leur ôtait leur raison de vivre.*

Quand l'heure fut venue, j'eus moi aussi ma part de drame.

Je revois cette scène comme si elle datait d'hier. Nous nous tenions devant notre compartiment. Le moment des adieux arrivait. Ce fut court, affreusement court. Ce fut brutal. Ce fut définitif. Avant que j'aie pu comprendre ce qui s'était passé, Robert Louis Stevenson s'éloignait sur l'interminable quai, une silhouette misérable qui diminuait, diminuait... De toute mon âme, j'espérais qu'il se retournerait. Mais il ne se retourna pas. Il disparut dans la foule. Les mots ne peuvent exprimer l'impression d'abandon, le sentiment de perte, la mort qui tomba sur mon cœur d'enfant. Je pensais que je ne le reverrais plus.

Les cahots du train ballottent vers l'océan le cadavre d'une femme. La nuque raide roule sur l'appui-tête. Le visage aux yeux clos n'exprime rien. La bouche tombante, le nez pincé, les joues mangées, Fanny a cessé d'exister.

A son côté, le front contre la vitre, une jeune fille pleure. Elle aura vingt ans le mois prochain. Elle sanglote de rage, de révolte et de peine.

Sa mère se laisse secouer. Matrone et mégère, mûrissante et mal aimée, elle mourra près d'un mâle qu'elle méprise... Hideux échec que le voyage en

France ! Elle a pourtant trouvé si loin ce qu'elle était venue chercher. Un destin à sa mesure. La vie l'a vaincue. Elle renonce.

Sans talent, sans carrière, sans Hervey, sans son père, Mrs Sam Osbourne vogue vers le néant. Retour à la case départ. Moins l'espoir.

CHAPITRE VI

A ROMANCE OF DESTINY

L'espoir est si fort qu'il a vaincu la peur.

ROBERT LOUIS STEVENSON

SAN FRANCISCO – hiver 1878-1879

— Comment se porte Mrs Osbourne ce soir ? s'enquit gentiment Virgil Williams en prenant place dans le salon de sa femme. Que dit le médecin ?

Dora haussa le sourcil et laissa retomber le bras... Fait d'exception, elle s'abstenait de tout commentaire. Le cheveu plat, le bandeau lustré, la raie au milieu, dans un grand bruit de chaînes et de breloques, elle remplissait les tasses.

— ... C'était prévisible ! bougonna Rearden en tournant sa petite cuiller.

Ils étaient tous rassemblés, tous les amis d'autrefois, les flirts de Fanny, ses complices, pour la traditionnelle cérémonie du thé et des *scones* chez les Williams. Ne manquait que Sam, retenu au tribunal par le procès d'une dame Chadwick, accusée d'avoir déchargé sur son mari les six coups de son Derringer.

— Pauvre Sam ! soupira Rearden dans une bouffée de sa pipe qu'il tenait serrée entre les dents.

— Pauvre Fanny ! aboya Dora dont la combativité se

trouvait immanquablement réveillée par la sempiternelle misogynie de l'avocat.

Sous le poil grisonnant de sa moustache, Rearden esquissa un sourire. Il aimait que Dora réagisse. Lui, la prostration de Mrs Osbourne, cette maladie qui n'en finissait pas, cette sorte de démence, le dérèglement de tous ses sens l'angoissaient. Elle se trouvait au bord de la folie, Rearden le savait. Il ralluma sa pipe éteinte.

— Voilà ce qui arrive quand les femmes prétendent aller jusqu'au bout d'elles-mêmes... La mécanique se casse... Et les victimes, ce sont les maris, comme d'habitude !

— Rearden, votre sale ironie n'est pas drôle.

— En effet, opina-t-il. L'histoire est même triste... L'épouse d'un brave garçon l'abandonne — Rearden insista sur « abandonne » —, elle disparaît trois ans, elle le coupe trois ans de ses enfants... Quand elle revient, il manque l'un des petits, et madame boude. Ça erre chez soi comme un fantôme...

— Ce « brave garçon », comme vous dites, ne m'a pas paru beaucoup souffrir durant cette si longue absence... Il s'est même rapidement consolé, ce me semble... N'a-t-il pas installé chez sa femme une théâtreuse de la pire espèce que vous vous accordez tous, messieurs, à trouver l'incarnation même de la séduction ?

Virgil Williams, John Lloyd, Timothy Rearden, tous trois gênés par cette sortie, détournèrent le regard.

— Cette demoiselle, poursuivit Dora, n'a-t-elle pas transformé le cottage de votre ami de fond en comble ? Tout ! La chambre conjugale, l'atelier de l'épouse, son laboratoire de photo, son salon... Pourquoi n'a-t-elle épargné que la chambre de Hervey ?... Pourquoi, voulez-vous me le dire ?

— Par fidélité au souvenir, suggéra John Lloyd.

Avec ses courtes boucles blondes qui viraient au gris, son teint rougeaud que l'air de San Francisco avait tanné, ses gestes posés, son costume croisé, l'ancien mineur d'Austin ressemblait enfin au banquier qu'il avait rêvé d'être. Si le retour de la belle Mrs Osbourne l'avait agité quelques nuits, si sa proximité avait bouleversé ses plans et remué ses souvenirs, il se félicitait de n'avoir pas lié sa destinée à cette femme-là. Une source de complications.

— Comme il vous est facile de justifier Sam, tempêtait Dora. Par fidélité au souvenir, dites-vous ? Par vengeance, oui !... Sam aurait pu vider cette chambre avant l'arrivée de Fanny ! Je le vois d'ici, ouvrant grande la porte, découvrant au regard de la pauvre femme les peluches alignées, ses jouets bien rangés, son petit costume marin pendu à la même place dans l'armoire... « Regarde bien, ma chérie. Regarde et respire. Son odeur de bébé flotte encore. Il ne manque que lui !... » Même moi qui n'ai pas d'enfants, même moi, répéta-t-elle, qui ne les aime pas, je n'ai jamais pu remettre les pieds dans cette chambre. Alors elle !... Sadisme ! Pas étonnant que Mrs Osbourne ne profère plus un mot depuis ce jour. Elle ne peut plus parler, elle ne peut plus manger...

— Elle ne reconnaît personne, insista John Lloyd, non sans tristesse.

— Encore heureux que Sam, *par fidélité au souvenir,* ne l'ait pas tuée sur le coup.

L'amitié invitait la fidèle Dora à bousculer quelque peu les faits — l'amitié et le goût du drame. Fanny n'avait pas été frappée d'aphasie en revoyant la chambre de son fils, elle n'avait pas sombré le jour même de son retour chez Sam. Un témoin aurait pu penser que les retrouvailles sur le quai de la gare de Sacramento s'étaient déroulées sinon dans la joie, du moins dans la paix et la gentillesse. Erreur.

La mère de Sam, en visite dans l'Indiana, l'avait pourtant prévenu de ce qui l'attendait : elle se disait choquée du peu d'entrain qu'avait témoigné Fanny à l'idée de rejoindre son mari, peinée par son indifférence, très inquiète de sa transformation physique. Il est vrai qu'en fait de transformation Fanny n'avait pas lésiné sur les moyens. Geste d'une audace insensée dans les années 1870, elle avait coupé ses cheveux. Court. Très court. Sacrifice de sa chevelure, en signe de deuil ? Veuve de son amour défunt ? Veuve de son père ? Ou bien — à l'instar de beaucoup de femmes — avait-elle voulu signifier sa révolution intérieure par un radical changement d'apparence ?

A regarder les photos, toutes légèrement postérieures à cette époque, la scandaleuse coiffure de Fanny lui sied à merveille. Un visage de pâtre grec, une tête de page préraphaélite. Le nez droit, la bouche pulpeuse, le menton volontaire, et ce casque de boucles noires qui se tordent sur le front et les tempes. Comment se la représenter en pied, sanglée dans un corset, avec ce physique si moderne ? Ecrasée sous un amoncellement de jupons, étouffée par une profusion de brandebourgs ? C'est pourtant une mère soumise, une épouse rangée qui franchit, au bras de Sam Osbourne, les barrières blanches d'Oakland.

De sa passion adultère pour un jeune auteur écossais : motus. Pas une allusion à sa mère, à ses sœurs, pas même une confidence à Jo, sa vieille complice. Jo, la veuve de George Marshall, est aujourd'hui remariée à un banquier de Danville : le mot « divorce » l'épouvanterait... Dora comprendrait peut-être ? Ne s'est-elle pas liée elle-même à un divorcé en épousant Virgil Williams ? A quoi bon ? Que lui avouer ? Le passé est mort. Fanny avec lui. Belle seule connaît son secret. Pour fuir le tête-à-tête avec la jeune fille, pour ne plus sentir son hostilité, Fanny a entraîné avec elle en Californie la benjamine Vandegrift, Nellie, vingt-deux ans. La tante Nellie et la nièce Belle s'entendent comme larrons en foire.

Mrs Osbourne se réinstalle. Les voisins, les visites, le jardin. Tout se passe comme si Fanny n'était jamais partie. Comme si.

Sam couche en ville. Il revient le week-end, ramenant avec lui Rearden, Lloyd et les Williams qui déjeunent à Oakland tous les dimanches. A nouveau Fanny préside une longue table. Mais comparés à l'intelligence de Louis, à la fantaisie de Bob, les bavardages des amis de Sam Osbourne lui paraissent l'incarnation de la bêtise, de la lourdeur et de l'ennui. Qu'importe ? Qu'importe ? Sans un regard derrière, sans une œillade devant, Fanny poursuit. A Louis, elle n'écrit pas. Ni à Bob. Ni à personne. Du moins durant les six premiers mois. Le silence.

Et pas à pas, peu à peu, elle s'enfonce. La dépression s'installe. La vraie. Troubles auditifs et visuels. Pertes de mémoire. Prostration ou crises d'hystérie. Fanny présente tous les symptômes de la névrose. Ses détracteurs diront qu'elle souffre d'une maladie mentale récurrente. La schizophrénie. Cette attaque s'inscrit dans une longue liste de crises plus ou moins graves.

Quoi qu'il en soit, son effort pour quitter Robert Louis Stevenson, son renoncement à s'accomplir aboutissent à ce qu'elle appelle, toujours avec pudeur, « une inflammation du cerveau ». Cette fois, c'est une fièvre noire, un chapelet d'obsessions qui lui consument le corps et l'esprit.

« Tout est fini », se répète-t-elle durant ses nuits interminables « Tout est fini... » Elle revoit Grez, la rivière, la barque où ils se sont aimés pour la première fois... Elle sent sur son épaule les baisers de son amant... Elle se couche. Elle se lève. Elle traverse le couloir. Elle se poste devant la chambre de Hervey. Elle attend. Non, elle n'entrera pas. « ... C'est impossible. » Elle retourne à son lit. Hervey... Louis... « Qu'est-ce donc qui est impossible ?... Est-il vraiment certain que tout soit fini ?... Non, Louis va venir ! Mais pourquoi viendrait-il ? » Elle lui écrira ! Elle lui écrira ! Elle se relève, marche jusqu'à sa table, ouvre l'encrier. « Je fais ce qu'il m'a demandé... *En cas de besoin, tu m'appelleras, et je viendrai...* Et s'il ne venait pas ? *En cas de besoin...* Mais voyons, me suis-je coiffée aujourd'hui ? » Elle repose sa plume et tâtonne jusqu'au miroir. Elle n'entend pas la pendule du salon qui sonne les douze coups de minuit. « ... Il ne doit pas me trouver décoiffée... Il ne doit pas me trouver avec des yeux rouges... » Elle s'approche de la glace, puis elle recule. Ce visage boursouflé, ces cernes, ces joues creuses, qui est-ce ? Elle repousse ses boucles, elle les ôte de son front. « Mais c'est moi, voyons !... Je dois me repeigner. Vite, vite, avant qu'il arrive. » Elle passe sa main ouverte dans ses mèches... Elle s'arrête. « Deviendrais-je folle ? »

Terrifiée, elle se sauve et remonte dans son grand lit vide.

*

— Que diable s'est-il passé à Paris ? reprend Dora en soupirant.

— Aucun de nous n'a mesuré à quel point la mort de Hervey l'a ébranlée.

— Hervey aurait sept ans aujourd'hui, calcule John Lloyd qui s'était jadis attaché avec passion aux enfants de Fanny.

A cet instant, la porte s'ouvre. Sam et Belle entrent ensemble. Le père et la fille ne se quittent plus. Joli couple. Lui, la séduction incarnée. Le temps semble l'épargner. Les photos de l'époque montrent le même visage à barbe blonde, taillée court, la bouche sensuelle sous la moustache, les yeux qui pétillent avec la même bonté, la même malice. Par moments, toutefois, d'étranges courants passent dans ce regard trop bleu. Des expressions fugitives qui laissent augurer que, pour cet homme-là, la vie n'est peut-être pas aussi simple qu'il y paraît. Témoin les beuveries auxquelles il s'adonne en grand secret dans les bas-fonds de San Francisco. Chacun ici se doute qu'Osbourne ne rentre pas chaque soir chez sa maîtresse, qu'il fréquente des maisons beaucoup plus louches encore... S'il peut se passer de femmes et d'alcool durant des mois, ses périodes de sobriété alternent avec des crises de débauche où les bouges de Chinatown le comptent parmi leurs meilleurs clients. De ces mystérieuses descentes aux enfers, il ne parle jamais. Il plonge, puis reparaît. Le plaisir que procurent son charme et sa franche gaieté, doublé de l'intuition qu'en cette âme se livrent de sombres batailles, rend Sam d'autant plus cher à ses amis. Belle ne lui cache ni sa tendresse ni son admiration fanatique. Elle y met une bribe d'ostentation pour mieux torturer sa mère.

— Elle exagère, répond Belle aux questions de leurs amis. Elle se rend malade toute seule. Elle ne fait aucun effort !

— On lui prescrit des calmants, enchaîne Sam, mais notre pauvre toubib d'Oakland n'y pige goutte !

— Il n'y a rien à comprendre, bougonne Rearden.

— Voyons voir, Miss Belle, ce que vous avez à nous montrer dans votre carton aujourd'hui ? demande dans un sourire Virgil Williams qui ne tient pas à poursuivre cette affligeante conversation.

La jeune fille dénoue le ruban et sort quelques dessins : toute la School of Design de San Francisco s'accorde à penser qu'elle a progressé en France, un développement spectaculaire. Ce voyage d'études est un succès incontestable.

— Très intéressantes, les anatomies, commente Mr Williams. Si seulement nous pouvions trouver pour notre école des professeurs de la trempe de votre M. Robert Fleury...

— Ainsi donc, conclut âprement Dora, tout est bien qui finit bien !

Sans tenir compte du sarcasme, Sam pose un regard d'adoration sur sa très charmante fille : comment diable l'aurait-il récupérée si cette folle de Fanny avait choisi de rester à Paris ? De quel levier disposait-il ? Couper les vivres à ses enfants ? A quel prix ? L'état de nerfs de Mrs Osbourne laisse augurer le pire, elle aurait sombré, entraînant Belle et Sammy avec elle. Osbourne pousse un long, un interminable soupir de soulagement.

A plus de dix mille kilomètres de là, au coin d'une cheminée de marbre, entre les portraits de famille et les candélabres d'argent, un couple d'ingénieurs écossais pousse le même soupir exactement. La patience des Stevenson a porté ses fruits. La raison triomphe. La distance sépare à jamais leur fils unique de cette vieille femme américaine. Reste à le distraire et à l'occuper...

Robert Louis Stevenson s'y emploie par lui-même. Quinze jours après avoir conduit Fanny Osbourne au train-bateau, il retourne en France. Il compte visiter les Cévennes à pied et s'embarque dans l'une de ses longues marches dont il est coutumier. Mais cette fois, foin des camarades, il voyage en solitaire. Ni Simpson, ni Bob, ni aucun de ses compagnons de route habituels ne le suivent dans son périple. Il va traverser l'une des régions les plus pauvres, les plus sauvages et les plus belles de son pays d'adoption. Avec pour tout bagage une pelisse et un sac de couchage, il dort à la belle étoile. Pour toute nourriture, de la mortadelle, du chocolat, de l'eau. Et seul durant quinze jours. *Pourtant, tandis que je m'exaltais ainsi de ma solitude,* écrivit-il dans son second livre, *Voyage avec un âne dans les Cévennes, j'avais le sentiment étrange que quelque chose me manquait... J'aurais souhaité la présence d'une certaine compagne étendue près de moi, sous la clarté des étoiles, silencieuse, immobile, mais dont la main si proche pourrait effleurer la mienne... Car il existe une camaraderie qui procure une sensation de douce quiétude et qui, bien vécue, offre un type de solitude encore plus parfait. Vivre en plein air avec la femme que l'on aime, c'est de toutes les existences la plus complète et la plus libre.*

Pour l'heure, il doit se contenter de conversations et de disputes avec Modestine, son ânesse : vue sous un certain angle, elle lui rappelle encore une dame de sa connaissance... Ce dur voyage l'invitera à l'écriture d'un récit plein de charme et de tendresse. *Beaucoup d'histoires d'ânes,* confie-t-il non sans humour à Bob, *qui ne sont toujours qu'une protestation de mon amour pour F.*

Le temps n'émousse pas la souffrance de Louis. L'incroyable vitalité de Fanny, son réseau de contradictions, ses silences, sa foi en lui, son enthousiasme pour le travail littéraire, tout lui manque. Chaque semaine d'absence lui paraît plus insupportable. Cependant, *à F., je n'écris jamais,* avoue-t-il à Colvin. *Tout ce que les gens attendent des lettres existe déjà entre nous... Même si je changeais fondamentalement, elle me devinerait et connaîtrait toutes mes pensées.*

Quelle transformation que ce mutisme ! Délaisser la plume ne ressemble guère à Robert Louis Stevenson amoureux. Témoin les dizaines de bouteilles d'encre asséchées pour confier le moindre de ses mouvements d'âme à Mrs Sitwell. Une correspondance qui tiendrait en plusieurs volumes.

Louis accuse aujourd'hui une tendance à ne pas desserrer les dents. Il ne peut plus parler. Il a du mal à travailler. Il ne songe qu'à la rejoindre. Qu'a-t-elle décidé loin de lui ? Pense-t-elle toujours à divorcer ? Ou bien, en retrouvant le père de ses enfants, a-t-elle changé d'avis, va-t-elle rester avec Sam Osbourne ? Ces incertitudes le minent. La reverra-t-il jamais ? Si oui, que pourra-t-il lui offrir ? Comment acceptera-t-elle de partager une existence aussi précaire ? *Il s'est décomposé chez moi l'autre jour,* écrit Colvin à Henley. *Je l'ai à peu près remis sur pied... Cahin-caha.*

Tous ses amis à Londres, à Edimbourg attendent impatiemment qu'il surmonte cette passade. En février 1879, le désespoir le gagne. *Je veux, je veux, je veux un répit. Je veux être heureux. Je veux la lune ou le soleil, ou n'importe quoi. Je veux salement l'objet de mes affections...,* écrit-il à Edmund Gosse, l'un de ses amis poètes. *Je t'envie ta femme,* poursuit-il, *je t'envie ta maison, je t'envie ton enfant — j'allais même dire que je t'enviais ton chat. Il y aurait aussi des chats chez moi si je pouvais avoir une maison. Tu dis que je suis à tes yeux l'incarnation de la vie, mais ma vie est l'incarnation d'une attente...*

*
**

— Attendre ? Mais attendre quoi ? Qu'est-ce que tu attends, Fanny ?

Elle jeta à Sam un regard plein de haine.

— La fin.

Gêné, il tenta de rire.

— Tu risques d'attendre longtemps !

Elle ne se dérida pas. Assis au pied de son lit, ce grand lit à colonnes sculptées où Hervey était né, où Sam avait aimé d'autres femmes, Osbourne amorçait un ultime rapprochement... Dieu, que son épouse l'agaçait... Elle naguère si pleine de sève... Son visage faisait peine à voir ! Maigre. Jaune. Ses ridicules cheveux courts plaqués sur un front qui semblait plus bas, plus obtus depuis son retour !... Oui, elle l'exaspérait. Non seulement prétentieuse et bas-bleu. Mais folle. Elle se détruisait pour le seul plaisir de les torturer tous.

— Cesse tes simagrées... Tu n'as rien... Le docteur dit que tu n'as strictement rien ! Tous tes maux, tes vertiges, tes pertes de mémoire, tes délires sont imaginaires !

— Et mes quarante de fièvre, l'autre semaine ? marmonna-t-elle. Je ne les ai pas imaginés ! Ma sœur Nellie a pris ma température tous les soirs : elle te le dira. J'avais quarante, je délirais...

— Aujourd'hui, tu n'as pas de fièvre, tu ne délires pas, et tu vas sortir d'ici.

— Pour aller où ?

Sam fit un geste d'ignorance.

— Les endroits ne manquent pas... La Californie est vaste !

Fanny se renfonça sous ses couvertures.

— Laisse-moi en paix... Va-t'en !... Va-t'en, répéta-t-elle avec un geste d'horreur. Ou alors...

Une lueur passa sous ses paupières bistre qu'elle tenait baissées. Elle ouvrit les yeux et darda sur lui son regard noir. Ils se mesurèrent comme si leurs deux volontés allaient à nouveau s'affronter. Mais, cette fois, Sam semblait dépourvu de toute crainte. Elle devina que, durant les vingt dernières années, il n'avait pas cessé d'avoir peur... Peur de ses exigences, de ses complications, de ses contradictions. Peur d'elle. Naguère, il aurait tenté l'impossible pour éviter cette scène. Aujourd'hui, calmement, il cherchait la bataille.

Elle se rendait compte qu'elle ne le touchait plus sur aucun plan, en aucune façon, pas même de quelque manière obscure et rattachée au passé. Cette prise de conscience la rejeta dans un abîme de terreur.

— Ou alors ? répéta-t-il.

Dans son ton, Fanny ne décelait pas une once de défi. Seulement un mur d'indifférence.

— Ou alors, reprit-elle d'une voix que les battements de son cœur syncopaient, ou alors, rends-moi ma liberté !

Sam baissa la tête et soupira.

— Quand tu as voulu partir, je t'ai laissée partir... Je t'ai laissée emmener mes enfants !... Les tourments que ta décision — pas la mienne, la tienne —, les tourments que j'ai endurés en ton absence, tu n'en as, je crois, aucune idée... La possibilité que j'aie pu souffrir ne t'effleure pas. Cela t'est d'ailleurs bien égal. Les sentiments des autres, tu t'en contrefiches !... Mais tu ne m'embobineras pas une seconde fois ! « Laisse-moi m'en aller, répétais-tu. Laisse-moi devenir quelqu'un. Quand je serai fière de moi, tout ira mieux entre nous... » Et j'ai marché, reprit-il avec âpreté. Es-tu fière de toi aujourd'hui ? Crois-tu vraiment que cela aille mieux entre nous ?... Pour ton malheur et pour le mien, je t'ai écoutée, Fanny. Joli résultat !... Maintenant, c'est moi qui décide... Si j'ai eu des torts à ton égard, tu t'en es bien vengée. Nous sommes à deux de jeu. Voici donc ce que je te propose. Il nous reste une vingtaine d'années à passer ensemble. Vivons-les confortablement...

Elle ricana :

— Le confort, Sam, pour toi, qu'est-ce que c'est ? Se tromper l'un l'autre ? Un cocuage réciproque ?

— Paris t'a rendue grossière.

— Pas plus grossière que ton attitude. Je n'ai rien fait que tu ne fasses quotidiennement. En France...

— Ta conduite là-bas, je ne veux pas la connaître !

— Comment ? Ta charmante fille ne t'en a pas informé ?

— Tais-toi ! Et laisse Belle en dehors de cela ! Tu as perdu tout sens commun.

— Ah, tu vois, je suis folle, toi qui disais tout à l'heure que je n'avais rien ! Toi qui prétendais que mon mal était imaginaire !

— Comprends-moi bien : si tu veux t'en aller, je ne te retiens pas. Mais, à quarante ans, tu survivras comme tu pourras. Tu vivras de tes charmes, dont je ne doute pas. De moi, tu ne recevras plus un sou. Et je garde Belle et Sammy... Dans l'état où tu t'es mise, tu es désormais incapable d'élever ton fils et de marier ta fille... Ils restent avec moi !

Tendue, concentrée, elle essayait de suivre ce qu'il lui expliquait. Son esprit engourdi par des mois de prostration ne parvenait plus à raisonner. Une seule question lui brûlait les lèvres, une requête qu'elle n'osait formuler.

— Est-ce que, demanda-t-elle, est-ce que cela veut

dire que... Elle se releva dans ses coussins. Est-ce que cela veut dire que tu m'accorderais le... le divorce ?

— N'y songe pas.

Cette réponse, elle s'y attendait, elle la redoutait.

— Pourquoi ? demanda-t-elle avec timidité.

Déjà elle n'écoutait plus.

— Belle et Sammy ont connu assez de chocs, assez d'insécurité. Je ne leur imposerai pas le scandale d'un procès. En tout cas, mes enfants ne seront pas fils de divorcés.

Devant l'espèce d'apathie qui accueillait sa réponse, Sam poussa l'avantage.

— Ce chapitre est clos, dit-il avec une fermeté nouvelle. Je te propose donc de tenter de nous réconcilier... Je reconnais qu'ici, dans ce cottage, c'est difficile... Partons tous les deux une semaine... Sans Belle, sans Sammy, sans ta sœur Nellie... Prenons des vacances. Nous pourrions visiter la côte au sud de San Francisco. Retourner au vent, à la mer, à la vie au grand air... C'est ce dont tu aurais besoin, Fanny... Monter à cheval... Dormir à la belle étoile. Dehors, tu retrouverais la paix... Et moi aussi, ajouta-t-il à part soi.

Louis a reçu une lettre presque sensée, écrit le 6 février 1879 Colvin à Henley, *un mot presque intelligible arrivé d'une adresse en Californie espagnole. Après de terribles orages, des projets de fuite interceptés, et Dieu sait quels drames encore, elle se trouve à présent parmi de vieux amis (...). Que va-t-il se passer maintenant ? Qui le sait ?*

MONTEREY – CALIFORNIE DU SUD
février-octobre 1879

— C'est la plus belle des vieilles villes californiennes... Mais, je vous en supplie, ne le dites à personne ! Si les gens riches la découvraient, ils paveraient les rues, ils détruiraient les vieilles maisons, ils

314

construiraient des hôtels et des boutiques. En cinq ans, ce paradis serait fichu ! Adieu le charme de Monterey.

Ainsi prophétisait, au saut du tortillard, un ancien élève de Virgil Williams, Joseph Dwight Strong, vingt-six ans, « Joe Strong » pour les intimes. Il venait de rencontrer là, au terminus de la voie ferrée, un flirt de jeunesse, une petite personne qui lui avait jadis fait battre le cœur. Elle s'appelait Belle Osbourne. Avec sa jeune tante et son petit frère, couverte de poussière, elle débarquait.

Pas de gare. Pas de quai. Pas de dépôt. Au pied de l'unique wagon, deux carrioles qui attendent. Des cavaliers qui passent au trot sur des selles mexicaines, de grands sombreros, des ordres, des cris en espagnol. Et puis, au loin, un immense cirque de sable blanc flanqué de cyprès noirs. Dans l'anse, un village qui somnole.

A moins de deux cents kilomètres de San Francisco, le dépaysement complet. Une expédition en pays étranger. Un plongeon dans le passé en pleine Amérique. Monterey. Cent ans d'existence. L'ancienne capitale de la Californie. Espagnole, mexicaine, américaine tout récemment, Monterey s'enorgueillit de son histoire. La première ville attaquée par des pirates. Le berceau du premier journal à l'ouest du Mississippi, de la première cour de justice, de la première Constitution, du premier hôtel, de la première jetée... et du premier billard.

Mon père et ma mère avaient disparu ensemble une semaine, raconte Belle. *Et nous avions été très surpris de recevoir à Oakland un télégramme nous demandant de les rejoindre à Monterey. Mon père nous attendait au train. Tandis que le charretier empilait nos bagages, il nous racontait qu'il avait loué toute une aile d'une gigantesque maison, la Casa Bonifacio, où notre mère s'installait ; que leurs vacances en tête à tête s'étaient bien passées ; qu'elle allait mieux ; que c'était elle qui avait demandé à rester, et réclamé notre venue... L'un des cavaliers qui passaient au galop sauta à terre et vint nous saluer. Il ressemblait à un jeune Allemand avec ses cheveux très courts et sa grosse moustache blonde. C'était Joe Strong, le jeune artiste le plus connu de Californie. Le roi de Monterey, dont le charme ouvrait ici les portes de la vieille société espagnole...*

Belle et Joe s'étaient donc rencontrés six ans plus tôt, en 1873, sur le ferry qui traversait la baie d'Oakland vers San Francisco. Belle, alors âgée de quatorze printemps, se rendait sans chaperon, mais avec une camarade de classe, à une matinée au Baldwin Theater. Très fières de leur première robe longue, de leur premier corset, de leur premier pouf, les adolescentes résistaient à l'envie de s'acheter des bonbons en se pavanant sur le pont au son des marches militaires. *Nous parlions de la journée merveilleuse qui nous attendait,* se souvient Belle, *quand nous nous aperçûmes que des jeunes gens, appuyés au bastingage, nous observaient avec attention (...). Mine de rien, du coin de l'œil, je remarquai que le plus grand des deux dessinait mon portrait (...). Juste avant que le bateau n'accoste surgit l'un de nos condisciples, un garçonnet que j'envoyai demander à l'artiste s'il voulait bien me montrer son œuvre. C'était osé, je bravais toutes les conventions, mais la curiosité fut la plus forte (...). L'artiste signa le dessin, le remit à mon camarade qui nous le rapporta avec les compliments de l'auteur (...). Le dessin était signé Jos. D. Strong Jr. Souriant en guise de remerciement, mon amie et moi nous inclinâmes discrètement, les jeunes gens soulevèrent leur chapeau, l'incident semblait clos. J'allai donc au bureau de papa qui nous donna nos billets de théâtre et notre argent de poche pour le déjeuner (...). A deux heures et demie, pile, nous nous installions toutes les deux au Baldwin Theater. La pièce était, je m'en souviens encore, une comédie musicale (...). Alors que ma camarade et moi regardions, ravies, les gens qui s'asseyaient autour de nous, une voix derrière nous jeta : « Tiens, tiens, quelle surprise ! » Je vous le donne en mille, c'étaient les deux jeunes gens du bateau. Je ne sais pas comment ils s'y prirent, car toutes les places autour de nous étaient réservées, mais, avant que j'aie eu le temps de dire ouf,*

Joe Strong occupait le siège à côté du mien et son ami Reginald Birch s'installait près de mon amie. Entre parenthèses, ce sera ce même Reginald Birch qui illustrera si brillamment Le Petit Lord Fauntleroy *(...). Je portais des gants de pécari jaune fermés par une rangée de minuscules boutons,* poursuit Belle. *Mon voisin Joe les admira beaucoup. Avant la fin de la pièce, il me tenait la main sous le programme.*

A quatorze ans et en 1873, Belle ne perdait déjà pas de temps! L'histoire n'en resta pas là. Joe Strong envoya le père de Reginald Birch, notable d'Oakland, rendre visite aux parents de la jeune fille. Le vieux monsieur était porteur d'un message. Il demandait à Mrs Osbourne si la jeune Belle pouvait venir poser dans l'atelier que son fils partageait avec le sieur Strong. Pour appuyer sa requête, il rappelait que ce dernier venait de terminer le portrait du maire d'Oakland. Le tableau avait connu un tel succès que la ville se cotisait pour envoyer l'artiste étudier à Munich.

Escortée cette fois de Miss Kate, Belle avait donc rendu visite aux jeunes gens jusqu'à leur départ pour l'Allemagne. Fin du premier épisode.

Des années plus tard, de retour d'Europe peu de temps avant les dames Osbourne, Joe avait répondu à l'appel pressant d'un autre de ses amis, le poète Charles Warren Stoddard, pilier comme lui, comme Sam Osbourne, du Bohemian Club. Stoddard, qui introduirait un jour Robert Louis Stevenson à la poésie des îles du Pacifique, recherchait, pour écrire ses élégies, le calme, le rêve et l'exotisme. *Quitte tout de suite San Francisco et descends ici,* écrivait-il à Joe Strong. *Cet endroit est idéal pour peindre sur le motif. Il y a tout! Des bateaux de pêche échoués sur la grève, des baleinières, d'énormes rouleaux qui se ruent sur les brisants, et surtout les ruines d'une église espagnole, la mission de Carmel dont tu n'imagines pas le pittoresque.* Joe se hâta d'arriver, entraînant avec lui quelques joyeux drilles du Bohemian Club. Ils louèrent des appartements chez l'habitant, dans les haciendas mexicaines. Ainsi fondèrent-ils la première colonie d'artistes en villégiature au-delà des Rockies. Grez bis. Un Grez moins misogyne et plus exotique, que Mrs Osbourne, sa fille, sa sœur allaient animer de leurs passions.

Cette fois encore, Fanny se trouve à l'origine d'une mode, la première femme peintre d'une longue lignée d'artistes à goûter le charme de Carmel et de Monterey, la première à s'installer en ces lieux aujourd'hui légendaires. A sa suite, plusieurs générations éliraient domicile sur la péninsule : toute une bande viendrait bientôt, qui aurait pour héros la figure mythique d'un certain... Robert Louis Stevenson. Et pour chef de file Jack London.

Pas d'affaires à monter. Pas de mines d'or à exploiter. Pas de terre à cultiver. Ni champs ni vergers. Rien que cette plage encastrée dans des amoncellements de rochers où se brisent les rouleaux. Sur le sable, échouées, les épaves noires d'anciennes baleinières, les carcasses grèges des grands mammifères dépecés. Au creux de la baie, une bourgade écrasée de soleil. L'Espagne. Séville ou Cordoue. Derrière d'épais murs blancs coiffés de tuiles jaillissent des plantes grasses, des lianes, d'immenses fleurs tropicales, toute une nature foisonnante qui regorge de couleurs, de murmures et de cris. Une vaste rue principale en terre battue, une terre ocre que soulèvent les rares galops des vaqueros. Au fond, bloquant l'horizon, le Pacifique bleu, lourd et huileux. En tout premier plan, un désordre de hautes maisons ourlées de balcons en fer forgé, festonnées d'escaliers de bois, striées de jalousies et de meurtrières. A l'angle des ruelles qui se perdent entre les murs de briques adobes, qui se tortillent sous les arcades et sur les ponts, les anciens canons espagnols se dressent, noirs vers le ciel bleu : on y attache les chevaux. Sur les trottoirs de planches sonne la roulette des éperons qui montent et descendent les marches inégales des chaussées. Par de lourds portails entrouverts, on aperçoit de frais patios, des cours pavées de mosaïque, des vasques bariolées où s'épandent des grappes d'œillets nains et des fontaines mauresques où susurrent les jets d'eau.

... Nous passâmes un porche et là, parmi les arbres fruitiers, sous la treille des roses, je reconnus ma mère qui construisait des meubles à coups de hache et de marteau. Les joues rougies par l'effort, le sourire aux lèvres, pour la première fois depuis des mois elle semblait vivante.

L'odeur salée de l'océan, le parfum de la résine et des cyprès, les fleurs qui s'épandent au-dessus des murs, le printemps de Monterey ont-ils apporté le calme et la résurrection à l'esprit surexcité de Fanny ?

Le miracle du premier été à Grez, dont le souvenir continue de la hanter, le miracle s'est-il reproduit ?

Pour Belle, oui ! L'expérience magique va se répéter ! Oubliés, O'Meara, ses serments d'amour et sa trahison.

Comme à Grez, la gaieté de Belle, sa beauté lui gagnent les hommages de toute la petite communauté. Chez l'épicier, elle lie connaissance. Dans la rue, elle bavarde et papillonne. A la plage, elle se pavane et flirte. Et puis, comme à Grez, elle s'attache. Bien sûr, c'est au charme du roi de la bande qu'elle succombe. Joe Strong.

Quant à Nellie, avec ses tresses et ses goûts d'enfant sage, Nellie l'intellectuelle, si dévouée à sa sœur aînée, elle déserte bientôt la compagnie de Fanny pour se choisir, elle aussi, un *novio* en ville. Elle s'éprend d'un ami de Joe, propriétaire du saloon local, le bel Adolfo Sanchez, dernier rejeton d'une aristocratique famille mexicaine.

A Monterey, les milieux sociaux ne comptaient pas, racontent Belle et Nellie. *On dansait jusqu'à l'aube, et du meilleur cœur, avec le vieux boucher, le jeune boulanger ou le si séduisant barman.*

Sérénades au clair de lune, fandangos sous les cyprès, pique-niques à la mer, les cœurs battent, les fous rires fusent. Fanny ne partage plus rien avec cette jeunesse. Avec sa fille, aucun secret, aucun plaisir, aucun projet. Belle la tient résolument à l'écart. Mrs Osbourne appartient désormais à la génération précédente. Belle le lui fait sentir. D'autant que la jeune fille prend ouvertement le parti de Sam dans les querelles qui troublent à nouveau la paix des vastes salles aux murs blanchis à la chaux. *Aujourd'hui quand j'y songe, mon inconscience me choque. Absorbée par mes amours, je remarquais à peine que mon père, remonté travailler à San Francisco, descendait nous voir de moins en moins souvent. Au début du printemps, il venait chaque week-end. Peu à peu, ses visites s'espacèrent; plusieurs semaines passaient sans qu'on le vît. Son absence soulageait ma mère. Dans le jardin de la Casa Bonifacio, elle s'était remise au travail. Elle peignait des miniatures, de petits portraits très ressemblants. Mais les dessins qu'elle faisait de moi montraient un visage monstrueux et je retenais mes larmes en me regardant telle qu'elle me voyait.*

ÉCOSSE – À PROXIMITÉ D'ÉDIMBOURG
SWANSTON COTTAGE
LA MAISON DE CAMPAGNE
DES STEVENSON – juin 1879

— Que mon propre fils se conduise comme le dernier des philistins, qu'il poursuive la femme adultère, qu'il l'invite à quitter son mari, à trahir ses enfants, c'est une honte et une malhonnêteté !

Dehors, la pluie tombait sans discontinuer, elle brouillait les vitres des deux bow-windows qui donnaient sur la vaste pelouse. Un été mouillé. L'eau creusait des mares devant la vieille maison de campagne, elle s'infiltrait sous les fondations, elle démolissait les murs qui s'effondraient au fond du jardin. Les pierres roulaient parmi les moutons blancs à tête noire qui broutaient une herbe d'un vert si cru qu'au soleil elle aurait pu paraître jaune. Mais de soleil, cette année en Ecosse, pas un rayon. Les nuages bas et lourds pesaient sur les tuyaux des quatres cheminées carrées qui flanquaient le toit d'ardoises. Le feu était allumé en permanence au salon, dans la salle à manger, dans les chambres, Thomas Stevenson souffrait de rhumatismes,

320

son épouse Margaret toussait et leur fils tournait en rond. C'est d'elle qu'il avait hérité sa faible constitution et son indéfectible optimisme ; de lui, la violence de ses convictions et son souci d'honnêteté.

— Tu te contredis, père ! s'emporta Louis. Il se leva et arpenta la salle à manger. Il allait et venait d'un bout à l'autre de la table où siégeaient ses parents. Toi que j'ai tant de fois entendu défendre le droit des femmes ! Tu parlais de leur droit à la liberté, de leur droit au bonheur. Il se pencha vers son père. Sur ce point, comme sur beaucoup d'autres, je te croyais généreux et progressiste ! Certaines de tes idées me paraissaient tellement révolutionnaires... Ne disais-tu pas qu'une épouse maltraitée devrait pouvoir divorcer sans que son mari ait voix au chapitre ? Le divorce, à l'usage exclusif des femmes... Et maintenant, tu prétends...

— Que tu n'as pas le droit de troubler la paix d'un ménage, de t'immiscer dans un foyer qui n'est pas le tien... Si tu t'obstines dans une entreprise aussi déloyale, dans une quête aussi méprisable, tu fais de ma vie entière un échec !

Rien de borné chez Thomas Stevenson. Rien de mesquin. Rien d'étroit. Les biographes qui ont voulu ne faire du père de Louis qu'un bourgeois les ont trahis et trompés tous deux.

Dans ce visage carré aux favoris moutonnants, sous la broussaille du sourcil, pétillait un regard plein de jeunesse, une expression où curiosité et tendresse se mêlaient, se combattaient. Conservateur, Thomas Stevenson, oui, et calviniste. Comme son fils auquel il ne cessait de s'affronter tout en l'aimant, Stevenson père tentait de vivre en accord avec lui-même, avec son code de l'honneur, avec sa foi. Une croyance où l'austérité des principes le disputait au fanatisme. Théologien, physicien, ingénieur, c'était un homme en mouvement, un homme qui cherchait, qui tâtonnait, qui doutait, qui se trompait parfois. Chez lui, l'humour pince-sans-rire, la fantaisie, l'excentricité même côtoyaient l'intransigeance et la rigueur.

— ... Je t'en supplie, plaida-t-il, ne m'inflige pas la

plus terrible souffrance de mon existence. Ne m'oblige pas à te maudire !

— Lou..., intervint la mère, une dame élégante, pieuse et gaie qui adulait son mari.

Margaret Balfour Stevenson appartenait à la vieille bourgeoisie écossaise. Sans être vraiment jolie, elle rayonnait d'une sorte de distinction languide non dépourvue de charme. Avec son visage étroit, son nez en bec d'aigle, son œil gris qui brillait sous la paupière, elle ne manquait pas d'esprit et gardait la grâce primesautière de la jeunesse. Certains la traitaient d'oiseau. D'autres de sainte. Seules ses quintes de toux, les crises de spleen de Thomas et les violentes altercations avec Louis parvenaient à troubler ce front lisse et bombé qu'aucun autre souci ne venait altérer.

— ... Lou, répéta-t-elle tendrement en attrapant au vol la main de son fils, assieds-toi.

Elle le força à reprendre sa place à côté d'elle. Et, pour l'empêcher de bouger, elle laissa sa main diaphane sur le bras du jeune homme. Elle portait au poignet un gros médaillon représentant « Lou à quatre ans », un portrait d'émail retenu par un bracelet de cheveux tressés, les boucles blondes de Lou enfant.

— ... Chéri, essaie de comprendre ton père. Il souffre de te voir souffrir...

— Quelle importance ? trancha Thomas avec amertume. Il s'en moque bien ! J'ai l'habitude de ses coups et de son indifférence... Mais, cette femme que mon fils prétend aimer, de quel égoïsme il fait preuve à son égard !

Tournant du fond de la salle sa lourde silhouette vers le corps frêle de Louis, dans un grand effet de manche, Thomas se leva. Théâtral, accusateur, il marcha sur lui.

— ... Comment oses-tu prétendre la forcer à sacrifier sa famille sans rien lui offrir en échange ?

— Je te demande bien pardon : je compte l'épouser !

— Beau cadeau ! Il faut un métier, mon fils, pour jouer les pater familias... De l'argent, et un certain sens des responsabilités dont tu sembles absolument dépourvu. Tu as vingt-neuf ans, Louis, et tu vis encore des sommes que je t'alloue, des avances que je te consens sur ton héritage...

A cette phrase, Louis, échappant à sa mère, avait bondi sur ses pieds. Tremblant de colère tous deux, le père et le fils se mesurèrent. L'un, massif, écarlate, la mâchoire carrée frémissant sous le collier de barbe. L'autre, le visage en lame de couteau pourpre d'humiliation, ses grands yeux injectés de sang.

— Tu peux léguer ta fortune entière à tes œuvres, se mit-il à hurler. Je n'en veux pas un sou ! Je suis le premier à dire qu'un enfant qui ne partage pas les croyances de ses parents n'a aucun droit sur leur compte en banque. J'ai toujours compris ta générosité comme une avance ! J'en garde un compte exact et, crois-moi, je mettrai mon point d'honneur à te la rembourser jusqu'au dernier sou !

Thomas venait de toucher la corde sensible. A la différence des jeunes gens de son milieu et de sa génération, Robert Louis Stevenson ne dépensait l'argent qu'il n'avait pas gagné qu'avec la plus mauvaise conscience. A une époque où les fils de famille vivaient de leurs rentes, il considérait les multiples avantages de sa naissance comme un prêt de la société, prêt qu'il espérait lui rendre un jour ou l'autre.

— ... Un legs ne peut être que moral, reprit-il, indigné, en conséquence, je ne te demande rien !

— Lou, oh, Lou, ce n'est pas ce que voulait dire ton père...

— Je serais très curieux de connaître le montant total de tes droits d'auteur, insista Thomas.

Quand Stevenson père croyait détenir la vérité, il ne lâchait jamais prise. Pas plus que Louis.

— Combien ton *Voyage dans les Cévennes avec un âne* t'a-t-il rapporté ? ironisa-t-il, impitoyable. Trente livres ? Si tu aimais vraiment cette femme, tu la laisserais tranquille... Ou alors, mon petit, tu reclouerais la plaque de cuivre sur le mur de cette maison, tu ouvrirais un cabinet d'avocat et tu gagnerais ta vie !... Quant à cette pauvre mère de famille à l'autre bout du monde...

— Et dont nous ne doutons pas un instant, mon

chéri, qu'elle soit tout à fait charmante... Seulement songe, Lou, que dans dix ans elle aura mon âge !

Louis jeta sur sa mère un regard reconnaissant. Il savait que, tout en restant solidaire de son mari, elle tentait de faire dévier le cours trop dangereux qu'avait pris l'altercation. Il saisit l'occasion.

— Mais tu es ravissante, maman.

— Ne fais pas l'idiot : tu sais bien ce que je veux dire, reprit-elle avec légèreté. Je comprends que certaines jeunes filles du monde ne t'amusent guère... Mais la sœur de ton ami Walter Simpson, par exemple... Elle est très originale, ce qui ne l'empêche pas d'appartenir à une excellente famille d'Edimbourg.

— Eve Simpson est pleine d'esprit, maman, je te l'accorde aisément, lettrée, intelligente, plus intelligente que Fanny peut-être. Mais...

— Mais quoi ? interrompit Thomas qui avait affecté de reprendre son calme dans l'angle le plus éloigné de la pièce. Mais ce serait trop simple de s'éprendre d'une femme qui habite le coin de la rue ! Je t'avertis, mon petit, si tu t'embarquais à la poursuite de cette Américaine, tu serais mort à mon cœur !

Sa voix trembla un peu. Sa bouche sembla s'affaisser.

— ... Ne m'oblige pas à te maudire, mon fils.

Devant ce vieux visage passionné que l'angoisse ravageait, Louis ne douta plus de la sincérité de son père. « Il a peur, songea-t-il. Il a tellement peur pour moi qu'en ce moment, s'il osait, il pleurerait... C'est bien cela le pire : il a peur. Et c'est moi qui le torture ! »

Thomas secoua la tête, se recueillit et murmura :

— ... C'est une prière que je t'adresse, Louis.

Les deux hommes échangèrent un regard suppliant.

MONTEREY – CASA BONIFACIO – juillet 1879

Seule. Fanny est seule. Elle a cherché un soutien auprès de sa mère, elle a avoué à ses sœurs son désir de divorcer. Tollé général. Si la famille Vandegrift n'a jamais rendu Sam responsable du départ de sa femme en Europe, elle le blâme aujourd'hui de l'avoir laissée partir. La séparation — voilà la cause de tous leurs maux ! Quant à l'idée que Fanny vient d'émettre, « le divorce », fi, l'horreur !

Certes, les sœurs ne nient pas que Sam Osbourne soit un peu léger, irresponsable quelquefois, infidèle peut-être... Mais quel couple ne connaît pas ces sortes de difficultés ? Elles font partie de la vie conjugale, de la vie tout court. Pourquoi diable Fanny éprouve-t-elle le besoin soudain de compliquer une situation qui ne mérite même pas qu'on en parle ? Le divorce ? Quelle honte ! Comment ose-t-elle ? Feu leur pauvre père s'en retournerait dans sa tombe. Ses filles doivent respecter sa mémoire et son nom.

Les Vandegrift, les Osbourne et les Stevenson font corps. Trois univers, trois clans qui réagissent de la même façon exactement. Dents serrées, sourcils froncés. Les lettres pleuvent de l'Indiana. Indignées.

Et les relations de Fanny et de Belle se durcissent encore.

— Je ne veux plus que tu continues à sortir avec ce Joe Strong... De la mauvaise graine... Tu gaspilles ton talent et ta jeunesse avec lui !

— Et s'il me plaît, à moi ?

— Tu l'oublieras vite, ma fille... Celui-là, comme l'autre. Comme ton Irlandais... Ce pauvre O'Meara dont tu me disais qu'il était l'amour de ta vie... C'était bien la peine d'en faire un tel drame !... Je sais ce qu'il te faut... Je m'occupe pour toi d'un mariage infiniment plus avantageux que la fréquentation de ce tas d'artistes manqués !

D'où vient ce soudain mépris pour la bohème ? Ce brutal souci de respectabilité ? Fanny veut-elle éviter à sa fille l'erreur qu'elle a commise en aimant Robert Louis Stevenson ? Cherche-t-elle à lui épargner ses propres tourments, ses doutes, l'abîme d'angoisses où elle se débat ? C'est en tout cas ce qu'elle se dit pour justifier à ses yeux cette sévérité de mère que seul l'avenir matériel de son enfant préoccupe. Le matériel ? Les conventions ? Fanny continue de s'en moquer ! Mais elle craint que Belle ne s'embarque trop vite dans une nouvelle histoire. Elle sait l'horreur de la demoiselle pour la souffrance, son goût forcené du plaisir et sa passion pour l'amour. En femme mûre, elle a reconnu dans le flamboyant Joe Strong le talent, et le toc. Par peur, elle prédit des catastrophes, elle multiplie les maladresses. Bien sûr Sam prend, lui, le parti de sa fille. Il soutient le droit de Belle au bonheur.

— Le bonheur, ricane Fanny, le bonheur, qu'est-ce que ton père en connaît ?

— Autrement plus que toi !... Si c'est au planteur du Kentucky que tu veux me marier, je n'en veux pas. Il m'embête, il est stupide !

— Moins stupide que ton Joe Strong ! Il joue les petits chefs, il se prend pour un grand peintre. Mais je lui donne cinq ans, tu m'entends, cinq ans avant de se dégonfler comme une baudruche soufflée d'alcool... Il avait peut-être des dons à dix-huit ans... Et encore ! Il manque de discipline, il manque de caractère, il manque de persévérance. C'est un raté. Tu verras... Une nullité. Zéro !

Belle la brave et passe outre.

Début juillet, la sage Nellie jette un pavé dans la mare en annonçant son intention d'épouser Adolfo Sanchez ! Belle, de son côté, se fiance en secret à Joe Strong. Elle va même faire beaucoup mieux...

*
**

Au rez-de-chaussée de la Casa Bonifacio, dans la grande pièce aux voûtes blanchies à la chaux qui lui sert de chambre, Fanny tournait en rond. Pieds nus sur les dalles froides, elle décrivait des cercles qui allaient se rétrécissant, du grand lit à baldaquin au lavabo de marbre, du broc en faïence qui gardait l'eau fraîche au coffre en bois peint qui serrait ses robes. Chaque fois, en passant devant la croisée qui donnait de plain-pied sur le jardin, Fanny, d'un vieux geste enfantin, rejetait dans son dos le fantôme de ses nattes coupées, ses tresses de petite fille qu'elle croyait avoir ramenées sur sa poitrine à la porte du couloir. Elle entendait distinctement au-dessus d'elle le murmure de Nellie et de Belle qui bavardaient... Dormir. Fanny aurait tant voulu dormir ! Mais, dès qu'elle s'étendait sur le lit, quelqu'un ou quelque chose s'approchait, quelqu'un qui la menaçait... Rester sur ses gardes... Elle devait rester sur ses gardes et veiller. Soudain, un courant d'air agita le rideau. Des pas dans le jardin. On avançait. Elle ouvrit la table de nuit, sortit son Derringer, l'arma et visa la fenêtre. Les premières notes d'une guitare s'élevèrent dans l'air du soir. Un chant d'amour en espagnol, un cri rauque et violent. Quatre voix de jeunes hommes montaient vers les fenêtres de l'étage. Le riche baryton d'Adolfo Sanchez prédominait. Au premier, des petits pas couraient vers la fenêtre. On grattait une allumette, on posait la bougie sur le balcon et, pantelantes, on se laissait aimer au clair de lune... Les gourdes ! Un immense dégoût secoua Fanny... Les gourdes ! Pour cette sorte d'émotion, elles vendraient leur âme, elles saccageraient leur vie... Pacotille ! Fallait-il les protéger ? Et contre quoi ?... Elle, que devait-elle faire ? Gâcher cet instant ? Interrompre la sérénade ? Chasser les jeunes gens ? Leurs silhouettes jetaient sur les murs de longues ombres que barrait la ligne géométrique des guitares. Elle remit le pistolet dans le tiroir, qu'elle referma.

Elle resta là, debout au pied du lit, les bras pendant le long de sa chemise de nuit, cette chaste chemise de vieille femme... Elle avait cent ans ! Pourquoi restait-elle ici ?... Personne ici n'avait besoin d'elle !... Ah oui, elle restait pour élever son fils et marier sa fille... Pourquoi ne pouvait-elle retrouver cette chaude tendresse qui naguère avait donné un sens à sa vie ?... Tendresse ? Son mari ne l'aimait pas. Sa fille la détestait. Elle n'avait plus de raison d'être ! Seul le petit Sammy continuait à lui témoigner de l'affection... Mais il préférait les chevaux et les garçons de son âge !... Elle était fatiguée !... Que ces beuglements se taisent ! Elle se jeta sur son lit, plongea la tête dans les coussins et se boucha les oreilles avec les pans de l'oreiller... Elle voulait penser à Louis. Qu'il vienne, lui, qu'il vienne ! Elle tentait de se le représenter. Un an d'absence. Elle le distinguait mal. Qu'espérer ? Le voir ? L'étreindre ? Se décharger sur lui de toutes ses responsabilités ? Le laisser diriger sa vie ?... S'il venait, que se passerait-il ? Le scandale ! Le drame ! Belle l'accuserait encore... L'éventualité de sa venue ne lui procurait aucune paix... Même dans ses rêves, elle ne pouvait s'échapper... S'il venait, que se passerait-il ?... Elle chassa cette pensée... Elle voulait songer à quelque chose d'absolument paisible, quelque chose qui n'impliquerait aucun choix, qui ne lui attirerait aucun reproche... Par exemple, le parterre sang de ses lys tigrés dans le jardin de la vieille maison Vandegrift, une mer rouge et moirée qui se soulevait devant elle et lui fermait la vue.

Elle dut sommeiller car, en se réveillant, elle n'entendit plus la guitare, ni les voix des hommes, ni les murmures des filles. Le silence. Mais quelqu'un se tenait au-dessus d'elle, immobile au pied de son lit. Louis ! Elle reconnaissait cette maigre silhouette, ces épaules voûtées. Louis ! Les taches d'ombre de ses yeux la fixaient. La bouche s'ouvrait sur une toux sèche qui sembla claquer entre les dents. Une tête de mort ! Louis, étranger. Louis, menaçant. Un squelette qui faisait le geste de la prendre.

— Que se passe-t-il ? demanda-t-elle.

— Rien. Je viens te chercher. Je te ramène.

La voix, c'était celle de Sam ! Cette voix traînante du Sud qui mangeait les mots. Sam l'avait rattrapée. Il la tenait.

— Tu disais pourtant que tout irait bien ! murmura-t-elle.

— Mais, Fanny, tout va bien !

Prête à argumenter comme elle le faisait toujours avec lui, à l'insulter, à l'accuser, elle se redressa. Vide,

la chambre ! C'était son affreux rêve qui l'avait reprise...
Demain, demain, elle en finirait... Elle écrirait à Louis.

L'aube de ce matin du 30 juillet 1879 trouva Fanny
Osbourne devant le bureau du télégraphe de Monterey.
Elle dicta dix mots qu'elle envoya à Swanston Cottage.

Que disait le télégramme ? Nul ne connaît la teneur
de ce message. A sa réception, Robert Louis Stevenson
le détruisit. Lui parlait-elle de folie et de mort ? Lui
confiait-elle son désir d'en finir ? Ou bien voulait-elle
l'écarter de sa vie ? Tentait-elle de rompre ?

J'ai tendance à croire qu'elle suppliait Stevenson de la
sauver d'elle-même !

Quoi qu'il en soit, l'appel devait être assez boulever-
sant pour que Louis réponde le même jour : *Tiens bon.
Je serai près de toi dans un mois.*

SWANSTON, ÉDIMBOURG, LONDRES, GLASGOW, NEW YORK, SAN FRANCISCO
la quête de Louis – août 1879

Il quitte Swanston Cottage, passe par Edimbourg, se
hâte vers Londres, où il compte emprunter à ses amis
l'argent de la traversée. Mais tous, Colvin, Henley,
Mrs Sitwell, désapprouvent ce voyage. Premier conflit
dans la longue liste des rivalités entre Fanny Osbourne
et les intimes de Robert Louis Stevenson, ils bataillent
pour le retenir. En quittant l'Angleterre, Louis brise sa
carrière littéraire, disent-ils. Il se coupe de ses quelques
contacts dans le monde de l'édition. Surtout, il se
brouille avec ses parents ! Et que diable fera-t-il à
Monterey, chez le mari ?

Pour empêcher qu'il ne s'embarque, ses amis lui
ferment leurs bourses et lui refusent leur soutien.
Stevenson obtiendra quand même une petite avance sur
des articles à venir. Il achète un billet de seconde classe
et commet l'une des seules cruautés de sa vie en laissant

croire à ses parents qu'il les retrouvera en vacances le lendemain…

Le lendemain 7 août 1879, parmi les immigrants de l'entrepont, il vogue sur le *Devonia* en direction de New York. Dans sa poche, il emporte un petit livre de maroquin noir, l'ouvrage de théologie écrit par son père. De Glasgow à New York, de Monterey à San Francisco, la réflexion religieuse de cet être qu'il aime et qu'il trahit ne le quittera pas. Neuf mois plus tard, il en fera présent au seul homme qui lui en paraisse digne : le pasteur qui le marie à Fanny Osbourne. Entre cette date et celle de son départ, Robert Louis Stevenson aura accédé à la maturité. Ce voyage en Amérique changera à jamais son style et sa vision.

Ainsi le voilà parti pour le Far West, malade, dans des circonstances qui ne peuvent que le rendre plus malade encore, écrit Colvin à Henley. *S'il n'était dans un tel état de santé, son départ ne m'inquiéterait pas outre mesure. Même si sa tête et ses caprices continuent de jouer de tels tours à son corps, le corps rompra un jour une telle association, et nous nous retrouverons sans notre ami. Bien sûr, s'il survit, il se débrouillera pour que cette histoire se termine bien. Mais cela ne sert à rien de palabrer, on peut simplement espérer.*

En dépit de sa compassion, Colvin se refusera toujours à imaginer l'odyssée de son protégé. Il refusera même de l'entendre, quand Stevenson tentera de la lui raconter.

Il me semble que je suis mort hier soir, lui confie Louis le matin de son embarquement. *Je peux te dire en toute honnêteté que je n'ai aucun espoir, aucune peur, aucun désir. Excepté une vague envie de vin, à laquelle je dois résister… Je viens de faire mon testament… Que le monde est bête !*

Fasse le ciel que vous restiez en bonne santé, telle est la seule prière de l'enveloppe qui autrefois contenait « R.L.S. ».

A Bob seul, Louis ose parler de Fanny. Il écrit, quand le bateau lève l'ancre : *F. est très malade. Il faut que j'essaie, il faut que je réussisse à la faire choisir et sortir de l'impasse. Je serai de retour dans un mois ou deux... Mais c'est un vaste monde !*

A la quête de la femme qu'il aime, dans la foule des trains qui se pressent vers l'Ouest, R.L.S. traversera tout un continent, il verra les grandes plaines, les montagnes et les déserts d'Amérique, il connaîtra le froid, la faim et la promiscuité. Le récit de ses aventures, il l'a écrit dans deux livres qui ne souffrent aucune paraphrase. Deux petits chefs-d'œuvre : *L'Emigrant amateur, A travers les plaines,* dont ses amis s'obstineront à ne pas reconnaître la valeur, que son père fera saisir chez l'éditeur, les jugeant indignes de son talent. L'univers de Robert Louis Stevenson n'accepte pas que ce fils de famille ait choisi de toucher le fond. Par amour. Et totalement seul.

Il aura voyagé dans des conditions telles que Fanny elle-même ne retrouvera plus le bohème romantique de Grez, mais le squelette de ses cauchemars.

Pour la rejoindre à Monterey, R.L.S. va perdre huit kilos en vingt-trois jours et contracter une maladie qu'ils devront désormais appeler par son nom : la tuberculose.

De New York, le 18 août 1879, il écrit à Henley : *Mes nouvelles sont mauvaises et je suis trempé jusqu'aux os (...). Adresse tout mon courrier sous enveloppe chez Joseph D. Strong, Monterey, Cal.*

Comble d'ironie ! Pour ne pas éveiller la jalousie de Sam, c'est Joe Strong qui couvre les amours de sa future belle-mère...

MONTEREY – août 1879

Au cœur du paisible village écrasé de soleil, les passions s'enveniment. Tandis qu'un amant du bout du monde s'embarque à la poursuite de la mère, l'indésirable voisin enlève la fille. Etonnantes amours que celles des dames Osbourne ! Le 9 août 1879, soit deux jours après que Robert Louis Stevenson eut pris le *Devonia*, Joe Strong passe à l'action.

Ma mère avait jeté une bombe dans notre camp, écrit Belle dans son autobiographie, *en disant à Joe qu'elle s'occupait pour moi d'un riche mariage. Affolé par cette nouvelle, il s'était hâté de remonter à San Francisco et de parler à mon père. En rentrant à Monterey, il s'était arrêté sur le chemin, à Salinas, pour se munir d'une licence de mariage. Il vint me prendre chez ma mère et m'emmena me promener sur la plage. Il me dit alors qu'il avait obtenu le consentement de mon père et sa bénédiction. Il me suppliait de l'épouser sur-le-champ et de n'en parler à personne. Très excités, nous escaladâmes les rochers et nous arrivâmes, main dans la main, à une sorte de petite communauté religieuse, Pacific Grove Retreat. Là, Joe me conduisit à une maisonnette où nous attendaient un pasteur et sa femme. Avant que j'aie eu le temps de me rendre compte de ce qui m'arrivait, nous étions mariés. Je portais une vieille robe grise, des espadrilles complètement amorties que je gardais pour la plage, et nous hurlions de rire devant ma robe de mariée. Je n'avais même pas de sac !*

L'incroyable, c'est que, ce soir-là, Belle retournera sagement dormir sous le toit maternel. Durant près d'un mois, Fanny va ignorer que sa fille, sa complice, sa compagne, est désormais une femme mariée !

Elles n'en sont ni l'une ni l'autre à un paradoxe près...

Toutes deux partagées entre l'impatience et l'angoisse, chacune tait ses secrets, chacune attend de son côté. Fanny espère son jeune amant, dont elle n'annonce à personne la venue. Belle compte les jours qui la séparent de sa majorité pour s'enfuir avec son époux légitime. On n'ose imaginer l'atmosphère à la Casa Bonifacio durant ce mois d'août 1879 !

D'autant que l'imbroglio sentimental se complique avec les amours, apparemment sans histoire, de la tante

Nellie et du bel Adolfo : les fiançailles tournent au drame familial ! Nellie a envoyé aux Vandegrift la photo de son fiancé mexicain. Horreur ! La cadette va épouser un Noir ! Les sœurs rendent la scandaleuse Fanny responsable de cette nouvelle catastrophe.

Dix ans plus tôt, en 1868, n'avait-elle pas ramené son autre sœur Cora en Californie ? Cora qu'elle avait mariée au partenaire d'Osbourne, ce Sam Orr qui avait disparu avec lui dans les sierras, ce chercheur d'or que sa passion ruinait périodiquement. Aujourd'hui, ce sont les Orr qui vitupèrent avec le plus d'aigreur contre l'union de Nellie avec un propriétaire de saloon mexicain. Au même moment, Joe Strong apporte en grand secret un câble de Stevenson... Il arrive ! Cacher plus longtemps sa visite ne pourrait que paraître suspect. Il arrive ! Que faire ? Que dire ? A qui ? Pour préparer les amis de Sam, Fanny choisit Rearden, dont elle connaît l'intelligence et le mauvais esprit.

Au fait, lui écrit-elle, *il paraît que mon ami intellectuel, vous savez, ce gentil garçon écossais, il paraît qu'il vient d'accepter une tournée de conférences en Amérique. Je pense que c'est une grande stupidité de sa part et je lui ai écrit pour l'en dissuader. Je lui ai aussi conseillé de ne pas s'occuper des critiques littéraires, mais de s'accrocher à son propre style. Il a un ton qui n'appartient qu'à lui ! Cette voix en littérature, il serait fou de l'abandonner pour de l'argent ou des flatteries ! Plus tard, s'il travaille et s'il vit, il aura la gloire, il aura la fortune, j'en suis certaine, il ne doit s'occuper que de poursuivre... Car, s'il survit, un grand destin l'attend.*

Acte de foi et tissu de mensonges. Sincérité et rouerie. Curieux mélange. Belle ne s'y trompe pas. A la fin du mois, le rival de son père débarquera à Monterey.

J'entends encore le hurlement de ma mère en le voyant, écrira, quarante ans plus tard, le fils de Fanny, *l'incohérence de leurs propos, les rires, les larmes, le bonheur fou des retrouvailles...*

En cette fin d'après-midi, les taches de lumière et les flaques d'ombre fragmentaient la grande salle humide du rez-de-chaussée. Les derniers rayons du soleil tombaient rudement sur les meubles noirs, les sofas tarabiscotés de la Casa Bonifacio. Ils jouaient dans les volutes des accoudoirs, ils enflammaient les barreaux des chaises à bascule, ils brûlaient la tapisserie des fauteuils, piquaient le velours des tabourets et des prie-Dieu. Ailleurs, les vases d'église flottaient dans le demi-jour, l'arête neigeuse d'une coupelle, le disque d'or du balancier. Un puzzle aux mille morceaux éclatés. Du jardin montait cet arôme qui imprégnait la pièce, une odeur aigre-douce où le parfum se confondait avec le goût du sel, où l'air marin se chargeait d'une nappe onctueuse et miellée. Les roses de la Casa Bonifacio appartenaient à la légende de Monterey. Au village, on appelait cette maison « l'Adobe aux Roses de Sherman ». Les gens racontaient que, jeune homme, le général nordiste Sherman, l'un des vainqueurs de la guerre de Sécession, avait aimé la demoiselle Bonifacio. A l'heure des adieux, jurant de revenir l'épouser, il avait, en gage de fidélité, fait planter un rosier à sa porte. Quarante ans plus tard, le rosier s'accrochait à tous les murs de la maison tandis que, ratatinée sous sa mantille, Nichina Bonifacio se partageait entre les soins à sa vieille mère, sa passion pour son beau jardin et sa colère contre le fils des locataires. Entre l'enfant et la señorita, c'était la guerre ouverte. Sammy s'amusait à courser au lasso, sur le poney que venait de lui offrir son père, la vache et le veau qui paissaient dans l'enclos...
« Pauvre vieille demoiselle, soupira Fanny en se pen-

chant sur sa machine à coudre. Si les fleurs prospèrent, l'amour meurt dans cette maison. »

Attablée à la fenêtre de l'est, dos tourné au soleil, elle pédalait avec application, maintenant bien droit sous l'aiguille la dentelle du jupon qu'elle confectionnait.

Avec sa longue jupe de coton grenat, son corsage prune boutonné jusqu'au menton, ses manchettes amidonnées, son col blanc et sa croix dorée, elle arborait ce soir une allure sage, un air sérieux, quelque chose de pacifié. « Depuis que je sais Louis arrivé à New York... c'est curieux... je l'attends avec moins d'impatience !... Au fond, je ne suis pas très certaine de désirer sa venue... »

N'étaient son casque de boucles noires, la netteté du profil, le nez trop droit, la bouche trop amère, elle incarnait l'image de la douceur féminine. N'étaient les doigts jaunis de nicotine, la cigarette qui fumait sans arrêt dans le fatras des bobines, des épingles et des chutes. « ... Comme les symptômes du malade disparaissent au moment du rendez-vous avec le médecin, sa visite ne me paraît plus nécessaire. »

— Sammy, tu travailles ? demanda-t-elle à l'enfant allongé à ses pieds sur le carrelage. Récite-moi tes déclinaisons... tu sais, je crois que Luly arrive.

Cette remarque, apparemment anodine, elle l'avait déjà faite la veille, une phrase jetée sur un ton bizarre, avec un éclat fou dans le regard : « J'ai de bonnes nouvelles pour toi : Luly vient ! »

— Quand ? s'exclama de nouveau Sammy, tout exalté.

— Bientôt.

— Il va rester longtemps ?

— Je ne sais pas... Alors, ces déclinaisons ?

S'asseyant en tailleur, Sammy ânonna son latin, qu'il tentait d'apprendre dans les grands dictionnaires que lui avait envoyés Timothy Rearden.

Avec le roulement de la machine, ils n'entendirent ni les pas de leur logeuse, ni les coups légers à la porte, ni le cliquetis du loquet, jusqu'à ce que la señorita leur jette brutalement dans le dos :

— Une visite pour vous !

Elle n'eut aucun besoin de se tourner pour renverser sa chaise. Aucun besoin de le voir pour courir. Louis se tenait à contre-jour. Elle nota l'usure de son petit costume bleu, le lustré de la pelisse qu'il portait à l'épaule, l'affaissement du cabas à ses pieds. Dans l'ombre de cet étrange chapeau melon, elle ne put observer son visage, mais, en se jetant dans ses bras, elle songea qu'elle avait oublié à quel point il était long et frêle. Ils restèrent enlacés, pleurant tous deux, riant, murmurant des mots incohérents.

Jusqu'à cet instant, écrit Sammy, je n'avais jamais pensé à lui comme à un invalide. Au contraire! En vigueur et en vitalité, il surpassait tous les jeunes gens de Grez (...). Maintenant, même à mon regard d'enfant, Robert Louis Stevenson paraissait malade. Ses yeux trop brillants soulignaient encore la maigreur, la pâleur de son visage. Ses habits avaient soudain cessé de me paraître romantiques. Ils pendaient misérablement, sales et loqueteux, sur un corps brisé.

Ce que Sammy ne dit pas ici, c'est qu'une multitude de pustules couvraient la nuque et les oreilles de Robert Louis Stevenson. De grandes plaques rouges gonflaient ses mains. Partout, partout des boutons qu'il grattait machinalement.

Du regard, il ne quittait pas Fanny.

— Sammy, mon chéri, balbutia-t-elle, va vite chercher le vin et les *tacos* que j'ai commandés à l'épicerie... Trouve Belle et Nellie. Dis-leur que Luly est là!

Ils demeurèrent face à face, paralysés d'émotion. En l'absence d'un tiers, un malaise étrange les empêcha de s'étreindre.

— Tu es déçue? demanda-t-il avec un sourire contraint.

Elle hésita. La seconde de pause qu'elle mit à répondre lacéra le cœur du voyageur. Elle devina le coup que son silence portait et, prise d'un grand élan, elle se serra contre lui.

— Ne sois pas bête... Mais je ne m'attendais pas à

te voir si vite... Pas ce soir... C'est le week-end, lança-t-elle, dramatique. Sam arrive demain !

— Bien. Nous ne perdrons pas de temps.

Il referma ses bras sur elle et, cette fois, l'embrassa. Il crut sentir qu'elle n'éprouvait aucun plaisir à cette caresse. Il se trompait. Mais, pour Dieu sait quelle raison, Fanny se disait qu'elle devait absolument faire un effort de volonté. Elle tentait de se reprendre. Il la retint. Elle se dégagea.

— Tes caresses me font mal, murmura-t-elle, parce que je t'aime si fort.

— Alors je vais te faire mal et te serrer jusqu'à ce que tes os s'impriment dans ma chair.

Elle rit. Gênée.

— Tu aurais du mal... J'ai grossi, non ? Depuis que j'ai reçu ton télégramme, j'ai repris trois kilos ! Toi, laisse-moi te regarder...

Elle recula, inclina sa petite tête, plissa les yeux et le mesura, comme elle mesurait les objets avant de les peindre. Son cœur se serra.

— Toi, tu es très maigre, dit-elle en affectant la gaieté. Mais je te remplumerai !

Elle avait repris sa voix de mère et de ménagère, sortait des verres et des assiettes. Elle le fit asseoir à table.

— Je parie que tu n'as rien mangé de la journée... Elle posa devant lui un bol de *guacamole*. As-tu jamais goûté de l'avocat ?

— J'avais oublié quelle comédienne tu es ! Pour que je ne te parle pas de nous, tu m'attires sur ton terrain...

— C'est une recette mexicaine...

— Ah, Fanny, rit-il, l'amour ne te fera jamais perdre pied. Tu garderas toujours la pointe de ton talon dans la terre ferme. La même jument attelée à la même charrette !

— Et toi, le même oiseau qui se brûle les ailes au même soleil. Raconte-moi ton voyage... Parle-moi de ton travail... As-tu quelque chose de nouveau à me montrer avant que les autres n'arrivent ?

— Je me suis noyé dans mon encrier et je n'ai pas cessé de gratter ! De New York j'ai envoyé à Colvin la plus longue nouvelle que j'aie écrite, *L'Histoire d'un mensonge*.

— Tu vas me la lire...

— Pas maintenant...

Il lui lança un regard inquisiteur :

— ... Tu as tellement peur que je t'approche que tu inventes n'importe quoi pour m'occuper ?

Elle ne répondit pas.

Ils ne se touchaient plus. Il avait ôté son bras de l'épaule de Fanny. Elle s'était écartée. Assis côte à côte sur le même banc, ils conversaient comme deux vieilles connaissances. L'un, blessé par cette sagesse qu'il prenait pour de l'indifférence, l'autre, gênée par l'épuisement de son compagnon, ils feignaient de reprendre la conversation où ils l'avaient laissée en août dernier.

Ces êtres qui s'étaient tant attendus ne se dépêchaient plus. La même tristesse, la même terreur les oppressaient tous deux.

— J'avais toujours imaginé la race des immigrants comme des Vikings partant à la conquête du Nouveau Monde, poursuivait Stevenson en s'animant. Ceux dont j'ai partagé la misère et la saleté sur le *Devonia* ne ressemblaient pas exactement à cela... L'alcoolisme n'est pas gai, Fanny, et la pauvreté n'invite pas précisément au dépassement de soi-même...

Elle hocha la tête :

— Je sais.

Et, pour l'empêcher de dévier, elle insista :

— Et alors ?

— Et alors... Comparés aux passagers de première, combien plus humains, combien plus dignes, les fuyards, les lâches et les désespérés de la cale... J'ai tendance à penser qu'un homme en vaut un autre, je n'ai jamais été radical en matière sociale. Mais, bon Dieu, quand les belles dames et leurs cavaliers sont venus nous rendre visite, j'ai été stupéfié du paquet d'insultes que la seule présence de ces gens nous envoyait à la figure ! Avec leur curiosité, leur mépris qu'ils croyaient poli de cacher sous la condescendance d'un sourire, ces riches-là, je les aurais volontiers rossés !... Je suppose que j'ai beaucoup appris durant ce voyage... Ton pays, Fanny, dépasse en splendeur tous les rêves les plus fous... Je ne regrette pas d'être venu..., insista-t-il comme pour se rassurer. C'était maintenant ou jamais. Advienne ce que pourra... J'ai coupé le cordon. Je ne peux plus compter que sur moi-même. Il était grand temps ! Je dois me tenir debout seul. La route derrière moi, je la vois clairement... Et le chemin droit devant...

Elle esquissa un sourire hésitant.

— Quoi qu'il advienne, reprit-il, je ne regrette rien.

L'angoisse de cette dernière phrase sembla toucher Fanny, qui se laissa aller contre lui.

— Personne ici ne dit que tu n'aurais pas dû... Personne !

Ce fut elle qui, cette fois, posa ses lèvres sur la bouche desséchée du jeune homme. Il étreignit son petit corps qui ne résista plus. L'amour leur coupait enfin le souffle... Pas pour longtemps. La porte s'ouvrit en grand.

— Il y a trop de mois, trop de minutes à rattraper, articula méchamment Belle. Bonjour, Louis. Je ne savais même pas que vous étiez en Amérique !

Nellie et Sammy s'engouffrèrent à sa suite.

Fanny recouvrit ses esprits et sa sévérité de mère pour gronder :

— Où étais-tu ?

— Avec ma tante, répondit Belle sur le même ton.

Blonde et ronde, affectant de ne pas remarquer le désordre de sa sœur et l'agressivité de Belle, Nellie prit la main que Stevenson lui tendait.

— Fanny m'a beaucoup parlé de vos talents... Il paraît que vous êtes le Walter Scott de notre génération... J'aime tellement Walter Scott.

— Et moi, Miss Vandegrift, je ne suis pas ici depuis une heure que je n'aie entendu vanter tous vos charmes... Il paraît qu'outre Walter Scott vous aimez particulièrement qu'on chante la nuit sous vos fenêtres...

Nellie rougit et Belle ne put s'empêcher de rire.

— Je sais, railla-t-elle, je sais, moi, d'où vous tenez cette information !

— Tu t'es arrêté au saloon de Sanchez ? se récria Fanny.

— J'aurais cru, maman, que tu t'étais trouvée assez proche de lui pour le remarquer, ironisa Belle. Louis, j'ignorais que vous buviez ? Vous sentez le whisky à dix mètres !

— Ma chère, j'avais tellement peur de me trouver devant vous dans l'état où j'étais que mon premier geste, en sortant de douze jours de train, a été de me requinquer !

— Justement, coupa Fanny, il est temps de songer au souper.

— Nous sommes six, précisa Belle. J'ai invité Joe. Au point où nous en sommes, je pense que tu n'y verras pas d'inconvénient.

La mère et la fille échangèrent un regard sans aménité. Fanny choisit de se taire. Sammy se pelotonna sur les genoux de « Luly » et, ravi de retrouver son grand ami, supplia :

— Raconte-nous tes aventures ! Qu'est-ce que tu vas faire maintenant ? Tu restes longtemps ?

Il prétendait enquêter sur les immigrants, mais il n'était là que parce qu'il aimait Fanny Osbourne, commente Belle. *Et tous ses récits lui étaient destinés. Il ne parlait que pour elle. Nellie, Sammy et moi n'existions même pas.*

Belle succomba-t-elle au charme de Louis ce soir-là ? La jeune Miss Osbourne n'avait-elle pas écrit à Rearden deux ans plus tôt : *L'autre Stevenson n'est pas très beau, non, certes, il n'est pas très beau... Mais dès qu'il ouvre la bouche, dès qu'il parle, je le trouve l'homme le plus séduisant que j'aie jamais rencontré !*

La nuit du 31 août 1879 n'apporta pas le sommeil à la Casa Bonifacio. Au premier, dans le grand lit qu'elle partageait avec sa tante, Belle ruminait sa colère... Ainsi, son hypocrite de mère l'avait empêchée d'aimer Joe Strong tandis qu'elle préparait pour elle-même l'arrivée de son amant. C'était la dernière semaine que Belle passerait sous ce toit !... Elle s'enfuirait bientôt avec Joe... Ils iraient prendre ses affaires au cottage d'Oakland et chercheraient protection chez son père à San Francisco... De cette fuite, Nellie même ne saurait rien... Nellie qui s'obstinait à ne voir en cet Ecossais maladif qu'un protégé de Fanny... « Une amitié littéraire. » Ouiche, quelle innocence !... Grand bien lui fasse à ce bas-bleu de Nellie ! Mais gare si elle s'obstinait à partager la vie de sa sœur quand le scandale éclaterait... Car c'est la famille Sanchez qui s'opposerait alors à son mariage avec Adolfo !

Fanny, ce soir-là, n'entendait pas les murmures des deux jeunes filles. Allongée tout habillée sur le patchwork du couvre-lit, elle réfléchissait. Et ce qu'elle découvrait la pétrifiait de peur... « Il est là... Il est là !... Ce devrait être le bonheur... Et je ne sens rien ! Sèche, je suis sèche ! Je suis dure et méchante : Belle a raison... J'ai la chance de connaître un homme qui m'aime assez pour traverser le monde, et je n'en éprouve pas plus de joie ? Un homme que j'admire, un homme que je respecte... L'être le plus généreux, le plus courageux... Sa famille l'a déshérité. A cause de moi. Et c'est ainsi que je l'accueille ? Il a voyagé le jour, la nuit, il n'a pas pris le temps de dormir une fois dans un lit, il arrive, malade, plein d'espoir, et je l'accueille ainsi ! Moi ! » Elle ne pouvait bouger. Elle avait les pieds, les mains glacés. « Lui... Lui, il ne doute pas ! N'était-ce pas ce que je voulais ? Quelqu'un qui sait !... Il est venu hâter ma séparation d'avec Sam... N'était-ce pas ce que je lui demandais ?... Désormais se tient auprès de moi le seul être au monde qui se soucie de mon existence. Le seul ! Et je le traite ainsi ? L'homme qui m'épaule, l'homme qui me protège... »

Cette fois, elle s'agita. Repliant ses genoux, elle s'assit en boule et resta là, recroquevillée au milieu du lit. « ... Me protéger ? Comment pourrait-il me protéger ? Il est pauvre. Il est malade. Il est mourant peut-être !... Ah, frissonna-t-elle, il a beau jeu de m'offrir sa

main et son avenir ! Une main galeuse et un avenir
inexistant... Un garçon talentueux, certes... Oui, il a du
génie, je le sais, j'en suis sûre ! Mais aurons-nous le
temps nécessaire pour le prouver ?... S'il meurt ? Qu'adviendra-t-il de Belle et de Sammy ?... En admettant que
je divorce de Sam, que Louis meure... C'est Rearden
qui rira !... Si Louis meurt, que ferai-je ? » Elle leva le
visage vers le dais du baldaquin et, l'œil vide, se perdit
dans la contemplation des pompons et des drapés.
« ... Sam n'est pas si mauvais père. Il nous offre des
chevaux pour qu'on puisse se promener. Il paie le loyer
de cette maison. C'est à lui qu'appartient le cottage
d'Oakland... Comment Louis, maintenant si pauvre
qu'il crève de faim, nourrira-t-il Sammy ? Vais-je voir
mon fils perdre sept kilos en un mois ? Et cette toux !...
Ces boutons qui lui couvrent le corps dévoreront-ils
bientôt les petites mains de mon enfant ? Que faire ?
Quel est mon devoir ? Mon Dieu, que ne puis-je sentir
où doit aller ma loyauté ! »

Elle se tortilla et, d'un long geste de couleuvre, se
glissa entre les draps de lin qu'elle remonta jusqu'au
menton. « ... Ma loyauté ne va pas à Sam — de cela, je
peux être certaine ! Je ne lui dois rien ! Il n'a aucun droit
sur moi !... Et si l'on songe à sa conduite durant la
maladie de Hervey ! »

Elle se représenta Sam si blond, si beau, qui arriverait
demain par le train... Mais, ce soir, la colère semblait
éteinte. La colère, l'amour, tous les sentiments qui
avaient bouleversé les dernières années de sa vie.

Sage enfin, à quarante ans ? Imperméable aux passions ?... Restait donc l'intérêt... Fallait-il miser sur la
sécurité en restant mariée à Sam, ou parier sur la gloire
en se liant à Louis ? « Équivalent, soupira-t-elle. L'irresponsabilité du premier, la santé du second laissent
augurer le pire. Stevenson peut mourir. Osbourne peut
disparaître... » Son indifférence devant l'éventualité des
deux catastrophes l'épouvanta. Elle en appela une
dernière fois à sa conscience. « Je suis un monstre !...
Ce pauvre garçon a risqué sa vie, son avenir, son
passé... J'ai tout perdu, même le sens moral !... Si Louis
n'avait bravé pour moi ses parents, il ne serait pas

aujourd'hui dans un tel état... Je suis la seule personne qui lui reste au monde ! »

Rien. Elle n'éprouvait rien ! Même la compassion, la sympathie pour les perdants qui d'ordinaire mobilisait son énergie, sa vieille tendresse pour les vaincus, ne l'effleuraient pas.

Exaspérée contre elle-même, dans un ultime sursaut elle s'emporta : « ... Aussi, je ne l'attendais pas si vite ! Sans crier gare, il me tombe dessus !... Qu'il me donne un peu de temps !... Que je puisse au moins préparer Belle... »

Deux rues plus loin, dans la petite chambre de la señorita Reese, que Joe Strong lui avait trouvée, Robert Louis Stevenson ne trouvait pas le repos. Le dégoût qui avait tordu le visage de sa logeuse en acceptant de sa main malade les sept dollars payables d'avance lui avait assez clairement fait comprendre l'effet qu'il produisait sur les femmes... Sept dollars ! Sans le sou. Impossible de rester ici plus d'une semaine... Il ne pensait ni à la froideur de Fanny, ni à l'Ecosse, ni à l'avenir. Il ne songeait pas davantage aux prédictions de ses amis : « Quand tu seras là-bas, Louis, que feras-tu ? » Mais l'argent !... Si seulement Henley pouvait réussir à vendre la pièce qu'ils avaient écrite ensemble... Si seulement Colvin pouvait envoyer trente dollars pour *L'Histoire d'un mensonge*... Si seulement Baxter parvenait à racler les cinquante dollars que lui devait son éditeur... Il semblait à Louis qu'il n'avait pas posé le pied sur la terre ferme, que le train continuait de rouler... Devant ses yeux défilaient les grandes plaines. A ses oreilles, le roulement des essieux, le cri des locomotives.

*
**

Durant des semaines, j'avais attendu avec grande impatience la visite de mon père, raconte Sammy. *Et ce week-end-là fut très déconcertant pour moi. Je le trouvai si préoccupé, avec tellement peu de temps à me consacrer ! Il s'enferma des heures avec ma mère, et j'eus l'interdiction absolue de les déranger. Une fois, alors que j'étudiais mes leçons, j'entendis monter derrière la cloison d'étranges inflexions dans leurs chuchotements. Elle, elle lui faisait des reproches, et lui, il donnait la plus angoissante des explications quant à ses problèmes financiers au moment de la mort de mon petit frère. Soudain ma mère fondit en larmes, elle suppliait avec une intensité qui me transperça le cœur : « Oh, Sam, pardonne-moi ! »*

— N'approche pas ! Je t'en supplie, va-t'en !

Surpris, terrifié, Robert Louis Stevenson s'arrêta sous la treille qui conduisait à la Casa Bonifacio... Ce qu'il redoutait venait d'arriver ! Elle le congédiait. Le coup fut tel qu'il en eut la respiration coupée. La main sur le ventre, de douleur il se courba. Son pantalon serré accentuait encore son effroyable maigreur. Un squelette dont on se demandait s'il projetterait une ombre... La tension du dernier week-end, la présence du mari à Monterey, l'incertitude quant à la conduite à tenir — devait-il se présenter à Sam, ou bien attendre avec discrétion la conclusion des entretiens ? —, l'angoisse avait laminé ses traits. L'ovale de son visage s'était allongé, sa moustache semblait plus fine et plus rare.

— Je t'en supplie, va-t'en, répéta-t-elle.

Hystérique, le corsage déboutonné, elle gesticulait au fond du jardin... C'était la fin de l'aventure. Il tenait sa réponse... Elle lui interdisait sa porte !

— ... Pars tout de suite !... Nellie est malade, c'est la diphtérie ! J'ai envoyé Sammy et Belle habiter l'hôtel. Leur père est remonté à San Francisco, il paie leur chambre... Les enfants ne doivent pas habiter ici pendant que je la soigne ! La diphtérie, c'est affreusement contagieux ! On en meurt ! Toi, dans l'état où tu te trouves, tu l'attraperas !... Des membranes lui ont poussé dans la gorge. Je dois les lui brûler toutes les demi-heures, le jour, la nuit... Si elle mourait loin de chez elle, loin de la maison, c'est moi qui l'ai amenée ici... Quand ma sœur ira mieux, je te ferai chercher ! Je t'en supplie, n'entre pas ! La diphtérie te tuerait.

— Mais toi ? demanda-t-il en s'avançant.

— Moi ? Elle eut un ricanement. Moi, je suis increvable !

Quinze ans plus tard, à la veille de sa propre mort, Robert Louis Stevenson décrira son épouse à l'un de ses amis : *Une force de la nature, une énergie d'enfer qui alterne avec des semaines et des semaines d'hibernation complète... Elle soigne tout le monde, elle te soignera, toi comme les autres, elle est impossible à soigner.*

*

Parce qu'il n'a pas assez d'argent pour rester à Monterey, parce qu'il comprend que sa présence achève de le desservir, parce qu'il pense que visiter le pays ne peut que nourrir ses récits de voyage, Robert Louis Stevenson va quitter la ville. *J'ai toujours besoin de trente livres sterling,* écrit-il à Baxter le 9 septembre. *Tu ferais bien de m'envoyer à San Francisco cinquante livres sur les cent qui me restent, par mandat ou quelque chose qui y ressemble. Mes nouvelles ? Zéro ! Je ne sais rien... Je pars camper, c'est tout ce que je peux te dire. Je m'en vais tout à l'heure et passerai sans doute trois semaines dans les montagnes. Je t'enverrai, d'où je me trouverai, une lettre un peu moins déprimée que celle-ci... Et maintenant, je te salue, avec mon eczéma et mon cœur en miettes.*

Il s'enfonce à l'aventure dans l'arrière-pays. Joe Strong, soucieux de plaire à cette belle-mère qui ignore tout de leur parenté, fournit à Stevenson une carriole et deux chevaux. Les jeunes gens poussent ensemble jusqu'à l'extrême limite de la civilisation, le dernier ranch avant la sauvagerie des montagnes. Ils n'ont que trois ans d'écart et bien des choses les unissent. Pour la mère, pour la fille, ils se débattent tous deux dans d'inextricables complications sentimentales. Chacun dans son domaine règne sur un cénacle, chacun prend son art très au sérieux. Pourquoi ne collaboreraient-ils pas ? Une série d'articles sur les Etats-Unis signés « R.L.S. », illustrés « J.D.S. ». Cette idée, ils la reprendront dix ans plus tard en voguant ensemble vers l'archipel des Samoa. Mais, déjà, Stevenson distance Strong, il laisse le peintre derrière lui et part à cheval dans les cañons.

Le bourgeois écossais, le bohème de Grez, se transforme en cow-boy solitaire. Si Fanny avait incarné, lors de leur rencontre, l'aventure, la vie en plein air et les grands espaces, elle semble aujourd'hui tenir quelques-unes de ses promesses : à sa suite, Robert Louis Stevenson entre dans la légende de l'Ouest. Ses amis, en recevant ses lettres, ne mesureront pas l'importance du changement. Quelle différence pour eux entre les marches solitaires de Louis dans les Cévennes et l'errance dans les sierras ? La différence, c'est le flirt avec la mort.

La tête lui tourne. Il a des bourdonnements d'oreilles. Ses jambes ne le tiennent plus en selle. Les cailloux dansent devant ses yeux. Les rênes lui glissent des mains. Il s'effondre. *Pendant trois jours et trois nuits, je suis resté là, couché sous un arbre, dans une sorte de stupeur,* écrit-il un mois plus tard au poète Gosse. *Mon esprit battait la campagne, cette fois j'ai failli y passer... Je ne suis parvenu qu'à prendre un peu d'eau pour mon cheval, allumer un feu et faire un peu de café. C'est tout. Sans manger, sans dormir, je suis resté là. Je n'entendais que les lointaines clochettes des chèvres et le croassement des crapauds-buffles. Ces bruits me rendaient fou. Par miracle, un chasseur d'ours m'est tombé dessus... Il m'a trouvé foutrement malade et conduit à son ranch.*

Intéressant, non, mon nouveau début de vie ? raconte-t-il à Colvin. *A plus de trente kilomètres de Monterey, j'habite un ranch dans les montagnes Sainte-Lucie. Je vis parmi des chèvres angoras. Je campais, quand deux rancheros m'ont recueilli chez eux pour me soigner. L'un est un vieux chasseur d'ours de soixante-douze ans, ancien capitaine dans l'armée mexicaine. L'autre, un homme de Fremont, quand l'Amérique a conquis la Californie.*

Trappeur, pionnier, chercheur d'or, comme ils sont loin, les réverbères mouillés d'Edimbourg, ces longues lueurs dans la nuit qui invitaient au voyage l'enfant que la maladie retenait derrière la vitre close.

EAST OAKLAND – mi-septembre 1879

La porte du cottage claqua. Belle, qui vidait dans un cabas le contenu de sa coiffeuse, se redressa dans un sursaut. Un instant, elle eut la tentation de fuir. Fanny se tenait déjà à l'orée de la chambre. Le spectacle de son visage n'était pas beau à voir. Décomposé par la rage, les lèvres grises de poussière, la bouche tombante, les yeux fixes et traversés de lueurs où la colère le disputait à la folie. A la poursuite des fugitifs, de Monterey à Oakland, elle avait dû attraper toutes les connexions. Belle ne s'attendait pas non plus à ce qu'elle franchisse si vite le dernier mètre qui les séparait. D'une main, Fanny lui arracha son sac, lui donnant de l'autre le plus formidable aller et retour que Belle reçût jamais, la première gifle de sa vie. Elle en perdit l'équilibre sur le guéridon qui bascula. Joe Strong, les bras chargés des robes de sa femme, surgit du cabinet de toilette.

— Je vous interdis ! glapit-il à l'intention de sa belle-mère.

La brièveté du coup d'œil qu'elle lui décocha disait assez clairement ce qu'elle pensait de lui. Négligeable.

Joe Strong ne manquait pourtant pas d'allure dans son manteau de voyage. Les photos de l'époque le montrent arborant fièrement une grande moustache cirée, la barbe taillée, le cheveu court et peigné. Un côté bellâtre, peut-être ? Quelque chose d'ostentatoirement puissant dans la pose ? « Un faible, dirait Fanny. Un mollusque, une sangsue. »

Décontracté, sociable, les amis de Joe le trouvaient, eux, doté d'une réelle gentillesse, d'un vrai sens de la camaraderie. « De la seule envie de s'amuser, préciserait sa belle-mère. Je ne prévois avec ce genre d'homme que drames et catastrophes. Un faux gentil. Il pompera Belle, et ne lui laissera que la peau sur les os ! » Elle oubliait seulement que Joe Strong avait du talent ! Plus de talent que tous les Osbourne réunis. En outre, il savait se vendre. Peu d'artistes ont joui de la faveur qu'il connut auprès des nouveaux notables de San Francisco. On s'arrachait ses portraits. Les commandes pleuvaient. Avide de plaire, Joe modelait son art à la demande et rendait tous les services qu'on lui réclamait. Dans son âge mûr, cette merveilleuse complaisance tournerait à l'obséquiosité.

De petits compromis en grandes lâchetés, son penchant pour la facilité, sa passion pour le soleil et la bouteille le conduiraient vers une lente descente aux enfers. Il sombrerait corps et âme. « Par paresse, tout ce gâchis par paresse ! » conclurait sa belle-mère.

— Toi, comment as-tu osé ? demanda-t-elle en ne s'adressant qu'à sa fille.

Belle la regarda par en dessous et, se frottant la joue, elle cria :

— Je fais ce que je veux… Je suis majeure !

— Tu ne l'étais pas quand cet imbécile t'a enlevée.

— J'avais le consentement de mon père !

— Ton père ? répéta Fanny.

Elle avait pâli et chancelait sous le coup.

— Il sait tout depuis le début, triompha Belle.

— Il était au courant ?

— Et pas qu'un peu !… Joe lui a demandé ma main. Papa la lui a accordée avec sa bénédiction.

— Traître ! explosa Fanny sans que Belle soit certaine que l'insulte lui fût adressée.

Ainsi, durant toutes leurs conversations du dernier week-end, pendant que Fanny lui avouait sa propre liaison, qu'elle implorait son pardon, Sam trichait encore ! Il savait leur fille mariée, il ne lui en avait rien dit. Il avait approuvé ce mariage, sans prendre la peine d'en discuter avec elle. Le traître !

— Comme d'habitude, ton père n'a pas réfléchi trois minutes… Pour jouer le beau rôle, il est prêt à tout ! Même à sacrifier ton avenir.

— Il nous a trouvé un appartement à côté de son bureau, insista Belle, qui était consciente des coups qu'elle portait.

348

Jamais sa mère ne lui pardonnerait d'avoir cherché refuge contre elle auprès de Sam, de lui avoir confié, à lui, ce qu'elle lui cachait, à elle.

— ⟶ ... Deux grandes pièces très hautes de plafond, avec une kitchenette et une petite salle de bains, précisa Joe Strong qui tenait à montrer qu'il prendrait soin de Belle.

— Si tu nous rends visite, nous habitons au 7, New Montgomery Avenue... Viens nous voir quand tu veux, ajouta la jeune fille sans savoir elle-même si, par cette phrase, elle espérait signer la paix. Ou conclure par une ultime bravade.

— Entre nullités, grimaça Fanny, vous vous tenez les coudes... Tu n'imagines pas, ma petite, combien ton mariage me soulage !

Après cette pénible confrontation avec ma mère, raconte Belle, *nous allâmes rejoindre papa. Mon père chéri. Quand je pense à lui, je le revois toujours les bras grands ouverts, prêt à m'accueillir, prêt à me rassurer. Il nous aida à arranger nos deux pièces, puis il nous invita à dîner chez « Frank ». En nous séparant, il remplit ma petite bourse de vingt dollars en pièces d'or. Béni soit mon père.*

***
***

— Une bonne fois pour toutes, acceptez de n'être pas le centre du monde ! L'idée que votre pauvre mari ait pu connaître des secrets que, vous, vous ignoriez, c'est cette idée-là qui vous rend folle !

— Vous vous trompez, Rearden. Je ne me suis jamais sentie plus calme. Pour moi, ce mariage change tout... Préserver la respectabilité familiale, cette nécessité me tourmentait tellement. L'établissement de Belle, c'était mon obsession... Sa conduite me libère. Et puis une bouche de moins à nourrir, ce n'est pas rien !

Ils marchaient sur l'interminable plage de sable blanc, leurs pieds butaient dans les os de baleine, la nuit tombait. Elle reprit :

— ... Et cessez donc de dire « votre pauvre mari »,
en parlant de Sam !

— Que voulez-vous que je dise, ma chère ?

Elle haussa les épaules :

— Mari, Sam l'était si peu. Nous n'avons même pas
réussi à nous parler de nos enfants.

— Les cachotteries de Belle n'affectent que votre
orgueil de femme !

— Et mes sentiments de mère, ajouta-t-elle, songeuse.

— Si vous y tenez, concéda-t-il. Mais quittez cette
tête de vieille Canaque ! Je suppose que vous ne m'avez
pas fait prendre quatre trains, perdre deux jours, pour
me parler de votre maternité bafouée !... Entre nous,
vous l'avez très mal élevée, votre fille, pour qu'elle
s'enfuie ainsi avec le premier venu. Au fond, elle ne fait
que suivre votre exemple !

— Vous ne croyez pas si bien dire, rétorqua-t-elle
sèchement. Si je vous ai prié de venir...

— C'est que vous aviez quelque chose à me demander !... Vous ne vous souvenez de moi qu'en cas de
besoin. En quoi puis-je vous être utile, ma chère, qu'y a-
t-il pour votre service ?

— Si vous le prenez sur ce ton... Allez au diable !

Elle le quitta pour repartir rapidement vers le village.
Rearden continua de longer le bord de mer. Se tournant
à demi, elle observa cette silhouette d'homme que le
temps alourdissait... L'avait-elle aimé ? Plus trapu
qu'autrefois, la moustache grisonnante, Rearden perdait ses cheveux... Pourtant il ne changeait pas !...
Changerait-il jamais ? Son allure de jeune homme en
colère tournait avec l'âge à la bougonnerie du barbon.
Avec sa veste de velours côtelé que le grand vent
battait, sa cravate de soie qui se plaquait par instants sur
son visage, il la touchait. Elle revint sur ses pas, glissa sa
petite main sous son bras et supplia :

— Rearden, cessons enfin de nous disputer, voulez-
vous ?

Il affecta de ne pas l'avoir entendue. Dans la plus
totale des indifférences, il ne replia pas le coude et laissa
retomber la main de Fanny.

— Vous souvenez-vous, reprit-elle avec légèreté, vous souvenez-vous de cette marche que nous avons faite ensemble ? C'était juste avant mon départ pour l'Europe...

— Oui, eh bien ? maugréa-t-il.

— Vous vous étiez moqué de mes prétentions artistiques... Vous m'aviez prévenue que je ne deviendrais jamais un grand peintre... Vous aviez raison !

— Heureux de vous l'entendre dire.

— ... Mais le jeune homme dont je vous ai parlé, vous savez, mon ami écossais, j'aimerais que vous lisiez ses livres... J'aimerais que vous le rencontriez... Il ne cesse de travailler ! Il a presque terminé le récit de son voyage : je voudrais que vous me disiez ce que vous en pensez. C'est bon... C'est très bon, je crois... Sans doute auriez-vous des suggestions quant aux journaux où placer ses articles... Pendant la diphtérie de ma sœur, il a campé dans les montagnes... Il est de retour à Monterey. Il a lui-même manqué mourir... S'il était mort, Rearden, j'aurais perdu...

— Que m'importe ce que vous auriez perdu ! Pour qui me prenez-vous, votre confesseur ?

Elle lui jeta un regard inquiet et prononça très vite :

— Il faut que vous m'obteniez la garde de mon fils !

— Nom de Dieu, Mrs Osbourne, de quoi parlez-vous ?

— A Sam, je ne demande rien... Je lui laisse ma dot et les mille dollars qu'il doit à ma famille... Mais je veux mon fils ! Avec le droit de l'élever en Europe.

Rearden avait rougi. Gêné, il n'aspirait maintenant qu'à se débarrasser d'elle. Il accéléra le pas.

— En quoi tous vos micmacs me regardent-ils ?

— Je vous prends pour avocat, Rearden. J'ai déposé votre nom et ma requête à la Cour... Je vous en supplie, défendez-moi... Je sais ce que vous allez dire, poursuivit-elle en déversant sur lui un torrent de mots pour l'empêcher de répondre. Tous vos arguments, je me les suis servis à moi-même il y a deux jours... Aujourd'hui, je ne sais pas davantage où je vais. J'ignore même si le paquet d'os auquel je veux me lier vivra jusqu'au mariage. Je ne suis certaine que d'une chose : cet homme vaut la peine qu'on brave pour lui tous les dangers. Je vous en supplie, acceptez de le rencontrer... Vous nous jugerez ensuite. Elle éclata de son rire d'eau sous la glace. Ensuite, voulez-vous que je vous dise, ensuite, monsieur le juge, c'est vous qui nous marierez !

Il la repoussa.

— Vos minauderies m'affligent, votre bêtise me consterne et votre vulgarité m'embarrasse... Je ne sais que répondre à ce tissu d'insanités. C'est à pleurer de rire ! Le ridicule vous tuera.

— Vous, la peur, Reárden... Cette fois, Fanny lui barra le passage. La pétoche, vous en crèverez !... Riez, lui aboya-t-elle en plein visage, riez tout votre soûl : vous êtes un mort, je suis en vie !

Tournant brusquement le dos à l'océan, elle le planta là pour escalader la dune jusqu'à la pinède. Contre toute attente, il la suivit.

— ... Et j'ai trouvé ce que votre sagesse n'obtiendra jamais ! cria-t-elle dans le vent qui soulevait le sable et couchait les cyprès au-dessus d'elle sur le promontoire. Remontez dans votre train, retournez à vos bouquins...

Rearden, derrière elle, perdait l'équilibre dans la pente. Sans l'attendre, elle s'engagea sur le sentier côtier qui bordait le bois. À cette hauteur, le mugissement de l'océan tournait au vacarme. Il montait, toujours plus sourd, plus inquiétant. Au loin, la lumière du phare balayait les vastes nappes de brume qui avançaient vers la côte. Entre les arbres, l'écume des immenses vagues se brisait sur les rochers noirs qui fermaient de partout la baie de Monterey.

— Prenez tous les risques que vous voudrez, tonna Rearden pour conclure. Une bonne fois pour toutes, je vous prie de ne plus me mêler à vos salades !

Elle soupira et, brusquement radoucie, murmura :

— Les risques, comme vous dites, croyez-vous que je ne les connaisse pas ? La différence d'âge... Le manque d'argent... La maladie... Même si je deviens un jour Mrs Louis Stevenson, le plaisir, pour moi, c'est fini.

Rearden ricana.

— Je suppose que vous trouvez cela grandiose, le sacrifice !

Elle réfléchit avant de répondre à mi-voix :

— Et la peur qui vous paralyse, Rearden, comme je la connais aussi ! Peur de perdre le seul homme au monde qui m'ait aimée... Peur de perdre l'être le plus généreux que la terre ait porté... Amoureuse bien sûr... Mais, plus encore que mon amour pour lui, c'est mon admiration qui grandit chaque jour... Il rend le bien pour le mal, l'air qu'il respire est si propre, si pur, la méchanceté ne le pollue pas. Même la vôtre !... Il vous trouverait ce soir mille excuses... Je n'ai pas le choix, Rearden... J'ai peur. Mais je n'ai pas le choix. J'accepte l'inévitable. Ma décision est prise.

— Grand bien vous fasse : suicidez-vous !... Seulement, avez-vous songé à ce que les autres diront ?

— Qui, les autres ? persifla-t-elle. Qui ? Les chèvres de Monterey ? Les vaches de San Francisco ?... Ciel ! Que vont dire les sauterelles de l'Indiana ?

Elle lui jeta un regard dont il ne fut pas certain de comprendre le sens. Dans l'obscurité, Rearden crut voir qu'elle riait.

**
*

J'ai bien fait de venir ! se félicite Louis dans une lettre qu'il supplie Baxter de garder privée et confidentielle. *Non seulement mon arrivée a remis Fanny sur pied, mais ma présence a tout clarifié entre nous.*

La volonté de Fanny ne fluctuera plus. Elle a relevé le gant, elle ne le lâchera pas. Tout sacrifier à quarante ans pour un mourant — au XIXe siècle, dans un destin de femme, quel pari ! Déchue de ses droits maternels ? Cette terreur l'obsède. L'angoisse la tenaille. L'angoisse la tourmentera jusqu'au bout. Mais elle fonce. L'espoir a conquis la peur.

*

Je ne savais rien de tout ce qui se tramait, racontera Samuel Lloyd quarante ans plus tard. *Jusqu'à cette promenade avec Stevenson. Il était silencieux et complètement absorbé. Pour toute l'attention qu'il m'accordait, j'aurais pu aussi bien n'être pas là ! D'habitude, une promenade avec lui, c'était une fête, une grande affaire où l'imagination prenait toute la place. En un clin d'œil, je me transformais en pirate, ou en Indien, ou en officier de marine porteur de dépêches secrètes à remettre à un espion. Ou en quelque autre personnage au moins aussi excitant. Mais cette promenade-là avait été ennuyeuse de A à Z. Nous étions restés nous-mêmes, et pas une once de rêve ne nous avait distraits de la réalité. En outre, le pas de Luly avait été si rapide que mes petites jambes n'en pouvaient plus.*

Soudain il se mit à parler. Et, là encore, je retrouvais dans cette voix l'intonation nouvelle, si terne, si atone, et pourtant si gênante, l'intonation qui affectait maintenant le discours de tous mes aînés.

— J'ai à te parler, dit-il. Tu n'aimeras peut-être pas ce que j'ai à dire. J'espère que si. Voilà... Je vais épouser ta mère.

Même pour sauver ma peau, je n'aurais pu prononcer un mot. Je restais muet. La question de savoir si j'étais content, ou le contraire, ne me venait même pas à l'esprit. Je continuais de marcher dans un état de stupéfaction, avec une incontrôlable envie de pleurer. Pourtant, je ne pleurais pas. J'étais obsédé par l'idée que je devais parler, dire quelque chose, mais je ne savais pas comment, je ne savais pas quoi.

Tout ce que je sais, c'est qu'à la fin ma main s'est glissée dans celle de Luly, qu'il me l'a serrée très fort et que, dans cette pression réciproque, je trouvais de la joie, une immense tendresse qui m'envahit. Et c'est ainsi que toujours silencieux, toujours main dans la main, toujours nous donnant l'un l'autre des petites pressions rassurantes, c'est ainsi que nous rentrâmes et passâmes sous la treille de roses qui conduisait à la maison.

*

... Le divorce est en principe décidé pour janvier, triomphe Stevenson. (...) *Et ton serviteur sera un homme marié dès que la loi et les convenances le permettent.*

354

La loi, les convenances? Rearden s'est laissé piéger! Lors d'un second voyage à Monterey, il a rencontré « l'ami littéraire de Mrs Osbourne ». Ils n'ont parlé ni d'argent, ni d'amour, ni d'avenir. Que se sont-ils dit exactement? Aux termes de l'entretien, l'avocat s'étonne qu'une telle intelligence, une culture si vaste, ait pu s'intéresser à cette petite dame de l'Indiana... Quoi qu'il en soit, si ces gens veulent se pendre au même arbre, c'est leur affaire. Son affaire à lui, désormais, c'est de leur passer la corde au cou.

— Finie la bohème! Les cheveux courts, les cigarettes, la peinture, toute la panoplie, terminés! Vous allez m'obéir : vous rentrez dans le rang!

Si Fanny, au terme de cette nuit qu'elle n'a pas racontée à Rearden, une nuit à la Casa Bonifacio où, Nellie sauvée, Belle mariée, elle a cru Louis mort dans les sierras et pris conscience de la puissance de leur attachement, si Fanny se croit sortie d'affaire parce qu'elle ne doute plus d'elle-même — quelle erreur!

Les jours qui l'attendent promettent de l'envoyer au fond du gouffre. Pour Mrs Osbourne, la guerre d'usure ne fait que commencer.

Rearden exige qu'elle ne rencontre plus Robert Louis Stevenson durant tout le temps de la procédure, dont nul ne sait combien de mois elle peut traîner. Il exige la séparation des amants : ils ne se reverront pas. Louis reste à Monterey. Elle remonte chez Sam.

— Ne me demandez pas cela! implore-t-elle. Pas maintenant!... Maintenant que Louis... que... que nous sommes réunis! Si je l'abandonne maintenant, il va mourir!

— Faites preuve d'un peu de jugeote et d'un minimum de décence. C'est à Oakland, et toute seule, que vous devez faire face à votre mari. Il est affolé. Il est indécis... Ne l'exaspérez pas en l'humiliant! Ne vous affichez pas! Ou alors vous n'obtiendrez ni votre liberté ni votre fils... Vous avez mauvaise réputation, ma chère. Votre inconduite justifierait qu'on vous retire Sammy. J'en connais même que cela enchanterait... Après ce que vous avez fait, en arrachant vos enfants à leur père pour les traîner à Paris ! Belle ne vous facilite pas les choses... Si vous restez ici, ou si vous remontez avec votre « amitié littéraire », certains camarades de Sam — parmi les moins raffinés, je vous l'accorde —, certains se feront une joie de vous rouler dans le goudron, avant que vous ne le rouliez, lui, dans la farine ! Me suis-je fait comprendre ?

*
**

Je me trouve maintenant tout seul à Monterey, écrit Stevenson à Colvin. *(...) Couché avec une pleurésie.*

Par orgueil, R.L.S. adoucit la vérité. Roulé par terre dans une couverture, il meurt de faim et crache le sang.

Encore une fois, il ne va devoir la vie qu'à l'intervention d'un étranger. C'est le gargotier de Monterey, Jules Simoneau, qui, ne le voyant pas paraître deux jours de suite pour son unique repas, va se permettre de forcer sa porte. Il le trouvera inanimé, le prendra chez lui, le veillera et le sauvera.

A deux cents kilomètres de là, Fanny, cloîtrée derrière les barrières blanches de son cottage, impuissante et torturée, souffre de ne pas mener ce corps à corps avec la mort qui menace à chaque instant de lui arracher son amour. De cette période, d'autant plus terrible qu'elle la traverse à distance, elle gardera pour Simoneau une indéfectible reconnaissance. D'Edimbourg, de Davos, d'Hyères, des Samoa, elle veillera sur lui. Vieille dame, elle le pensionnera, elle paiera son enterrement et lui construira pour tombe un monument.

Quant à ma pauvre littérature, poursuit Louis à l'intention de Henley, *attends-toi à la voir empirer pendant un certain temps encore (...). Pour l'instant, c'est avec mes griffes que je me bats, et à deux mains. Le combat est dur. Que j'y mette tout ce dont je suis capable n'empêche probablement pas mon travail de ne pas valoir un clou. Mais, si tu détestais à ce point mon* Voyage avec un âne, *pourquoi ne l'as-tu pas dit à l'époque de sa parution ? Pourquoi me livres-tu tes critiques comme une*

soudaine révélation ? Au moment où ma santé s'effondre,
et mes finances, et mes espoirs ?

Pathétiques interrogations d'un homme abandonné par ses pairs.

En d'autres temps, en d'autres lieux, Fanny se souviendra de leur cruauté. Elle se souviendra aussi de la générosité des plus pauvres, des plus frustes, le marin portugais, les deux pêcheurs italiens, le cow-boy mexicain qui se cotisent en cet hiver 1879 pour que survive cet écrivain écossais qui ne leur est rien. Etonnant charisme de Robert Louis Stevenson ! Son charme n'attire pas seulement les intellectuels londoniens. Ceux-là, dira sa femme, ces « coups de poing déguisés en copains », ceux-là ne l'ont jamais aimé. Ils se sont servis de lui. Ils l'ont utilisé à leurs fins, pour leur propre gloire.

Les biographes de Stevenson ne s'entendront pas sur les rôles tenus par le journaliste William Ernest Henley, le professeur Colvin, le poète Edmund Gosse, et tant d'autres. Les uns, les « pro-Fanny », les accuseront d'avoir fait preuve d'intérêt et de graves indiscrétions financières. Les autres, les « anti-Fanny », l'accuseront, elle, de jalousie et de grossièreté à l'égard de ces hommes dévoués à la carrière de son mari.

En dépit de ses hauts cris, de ses critiques et de ses commérages, Henley n'a cessé de se battre pour placer les articles signés « R.L.S. », il s'est démené pour vendre avantageusement ses manuscrits. Eût-il accepté un pourcentage sur les droits — comme Stevenson le lui proposera à plusieurs reprises — que leurs rapports auraient probablement été moins douloureux. Mais le moyen d'être officiellement l' « agent » d'un ami ? Mieux vaut piocher carrément dans son porte-monnaie, liberté qu'on s'octroie en remerciement de services rendus.

Etrange constante dans les rapports avec Stevenson : quiconque l'approche tente de s'approprier et l'homme et l'œuvre. La sorte d'amour qu'il suscite se transforme immanquablement en passion abusive. Légende que la prétendue simplicité de son caractère ! Légende orchestrée par Fanny, qui n'a voulu voir en lui qu'un pur. Pur, certes. Mais combien multiple !

Par ses infirmités physiques qui forcent la pitié, par sa fermeté d'âme qui force l'admiration, par sa prodigieuse générosité, doublée d'un narcissisme non moins prodigieux, il s'attache intimement la moindre de ses fréquentations. Sa vie, sa postérité s'en ressentiront. Un siècle après sa mort, il continue d'appartenir aux lecteurs qu'il touche. Pour ses admirateurs, R.L.S. reste chasse gardée. De leur réaction émotionnelle résulte le double destin de son œuvre : la gloire et le demi-oubli.

LONDRES – SAVILE CLUB – hiver 1879

— Il faut lui couper les vivres ! Qu'il ne reçoive plus un sou... Que personne ici ne publie une seule de ses lignes... Qu'il comprenne enfin combien ses manuscrits d'Amérique nous accablent ! tonna Henley en se laissant tomber de toute sa hauteur au fond d'un fauteuil qui gémit sous le poids.

Stature de géant, voix de stentor, il hurlait dans la salle à manger lambrissée du Savile Club. Devant les vastes fenêtres, entre les bouillonnés des rideaux, on apercevait l'alignement fantomatique des colonnes de Savile Row, les grilles et les vitres qui luisaient comme des plaques de métal dans la nuit londonienne. Ambiance feutrée, cliquetis des carafons sur les verres, brouhaha exclusivement masculin, l'endroit avait été créé par un groupe d'intellectuels pour que se réunissent, sans souci de fortune ou de rang social, brillants causeurs et gens de lettres. Les cotisations du Savile restaient aussi bon marché que possible, afin d'encourager l'adhésion d'une jeunesse issue de tous les horizons ; mais le club s'embourgeoisait. La traditionnelle table d'hôte, où les membres avaient coutume de prendre leurs repas à menus, à prix et à heures fixes, appartenait déjà au passé. Si cette table continuait de trôner au cœur de la salle, les messieurs pouvaient aussi choisir de souper en frac après le théâtre, par groupes de deux à six couverts. Les bouquets de roses, l'argenterie, le ballet des serveurs parlaient clairement d'abondance.

Connaissant chacun des tics et toutes les exigences des membres, le maître d'hôtel rangea les béquilles de Mr Henley sous le guéridon et déposa à sa droite un flacon de whisky. Durant le souper, le journaliste le boirait pur, chaque verre le rendrait plus bruyant, plus lyrique et plus volubile. Au dessert, les idées fuseraient, une explosion de mots, un feu d'esprit, des traits de génie. Attachant, Henley. Susceptible comme une vieille femme. Et redoutable. Avec sa barbe rousse taillée carré à la Rodin qu'il fréquentait à Paris, avec sa jambe amputée dont il affectait de n'éprouver aucune gêne, il arpentait les théâtres, les salles de rédaction et les bars, empruntant à son frère, le comédien shakespearien Teddy Henley, un sens réel de la mise en scène et le goût de l'effet. Malheureusement, les pièces qu'il s'obstinait à écrire et sur lesquelles il comptait pour faire fortune ne valaient ni ses poésies ni ses critiques.

— ... La première partie de *L'Emigrant amateur* que j'ai reçue hier est nulle ! Zéro ! Mal écrite et sans intérêt d'aucune sorte... Qui s'intéresse à son ramassis d'anecdotes sur les Etats-Unis ? La faune américaine, je m'en fiche !

Le professeur Sydney Colvin, le poète Edmund Gosse soupirèrent en opinant. Quoique d'origine modeste, ces trois hommes appartenaient à des bourgeoisies qui ne se fréquentaient pas. Ils avaient en commun la passion de la littérature et une sympathie non moins passionnée pour Robert Louis Stevenson. Chacun se targuait d'avoir découvert le jeune Ecossais et de jouer un rôle dans sa carrière.

Colvin l'avait rencontré le premier. Il l'avait connu cinq ans plus tôt par leur égérie, Mrs Sitwell, laquelle était très proche d'une cousine de Louis. Colvin l'avait présenté à son cercle d'amis, imposé ici même au Savile Club, dont il était l'un des membres fondateurs. Stevenson à son tour y avait introduit Henley, que le rédacteur en chef du *Cornhill Magazine* lui avait présenté. Louis s'était révélé le plus « clubable » des hommes et s'était lié, autour de cette même table, avec Edmund Gosse qui, du fumoir à la bibliothèque, fréquentait assidûment le club.

A la différence des amitiés d'enfance de Louis, ces trois hommes étaient anglais, ils dépassaient la trentaine et publiaient leurs œuvres chaque année. Sydney Colvin soutenait des thèses et donnait des conférences. Henley sévissait dans les salles de rédaction. Edmund Gosse, très intime avec les préraphaélites, écrivait des volumes de poésie dont il ne tentait pas de vivre : il occupait au ministère du Commerce un poste de traducteur.

— Je ne sais que lui répondre, soupira Colvin. Il ne progresse pas... Il décline...

Précis, poli, précieux, le professeur Colvin offrait avec le journaliste Henley un contraste frisant la caricature. Aussi tatillon que Henley pouvait être débraillé, Colvin avait une intelligence sans génie, mais dotée d'un tact, d'une finesse qui faisaient gravement défaut à son bruyant collègue. Au reste, il savait se montrer cruel, et ses litotes frappaient sa victime plus durement que les hyperboles de Henley.

— Ce que j'ai lu, susurra-t-il en croisant les doigts, ne me paraît pas ce qu'il a fait de meilleur... C'est qu'il est très malade... Sa faiblesse physique affecte ses écrits. Cela m'inquiète. Il est bien bas.

— La dernière fois que je l'ai vu, intervint Gosse, juste la veille de son embarquement, j'ai parié six pence contre moi-même que nous ne le reverrions plus !

Moins intime avec Stevenson que les deux autres, Gosse pouvait se permettre d'être plus indulgent.

— Que Lewis revienne !... Que Lewis comprenne qu'il ne fera rien de bon chez ces sauvages !... s'écria Henley qui s'obstinait à n'appeler l'absent que par son nom de baptême.

« Lewis », que les parents Stevenson avaient francisé de longue date, que plus personne n'écrivait autrement que Louis, c'était la marque, le signe, la preuve de leur intimité. Longtemps après la mort de Robert Louis Stevenson, Henley ignorerait superbement toute autre orthographe. « Lewis... le Lewis que j'ai connu... », répéterait-il avec nostalgie.

— Louis est beaucoup trop malade pour qu'on lui dise la triste vérité, chuchota Colvin.

— Au contraire ! coupa Henley. Au contraire, utilisons sa maladie pour lui faire comprendre que c'est de l'Angleterre dont il a besoin, de l'Angleterre seulement ! S'il veut se faire sinon une réputation, du moins de l'argent avec sa littérature, il doit rentrer ! Sabrons tout ce qu'il fait, afin qu'il revienne ! Il peut revenir marié ou pas marié, je m'en fiche... Mais qu'il travaille ici !... Je ne crois pas que nos lettres empêcheront son mariage. Il est allé trop loin pour reculer. Il s'est excité tout seul. Il joue les chevaliers. Il se prend pour un héros. Entre nous, s'il est aussi malade qu'il le prétend, cette femme est une sacrée garce de l'avoir abandonné dans ce trou !

— Croyez-vous, Colvin, qu'elle en veuille à l'argent de la famille ? s'enquit Edmund Gosse qui passait lui-même pour avoir fait un riche mariage.

Avec son épaisse chevelure d'un blond cendré qu'il portait rejetée en arrière et la raie au milieu, ses petites lunettes cerclées d'or et sa pointilleuse élégance de dandy, Gosse ne connaîtrait de la passion que ce que lui livrerait son intimité avec un sculpteur à succès. Sans être notoirement homosexuel, ses amitiés masculines, son affinité littéraire avec Henry James susciteraient bien des commérages.

— La vulgarité des Américaines est en vogue ces temps-ci, reprit-il. Une mode qui ne durera pas... Les filles de Boston ou de Philadelphie ont au moins pour elles leur fortune et leur jeunesse ! Celle-là doit être une affreuse aventurière...

— J'ai longtemps espéré qu'elle serait assez charitable, coupa Henley, assez généreuse pour renoncer à Lewis. C'eût été se montrer digne de lui que de s'écarter de son chemin à tout jamais. Cette femme n'a pas cette sorte de générosité-là, n'en parlons plus... Mais qu'il prenne conscience que rien d'intéressant ne sortira de Monterey !

MONTEREY – EAST OAKLAND
18 décembre 1879-18 mars 1880

Père très malade. Reviens immédiatement.
Ainsi s'exprimait Margaret Stevenson à la veille de Noël.
Impossible rentrer. Ma femme, elle aussi, très malade.
Ainsi s'exprimait R.L.S.
Sa femme ? Par contrat moral seulement !
Car l'Osbourne nous tient par les cheveux, écrit-il à Baxter. *Il cherche à savoir combien je vaux. Selon les jours, il exige de l'argent. Ou bien il réclame le respect.*
Chacun continue de se débattre et de s'affaiblir de son côté.
Stevenson souffre de malaria, probablement contractée en traversant les grandes plaines des Etats-Unis. Aux « fièvres » s'ajoutent cette pleurésie qui lui déchire les poumons ; un eczéma qui le démange ; deux caries et des rages de dents à rendre fou de douleur le plus stoïque des Spartiates. Plus la malnutrition. Plus la solitude. Plus l'angoisse. Le résultat ? Un amas d'os, retenu par un peu de chair et de sang.
Quant à Fanny, avec les hésitations de Sam, les vitupérations de Belle qui s'élève furieusement contre le divorce de ses parents, l'absence de Louis dont chaque matin elle craint d'apprendre la mort, elle replonge dans la dépression. Pertes de mémoire, délire, vertiges, auxquels s'ajoutent maintenant d'interminables évanouissements dont sa sœur Nellie ne la tire qu'à grand-peine.

*

— C'est du chantage ! s'emporte Rearden. De la comédie ! Des simagrées de bonne femme ! Vous voulez que votre amant monte à San Francisco ? Tant pis pour vous : ce sera le supplice de Tantale ! Car je vous avertis : il ne mettra pas les pieds à East Oakland. Fût-il

362

à l'article de la mort, je vous interdis de l'approcher jusqu'à ce que vous soyez légalement divorcée. Si quiconque vous voit ensemble, l'accord que nous venons d'obtenir de Sam sera annulé. Votre mari se conduit avec élégance, lui ! Il accepte que j'engage une procédure par consentement mutuel, à l'unique condition que vous respectiez les convenances... C'est bien le moins, pauvre garçon ! Même si vous êtes libre au printemps, pas question de remariage avant un an ! J'ai votre parole ?

— Et Sammy ?

— Votre mari subviendra à ses besoins... C'est un homme généreux, dont nous admirons tous la bonté... Montrez-vous donc à sa hauteur !

*

Mauvaise conscience. A leurs maux s'ajoute ce nouveau, ce terrible malaise : le sentiment aigu d'une culpabilité qui va leur ôter jusqu'à la fierté de s'aimer, jusqu'au bonheur de gagner. Les rôles viennent de s'inverser. Sam endosse l'emploi du grand seigneur et du preux chevalier. Louis, celui du vilain et du fils indigne. A Edimbourg, son père se meurt peut-être, se meurt seul, un père auquel son enfant unique, son enfant bien-aimé, vient de refuser jusqu'au soulagement d'une réconciliation. « Je mettrai tant de temps à rentrer, raisonne durement Stevenson, que mon père sera mort, ou guéri, à mon arrivée... Si je repars, qu'adviendra-t-il de Fanny ? »

Choix qu'il fait dans la douleur.

Je passe désormais pour le plus grand égoïste de la terre.

Si Fanny, durant sa vie, n'a guère pratiqué l'examen de conscience, Louis, en casuiste qui vit devant un miroir, se tourmente : *Comme il est difficile de se bien conduire. Je suis de plus en plus mécontent de moi-même (...).*

Et comment accepter dans la sérénité que son ennemi veille sur le bien-être de la femme, de l'enfant qu'en gentleman il laisse partir ? Crise morale qui empire, si besoin était, le délabrement physique. Chez Stevenson, tout vibre et tout bascule. Vertige ! Avec l'idée angoissante qu'Osbourne lui est peut-être supérieur, il fait une autre découverte : l'incroyable liste de similitudes qui l'unit à ce personnage tellement haï... Sam et Louis, alter ego ?

Deux ans plus tôt, Belle en avait fait innocemment la remarque à sa mère : « J'avais oublié combien papa aimait les enfants, avait-elle dit en le regardant ramer à Grez. Il les aime autant que Louis... Tu ne trouves pas qu'ils se ressemblent ? » Toute sa vie, Fanny refusera de reconnaître à ses deux maris ne fût-ce qu'un seul point commun. Elle nie l'évidence.

Au-delà de l'anecdote, d'un goût commun pour le même instrument, le flageolet dont ils jouent l'un et l'autre, d'un même talent pour séduire les enfants, pour leur conter des histoires au coin du feu, au-delà de leur amour pour une même femme, ils cultivent le même sens de l'humour et professent le même respect pour la même qualité : la gentillesse. Tous deux savent se faire aimer. Fanatiquement. Fanny est bien placée pour le savoir. Aimer de leurs conquêtes, aimer surtout de leurs amis. La camaraderie masculine tient dans la vie de Sam, dans ses errances, une place aussi déterminante que les complicités littéraires dans la carrière de Louis. Leurs choix, leurs révoltes, leurs philosophies : identiques. Jeunes gens, ils se sont élevés tous deux contre le rigorisme religieux d'un père, avec lequel ils ont dû rompre pour exister. L'un et l'autre ont fait des études de droit. L'un et l'autre ont choisi l'aventure. Et tous deux ont combattu l'intolérance.

Chinatown était en feu hier, écrit Sam. *Les Blancs sont restés là à regarder. Pas un seul n'a fait le moindre geste pour aider ces pauvres gens à évacuer leurs affaires.*

Et qui, de Sam ou de Louis, poursuit en ces termes : *De tous les sentiments les plus stupides, le racisme de mes confrères blancs à l'égard des Chinois me paraît le plus ignoble et le plus bête.*

Est-ce Sam, est-ce Louis qui écrira au jeune Sammy : *Quel que soit le côté où t'attirent tes sentiments, souviens-toi que la sagesse, c'est d'écouter les deux parties. Ce ne sont que les demi-portions qui deviennent des extrémistes ?* Est-ce Louis, est-ce Sam qui sermonnera l'enfant trop vantard : *C'est très bien d'être fier des paysages de son propre pays, mais c'est tout aussi important d'admettre qu'il existe des choses aussi belles, et même plus belles, ailleurs ?*

Comment mépriser, comment combattre et blesser un être si proche, sans s'abattre soi-même ?

Ce thème du double, du renversement des rôles, des fausses apparences hantera toute l'œuvre de Robert Louis Stevenson. Pas un roman où la gentillesse du héros ne se rapproche de l'égoïsme du monstre, où le méchant ne devienne étrangement sympathique au lecteur. Eclairages changeants, jeux d'ombres et de lumières, l'âme de ses personnages se mue dans des eaux qui ne sont jamais ni aussi pures ni aussi noires que le narrateur nous le donnait à croire...

SAN FRANCISCO – fin décembre 1879-fin mars 1880

Le divorce a-t-il été prononcé à la mi-janvier ? Quelques semaines plus tôt ? Un mois plus tard ? Mystère. Avec le tremblement de terre, l'incendie de 1906 a détruit la ville et brûlé les archives de San Francisco. En fumée, tous les actes officiels. Nul ne connaît donc la date exacte du divorce de Samuel Osbournè et de Frances Mathilda Vandegrift ! Ni l'un ni l'autre n'en informeront leur famille. Un divorce caché. De même que Belle, très légalement mariée, avait continué de vivre en jeune fille durant près d'un mois, Fanny, divorcée, restera pour les Vandegrift et les voisins « la femme de Sam », jusqu'à son lointain remariage.

C'est la fin d'une époque. La suivante se présente sous de terribles auspices.

L'effort de Stevenson pour subvenir seul à ses besoins, son acharnement à se tenir debout sans l'aide paternelle se soldent en cet hiver 1880 par un échec. Il ne gagne pas sa vie. De l'*Overland Monthly* au *Lark,* quotidiens, hebdomadaires, mensuels, il a écumé toutes les salles de rédaction sans obtenir de poste. Le poème qu'il place ici ou là, l'article, la chronique servent à peine à payer sa chambre. Si le monde refuse d'employer ses capacités intellectuelles, que va-t-il devenir ? *Louis est un homme sans mains,* dira Fanny dans un sourire. Il ne sait rien faire. S'il plante un clou, il s'écrase le doigt. S'il prétend rassembler du bois pour le feu, il ne rapporte que des brindilles humides, ou bien il traîne d'énormes souches qui ne brûleront pas. Il est incapable de faire une addition, une soustraction... Il oublie de toucher ses chèques. Il perd tout.

Séduisante l'âme de Stevenson, certes. Mais, dans la vie pratique, quelle catastrophe que R.L.S. ! Fanny, à East Oakland, peint sans relâche. Elle tente même d'écrire. Six mois plus tôt, n'avait-elle pas réussi à placer l'un de ses contes, illustré par elle-même, dans un journal pour enfants ? Ne s'était-elle pas vantée dans une lettre à Rearden d'avoir gagné seule trois cent cinquante dollars ? Bluff ? Exagération ? Le miracle ne se répétera pas. Ses œuvres ne lui rapporteront plus un sou. Dès lors, comment pourront-ils rester ici, en Californie ? Faudra-t-il chercher fortune ailleurs ? Mais où ? Rentrer à Edimbourg en vaincus ? Qu'adviendra-t-il de Sammy, de son éducation, si Londres et San Francisco continuent de rejeter le travail de Louis ? Où vivront-ils ? Les affreuses prédictions de Rearden se réaliseront-elles une nouvelle fois ?

C'est avec un sentiment de fierté plutôt mitigé qu'elle va enfin présenter son amant à sa chère et redoutable confidente Dora Williams, ce jeune prodige qu'il convient d'appeler désormais « le fiancé ». Comparé à Sam, il ne porte pas beau !

Avec sa veste de velours élimé, son horrible cravate tricotée par sa mère, son accent écossais, sa maigreur, ses gesticulations, il avait vraiment l'air très bizarre, racontera Dora à plusieurs reprises. *Pourtant, quelque chose en lui faisait pressentir le gentleman. Le lendemain de cette première rencontre où il n'avait pas desserré les lèvres, il est revenu sans Fanny chercher le pardessus qu'il avait oublié... Il oubliait toujours quelque chose... Là-dessus, mon mari est rentré. En voyant cet étranger qui monologuait appuyé contre la cheminée du salon, mon mari m'a avoué plus tard qu'il avait cru qu'un clochard s'était introduit chez nous et que je ne parvenais pas à m'en débarrasser ! Je me hâtai de les présenter. Ils parlèrent d'art, de littérature. Mais le thème de Stevenson cet après-midi-là, l'idée qu'il développait, c'était l'absurdité de l'attitude de l'Angleterre envers ses colonies. Mr Williams partageait ses vues. Dès lors, Stevenson vint souvent chez nous pour nous entretenir exclusivement de cet événement qu'il appelait, avec l'exaltation obsessionnelle des amants : « Le Mariage ».*

Moi, j'ai cru que c'était un mourant échappé de l'hôpital, poursuit l'humble propriétaire d'une maison de bois, une maison pelée, montée en graine sur deux étages.

A cet endroit, 608, Bush Street, downtown San Francisco, une plaque signale depuis 1972 le passage de R.L.S. Ici, lit-on, Stevenson écrivit « des essais, des poèmes, une autobiographie, de la fiction ». En trois mois, quel exploit ! De cette impressionnante liste de travaux, des tourments, des privations, de tout cet hiver 1880 résultera l'infirmité à jamais responsable de ses multiples changements de résidences... *On voyait chacune de ses dents au creux de ses joues. Ses longues mains semblaient transparentes. Tous les boutons manquaient à son pardessus,* enchaîne Mrs Carson en réponse aux nombreux journalistes qui viendront l'interviewer au début du siècle. *Son aspect était si effrayant que je n'ai pas eu envie, mais alors pas du tout, de le prendre comme locataire ! Il a dû s'en rendre compte, car il m'a regardée avec une telle détresse et tant de gentillesse que je n'ai pu refuser de lui montrer le logement. Une pièce avec deux fenêtres. Rien de luxueux. C'est la table qui a semblé lui plaire, et la cheminée. Depuis novembre, il pleuvait sans discontinuer à San Francisco. Jamais le vent n'avait* souffl é plus fort de la mer. Les journaux diffusaient des nouvelles alarmantes pour les poitrinaires qui tombaient comme des mouches. L'étranger a dit qu'il reviendrait. En effet, il est revenu l'après-midi, avec un sac à dos bourré de livres sur l'histoire des Etats-Unis et une petite valise. Je n'ai pas eu le cœur de le renvoyer... Et j'ai fini par l'aimer comme mon propre enfant!... Je dois dire qu'il était très discret... Il ne recevait personne. Il a passé Noël dans la solitude. Je ne crois pas qu'il ait parlé à quelqu'un durant toutes les fêtes... A la fin de janvier, une dame venait le voir deux à trois fois par semaine. Ils sortaient arpenter la ville. Il l'emmenait dans les quartiers malfamés, à Chinatown, dans tous les endroits pittores-ques où le grouillement de l'humanité l'enchantait... Quelquefois, elle amenait une autre femme, sa sœur, je crois, et ils soupaient dans quelque restaurant bon marché. Ils se voyaient plutôt le soir... Il avait des habitudes très strictes. Il prenait son petit déjeuner au coin de la rue vers les huit heures, et revenait écrire jusqu'à deux heures, il repartait marcher Dieu sait où, à moins qu'il ne tente de fendre du bois dans la cour pour son feu, et qu'il ne travaille encore jusqu'à la nuit. Il ressortait dîner vers les six heures. La vérité, c'est qu'il économisait sou à sou et sautait ses repas. Il vivait sur quarante-cinq cents par jour, quarante-cinq cents au total pour se nourrir : on ne peut même pas acheter deux bouteilles de lait pour ce prix-là ! Le pauvre garçon, je l'ai vu tellement affaibli par la faim qu'il ne parvenait plus à sortir de son lit. Emmitouflé, ses vertèbres dans les coussins, il continuait d'écrire. Quand je lui demandais à quoi il travaillait, il répondait : « Oh, à des choses. » Il paraît que beaucoup d'hommes de génie ont connu comme ça des périodes de pauvreté. Il paraît que beaucoup d'écrivains ont travaillé dans des mansardes, ont créé dans la torture du jeûne et du froid. Mais je pense tout de même que bien peu ont été aussi près de mourir littéralement de faim!... En février, il pesait quarante kilos... N'empêche : quand Robbie, mon fils de quatre ans qui l'adorait, a lui-même attrapé une pneumonie, c'est lui, le locataire du second, qui s'est battu pour le sauver, abandonnant pendant plus d'une semaine ses *manuscrits dont il espérait tant, pour veiller mon petit jour et nuit... Grâce à ses soins, Robbie a survécu. Mais lui, il s'est effondré ! Cette fois, le docteur a dit qu'il était perdu. C'était au mois de mars. La femme, que j'avais vue plusieurs fois, traversait chaque jour la baie dans la tempête. Elle arrivait trempée jusqu'aux os pour le soigner. Elle passait la journée à son chevet, ne le quittant que tard. Elle reprenait son bac sur la mer démontée, mais, dès l'aube, je la retrouvais là. Il tremblait de fièvre. Dans son délire, il ne la reconnaissait plus. Contre les avis du médecin qui interdisait qu'on déplaçât le malade, elle l'emmena un jour avec elle, elle le porta sur le ferry et l'installa dans un hôtel d'East Oakland. D'après ce que j'ai su plus tard, on l'empêchait de le soigner dans sa maison, qui appartenait encore à son ex-mari. Mais comment payer l'hôtel ? Elle était sans le sou. Peu après le divorce, il paraît que le père de ses enfants avait perdu l'emploi qu'il occupait à la Cour de San Francisco.*

Au fond, Osbourne était un baratineur, reprend Dora Williams, se confiant dix ans plus tard à un journaliste de l'« *Indianapolis Journal* ». *Il avait des manières plaisantes qui le rendaient très populaire. Mais les gens ont fini par savoir qu'il était loin d'être aussi sympathique chez lui. Il gagnait quinze mille dollars par an, qu'il dépensait pour le bien-être de n'importe quelle famille, sauf la sienne... Il s'était engagé à s'occuper financièrement de son fils. Mr Stevenson lui envoya donc des papiers pour qu'il verse une pension à l'enfant. Osbourne n'a jamais signé ces papiers et l'entretien de Sammy échut exclusivement à Stevenson.*

Si Louis n'a pas réussi à survivre seul avec quarante-cinq cents par jour, comment pourra-t-il prélever sur cette somme ridicule les frais d'une maison, la scolarité d'un enfant, les soins médicaux ? L'inquiétude de Fanny ne connaît plus de bornes.

— Epousez-le tout de suite, conseille Dora. Epousez-le sur une civière : qu'il meure en étant votre époux !

Joyeuses perspectives... que le docteur d'Oakland comme celui de San Francisco envisagent sérieusement.

Le terrible Noël 1879, passé dans le jeûne et la

solitude, avait marqué une étape — le divorce. Avec Pâques s'ouvre une nouvelle phase qui se terminera au sommet d'un mont surplombant les mers du Sud. Avril 1880 : au Tubb's Hotel d'East Oakland, Robert Louis Stevenson souffre d'une hémorragie pulmonaire. C'est la première de son histoire. Après la pleurésie, après le paludisme, la voilà, cette maladie dont·la crainte n'a cessé de les hanter tous, ses parents, sa nurse, ses amis. En vingt ans, aucun des nombreux praticiens appelés à son chevet ne s'était prononcé avec certitude sur les causes de ses « faiblesses pulmonaires ». Cette fois, ils sont formels. Le docteur Bamford diagnostique une phtisie galopante. Fanny croit tout perdu. Louis n'atteindra jamais son trentième anniversaire. *Même si le médecin ne te donne qu'une année,* écrit-il à Colvin, *même s'il hésite à te donner un mois, bats-toi, fonce et vois ce qui peut être accompli en une semaine.*

Durant cette semaine de bataille, celle du mois d'avril et toutes les semaines à venir, Louis et Fanny vont gagner un sursis de quatorze ans.

*

Advienne que pourra. Foin de Rearden, des voisins, des familles et des convenances ! Elle les brave tous. Elle ose. Fanny installe Louis chez Sam. Par ce geste, elle s'aliène la sympathie de sa dernière complice, Nellie, dont elle compromet le mariage avec Adolfo Sanchez. Tant pis ! Elle dresse le lit de son amant au salon. Elle y porte son propre matelas.

Et c'est elle, elle seule, qui le soignera. Il crache le sang. Il vomit. Il souffre de diarrhées. Des sueurs froides trempent son linge et ses draps. Des crampes lui ferment les mâchoires. Des accès de toux brisent son squelette. Il n'a plus la force de voir. Il ne peut plus parler. Elle humecte ses lèvres, elle tamponne ses tempes, elle ne sait plus si elle dort, si elle veille... Hervey ! Son enfant, elle ne le laissera pas partir une seconde fois... Elle le porte, elle le change, elle l'assoit... Hervey... Aux abattoirs elle descend, elle rapporte du sang, elle soulève le visage, elle soutient la

nuque qui retombe, elle le fait boire, elle aère, de la
fenêtre au lit elle va, elle vient, elle erre. Ces gestes,
commencés au printemps, elle les accomplira tous les
jours, toutes les nuits, toute la suite de sa vie conjugale.

EAST OAKLAND – avril-mai 1880

En sortant de la cuisine, les bras chargés d'un lourd
plateau, elle le voyait déjà en imagination, ce visage de
Louis qu'elle avait connu jeune homme, ce visage
qu'elle avait vu si changé ces dernières semaines. Etait-
ce l'approche de la mort ? Etait-ce le triomphe final de
la vie qui lui donnait cette étrange expression d'apaise-
ment et de maturité ? Ou bien l'homme qui maintenant
s'intéressait au sort des minorités raciales et des chô-
meurs, l'homme qui, dans son délire, dénombrait un à
un les symptômes cliniques de la faim, celui-là avait-il
cessé de ressembler au bourgeois d'Edimbourg ? Quel
lien l'unissait désormais au bohème s'encanaillant pour
rire et par goût, dans les bouges et les bas-fonds ?... Ou
alors était-ce la découverte de mondes intérieurs dont
elle ne connaissait pas le secret ? On ne revient pas
impunément du royaume des ombres.
Pieds nus dans sa longue chemise de nuit blanche, elle
enfilait la véranda, longeant les fenêtres closes de la
maison. Au-dessus d'elle, Nellie dormait dans l'entrela-
cement des rosiers qui grimpaient sur les persiennes de
l'ancien appartement de Belle. Sammy, rentré de pension pour les vacances de Pâques, reposait dans la
chambre qu'il partageait autrefois avec Hervey, la
grande chambre d'enfants du premier. Louis, elle l'avait
installé dans la vaste salle du rez-de-chaussée, la seule
qui donnait de plain-pied sur le jardin. Chaque matin,
elle caressait le rêve de l'y conduire... Oui, elle l'y
installerait dès demain si le temps s'y prêtait. Après
l'exceptionnelle rigueur de cet hiver, le printemps
s'annonçait pluvieux. Dimanche dernier, le dimanche
de Pâques, elle avait encore vu des coulées de neige sur

les flancs du mont Tamalpais. Minuit venait de sonner à l'horloge du couloir. Sous les pieds, le bois suintait d'humidité. Les pétales des roses accrochées aux balustres se serraient, se renversaient en forme d'urne pour laisser couler les gouttes de rosée sur le perron. Le vent de la mer s'engouffrait entre les pilastres et faisait grincer la chaise à bascule. A l'horizon tanguaient les lueurs des fanaux sur la mer et, plus haut, plus loin, mouraient des petites taches dorées, les réverbères à gaz qui s'éteignaient par grappes sur les collines cossues de San Francisco. Irréel... C'était l'impression qui s'imposait à elle ces derniers temps. Depuis l'installation de Louis au cottage, elle vivait de la vie d'un autre... Non, Louis ne semblait pas avoir vieilli. Ce changement survenu en lui durant sa maladie, ce n'était pas la maigreur. Ni l'extrême faiblesse. Ni cette obligation nouvelle de demeurer absolument immobile quand parler, pour lui, avait toujours signifié marcher ou courir... Mais quel sens attribuer à cette transformation de son regard ? Pouvait-elle s'en réjouir ? Devait-elle s'inquiéter à nouveau ? Elle se rappelait le son affaibli de sa voix, elle entendait les paroles qu'il avait prononcées dans la soirée, celles qu'elle lui avait dites. Elle imaginait d'autres mots, les mots qu'elle emploierait quand il irait mieux, et les repas, les plantureux repas qu'elle lui préparerait ! Cet hiver, lorsqu'il habitait encore San Francisco, lorsqu'il souffrait de la faim sur un banc de Portsmouth Square, ne lui racontait-il pas les festins qu'il faisait en rêve ?... Ces festins, elle les réaliserait pour lui ! Cette nuit, demain, elle saurait bien tenter sa gourmandise ! Il fallait que l'appétit lui revienne !

Toujours chargée de son plateau, elle repoussa du pied la persienne. Il était assis dans son lit de camp face à la porte-fenêtre, le dos appuyé aux coussins, la tête renversée, les yeux clos. Il sommeillait. Elle resta un instant sur le seuil à le regarder. Sa fine moustache avait tellement poussé qu'une ombre en fer à cheval encadrait ses lèvres pincées. Les doigts, d'une blancheur transparente, affreusement longs et maigres, retenaient les draps sur sa poitrine. L'annulaire légèrement en retrait donnait à toute la main une forme étroite et fuselée de coquillage. Elle remarqua un frémissement rapide, presque imperceptible, sur l'une de ses joues. Il ne dormait pas ! Il luttait contre quelque douleur... Où souffrait-il ? Précipitamment, elle s'approcha du lit. Au-dessus de Louis trônait la photo de Jacob Vandegrift dans le cadre doré offert par John Lloyd. Il ouvrit les yeux et la suivit du regard. A quoi pensait-il ? Elle posa le plateau sur la table de chevet, il tourna lentement la tête vers elle. Cette lenteur nouvelle signifiait-elle qu'il absorbait dans son champ de vision tout le salon, tous les objets ? Voyait-il le portrait de Sam entre les deux fenêtres ? Les caricatures de Sam habillé en mineur dans la vitrine ? La pierre où Sam avait autrefois trouvé son premier filon d'argent ? Les dessins du camp d'Austin, l'aquarelle de Virginia City ? Etait-ce le regard des convalescents, ce regard qui s'attarde longuement sur les choses, qui se pose ainsi sur vingt-cinq ans de la vie conjugale d'un autre ? Elle s'approcha doucement et se passa la main sur le front. Si seulement l'angoisse, si seulement la pitié, la compassion, la souffrance d'autrui ne fatiguaient pas tant ! Elle esquissa un sourire en rencontrant son regard. Il allait parler. La voix, cette voix chaude, restait la même.

— J'écoutais le murmure de tes jupes, tes pas dehors... tes petits pieds glacés qui venaient vers moi, ce bruissement si plein de promesses.

Il soupira, lui saisit la main et la posa sur sa joue mal rasée.

— Je te demande pardon, dit-il, les yeux brûlants.

Plein d'une inquiétude nouvelle, il la dévisageait. Elle voulut lui échapper.

— Et de quoi, grand Dieu ? demanda-t-elle avec légèreté. Déjà elle se tournait vers le guéridon. Un souper à minuit !... Un bon bouillon de poule comme tu les aimais à la crémerie de la rue Ravignan.

— Ce qui est terrible, reprit-il en lui retenant le poignet, c'est que tu vas te lier pour toujours à un homme incapable de prendre soin de lui-même !

— J'y ai mis quelques pointes d'asperges... pas les

grosses blanches... les petites vertes, celles qui se dressent méchamment.

— ... A un homme qui ne pourra jamais prendre soin de toi !

Elle attrapa le plateau à deux mains et le posa avec l'assiette fumante sur ses genoux.

— C'est mon lot : j'y suis habituée. Personne n'a jamais pris soin de moi. Tu sais, quand j'étais petite, cela me désolait. Je ne voulais pas ressembler au chêne qui se tient tout seul. Je ne voulais pas rester sans appui et sans soutien...

— Moi, coupa-t-il aigrement, j'ai beau faire, j'appartiens à la race des parasites !... Je finis toujours par retomber sur mes jambes. Mais, jusqu'à présent, les pieds appartenaient à mon père. Et maintenant, les pieds, ce sont les tiens !

Elle haussa les épaules.

— Balivernes ! Veux-tu que je te dise pourquoi je te plais ? Parce que je ne suis pas aussi forte que je le parais... Eussé-je vraiment été un chêne, ou quelque arbre triomphant, je ne suis pas sûre que tu m'aurais poursuivie jusqu'ici... Ce qui te plaît en moi ? C'est mon côté chien battu... Quelque chose d'un peu... d'un peu morbide, que tu es seul à connaître ! Et toi, continuat-elle, sous tes apparences fragiles, quelle puissance ! Tu sais cela aussi. Elle lui tendit la cuiller qu'il prit... Les petites asperges vertes conservent la saveur et la force de la terre !

— D'accord, acquiesça-t-il en portant sensuellement une petite pointe à sa bouche. Malicieux, il ferma les yeux et murmura : Oui, je la sens, oui, je la sens, la force de la terre !

— Moque-toi !

— Moi qui prenais ma promise pour une artiste... pour une littéraire, une intellectuelle... Au fond, Madame et mon Amour, vous n'êtes qu'une paysanne !

— Parfaitement... Et quand je plante une graine, je plante mon cœur avec... Et même, je me sens toute proche de Dieu quand je vois sortir mes petites feuilles si vertes et si tendres...

Il l'écoutait avec avidité. Fanny. Les plaisirs de

Fanny ? Les secrets de Fanny ? Les besoins de Fanny ?...
Qu'en savait-il ?

Son regard se posa sur le poing minuscule qui battait l'oreiller, petite tache sombre, de la couleur du miel dans la blancheur du lin, cette main adroite aux doigts si courts, si fuselés, cet annulaire de jeune garçon qu'une alliance enserrerait bientôt...

— C'est vrai, c'est vrai, poursuivait-elle en s'animant, je peux fondre de bonheur devant un parterre de petits pois, mes petits pois que je devine bien verts et bien dodus dans leurs cosses ! Et quand mes roses s'ouvrent sur la véranda, j'en ai presque autant de joie que lorsque tu me lis l'un de tes poèmes.

Il reposa la cuiller, repoussa le plateau.

— Je ne peux pas avaler... Pardonne-moi, je ne peux pas.

Elle eut l'air tellement déçu qu'il s'écria :

— Détrompe-toi, je n'ai pas envie de mourir ! Et cela pour une raison bien simple : je n'ai rien fait dans la vie qui m'autorise à la quitter honorablement... Je vivrai, Fanny, et je n'ai plus peur pour mon travail ! Je sais que mes idées sont en train de changer. Je te dis cela depuis si longtemps !... Je suppose que je n'en suis qu'à la recherche de ma nouvelle veine... Je la trouverai ! Je sais que j'écrirai bientôt mieux qu'autrefois ! Quoi qu'ils en disent tous, Colvin, Henley...

— Ils sont jaloux de ton talent, ils savent, eux, qu'ils ne pourront jamais créer.

« Créer ». Le même délire les reprenait tous deux, la même vision, la même foi.

— ... Mais attention ! Ce que je vais écrire désormais sera différent de tout ce que j'ai fait jusqu'à présent. Mes sympathies, mes goûts, mes instincts, tout a changé avec toi. Tout a changé ici ! Je ne sais plus si je suis le même homme. S'ils me reconnaîtront là-bas... Peut-être ne puis-je plus dire que je connais mes amis depuis que je vis avec toi... Ma famille ? Mon père ? Pourtant je l'aime ! Avec toi, il est l'être que j'aime le plus au monde !... Mais ma tête a tourné. Je regarde ailleurs. Quand, dans les trains qui me conduisaient vers toi, je me suis retrouvé déraciné de tout mon passé, quel étonnement de n'en éprouver ni plus de joie ni plus de douleur... Incroyable dureté, terrible indifférence dans la nature humaine !... Je n'écrirai plus de récits de voyage. Seul ce qui est porteur de drames, de conflits, de moralité m'intéresse désormais... Je me fous de l'art, je me fous du pittoresque et du beau. Sauf chez les gens !

*
**

La baie de San Francisco ne les séparait plus. Leurs matelas côte à côte, ils passaient toutes les nuits à faire des projets. Pourtant, ils ne s'entretenaient pas de leur passion. Ils ne parlaient ni de bonheur ni d'avenir. Elle écrivait ce qu'il dictait, il corrigeait, elle relisait.

Désormais, Robert Louis Stevenson ne composerait plus une ligne, un paragraphe, une feuille, un livre, qu'il ne les ait soumis à la critique de Fanny.

A certaines heures, ils éprouvaient tous deux la même fatigue et se disaient alors : « Comme la vie est douce quand on ne souffre pas, et qu'on travaille. » La vie, Stevenson en jouissait lorsque Fanny ouvrait les persiennes sur la véranda, lorsqu'elle arrivait du jardin, les cheveux, la peau imprégnés des effluves chaudes du printemps. Une abeille s'égarait quelquefois dans le salon et son bourdonnement lui parlait des robes de Fanny et des roses inondées de soleil. A ces moments-là, il succombait à la somnolence, et ses rêves le ramenaient à Grez. La rivière reflétait sur le visage de Fanny une lumière crue qui dansait par petites taches dorées sur son cou, sur sa bouche, dans ses yeux. En songe, il devenait cette tache et se posait aux commissures de ses lèvres. Fanny. Infatigable et tendre, elle ne prononçait jamais de mot d'amour, mais, quand elle l'aidait à se lever, il s'appuyait sur elle de tout son poids, sur ce petit corps sombre qu'il aurait voulu étreindre. Retrouverait-il jamais la force d'être un homme ? Comment s'excuser auprès d'elle de cette faiblesse physique ?

Pourtant, l'atmosphère de la maison n'avait rien de déprimant, racontera Nellie, *car il refusait de jouer les malades. Chaque jour de sa convalescence, il travaillait au moins quelques heures. Je prenais sous sa dictée afin de lui éviter l'effort physique d'écrire. La première version du* Prince Othon *fut composée ainsi (...). En dictant, il avait repris son habitude d'arpenter la pièce. A mesure qu'il inventait, il s'excitait et son pas s'accélérait. Ma sœur redoutait beaucoup la fatigue de cet exercice. Pour l'empêcher de s'agiter, elle eut recours au procédé suivant : obstruer sa route avec des chaises, des tables, des objets, n'importe quoi. A chaque fois qu'il faisait le geste de se lever, il retombait dans son fauteuil, découragé par tous les obstacles. Quand je songe aux innombrables nuits sans sommeil, aux veilles infatigables de Fanny, je ne crois pas exagéré de dire que c'est à elle que le monde doit que cet homme ait survécu pour produire ses plus grandes œuvres...*

**

— Lis, s'énerva-t-il. Je te demande de lire ! Continue, je te dis ! Quoi que puisse écrire ma mère, je veux l'entendre !

Quand R.L.S. parlait sur ce ton, quand il donnait un ordre, mieux valait obtempérer. Craignant l'explosion, elle soupira et réouvrit l'enveloppe.

Nous n'arrivons pas à comprendre pourquoi tu n'as jamais répondu à nos questions quant à tes plans, déchiffra-t-elle d'un ton neutre, qui baissait jusqu'au murmure. *Je dois te répéter ce que nous t'avons déjà dit et redit : que nous ne pouvons donner aucune explication de tes actes à personne, car nous ne savons rien ! Nous ignorons même le nom de tes amis à San Francisco. Aussi, je te prie, donne-nous ta version de cette histoire, afin que nous puissions dire quelque chose. Tu t'es conduit de façon absurde depuis que tu nous a quittés, tu as pris des risques pour lesquels tu n'étais pas fait, tu m'as surprise et tu m'as déçue : je croyais que tu avais enfin appris à prendre soin de toi-même...*

— Je ne peux pas les atteindre, coupa Louis avec un geste d'impatience. Ils ne comprennent pas... Ils ne comprendront jamais ce que je cherche à faire de ma vie... Continue, ordonna-t-il.

— *Prends donc du champagne, c'est un excellent tonique.*

A cette phrase, ils pouffèrent l'un et l'autre.

— Ils sont complètement à côté ! s'esclaffa Louis.

— Mais il faut les détromper ! s'insurgea-t-elle... ils pensent que tu t'es mis exprès dans l'état où tu te trouves, que tu vis dans une pénurie artificielle.

— Cela fait vingt ans que je tente de leur expliquer ! Ils ne m'écoutent pas... Ils ne me voient pas tel que je suis. J'ai beau crier, gesticuler, ils ne me connaissent pas... Peut-on s'aimer autant et s'entendre si peu ? soupira-t-il. Ils ne me laissent aucune chance !

Terribles malentendus, en effet. Cette inconscience de la famille, Henry James sera probablement le seul à la dénoncer : *Ma visite a été un peu dédorée par la présence plutôt pesante des parents,* écrira-t-il dans huit ans à Sydney Colvin. *Ils s'installent chez lui trop longtemps (...). Je ne comprends pas qu'ils ne se rendent pas compte combien ils le fatiguent !*

Inconscients, soit. Mais, eux aussi, incompris. Par deux fois, ils ont envoyé des mandats qui leur ont été retournés. Dès le lendemain du départ de leur fils, Thomas et Margaret ont écrit à New York « poste restante », Louis ne leur ayant laissé aucune adresse. Il n'est jamais allé chercher son courrier et n'aura rien su de leur sollicitude.

Fanny, elle, devine les tortures morales qu'il endure, le sentiment de culpabilité qui le ronge et se heurte contre la certitude de s'être bien conduit, la colère, la révolte de n'être pas reconnu. Ces conflits, qu'aggravent les soucis financiers, menacent et retardent son rétablissement. Dangers que Fanny ne saurait tolérer ! Avec le rôle de garde-malade, elle vient d'endosser la fonction de garde-fou. Elle conjuguera désormais l'emploi d'infirmière et celui d'intermédiaire. Se mêler de tout, pour lui sauver la vie ou pour la simplifier. Jouer un rôle bienfaisant sur l'échiquier de sa destinée. Servir de tampon entre l'homme qu'elle aime et les aspérités du monde : ce sacerdoce — ou ce travers — vaudra à Mrs R.L.S. bien des déboires. Il lui coûtera sa réputation. Au confort de Stevenson, à sa mémoire, Fanny sacrifie sans regret sa propre histoire.

Et comme l'idée de manquer de tact ne la gêne en rien, comme les mots « délicatesse », « discrétion » n'appartiennent pas à son vocabulaire — le fameux culot de Fanny tant critiqué par Rearden —, elle va commettre un geste qui pourrait conduire à la catastrophe. Une querelle sanglante avec Louis. Une irréparable rupture avec Edimbourg.

En cachette, elle écrit aux parents Stevenson. La difficulté de rédiger une telle lettre ne ralentit pas son élan. A quiconque il faudrait des heures, des jours pour trouver le ton juste. Fanny ne se pose même pas la question ! S'adressera-t-elle à Thomas en bru potentielle ? En femme amoureuse ? En mère de famille ? En infirmière ? Implorera-t-elle le pardon paternel ? Plaidera-t-elle sa propre cause ? Avec humilité ? Avec colère ?

Cette missive-là n'a pas subsisté. J'en reste donc aux conjectures. Je serais tentée de croire qu'elle parle sans fioritures, de clinicien à chef de clan. Et je lui fais confiance pour concocter une monstrueuse description des souffrances et des maux de leur commune accointance.

Une atmosphère de mystère plane sur le cottage d'Oakland. Chez les filles de Jacob, les tiroirs des secrétaires recèlent de dangereuses correspondances : Fanny n'est pas seule à envoyer des billets... La nuit, dans l'obscurité de sa chambre, Nellie gratte frénétiquement. En secret, elle expédie lettre sur lettre aux Vandegrift, dans l'Indiana. Par Sam Orr — le grand ami de Sam Osbourne — les sœurs, la mère viennent d'apprendre la scandaleuse nouvelle du divorce. *Vous me reprochez de vous avoir caché des choses,* se lamente la jeune fille. *C'est vrai, j'ai dû le faire, et ce pour deux* raisons. *La première, c'est que je pensais que je pourrais empêcher certains scandales, qu'il était donc inutile de vous apprendre les menaces qui pesaient sur la famille et de vous inquiéter. La seconde, c'est que je n'ai pas trouvé le courage de vous raconter ces pénibles événements. Aujourd'hui, je me rends compte que je dois parler, puisque je n'ai rien pu arrêter. D'abord le divorce. Quant aux raisons qui y ont conduit, je n'ose rien vous dire. Mais le divorce, c'est le moindre de nos problèmes. Le pire, c'est que Fanny a l'intention d'épouser Louis Stevenson, dont elle vous a souvent parlé. Elle ne m'a jamais informée de ses intentions, elle a tenu ce projet secret aussi longtemps que possible... Dès que je l'ai découvert, j'ai fait tout ce que je pouvais, comme vous l'imaginez, pour l'empêcher de commettre une telle folie. Mais ça ne sert à rien, j'abandonne. Je ne peux pas décrire mes souffrances et les drames que cause son attitude. Adolfo pense que tout ira mieux quand nous serons mariés, quand j'aurai quitté cette maison. Tout ce scandale est aussi lourd à porter pour lui que pour moi, car, aux yeux de sa famille, la conduite de Fanny est pire que la mort (...). Je dois dire aussi que Mr Orr m'a mise à la porte de chez lui, qu'il m'a interdit d'y remettre les pieds, à moins que je ne renonce à Adolfo. Je ne renoncerai jamais à un homme qui m'aime avec cette sorte de dévotion et qui demeure à mes côtés durant toutes ces épreuves. Je dois ajouter qu'il est dur pour moi de médire ainsi de Fanny. Malgré ma colère contre elle, je reconnais qu'elle a toujours été très bonne pour moi. Et je dois vous dire aussi que c'est une femme bien, j'en suis sûre, seulement elle est faible, elle est malheureuse, je voudrais que vous partagiez ce jugement. Quant à Louis Stevenson, il appartient à une bonne famille, il est parfaitement honnête, et très doué (...). Si les circonstances étaient différentes, je n'aurais rien contre lui... Je suis sûre que vous ne me croirez pas, mais nous n'avons plus le temps d'arrêter ce mariage ! Je vous jure que si, moi, je ne peux rien faire, vous non plus ! En outre, dans l'état actuel des choses, le scandale sera encore plus terrible si elle ne l'épouse pas. Une des raisons pour lesquelles je ne vous ai pas parlé de ce drame plus tôt, c'est que j'étais sûre que Mr Stevenson allait mourir et qu'en conséquence la question serait réglée. Mais je crains qu'il ne soit en train de récupérer. Je sais que cette nouvelle vous porte un coup terrible, mais croyez-moi, j'ai tout fait pour empêcher le mariage et, maintenant, vogue la galère...*

Deux jours après cette lettre, datée du 19 avril 1880, un télégramme d'Edimbourg, adressé à Mr Robert Louis Stevenson, arrivait dans le jardin d'Oakland.

*

Ce matin-là, à la première éclaircie, Fanny avait sorti les meubles sur le gazon. Nuit d'insomnie. De sombres pressentiments taquinaient son imagination. Muette, boudeuse, elle avait donc laissé Louis terminer son petit déjeuner avec Nellie tandis qu'elle étalait des couvertures dans les flaques de soleil, qu'elle descendait la chaise à bascule, la table, l'écritoire et le panier de potions... Entre la véranda et la pelouse, elle allait et venait avec souplesse, d'un pas rapide et groupé. Mais sa taille s'était élargie durant l'hiver, sa poitrine alourdie. Passage net et brutal. Il avait fallu moins d'une année pour que la mince jeune femme de Grez accède à la maturité. Au début du printemps, trop absorbée par la maladie de Louis, elle avait oublié son anniversaire. Le dix mars dernier, Fanny avait eu quarante ans. Son profil de camée, la régularité de ses traits, tout en elle s'accentuait avec le temps. Les premières mèches grises qui bouclaient sur son front lui fonçaient encore le visage, son teint paraissait plus ambré... Quarante ans. Quelle importance ? Le regard impassible se posait toujours droit devant, il brillait toujours avec l'éclat noir d'une bille de jais, il vrillait avec la même fixité, la même vigilance. Un regard qui ne cédait pas. La mauvaise humeur de ce matin le rendait presque méchant... Vraiment, le nouveau dada de Nellie et de Louis, qui affectaient de ne se parler qu'en espagnol, l'exaspérait ! Et leur indifférence quand elle leur avait intimé l'ordre de finir la vaisselle sans elle, leurs rires en

essuyant les verres dans un baragouin qui se prétendait
« une introduction à la culture d'Adolfo »... Absurde !

Dressée de toute sa taille sous l'énorme parasol
pourpre qu'elle tentait d'ouvrir, Fanny aperçut au bout
de l'allée la personne qu'elle attendait : elle fila, se
perdit sous les bosquets, réapparut au loin, près de la
barrière.

— C'est arrivé hier soir, disait le facteur. Adressé au
monsieur qui loge chez vous.

— Je le lui remettrai moi-même. Merci. Adieu.

Elle enfourna le papier dans la poche de son tablier et
remonta à pas lents vers le cottage. Sur son passage, une
brise tiède faisait chuchoter les haies de tulipes rouges.
Visage fermé, tête baissée, elle lambinait... Voilà donc
ce qui l'avait agitée toute la nuit... Elle s'y attendait.
Elle savait que la réponse arriverait aujourd'hui...
Pourquoi diable les parents ne lui avaient-ils pas écrit à
elle ? Le contenu de ce télégramme pouvait le tuer ! Elle
l'ouvrirait... Elle vérifierait... Et si la réaction du père
ne convenait pas, qu'il aille au diable, ses insultes
auraient coulé en mer, elle y veillerait !

Fanny aperçut Louis se balançant dans le fauteuil
qu'elle lui avait préparé... Peu lui importait, à lui,
l'endroit où elle se trouvait, il ne s'inquiétait ni de ce
qu'elle faisait ni de ce qu'elle pensait... Installé au soleil
avec Nellie, il braillait en roulant les « r » une tirade du
Châtiment sans vengeance de Lope de Vega. Nellie, à
ses pieds, se tordait de rire, là, à plat ventre sur la
couverture que Fanny avait arrangée pour les jambes de
Louis... Surtout, que ses pieds restent au sec, qu'il ne
prenne pas froid !... Une tirade d'amour, probablement... Comme Nellie était jolie ce matin ! Sa robe à
tournure pinçait sa taille et moulait ses hanches. Ses
longues nattes blondes luisaient au soleil... A chaque
balancement, la chaise de Louis plongeait sur elle... Il
devait effeuiller du regard l'amoncellement des plis, des
nœuds, des glands, tous les volants du pouf... Et Nellie,
en cherchant les mots dans le dictionnaire, repliait les
mollets, découvrait ses bas, agitait ses petites bottines
dans l'air... Louis, Nellie, la même génération. Nellie
était née en... Fanny calcula. A peine cinq ans de moins

que lui... Intellectuelle avec ça !... L'intellectuelle de la famille. La bibliothèque de Nellie contenait plus de romans que tous les rayonnages du salon. Pourquoi Louis n'était-il pas tombé amoureux de Nellie ? De Nellie ou de Belle ?... Ses rares amis à San Francisco appartenaient à la même bande. La bande de Joe Strong... Depuis sa convalescence, il recherchait la compagnie des jeunes de son âge. Comment pouvait-il s'entendre si facilement avec cet imbécile de Strong ?... Si Fanny l'avait cru changé durant sa maladie, quelle erreur ! Avec la santé, il retrouvait sa légèreté ! Levant à nouveau la tête, elle les aperçut tous deux, Louis et Nellie, qui riaient ensemble. Alors, elle se sentit comme une dame mûre qui se réchauffe au soleil en faisant les cent pas... Elle les laisserait s'amuser. Elle ne remonterait pas vers eux, qui avaient si peu besoin d'elle... Même Chuchu, le setter mâtiné d'épagneul, même son chien, ne l'avait pas suivie au fond du jardin ! Elle le voyait là-bas, roulé en boule sur la couverture... Si Chuchu préférait leur compagnie — qu'ils s'en occupent ! Ah ça, pour les corvées, ils savaient tous où la trouver !... Infirmière, cuisinière, garde-chiourme... Fanny nourrissait les chiens et veillait les malades ! Mais pour le rire et le plaisir... Dès que tout allait mieux, qui se souciait de son existence ?... Irritée, elle suivit les barrières, contourna la maison, tira l'eau du puits, entra dans le potager. Ses rangées de petits choux, elle les avait bien négligées pendant la maladie de Louis. Elle longea tranquillement les sentiers, arrosant ses parterres. Mais elle regardait ailleurs. Elle regardait le couple là-bas, sur la pelouse. Que se disaient-ils ? Stevenson murmurait-il à l'oreille de Nellie : « Les plus belles choses n'aboutissent à rien, les plus belles idées n'ont aucun avenir... Et les plus belles aventures ne sont pas celles que nous entreprenons » ?

S'il prononçait ces paroles, Nellie croirait-elle qu'il lui faisait la cour ? Rougirait-elle ? Répondrait-elle sentencieusement qu'il parlait comme il écrivait ?... Ou bien garderait-elle le silence, pensant qu'il bavardait non pour prouver, mais pour chercher ? Qu'il fouillait les mots comme il fouillait la vie... Pour le plaisir de voir.

Pour le plaisir de démonter... Nellie comprendrait-elle que le plaisir de cette recherche-là se suffisait à lui-même ? Et que répondrait-elle, si Stevenson, de sa chaude voix, lui demandait : « Il y a une petite mare noire, des lilas et un banc de pierre au fond du jardin... C'est là que nous devrions nous asseoir... » ?

Tandis que les fines gouttelettes constellaient d'argent ses plantations, Fanny les imaginait, Nellie et Louis, s'enfonçant dans les allées, s'installant à l'abri de son regard sous les grands arbres. De là, ils pourraient entrevoir la véranda et la petite silhouette bleue de la mère Fanny qui arrosait ses choux.

« Je crois que nous devrions la rejoindre, chuchoterait Nellie.

— Tu as raison, répondrait Louis. Mais restons encore un petit moment dans la paix.

— Elle va nous chercher... »

A leurs pieds, sur le gazon, tremblerait l'ombre des feuilles. Le soleil descendrait en coulées rouges. Les rayons, que Nellie recevrait en plein visage, mettraient dans le bleu de ses yeux une lueur verte où nageraient toutes les petites ailes papillonnant dans l'air. Odieuse netteté de cette vision ! Livrée à ses peurs et à ses démons, Fanny saurait un jour pousser l'angoisse jusqu'à l'hallucination. Le cœur palpitant, elle se représenta Louis qui glissait sur le banc pour se rapprocher de la jeune fille :

« Nous pourrions sortir de la propriété ?

— Mais que dira Fanny ?

— Que l'humidité est fatale aux poitrinaires... Que j'attraperai la fièvre... Que j'en mourrai ce soir !

— C'est risqué...

— C'est risqué, admettrait-il. Mais se faire sermonner ensemble resserrerait notre amitié ! »

Fanny posa l'arrosoir, se releva, passa douloureusement la main sur son front, un geste devenu familier depuis la maladie de Louis... S'il était mort comme était mort Hervey ? Elle goûta dans sa bouche, elle sentit dans ses narines l'odeur salée du sang. Elle eut envie de vomir. A quelques mètres d'elle, sur le gazon inondé de soleil, Louis vivait !... Et ce qu'elle éprouvait maintenant, ce qu'elle éprouvait, elle, c'était ce sentiment infâme qu'elle avait éprouvé durant vingt ans à l'égard de Sam ! La jalousie ! Comment osait-elle confondre les deux hommes ? Comment pouvait-elle douter de Louis ? Quelle folie, quelle honte de s'abaisser à de tels tourments ! Pauvre Louis !... Pauvre Nellie ! Déclamant toujours en espagnol, ils lisaient leur pièce, ils feuilletaient grammaires et dictionnaires, ils se disputaient, ils s'esclaffaient.

Ils ne la virent pas arriver, mais, quand elle fut là, le même cri fusa de leurs lèvres.

— Tu as une lettre pour moi ?

Elle s'attendait à tout sauf à cette question. Prise de court, elle commença par mentir :

— Pas de lettre... Elle rougit, se troubla, balbutia : Un télégramme.

— De Baxter... Il m'envoie de l'argent...

— Je ne pense pas.

— Et moi ? intervint Nellie.

— Rien.

Les deux femmes regardèrent Louis déchirer le papier. Le parasol jetait sur leurs visages des lueurs pourpres. Immobiles, debout sous le dais, elles évoquaient deux prêtresses au service d'une divinité.

Je me souviens, écrit Nellie, *je me souviens de ce jour où le message arriva de son père...*

— Ecoute, se mit-il à hurler. Ecoute, Fanny, répétat-il avec un accent nasal que l'émotion accentuait. Debout, il tremblait de tous ses membres. *Aussi longtemps que nous aurons un penny,* lut-il, *tu ne manqueras plus de rien. Mis devant le fait accompli, nous ferons de notre mieux. Nous recevrons ta femme. Rentre. Tu peux compter...* Les larmes de joie ruisselaient sur son visage... Tu peux compter sur deux cent cinquante livres par an !

Rien n'égalerait le soulagement de Fanny. Rien n'excéderait le bonheur de Louis. Cette fois, le monde acceptait leur union. Ils acceptaient, eux, le soutien et le pardon du monde. Thomas Stevenson venait de sauver son fils, Fanny Osbourne triomphait, ils avaient gagné !

Mercredi 19 mai 1880

Étendue sur le dos dans le lit à colonnes de son ancienne chambre, les bras derrière la tête, les yeux grands ouverts, elle regardait l'aube poindre sur son dernier matin de célibat. Un jour blanc montait sur les ramages mauves et ocre des rideaux, dégageant de l'ombre les malles et les cartons. Ses préparatifs, elle les avait terminés tard dans la nuit, et seule. Louis avait traversé la baie mardi. Hier. Il enterrait sa vie de garçon chez sa logeuse de Bush Street et réglait à San Francisco les derniers détails. S'entendre avec un pasteur de la confession de son père. Trouver pour un prix modique deux alliances, peut-être des anneaux d'argent chez un bijoutier chinois. Acheter une licence de mariage. Envoyer quinze dollars à la Caisse des veuves du barreau d'Écosse.

Ce que je recherchais en me mariant, écrira-t-il, *ce n'était pas mon bonheur. Mon mariage fut une union in extremis... Et, si je me trouve où je suis aujourd'hui, c'est grâce aux soins d'une certaine dame qui accepta de m'épouser quand je n'étais qu'une combinaison de toux et d'os, un portrait plus proche de l'effigie de la Mort que du Marié.* Oui, quinze dollars à la Caisse des veuves afin que Fanny touche une petite pension après l'enterrement. Mais qui sait? songea-t-elle en s'étirant, pleine d'un inhabituel optimisme. Qui sait si Louis ne vivrait pas éternellement? La lettre de son père avait fait davantage pour son rétablissement que toutes les ordonnances et tous les spécialistes.

En évoquant la générosité des parents, le cœur de Fanny se dilatait de reconnaissance... se soulevait de crainte! Ces Écossais puritains paraissaient l'accepter, elle, la vieille Américaine divorcée... Mais ils l'acceptaient de loin... Et maintenant, Louis prétendait rentrer! Fou de gratitude, il voulait vivre avec eux! C'était son projet pour cet automne. Qu'ils habitent tous ensemble, avec Sammy, avec le père, avec la mère, dans la vieille maison d'Edimbourg... Qu'adviendrait-il là-bas ? Elle préférait ne pas y songer !

La paix intérieure de Louis reposait désormais sur l'approbation paternelle, Fanny le savait. Elle savait en outre qu'elle ne pouvait se permettre un nouvel échec conjugal. La réussite dépendrait de l'impression qu'elle allait produire... Comment l'accueilleraient-ils, avec son accent yankee, avec sa crinière de boucles grises, son teint de gitane, si sombre qu'à Monterey on l'avait crue métisse, son six-coups dans la jarretière et son galopin de fils sur les talons ?

Elle écarta ces pensées et se souleva... Que diable oubliait-elle ? Sammy... Sammy et le chien Chuchu la rejoindraient dans les montagnes de San Francisco dès qu'elle aurait trouvé un endroit où passer au grand air leur lune de miel... Le soleil, avant la grisaille d'Ecosse, un vent sec avant les pluies d'Angleterre — cela seul pouvait achever la convalescence... Qu'oubliait-elle encore ? De grandes housses blanches protégeaient les meubles... Comme à la veille du départ pour Anvers, elle avait dépoté ses plantes et les avait entreposées dans la serre... Sam avait promis de mettre le cottage à son nom. N'avait-il pas acquis la propriété avec sa dot ?... Mais les promesses de Sam Osbourne ! On disait qu'il fréquentait une dame toute petite et toute noire qui ressemblait à sa première épouse... Sam et les femmes... A cela aussi, Fanny ne voulait plus songer !... Les bibelots, Belle viendrait les chercher durant la semaine. Elle avait déjà emporté son piano et les souvenirs d'enfance qui lui tenaient à cœur. Nellie habiterait chez les Strong jusqu'à son propre mariage en septembre... L'un des deux chats partirait avec Nellie pour Monterey, l'autre resterait ici. Son poney Clavel était vendu... Clavel, c'était peut-être son unique regret. Depuis qu'elle s'inquiétait de l'existence qui l'attendait dans la vieille demeure d'Edimbourg, elle avait ce besoin d'exercice, cette nostalgie d'un mouvement violent, d'une dernière cavalcade. Elle ne trouvait le sommeil qu'en s'imaginant bercée par le va-et-vient d'un cheval au galop. En rêve, elle se voyait filant droit à travers la terre grasse d'un immense plateau. Assise au fond de sa selle, rênes longues, elle fonçait sur un bosquet d'arbres. Elle plongeait en avant, passait sous les branches qui lui caressaient le dos, restait couchée, la poitrine contre l'encolure, pour sauter les fossés. Entre les troncs, la plaine noire, les clairières, les trouées d'un vert cru, tout passait en trombe. Tout tombait dru. Tout soufflait en rafales. Les parfums, la rosée, le passé...

Quatorze heures — A l'embarcadère, en attendant le ferry, le temps lui parut long et lourd. Une forêt brûlait dans l'arrière-pays. Même l'air de la mer était chargé de fumée. Les passagers regardaient le ciel et s'interrogeaient avec anxiété sur les probabilités d'une averse en cette fin de mai. Voilà, se disait-elle, voilà, se répétait-elle pour s'en convaincre, voilà le jour, l'heure de mon mariage avec Louis... Elle se sentait comme à la veille d'un concours à l'atelier Julian. Trop molle pour choisir un crayon. Trop lourde pour lever le bras. Trop vide pour visualiser son dessin. Elle ne pouvait plus penser. Elle ne savait rien. Sans rêves et sans idées, dans la salle d'attente, elle gardait l'œil fixé sur ce tableau qu'elle avait vu chaque jour de l'hiver passé, quand elle prenait le bac pour soigner Louis sur Bush Street, chaque jour de tous les hivers d'autrefois quand elle traversait la baie pour étudier à la School of Design. C'était un deux-mâts aux voiles déployées que le vent du large, vif et frais, gonflait dans un ciel piqué de petits nuages gris. Les vagues d'un vert bronze, sans écume, se levaient comme une respiration puissante. Elles se bousculaient à proximité du bateau et moutonnaient à la proue. C'était ce tableau, Fanny s'en souvenait, c'était cette image qui avait suscité en elle le désir de quitter Sam, le besoin d'exister seule, l'obsession de partir pour Anvers... En bas du cadre, une plaque. Un nom gravé. *Le Casco*.

Sur le pont du ferry, le vent s'engouffra dans ses jupes et ralentit sa marche. Elle devinait derrière elle les bourrasques qui prenaient leur recul pour la pousser avec plus de force contre le bastingage. Elle raidissait le dos, elle cambrait les reins, elle tendait les jarrets. Elle sentait la dentelle des jupons lui caresser la saignée des genoux, elle résistait, c'était délicieux ! Sur la cheminée du ferry, une grosse mouette blanche poussa son cri aigu. Elle riait par saccades entre les traînées de fumée qui s'échappaient des machines, les rubans de vapeur qui montaient de la mer, les brumes qui arrivaient des pinèdes en feu. Fanny, le visage lisse et libre, les boucles plaquées contre sa toque à aigrette, l'observa, et l'oiseau lui rendit son regard. Un instant, elles se mesurèrent du même œil rond, noir, plantureuses petites dames qui bravaient crânement l'air du large. La mouette, fondant soudain sur l'eau, se posa à l'avant.

C'est alors qu'elle aperçut, toute proche, la masse rouge et mamelonnée de San Francisco, les quais bondés de carrioles, les chevaux, les ballots, le grouillement des hommes qui attendaient dans la boue. Parmi les Chinois, les Canaques, les marins, les cow-boys, elle reconnut, fendant la foule, la fine silhouette de Robert Louis Stevenson. Elle l'avait toujours cru grand. Sa maigreur faisait illusion. Il ne devait guère mesurer plus d'un mètre soixante-dix. Tête nue, la raie au milieu, ses cheveux raides lui tombant aux épaules, il portait son costume de voyage en serge bleue. Une main à la moustache, son interminable cigarette entre deux doigts, l'autre main dans la poche, il avançait à grandes enjambées vers le débarcadère. Une démarche dégingandée qui donnait l'impression que les bras, les jambes, la tête, tout fonctionnait à l'envers, en contrepoint, séparément... Elle lâcha la rambarde, dévala l'escalier et s'engagea sur la passerelle.

— J'ai tout ! triompha-t-il en la voyant.

Ils ne se saluèrent pas. Ni baiser ni étreinte. Pas une marque d'affection. Il la prit familièrement par le coude et, l'entraînant de son pas rapide, ils suivirent la jetée.

— ... Pour le pasteur, je suis bien tombé ! Non content d'appartenir à la confession de mon père et à l'Eglise d'Ecosse, il s'appelle Scott, il a publié onze livres, construit une cathédrale et manqué trois fois de se faire lyncher ! Un pasteur pendu... Enfin un révérend selon mon cœur !... Il nous attend.

— Maintenant ? s'écria-t-elle.

Les bottines plantées entre deux planches, elle s'était

arrêtée. Il voulut l'aider. Elle ne pouvait ni avancer ni reculer. Il posa sur elle un regard plein de surprise.

— N'avions-nous pas convenu de nous marier aujourd'hui ? demanda-t-il.

— Si... Mais...

Il sourit :

— Ah ça... Tu as peur ? Toi ? Si je m'attendais...

— Nous n'avons pas de témoins, prononça-t-elle à toute allure.

— Exact. Je n'y avais pas pensé.

— En Amérique, il faut deux témoins... Sinon, c'est impossible. Il faut au moins deux témoins.

— La rue où demeure le révérend Scott ne manque pas de clochards..., railla-t-il.

Elle ne bougeait toujours pas. Sous elle, le ressac venait se briser contre les poteaux de la jetée.

Il lui reprit le coude et tenta de la faire marcher.

— A quoi diable pensais-tu, dressée toute seule à l'avant du bateau ?

— A rien.

— Qu'as-tu craint ? Qu'as-tu imaginé ?

— Je regardais voler les mouettes.

— Les Williams nous serviront de témoins. Le tramway s'arrête devant leur porte. Nous les prendrons au passage. Viens, ordonna-t-il.

Assis côte à côte dans le *cable-car* de Geary Street, ils ne prononcèrent plus un mot. Il faisait chaud. La voiture montait à la verticale vers le ciel plombé. Rivée au banc, le visage fermé, le front constellé de petites gouttes de sueur, Fanny semblait plus proche de l'abattoir que d'un mariage d'amour. Ce fut finalement le babillement de Dora qui la tira de sa torpeur.

— Vous unir maintenant ? Quelle idée charmante !... Mes petits, je suis si heureuse pour vous ! Vous attendez cette minute depuis tellement longtemps !... Et quand je pense à ce qu'elle vous a coûté de sang, de larmes et de sacrifices !

Dans le cliquetis de ses breloques, la maigre petite dame saisit son chapeau, son ombrelle au portemanteau.

— ... Si j'avais pu imaginer que je serais demoiselle

d'honneur… A mon âge ! Au nôtre, ma chère ! Elle éclata de son rire métallique dont le bruit se confondait avec ses colifichets… Quel dommage que Mr Williams ne soit pas en ville aujourd'hui !… Comme garçon d'honneur, je propose Rearden : il fera très bien dans le tableau !

— Il ne m'adresse pas la parole depuis le divorce. Il postule à la charge de juge. Je ne suis plus assez convenable pour lui, gronda Fanny.

— Sacré Rearden, gloussa Dora… Toujours aussi désagréable ! Je sais pourtant qu'il vous destine un cadeau de mariage extrêmement précieux.

— Il me l'a envoyé : une urne funéraire…

— Pour que vous puissiez transporter avec vous les cendres de Louis ?

— Vous vous trouvez drôle ?

— … A moins qu'il ne destine ce vase à vos beaux restes… En tout cas, vous pouvez lui faire confiance, c'est authentique !

Tous trois remontaient la rue, petites silhouettes bavardes qui battaient des bras en s'acheminant vers cet événement dont l'attente leur avait coûté, comme le remarquait délicatement Dora, « tant de sang et tant de larmes ». A quoi songeait l'amoureux trop lucide qui, un an plus tôt, avait écrit à bord du *Devonia* : *La femme que j'aime est plus ou moins ma création. Le signe du grand amoureux — comme celui du grand peintre —, c'est précisément cette capacité d'embellir son sujet pour le rendre plus humain que nature. Elle, elle peut continuer à être une vraie femme, elle peut donner libre cours à son caractère, elle peut faire preuve de petitesse, de malveillance ou d'avidité pour les plaisirs vulgaires. Rien n'étonne l'amant qui continue de l'adorer sans que la gigantesque distance entre l'image rêvée et la femme réelle ne le gêne d'aucune façon.*

Cette sorte d'analyse et l'absence presque totale de grands personnages féminins dans l'œuvre de Robert Louis Stevenson ont conduit quelques-uns de ses biographes à prétendre qu'il n'avait pas été heureux en ménage. Certains affirmeront même qu'il n'avait jamais aimé Fanny Osbourne. Il l'aurait suivie par vertu aux Etats-Unis, par devoir, pour faire de cette malheureuse maîtresse une femme respectable...

Pas un admirateur de Stevenson qui, apprenant mes recherches sur le personnage controversé de son épouse, ne m'ait posé la question :

— Vous, honnêtement, croyez-vous qu'il ait connu le bonheur conjugal ?

— Il l'a dit. Il l'a répété : *Mon mariage est la meilleure décision que j'aie jamais prise. Le geste le plus intelligent de mon existence !*

— Saviez-vous qu'elle n'avait pas onze ans de plus que lui ?... Mais seize !

— Nous possédons pourtant l'acte de naissance de Fanny Vandegrift. Si les archives de San Francisco ont brûlé, les registres d'Indianapolis sont formels.

— Mais saviez-vous qu'elle était noire ?

— Plus d'un siècle après la noce, l'exotisme de la mariée continue de faire rêver !

*

— Mes amis, nous sommes rassemblés aujourd'hui pour unir, en présence de Jésus-Christ Notre-Seigneur et de cette noble assemblée...

L'assemblée se réduisait au plus strict minimum.

Nouvelles rumeurs ! On a dit qu'en présence de Belle, de Joe, de Sammy et de Nellie, Sam Osbourne avait conduit son ex-femme à l'autel, on a dit qu'il l'avait remise en main propre, devant le révérend Scott, à Robert Louis Stevenson. Mille autres bruits courent encore sur le déroulement du mariage, potins dus à la mauvaise langue de la future belle-fille de Fanny. Ils n'étaient pourtant que cinq. Le pasteur Scott et son épouse, qui servait de second témoin. Dora Williams. Louis et Fanny.

— ... Vous, Fanny Vandegrift Osbourne, recevez-vous pour époux cet homme, Louis, malade ou en bonne santé, pour le meilleur ou pour le pire, en renonçant à tous les autres hommes jusqu'à ce que la mort vous sépare ?

Le murmure de l'eau sous la glace :

— Oui.

— Vous, Robert Louis Balfour Stevenson...

Les grands rideaux verts étaient tirés. Aucune lueur ne jouait dans les breloques des lampes, sur les panneaux de bois qui lambrissaient l'austère salon du pasteur. Au cœur de la pénombre, sur une table ronde, on avait disposé un plateau, un service à thé en faïence bleue. Les lisérés d'or des tasses miroitaient, attendant pour prendre vie la clôture de la petite cérémonie. Au fond de la pièce, sur les personnages regroupés devant la cheminée, tombait un unique rayon de soleil. Il arrivait par les fenêtres pseudo-gothiques de l'ouest, par les petits carreaux teintés de rouge...

— Au nom du Père, je vous déclare mari et femme... Maintenant, Mr Stevenson, vous avez le droit d'embrasser la mariée !

Debout côte à côte, ils ne firent pas le geste de s'étreindre. Sans doute trouvaient-ils superflu d'exprimer leur passion en public : ils se l'étaient suffisamment prouvée. La tendresse du long regard qu'ils échangèrent, le triomphe, l'ivresse de leurs sourires scellaient le pacte.

Trois ans pour en arriver à cet instant... expédié en dix minutes ! Ni l'un ni l'autre n'en garderont le souvenir. Mais on lira désormais sur le registre des mariages du révérend Scott :

Mariés par moi, en ma demeure, le 19 mai 1880
Robert Louise (sic) *Stevenson, originaire d'Edimbourg, Ecosse,*
Blanc, célibataire, âgé de trente ans,
Résidant à Oakland, Californie,
et
Fannie (sic) *Osbourne, originaire d'Indianopolis* (sic)*,*
Indiana,
Blanche, Veuve, Agée de quarante ans,
Résidant à Oakland, Californie.
Certificat à envoyer à Mrs Virgil Williams.

Fanny, « veuve » ? Pourquoi avoue-t-elle courageusement son âge et ment-elle sur son passé ? Fanny veuve de Sam ? Quel intérêt y trouve-t-elle ?

Lâcheté de dernière minute devant les sarcasmes de Rearden ? Petite faiblesse devant l'inévitable mépris de la société écossaise ? Volonté tardive de rentrer dans le rang ?… « Veuve », quoi de plus respectable !

Je serais plutôt tentée de croire que, selon sa bonne habitude, Fanny gomme ce qui la dérange, Fanny tue ce qui lui déplaît. En enterrant son ex-mari, elle met les compteurs à zéro. Nouveau retour à la case départ.

Pour la première et dernière fois de leur histoire, le vétéran de la guerre de Sécession, le chercheur d'or de Virginia City, le greffier au tribunal de San Francisco, Sam Osbourne, va l'aider dans son entreprise.

Six ans plus tard, au mois d'octobre 1886, sur la console de l'entrée d'une villa cossue de Bournemouth, en Angleterre, arrivera une grosse enveloppe. C'est une lettre de Dora. Et quelques coupures de journaux. Entrefilets ou gros titres, même question : *Qu'est-il advenu de Sam Osbourne Esq. ?*

On y raconte que, remarié à une femme qui ressemble trait pour trait à sa première épouse, Sam Osbourne n'a pas reparu chez lui après la session du tribunal de San Francisco. En cette nuit d'automne, sa femme et son souper l'attendront inutilement.

A-t-il de nouveau changé de vie ? S'est-il secrètement embarqué sur un voilier ? A-t-il été « *shangaied* » — enivré, assommé, traîné de force à fond de cale pour servir de marin dans quelque aventure ? Assassiné à la sortie d'un bouge et jeté à la mer ?

Ou bien son instabilité, ses angoisses, les courants obscurs qui l'ont agité toute sa vie ont-ils eu raison de son âme ? Le mari de Fanny Vandegrift a-t-il fini par se suicider ?

Quelques jours après sa disparition, on retrouvera, bien rangé sur la grève, un paquet de vêtements qui aurait pu lui appartenir. Nul ne pourra identifier ces dépouilles avec certitude.

Cette fois, le cow-boy solitaire ne réapparaîtra pas…

Ses enfants ignoreront toujours ce qu'est devenu ce père tant aimé.

Ainsi s'achève cette longue histoire d'amour et de haine nouée devant Dieu un soir glacé de Noël. La petite maison d'Indianapolis croulait alors sous les roses d'hiver, et la mariée avait dix-sept ans.

Si l'on y songe, quel romantisme dans la fin des deux époux de Fanny ! A sa façon, chacun échappe à l'oubli, chacun s'évade du tombeau. Et tous deux vont rejoindre la fable qui leur ressemble. Sam l'aventurier, Sam l'insaisissable, garde à jamais son mystère.

Durant les vingt années qui suivront, des rumeurs circuleront sur son compte. Belle racontera que, pendant la guerre de 14, des témoins auraient rencontré Sam Osbourne en Afrique du Sud. D'autres lui écriront, affirmant avoir aperçu Sam Osbourne aux courses de La Nouvelle-Orléans... Que croire ? Pour la petite fille qui a vu son père revenir indemne d'une attaque d'Indiens, l'espoir de le retrouver ne pourra pas mourir.

*

Son décès, ou sa fuite, laisse dans le désespoir — et le besoin — cette seconde épouse, Rebecca Paul, « Paulie » pour les intimes, dont Fanny écrivait lors de la noce en 1881 : *Je ne suis pas très flattée par le choix de ma remplaçante (...). Belle a peut-être un père très décoratif, mais on ne pourra pas en dire autant de sa belle-mère ! En tout cas, je ne l'envie pas, pauvre femme ! (...) N'est-ce pas curieux, n'est-ce pas étrange, que Sam et moi ayons choisi chacun en secondes noces une personne infirme ? Mais je prétends que mon « infirme » à moi est d'une autre espèce !*

Fanny a la dent dure pour Paulie, qui était un peu sourde. Elle ne la connaît pas, et la dit laide. Nouvel exemple de sa partialité. Elle feint d'ignorer que par le teint, la taille, le type les deux Mrs Osbourne se ressemblent. Tous les contemporains sont formels : Fanny, Paulie, copies conformes. Excepté par le caractère ! La seconde passe pour douce et plutôt fade. Pourtant, les deux femmes se rencontreront. Et la plus émue des deux ne sera pas celle que l'on croit !

Si le spectacle du dénuement de Paulie conforte Fanny dans la certitude d'avoir fait le bon choix, il réveille sa compassion. *J'aurais pu être à sa place!* confie-t-elle à Dora. Fanny va donc pensionner Paulie. Rien ne l'y oblige. Grande dame, dans un formidable élan de générosité, elle verse à la veuve de Sam une rente à vie, somme rondelette qui lui permettra de subsister. Revanche sur le destin : Mrs R.L.S. sauve Mrs O. !

Elle va en outre s'offrir le luxe de réécrire l'histoire. Impitoyable pour la mémoire de Sam, qu'elle accuse de ne s'être jamais occupé de l'entretien de son fils, elle raye son ex-mari des états civils. Désormais, le petit Sammy s'appellera « Lloyd », Lloyd Osbourne, le nom que le lecteur trouve accolé à celui de Robert Louis Stevenson sur les ouvrages que beau-père et beau-fils signeront ensemble.

Fanny en prend trop à son aise : elle perdra cette manche-là !

Quand Lloyd Osbourne, âgé de soixante-huit ans, aura un dernier fils peu avant la Seconde Guerre mondiale, il le baptisera... Samuel Osbourne !

*
* *

Pour l'heure, le passé bascule dans un no man's land où les premières amours de Miss Vandegrift n'existent plus. Peu importe que Belle donne naissance à un petit Osbourne-Strong ; peu importe que, moins d'un an après son propre mariage, Fanny soit devenue grand-mère... Son histoire, ses secrets, ses rêves, son bien-être, sa santé, elle donne tout. Tellement occupée à s'interposer entre la mort et son mari qu'elle en oubliera ses besoins, ses exigences, jusqu'à sa joie de le séduire. Fanny, naguère si coquette avec les peintres de Grez, si frivole et si « flirt » avec Rearden, devra se priver, avec Louis, de tous les petits plaisirs de sa vie de femme.

Stevenson a-t-il saisi l'ampleur du sacrifice ? Fut-il jamais conscient qu'en travaillant tous deux à l'émergence de ce grand écrivain dont ils rêvent ensemble, ils ont mutilé un être, une âme qui aurait dû survivre ? Que penser de cette tendance à compter sans elle lorsqu'il aura moins besoin de ses services ? De cette velléité de poursuivre seul lorsqu'il aura recouvré la santé ? Indépendance ? Narcissisme ? Dureté ? Il se posera la question.

Mon cher petit, lui écrit-il en mai 1888, quand ils s'apprêtent tous deux à se lancer dans la grande aventure des mers du Sud, *ceci ne t'atteindra qu'après la date de notre anniversaire de mariage. Non que je fasse un cas exceptionnel de cette date-là. Si je devais choisir un jour marquant, beaucoup d'autres me viendraient à l'esprit. Le jour où je t'ai vue pour la première fois par la fenêtre de Grez, le jour où nous nous sommes retrouvés à Paris après la première séparation, par exemple... Mais la date de notre mariage, celle-là, nous la connaissons et ce fut pour moi une date sacrément faste. Pour toi, j'aimerais en être sûr...*

Qu'il ne se fasse pas trop de souci... et qu'il compte avec l'instinct de Fanny, avec son formidable instinct de conservation ! Car, si l'épouse donne tout, elle ne perd jamais de vue le cœur de la cible : créer. Se survivre à soi-même et vaincre sa propre mort. L'œil rivé au but, elle vise l'immortalité.

TROISIÈME PARTIE

LA LIONNE
1880-1914

CHAPITRE VII

Mrs ROBERT LOUIS STEVENSON

> *Fureur et valeur, honneur et flamme*
> *un amour que la vie n'a jamais pu user*
> *La mort épuiser,*
> *L'enfer abîmer,*
> *Telle est celle que le Tout-Puissant*
> *M'a donnée.*

> ROBERT LOUIS STEVENSON

LONDRES – SAVILE CLUB – 18 août 1880

— Alors ? s'enquit le poète Edmund Gosse en prenant place dans l'un des vastes fauteuils du fumoir.

— Alors, si j'avais su que les vieux parents descendraient d'Edimbourg pour les accueillir au bateau, soupira Sydney Colvin en reposant son journal, je n'aurais pas voyagé toute la nuit de Londres à Liverpool !

Il porta à ses lèvres le petit verre de sherry dont il savoura une gorgée.

Gosse se carra dans l'un des nouveaux fauteuils de cuir, vastes et profonds, dont le club venait de faire l'acquisition. La tasse de café qu'il avait apportée de la salle à manger cliqueta dans la pénombre, et son regard bleu se leva sur les reliures des quelques dictionnaires qui rutilaient au-dessus du frêle professeur Colvin.

— Je suis rentré ce matin, reprit le professeur à mi-voix. Epuisant !

— Comment étaient-ils ?

— Les parents ? Braves... Ils ont fait face avec beaucoup de courage.

— Les pauvres gens, soupira Gosse dont les yeux pétillèrent d'amusement derrière ses petites lunettes... Si l'on songe à Mr Stevenson père...

Il laissa sa phrase en suspens, souriant aux images qu'il visualisait.

— ... L'austère bourgeois, l'ingénieur puritain, le fameux constructeur de phares de la Royal Navy, qui va promener à son bras dans tous les salons d'Edimbourg la vieille maîtresse américaine de son athée de fils.

Colvin caressa sa courte barbe brune qu'il taillait en pointe :

— Il est vrai que Louis leur a joué un tour pendable... Leur ramener ainsi ce petit-fils de douze ans qui s'empiffre, qui sauce son assiette... L'enfant a descendu tout ce qu'il pouvait avaler, sous l'œil effaré des serveurs... Quel spectacle !

— Pauvres gens, répéta Gosse avec enchantement.

— Le petit n'est pas un mauvais bougre. Mais leur bru — je comprends qu'à leurs yeux elle paraisse difficilement présentable...

— J'apprécie vos litotes, Colvin, ironisa Gosse. Mais appelons les choses par leur nom : cette femme, pour eux, c'est le diable !

Le vert des abat-jour pâlissait encore leurs visages. En habit et cravate blanche, ils incarnaient tous deux une race d'intellectuels dont l'esthétisme ne mettrait pas en péril les valeurs de la société victorienne.

— Je me flatte d'avoir détendu l'atmosphère, susurra Colvin. J'ose dire que ma présence a rendu la rencontre moins pénible. Je les ai convaincus d'attendre à l'hôtel pendant que je prenais le remorqueur jusqu'au bateau...

— Et alors ?

— Alors, j'ai trouvé Louis mieux que je ne pensais. Il

est enfin allé chez le dentiste : le remplacement de ses molaires lui arrangerait plutôt le profil. Il m'a tout de même semblé très faible.

— Aussi malade qu'elle l'a dit ?

— Agité. Et si maigre que Henley pourrait faire le tour de sa cuisse entre le pouce et l'index.

— Est-il heureux ?

— Le mariage semble lui convenir. L'Amérique ne l'a pas trop changé. Toujours le même enfant plein d'enthousiasme et d'idées. Quel charme, quelle intelligence... Quand j'ai réussi à le voir seul à seul dans le fumoir, tout était comme avant, comme au bon vieux temps...

Colvin marqua une pause, réfléchit :

— Je le crois à l'aise dans sa nouvelle situation.

Roulant le pied de son verre entre ses doigts, il soupira :

— ... Mais que vous et moi réussissions à nous entendre avec le petit visage noiraud que nous verrons désormais à ses côtés, avec ce regard déterminé, ces dents blanches et ces cheveux grisonnants — car c'est de cela qu'il s'agit, Gosse, de cheveux grisonnants —, que vous et moi puissions jamais nous entendre avec cette créature, voilà, mon cher, qui est une autre histoire.

Un fin sourire flotta sur les lèvres de Gosse :

— Vous et moi, nous avons l'esprit large... Vous, mon cher, vous respirez la bonté. Vous êtes souple et plein d'indulgence... Mais Henley ! Dans sa dernière lettre, il appelle cette histoire *le caprice du bébé malade qui joua au mariage avec l'écolière de quarante ans...*

— Ecolière, si on veut... Mais — et que ceci reste entre nous — mais, des deux Mrs Stevenson présentes hier au repas de famille, c'est la plus âgée qui m'a semblé la plus fraîche !

Ainsi s'exprimait celui des amis de Louis que Fanny croirait son allié le plus proche.

— Alors ? demanda Fanny en se posant timidement sur le lit... Je me suis bien conduite ?

— Bien ? se récria Louis.

— Pourtant, je me suis retenue de fumer jusqu'au café, murmura-t-elle désolée.

— Bien ? répéta-t-il en tonnant. Tu m'as couvert de ridicule !... Je me donne un mal fou pour préparer ma famille, j'écris à mon père, j'écris à ma mère pour les avertir... Je leur présente ma femme comme une aventurière exotique, la cigarette au bec et le colt en sautoir... Et qu'est-ce qu'ils trouvent ? Une gentille petite bourgeoise qui discute chiffons et qui opine à tout ce qu'elle entend !

— Mais j'étais sincère ! s'insurgea-t-elle avec ravissement.

— C'est bien cela le pire !

— Alors... Tu crois que je leur ai plu ?

Il l'enveloppa dans un regard gouailleur où se mêlaient tendresse et malice. Elle portait une toilette de faille noire, privée des fioritures qu'elle affectionnait d'ordinaire. Seule une bande de passementerie constellée de jais fermait le col montant et les poignets du corsage. Un fin ruban noir courait dans ses cheveux et retenait ses boucles. De face, on aurait pu croire qu'elle coiffait sa chevelure en chignon bas.

— Madame Louis, vous ne cesserez pas de me surprendre ! Tu paraissais si parfaitement à ta place entre mon grave ami Colvin et mon très sombre père... Si totalement à ton aise ! Je finissais par me demander ce que je fichais là, moi, dans mon vieux costume, avec mes cigarettes et mes cheveux longs, parmi tous ces notables dont la plus digne était ma bourgeoise !

Les joues roses de plaisir, ses petites mains sur les genoux, elle gloussa, excitée comme une couventine qui découvre le monde :

— Très bien, tu vas enfin apprendre à te coiffer !...
Ta mère me disait qu'elle n'avait jamais réussi à ce que
tu te changes pour le dîner... Ta mère, s'extasia-t-elle,
je la vénère... Elle te ressemble ! Elle a ta façon de voir
le bon côté des choses ! Oui, je la vénère ! Mais ton
père... lui, nous verrons, grommela-t-elle. Nous verrons. Je ne l'ai pas encore jugé.

— Sur ce point, je vous serais reconnaissant de vous
abstenir tous les deux... Juger, vous n'avez que cette
idée en tête et ce mot à la bouche ! Juger...

Cette fois, Robert Louis Stevenson décocha à Fanny
un coup d'œil sans indulgence :

— ... Quand vous aimez quelqu'un, vous l'adorez.
Quand vous ne l'aimez pas, vous détruisez tout jusqu'à
ce que vous ayez réussi à l'éliminer. Quitte à vous
immoler vous-mêmes... Vous êtes l'un et l'autre d'ini-
ques partisans !

*

— Alors ? demanda Margaret Stevenson en précé-
dant son mari dans leur appartement, comment l'as-tu
trouvée ?

Thomas Stevenson déboutonna sa veste du soir et, de
son pas pesant, passa dans le cabinet qui séparait leurs
chambres. Elle le suivit.

— ... Eh bien, répéta-t-elle, comment l'as-tu
trouvée ?

— Mieux, grommela-t-il en soulevant le broc pour se
laver les mains... Mieux que ce à quoi je m'attendais.

— Plus distinguée, n'est-ce pas ? s'extasia Margaret
sans quitter des yeux le miroir où se reflétait le visage
congestionné de son époux... Vois-tu, je n'aurais pas du
tout honte de la conduire au temple ! Bien coiffée,
décemment mise, elle fera tout à fait bien à notre banc.

Il replaça violemment le broc et se tourna vers elle :

— Ne t'emballe pas, je te prie, Maggy. Ne t'emballe
pas !

— Il faudra bien sûr lui choisir des chapeaux, des
gants, quelques bijoux !... Si tu m'y autorises, je voudrais lui faire cadeau de la broche que ta mère m'avait

405

offerte pour notre mariage... Elle s'occupe si bien de Lou! Elle lui est si tendrement dévouée. As-tu vu comme elle veillait à ce qu'il ne termine pas la bouteille de champagne? Avec quelle gentillesse elle lui a fait remarquer qu'il était tard, avec quelle autorité elle lui a fait dire bonsoir. Je suis certaine que sans elle...

— Sans elle, sans cette équipée absurde...

— Ce qui est fait est fait, coupa Margaret avec une légèreté non dépourvue de brusquerie. Je ne veux rien savoir du passé. Ils ont l'intelligence de n'en pas parler. A nous tous maintenant de tirer le meilleur parti d'un mauvais choix.

— Sans elle, s'obstina Thomas, notre fils ne serait pas dans cet état de santé que je n'hésiterais pas à qualifier d'alarmant... Il faudra consulter ton frère, le docteur Balfour, dès notre retour à Edimbourg. Je l'ai trouvé très maigre et bien faible.

— C'est Fanny qui l'a sauvé...

— « Fanny »? Tu l'appelles déjà Fanny?

Margaret éclata de son rire argentin qui savait le séduire.

— Je la trouve assez charmante... plutôt distrayante!... Et son petit garçon, quel amour! Tu ne trouves pas qu'il ressemble à Lou au même âge? La femme de chambre de l'étage m'a demandé tout à l'heure si c'était son fils à lui? N'est-ce pas extraordinaire? Voilà Lou, que nous n'avions jamais réussi à faire grandir, le voilà d'un coup chef de famille!

— Chef? Il aimerait le faire croire. Père d'un collégien, à trente ans. Encore un jeu!

— Mais nous trouvons tous que le petit ressemble beaucoup plus à Lou qu'à sa mère... Tu pourrais lui donner l'ancienne chambre d'enfant? Ce sera tellement sympathique d'avoir à nouveau de la jeunesse à la maison!

— Nous verrons, grommela sombrement le vieux monsieur. Nous verrons! Cette femme, je ne l'ai pas encore jugée.

*

Alors je suis certain, Belle, que tu aimerais follement ses parents ! écrit l'adolescent de douze ans que l'on appellera encore Sammy pendant quelques années. *Elle et son mari sont horriblement gentils ! Maman a reçu plusieurs cadeaux. Je ne peux pas te les énumérer maintenant. Je laisse maman te raconter cela. Juste maintenant. Maman discute avec Mrs Stevenson au sujet des habits (...) J'ai oublié de te dire qu'à l'hôtel ils ne s'éclairent pas au gaz, il n'y a même pas de lampes. Ils utilisent de misérables bougies qui donnent une très faible lumière. Aussi, ils n'ont pas l'eau courante. Ils n'ont même pas de plomberie. Tu te rends compte ! Maman qui croyait l'Angleterre civilisée ! Tout est bien moins confortable qu'à la maison. Voilà ce que maman a acheté aujourd'hui :*

une robe pour le dîner
une robe pour marcher
une cape d'après-midi
une étole du soir
un chapeau avec des plumes jaunes
trois paires de gants
un col et des manchettes blancs
une cravate de dentelle blanche
une cravate de dentelle noire
de fausses cerises

Je crois que c'est tout, Belle. Moi je trouve que c'est bien assez.

Transmets mes pensées et mon affection à tout le monde.

Baisers de l'enfant gâté que les Stevenson vont faire de ton Sam Osbourne.

Premières impressions ? Etonnamment favorables de part et d'autre ! Tous, ils avaient trop redouté le moment de cette rencontre pour que la réalité ne les tranquillise pas. Chacun s'attendant au pire, le soulagement fut égal dans les deux camps. Mais combien de temps durerait le plaisir d'être ainsi rassurés ? Restait à cohabiter. Restaient les longues journées de pluie à Edimbourg. L'organisation saisonnière des ventes de charité. Les thés à cinq heures. Les sorties de messe en famille. Les prières au souper.

Restait l'intégration sociale dans la ville de Grande-Bretagne qui passait pour l'une des plus puritaines de l'Empire.

ÉDIMBOURG – 17 HERIOT ROW – 21 août 1880

Sur deux étages, une étroite façade de grosses pierres grises. Un élancement de hautes fenêtres à châssis blanc, à petits carreaux et guillotine. Une porte de bois laqué noir où scintille l'or des cuivres, où rutilent dans la brume le heurtoir, la poignée, le battant de la boîte aux lettres. Un petit perron qu'encadre une grille aux lances astiquées, une grille qui descend jusqu'au réverbère où flamboie la pâle lumière du gaz, qui file et court jusqu'au prochain réverbère, qui remonte les cinq marches et festonne le prochain perron. Longues, identiques, avec les lignes verticales de leurs gouttières, de leurs portes, de leurs grilles, les maisons de la rue toute droite font face aux marronniers du parc. Dans les allées tirées au cordeau, les enfants à bâtons et cerceaux suivent leurs imposantes gouvernantes. Nurses légendaires que se recommandent les familles, qui passent d'une génération à l'autre, qui poussent durant leur vie entière les mêmes landaus noirs vers les quartiers neufs d'Edimbourg. La « New Town ». Toute une ville construite à la fin du XVIIIᵉ siècle, en contrepoint au désordre médiéval, au labyrinthe des ruelles, aux murailles, aux misères des collines antiques de la vieille Edimbourg. Une ville nouvelle héritée du siècle des Lumières, une ville sans ombre, une ville rationnelle aux vastes avenues parallèles, aux immenses perspectives, que le vent glacé de la mer remonte, givrant la pierre des pavés ventrus, torturant les arbres des squares et les grandes statues des carrefours.

— Pas question de te tenir comme tu l'as fait à l'hôtel !

— Oui, maman.

— Regarde-moi : je ne plaisante pas ! Tu ne te goinfreras pas ! C'est un dîner de famille en notre honneur... Tu me comprends ?

— Je te comprends : on nous présente et ça te rend nerveuse.

— Tu te serviras avec modération et tu mangeras de tout.

— Même leur ignoble confiture de fraises avec le gigot ? s'insurgea Sammy.

— Même la sauce aux airelles, répliqua Fanny pointilleuse.

Changeant de ton, elle pivota sur elle-même et demanda gaiement :

— Comment me trouves-tu, mon fils ?

L'enfant l'enveloppa d'un regard connaisseur. Plus tard, Samuel Lloyd aimera les femmes, il aimera leur élégance... Un gros nœud d'organdi blanc fermait au col la toilette grise de sa mère. Les manches laissaient deviner la rondeur du bras sous l'ajouré des dentelles. Au poignet, le même fouillis d'organdi tombait sur la main nue.

— Tu la trouves rouge ? demanda-t-elle en tendant sa paume à l'enfant... On ne voit pas trop qu'elle a travaillé ?

— Si seulement Belle pouvait t'admirer ! siffla-t-il. Sammy regarda alentour et poussa un gros soupir. Tout est drôlement chic ici ! Tu as vu le salon ? Les énormes rideaux... On s'enfonce dans le tapis jusqu'à la cheville... Sur le tableau, le portrait de Mrs Stevenson, comme elle est belle ! Et la chambre de Luly, tu as vu tous ses soldats de plomb ? Il en a eu de la veine de grandir dans cette maison. On s'y sent tellement en sécurité !

Fanny, attrapant son fils, le serra contre elle. Etonné par ce geste de tendresse, le jeune garçon se laissa tomber dans son giron :

— Tu sens bon, murmura-t-il. J'aime bien la sécurité... Tu sens comme Mrs Stevenson...

Au rez-de-chaussée, dans la vaste salle à manger, une rallonge avait été rajoutée à la table d'acajou. Entre les deux hautes fenêtres qui donnaient de plain-pied sur Heriot Row, la desserte semblait crouler sous le poids des aiguières et des carafes. Les deux portes du fond ne cessaient de battre. L'une donnait sur l'office où s'affairaient les domestiques. L'autre sur le bureau de Stevenson père. Avec ses rayonnages de livres et son bureau d'ébène, c'était la seule pièce véritablement austère de la maison. Sur le reste, le grand salon du premier étage, la chambre à coucher avec son lustre, ses chintz et son petit secrétaire verni, régnait la gaieté sans tapage de Margaret Stevenson.

Ce soir, la visite de ses neveux assombrissait encore l'humeur de Thomas. Pour la première fois en six ans, Bob Stevenson remettait les pieds à Heriot Row. Bob, l'athée corrupteur, le cousin adoré... Chacun ici se souvenait de la scène effroyable où Thomas Stevenson avait accusé Bob de pervertir son fils, lui fermant sa porte à tout jamais... Cet esclandre datait du moment où il avait découvert dans les papiers de Louis la charte secrète de la société que les deux garçons avaient fondée : la « L.J.R. », Liberty, Justice et Reverence. Le premier article, écrit de la main de Bob, s'ouvrait par ces mots : *Nous commencerons par oublier tout ce que nos parents ont voulu nous apprendre...*

En l'honneur des nouveaux mariés, Margaret tuait le veau gras, et Bob revenait souper. De Londres, il amenait avec lui sa sœur, la splendide et malheureuse Katharine, qui avait épousé contre le gré de la famille un libre penseur, un Anglais de la pire engeance, qui buvait et la battait... Katharine tentait aujourd'hui de vivre séparée de son mari et publiait, par l'intermédiaire de l'ami de Louis, William Ernest Henley, quelques nouvelles et quelques articles qui lui permettaient de survivre avec ses deux enfants. La nouvelle génération Stevenson ne tenait guère les promesses de ses aînés... Louis avait aussi invité son vieux camarade d'université, l'avocat Charles Baxter, et son épouse ; Walter Simpson, son compagnon de route sur les canaux d'Anvers, et sa sœur Eve dont on regrettait qu'il ne l'ait pas épousée. Ils étaient les enfants de l'inventeur du chloroforme, le fameux docteur Simpson qui habitait de l'autre côté du parc. Enfin des gens de bonne famille ! On attendait en outre Miss Alison Cunningham, « Cummy », l'ancienne gouvernante de Louis. Cummy, dont R.L.S. dirait en vers qu'elle fut *sa seconde mère et sa première épouse*... Cummy, ce nom évoquait tant de souvenirs à Thomas Stevenson... Combien de temps Cummy avait-elle passé dans cette maison ? Quinze ans ? Toute l'enfance, toute la jeunesse de Louis... Thomas se sentait vieux ce soir ! Vieux et désorienté. Assis à son bureau, les mains posées sur le buvard de son écritoire, il leva les yeux au ciel et soupira. Son regard un instant s'arrêta sur la frise du plafond, sur les petits médaillons de pâtisserie qui couronnaient les rayonnages de sa bibliothèque... Margaret avait beau passer ses journées avec sa bru, l'instruire en matière de mode, la présenter aux organisatrices de ses ventes de charité, elle n'en savait pas davantage sur Fanny Vandegrift que lors de son arrivée. Thomas, lui, avait entendu les domestiques chuchoter l'histoire d'un Ecossais parti pour l'Afrique et revenu « marié avec une négresse »... Il les avait entendus commenter que « pour une étrangère Mrs Louis ne parlait pas trop mal l'anglais »... Négresse ? Etrangère ? Aventurière ? A qui avait-il affaire ? D'ordinaire, Thomas se faisait très vite une idée. De ses jugements, il ne démordait pas. A qui diable avait-il affaire ?... Pas un faux pas depuis son entrée en scène... Cette femme avait-elle si bien étudié son rôle pour le tenir avec cette adresse ? Loin de s'impatienter des usages de la maison, elle s'était coulée dans leur vie et fondue dans le décor... Il semblait à Thomas qu'elle avait toujours fait partie de sa vie. Souplesse de couleuvre ? Mimétisme de caméléon ? Etait-ce parce qu'elle l'avait longtemps préparée qu'elle se délectait ainsi de son accession à la haute bourgeoisie ? N'avait-elle épousé Louis que pour cela, appartenir au clan Stevenson ?... Il ne parvenait pas plus à l'imaginer parmi les Comanches à demi nus, parmi les chercheurs d'or du Nevada et les peintres chevelus de Barbizon qu'il ne réussissait à s'imaginer Louis marié à une autre femme... Margaret avait raison sur ce point. L'habileté avec laquelle la Vandegrift manœuvrait leur fils était spectaculaire. Thomas savait Louis impossible à discipliner... et difficile à soigner ! L'étonnant, c'est que la présence de ce nouveau pion dans la famille facilitait leurs rapports à tous... Méfiance !... On la verrait en société ce soir... Comment se tiendrait-elle dans le monde ? Parviendrait-elle à séduire la gouvernante comme elle avait séduit la mère ? Fanny Vandegrift semblait rompue au métier d'enjôleuse. Son dernier coup de charme auprès de Margaret n'avait-il pas été de reconnaître l'exacte espèce de vigne kangourou que Maggy s'escrimait à faire pousser au premier, sur les fenêtres du salon... Ce genre d'érudition n'impressionnerait pas la gouvernante ! Alison Cunningham saurait juger Fanny Vandegrift ! Malgré son extrême gentillesse, Cummy était un peu jalouse de toute influence sur Louis, de toute influence extérieure à l'Ecosse. De quel œil elle regardait naguère les amis anglais de Louis ! Avec grande satisfaction, Thomas se remémora la violence de la gouvernante, en reconduisant manu militari apostats et libres penseurs.

Il fut tiré de sa rêverie par un coup de sonnette, par les rires trop bruyants de ses neveux, Bob et Katharine Stevenson. Il entendit Louis dévaler quatre à quatre les étages pour les accueillir sous la grosse lanterne du vestibule.

*

Qui donc vous apprendra le silence,
La seule sagesse qui convienne ?

lisait Thomas Stevenson de sa voix tonnante. Debout à sa place, la grande Bible familiale entre ses mains, il récitait les versets du Livre de Job qu'il avait choisis pour ce soir.

Ecoutez, je vous prie, mes griefs,
Attentifs au plaidoyer de mes lèvres.

Attentifs, ses hôtes l'étaient. Sentant sur eux le regard du maître de maison, tous baissaient la tête et se recueillaient. Dans cette salle à manger cossue où brillaient les candélabres d'argent, chacun éprouvait un vague sentiment de malaise.

> *Pensez-vous défendre Dieu par un langage perfide*
> *Et sa cause par des propos mensongers ?*

interrogeait Thomas qui n'avait guère besoin de lire pour déclamer le psaume qu'il savait par cœur.

Dans le silence on entendait la respiration de l'épouse enceinte de maître Baxter, que cette longue station debout fatiguait. On entendait surtout le cliquetis de la vaisselle que la nouvelle bonne empilait derrière Thomas, sur la console entre les deux fenêtres. Margaret, impuissante en bout de table, surveillait du regard ce ballet ancillaire dont l'inefficacité n'avait d'égale que son indiscrétion. Les bruits de verre, le tintement des assiettes semblaient monter à mesure que Thomas enflait la voix. Elle savait que ce tintamarre allait l'indisposer. Elle reconnaissait déjà dans les inflexions de son époux les signes avant-coureurs de la colère.

> *Se moque-t-on de Lui*
> *Comme on se joue d'un homme ?*

hurla Thomas.

... Sur qui tomberait la foudre ce soir ? Même Cummy, qui ne redoutait personne sinon Dieu, se posait la question. La perspective de souper à table avec ses anciens maîtres l'inquiétait. Soixante ans. Droite comme un i. De haute taille. Un beau visage aux yeux clairs, une tête autoritaire où l'intelligence le disputait à la dignité.

Louis échangea un regard avec sa mère ; il avait reconnu la même menace dans la voix qui poursuivait :

> *Est-ce que Sa Majesté ne vous effraye pas ?*
> *Ne vous frappe pas d'épouvante ?*

Ce soir, si la conversation touchait à la religion, il courberait l'échine. Le temps lui paraissait loin où il jugeait de son devoir d'honnête homme de dire toujours la vérité, de son devoir de fils de ne pas tricher avec ses

convictions, de ne pas tromper son père quant à sa foi...
Il venait d'obtenir ce qu'il voulait de la vie. Le choix de
son métier et l'acceptation de sa femme. Il se rendait
désormais à la piété familiale, un sourire d'indulgence
aux lèvres et la tendresse au cœur... Sur qui éclaterait
l'orage ? Sur Bob, le bohémien ? En six ans, il n'avait
rien changé à ses habitudes. Doué de ses nombreux
talents, il n'avait rien accompli... Sur Katharine, qui se
balançait d'un pied sur l'autre, Katharine si fine, si
distinguée, dont la blondeur éthérée faisait magnifique-
ment contrepoint à l'allure de gitan de son frère ? Louis
enveloppa ses cousins dans la même tendresse... Tous
deux si caustiques et si brillants... Sur Fanny ? Fanny —
elle saurait parer le coup ! Relevant le chef, Louis
observa son épouse. Les mains jointes en une pose qui
n'était pas un geste de prière, elle se dressait de toute sa
taille à la droite du maître de maison. D'une tête plus
petite que les autres femmes, elle soutenait le regard de
Thomas et semblait l'écouter avec la plus grande
attention. Si l'entente entre Fanny et Margaret, cette
miraculeuse complicité, n'avait pas trop surpris l'optimisme de Louis, l'adaptation de Fanny à sa nouvelle vie
le suffoquait... Comment aurait-il pu prévoir que cette
pionnière qui choisissait encore, le mois passé, une ville
fantôme pour cadre de leur voyage de noces, qui
installait leurs sacs de couchage sous les éboulis d'une
mine d'or désaffectée, qui stockait dans les anciens puits
des prospecteurs le lait des chèvres qu'elle trayait elle-
même, qui l'invitait, lui, à prendre des bains de soleil
entièrement nu dans les montagnes de San Francisco,
comment prévoir que cette femme-là s'épanouirait entre
les meubles XVIIIe, les châles de dentelle et les actions de
grâce ?

> Faites silence ! C'est moi qui vais parler,
> Quoi qu'il m'advienne.
> Je prends ma chair entre mes dents,
> Je place ma vie dans mes mains

hurla Thomas, tandis que derrière lui se fracassait une
assiette. Il referma le livre dans un claquement furieux.
— Je désire, gronda-t-il en s'asseyant, que vous lisiez

les versets suivants à mon enterrement. Ce sont mes dernières volontés.

La jeune domestique, qui avait brisé l'assiette et servi la soupe aux invités, lui présenta le plat.

— Cette soupe est froide ! s'exclama-t-il en reposant violemment sa cuillère... Vous ne comprenez donc rien à ce que mon épouse s'escrime à vous inculquer depuis quinze jours ? Vous devez recouvrir la soupière entre chaque convive ! Ce n'est vraiment pas sorcier !... Mais vous n'écoutez pas, vous n'en faites qu'à votre tête... Une tête vide de paysanne !

La jeune fille baissa le chef et rougit sous sa coiffe. Un sanglot la secoua tandis qu'impitoyable le maître poursuivait :

— Retournez donc dans votre campagne !... Vous y serez davantage à votre place qu'ici, dans cette maison...

— C'est moi, monsieur, qui ne resterai pas une minute de plus dans une maison où l'on maltraite les domestiques !

Ainsi s'exprimait la voix glacée de Fanny Vandegrift. Debout, verte de rage, elle dardait un regard méprisant sur son beau-père :

— ... C'est monstrueux d'humilier une jeune fille qui tente d'apprendre son métier ! Vous devriez avoir honte.

Si Fanny avait pu voir l'expression de son époux, sans doute se serait-elle abstenue. Louis, Margaret, Cummy, horrifiés, ne trouvaient rien à dire. Toute la table gardait les yeux rivés sur le vieux monsieur et sa bru. La bonne s'était mise à pleurer. Fanny continua :

— Vous trouvez ça moral, peut-être, d'insulter quelqu'un qui ne peut pas vous répondre ?

— Asseyez-vous, mon petit... Asseyez-vous.

Connu pour la violence de ses colères, Thomas Stevenson n'avait pas bronché :

— Asseyez-vous, mon petit, répéta-t-il.

Tranquillement, Fanny obtempéra et reprit sa place. Thomas lui tapota la main. Il y eut un moment de stupéfaction. Personne ne semblait comprendre ce qui venait de se passer. Même Louis demeura muet. Seuls

Fanny et Thomas avaient commencé à dîner. Ce fut ce moment que l'avocat Charles Baxter choisit pour porter un toast à la nouvelle mariée. De quelques années plus âgé que Louis, massif, le teint rubicond, la moustache broussailleuse, il était le seul de ses amis à exercer un métier lucratif. La respectabilité de maître Baxter ne l'empêchait pas d'avoir un penchant pour la bouteille. Dans sa prime jeunesse, il avait couru le guilledou et chahuté le bourgeois. Il savait encore faire preuve de faconde et ne manquait pas d'esprit. Levant son verre, il se tourna vers Fanny :

— Vous êtes devenue, chère Mrs Stevenson, citoyenne de l'un des milieux les plus cohérents de Grande-Bretagne, commença-t-il, une société sûre d'elle-même, dont les membres les plus actifs, ceux qui travaillent à son édification, sont ici rassemblés...

— Vous plaidez pour vous-même, Charles ? ironisa Thomas, dont la gaieté semblait revenue.

— Pour moi-même, monsieur, pour votre illustre famille, pour Louis, et surtout pour madame... Je voudrais lui dire que si la solidité de nos places grises, la prospérité de nos sombres esplanades lui ont donné l'impression qu'Edimbourg était une ville close, isolée du monde...

Baxter sourit, laissant sa phrase en suspens. Solennel, il se mit debout et, le bras tendu, s'adressa à Fanny non sans une pointe d'ironie :

— ... Je voudrais lui dire que si du dehors nous pouvons lui paraître étroits, nous savons aussi nous montrer tolérants. Nous sommes faciles, madame, Louis dirait même que nous sommes gentils, et vous savez que ce mot dans sa bouche n'est pas un mince compliment... Une fois que nous savons nos canons acceptés, nos valeurs reconnues, nous avons la souplesse d'une famille à l'égard de tous ses membres, aussi excentriques soient-ils ! Vous appartenez désormais à une sorte de club, un régiment qui mettrait la barre très haut dans les débuts, mais qui accepterait tous les écarts, toutes les chutes, une fois les premiers obstacles franchis.

Baxter marqua une pause et, quittant son ton de

badinage, il enveloppa Louis dans un regard bleu, plein d'affection :

— ... Il faut surtout que vous sachiez, madame, qu'un homme né dans ce milieu n'en sort jamais !... Il peut quitter l'Ecosse, il peut s'en éloigner par la distance et par le temps : il y revient toujours par le rêve et par le cœur.

Charles Baxter leva très haut son verre et tonna sous le lustre de la salle à manger :

— Bienvenue à Edimbourg, Mrs Robert Louis Stevenson !

Ce cri fut répété par tous les convives. On nota même que la vieille Miss Alison Cunningham y mit une chaleur toute particulière. Quant à Mr Thomas Stevenson, il vida la bouteille avec un entrain qui ne lui ressemblait guère.

Le miracle avait eu lieu. Comment diable Fanny s'y était-elle prise ? Mystère. Au terme de ce dîner, la Vandegrift tenait sous son charme celui qu'elle appelait déjà, avec une pointe de tendre ironie, « Master Tommy ». Leur entente serait totale et définitive. Sans un brin d'hypocrisie, elle acquiescerait aux jugements de son beau-père qui, lui, ne jurerait que par la sagesse de sa bru.

Ils avaient en commun cette nature composite qui oscillait entre les extrêmes, entre l'amour et la brutalité, la tendresse et la fièvre, le désespoir et le rire. Ils partageaient la même vision du monde, le même pessimisme, et le même bon sens. Ils s'entendront sur toutes choses, à tel point que le vieux gentleman fera bientôt promettre à Louis de ne rien publier sans l'approbation de son épouse.

Six ans plus tard, quand Thomas Stevenson décidera d'installer ses enfants, de leur offrir leur propre maison, ce n'est pas au nom de son fils qu'il mettra la propriété, mais bien à celui de Fanny. Dans son testament, il laissera à sa femme Margaret une rente, à charge pour elle de léguer les biens de la famille Stevenson à Mrs R.L.S. si elle devait survivre à Louis, l'héritage passant aux enfants de sa bru, à Belle et à Lloyd Osbourne, après la mort de leur mère.

Dans le rôle de matrone raisonnable et dévouée à leur fils, Fanny a su gagner le cœur des parents de Louis, mais ce même dévouement risque de lui attirer ailleurs bien des ennuis...

LONDRES – octobre 1880

Elle avait un caractère aussi fort, aussi intéressant, aussi romantique que celui de son mari, lui concède Sydney Colvin. *La force et la fidélité me paraissent être ses deux grandes qualités (...) A l'égard de ceux des amis de Louis qui oublieraient ou feindraient d'ignorer les précautions requises par son état, elle se conduirait en véritable dragon. Mais avec ceux qui feraient preuve d'égards, elle se montrerait accueillante et chaleureuse. Elle avait une aptitude formidable pour l'humour, comme pour la tragédie.*

Colvin sera celui des amis de Louis avec lequel Fanny s'entendra le mieux. Disons plutôt avec lequel elle se disputera le moins. Entre Mrs Robert Louis Stevenson et les autres, tous les autres, Walter Simpson, Charles Baxter, même Bob Stevenson, et bien sûr William Ernest Henley, les prises de bec et les réconciliations se succéderont durant vingt ans. Querelles sans lendemain ou brouilles à vie, leurs relations ne seront jamais simples.

Elle était l'une des femmes les plus étranges de notre époque, racontera Edmund Gosse. *Par certains côtés, une nature sauvage et touchante — extraordinairement passionnée, extraordinairement différente dans sa façon d'éprouver des sentiments violents, et d'exprimer cette violence. Elle était pleine de gaieté, avec un génie particulier pour faire des*

récits pittoresques, mais jamais littéraires. Je crois que
R.L.S. a dû prendre d'elle sa façon de sentir (...).

Gosse passe pour le premier et le dernier complice de Louis qui ait accepté son mariage sans aigreur. Erreur ! *Lui et moi nous sommes disputés,* écrit Fanny dès la semaine de leur rencontre. *Aussi je ne l'aime pas. Mais je le crois — du moins il pense l'être — honnêtement attaché à Louis. C'est un poète, aussi fort en affaires qu'en littérature. D'humeur égale, onctueux, caressant comme un chat, très drôle, avec un esprit plutôt méchant — et content de lui, orgueilleux au-delà de toute expression ! Voilà pourquoi Gosse ne pourra jamais me pardonner : j'ai été la cause involontaire d'un comportement qu'il doit amèrement regretter aujourd'hui.*

Partiale, Fanny ? Sans doute. Mais maligne. Ce premier jugement trouvera bien des échos chez les amis de Gosse, qui eux lui pardonneront sa vanité, préférant souligner le sens de l'humour et le charme du poète. Longtemps après la mort de Louis, elle finira elle-même par avouer : *Il est le seul à s'être montré gentil avec moi (...) Lui, et Mrs Sitwell.*

On a pourtant dit qu'entre les deux femmes les rapports ne seront pas toujours paisibles. Un jour viendra où Fanny ne ménagera pas la pruderie de son homologue...

Il semble bien que personne n'ait échappé à son ressentiment. Un cas cependant ! Une exception : Henry James. Lui seul trouve grâce à ses yeux. Elle lui conservera son estime et son affection, même s'il finira par lui résister en refusant d'être l'exécuteur testamentaire de Robert Louis Stevenson. Cela aussi, elle le lui pardonnera. C'est que James est le seul de la bande à n'avoir pas connu Louis sans Fanny, le seul à n'avoir pas la nostalgie du Louis d'autrefois. Du Stevenson d'avant l'Amérique et d'avant son mariage...

Au terme de ce premier été écossais, un été froid et pluvieux, l'oncle de Louis, le docteur George Balfour, s'alarme de l'état de ses poumons : il l'envoie d'urgence au sanatorium de Davos. Sur le chemin de la Suisse, Louis s'arrête à Londres, il retrouve ses camarades, il leur présente sa femme... Six mois après leur mariage, les débuts officiels de Fanny dans les cercles littéraires anglais ressemblent à une fin !

La nuit même de notre arrivée, écrit-elle à sa belle-mère, *avant même que j'aie eu le temps d'ôter mon chapeau qui couvrait un effroyable mal de tête, Bob, Henley et Mr Colvin étaient dans notre chambre.*

— Au fond, le réalisme n'est qu'une question de méthode, tempêtait Henley, sa barbe rousse fleurant le whisky, ses béquilles s'imprimant dans le tapis de la fenêtre au lit, où s'était assise Fanny.

— L'art, qu'il se veuille réaliste ou qu'il soit idéaliste, susurrait Colvin, les mains jointes dans son fauteuil, fait appel au même sentiment, et vise le même but.

— La vision artistique, laissa tomber Bob vautré dans les coussins, serait une sorte d'aveuglement partiel !

— Exact, hurla Louis, le visage perdu dans la fumée, un verre d'une main, une cigarette de l'autre. Il n'avait pas cessé d'arpenter la pièce. L'œil brûlant d'excitation, il combinait gesticulations et paradoxes. Regardez Balzac, il ne laisse rien dans l'ombre. Il dit tout, se noie dans les détails et rate sa cible. Il n'y a qu'un art au monde : celui de l'omission !... Si je savais, si je pouvais omettre — je ne désire rien d'autre ! Un homme qui aurait maîtrisé l'art de l'omission ferait *L'Iliade* d'un minable article de journal.

Pour rien au monde je ne resterai à Londres une minute de plus après l'heure convenue de notre départ, poursuit Fanny. *En cette saison, c'est l'endroit le plus malsain pour la santé de Louis. Il y connaît beaucoup trop de monde pour pouvoir s'y reposer un seul instant. Nos chambres sont bourrées de visiteurs toute la journée (...) Les gens débarquent à n'importe quelle heure, ça commence très tôt le matin, et ça se termine tard, bien après minuit, et je n'ai pas une seconde de solitude à moi (...) Ce n'est bon ni pour l'esprit ni pour le corps de rester*

ainsi à sourire bêtement à ses amis, au point de ressem-
bler à un gros chat hypocrite, échanger des imbécillités
avec tel ou tel dont il se fiche — afin qu'il puisse jouir de
ceux qu'il aime vraiment —, et sourire encore, l'œil posé
sur l'horloge, et les lèvres assoiffées de leur sang, parce
qu'ils restent trop tard et qu'ils l'épuisent! (...) Je suis
sûre qu'ils vont finir par découvrir mon envie de les
étrangler, qu'ils vont savoir qu'au douzième coup de
l'horloge je me mets à les détester...

Comment Fanny peut-elle ne trouver aucun plaisir à fréquenter l'élite intellectuelle de son temps ? Comment l'artiste, qui se plaignait naguère du désert culturel d'Oakland, ose-t-elle prêter si peu d'intérêt aux réflexions des esthètes de Londres ? Comment l'aventurière qui roule ses cigarettes et fume à la chaîne prétend-elle s'insurger contre l'heure tardive, les excès de table, les discussions trop bruyantes ? Le mariage, la respectabilité l'ont-ils changée au point d'en faire une petite bourgeoise ?

Si Fanny ne change pas, Louis est désormais un infirme — circonstance qu'il préfère oublier. Le moyen pour elle de savourer les brillantes passes d'armes entre Stevenson et Henley, quand elle sait que l'excitation, la fumée, le whisky provoqueront une rechute ? Quand elle sait que, d'un instant à l'autre, Louis va porter son mouchoir à sa bouche ? Qu'elle y reconnaîtra la tache cramoisie, signe avant-coureur de l'hémorragie pulmonaire ? Qu'elle le verra torturé par des quintes de toux qui le laisseront épuisé et hagard ? Qu'il vivra durant des semaines les suites décourageantes de la crise, des jours et des nuits dans l'immobilité ? La souffrance, l'horreur de ces semaines-là, Henley n'en aura pas idée ! Fanny, oui.

Gare donc à ceux qu'elle soupçonne d'égoïsme ou d'inconscience à l'égard de son mari : pour n'avoir pas réussi à sauver Hervey, elle s'attaque d'avance à quiconque menace Louis. Fini les silences. Terminé le mystère.

Le sphinx impassible d'Austin Camp s'exprime très clairement à Londres.

Sans doute Fanny perd-elle ici un peu de sa sagesse,

beaucoup de ce recul, qui lui avait gagné les cœurs des mineurs du Nevada, des peintres de Grez, des puritains d'Edimbourg. La femme qui a su se concilier des milieux aussi différents va réussir en une semaine à s'aliéner l'intelligentsia anglaise. On commence à murmurer que son influence sur Stevenson risque d'édulcorer les livres à venir, qu'il ne deviendra jamais le grand écrivain qu'il promettait d'être, que l'emprise de cette petite Américaine du Middle West brisera ses élans et réduira són œuvre à la médiocrité. *« Si nous ne quittons Londres rapidement, je vais devenir une vieille dame aigrie »*, conclut-elle.

Quand, à la mi-octobre 1880, Fanny Stevenson embarque Louis pour la Suisse, les jeux sont faits et les rôles distribués. Ils ne changeront plus durant sept ans.

Mrs Robert Louis Stevenson passe désormais pour une épouse autoritaire qui se mêle de ce qu'elle ne connaît pas. Un chien de garde. Fidèle sans doute. Mais encombrant.

En imaginant la Fanny de la période anglaise, je ne puis me défendre contre un sentiment de colère. De quelle injustice cette femme continue d'être la victime !

Clouée à la place que lui assigne son mari, ligotée par les exigences de la maladie, momifiée dans le regard du monde, de quelle liberté peut-elle jouir désormais ?

Certes, la vie qu'elle va mener, elle l'a choisie. Par amour. D'aucuns diront par ambition, elle se met en avant et prend tous les coups. Mais c'est Louis qui tient la vedette. C'est Louis qui souffre, c'est Louis qui crée. Fanny se contente de veiller — de surveiller, précisent les plus méchants. Quelques adjectifs suffiront désormais à la qualifier, deux, trois attitudes la résument. L'être qui, quarante ans durant, n'a cessé de grandir, de chercher, d'avancer, Fanny Vandegrift soudain se fige et se fixe. Sa tête, son cœur ne bougeront plus. Moralement, il ne lui arrivera rien. Elle va traverser sept longues années sans grandeur et sans joie. Pour elle, sept années presque sans histoire... Et gare si elle s'avise d'outrepasser son rôle ! Le jour où Fanny aura la velléité de collaborer avec son mari, de signer l'un de ses livres de leurs deux noms, elle découvrira que le mot « Vandegrift » sur la page de garde reste invisible aux yeux des critiques. *« J'ai cru au début que je ne souffrais pas d'être le bouc émissaire de Louis,* avouera-t-elle, *mais c'est dur de se voir traiter en virgule. Et virgule superflue, en plus ! »*

DAVOS – SAINT-MARCEL – HYÈRES – 1880-1884

A la poursuite de la santé, une course frénétique et anxieuse. Fanny erre en quête du climat qui va enrayer la tuberculose de Louis. De la Suisse à la France, des Alpes à la Méditerranée, avec quelques détours par l'Ecosse, Londres et Paris, détours qui détruisent en quelques jours les améliorations obtenues pendant les longs mois de solitude et de repos. Chaque séjour soulève en elle l'espoir fou de la guérison. Chaque rechute entraîne un regain d'angoisse.

La tension. L'usure. Une existence sinistre.

« C'est déprimant de vivre avec des mourants, avoue-t-elle, *mais l'air de Davos lui fait du bien... Ce serait tellement formidable qu'il puisse guérir, tellement formidable que je ne dois me plaindre de rien. »*

Un sanatorium, deux hôtels, quelques chalets et des chaînes de montagnes toujours blanches qui ferment partout l'horizon. Pas de volume. Pas de couleurs. Toujours les mêmes promenades. Toujours la même rivière bien droite, et toujours la neige.

Dans ce village où tous les habitants, y compris les commerçants, sont tuberculeux, les tombes poussent à flanc de coteau. Et les haines, les jalousies, les amours vont grand train, comme si les vivants se précipitaient dans des passions extrêmes pour se prouver qu'ils existent encore. Parmi les patients de l'hôtel, malades de tous bords et de toutes nationalités, on cancane beaucoup sur ce couple bizarrement assorti, où l'une semble point par point le contraire de l'autre. Elle, aussi minuscule, aussi robuste, aussi carrée qu'il paraît fragile et longiligne. Elle, aussi sombre qu'il est pâle. Aussi secrète, aussi tragique qu'il est volubile et sociable. Les Stevenson. On potine sur leurs âges respectifs. Les cheveux longs du mari, les cheveux courts de la femme. L'éducation du beau-fils.

L'arrivée impromptue du premier amour de Louis, Mrs Sitwell, viendrait faire diversion à l'ennui pesant de Davos, si cette Fanny-là n'y conduisait son fils mourant. Côte à côte, les deux Fanny veilleront l'adolescent. Piètre façon de renouer avec le passé, de reprendre en main les fils cassés d'une ancienne existence... Triste écho de la mort de Hervey. Mrs Sitwell perdra son enfant en avril.

Deux hivers de suite, Fanny va retourner à Davos. L'altitude ne convient pas à son cœur, elle souffre de vertiges et de palpitations. Peu importe ! Puisque la montagne fortifie Louis, elle néglige sa propre santé. Ce qui compte, c'est qu'il devienne le grand écrivain dont ils rêvent : *Prends toute l'œuvre, elle est tienne,* lui écrira-t-il en dédicace de son dernier livre.

Etrangement, Fanny ne reconnaîtra pas le talent du premier roman qui le rendra célèbre. Parce qu'il le commence en vacances avec ses parents, parce qu'il l'écrit pour distraire Samuel Lloyd de la pluie écossaise et rêver avec son vieux père aux histoires qu'ils se racontaient autrefois, parce qu'il le publie en feuilleton dans un journal pour enfants, Fanny dédaigne le chef-d'œuvre qui apportera la gloire à l'homme dont elle a pressenti le génie, *L'Ile au trésor.* Elle ne sera pas la seule à le dédaigner. Il faudra attendre encore deux ans avant que le feuilleton soit publié en volume et devienne un best-seller. Deux ans à tirer le diable par la queue, à ne savoir comment payer les traitements, les docteurs, l'hôtel, comment subvenir à l'éducation de son fils. C'est le père de Louis qui règle les factures de toute la famille. C'est Thomas qui continue à signer les chèques, à envoyer les mandats. Situation humiliante pour un auteur de bientôt trente-cinq ans qui ne cesse de travailler. De son lit, Stevenson produit *Le Prince Othon, Les Nouvelles Mille et Une Nuits, A Child's Garden of Verses*. Il écrit des essais que Leslie Stephen publie dans son journal, des critiques littéraires, des articles de fond que Henley s'occupe de placer. Petits succès d'estime qui lui permettent, quand le médecin de Davos accepte enfin de le laisser partir, la location d'une maison dans la banlieue de Marseille. Les consignes du docteur sont formelles : « Habiter à moins de vingt kilomètres de la Méditerranée, à proximité d'une forêt de pins. » Il quitte l'enfer blanc pour redescendre au soleil.

*

La chaleur. Elle n'aime rien tant que le soleil ! Fanny exulte : après toutes ces années d'hôtel, elle va enfin pouvoir vivre chez elle. La voilà qui court les anti-quaires, qui ourle ses rideaux, qui taille des nappes dans ses robes et construit quelques meubles avec des planches. Pour Louis, comme elle l'avait fait pour Sam à Virginia City, elle organise en quinze jours une maison confortable. Ils s'y installent en octobre. En décembre, ils habitent à nouveau l'hôtel. L'humidité, les mousti-ques, une épidémie de diphtérie dans le village ont entraîné chez Robert Louis Stevenson une nouvelle série d'hémorragies pulmonaires. Les deux années pas-sées à Davos aboutissent à une crise plus grave que jamais.

Fanny ferme seule la maison, tandis que Louis part se soigner à Nice. Il néglige de lui télégraphier sa bonne arrivée. Elle s'affole. S'il était mort en route ? Le déménagement, elle le plante là. De ville en ville, de gare en gare, elle suit sa trace jusqu'à Toulon. A Toulon, elle se dit que peut-être une lettre l'attend à Marseille. Elle reprend le train. A Marseille, pas de message. Elle retourne à Nice et finit par trouver Louis, confortablement installé à l'hôtel.

Cette femme, l'incarnation du sens pratique et de l'efficacité, passe désormais à Londres pour une folle. Colvin, le professeur raisonnable qu'elle a dix fois appelé au secours durant son équipée, qualifie Mrs Robert Louis Stevenson d' « insane ». Elle en rit. Mais elle lui garde rancune. Elle lui en veut non de l'avoir critiquée elle, mais de n'avoir pas abandonné ses activités londoniennes pour voler au secours de « Louis ».

Infatigable, elle découvre à Hyères, station recommandée aux tuberculeux, un minuscule chalet construit pour l'Exposition universelle et rapporté pièce par pièce au fond d'un jardin provençal. Cette maison de poupée les séduit l'un et l'autre, au point qu'ils la louent pour neuf ans, avec les fonds des parents Stevenson. Ce coup-ci, Fanny s'installe ! Elle se remet à planter des arbres, elle crée des massifs exubérants. Et c'est à Hyères, quatre ans après leur mariage, que le succès les rejoint. Le Premier ministre Gladstone a, dit-on, veillé toute la nuit pour terminer *L'Ile au trésor*. Le feuilleton enfin publié en volume se vend par milliers.

Grisé, Louis invite ses vieux complices Henley et Baxter à célébrer l'événement. Il paiera tous leurs frais et leur offrira du bon temps. L'idée que ceux qu'elle qualifie de « sangsues » vont venir épuiser Louis avec leurs beuveries et leurs bavardages, et qu'ensuite Stevenson réglera leurs notes, excède Fanny. Elle n'a guère le sens de l'argent, et nul ne l'accusera jamais de pingrerie. Mais, en femme qui paye la facture, elle connaît la valeur d'un sou et ne trouve aucun plaisir à le partager avec des hommes qu'elle n'aime pas et qui lui rendent largement son antipathie. Quand ils arrivent à Hyères, Fanny boude. Résultat : Louis propose à ses amis d'aller en garçons s'amuser à Nice. Il y attrape un rhume qui dégénère en congestion pulmonaire, compliquée par une infection rénale. Affolés, Henley et Baxter battent en retraite et rentrent dare-dare en Angleterre. Ils se replient en prévenant Fanny. Elle va passer quinze jours d'angoisse à le soigner seule, à Nice, toujours seule, dans une ville étrangère.

Ses télégrammes qui préparent l'Angleterre à la mort de Robert Louis Stevenson irritent les salons et les clubs contre son goût du drame. Bob finit par traverser la Manche, il aide Fanny à reconduire Louis à Hyères, puis repart. Leur complicité de Grez n'appartient pas à cette existence. Quand Louis entre en convalescence, nouvelle catastrophe, une épidémie de choléra s'abat sur le sud de la France ! Autour de Stevenson, les gens meurent comme des mouches. Sa fragilité laisse augurer qu'il n'échappera pas à la contagion. Fanny résilie le bail et le convainc de fuir : *Je n'ai été heureux qu'une fois,* écrira-t-il bientôt, *c'était à Hyères. Ce bonheur a cessé pour des raisons variées, le changement de lieu, davantage d'argent, l'âge (...).*

Pour Mrs R.L.S., le bonheur ne revêt qu'un seul visage : Louis. Une seule forme : lui sauver la vie. L'histoire de Fanny durant ces années de déplacements frénétiques, ces années très documentées par les biographes de Robert Louis Stevenson, l'histoire de Fanny se réduit à cette unité de propos.

Mais de Fanny Vandegrift, que peut-on dire ? Que la tension, l'angoisse occasionnées par la gravité des rechutes de Stevenson à Hyères, que la suite d'hémorragies pulmonaires qui le cloueront bientôt dans son lit de Bournemouth érodent à jamais son système nerveux ? Que la maladie de son époux mine son sens déjà ténu des conventions sociales ? Comment ne pas comprendre l'agacement de ses détracteurs, comment ne pas sourire à l'exagération de certaines de ses requêtes ? Quand elle découvre, par exemple, que des visiteurs présentent quelques symptômes de rhume, elle ne se contente pas de leur barrer sa porte jusqu'à complète guérison ; elle exige ensuite un passage à l'inspection. Comble du ridicule : chacun devra tendre son mouchoir par la fenêtre, afin que Fanny l'examine. L'œil du dragon-cerbère. Elle ne laissera entrer que les mouchoirs immaculés ! Elle soutient que le rhume est une infection contagieuse, que, si Louis l'attrape, le mal dégénérera en hémorragie pulmonaire. Cette théorie de la contagion par les microbes ne sera médicalement admise qu'à la fin du siècle, et passe encore pour l'une de ses lubies.

Son acharnement à défendre d'irrationnelles intuitions, la promptitude de ses décisions, son courage et son énergie en temps de crise hissent l'aventurière Vandegrift au rang d'héroïne. Mais quelle marge d'évolution lui laisse le sublime de ce rôle d'épouse et d'infirmière ? Mrs R.L.S., ou l'immobilité.

Raconter l'histoire de Fanny durant cette période, c'est devoir passer rapidement sur ces années si riches pour l'histoire de la littérature, ces années dont elle ne gardera, elle, que l'impression pesante de la mort. Et pourtant, que d'efforts pour se couler dans le moule. Que d'efforts, et quel succès !

GRANDE-BRETAGNE – 1884-1887

Ils se sont installés à Bournemouth, où Samuel Lloyd, plus anglais que nature, est pensionnaire depuis quelques années. Thomas Stevenson décide alors d'offrir à sa bru cette maison, ce havre, cette ancre dont elle rêve. *Je suppose que c'est mon sang hollandais qui me rend si désireuse de posséder une maison,* lui avait-elle confié de Davos. *Une vraie maison. Quelque chose qui soit vraiment à nous, où il soit possible de faire tous les changements que nous avons décidés.* C'était en ces termes exacts que la femme de Sam Osbourne avait autrefois décrit à ses sœurs le petit cottage d'Oakland. *Une maison à moi.* Pour elle, cette maison, ce sera enfin la sécurité. Pour Stevenson, l'ennui. Dans cette existence paisible de bourgeois en villégiature, Fanny s'épanouit, et Louis se sent piégé.

Durant les trois années de vie sédentaire à Bournemouth, Stevenson va pourtant devenir « R.L.S. », ces trois fameuses initiales dont la renommée atteindra Indianapolis, Oakland, même Hawaï où Belle mène joyeuse vie. Avec Joe Strong, devenu peintre officiel de la cour du roi Kalakaua, Belle se félicite enfin du remariage de sa mère.

Mrs Stevenson joue les muses anglo-saxonnes. Elle perd toute trace d'accent américain, et son salon de Bournemouth rentre dans la légende littéraire sous le nom de « Blue Room ». Elle préside aux conversations de Robert Louis Stevenson avec Henry James et figure

— détail assez rare s'agissant d'un portrait — à l'arrière-plan du fameux tableau signé John Singer Sargent, « Stevenson ». Cette œuvre, une commande de richissimes Bostoniens qui désirent suspendre l'effigie de leur auteur favori au-dessus de leur cheminée, témoigne de la vogue de R.L.S. aux Etats-Unis. Si Fanny s'anglicise, Louis se rapproche de l'Amérique.

A l'aise dans son nouveau rôle de maîtresse de maison, Mrs R.L.S. ne redoute personne. Pas même les séjours à Bournemouth de William Ernest Henley. Tout en surveillant le niveau de sa réserve de whisky, elle ira jusqu'à encourager les deux hommes à collaborer. Erreur! Les pièces que Stevenson et Henley signeront ensemble voleront d'échec en échec. Leur association épuisera les forces de l'un, aigrira l'autre. Henley ne pardonnera pas à Fanny ses conseils, Fanny gardera rigueur à Henley de n'avoir tenu aucun compte de ses suggestions, ils s'accuseront mutuellement de la mauvaise qualité du travail.

Parce qu'elle est américaine et qu'il méprise l'Amérique, parce qu'elle est femme et qu'il n'admet pas l'intervention du sexe faible dans des discussions intellectuelles, parce qu'il la juge lourde et illettrée, parce qu'il est exclusif et jaloux, Henley souffre de l'influence de Fanny sur son cher Lewis. Il feint de l'ignorer, il la maintient à l'écart. S'il pouvait, il la bâillonnerait et l'enfermerait. Double erreur!

C'est précisément au sens critique de Fanny que Louis va devoir son plus grand triomphe. Quand il lui lit le premier jet du *Cas étrange du Dr Jekyll et de Mr Hyde*, elle est la seule à ne pas applaudir.

— Tu passes à côté du sujet, commente-t-elle.

Furieux, il exige une explication.

— Tu fais du Dr Jekyll un hypocrite, le mauvais qui prétend être bon. Alors qu'il devrait être comme chacun de nous : mauvais et bon. A la fois.

Louis envoie les feuillets au visage de Fanny, il les ramasse, il claque la porte, il brûle son travail, il recommence. Trois jours, trois nuits, il réécrit son récit, en suivant point par point les conseils de sa femme : « Dépasser l'anecdote ». « Sublimer le fantastique ». « Viser à l'allégorie ».

La semaine de la parution, l'évêque de Canterbury fonde son sermon sur la parabole du Dr Jekyll et de Mr Hyde. Le *London Times* publie une critique de six pages. L'expression « Jekyll et Hyde » passe dans la langue anglaise. C'est le triomphe de Fanny. Robert Louis Stevenson peut, il doit lui faire confiance ! Conformément à la volonté de son père, il soumettra tous ses écrits au jugement de sa femme. Elle tient la preuve de sa raison d'être. Ils vivent en symbiose.

Cette communion n'empêche pas les conflits. Les Stevenson se disputent. Et sauvagement. Louis reste un malade imprudent. Le besoin de vivre et d'agir le ronge. Il rêve de voyages, il rêve d'aventures. Un invalide que la frustration rend difficile à soigner. Le despotisme de Fanny, infirmière angoissée, collante et pointilleuse, l'agace. L'irresponsabilité de Louis l'exaspère. Il s'impatiente. Elle explose. Il l'injurie. Elle riposte. Une voisine racontera qu'en entendant leurs querelles le visiteur ne savait s'il devait crier « Au meurtre », appeler les gendarmes ou bien se retirer sur la pointe des pieds. Leur violence à tous deux atteint de tels sommets qu'ils mettent plusieurs jours à se rétablir de leurs démêlés. Fanny conclut généralement en traitant Louis de « pauvre oiseau inconscient ». Il répond qu'« elle n'a vraiment aucune raison de transformer leur existence en tragédie, leur quotidien en Roi Lear ».

C'est pourtant Louis qui manquera de précipiter sa famille dans le drame. En lisant les journaux, il s'émeut du martyre de l'Irlande, et décide d'aller s'y offrir en holocauste, afin que l'assassinat d'un auteur connu, de son épouse et de son beau-fils attire l'attention du monde sur les droits de l'homme et les malheurs de cette province. Que ce massacre d'une famille célèbre arrête les *barbaries perpétrées par la civilisation, et qu'il discrédite les meurtriers.*

L'idée d'une immolation collective n'enchante pas Fanny. Peu importe. Louis n'écoute rien : il fait ses bagages. Mourir pour une grande cause, voilà qui est autrement plus héroïque que mourir malade en s'en-

nuyant! En route pour le sacrifice. « C'est complètement absurde, soupire-t-elle, c'est absurde, mais si tu y
vas, j'irai. »

*

Encore une fois, elle quitte son fabuleux jardin, elle
quitte sa maison. Encore une fois, elle s'apprête à
embarquer. Mais ce ne sera pas pour le « massacre
irlandais » : à quelques jours du départ, un télégramme
de Margaret les rattrape. Thomas Stevenson est mourant.

Terrassé par une nouvelle série d'hémorragies pulmonaires, Louis n'assistera pas à l'enterrement de son
père.

ÉDIMBOURG – 13 mai 1887

Tiré par un attelage de six chevaux, le corbillard
arriva au cimetière. Le cercueil, dans un drap noir ourlé
de palmes d'argent, couvert de fleurs blanches conformément à la volonté du défunt, fut descendu par six
hommes de la famille, six cousins de Louis qui portèrent
la dépouille le long des allées. Bob Stevenson conduisait
le deuil, il tenait les cordons du poêle et remplaçait le
fils absent. Grelottant de fièvre, consigné par son oncle
le docteur dans sa chambre d'enfant, Robert Louis
Stevenson avait longtemps suivi le cortège du regard.
Edimbourg offrait à l'ingénieur, au savant, des funérailles quasi nationales, la plus importante cérémonie
organisée par la ville pour l'un de ses citoyens.

Silencieuses, cachées sous leurs voiles, les femmes se
groupèrent devant le caveau. Venaient d'abord la veuve
que soutenaient Katharine et Fanny, puis Cummy et de
nombreuses épouses de notables, les religieuses de la
Mission Marie-Madeleine d'Edimbourg, que Thomas

avait contribué à fonder, les dames d'œuvres des associations que Thomas continuait de subventionner, l'immense foule des fidèles de la Presbyterian Church of Scotland dont il avait été l'un des membres les plus actifs, ses amis, ses associés, son maître d'hôtel, le dévoué John, qui tenait en laisse les deux skye-terriers que Thomas avait tant aimés. Dans son homélie, le pasteur n'avait pas manqué de rappeler la tendresse du défunt pour les animaux, sa passion pour les chiens dont il disait « qu'ils possédaient une âme ». Le révérend avait en outre souligné que si la renommée de l'ingénieur Thomas Stevenson n'avait pas atteint Londres, c'est qu'il avait toujours refusé de breveter ses inventions en matière d'optique, alléguant que son appointement par le gouvernement l'obligeait à mettre ses talents au service de l'Etat sans chercher la célébrité.

Au bord de la tombe, Bob lut les versets du Livre de Job que Thomas avait pris soin de recopier, ces versets qu'il avait commencé de dire lors du premier dîner de Fanny à Edimbourg, ces versets qu'il avait libellés « mes dernières volontés ».

Fanny Stevenson replaça le châle qui glissait des minces épaules de Margaret. Sous le voile de la vieille dame, pas une larme ne coulait. Mais elle s'appuyait de tout son faible poids au bras de sa bru. Solide et droite, Mrs R.L.S. se dressait à la lisière du trou. Elle resta là, sans bouger, longtemps après que la tombe eut été refermée. Bob, tête nue, la figure presque enfouie dans son écharpe, s'éloignait déjà. Malade, lui aussi. Katharine le raccompagnait par le coude, l'aidant à éviter les flaques qui creusaient les allées.

Dans le cimetière à nouveau vide, trois silhouettes, les piliers du clan Stevenson, restaient en méditation. Margaret, Cummy, Fanny. Aux côtés de ces trois femmes, en retrait sur la gauche, un homme. Lloyd Osbourne. C'était à la générosité de Thomas Stevenson qu'il devait aujourd'hui son éducation de parfait gentleman. A dix-neuf ans, il avait l'assurance, l'humour pince-sans-rire et la froideur du jeune Anglais de bonne famille. Il avait en outre ce soupçon d'excentricité, ce grain de folie très britannique que la perfection de son maintien ne trahissait d'aucune manière.

Avec quelle fierté — et quelle gratitude en ce jour de deuil — Fanny Vandegrift observait son enfant. L'œuvre de Master Tommy. Que Lloyd ait eu la chance d'intégrer les valeurs de ce milieu, de s'épanouir dans cette sécurité tenait du miracle... La fille de Jacob n'avait jamais connu cette opportunité-là. Jusqu'à sa rencontre avec Louis... Elle n'avait jamais appartenu à aucun milieu, songeait-elle, elle n'avait jamais fait partie d'aucun monde... Dès son premier retour dans l'Indiana, vingt ans plus tôt, ne s'était-elle pas sentie déracinée ?... Etrangère à Paris ? A Grez ? Même à Oakland et San Francisco ? Maintenant, sept ans après son entrée à Heriot Row, elle connaissait enfin la satisfaction d'appartenir à cette bourgeoisie dont Baxter lui avait fait le panégyrique. Elle en voulait pour preuve la noblesse de son fils... Qui eût pu imaginer que ce grand garçon au teint pâle était fils d'un ancien prospecteur, d'un aventurier qui venait de reprendre la mer sans laisser d'adresse ? La nouvelle de la disparition de Sam était arrivée à Bournemouth le mois précédent. Quelles hontes, quels scandales, quelles médiocrités couvrait la fuite de son géniteur ? Lloyd ne redoutait désormais qu'une seule chose : que Sam Osbourne débarque en Angleterre pour se livrer à quelque chantage. Lloyd, le monocle à l'œil, sa longue main dégantée dans une poche, son parapluie au bras : un pur produit de la gentry écossaise... La meilleure garantie de l'intégration de sa mère — croyait-elle !

Après l'enterrement, raconte-t-il, je retournai à Bournemouth. Ma mère et R.L.S. restèrent plusieurs semaines à Edimbourg. Durant ce laps de temps, je reçus deux lettres. La première venait de ma mère. Quelle tristesse dans cette lettre ! Elle disait que l'oncle de Louis, alarmé par sa faiblesse, ordonnait un retour immédiat à Davos. Frissons d'horreur, frissons d'ennui. Le médecin avait insisté. Si Louis voulait vivre, il devait aller à la montagne ! (...) Puisqu'ils détestaient Davos, pourquoi n'essayaient-ils pas les montagnes du Colorado ? Les sanatoriums américains jouissaient d'une réputation mondiale : c'était le paradis des tuberculeux ! Elle disait que la décision était prise. Qu'ils allaient quitter l'Angleterre et remonter en altitude (...) Avec quel chagrin elle parlait de sa maison, du jardin, de l'angoisse insoutenable d'abandonner à nouveau ce qu'elle décrivait comme « son nid ». La lettre de Louis arriva un jour ou deux plus tard. J'avais le cœur serré en l'ouvrant, m'attendant à trouver le même désespoir à l'idée de repartir. Mais sa lettre à lui était gaie, pleine de joie et même d'une sorte de jubilation. Pas un mot de regret pour les nids douillets, aucune nostalgie d'un quelconque bonheur domestique... Vive la vie sauvage ! Plus tôt serait fixée la date du départ, plus il se réjouissait. On aurait pu penser que le moment était maintenant venu d'aller se faire massacrer en Irlande. Pourquoi voyager jusqu'au Colorado vers une santé hypothétique, alors que tout pouvait être définitivement réglé par quelques balles qu'on nous tirerait dans le dos ? Mais d'Irlande, plus un mot. L'idée semblait lui être totalement sortie de la tête. Je me suis souvent demandé si le plan du « massacre irlandais » n'avait pas son origine dans le désir de s'évader à n'importe quel prix.

Partir, oui. Mais comment quitter Bournemouth, comment quitter Edimbourg, l'Ecosse, l'Angleterre, en y laissant Margaret Stevenson seule avec son chagrin ? C'est Fanny qui, sacrifiant une nouvelle fois son propre désir, celui de rester, va trouver le moyen de satisfaire les aspirations de son mari.

Vous n'avez plus que Louis au monde, et je ne vous l'enlèverai jamais, écrit-elle à sa belle-mère, même s'il en allait de sa santé (...) Venez avec nous, chère, venez, et laissez-nous essayer d'être pour vous tout ce que nous pourrons — même si ce n'est pas grand-chose (...) Le docteur Scott dit qu'un changement total pourrait guérir Louis, il recommande chaudement le plan américain. Mais nous ne vous quitterons pas !... Après tout, chère, il vous reste encore quelque chose à faire. Il vous reste le fils de votre époux bien-aimé — le vôtre aussi — mais le sien, le fils de Thomas Stevenson! Vous et moi, nous avons toutes deux une mission dans la vie. Une mission sacrée. Joignons nos mains, car nous partageons la même tâche.

Fanny, que ses détracteurs accuseront de s'être disputée avec tous les intimes de son mari, d'avoir cherché à faire le vide autour de lui, Fanny va cohabiter sept ans avec la vieille dame. Et Dieu sait si Louis se sent proche de sa mère! Pour une épouse dévorée de jalousie, belle occasion de scènes que la présence d'une telle rivale! Jamais Fanny ne tentera de supplanter celle qu'elle appelle avec toute sa tendresse « Tante Maggy ».

Dans la promiscuité d'un voilier, sur des îles peuplées de cannibales, les deux dames Stevenson se tiendront aux côtés de l'homme qu'elles aiment. En parfaite harmonie.

Le 28 août 1887, presque sept ans jour pour jour après leur retour d'Amérique, Fanny et Louis s'embarquent en sens inverse vers les Etats-Unis. Avec eux voguent Margaret, Tante Maggy, Lloyd et Valentine Roch, une servante engagée à Hyères. L'illustre auteur voyage avec sa suite : le temps des traversées dans la cale semble bien révolu! Comble de popularité : les deux capitaines des deux remorqueurs qui halent le paquebot dans le port de New York sont surnommés par leurs équipages « Jekyll » et « Hyde », en raison de la disparité de leurs caractères. C'est la gloire.

NEW YORK ET LES MONTS ADIRONDACKS, U.S.A. – août 1887-mai 1888

Sur les docks de New York, de grands éditeurs américains le traquent et l'attendent. Les millionnaires de Boston lui envoient leur voiture. Les journalistes prennent d'assaut la suite de son hôtel. Sur Broadway, l'adaptation théâtrale du *Cas étrange du Dr Jekyll et de Mr Hyde* fait salle comble. Oui, c'est la gloire ! La gloire américaine que méprisent, Fanny dira « qu'envient », William Ernest Henley et consorts.

Si Mrs R.L.S. connaît l'ivresse de prendre une revanche sur les débuts obscurs de sa destinée, elle détestera toujours les interviews, la publicité et la vie publique. Elle se démène pour trouver un lieu de repos qui convienne à la santé de Louis, une retraite loin de New York et du bruit. L'excitation, le succès viennent de provoquer une nouvelle rechute qui empêche le long voyage jusqu'au sanatorium du Colorado. Où aller ?

Le même artiste qui, onze ans plus tôt à Paris, lui avait recommandé Grez-sur-Loing, Ernest Pasdessus, le sculpteur américain qui naguère avait brigué le cœur de Belle, lui suggère maintenant Saranac, un village de montagne non loin de la frontière canadienne. Un célèbre professeur de médecine, lui-même tuberculeux, y soigne les poitrinaires.

La petite troupe s'installe dans une cabane de rondins en octobre 1887. Pour Fanny, c'est à nouveau la vie de pionnière. Elle scie du bois, elle déblaie la neige, elle tire le gibier. Le bas de ses jupes se constelle de glaçons. La nuit, le thermomètre descend à − 30 °C. Elle veille son mari jusqu'à l'aube. Comme toujours, les rhumes de Louis dégénèrent en hémorragies pulmonaires. Alité, il continue d'écrire *Le Maître de Ballantrae*.

Et c'est là, au cœur des monts Adirondacks, à des milliers de kilomètres de Londres, que la vieille rivalité entre Mrs Robert Louis Stevenson et les amis de Louis va conduire à cette fameuse querelle « Stevenson-Henley », dont aucun des protagonistes ne se relèvera jamais.

La bombe avait été amorcée un an plus tôt à Bournemouth quand Fanny, voulant se rapprocher des complicités littéraires de Louis, s'était liée très intimement avec la muse du petit groupe, la sœur de Bob, Katharine. Aussi douée, aussi séduisante que tous les Stevenson, Katharine partage avec Fanny des prétentions littéraires. Elle écrit. Mais Katharine — contrairement à Fanny — est personnellement soutenue par

Henley, qui se fait fort de placer ses nouvelles dans les journaux. Aux yeux de Henley, Katharine appartient à une élite dont il exclut généralement les femmes. D'où son admiration quasi fanatique.

Un soir au coin du feu, dans la Blue Room, ils avaient tous écouté Katharine lire l'une de ses histoires. Tous — Stevenson, Henley et Fanny. Quand Katharine avait reposé ses feuillets, Mrs R.L.S. avait, selon sa bonne habitude, émis critiques et suggestions. Katharine avait été agacée par ses conseils, mais Fanny avait insisté. Le ton était monté. Les deux femmes avaient fini par convenir que si Katharine ne parvenait pas à vendre son histoire telle qu'elle l'avait écrite, Fanny aurait toute liberté de la retravailler. L'affaire en était restée là. Pour le moment.

Quelques mois plus tard, pressée par Fanny, Katharine admettait que sa nouvelle n'avait été acceptée nulle part. Elle permettait donc que Fanny la modifie à sa guise. Une permission du bout des lèvres.

A peine arrivée à New York, Mrs Robert Louis Stevenson s'était empressée de publier sa version dans le *Scribner's* de mai 1888. Ce récit, intitulé *L'Ondine*, était signé Fanny Vandegrift Stevenson. Expédié à Londres, ce numéro allait tomber sous les yeux de Henley. Saisissant sa plus belle plume, il la tremperait dans de l'acide, pour envoyer un mot « privé et confidentiel » à Saranac.

Dans la lettre qu'il n'adresse qu'à Louis, Henley en dit peu... Il parle de sa mélancolie, de l'échec de leurs pièces, des derniers commérages au club. Puis, entre deux paragraphes, il glisse les six lignes qui vont décider de l'avenir de Fanny : *Je lis* L'Ondine *avec un étonnement sans bornes. C'est la nouvelle de Katharine? Bien sûr, c'est la nouvelle de Katharine! J'y retrouve les mêmes mots, les mêmes phrases, les mêmes images... Des péripéties parallèles — que sais-je? Certes, la nouvelle publiée est plus concise. Mais à mon avis elle a perdu (au moins) autant qu'elle a gagné... Et la raison pour laquelle je ne trouve pas au bas de la page deux signatures — c'est ce que je n'arrive pas à comprendre!*

En résumé, Henley accuse Fanny de plagiat. Pire, de

vol. Dans les milieux littéraires, une telle charge pèse lourd. Elle entache une réputation à vie. D'autant que Henley promène *L'Ondine* et n'en finit pas de s'étonner.

Un échange frénétique de lettres entre Louis, Henley, Katharine, le fidèle avoué Baxter et finalement Fanny sillonnent l'Atlantique. Stevenson exige une rétractation complète et les excuses de Henley. Il exige que Katharine s'explique et rétablisse la vérité. Le courrier se croise, se perd... Contretemps, malentendus. D'un message à l'autre, le ton monte et le débat s'envenime.

Henley, ébahi par la violence de la réaction de Louis, par son acharnement à demander réparation, à défendre l'indéfendable, ne retire pas un mot. Mieux, il ébruite la querelle. Cette brouille du fameux journaliste et de l'auteur à succès fait la une des échos littéraires. L'incident se solde par une rechute de Louis. Pour Henley, il aboutit à une haine de Fanny, un ressentiment si féroce, si douloureux, que rien, pas même la mort des protagonistes, ne l'apaisera.

Cette horreur de la « Vandegrifte » finira par pourrir tous ses sentiments à l'égard de *Lewis, l'homme qui fut mon plus fidèle ami, l'être qui, excepté Anna mon épouse, me fut le plus cher.*

Sept ans après la disparition de Robert Louis Stevenson, ce sera William Ernest Henley qui écrira l'article reléguant pour plusieurs générations l'auteur du *Dr Jekyll et Mr Hyde* au rang d'un auteur pour enfants, *un écrivain en sucre d'orge,* un tout petit maître !

*

Plus d'un siècle après ce duel à mort entre deux amis, entre deux frères — le thème du *Maître de Ballantrae* qu'écrit R.L.S. le mois de sa querelle avec Henley —, comment évaluer la part des responsabilités de Fanny, de Katharine, des deux femmes qu'ils prétendent chacun défendre et protéger : Katharine, Fanny, dont l'un et l'autre se servent pour se blesser ?

Fanny a-t-elle vraiment dérobé une idée, une histoire, des droits, une réputation qui ne lui revenaient pas ?

S'est-elle approprié un salaire dont l'auteur du travail avait grand besoin pour vivre ?

Le texte de Katharine n'ayant pas subsisté, l'impossibilité de comparer les deux versions de *L'Ondine* rend tout jugement difficile. Mais quelle surprise de constater la faiblesse de l'œuvre publiée ! Que cette bleuette ait pu provoquer une telle tempête, quel paradoxe ! « Question de principe », me soufflent à l'oreille les voix conjuguées de Henley et de Louis, de Katharine et de Fanny, « question de principe ! » Louis, dans ses lettres à Baxter, prend grand soin de rappeler les faits. C'est ce rétablissement des faits qu'il réclame à grands cris de Henley. De ces faits, tels que Stevenson les raconte, il en ressort un portrait de son épouse, des faiblesses de Fanny et de ses impatiences, conforme à ce que je connais du caractère de la fille de Jacob Vandegrift.

Une soif de reconnaissance. Un besoin éperdu de prouver qu'en matière artistique elle ne saurait avoir tort. L'obsession d'établir l'incurie de Henley qui la méprise tant, la volonté de démontrer l'incapacité du journaliste à publier la nouvelle de Katharine, quand, réécrite dans son style, signée de son nom, elle est publiée par l'un des plus grands journaux américains — tels sont les mobiles qui peuvent lui être imputés. Ajoutons, si l'on veut, une bonne dose de prétention et d'aveuglement : Fanny oublie que Louis, dans le même numéro, signe un article dont le journal se glorifie, et que ce n'est sans doute que parce qu'elle s'appelle « Mrs R.L.S. » que le *Scribner's* accepte son *Ondine*. Dénuée de tact, inapte au renoncement —, telle est Fanny Vandegrift.

Mais qu'elle ait eu conscience de piller l'œuvre d'autrui, la grossièreté d'une telle conduite, Fanny n'en prend sincèrement pas la mesure : *Katharine prétendait que le texte ne l'intéressait plus*, s'insurge-t-elle, *que j'avais toute latitude pour le modifier, que mes suggestions en changeaient profondément le sens, que l'histoire telle que je la racontais ne ressemblait pas à sa nouvelle : je n'ai pas imaginé une seconde qu'elle puisse vouloir la signer !*

Précisons que *L'Ondine* n'est en aucun cas leur

première collaboration. Reprendre les textes de Katharine et la laisser bénéficier de leur association, Fanny semble en avoir eu l'habitude pendant de longues années. J'en trouve témoignage dans une lettre de Davos, datée de 1881, soit sept ans avant l'incident : *La chère Katharine nous écrit souvent*, confie Fanny à sa belle-mère. *Elle m'a envoyé un article qu'elle voudrait que je place pour elle dans un journal américain. Comme c'était trop demander à Louis de le réécrire, je l'ai refait moi-même, en entier, et je l'ai envoyé au journal. J'espère que cet article lui rapportera quelque chose, bien que je doute que ce puisse être beaucoup d'argent. Maintenant que j'y réfléchis, je ne suis pas sûre que Katharine aimerait que je vous parle de cet article, aussi je ferais mieux de vous demander le silence sur ce point.*

L'affaire n'aurait jamais pris de telles proportions si Louis ne réglait dans cette ultime querelle un vieux compte avec Henley. *Je sais depuis des années que Henley essaye de m'attirer des ennuis. Non seulement j'ai fait la paix avec lui quand j'avais des preuves de sa traîtrise, mais je lui ai pardonné*, écrit Louis à Baxter. *(...) J'ai pardonné, et pardonné. J'ai oublié, et oublié. Mais...*

Je ne vois pas comment il me sera jamais possible de rentrer en Angleterre, reprend une Fanny hystérique à l'intention du même correspondant. *Si Henley s'était contenté de s'adresser à moi directement, je me serais efforcée de cacher toute l'histoire à Louis, afin d'éviter les terribles conséquences d'une telle accusation sur sa santé. Le résultat, c'est qu'ils l'ont pratiquement, peut-être complètement assassiné. Il m'est très difficile de continuer à vivre (...) Si je n'y parviens pas, je maudis à jamais nos assassins et nos tortionnaires. Je ne leur avais jamais fait que du bien — et Dieu sait si Louis les aimait tous ! Depuis que cette horrible accusation m'a été faite, je n'ai pas reçu une seule lettre de ceux que je considérais comme mes proches en Angleterre (...) Je pense qu'il vaut probablement beaucoup mieux que nous soyons sortis tous les deux de ce monde-là. J'ai eu du courage dans la vie. Aujourd'hui, ils m'ont vaincue. La conscience de votre propre innocence vous aide, paraît-il, à supporter l'injustice — c'est faux (...) L'injustice, c'est l'injustice qui me dévore l'âme ! (...) Si un jour je dois retourner dans la perfide Albion, à mon tour j'apprendrai l'hypocrisie et la fausseté ! Pour Louis, tant qu'il sera en vie, je prétendrai être l'amie de ses amis. Mais, dans mon cœur, je ne pardonnerai jamais à ceux qui m'ont calomniée !... Je sourirai, pendant qu'ils me mangeront dans la main — et cela, dans leur lâcheté, ils le feront ! — je sourirai tout en brûlant d'envie de leur faire ingurgiter un poison qui torturera leur corps, comme ils m'ont torturé le cœur.*

Cette fois-ci, Fanny a confié Louis aux soins de la servante Valentine, elle l'abandonne à la vigilance de sa mère, à l'affection de Lloyd, elle les laisse tous à Saranac. La première séparation en huit ans.

Elle est partie seule pour l'Indiana, où elle veut revoir sa mère. Puis, en mars 1888, elle pousse plus loin : elle entreprend une visite éclair à San Francisco. Elle compte retrouver ses sœurs, Cora Orr et Nellie Sanchez... Besoin brutal de renouer avec son univers avant le retour à Bournemouth, besoin qu'elle avait cru ne jamais éprouver.

*
**

Dans le luxueux Pullman-car qui la reconduisait vers son passé, Mrs R.L.S. ne trouvait pas le sommeil. Son regard restait fixé dans l'angle du compartiment, sur les cristaux de la cave à liqueurs où dansaient le pourpre du porto, le bleu du curaçao. De grands bouquets de lys tigrés, dont elle avait eu le malheur de confier sa passion aux journalistes, se dressaient dans les vases. Une attention des admirateurs de Robert Louis Stevenson... Que de choses avaient changé en huit ans ! Louis, célèbre. Sam, disparu... Comment allait-elle trouver San Francisco ? Et Rearden ? Et John Lloyd ? L'un juge à la Cour suprême, l'autre fondé de pouvoir à la Banque de Californie, ils venaient tous deux d'épouser de très jeunes femmes. Et Dora ? Sa confidente, sa seule amie... Avec quelle impatience elle imaginait tout ce qu'elles auraient à se dire... Pauvre Dora ! Veuve aujourd'hui. En décembre 1886, la nouvelle de la mort de Virgil Williams avait atteint Bournemouth. Le maître de Fanny. L'homme par lequel Mrs R.L.S. était venue à l'art... Le changement qu'entraînait une telle perte dans sa vie, elle ne le mesurait que maintenant.

L'arrêt du train en gare d'Omaha la tira de ses rêveries. Ici encore, que de transformations ! Traverser les Etats-Unis ne prenait désormais que dix jours. Elle pouvait, si tel était son désir, rester dans ce même wagon et s'y faire servir ses repas, elle n'avait qu'à sonner... Fanny roula son petit visage contre l'appuie-tête et ferma les paupières... Comme ses premières émotions à la School of Design lui semblaient lointaines ! Elle revoyait à ses côtés la silhouette de Belle, sa fille si jolie, si douée, qui s'appliquait sur son chevalet. Sa fille. Comme sa fille lui manquait ! Pourquoi Belle avait-elle gardé ce terrible silence durant ces huit années ?... Dans ses lettres, la chère Dora disait que c'était sûrement Joe qui empêchait Belle d'écrire. Mais Fanny connaissait trop sa fille pour ne pas savoir qu'elle continuait de lui tenir rigueur de son scandaleux mariage avec Louis... Ou bien Belle estimait-elle que Fanny, qui se pavanait dans les salons écossais, aurait dû lui envoyer de l'argent, beaucoup d'argent ? Oui, c'était sûrement cela : Belle la croyait très riche et très avare. La jeune femme reprochait sans doute à sa mère de ne pas lui être venue en aide lors de la naissance de son petit garçon... Comment lui faire comprendre que l'argent appartenait à Thomas Stevenson, et que, jusqu'à ces dernières années... La secousse du train qui démarrait rejeta Fanny au fond de son siège. A nouveau, elle ferma les yeux... Ces dernières années... Impossible, elle ne dormirait pas !... De ces dernières années à Bournemouth, elle ne gardait pas un seul bon souvenir ! Elle se redressa dans ses coussins... Comment diable était-ce possible ? Sa jolie maison... Ne se désolait-elle pas d'avoir dû la quitter ?... De ces huit années, pas un seul regret ?... Louis ne lui avait-il pas apporté le bonheur ? En évoquant sa haute silhouette, les gesticulations de ses longues mains diaphanes, son regard brun qui l'enveloppait dans un éclat de rire, et surtout sa voix, sa voix chaude et moqueuse, elle ressentait un bonheur autrement plus excitant que l'impatience d'arriver à San Francisco. Louis... Jamais elle ne l'avait plus passionnément aimé qu'aujourd'hui... Vivre avec lui, c'était vivre aussi proche que possible des enseignements du Christ... Fanny sourit à cette pensée. Le moins qu'on puisse dire, c'est qu'elle n'avait jamais partagé les convictions religieuses de feu son beau-père. Elle avait acquiescé à tout, sauf au fanatisme de sa foi. Mais la bonté de Louis, mais la générosité de Louis, cette façon qu'il avait de rendre le bien pour le mal — comme elle les admirait ! Si seulement elle avait su acquérir un peu de la tolérance qu'il pratiquait. Elle laissa rouler son front contre la vitre... Quel dommage que Louis n'ait pas réussi à lui apprendre la gentillesse ! Depuis le début de ce voyage, le souvenir, le remords de certaines de ses violences lui ôtaient le sommeil !... Le remords, certes... Mais Henley ! N'avait-elle pas vu juste ? Certes, durant les huit dernières années, Mrs R.L.S. aurait pu s'entraîner à l'indulgence. Mais pardonner à Henley ? Cette idée la révoltait !... Au fond, c'était Louis qui aurait pu faire preuve d'un minimum de lucidité... et d'un peu plus de raison avec l'âge ! Fanny se souvenait maintenant d'une scène ancienne où elle avait cherché à le mettre en garde. Louis, à son habitude, n'avait rien voulu entendre.

— Je crois sincèrement que Henley prend ton argent d'une main, lui avait-elle dit, tandis qu'il s'apprête à te frapper de l'autre. Seul le courage lui manque. Mais attends que tu sois loin, attends que tu ne puisses te défendre...

— Tais-toi, lui avait-il ordonné. Je ne veux voir de Henley que sa main ouverte et tendue ! Il avait ri : Et cesse donc de penser à mal.

— Je ne pense pas à mal. J'essaye seulement de te protéger !

... Cette impression « qu'elle ne voyait que le mauvais côté des êtres et des choses », c'était Louis, sa légèreté, son inconscience, qui la lui donnaient toujours !

Et pourtant... Pourtant, comme sa gaieté manquait à Fanny depuis leur séparation !... Elle n'aurait jamais dû entreprendre ce voyage. En l'absence de son mari, chaque journée de train lui paraissait interminable... Elle essayait de l'imaginer à Saranac, de visualiser ce qu'il faisait, dans quel état de santé il se trouvait. Elle s'était même tiré les cartes dans son compartiment. Le roi de cœur lui avait dit qu'il allait bien, « mais pas aussi bien qu'il aurait dû »... Et quelle angoisse à New York en se réveillant dans son grand lit vide ! Quand la maladie leur laissait à tous deux quelque répit, leur entente physique continuait d'être totale. A Hyères, Fanny s'était même crue enceinte. Fausse alerte. Enceinte à quarante-quatre ans ! C'eût été du joli... Elle en souriait encore. Mais lui, regretterait-il un jour de n'avoir pas eu d'enfant ? Il prétendait qu'il avait bien trop peur de léguer sa mauvaise santé à sa progéniture, qu'il ne ferait pas un tel coup à son pire ennemi, que son intimité avec son beau-fils comblait tous ses désirs de paternité. L'entente entre Louis et Lloyd restait sans nuages. La disparition de Sam Osbourne avait laissé à Stevenson l'entière responsabilité morale et financière du jeune homme. Fanny s'en réjouissait. D'autant que Lloyd se montrait, par bien des côtés, beaucoup plus raisonnable que Louis. Ils songeaient aujourd'hui à collaborer. Que les deux amours de sa vie se retrouvent sur le terrain littéraire l'enchantait. Mais... l'aimait-il ?... Lloyd, l'antithèse de sa sœur, se conduisait en fils modèle... Louis, l'aimait-il ? A cette question qui lui serrait le cœur, Fanny tendit le dos. Elle se tint bien droite sur son siège, prenant grand soin de ne s'appuyer ni à l'accoudoir ni à la fenêtre... Elle venait d'oublier son quarante-huitième anniversaire. L'image que lui renvoyait son reflet sur la vitre ne rendait pas compte, ou si mal, de l'ampleur des dégâts. Avait-elle beaucoup vieilli ? Louis, qui la taquinait sans cesse sur son âge, assurait qu'elle n'était en rien différente de la respectable matrone qu'il avait présentée huit ans plus tôt à ses parents. Il répétait à qui voulait l'entendre que son mariage était un matriarcat, que son épouse régnait sur toutes choses, qu'elle menait la danse avec la seule violence de ses émotions... Balivernes ! Ceux qui se laissaient prendre à ce discours se montraient bien naïfs. Rien, ni personne, n'avait jamais forcé Louis à faire quoi que ce soit. Leur vie conjugale ne reposait que sur ce pacte qui stipulait son bon vouloir à lui et son droit de veto. Bien qu'ils aient tenté par leur tendresse d'échapper aux rapports de force, ils s'aimaient sans innocence depuis de longues années. Après le romantisme de leurs débuts, les deux enfants qui s'avançaient dans l'amour comme dans une chambre noire s'étaient, avec le temps, transformés en un couple de guerriers fraternels — complices ou rivaux —, les deux moitiés d'un même être androgyne. C'était d'ailleurs cette ambiguïté chez Fanny, ce côté « hermaphrodite », qui plaisait tant à Louis : corps de femme, cœur d'homme. La souplesse et la force. A cette idée — sa force —, Fanny sentit un bizarre sentiment de culpabilité l'envahir. Elle n'en comprit pas tout de suite le sens. Ce sentiment la submergeait toujours quand Stevenson lui reprochait ses violences et sa partialité. En quoi lui avait-elle manqué cette fois-ci ? Où l'avait-elle trahi ? N'était-il pas devenu, grâce à sa vigilance, cet écrivain glorieux qu'il promettait d'être ?... Mais Louis restait aussi un invalide que la mort pouvait faucher à tout instant ! Durant les huit dernières années, les combats de Fanny contre la maladie n'avaient rien résolu. Malgré la stabilité de leur vie à Bournemouth, le repos, la prudence, l'état de Louis s'était même aggravé... Bournemouth. A mesure que Fanny se rapprochait de son univers, elle ne voyait de Bournemouth que la pluie qui fermait l'horizon de toute part. Un treillis de gouttes qui l'enserrait comme les nœuds d'un rideau de fer... Au fond, le décès de Master Tommy, qu'elle avait tant aimé, venait de mettre un point final au désir, au besoin de se faire accepter en Grande-Bretagne. L'image de la villa que Mr Stevenson lui avait offerte, sa maison qu'elle avait d'abord regrettée, ses meubles, ses tapis, son salon bleu, son jardin, cette image-là surtout l'oppressait. Les monstrueuses accusations de Henley, la passivité des autres rendaient insupportable l'idée d'y retourner...

Le soleil de midi tapait chaud sur la vitre. La tempe
contre la fenêtre, tandis que son profil de camée, son
nez droit, sa bouche tombante se découpaient sur l'ocre
des déserts du Nevada, une flamme s'alluma soudain
dans son œil d'or et de mûre sauvage. Détendue, elle se
laissa bercer par une vision. Ce n'était plus la tristesse
des brumes d'Ecosse qu'elle voyait, ni la neige infinie de
Davos... C'était une immensité bleue qui se soulevait
devant elle comme une respiration puissante... Un rêve,
elle avait un rêve en tête ! Le premier rêve en huit ans.

SAN FRANCISCO – mai-août 1888

— Belle ! Tu es venue ? D'Honolulu ? Tu as traversé
le Pacifique pour me voir ? Moi ? Tu as fait ce long
voyage ?
Le bonheur de Fanny leur coupa le souffle à toutes
deux. En descendant du train de Sacramento, elle avait
vu sa fille qui l'attendait au bout du quai... Belle, avec
son enfant de sept ans, Austin Strong, le petit-fils de
Fanny... Si Mrs R.L.S. l'avait pu, elle aurait fondu en
larmes. Mais, depuis la mort de Hervey, Fanny ne savait
plus pleurer.

*

Petites et sombres dans leurs robes bleues, la mère et
la fille s'appuyaient contre la rambarde de la jetée. Le
vent du large tordait leurs boucles qui dansaient autour
de leurs visages aux rondeurs presque trop sensuelles.
Les deux femmes fronçaient leurs noirs sourcils et
continuaient de fixer la mer, en ouvrant un peu les
lèvres comme dans un sourire. Mais elles ne souriaient
pas. Les ondulations de la lumière sur le Pacifique, le
balancement des vagues, le rythme incessant de l'océan
les emportaient dans un délicieux vertige. Sur le débarcadère où quinze ans plus tôt Rearden avait sermonné
Fanny, où Louis était venu la prendre le matin du

mariage, la mère et la fille attendaient le ferry qui les conduirait à Oakland. Elles comptaient y rencontrer les locataires du cottage et s'assurer du bon état des lieux.

— Et ton travail ? demanda Fanny sans quitter des yeux l'océan. Comment marche le dessin ? Et Joe ? Raconte ! Comment s'en tire-t-il ?

— C'est à toi, maman, qu'il faudrait poser toutes ces questions...

— Moi ? Aucun intérêt ! Mais Louis...

— Je sais : Louis est célèbre. Sa Majesté, mon ami le roi Kalakaua de Hawaï, ne jure que par *L'Ile au trésor*... Mais toi, montre-toi un peu. Je vois que tu n'as pas perdu ton goût pour les plumes et les passementeries.

— Ici, je me fais plaisir. Si tu m'avais vue à Bournemouth...

Les deux femmes pouffèrent du même rire de collégiennes.

— Tu as dû connaître toutes les célébrités d'Angleterre, insista Belle.

— C'est toi, ma fille, qui frayes avec les rois ! Moi, à part Louis et ses parents, je n'ai aimé que mon chien.

— Maman ! s'esclaffa Belle.

— Je t'assure : c'était un animal très courageux. Le seul brave que j'aie rencontré en Grande-Bretagne. Il est mort l'an passé.

— Mais, dans tes lettres à Dora, tu parlais de tous les écrivains que tu fréquentais, Henry James, Thomas Hardy, le professeur Colvin.

Fanny esquissa un geste de lassitude.

— Oh, dans mes lettres à Dora... Tu sais, il fallait bien la distraire. Elle est si triste, si seule, sans Mr Williams... Je ne pouvais tout de même pas lui parler de Louis pendant cinq pages ! Et toi... Toi, ma fille ? Parlemoi de toi ! Tu as mûri !

Le regard noir de Fanny dévisageait son enfant. Trente ans, Belle était une femme de trente ans !

— ... Comment t'entends-tu avec Joe ?

Belle se redressa.

— Mais bien, dit-elle froidement... Très bien.

Les deux femmes hésitèrent un instant.

— Austin me paraît le petit garçon le plus courageux que j'aie jamais vu, reprit Fanny dans un désir louable de conciliation. Je l'entendais tout à l'heure qui tenait tête à un gros malabar... Comptes-tu avoir d'autres enfants ?

L'expression de Belle l'arrêta. Quelle maladresse venait-elle de commettre ? Qu'avait-elle dit de si grossier ? Devait-elle s'excuser ?

— ... Tout ce que je voulais suggérer, commença-t-elle avec gêne, c'est qu'à la naissance de tes frères...

— Tais-toi, maman ! Pour une fois dans ta vie : tais-toi !

Mon Dieu, leur réunion allait-elle conduire à une nouvelle brouille ? La retrouver, retrouver Belle avait été un bonheur si intense, l'idée qu'elle ait pu entreprendre un tel voyage, faire un tel effort... Et maintenant Fanny allait la perdre à nouveau.

— Maman, il y a quelque chose que je ne t'ai pas dit... Une chose que je ne pouvais pas t'écrire... Une chose...

La voix de la jeune femme se brisa. Le ferry venait d'accoster. Elles durent s'écarter pour laisser débarquer les voyageurs. Derrière elles se formait la queue des passagers pour Oakland, qui les pressait, les poussait contre la barrière.

— Qu'est-ce que c'est ? finit par murmurer Fanny.

Belle demeura muette un instant. La foule qui s'apprêtait à embarquer les bouscula en les dépassant.

— A Hawaï, j'ai eu un autre enfant...

Le visage de Fanny, ses lèvres, ses yeux semblèrent soudain décolorés. Tout son sang avait reflué sur son cœur.

— Un garçon, poursuivit Belle.

A tâtons, la mère chercha la main de sa fille, tandis que Belle reprenait dans un souffle :

— Je l'ai baptisé...

— Hervey, murmura Fanny.

Belle acquiesça.

— Il avait les yeux bleus... de longues boucles blondes...

— Et tu l'as enterré...

448

Belle tomba sur la poitrine de sa mère, qui la tint serrée et la berça longtemps. Les deux femmes restèrent enlacées. Toutes deux voyaient le fils, le même fils qu'elles avaient perdu. Ce fut Fanny qui, la première, retrouva la parole.

— ... Et si nous venions te retrouver à Hawaï ? chuchota-t-elle à l'oreille de sa fille. Si nous venions passer quelque temps avec toi ? répéta-t-elle comme si l'idée venait de naître.

A l'une et à l'autre, ces phrases paraissaient la conclusion naturelle du drame que chacune avait vécu.

— Ce serait bien, dit Belle avec simplicité.

Se tenant toujours par la main, elles se tournèrent vers le large et leurs regards volèrent ensemble sur l'océan. Elles restèrent rêveuses, appuyées sur la rambarde. Elles attendaient le prochain bac.

— Tu te souviens, demanda Fanny, tu te souviens de ce tableau dans la salle d'attente du débarcadère, là-bas à Oakland ? Un bateau toutes voiles dehors...

— Le *Casco* ?

— C'est ça : le *Casco* !... Est-ce qu'il n'appartenait pas à quelqu'un d'Oakland ?

— Le docteur Merritt... C'était un ami de papa au Bohemian Club.

— Il me semble que ce docteur entretenait son yacht en le louant à des particuliers pour des croisières de luxe... Je me trompe ? Le *Casco* naviguait dans les mers du Sud...

— Mais, maman, comment feras-tu avec Louis ? Les tuberculeux ne doivent-ils pas vivre en altitude ? La chaleur humide du Pacifique... Le climat tropical de Hawaï... Pour sa santé...

— Le froid, la neige, les montagnes ne lui valent rien... Les médecins se trompent ! Ce sont les pluies d'Angleterre qui lui sont fatales ! Moi, je dis que Louis a besoin de la mer, qu'il a besoin du soleil et d'un bateau... Si je pouvais seulement trouver un voilier, nous irions te rejoindre... Et nous voguerions aussi loin de Londres que possible !

**

Le surlendemain de cette conversation, Mrs Robert Louis Stevenson descendit au bureau du télégraphe de l'Occidental Hotel. Message adressé à son mari dans l'Etat de New York : *Possibilité louer superbe goélette pour cinq à six personnes, très confortable, à 750 dollars par mois. Le Casco. Yacht prêt à appareiller dans dix jours. RSVP d'urgence.*

Le verdict tombera le soir même, un grésillement sur le fil qui traverse le continent d'est en ouest : *Bénie sois-tu, ma fille : prends le yacht et attends-nous dans dix jours.*

*

Le Vieux Monde s'est refermé derrière Robert Louis Stevenson, l'univers de Fanny Vandegrift le happe et ne le lâchera plus.

Louis ne reverra jamais l'Europe. Ni Henley, ni Baxter, ni Colvin, ni Bob, ni Katharine. Sur la mer immense, Fanny aura bientôt son amour pour elle toute seule. Ou presque...

CHAPITRE VIII

LE CHANT DES SIRÈNES

Ce climat ; ces traversées ;
ces accostages à l'aube ; ces îles inconnues
qui surgissent dans le petit matin ;
ces ports insoupçonnés qui se nichent
au creux des forêts ;
ces alarmes soudaines,
ces craintes des grains qui passent
et des courants qui se brisent ;
cet intérêt toujours nouveau
pour les indigènes et leur gentillesse
— toute l'histoire de ma vie m'est plus douce
qu'un poème.

ROBERT LOUIS STEVENSON

SAN FRANCISCO – LES ÎLES MARQUISES
L'ARCHIPEL DES TUAMOTU – TAHITI – HAWAÏ
28 juin 1888-25 janvier 1889 – A bord du *Casco*

Une mer plate. Une voûte bleue, ceinturée de longues bandes de feu, de traînées roses qui se superpo-
sent, étroites, tranchées de blanc, le blanc pur d'un tube
de gouache qu'on aurait appliqué au couteau. Sur la
frange de vapeur pavoisant l'horizon glisse une ombre
noire ; un deux-mâts toutes voiles dehors longe les

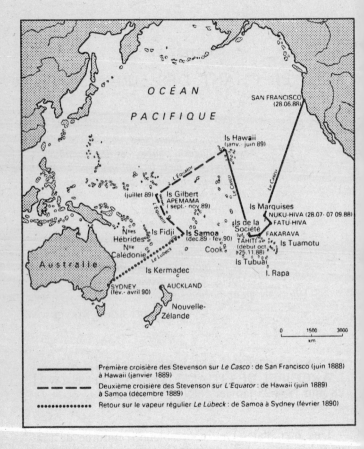

OCÉAN

PACIFIQUE

SAN FRANCISCO
(28.06.88)

Is Hawaii
(janv.- juin 89)

(juillet 89)

Is Gilbert
APEMAMA
(sept.- nov. 89)

L'Équator

Le Casco

Le Casco

Is Marquises

NUKU-HIVA (28.07- 07 09.88)
FATU-HIVA

Is de la
Société

FAKARAVA

Is Fidji

Is Samoa
(dec.89 - fév. 90)

TAHITI
(début oct.
25.11.88)

Is Tuamotu

N⁰ᶥᵉˢ
Hébrides
N⁰ᶥᵉ
Calédonie

Cook

Is Tubuaï

I. Rapa

Le Lübeck

Australie

Is Kermadec

SYDNEY
(fév.- avril 90)

AUCKLAND

Nouvelle-
Zélande

| 0 | 1500 | 3000 |

km

—————— Première croisière des Stevenson sur *Le Casco* : de San Francisco (juin 1888)
à Hawaii (janvier 1889)

– – – – – Deuxième croisière des Stevenson sur *L'Equator* : de Hawaii (juin 1889)
à Samoa (décembre 1889)

•••••••••• Retour sur le vapeur régulier *Le Lübeck* : de Samoa à Sydney (février 1890) molles écharpes aux rougeurs changeantes, sans jamais les rejoindre. Si le navire mettait le cap vers les barres lumineuses, elles fuiraient encore. Mirage, l'un des nombreux mirages du Pacifique, que ces lointains rubans de gaze où le soleil s'enfonce.

Le vent souffle dans les haubans. Les drisses claquent. Le pont et les coursives craquent. Le *Casco* file librement sur les gouffres d'émeraude. Le dixième jour en mer. La première accalmie.

En franchissant la Porte d'or de San Francisco, la mer avait grossi, bouillonnant contre les hublots, bondissant sur le pont, s'écrasant aux portes closes de la cabine. De sa couchette, Fanny avait vu glisser les malles, les paquets de livres, les cartons d'habits sur le plancher. Même les appareils photographiques, la machine à écrire, le banjo, la guitare, les jeux de cartes — tout avait dégringolé à chaque roulis. Joli début de croisière. Une traversée de sept mois.

« Sept mois ! » s'exaspérait le capitaine Otis, sept mois à errer sur le Pacifique avec cet équipage — deux Suédois, un Russe, un Finnois, un cuisinier chinois qui, pour Dieu sait quelle raison, se faisait passer pour japonais — une bande d'incapables qui n'avaient à eux tous pas navigué plus d'un mois. Et cette agitation, pour quoi ? Promener chez les Canaques un zoo humain, une troupe d'invalides et de femmes.

Les relations du capitaine avec ses passagers s'engageaient sous le signe de la plus grande méfiance.

Comment diable cette Mrs R.L. Stevenson, la plus folle de la bande, avait-elle réussi à convaincre le docteur Merritt de lui confier le *Casco* ? Le docteur n'avait pourtant pas besoin de son argent : il passait pour millionnaire ! « Vous pensez peut-être que votre mari vous aime, avait-il répondu à Fanny lors de leur première entrevue ; mais moi, voyez-vous, j'aime plus encore ma goélette... » A la vérité, Fanny avait devancé les événements en télégraphiant à New York qu'elle avait retenu le yacht. « ... Mon voilier n'est pas un jouet ! Il gagne toutes les régates. Il est rapide, il est

léger... Et quel confort ! L'avez-vous seulement visité ?
Avez-vous palpé le velours de ses banquettes ? Admiré la
table d'acajou, les miroirs de Venise, les poignées de
cuivre et mon tapis persan ?... Affréter un tel bijou vous
coûterait cher, madame... Très cher !

— Ce n'est pas un problème... Le prix, je veux dire,
avait-elle précisé avec dédain. McClure Publishing Com-
pany offre un pont d'or à mon mari pour ses récits de
voyage... Qu'il raconte chaque mois ses aventures dans
les mers du Sud, et les journaux new-yorkais financent
notre croisière... En outre, Mr Stevenson vient de faire
un petit héritage... Elle avait insisté sur le mot « petit »,
soulignant la litote d'un geste de la main. Alors...

— Alors... Mr Stevenson a-t-il jamais navigué ailleurs
que sur les canaux de France et de Belgique ? Savez-vous
s'il a le pied marin ? Le sens des responsabilités ?... Il faut
une sacrée discipline sur un bateau !... Je me suis laissé
dire que votre époux avait plutôt le goût de la bohème, et
la santé fragile !

— Faites sa connaissance, docteur. Nous parlerons
ensuite. »

La rencontre entre Merritt et Stevenson s'était déroulée dans la chambre envahie de fleurs qu'occupait le
célèbre auteur à l'Occidental Hotel de San Francisco.
Epuisé par sa dernière traversée des Etats-Unis, affaibli
par l'hiver à Saranac, Louis l'avait reçu dans son lit.
Piètre façon de rassurer le propriétaire. Quel charme
avait montré le malade, quels trésors de séduction et de
ténacité avait déployés sa vieille sirène d'épouse pour
amadouer le docteur ? « Bon, ma petite, vous êtes
contente ? » avait-il conclu en lui signant un contrat de
location de juin à janvier. « ... Une condition cependant : je ne vous cède mon bateau qu'avec mon skipper.
Le capitaine Albert Otis fait partie des meubles. »

*

— Je vous prierais, madame, de ne pas adresser
aujourd'hui la parole au barreur... Aujourd'hui, voyez-
vous, j'aimerais qu'il barre, grimaça le capitaine sur un
ton de mordant mépris.

454

Trente ans, trapu, le cheveu filasse planté bas, vaniteux, brutal et malin, avec un don d'observation et une logique imparables, le capitaine haïssait sa commanditaire et se méfiait des autres. Coup de veine, il doutait que la croisière dure le temps prévu. Un regard sur le squelette titubant qui réglait la facture suffisait pour savoir que celui-là ne terminerait pas le voyage. La Bible, la planche et le drapeau, le capitaine avait prévu le nécessaire pour l'immersion du cadavre... Quant au reste de la troupe, les requins pourraient bien en faire leur festin ! En entrée, Otis leur proposerait la mère de l'invalide, une vieille Ecossaise de près de soixante ans, dont l'expérience de l'océan se limitait à sa première et récente traversée de l'Atlantique en paquebot. Elle l'exaspérait à dire les grâces, elle le bassinait avec son admiration pour son fils et ses bouquins... En corset, pouf et mitaines de dentelle noire, cette vieille dingue s'installait dans les cordages et prenait des risques absurdes.

— Que feriez-vous, capitaine, si ma belle-mère tombait à l'eau ? s'inquiétait sa bru.

— Madame, je noterais le fait sur mon journal de bord.

... Et bon débarras ! Avec ses deux douzaines de cartons à chapeaux, la douairière encombrait les rayonnages de la salle des cartes ! Elle y trimballait vingt-quatre bonnets, amidonnés et tuyautés, de quoi tenir six mois sous les Tropiques en coiffe de veuve, semblable à celle de la reine Victoria... Au reste, « Tante Maggy », puisque tel était le nom que lui donnait la bande, n'avait pas semblé souffrir de la tempête des premiers jours. On l'avait vue adossée aux filières, tout à l'avant du bateau, son profil d'oiseau battu par les longs pans d'organdi blanc de son chapeau, riant silencieusement tandis que la proue plongeait dans de grandes vagues concentriques... Et la servante ! Une servante sur un bateau ! Celle-là, on s'en débarrasserait à la première escale. Une Française qui allait coucher avec tout l'équipage, pariait le capitaine... « A dix contre un qu'elle sèmera la zizanie... » Un beau prétexte à mutinerie !... Ajoutez à ce cirque le fils du premier lit de madame : un grand échalas de vingt ans, si myope qu'il portait des loupes en guise de lunettes. Ce snobinard à l'accent britannique avait trouvé chic de se faire percer l'oreille sur le port de San Francisco : il arborait un anneau d'or au lobe droit... Venait enfin le clou de la ménagerie, cette Mrs R.L.S., de dix ans plus âgée que son mari, qui s'était occupée d'embarquer sept mois de vivres pour onze personnes... Près de dix mille repas, des rations quotidiennes de chiques et de tabac, des centaines de cadeaux pour les indigènes, même une garde-robe qu'elle avait dessinée pour sa belle-mère, sa servante et pour elle-même, afin de leur permettre d'affronter la canicule.

Depuis que le thermomètre atteignait 30 °C, cette dame se promenait sans bas, sans corset, pieds nus, le corps noyé dans l'une de ces vastes chemises de nuit que les missionnaires imposaient aux indigènes. Le holoku. La servante Valentine et Tante Maggy s'accrocheraient encore quelques jours à leurs bas et leurs habitudes, avant d'enfiler cette robe-sac de cotonnade fleurie. Une ample tunique toute droite frangée d'un grand volant dans le bas, les manches serrées au poignet, le col montant, avec pour seule fioriture un empiècement carré sur la poitrine.

La cigarette à la bouche, le cheveu court sous son chapeau de paille, Mrs R.L.S. travaillait aux cuisines, améliorant considérablement l'ordinaire de l'équipage. Les hommes raffolaient de ses petits plats et de ses fichus papotages. Par bonheur, certains jours elle ne pouvait se lever. Le mal de mer, dont elle souffrait abominablement, la clouait sur sa couchette.

— Quelle idée alors de naviguer durant sept mois ? ricana le capitaine en la regardant tituber dans la timonerie, un mouchoir sur les lèvres... Vous ignoriez que vous ne supportez pas le bateau ?

— Non... Je le savais... J'ai horreur de l'eau... J'ai peur des vagues... Je déteste la mer... Mais mon mari en a tellement besoin ! dit-elle dans un hoquet. Cette aventure, c'est un si vieux rêve... Il en parle depuis que je le connais... Et puis, regardez-le : il ressuscite !

Le capitaine suivit de son œil bleu délavé la direction qu'elle indiquait : sur le pont, tête nue, torse nu, se dorait Stevenson. Il avait replié les genoux et prenait des notes en plein soleil. Sa carcasse accusait souplement les oscillations du bateau, et rien, pas même les soudaines averses, ne pourrait le déloger.

— Regardez-le, capitaine, répéta-t-elle.

L'émerveillement qui transfigurait les traits de cette petite femme coupa court à la grogne d'Otis. Devant le spectacle de cet homme bronzé quasi nu, en pleine possession de ses moyens, elle semblait avoir tout oublié de son mal, pour retrouver de lointaines émotions, les émotions fortes, directes et sans ambiguïté de sa jeunesse.

— Pour un malade comme lui, bougonna le skipper en retournant à ses cartes, naviguer est un pari dangereux !

— C'est ce danger-là qui donne enfin son prix à la vie de mon mari !... En Europe, aux Etats-Unis, toute son existence il a poursuivi la santé... Et toujours il finissait les bras et les jambes brisés par la fièvre, la poitrine arrachée par la toux. Savez-vous ce que c'est, capitaine, que d'être confiné dans une chambre, emprisonné à jamais entre deux draps ?... Maintenant, regardez-le ! En changeant de couleur, sa peau change de texture, de matière... Jamais je ne l'ai vu si libre de son corps... On dirait que ses cellules se reconstituent... A mesure que nous approchons des Tropiques, on dirait que ses vertèbres, ses os, son sang, sa moelle, que tout en lui s'adoucit, roule et coule...

*

Jour après jour, le soleil s'embrase. Nuit après nuit, la lune s'enflamme. Et le miracle se produit : un mois sans toucher terre, et pas une rechute ! Plus une hémorragie, plus une quinte de toux, plus même de rhume ! Tous ces hivers à la montagne n'étaient qu'un leurre. Fanny triomphe. *Quant à moi*, se vante Louis, *je suis noir comme un pruneau (...) Seul l'endroit aristocratique sur lequel je m'assois garde la vile blancheur du Nord !*

J'ai peur de la mer, mais j'adore le climat, concède Fanny... *Et puis, voir mes deux garçons tellement heureux !* Lloyd, Louis et Tante Maggy n'en finissent pas de jubiler. Ils ne sont pas les seuls. Pour tous, cette traversée est une révélation. Même pour le capitaine.

Belle racontera qu'elle n'en croit ni ses yeux ni ses oreilles en voyant Otis débarquer sur le quai d'Honolulu. La brutalité du marin, elle l'avait remarquée avec inquiétude à San Francisco. Son agressivité envers sa mère et son jeune frère... Six mois plus tard, en janvier 1889, Belle entendra ce même homme user d'expressions si littéraires que seuls ses passagers le comprennent, rouler les « r » à l'écossaise et ne jurer que par la beauté du vieil Edimbourg. Elle le verra même déserter les tripots d'Hawaï pour d'interminables parties de whist avec la seule partenaire qui ait jamais réussi à le plumer : Tante Maggy... Le jeune capitaine l'admet : tous ses paris avec lui-même, il les a perdus. A l'exception peut-être des frasques de la servante que Mrs R.L.S. a surprise dans les bras du second. Les femmes sur un bateau ne valent pas un clou, c'est bien connu. Mais les natives de l'Indiana — celles que le jargon du Middle West appelle les « hoosiers » —, Otis leur reconnaît désormais « un sacré culot et, crénom, du cran ! »

**

Du cran, il leur en a fallu à tous pour foncer dans les tempêtes et se battre contre une mer grise qui écume sous le vent et bave d'une fureur impuissante. Du cran pour choisir d'accoster sur des rivages inconnus, pour vivre en osmose avec les indigènes, pour passer des mois entiers sans contact avec les Blancs. Pour construire leur cabane, tisser des nattes où dormir, tresser des chapeaux, pêcher leur nourriture, comprendre et respecter les usages des autochtones... Et se délecter ainsi de l'inconnu et de l'inconfort. Du cran toujours pour s'arracher à la magie de cette vie sur la plage, pour se lancer à nouveau sur l'océan où menace le cyclone. *Quelle tristesse de s'en aller en laissant ses nouveaux amis si loin derrière*, se désole Tante Maggy. *Je me demande si dans mon sommeil je marcherai à l'ombre des coco-*

tiers, si j'entendrai les rouleaux se briser sur la barrière de corail.

*

Mais l'instant le plus intense de ce long voyage initiatique, celui qui bouleversera à jamais leurs sens et leurs consciences, ce ne sera pas la surprise des plages noires de Tahiti, ni la splendeur de l'aube hawaïenne quand les têtes tourmentées des cocotiers mouchettent de noir l'orange lavé du ciel, quand le soleil surgit entre les troncs de la palmeraie pour embraser les bandes de brouillard qui courent vers les brisants... Ce ne sera pas non plus les crépuscules en haute mer, les rayons rouges, criards, invraisemblables, les nuages qui pèsent sur le Pacifique comme de gros tampons d'ouate trempés de sang caillé... Non. La vision qui va les enchaîner, c'est une pâle fantasmagorie de brume et de rochers, Nuku Hiva, leur première escale. *L'émotion d'une première expérience ne peut se répéter. Le premier amour, le premier lever de soleil, la première île du Pacifique restent à jamais des souvenirs à part, ils touchent à la virginité des sens,* écrit Stevenson.

Sa première île, Fanny l'aperçoit à quatre heures du matin le 28 juillet 1888. Nuku Hiva, l'une des Marquises, dont les Stevenson ne connaissent que ce que Herman Melville en a raconté... Nuku Hiva, tenue par les Français et peuplée jusqu'en 1885 des cannibales les plus féroces de toute la Polynésie... Nuku Hiva, la brèche verte sur une culture dont chacun à bord ignore tout, dont chacun se souvient seulement que, moins de trois ans plus tôt, les hommes y dévoraient leurs semblables.

Des centaines de pirogues cernent le *Casco.* Une horde d'indigènes monte à l'abordage et se répand à jet continu sur le pont. Ils vocifèrent en brandissant leurs marchandises, bousculent les passagers, en viennent aux insultes quand ils comprennent que leurs noix de coco, leurs régimes de bananes, leurs nattes, leurs paniers, aucun des Blancs ne veut les acheter.

Tante Maggy ne cille pas sous les mains des femmes

aux seins nus qui tirent brutalement les tuyaux de sa coiffe, lui palpent les jupes et lui retirent ses mitaines. *Il est impossible de croire que ces gens-là ne sont pas totalement habillés avec leurs superbes tatouages,* commente sa bru avec placidité. Fanny se souvient-elle de son expérience avec les Piutes d'Austin et les Shoshones de Virginia City ? Est-ce par fidélité au passé, à sa sympathie, à son respect d'antan, qu'elle décide d'offrir — et non de vendre —, d'offrir au chef et à ses femmes les rideaux de velours pourpre du carré et les meubles qu'ils convoitent ? Dès que les Marquisiens comprennent le sens des gesticulations de Louis et de Fanny, leur agressivité se transforme en rires et en piaillements de joie.

Le *Casco* restera plusieurs semaines ancré dans la baie : il repartira chargé de présents. *Je n'avais jamais rêvé que puissent exister de pareils lieux, de pareilles races !* s'exclame Louis.

Les légendes des îles hantent désormais leur imagination. La beauté des indigènes, la gentillesse de leur accueil excitent l'admiration de Fanny ; le destin de la Polynésie captive la curiosité de Louis. Quel rôle joue l'homme blanc dans l'évolution de ces races qui ont prospéré durant des siècles, pour disparaître peu à peu depuis cinquante ans ? Que penser de l'attitude des missionnaires qui piétinent les civilisations anciennes, brûlent les idoles et les objets sacrés, interdisent la nudité, prohibent les costumes et les danses traditionnels, pour inculquer à ces peuplades l'idée du péché et le sentiment du mal ? Comment décrire la faune des *traders*, ces trafiquants qui font le commerce du coprah, la chair de noix de coco dont l'Occident extrait l'huile, qui vendent des armes et de l'alcool aux indigènes, qui ne pensent qu'à s'enrichir, tout en abattant le mur entre les deux mondes ?

Cinquante ans avant que de telles idées soient à la mode, Mrs R.L.S. vitupère contre les hérésies du colonialisme. Louis s'enflamme et s'interroge. Quant à Tante Maggy, si elle ne manque pas une messe, elle s'informe.

J'aimerais que vous puissiez la voir, note Fanny non sans tendresse, *cette dame en coiffe tuyautée, qui se promène sur la plage au clair de lune avec un monsieur à peine couvert d'un mouchoir.*

C'est une vie étrange, soupire en écho la vieille Ecossaise, *irresponsable et sauvage... Je me demande si nous pourrons jamais retourner à la civilisation.*

Et toujours ils en reviennent à la magie du premier accostage. Une petite baie adossée à des montagnes au pelage vert, une plage encastrée entre deux avancées de rochers, des palmiers couchés dont les branches à l'horizontale viennent caresser la mer.

Ce matin de juillet, la goélette avait viré sur elle-même. L'ancre avait plongé. *Faible fut le bruit, mais l'événement immense,* écrira Robert Louis Stevenson. *Avec ses amarres, mon âme s'en fut à des profondeurs d'où nul treuil ne la saurait extraire, nul plongeur la retirer. De ce séjour, quelques-uns de mes compagnons de voyage et moi-même devions demeurer les esclaves des îles du Pacifique.*

*

Rien, pas même les descriptions de Belle, ne les préparait à l'univers qui les attendait à quatre mille kilomètres au nord des idylliques plages de Tahiti : Honolulu.

Géographiquement, Hawaï appartenait à la Polynésie. En réalité, les sept principales îles de l'archipel ne gardaient d'hawaïen que la beauté de leurs paysages. Prise entre l'influence des missionnaires protestants et l'argent des gros propriétaires américains, la population indigène se trouvait progressivement remplacée par une main-d'œuvre asiatique et perdait sa place dans l'économie locale. Les Blancs possédaient la terre, les Chinois la travaillaient, les Polynésiens regardaient tristement leur paradis leur échapper.

C'était compter sans l'ambition de leur souverain, sans la mégalomanie de la dynastie qui avait pris le pouvoir sept ans plus tôt. Le roi de Hawaï comptait s'appuyer sur les moyens occidentaux, sur une armée, sur une flotte, sur une cour, pour justifier sa puissance, pour étendre son pouvoir.

Il allait voir en l'illustre Robert Louis Stevenson le chantre de sa quête, le héraut de sa cause.

HONULULU – 25 janvier-25 juin 1889

Le chambellan frappa le parquet ciré d'un grand coup de hallebarde.

— Sa Majesté le roi Kalakaua Ier de Hawaï !

La foule des courtisans se fendit pour laisser le passage. Il y avait là des officiers de marine en uniformes du monde entier, des mandarins chinois en robe de soie, des dignitaires japonais, toutes les races, tous les costumes. Dans le salon bleu réservé aux audiences privées, une nuée de valets polynésiens avaient rabattu les persiennes de bois précieux et tiré les rideaux de velours pourpre des sept portes-fenêtres. En plein jour, le souverain ne s'éclairait qu'à la lumière électrique qui jaillissait des lustres de cuivre équipés d'innombrables ampoules. Sur un fond de damas indigo, les portraits du roi Louis-Philippe et de la reine Victoria trônaient entre les deux effigies de leurs « illustres cousins » : David Kalakaua se dressait en pied dans un cadre doré, non loin de Kapi'Olani son épouse, une forte femme très décolletée dans une robe du couturier Worth, la poitrine barrée du grand cordon du Royal Order of Oceania qu'avait dessiné une certaine Mrs Joe Strong.

— Dès qu'il arrive à notre hauteur, chuchota Belle à l'oreille de sa mère en la poussant au premier rang des dames, tu plonges !

— Mais je ne sais pas faire la révérence, moi !

— Aucune importance : incline le buste, plie les genoux et relève les pans de ton holoku. Vas-y !

Fanny descendit au hasard jusqu'au tapis à ramages où ses chevilles s'enfoncèrent.

— Sire, permettez-moi de vous présenter, gazouillait au-dessus d'elle la voix de Belle, Mrs Robert Louis Stevenson.

— Je vous en prie, madame...

Une grande main sombre avait pris la sienne et la relevait :

— ... C'est nous qui sommes touchés de vous avoir parmi nous... Les livres de votre illustre époux enchantent nos nuits. Quant à votre fille, elle égaye notre cour... Sa bravoure appartient désormais à l'histoire du royaume.

Ce langage fleuri, plein de sous-entendus auxquels Fanny ne comprenait rien, coulait dans un anglais de parfait homme du monde. Cent kilos, un mètre quatre-vingt-dix, la cinquantaine. Tout de blanc vêtu, de la pochette aux chaussures, un costume trois pièces immaculé, d'une élégance que ne déparait pas la profusion des bijoux — l'épingle de cravate à tête de rubis, les boutons de manchettes assortis, et les nombreuses bagues —, le gigantesque roi de Hawaï en imposait.

Ce palais, c'était lui qui l'avait fait construire moins de cinq ans plus tôt. Un cube en pierre de taille, flanqué d'une colonnade pseudo-vénitienne où se mariaient le stuc et le marbre, dans un parc de fruits et de fleurs à faire se damner l'âme verte de Miss Vandegrift... Jamais Fanny n'aurait pu imaginer qu'existât dans le Pacifique un lieu pareil ! Plafonds à caissons, frises de danseuses grecques, petits miroirs ronds où se reflète le soleil, où scintillent la nuit les lampes en applique. Une féerie.

Dans le hall, sous les portraits des dix derniers rois de Hawaï, de grandes niches abritaient une collection de vases en cloisonné et de statues de femmes nues. Deux cariatides flanquaient l'escalier d'honneur, un escalier gigantesque en bois précieux, aux marches, aux rampes sculptées.

Cette merveille était la conclusion des longs voyages entrepris par le roi durant son règne. San Francisco, New York, il avait été le premier souverain à visiter les Etats-Unis en 1874. Sept ans plus tard, en 1881, il s'était embarqué pour un tour du monde. Vienne, Londres, Paris, David Kalakaua avait séjourné dans toutes les capitales d'Europe. Son wagon avait poussé jusqu'à Moscou et Pékin, son yacht jusqu'à Bombay. De cette expérience, que n'avait connue aucun autre monarque, il était revenu dans le Pacifique avec un rêve. Un seul. Rendre Hawaï aux Hawaïens. Ressusciter les légendes et les traditions de son pays. Libérer la Polynésie du joug économique de la civilisation occidentale.

A cette fin, il avait organisé son propre sacre et modernisé sa capitale. Au mois de janvier 1889, Honolulu pouvait se flatter d'être la ville la plus moderne du monde ! Les fils du téléphone zébraient les cieux. Foin du gaz et des chandelles, les réverbères éclairaient à l'électricité. Beaucoup de rues étaient macadamisées.

Autre révolution : à l'occasion des fêtes du couronnement, le roi avait rétabli l'usage de la danse traditionnelle, le « hula » interdit depuis des dizaines d'années par les missionnaires. Chaque soir, au son des ukulélés, la troupe royale se contorsionnait demi-nue sur le gazon du palais.

Quelques heures plus tard, le rideau du nouvel Opéra se levait devant la loge royale, une immense toile actionnée par un système hydraulique où, sur un fond d'azur et de pics alpestres, les marches roses d'un escalier de marbre venaient mourir dans les eaux du lac de Côme. Etonnant mélange des genres !

En arrivant dans cette ville qui ne ressemblait à rien, Belle et Joe s'étaient laissé séduire par l'entrain du souverain, par sa mégalomanie et son intelligence. David Kalakaua — infantile et raffiné. Puissant... Perdant peut-être ? Un prince de conte de fées !

Les fastes de sa cour, les multiples intrigues répondaient à la passion des Strong pour le plaisir ; les bals, les complots venaient combler leur goût pour l'aventure et pour le jeu.

Depuis six ans maintenant, Joe faisait figure d'artiste officiel du régime. Belle dessinait les robes d'après-midi de la reine et peignait les poissons aux mille couleurs que les pêcheurs du roi lui apportaient dans le petit matin, avant que les cuisines du palais ne les accommodent. Au son des flonflons viennois, entre deux explosions de champagne, le couple se laissait joyeusement compromettre.

— Que voulait dire Sa Majesté à propos de ton courage ? s'enquit Fanny dans le tramway qui les ramenait à la plage de Waikiki.

Par la fenêtre ouverte, le vent agitait les plumes d'autruche de leurs chapeaux. Le poing serré sur le pommeau de leurs ombrelles, le bras replié, alourdi par la traîne de leur holoku, un fouillis de mousseline pastel à la mode hawaïenne, elles ressemblaient à deux jolies poupées de foire. Autour d'elles, c'était l'embouteillage. Les grosses machines à macadamiser effrayaient les chevaux, un chaos de charrettes et de buggies engorgeaient le centre-ville. Entre les palmiers s'élevaient des immeubles aux façades ouvragées, très semblables à ceux de la Cinquième Avenue de New York.

Un seul coup d'œil sur Honolulu avait suffi à Robert Louis Stevenson pour déclarer la ville beaucoup trop civilisée à son goût. Il s'était donc installé loin des voitures et des téléphones, au bord de la mer.

— Quel est ce courage qui te vaut d'appartenir à l'histoire de son pays ? reprit Fanny.

— Je lui ai rendu un fier service, chuchota Belle dans un sourire sibyllin.

— De quel genre ?

La jeune femme baissa le ton.

— Je ne peux pas t'en parler ici...

— Pourquoi ?

— On pourrait nous entendre...

Fanny jeta un regard à la ronde. Personne. Elle se tourna à demi. Le tramway était presque vide. Seules deux métisses se tenaient assises derrière elles.

— Mais...

— Ce n'est pas l'endroit ! coupa Belle.

L'explosion d'une fanfare attira leur attention sur le kiosque à musique du parc.

— Herr Berger, le Kapelmeister autrichien du roi

qui, comme chaque jour à cette heure-ci, fait répéter le Royal Hawaian Band, commenta Belle...

Les cuivres couvraient sa voix. Elle en profita pour murmurer :

— Ici, les complots foisonnent... Tu vas vite t'en rendre compte... Deux clans s'affrontent pour prendre le pouvoir... Le parti du roi, parti nationaliste qui désire l'unité des îles polynésiennes. Et le parti des missionnaires, qui aspire à renverser la monarchie pour la remplacer par une gestion américaine.

— Toi, pour qui es-tu ?

— Devine !

— Pourquoi « lui » ?

— Parce que les Blancs le haïssent, expliqua Belle avec ferveur. Ils l'accusent d'être un souverain d'opérette qui vide les caisses de l'Etat. Ils le traitent d'ivrogne...

— Il boit ?

— Plutôt ! Il peut descendre six bouteilles de champagne en un après-midi sans que l'alcool l'affecte d'aucune manière... Les missionnaires veulent sa peau...

— Tu exagères, non ?

— Non ! Le mot « missionnaire » a perdu ici tout sens religieux. Etre « missionnaire », c'est appartenir à un parti politique... Comme les républicains ou les démocrates de San Francisco. Les leaders sont fils ou petits-fils des pasteurs venus convertir Hawaï au début du siècle. Ils ont fait fortune dans la canne à sucre et possèdent aujourd'hui toutes les plantations d'ananas : ce sont de riches hommes d'affaires américains...

— Le père de ton mari n'était-il pas missionnaire à Hawaï avant d'habiter à côté de chez nous à Oakland ?

— La sœur de Joe est née ici. Les Strong ont gardé des relations à Honolulu. Mais nous ne les fréquentons plus ! Ces gens-là, les « missionnaires », n'ont qu'un but : arracher l'archipel aux indigènes et l'annexer aux Etats-Unis... Depuis dix ans, ils cherchent par tous les moyens à renverser le roi... Ils fomentent des coups d'Etat au nom de la civilisation !

— De la civilisation ? s'insurgea Fanny. Mais Kalakaua, c'est le comble de la civilisation !

— Justement, ça ne leur plaît pas, à ces hypocrites !... Le roi rêve d'expansion pour son archipel... Il cherche à créer une confédération, à s'allier avec toutes les îles que les Blancs ne se sont pas encore appropriées... Joe te racontera : il a accompagné l'une des délégations du roi jusqu'à Samoa... En tant qu'artiste du gouvernement, il a pris des photos là-bas, il a fait des croquis. Notre ami Henri Poor, chez qui vous allez habiter à Waikiki, appartenait à cette expédition. Il a vu le roi Laupepa de Samoa... L'accord a été signé... Quelle gifle pour les puissances occidentales qui gouvernent l'île dans le plus total mépris des Samoans !... Si Kalakaua réussissait, il serait assez puissant pour faire échec aux Blancs.

Le regard enflammé que les deux femmes échangèrent rassura la plus jeune : une bouffée de joie empourpra son joli visage. Belle venait enfin, enfin de retrouver sa mère ! Quelle diabolique habileté elle avait dû déployer pour soustraire Fanny à Louis, pour la garder un peu avec elle, pour la voir en tête à tête un instant ! Cette présentation au roi, cet interminable trajet en tramway à travers les embouteillages, c'était une manœuvre de Belle pour retrouver Fanny.

En présence de Stevenson, le reste du monde pouvait sombrer : Mrs R.L.S. s'en souciait comme d'une guigne. C'était du moins la pénible impression qu'avait sa fille. Même Austin, son petit-fils qui l'avait tant séduite à San Francisco, était redevenu invisible... Louis... L'ancienne rancœur de Belle à l'égard du rival de son père, cette hostilité qu'elle ne parvenait pas à cacher empoisonnaient à nouveau les rapports familiaux. Et Fanny n'en avait même pas conscience.

Quelle déception pour Belle à l'arrivée du *Casco* ! Après tous ces mois d'attente et d'angoisse, la jeune femme ne s'en remettait pas. A Noël, les autorités portuaires d'Hawaï avaient donné la goélette pour perdue ; les amis des Strong n'osaient même plus évoquer le yacht dont le naufrage semblait certain... En apercevant le voilier, Belle, transportée de joie, avait couru sur le port, sauté dans une barque et ramé à leur rencontre. Dans sa précipitation, elle avait failli couler dans la rade. Et pas un regard de Fanny ! Pas une étreinte, pas un mot trahissant la moindre impatience de la revoir... Louis, Louis, Louis, il n'y avait que Louis qui comptait.

Riche, célèbre, en bonne santé. Les transformations récentes de Stevenson rendaient sa joie de vivre et son aplomb plus exaspérants que jamais aux yeux de sa belle-fille... Désormais, il s'octroyait le droit d'exercer son autorité sur les proches de sa femme ! Ce n'était pourtant pas de lui que Belle attendait du secours. Son sauveur, c'était sa mère. Erreur. Fanny ne serait jamais que le sauveur de Louis, songeait la jeune femme avec amertume. « Les retrouvailles avec maman n'étaient qu'une illusion... Au moment où j'ai besoin d'elle, elle ne songe qu'à son bonheur... Au moment où ma vie s'effondre, elle, elle découvre les joies du mariage... Ses premières joies sans doute... »

Les sept mois de cette interminable croisière avaient manifestement resserré les liens du couple. Si Belle avait cru sentir en mai dernier une légère distance de Mrs Stevenson à l'égard de son cher époux, elle s'était trompée. En abordant les rivages de ces mondes nouveaux, Louis et Fanny s'étaient redécouverts l'un l'autre. Leurs réactions, identiques, à la beauté des êtres et des choses ; leurs émotions, leur curiosité envers les indigènes ; cette sympathie, cet enthousiasme commun, toute l'aventure les confortait dans l'absolue certitude d'une symbiose quasi spirituelle. « A Romance of Destiny. » A bord du *Casco*, songeait Belle, ils avaient dû reprendre leur liaison où ils l'avaient laissée chez Chevillon, au temps où pour eux l'amour tanguait au fond des barques de Grez... Comme ce temps-là paraissait loin ! L'amour ? Belle ne connaissait désormais de l'amour qu'une liaison avec un employé de banque, et puis une courte passion pour un officier de marine qui avait repris la mer... De l'amour ne restait que l'adultère. Et la tendresse maternelle pour son petit garçon.

Constat d'échec. Fanny avait gagné tous ses paris. Ses prédictions se réalisaient. Et si la mère n'avait pas encore émis le « je te l'avais bien dit ! » que redoutait tant sa fille, Belle croyait l'entendre dans la sévérité du regard, dans l'inquiétude de son expression en l'interrogeant sur ses affaires... Dans leur silence.

Joe courait les filles. Joe buvait. Joe fumait de l'opium. Il travaillait de moins en moins et consacrait l'essentiel de son énergie à cacher les factures impayées dans ses tiroirs, à dissimuler ses dettes à sa femme. Sous le clinquant et la facilité de leur existence, les Strong louvoyaient au bord du gouffre.

Comme son époux, Belle préférait oublier la désintégration de sa vie, en se jetant à corps perdu dans le plaisir et dans l'action. L'idée d'initier sa mère à la politique, de la piloter, de la gagner à sa cause, grisait la jeune femme, et passionnait Fanny.

— Il faut que Louis fasse la connaissance de ton roi ! Pour ses articles sur les mers du Sud... Il aurait sûrement mille questions à lui poser...

— D'autant que Kalakaua est lui-même un homme de lettres. Il a composé les paroles de l'hymne national et vient de publier un recueil de légendes... C'est le premier livre en anglais qui raconte les vieilles histoires de son pays.

Avec la même agilité, la mère et la fille sautèrent du tramway qui les déposait à cinq cents mètres de la plage. Leurs bottines s'enfoncèrent à la même profondeur dans le sable, la même flamme embrasait leurs deux regards.

— Louis pourrait peut-être l'aider, reprit Fanny... Sa plume attirerait l'attention du monde sur ce que l'Amérique compte faire d'Hawaï.

— Demain, si tu le désires, j'organise une rencontre entre Kalakaua, ton mari et mon frère !

*

Le lundi 27 janvier 1889, Louis se rend donc avec Lloyd à Iolani Palace pour une entrevue privée avec le roi.

Quarante-huit heures plus tard, Sa Gracieuse Majesté retourne la politesse en s'installant sur les banquettes du *Casco* le temps d'une petite tasse de thé. En fait de thé, la demi-douzaine de bouteilles prévue par Belle s'avère une évaluation un peu serrée de la capacité d'absorption du monarque... La gaieté de cet après-midi, Stevenson et son entourage en garderont le souvenir grisé. Le capitaine Otis se surpasse à l'accordéon, Lloyd chante des ballades écossaises, Belle se déhanche en dansant, Louis clame le dernier de ses poèmes à la gloire de la Polynésie.

Quant à Fanny, elle écoute. Fascinée, elle dévore du regard ce géant qui bouillonne de projets et de rêves. Devine-t-elle que Kalakaua a déjà perdu la bataille ? Que les Blancs ont virtuellement annexé son pays ?... Pressent-elle qu'en ce mois de janvier 1889 ce monarque et ce trône n'en ont plus pour longtemps ?... Ou bien, en petite bourgeoise du Middle West, se laisse-t-elle impressionner par le pouvoir ? Quoi qu'il en soit, elle prend parti. En raccompagnant Kalakaua à la passerelle, Mrs R.L.S. le clame haut et fort, « elle est de son côté ! ». Selon sa bonne habitude, Fanny se range du côté du plus faible.

Le dimanche suivant, 3 février, elle convie Sa Majesté à venir festoyer avec elle dans le plus grand des quatre bungalows qu'occupent les Stevenson sur la plage de Waikiki. L'installation de toute la tribu s'est avérée trop onéreuse pour garder le *Casco* à quai : Louis renvoie le yacht à son propriétaire. Il donne son congé à la servante Valentine qui se fixera aux alentours de San Francisco et se mariera.

Un groupe de cabanes en bambou où chacun vaque à ses occupations. Lloyd tire ses photos dans une cahute sans fenêtres — sa chambre noire. Fanny plante son chevalet dans la maisonnette qui lui sert de quartier général. Louis écrit à l'écart, dans une hutte tapissée de nattes qu'entourent deux rangées de fil barbelé pour éloigner, prétend-il, les curieux. La petite bande se retrouve sur la véranda de la grande maison, pour les repas qu'orchestrent Fanny et son cuisinier, Ah Fu.

Etrange histoire encore que celle de Ah Fu, ce jeune Chinois rencontré aux Marquises, engagé par Mrs R.L.S., passionnément attaché à sa maîtresse qui ne redoute que ses intrusions dans les conversations et ses jurons à faire pâlir tous les trafiquants du Pacifique ! Ah Fu suivra les Stevenson dans toutes leurs errances, jusqu'au jour où il demandera à rentrer en Chine pour une dernière visite à sa vieille mère... Dernière visite avant de revenir passer le restant de sa vie auprès de Louis et de Fanny. Permission accordée. Fanny coud ses gages dans la doublure de ses vêtements, elle ourle sa veste et ses pantalons de pièces d'or... Et n'en entendra plus jamais parler ! En dépit de ses recherches, aucune trace d'Ah Fu... D'elle, le Chinois avait dit qu'il avait tout appris.

Poisson cru ou chien grillé, les talents culinaires de Fanny n'ont rien perdu à la fréquentation des îles. Curieuse de tout, respectueuse des traditions locales, elle apprend les recettes indigènes. Si l'on songe que les deux tiers des Américaines originaires d'Honolulu n'ont jamais goûté à la pâte de racines de taro bouillies, le régal des Hawaïens, qu'elles grimacent à la seule idée de plonger leurs doigts dans le bol de poïe communautaire, l'ouverture d'esprit de Fanny — comme celle de Belle — ne laissent pas d'étonner. Les chefs des villages s'accorderont pour reconnaître qu'aucune femme, blanche ou polynésienne, ne sait griller le kiwi sur la cendre, cuire le taro sous la pierre et préparer le fafaru, comme celle qu'ils appellent « Pani ». Pani, c'était aussi le nom que lui donnaient autrefois les Indiens d'Austin...

En six mois, nul mieux que Pani ne connaît les règles de l'étiquette et la façon de traiter les rois. Clou de la fête qu'elle offre à Kalakaua : le moment quasi féodal où les époux Stevenson viennent remettre au suzerain cette perle, la plus belle de leur collection, qu'accompagnent quelques vers du poète à la gloire du monarque : *La coutume, mon Seigneur, est aussi ancienne que ma lyre. Les bardes ont le droit d'offrir à leur roi ce que leur roi admire.*

Les photos prises ce jour-là témoignent de la profusion des mets, des compositions florales, de la décoration des plats. Les gestes des convives, les mains de Fanny dans les bols, la posture de Tante Maggy dignement assise en tailleur à la droite du roi, tout laisse augurer que le clan Stevenson a choisi son camp.

De l'enthousiasme de Fanny, de l'influence de Belle, de la sympathie de Louis pour les ambitions expansionnistes de Kalakaua, des affinités littéraires entre les deux hommes va découler le premier engagement politique de Robert Louis Stevenson.

La générosité du geste n'aura d'égale que son absurdité.

Sans rien savoir de l'histoire des Samoa, ce petit archipel situé à trois mille sept cents kilomètres au sud-ouest d'Honolulu, sans avoir l'intention de jamais visiter l'une de ces îles perdues au large des côtes néo-zélandaises, il va envoyer sa première lettre au rédacteur en chef du *Times* de Londres. Un article incendiaire où Louis exige l'acquiescement du monde à la tentative de fédération d'Hawaï avec les Samoa, l'admiration et le respect pour David Kalakaua qui se mesure aux Goliath du Pacifique : les grandes puissances occidentales. Stevenson ignore encore que cette expédition de Kalakaua, à laquelle Joe Strong se vante d'avoir participé, s'est terminée dans la plus formidable des beuveries qu'ait jamais connues Apia, la capitale, et que les hommes du roi s'y sont livrés à tous les excès et tous les ridicules.

Mais le mot « Samoa » est lancé, et la quête de Stevenson commence. Ironie du destin, il ouvre le feu par la défense de l'archipel, quelques îles parmi les milliers qui pullulent dans le Pacifique, qu'il choisira bientôt comme terre d'exil...

LETTRE DE ROBERT LOUIS STEVENSON À CHARLES BAXTER
Honolulu, 8 février 1889

Mon cher Charles,

(...) Sur tous les plans, le plaisir, la santé, nos six mois de croisière à bord du Casco *ont été un gigantesque succès. Et cependant, bon Dieu, on est tous rudement contents d'être à terre (...) Même s'il ne me restait que neuf mois à vivre, et neuf mois en mauvaise santé, je peux t'affirmer que j'ai mangé mon pain blanc et grignoté même quelques miettes de brioche avec usure.*

(...) Mais, mon vieux, il y a eu des jours où je me suis senti affreusement coupable, des jours où j'ai pensé que je n'avais aucun droit d'être chef de famille (...)

C'est ma femme qui a le plus souffert. Ma mère, elle, s'est amusée comme une folle. Lloyd est en pleine forme. Et moi, je ne me reconnais plus. Je me baigne dans la mer et, ce qui est beaucoup plus dangereux encore, je reçois et je suis reçu par Sa Majesté, le roi de Hawaï, qui est un type formidable, intelligent, mais, oh Charles, quelle descente ! (...)

Je n'ai pas reçu un mot de Henley et je ne tenterai pas de lui écrire (...) Il ne comprend rien au mal qu'il m'a fait (...) Quant à Katharine (...) Je n'ai aucun désir de la revoir. Tous ces derniers nuages sur ma vie, l'extraordinaire santé dont je jouis, et la variété des intérêts que je trouve à ces îles susciteraient presque chez moi la tentation de rester ici — si ce n'était la présence de Lloyd qui me paraît trop jeune pour passer sa vie dans ces pays, et l'absence de Colvin, à l'égard duquel je ressens une sorte de devoir filial. Ces deux considérations me ramèneront bientôt en Angleterre — et dans mon lit (...)

ROBERT LOUIS STEVENSON À HENRY JAMES
Honolulu, mars 1889

Mon cher Henry James,

(...) Oui, je vous le concède, je suis infidèle en amitié et (ce qui est moins terrible, mais quand même inconcevable) infidèle à la civilisation. Je ne rentrerai finalement pas avant une seconde année. Voilà la nouvelle, froidement et courageusement exprimée (...) Mais écoutez mes raisons et jugez-moi avec clémence. J'ai eu plus de plaisir durant ces quelques mois que je n'en ai jamais eu auparavant. J'ai connu une meilleure santé qu'en dix longues années (...) Bien que la mer soit un lieu dangereux, j'aime y naviguer, j'aime les grains et les averses (quand ils sont passés), j'aime l'accostage sur une île. Je ne peux vous dire combien j'adore cela, la lente approche d'une terre inconnue. Bref, je compte jouir

473

encore une année de cette sorte de vie (...) Et revenir
ensuite causer comme autrefois avec Henry James.

FANNY STEVENSON À FANNY SITWELL
Honolulu, fin du mois de mars 1889

Chère amie,

Nous sommes un peu incertains de notre prochaine
destination.

Mais les îles sauvages, celles qui ne sont pas encore
« civilisées », nous devons absolument les visiter (...) Je
pense que nous partirons vers le mois de juin (...) Ce
serait tellement dommage de rentrer en Angleterre avant
que la santé de Louis soit fermement rétablie, tellement
dommage aussi de ne pas voir tout ce que nous pourrons
au départ d'Honolulu. C'est sans doute la dernière fois de
notre vie que nous aurons une telle chance, il faut en tirer
parti. Bien sûr, nous courons les risques habituels, celui
du massacre par des tribus hostiles, et puis la mer qu'il va
falloir affronter. Mais courir un risque positif est telle-
ment moins inquiétant qu'une peur, la peur des rechutes
de Louis lors de notre retour. Et puis, la perspective de
cette nouvelle aventure procure une telle joie à Louis et à
Lloyd (...)

Quant à moi, sur un bateau, j'ai plus de soucis, plus de
travail que je ne suis capable d'en assumer. Entretenir
une maison sur un yacht n'est pas chose facile. Quand
nous quittons le bateau, Louis et moi, quand nous vivons
seuls parmi les indigènes, je me débrouille très bien. Mais
quand j'ai le mal de mer, quand je suis dévastée par
d'effroyables nausées, et que le cuisinier vient me deman-
der : « Qu'aurons-nous pour le dîner ce soir, et pour le
petit déjeuner du matin, et quoi pour le déjeuner du
capitaine, et quoi pour le repas des matelots ?... Venez
donc voir les biscuits à la cuisine, car ils sont pleins de
charançons, et, s'il vous plaît, montrez-moi comment
faire une pâte qui montera sans levure, et venez aussi
sentir le porc qui paraît faisandé, et dites-moi comment
confectionner un pudding avec de la mélasse, et qu'est-ce

qu'on va faire pour lutter contre les cafards, etc., etc. »
Tout cela au milieu d'un gros temps dans une passe très
dangereuse, quand je suis couchée par terre, accrochée à
ma cuvette (...) Là-dessus arrive le second avec la tête
fendue, je dois couper ses cheveux collés de sang, laver et
panser sa blessure et lui administrer des remontants (...)
Non, je n'aime pas du tout, mais alors pas du tout être
« maîtresse à bord ». Mais à terre ! Oh, à terre, je me sens
payée de toutes mes peines !

ROBERT LOUIS STEVENSON À SYDNEY COLVIN
Honolulu, 2 avril 1889

Mon cher Colvin,

(...) *J'ai honte de t'annoncer que nous ne rentrerons*
pas avant un an. Je ne peux qu'espérer que ce climat va
parachever la vaste amélioration de ma santé. Je pense
que continuer cette visite des îles convient à Fanny et à
Lloyd. Tous, nous avons du goût pour cette vie errante et
dangereuse. Je renvoie ma mère à la maison à mon grand
soulagement, car cette partie de notre voyage sera, si nous
parvenons à faire ce que nous désirons, cette partie sera
plutôt difficile, carrément dure à certains endroits. Le
plan pour le moment, c'est de partir d'Honolulu, de
visiter les îles Gilbert et les Marshall, de nous faire
déposer (c'est ma grande idée) à Ponape, une des îles
volcaniques des Carolines.

Là, le bateau nous abandonnera au cœur d'une
population agressive, avec un vice-gouverneur espagnol,
cinq rois indigènes, et un petit saupoudrage de mission-
naires (...) Tu te rends compte toi-même des plaisirs
variés et du genre d'aventures que cette croisière nous
promet. Tu vois qu'au mieux elle ne manquera pas de
dangers. Mais, si nous nous en sortons, elle me donnera à
moi la matière pour un fantastique livre de voyage, et
pour Lloyd une série de conférences et une collection de
photos (...)

Je ne peux pas dire pourquoi j'aime la mer. Aucun
homme n'est plus cyniquement et constamment conscient

de ses périls. Je la considère comme l'une des formes de jeu les plus dangereuses. Pourtant je déteste le jeu autant que j'aime la mer (...)

ROBERT LOUIS STEVENSON À CHARLES BAXTER
Honolulu, 12 avril 1889

Mon cher Charles,

(...) Sur l'Equator, j'emmène avec moi mon gendre qui n'en a aucune envie. Cette famille Strong demeure pour moi une source de problèmes, mais Joe est un bon photographe et nous avons dans l'idée de faire un diorama que Lloyd utilisera pour une tournée de conférences. Joe est un type sympathique, mais, je te le dis et tu le sais, je préfère avoir affaire à des gens comme (...) plutôt qu'à l'un de ces inconscients qui ne savent pas le prix de l'argent. L'état de santé de Joe est à fendre le cœur, et l'emmener ne m'amuse pas. Mais c'est une croix que j'ai à porter, et le diorama est une façon honnête de l'alléger.

ROBERT LOUIS STEVENSON À CHARLES BAXTER
Honolulu, 8 mai 1889

Mon cher Charles,

(...) Il faut maintenant que j'évoque mes affaires. Notre nouvelle croisière est assez périlleuse, et je pense utile de t'avertir : ne te hâte pas de croire que nous sommes morts ! Dans ces îles que ne relie entre elles aucun moyen de transport régulier, il se peut que nous atterrissions dans un endroit désert, où nous serions forcés de rester longtemps, même des années, coupés du monde, abandonnés là sans que plus personne n'entende parler de nous... Et puis que nous réapparaissions un beau jour (...) Aussi, ne vends mes manuscrits à l'encan que tu n'aies l'absolue certitude de mon passage ad patres dans un grain, ou de ma présence sous forme de plat de résistance au festin de quelques barbares qui auraient du goût pour le « cochon sucré ».

476

ROBERT LOUIS STEVENSON A SON AMI WILL LOW,
UN PEINTRE AMÉRICAIN QUI RÉSIDE À NEW YORK
Honolulu, 9 mai 1889

*(...) Oh Low, j'aime les Polynésiens : notre civilisation
est une sale affaire, sans honneur. Elle tue trop de beauté
chez l'homme, chez cette pauvre bête que nous sommes.
Pauvre bête qui a sa part de grandeur, en dépit de ce
qu'en disent Zola et sa bande. Je n'aime pas Honolulu où
l'homme blanc est trop présent. Ses intrigues, ses intérêts,
son manque de dignité (...) Mais si tu pouvais vivre dans
un village polynésien (...), si tu pouvais boire ce léger vin
de pays qu'est l'amitié de ces gens, si tu pouvais jouir de
leur noblesse, de la grandeur si simple des hommes qui
hantent ces rivages.*

WAIKIKI – LE BUNGALOW DE LOÙIS
la nuit du 10 mai 1889

— Pauvre Tante Maggy...

L'air semblait immobile. C'était une nuit de pleine
lune. Par la croisée ouverte, la mer luisait, noire et lisse
comme un miroir sans tain. Aucune lampe ne brûlait
dans la cahute. De l'ombre émergeaient la pâleur des
longs colliers de coquillages qui décoraient le châssis de
la fenêtre, l'arête des pages de manuscrits, les feuilles de
livres qui s'empilaient sur les deux tables. Grèges, une
jambe de pantalon, une manche de chemise pendaient
mollement d'un dossier de chaise. Du plafond, deux
moustiquaires toutes blanches tombaient en baldaquin
pour enfermer deux petits lits de camp qu'on avait
poussés côte à côte contre la cloison. Les oreillers
s'adossaient au mur face à l'océan.

Allongés là, leurs cendriers sur leurs couvertures,
Louis et Fanny fumaient en silence. Ils aimaient ce
moment, paisible et mystérieux, ce bavardage dans
l'obscurité. Dès l'aube, Ah Fu les réveillerait. A six

heures, le travail commencerait. Fanny sortirait tout de suite, laissant Louis seul devant sa page et sa tasse de thé. Il ne cesserait d'écrire qu'avec le crépuscule... Esprit bohème, âme voyageuse — peut-être ! Mais un cœur volontaire au service d'une discipline de fer.

Au fond, Louis ne relâchait jamais l'étau... Le problème, songeait Fanny, c'est qu'il demandait aux autres autant qu'il exigeait de lui-même... Dans le cas de Belle, de Joe, jugeait-elle non sans sévérité, comment répondre à de telles exigences ? L'existence que menait le couple semblait médiocre et vouée à l'échec... Mais pouvait-on faire le bien des gens malgré eux ? Et comment aider Belle, si la jeune femme ne désirait pas s'en sortir ?

Toutes ces réflexions bourdonnaient dans sa tête, se confondant avec le vrombissement des moustiques, avec les accords de guitare que Lloyd grattait au loin sur la plage, avec les clapotis des vaguelettes qui venaient y mourir.

— ... Le courage de ta mère en montant sur la passerelle ce matin, reprit-elle, sa dignité sur le pont de l'*Umatilla* m'ont serré le cœur. Je la regardais, toute droite et si digne dans la foule. Elle semblait disparaître sous l'amoncellement des leis que Belle lui avait mis autour du cou... Son petit visage perdu dans les fleurs... On ne voyait pourtant que lui, son visage ! Et pas une larme !

Elle se redressa, écarta le fin rideau blanc pour allumer la spirale anti-moustiques dont la fumée se confondit avec celle de sa cigarette.

— ... Pauvre Tante Maggy, répéta-t-elle. Refaire ce long voyage toute seule... Sans toi !

Fanny referma les lèvres sur son mégot, se retenant d'ajouter : « Sans toi, son fils, qu'elle ne reverra peut-être jamais... »

Les bras sous la tête, le dos appuyé aux coussins, Louis, que ce départ bouleversait, tira bruyamment quelques bouffées de son tabac. Ses cheveux courts, bien coupés, il les devait aux ciseaux de sa belle-fille. Belle, toujours préoccupée par l'apparence physique, prenait plaisir à sermonner son beau-père sur le laisser-aller de sa tenue. Lors des week-ends que la jeune femme passait à Waikiki, elle se livrait à mille plaisanteries sur la beauté potentielle du mari de Fanny. Tante Maggy approuvait.

— Ma mère, murmura-t-il avec tendresse... Qui eût pu imaginer que ma mère, dorlotée par son mari durant trente ans, gâtée par la vie, et comblée par la fréquentation des dames patronnesses, qui eût pu imaginer qu'elle trouverait tant de plaisir à l'inconfort d'un bateau, aux dangers de la mer ?

— ... Et à la compagnie des indigènes !

Tous deux se turent un instant : chacun songeait à la fantaisie imprévue de la vieille dame.

— ... Elle s'est distinguée tout à l'heure par l'une de ses répliques qui la résument tout entière, sourit Fanny. Sur le pont du bateau, le roi lui parlait de son orchestre qui jouait *Aloha Oe*, tu sais combien ses cuivres et ses flonflons lui tiennent à cœur... « Comment trouvez-vous, madame, la musique du Royal Hawaian Band ? » lui demanda Kalakaua. « Oh, très jolie... Cela ne me dérange absolument pas. » Cette réponse, c'est elle, son charme que j'aime tant !... Le tien... Sa gentillesse. Et son extraordinaire inconscience !

— Je crois tout de même qu'elle sera mieux à Heriot Row pour attendre notre retour. Je préfère la savoir en sécurité auprès de sa sœur... Au fond, elle n'en pouvait plus... Et puis je voulais lui épargner...

Louis tourna son visage bronzé vers le lit jumeau où reposait sa femme.

— Fanny, reprit-il, il me reste une chose à faire avant de quitter Hawaï. J'attendais pour cela le départ de ma mère... Je vais m'embarquer à mon tour.

Elle s'était dressée, livide, dramatique déjà, avant de rien savoir :

— Où ?

— Je ne serai pas absent longtemps : je veux me rendre à Molokai.

— L'île des lépreux ? Mais c'est l'enfer là-bas !... On dit que les vivants ne prennent plus le temps d'enterrer les morts...

Comme si ce chapelet d'horreurs ne pouvait que

dissuader Louis, Fanny parlait sans reprendre souffle, se hâtant d'enfiler les images.

— ... Qu'ils les jettent dans des lacs où ils pourrissent, que le sol des cimetières est tellement difficile à creuser, si dur, si caillouteux, qu'on enterre les cadavres, des centaines de cadavres, à fleur de terre. Que les chiens, les cochons viennent fouiller ces tombes, déterrer les corps, que la puanteur empeste jusqu'aux bateaux qui croisent au large des côtes...

Cette visite à Molokai — encore un projet à la mesure du « plan irlandais » — une lubie ! Vite, tout décrire pour qu'il n'en soit plus question :

— ... On raconte que la lèpre n'affecte pas seulement le corps, poursuivit-elle... Qu'elle ôte toute faculté mentale et morale aux malheureux qui en sont atteints... Il paraît qu'à Molokai c'est l'anarchie. Les lépreux y fabriquent leurs propres alcools. Ils sont soûls en permanence. Ils sont violents. Jour et nuit, ils se livrent à de gigantesques orgies.

Louis esquissa un geste d'impatience :

— Comment veux-tu qu'ils vivent autrement ? Ces gens ne connaissent aucun espoir de guérison... Chaque lépreux sait que l'aube du lendemain ne fera qu'empirer son état... Est-ce donc tellement étonnant qu'ils ne pensent qu'au présent ? Au plaisir ?... Aux petits plaisirs qu'ils peuvent soutirer dans l'instant ?

— Mais toi, qu'irais-tu faire là-bas ? La traversée pour Molokai, Louis, est un voyage sans retour. Les épouses qui viennent assister à l'embarquement d'un mari assistent à ses funérailles !... Les journaux d'Honolulu sont pleins de comptes rendus des tribunaux qui statuent sur les héritages : un lépreux de Molokai est considéré comme légalement et civilement mort... Qu'irais-tu faire là-bas, Louis ? Parmi ces hommes, ces femmes défigurées, ces enfants qui survivent dans une détresse morale que je n'ose imaginer.

— Justement. Le .moins qu'on puisse faire, c'est d'aller voir.

— Mais c'est une folie morbide !

— Le mois dernier à la cathédrale, lors de l'enterrement du père Damien, je n'ai pensé qu'à cela : que j'habitais Hawaï depuis trois mois et que je n'avais pas été fichu de rencontrer l'homme qui avait donné sa vie, à quelques kilomètres de là, pour soigner, pour soulager les plus malheureux, pour rendre l'horreur un peu supportable... Je ne quitterai pas Honolulu avant d'avoir honoré sa mémoire en me rendant à Molokai, où il a vécu, où il est mort... Je ne partirai pas sur l'*Equator* avant d'avoir vu son œuvre, avant de pouvoir en témoigner.

— Louis, l'œuvre de Damien, c'est quoi ? Quelques maisons construites sur le promontoire ! Une église, un village catholique... Que vas-tu faire à Molokai ? C'est presque choquant de songer qu'un homme sain veuille se payer le luxe d'une telle descente aux enfers.

— Ça, Fanny, c'est ta façon de voir... Toujours négative !... J'estime, moi, de mon devoir d'entreprendre ce voyage.

— Mais la lèpre ? La lèpre, Louis, est une maladie contagieuse dont le père Damien est mort, chose que tu sembles ignorer ! Imprudent comme tu l'es, la lèpre, tu vas l'attraper... Je viens avec toi !

— Non. Je pars seul. Toi, tu restes ici préparer notre prochain voyage. Nous partirons dès mon retour, et d'ici là tu as du pain sur la planche ! Toi seule peux trouver les appareils photographiques dont nous aurons besoin, un huit par dix, un quatre par quatre, et près d'un millier de plaques... Il faut aussi que tu nous déniches une lanterne magique qui amusera les indigènes, sans que nous soyons obligés de les recevoir par centaines sur l'*Equator* ; ce voilier-là ne tiendrait pas le coup... Prévois des caisses de munitions, des barils de poudre américaine, des outils, des clous, des cordes... Il faut aussi t'occuper de tes graines, de tes plants au cas où nous nous échouerions sur un atoll... Tes petits pois ont bien pris à Waikiki, ça devrait pouvoir pousser partout dans le Pacifique !... Occupe-toi des médicaments... Occupe-toi aussi de ta fille ! Si nous emmenons Joe, il n'est pas question de laisser Belle seule à Hawaï... Honolulu, ses cabales, ses plaisirs, est un endroit détestable pour une jeune femme sans cervelle... J'ai décidé que nous paierons toutes les dettes des Strong à

Honolulu. Nous les prendrons à notre charge jusqu'à ce que Joe soit en état de subvenir aux besoins de sa famille. Ils doivent tous deux changer d'habitudes.

— Mais Belle les adore, elle, ces habitudes, ces cabales, ces plaisirs... Elle est heureuse à Honolulu. Où veux-tu qu'elle aille ?

Le regard que Louis posa sur Fanny la fit taire. Fini l'époque où, terrassé par la maladie, il lui laissait l'initiative, à elle, au médecin, aux circonstances. La santé enfin venue, avec la force, avec l'âge et l'argent, le bohème libéral se transformait. Certes, il n'avait jamais admis qu'on conteste son autorité. Mais il endossait maintenant de nouvelles responsabilités. Et Fanny s'en réjouissait. Elle aimait que Belle, Joe, Austin le considèrent comme le chef de famille. Elle aimait que leur vie à tous, celle de Tante Maggy incluse, tourne autour de l'homme qu'elle considérait comme un génie. Elle aimait aussi qu'il s'entoure de sa tribu à elle, de ses enfants à elle — de leurs enfants à tous deux...

A Waikiki, Louis avait établi quelques règles de conduite qui facilitaient la vie commune. Ni Belle, ni Joe, ni Lloyd ne songeaient à s'y soustraire. Ces règles étaient simples, justes et pratiques. Mais gare à celui qui les enfreignait. Les comportements que Louis jugeait inconvenants le jetaient dans des fureurs redoutables. Axiome n° 1 : Toute chose de nature confidentielle, entendue à sa table ou dans sa maison, était sacrée et ne devait être répétée sous aucun prétexte. Axiome n° 2 : A l'heure des repas, aucun retard ne serait toléré. Pas plus qu'une conversation dialectique, des propos irritants ou provocants. Louis tenait à une conversation générale agréable et sans disputes. Sinon le silence. Axiome n° 3 : Interdiction de papoter. « Comment va votre mère, je vous ai vue hier au concert, vous êtes ravissante ce soir » : toutes ces remarques creuses devaient être bannies. Axiome n° 4 : les livres devaient être traités avec respect ; tout livre emprunté devait être rendu durant la semaine ; un livre abîmé ou perdu devait être remplacé. Et quiconque aimait un ouvrage devait se souvenir du nom de l'auteur.

Plus que jamais, il détestait qu'on s'occupât de lui et

de sa santé. Quand Belle offrait ses services, quand elle courait lui mettre un coussin sous la tête, elle l'horripilait. Quand Joe se précipitait pour lui porter ses manuscrits, il l'exaspérait. Mais, de la vigilance de sa femme, Louis ne paraissait pas conscient. Il ne se rendait pas compte qu'au premier signe de fatigue, de sa fatigue à lui, Fanny encourageait les invités à partir ; et qu'ils s'éclipsaient, malgré son insistance à les faire rester. Il ne se rendait pas compte non plus qu'elle le protégeait de l'indiscrétion de ses admirateurs, de l'ennui autant que des courants d'air.

D'un regard, Mrs R.L.S. faisait signe à Lloyd de fermer la fenêtre. D'un geste, elle l'envoyait chercher un châle. Et, du pied, elle maintenait la porte close au nez des visiteurs indésirables. Tout cela, Stevenson l'acceptait. Et la force dont il jouissait ce soir, il la devait à son épouse, cette force qui achevait de la séduire.

— Parle à ta fille... Puisqu'elle refuse de se séparer d'Austin en s'embarquant sur l'*Equator*, je veux qu'elle parte avec lui pour l'Australie ! Convaincs-la.

— Si ton père t'entendait ! remarqua Fanny non sans humour. Toi qui lui en voulais tellement de chercher à diriger ta vie. Et tes amis, tous ceux qui me disaient autoritaire... Elle rit : Eh bien, j'ai trouvé mon maître !... Quant à Belle, tu la convaincras toi-même. De moi, elle n'acceptera rien.

— Très bien, je lui parlerai à mon retour de Molokai.

— Le ministère de la Santé ne te permettra jamais d'y aller ! triompha-t-elle.

— J'ai obtenu l'autorisation : je pars le 21.

Furieuse, exaspérée, elle sauta du lit. Il la regarda tourner autour de la table, des chaises, tourner encore, tourner telle une lionne en cage, dans un état d'agitation extrême.

— C'est absurde, disait-elle... C'est absurde ! Tu viens de passer dix ans au fond de ton lit, dix ans à flirter avec la mort... Au moment où tu jouis enfin d'une bonne santé, tu vas te jeter dans la gueule du loup. C'est absurde ! Jure-moi au moins de ne toucher à rien... Jure-moi que tu mettras des gants.

— Des gants, Fanny, j'en mettrai pour affronter ta...

Louis sourit, une expression où se mêlaient humour et tendresse :

— ... Notre fille.

De la scène qui l'attendait, Belle Strong allait garder un souvenir plutôt pénible : *Une semaine ou deux avant qu'ils ne s'embarquent sur l'*Equator, *je fus appelée dans le cottage des Stevenson où Louis me reçut avec ma mère. Alors, en tant que pater familias, il m'informa des plans qu'ils avaient tous deux faits pour moi. Ma mère se contenta d'acquiescer à tout ce qu'il disait.*

Je devais quitter Honolulu par le prochain bateau. Les billets étaient pris, les places réservées pour Austin et pour moi. Nous allions nous embarquer sur le Mariposa *en partance pour Sydney. En arrivant, je devais m'installer dans la pension de famille qu'ils avaient choisie et tirer sur le compte de Louis, à la Towne and Co Banker, une certaine somme d'argent par mois.*

— Et qu'est-ce que je fais ensuite ? demandai-je.

— Tu attends.

— J'attends quoi ?

— Qu'on t'appelle.

Ce fut une discussion orageuse. Je suis de nature passive et j'exagère à peine en disant que j'obéis toujours à l'homme le plus proche. Mais cette fois, je me rebellai... J'aimais Honolulu. J'y avais beaucoup d'amis. Je pouvais y gagner ma vie. Je l'avais déjà fait dans le passé. Ni ma mère ni Louis ne m'en croyaient capable... Ils pensaient que je serais plus en sécurité à Sydney. Nous devions tous nous y retrouver à la fin de leur croisière. Nous ferions alors des projets d'avenir.

*

Une quinzaine de jours avant cette altercation, en cette soirée de mai 1889, Louis avait bâti ses plans sans Fanny. C'était la première fois.

ROBERT LOUIS STEVENSON À FANNY
Molokai, 22 mai 1889

Chère Fanny,

Pour te dire la vérité, en approchant de l'île, j'étais tellement terrifié par la peur, par le dégoût, que je n'osais même pas me retourner sur cette aventure, de crainte de perdre jusqu'au respect de moi-même. Le bateau s'approchait du promontoire des lépreux. Une terre dure, nue, aride (...) Une petite ville de maisonnettes en bois, deux églises, un appontement. Tout était laid, triste et froid, dans le soleil moribond, avec cette grande crevasse qui coupait le monde en deux, une falaise de plus de dix mille pieds, qui empêchait toute fuite des malades par la mer.

Les lépreux que notre bateau transportait furent descendus dans la première chaloupe, environ une douzaine, dont un pauvre enfant atrocement défiguré, et puis un Blanc qui laissait une nombreuse famille derrière lui à Honolulu. Nous montâmes dans la seconde chaloupe, les religieuses et moi-même. Je ne sais pas comment je me serais conduit si les sœurs n'avaient pas été là. Ma répulsion pour tout ce qui est horrible constitue sans doute ma plus grande faiblesse. Mais le courage moral de ceux qui m'entouraient estompait un peu mes réactions. Et quand je m'aperçus qu'une des religieuses pleurait doucement sous son voile, pauvre âme qu'on envoyait dans cet enfer, j'ai pleuré moi aussi. Ensuite, je me suis senti mieux, désireux seulement de lui être de quelque secours. Je pensais que c'était un péché, une honte de la laisser moralement si seule et si malheureuse. Je me suis tourné vers elle et j'ai dit quelque chose du genre : « Mes sœurs, je suis certain que Dieu vous accompagne, qu'Il est ici présent pour vous souhaiter la bienvenue. Déjà votre compagnie m'apaise... Votre amour me protège. Je vous remercie pour le bien que vous me faites. » Cela sembla soulager la jeune sœur qui pleurait. Mais à peine lui avais-je adressé la parole que nous étions au pied des marches, et que là une énorme foule, une centaine, oh mon Dieu sauvez-nous, pauvre chair humaine, une centaine de masques en putréfaction attendaient pour accueillir les sœurs et recevoir les nouveaux patients.

Tous les bras étaient tendus : je portais mes gants, mais j'avais décidé sur le bateau de ne pas donner la main. Cela me paraissait moins humiliant que de la tendre avec des gants. Les sœurs et moi-même avons traversé la foule, puis je me suis éloigné, car je pensais que j'étais de trop. Je suis parti à pied vers le promontoire, portant mon sac à dos et mon appareil photo. Tout dégoût m'avait quitté : la vision de ces créatures monstrueuses qui souriaient, qui paraissaient heureuses de nous voir, avait été malgré tout une vision de joie.

Sur le chemin vers Kalaupapa, j'échangeais de gais « aloha » avec des malades qui arrivaient en courant. Je m'arrêtais à toutes les portes pour bavarder. J'étais presque heureux, j'avais seulement honte de me trouver là sans pouvoir rendre service. Je rencontrai une femme encore jolie, elle parlait en bon anglais et semblait prête à engager la conversation. « Accorte », comme on dit. Elle pensait que j'étais le lépreux blanc, le nouveau. Quand elle comprit que j'étais seulement un visiteur, sa voix, son visage, tout en elle s'est transformé. Ce fut la seule chose triste, moralement triste, je veux dire, que j'aie rencontrée ce matin-là.

*

La création de la léproserie où Robert Louis Stevenson venait d'accoster remontait à une vingtaine d'années, lorsque le ministère de la Santé, soucieux d'enrayer l'épidémie, avait acheté des terrains sur l'île la moins peuplée, la plus aride de l'archipel. On y avait déposé le premier convoi de malades en janvier 1866. Sans vivres, sans médicaments, sans médecin, sans soutien, sans aide, sans infrastructure d'aucune sorte. Ils étaient censés occuper les maisons fraîchement évacuées par les paysans, reprendre les cultures où ceux-ci les avaient laissées, jusqu'à ce que mort s'ensuive.

Quatre ans plus tard, le promontoire de Kalaupapa comptait deux cent soixante dix-neuf abandonnés.

La police traquait les malades dans tout le royaume. Les médecins d'Honolulu encouraient les représailles des familles s'ils signaient le diagnostic de la lèpre qui enverrait l'un des leurs en enfer. Certains patients arrivaient menottes aux poings pour s'être défendus en abattant le shérif et ses hommes.

En 1873 — cinq ans avant que le ministère de la Santé ne se décide à envoyer un médecin à Molokai —, un prêtre belge prit sur lui d'y débarquer. Il était né Joseph de Veuster. On l'appelait le père Damien. Son arrivée ne fut en rien différente de celle du lépreux ordinaire. Il ne trouva aucune assistance, pas même un toit pour s'abriter. Charpentier de formation, il retroussa ses manches et se mit au travail. Il construisit sa maison, il édifia une église et un village. Il travailla dur, partagea tout ce qu'il possédait avec les plus atteints, réconforta les mourants, encouragea les vivants. Et durant quatorze ans il harcela le ministère de la Santé avec ses constantes demandes de subventions... D'aucuns l'accusèrent alors de détourner les donations privées, les fonds prévus à des fins spécifiques, pour réaliser les projets qui lui tenaient à cœur, pour favoriser « ses » lépreux, ceux d'obédience catholique.

Quoi qu'il en soit, pour des centaines de malheureux le père Damien incarna la seule lueur d'espoir dans ce monde de ténèbres. Négligeant sa propre santé, il prit tous les risques. « Ma vie est dans les mains de Dieu », répondait-il au médecin qu'il avait enfin obtenu pour son île. Dix ans après son arrivée, le père Damien était lépreux. Il passa les quatre derniers mois de son existence tourmenté par la peur de ne pas avoir mérité le paradis.

ROBERT LOUIS STEVENSON À SYDNEY COLVIN
Honolulu, juin 1889

Mon cher Colvin,

(...) Je peux seulement dire que la vue de tant de courage, de tant de joie, de tant de dévouement, m'a trop

bouleversé pour que je puisse bien t'en parler, exprimer la pitié infinie et l'horreur de tout ce que j'ai vu (...)

J'ai vu des choses qui ne peuvent pas être dites, et j'ai entendu des histoires qui ne peuvent pas être répétées ; et pourtant, je n'ai jamais autant admiré ma pauvre race, ni autant aimé la vie, aussi étrange que cela puisse paraître, autant aimé la vie que dans la léproserie. L'horreur y atteint une sorte de beauté morale : ce que je t'écris là ressemble à du mauvais Victor Hugo, mais c'est la seule façon dont je puisse exprimer cette émotion qui ne m'a pas quitté durant tous ces jours. Et cela en dépit du fait que la léproserie était tenue par des catholiques et que je n'ai jamais eu trop de sympathie pour les vertus catholiques (...) De feu Damien, dont j'ai tout entendu, tout de ses faiblesses et pire peut-être, je ne pense que plus de bien. C'était un paysan d'Europe : sale, fanatique, menteur, madré, sans sagesse, mais superbe de générosité, superbe d'une pureté fondamentale, superbe de bonté. Si quelqu'un parvenait à le convaincre qu'il s'était trompé (cela pouvait prendre des heures d'injures et d'insultes), il défaisait ce qu'il avait fait et n'en aimait que mieux son adversaire. Un homme avec toute la misère, toutes les faiblesses de l'humanité, mais, de par cette misère même, un saint et un héros.

Fanny mesure-t-elle l'importance d'un tel voyage ? Reconnaît-elle que ce choc moral, cette transformation spirituelle, Louis les a vécus sans elle ?

La rencontre de Robert Louis Stevenson avec la souffrance d'autrui, la découverte de la compassion et de l'espérance confortent l'écrivain dans sa foi en l'humanité, et le propulsent avec plus de passion dans la vie. L'essayiste, le romancier, le critique littéraire deviendra sous peu un auteur engagé. Difficile pour ceux qui sont restés sur le bord, difficile pour Fanny de le suivre dans cette voie nourrie d'émotions qu'elle n'a pas partagées. Mais la Vandegrift n'est pas femme à se laisser distancer. Elle va partager, soutenir et même, quelquefois, devancer.

Six mois après la visite de Louis à Molokai, alors que les Stevenson font escale à Samoa avant de rejoindre Belle à Sydney, Fanny lit un entrefilet dans le journal local. On y signale que le projet d'élever à Honolulu un monument à la mémoire du père Damien vient d'être abandonné. L'interruption des travaux est due à la publication dans un journal religieux australien d'une lettre signée par le révérend Hyde, une puissante personnalité de Hawaï. Dans cette lettre, le révérend Hyde révèle à l'un de ses collègues les turpitudes du prêtre catholique.

A peine débarquée en Australie, Fanny court les bibliothèques. Elle déniche l'édition du *Sydney Presbyterian*, retrouve l'article, lit à haute voix le texte de cette lettre à Louis. Indigné par ce qu'il vient d'entendre, ulcéré par la bêtise et la bassesse de cette attaque à la mémoire d'un mort, Stevenson s'enferme.

Lettre ouverte au révérend Hyde en défense du père Damien, les mots qui jaillissent de sa plume continuent de choquer certains de ses admirateurs. Quelques-uns de ses biographes condamneront la violence, la cruauté qu'il déploie pour massacrer le révérend Hyde. Lui-même s'en repentira... Et si la coïncidence avec son œuvre, le nom de « Hyde », le fait sourire, le remords d'avoir détruit un homme, fût-il dénué de charité, le hantera de longues années. Il renoncera à ses droits d'auteur sur ce pamphlet : *Je ne fais pas mes choux gras d'un assassinat. Je ne suis pas un adepte du cannibalisme. Je ne pourrais toucher un sou que ces coups de gourdin m'ont rapporté.*

Une volée de bois vert — peut-être ! Mais comment ne pas trouver à la voix de Stevenson une générosité, un souffle, une ampleur dignes des plus grands pamphlétaires ? Une causticité qui n'aurait rien à envier au meilleur Voltaire ? Et surtout la force d'évocation du visionnaire...

Un après-midi à Sydney, raconte Belle, *Louis nous fit tous venir à l'Oxford Hotel. Après qu'il eut donné* consigne au chasseur de ne le déranger sous aucun prétexte, il nous annonça, avec une gravité inhabituelle, qu'il voulait nous lire quelque chose.

Quand nous fûmes tous assis autour de la table, il se tint devant nous, un manuscrit entre les mains. Je ne l'avais jamais vu aussi sérieux, aussi ému. Il expliqua que cet article qu'il venait d'écrire entraînerait sans doute une poursuite judiciaire, un procès pour diffamation. S'il perdait ce procès, chose probable, il perdrait aussi toute sa fortune. Ce serait la ruine, et la pauvreté pour nous tous. Il comptait éditer ce pamphlet à ses frais et l'envoyer à des personnalités du monde entier. Mais il ne se sentait pas le droit de le publier sans notre accord. C'était à nous de décider si, oui ou non, ces quelques pages devaient voir le jour. Il obéirait à notre verdict.

Alors, de sa voix profonde, vibrante d'émotion, les joues enflammées, les yeux brûlants, il lut tout haut la Lettre ouverte au révérend Hyde en défense du père Damien... Jamais de ma vie je n'avais entendu un texte aussi fort. Chaque phrase, chaque mot vibrait d'émotion. C'était la morsure du mépris, l'indignation, l'ironie... Et aussi une pitié infinie. Le tout animé d'une vindicte qui accrochait l'adversaire et donnait la chair de poule. En terminant, il avait les larmes aux yeux. Il jeta le manuscrit sur la table. Il se tourna vers sa femme...

Le regard que Louis et Fanny échangèrent resterait à jamais gravé dans la mémoire des témoins. Elle s'était levée. Debout tous deux, ils restèrent une seconde face à face. L'émotion accusait leurs traits, la fièvre ravageait leurs deux visages. Alors, lui tendant les deux mains dans un geste d'enthousiasme, elle s'écria :

— Publie !

— Fanny, comprends-tu que, si j'édite ceci, c'est le retour à la pauvreté ?

— Publie !

— ... A la pauvreté et au scandale ? S'il y a procès, on va nous traîner dans la boue... Les missionnaires protestants nous tomberont dessus, ce qui signifie que nous ne pourrons plus rien faire dans le Pacifique. En

rentrant en Ecosse, nous aurons toute l'Eglise presbyté-
rienne à dos...

— Publie !... Il faut l'envoyer partout... A la reine
Victoria, au président Harrison... Belle et moi allons
faire tout de suite les enveloppes... Ah, il faut aussi
l'envoyer à Sadi-Carnot, à l'évêque de Canterbury. Et
puis au Vatican. Au pape !

*

Un siècle après le cri de Robert Louis Stevenson,
plusieurs monuments se dressent à la mémoire du prêtre
de Molokaï.

Il vient d'être statué à Rome, lors d'un procès en
béatification, que le père Damien méritait d'être mis au
rang des bienheureux. La béatification est le premier
pas vers la canonisation. *L'homme qui a essayé de faire
ce que Damien a fait est mon père (...). Le père de tous les
hommes qui cherchent et qui aiment le bien. Il était votre
père à vous aussi (révérend Hyde), si seulement Dieu
vous avait donné la grâce de vous en apercevoir.*

HAWAI – LES ÎLES GILBERT – LES ÎLES SAMOA
juin-décembre 1889 – à bord de l'*Equator*

— Tu sais pourquoi j'aime tant le Pacifique ? hurla
Louis à pleins poumons.

Un coup de feu répondit à sa question. Joe Strong,
affalé dans un hamac, repoussa du pouce le chapeau qui
lui couvrait la figure. Loin au-dessus de lui, assise sur le
toit de la cabine, les jambes pendantes, les pieds nus au
soleil, la petite silhouette bleue de sa belle-mère déchar-
geait ses revolvers sur le requin qui avait eu la mauvaise
idée de suivre le voilier. Elle gardait les bras tendus, et
les manches de son holoku claquaient dans le vent avec
un bruit d'étendard. Son ombre étrange dansait sur
l'océan que les balles zébraient de brusques traînées
d'écume.

— ... Parce que le XIXe siècle n'y existe que par
bribes ! cria Louis.

Joe se contorsionna pour l'apercevoir à contre-jour dans les cordages. Il ferlait une voile.

— ... Parce que les mers du Sud sont un no man's land des âges... Un brassage de toutes les époques... De toutes les races... De tous les crimes, et de toutes les vertus !·

Joe remit son chapeau et se rendormit en se demandant si Louis parlait des mers du Sud, ou bien de Fanny Stevenson. Tous les âges, toutes les races, tous les crimes et toutes les vertus. Mrs R.L.S.

— Touché ! triompha-t-elle en sautant sur ses pieds. Il est à point ! Allez-y, les gars, remontez-le.

Sur le pont arrière, les deux matelots qui attendaient le produit de la chasse descendirent le filet, qu'ils remontèrent péniblement à la poulie.

— Des steaks de requin... Ce sera délicieux ce soir, commenta-t-elle avec placidité... Laissez-le là et videz-le. Je le découperai tout à l'heure.

Les marins obéirent. Ils ne songeaient pas à rechigner : cette femme incarnait une figure maternelle nettement teintée de sorcellerie. Tous craignaient ses pouvoirs autant qu'ils respectaient son endurance. Ne savait-elle pas apaiser les fièvres ? Guérir les blessures ? Préparer les repas ? Même le capitaine Reid, un Ecossais de vingt-cinq ans — un dur qui terminerait en prison pour avoir vendu un bateau volé —, même Reid obtempérait.

Fini les splendeurs du *Casco* ! L'*Equator,* un petit caboteur, collectait le coprah amoncelé aux confins de la Polynésie et de la Mélanésie par les trafiquants. Le navire appartenait à une compagnie de San Francisco et ne transportait pas de passagers. Encore un coup de Fanny. Elle s'était débrouillée pour faire aménager la goélette, réussissant à caser dans les coursives deux couchettes supplémentaires pour Joe et pour Ah Fu. Elle acceptait, elle, malgré son mal de mer, de dormir par terre, roulée dans une couverture, coincée entre son fils et le gros contremaître, un Norvégien peu engageant. Elle avait laissé à son époux la seule cabine, lui cédant tous les luxes et tous les conforts afin qu'il puisse écrire en paix.

Paradoxe : cette passion pour le travail de Louis, cette symbiose dans l'expression artistique, cette communion dans la création qui les avait fascinés l'un et l'autre dès le premier jour de leur liaison, cet éternel combat pour l'élaboration de l'œuvre devenait, en ce mois de juillet 1890, une brutale source de discorde à bord de l'*Equator*.

— Si tu t'obstines, reprit-elle avec fureur quand ils sautèrent ensemble sur le pont pour se pencher de concert sur l'énorme bête... Je t'avertis...

Cette discussion, ils la poursuivaient à toute heure du jour et de la nuit, au hasard, s'affrontant avec la même violence qu'autrefois à Bournemouth, au temps où la voisine hésitait entre appeler les gendarmes ou s'éclipser sur la pointe des pieds.

— Si tu fais cela, un travail scientifique, une compilation, une thèse rasoir sur le Pacifique, c'est à pleurer !... Quel gâchis ! Moi, avec mon pauvre petit talent, moi, avec ma faible imagination, je pourrais créer un chef-d'œuvre de cette mine de matériaux que nous amassons... Alors — toi ! Quand je pense que tu ne notes dans ton journal que des statistiques !... Tes lecteurs se moquent éperdument de tes comparaisons entre les missions catholiques et les missions protestantes. Ils s'en fichent pas mal de savoir si l'étymologie de tel mot prononcé « io » en tahitien vient du « oi » hawaïen !... Tu n'es pas linguiste, tu n'y connais rien ! Laisse l'érudition aux ethnologues, et toi, fais ce que tu sais faire ! Un écrivain, ça raconte des histoires, et quelles histoires tu as désormais à ta disposition !... Les gens rêvent de les entendre, les légendes des îles et toutes nos aventures ! Raconte-leur comment la belle princesse Moë t'a sauvé la vie à Tahiti, raconte-leur ta merveilleuse amitié avec Ori A Ori, raconte-leur l'échange de ton sang avec le chef cannibale des Marquises... Dire que tu vas gâcher un tel sujet !

— Ce sera mon plus grand livre, au contraire... Mon chef-d'œuvre... Cet ouvrage ne ressemblera à rien ! Il sera digne de l'idée que je me fais de la littérature, il brassera tous les genres, les données scientifiques avec l'anecdote, la sauvagerie avec la civilisation, le beau avec le monstrueux... J'enseignerai le mystère de la Polynésie au monde entier !

Ulcérée par ces élucubrations, elle tapa du pied sur le pont, et les marins accroupis qui vidaient le poisson levèrent la tête vers le couple.

— « Enseigner ! » Qui te demande d'enseigner, Louis ? Tes lecteurs veulent que tu les distraies.

— Distraire ne me suffit plus, Fanny ! Je dois aller plus loin...

— C'est quoi, aller plus loin ? Ennuyer ? Pontifier ?... Tu trahis ton public, et tu trahis les Polynésiens en privilégiant la science au mépris des drames humains dont nous sommes ici les témoins !

— Toi, tu veux que je reste éternellement le Stevenson que le public connaît... Jeune, léger, caustique... Les gens évoluent, Fanny ! Les écrivains ont le devoir de grandir.

— Pas toi ! Pas moi... Nous, nous ne changeons pas !... Tu sais ce que je vais faire ? Je vais exposer ton projet à Colvin dont tu respectes tant le jugement : tu verras qu'il sera d'accord avec moi !

— Une fois pour toutes, Fanny, mêle-toi de ce qui te regarde ! Tu n'écriras pas à Colvin... Du moins pas sur ce chapitre.

— Que si !... Je vais lui dire, à ton mentor, ce que tu comptes faire... Un livre scientifique ! Tu verras sa réaction... Le « devoir de grandir »... A quoi joues-tu ? On n'écrit pas par devoir !... Ou plutôt oui : tu as le devoir de respecter ton lecteur en le faisant rêver !

— Que connais-tu, toi, du devoir d'un écrivain ? Sache, ma chère, que tes conseils en matière artistique doivent être écoutés avec la plus grande circonspection ! Au fond, tu ne comprends rien à...

Stevenson s'arrêta net. Terrain miné. L'art. Aujourd'hui le mot tabou de leur existence. Le seul sujet qu'ils ne pouvaient aborder.

— N'empêche, gronda Fanny, les dents serrées, n'empêche que tu n'as jamais eu autant de succès qu'en suivant mes avis...

— Ne confondons pas : le succès, ce n'est pas à ton sens artistique que je le dois, mais à tes intuitions commerciales, répondit-il froidement. Tu as l'étroite opinion du grand public qui demande qu'un livre soit intéressant.

Elle pâlit sous le coup.

— C'est l'étroite opinion du grand public qui finance tes croisières, mon petit !

— Qui dit le contraire ?... Je le crois avec toi, que mon premier devoir est de nourrir ma famille !

— Je n'ai jamais pensé, hurla-t-elle ulcérée, je n'ai jamais pensé une chose pareille !

— Je suis d'accord, poursuivit-il impitoyable : produire des chefs-d'œuvre ne doit venir qu'en second dans la vie d'un artiste... Mais cesse donc d'intervenir !

Alors, dans l'une de ses explosions de fureur que Lloyd redoutait, Stevenson tonna :

— Une dernière fois, Fanny, mon œuvre m'appartient !

Joe Strong, qui comptait les points en se délectant d'une dispute où pour une fois sa paresse n'était pas en cause, Joe eût été bien en peine de dire qui des deux combattants avait gagné cette manche-là.

Mais ce grand livre scientifique dont rêve Robert Louis Stevenson, il le portera en lui durant de longues années, et ne l'écrira jamais.

Vont-ils pressentir que, dans cet affrontement dont le ressort dramatique ne repose ni sur les difficultés financières, ni sur l'alcoolisme du mari, ni sur l'infidélité de la femme comme chez les Strong, Fanny et Louis risquent de tuer l'un en l'autre jusqu'à leur raison d'être ?

*

— J'ai une idée sensationnelle ! annonce Louis ce soir-là, après avoir signé la paix en s'extasiant longuement sur le raffinement du steak de requin... Un plan qui va nous permettre de combiner les affaires et le plaisir, un projet qui va nous offrir une base dans le Pacifique !... Je vais écrire avec Lloyd un roman d'aventures qui nous rapportera une fortune... Avec tout cet argent, nous achèterons un bateau et nous subviendrons à nos besoins en faisant le commerce du coprah ! Qu'en dis-tu, madame et mon amour ?

— Banco !

Elle continue à détester la mer, mais si la santé de Louis est à ce prix, baste, elle accepte sans regret de devenir l'épouse d'un trafiquant. Elle s'apprête gracieusement à souffrir de nausées durant le restant de ses jours.

— La compagnie s'appellera « Jekyll et Hyde ». Quant au bateau, il portera le nom de la firme de mon père, la firme Stevenson qui construisait des phares en Grande-Bretagne, Northern Lights...

— C'est une façon comme une autre de poursuivre son œuvre, remarqua Fanny, non sans ironie.

Par chance, ce rêve-là, Louis va y renoncer de lui-même.

Après une halte à Buritari, dans les îles Gilbert, où les Stevenson manquent de se faire massacrer par une popoulation enivrée par l'alcool des Blancs, armé par les fusils des *traders,* ils mesurent les bassesses qu'impliquent le commerce avec les indigènes, la corruption du monde des trafiquants. Ils passent sans regret à d'autres aventures.

A une centaine de milles de Buritari, l'*Equator* fait voile sur Apemama, la capitale du sieur Tembinok'. Belliqueux, cruel, rusé, Tembinok' règne sur un empire d'atolls. Son nom roule dans les chants guerriers de l'archipel. Les Blancs l'appellent le « Despote légendaire » ou le « Napoléon des Gilbert ».

Le roi Kalakaua ferait figure d'avorton comparé au guerrier Tembinok'. Cent vingt kilos. Deux mètres de haut. *Un profil en bec d'oiseau,* écrit Stevenson, *quelque chose du masque de Dante, une longue crinière de cheveux noirs, l'œil luisant, impérieux, inquisiteur. Sa voix convient à ce physique puissant — une voix mystérieuse, perçante comme un cri de mouette. Il s'habille selon sa fantaisie, quelquefois en robe à crinoline, quelquefois en uniforme d'officier de marine, quelquefois en veste de smoking et chapeau de paille, quelquefois en claque et robe d'évêque. Cependant Tembinok' n'est jamais ridicule.*

Le soleil brille sur la plaque dorée gravée « Singer ». Dans le lagon étale plongent une machine, deux, dix machines à coudre, elles coulent droit au fond de l'océan. Quand les rameurs de Tembinok' jettent à l'eau cette vingtaine de machines à coudre en guise d'ancres pour ses pirogues, la flotte ne manque pas de panache en effet. L'inconvénient, c'est que le Napoléon des Gilbert n'accepte l'installation d'aucun étranger sur ses îles. Son père a exécuté tous les Blancs qui tentaient d'y établir des comptoirs. Aujourd'hui il ne reste qu'un seul trafiquant, une loque qui vit dans la terreur des caprices du roi. « J'ai du pouvoir », dira-t-il à Robert Louis Stevenson. Exact : Tembinok' a du pouvoir. Et cela, le pouvoir, va plaire à Louis. Sa politique aussi. Garder le monde à distance de ses îles. Prendre de la civilisation ce qui lui paraît agréable, rejeter le reste. L'agréable ? Les armes, le tabac, les tissus, avec une prédilection du roi pour la moire, le velours et la soie. Bref, toutes les marchandises que peuvent lui vendre les bateaux de commerce.

Dans son palais en bambous pourrissent et se rouillent des centaines d'horloges, des boîtes à musique, des pièces de bicyclettes, des parapluies, des clous, des fours... Peu importe que Tembinok' n'en ait pas l'usage. Dès qu'il voit un objet qui lui plaît, il le veut. L'idée, c'est d'empêcher l'acquisition par autrui de biens qu'il pourrait convoiter. En conséquence, les navires qui voguent sur ses lagunes l'intéressent au plus haut point. Et les hommes de l'*Equator* frottent les cuivres, lavent le pont pour le recevoir et pour l'impressionner. Car Fanny, qui rêve de passer quinze jours à terre pendant que le voilier poursuit son cabotage entre toutes les îles Gilbert, Fanny espère que le roi fera exception à sa règle.

Elle ignore que les lagons de Tembinok' manquent de poissons, que les cocotiers n'abritent pas d'oiseaux, que les racines comestibles s'y font rares, et qu'à se nourrir de noix de coco et de boîtes de porc périmées ils tomberont tous malades. Cependant Tembinok' apprécie la bonne chère, et Dieu sait si la cuisine de Fanny lui paraît délectable !

Pendant qu'armées jusqu'aux dents pour le défendre les femmes du roi boivent le kava avec « Pani », Louis et Tembinok' font connaissance en discutant poésie sur la plage. Coup de foudre réciproque. Des rares missionnaires, Tembinok' a appris l'art de mettre sa propre langue sur papier. Vaste et fleuri, son anglais, attrapé ici ou là, lui permet de composer ce que les deux hommes appellent de la poésie lyrique : « Les amoureux, la plage, les cocotiers... Pas toujours vrais. Beaux quand même. » Il travaille même à l'écriture de la chronique de son règne. Il y raconte entre autres la visite d'un émissaire du roi Kalakaua, qui lui a fait signer un accord de fédération. Mais lui, s'il rêve d'une ligue des îles du Pacifique, c'est avec l'idée d'en profiter pour étendre ses Etats. Aux dépens d'Hawaï, ou d'autres.

Le séjour parmi les moustiques d'Apemama durera certes trop longtemps pour paraître idyllique, un camping de trois mois sur la plage avec la crainte de ne jamais voir reparaître l'*Equator,* mais les deux parties ne se quitteront pas sans verser quelques larmes. Fanny dessinera à l'intention du roi son drapeau national, un requin noir sur un fond bariolé. Ce drapeau, elle le fera exécuter à Sydney et reviendra le lui rapporter dans quelques mois. Décidément, les Stevenson n'appartiennent pas au « monde civilisé » ! Aux yeux de Tembinok', les Blancs se divisent d'ordinaire en trois catégories : ceux qui l'ont un peu volé, ceux qui l'ont beaucoup trompé, ceux qui l'ont considérablement lésé. Du rivage, il compose un poème à la gloire des premiers Occidentaux qui n'ont jamais cherché à tricher avec lui... Les retrouvailles promettent d'être émouvantes. Maintenant, trop heureuse de quitter cette terre ingrate, Fanny s'embarque pour leur prochaine étape : Samoa. Un archipel de quatorze îles, éloignées, pour certaines d'entre elles, de plus de trente-cinq milles, et que les marins appellent, du fait de ces distances, « l'archipel des Navigateurs ».

AU LARGE D'UPOLU – ARCHIPEL DES SAMOA
décembre 1889

A mi-chemin entre l'horizon et le rivage, la goélette longeait une frange d'écume qui perlait, disparaissait, se reformait, un trait à peine visible qui courait et bouillonnait comme une langue de flammèches blanches sur la mer grise. La barrière de corail. A cet endroit, le mugissement du Pacifique devenait assourdissant, une implosion continue où l'oreille humaine ne pouvait rien distinguer, ni la brisure des énormes rouleaux sur la muraille, ni le bruit du reflux. Et Fanny savait que de là-bas, de l'île lointaine, les pêcheurs qui tiraient leurs filets en se promenant à mi-cuisses dans le lagon, les femmes qui suivaient, les enfants l'entendaient aussi, ce grondement que ne rythmait aucune pause, cet éternel bruit de fond qu'aucune force ne pourrait interrompre.

Dans les dernières heures du jour, l'*Equator* cherchait la passe qui lui permettrait de se faufiler au cœur de la rade d'Apia, la brèche entre les coraux qui le laisserait pénétrer dans les eaux peu profondes d'Upolu, la plus grande des îles de l'archipel et la plus peuplée, mille cent quinze kilomètres carrés, trente-cinq mille indigènes au dernier recensement des missionnaires... Apia, la capitale, un village niché au pied d'une chaîne de montagnes, somnolait là, dans le fond de la baie, au ras du lagon. Seule la cathédrale se découpait, tache blanche, massive, presque phosphorescente, sur le vert noir et poilu des volcans.

Les crêtes, hérissées d'une fantomatique ligne de palmiers, disparaissaient dans un ciel lourd, plombé, qui promettait l'orage. La chaleur descendait si bas, si proche, que Fanny sentait l'humidité sur sa nuque, la moiteur frisait les boucles de son front.

A chaque accostage, c'était la même émotion ! Le regard fiévreux, elle fixait l'étroite bande de plage où les troncs des palmiers, écrasés par le poids des nuages, se couchaient sur l'océan, s'étiraient vers l'horizon, leurs tristes branches léchant les vagues, mortes dans le lagon.

Un bassin gris plus plat qu'une mare. Une grève au sable si pâle qu'il paraissait transparent, lisse comme une lame d'acier. A Samoa, c'était le sable qui miroitait sur l'eau, l'eau qui se reflétait sur le sable ; seules les brusques plaques noires des gros rochers de lave, la masse sombre, inquiétante des palmeraies qui remontaient sur les versants rappelaient qu'on allait toucher terre.

Le 7 décembre 1889, juste avant le coucher du soleil, les femmes de missionnaires, les commerçants, les planteurs, la petite société coloniale venue assister en badauds à l'arrivée d'un bateau, tous les Blancs d'Apia froncèrent le sourcil. Même les trois consuls rivaux, qui, sous les drapeaux respectifs de leurs résidences, observaient à la jumelle le débarquement des passagers sur le port, échangèrent un regard circonspect.

Pyjama de coton ouvert jusqu'au nombril, casquette de yachtman, cheveux longs, pieds nus, le premier de la bande saute sur le ponton en brandissant un pipeau. Sa compagne, la guitare dans le dos d'un holoku fleuri, le visage tanné sous un énorme chapeau indigène, un foulard pourpre autour du cou, un châle bariolé sur les épaules, bondit derrière lui et trotte à ses côtés. Puis viennent deux jeunes gens. L'un dans une veste à rayures délavées, l'oreille percée d'un anneau, les yeux cachés derrière des binocles noirs et le violon à bout de bras. L'autre, moustachu jusqu'aux tempes, les reins ceints d'un paréo à fleurs, le cacatoès à l'épaule et l'accordéon en bandoulière. Un Chinois, le crâne entièrement rasé, sa longue natte se balançant tel un métronome, ferme la marche.

Ce beau monde vient de s'extraire de la barque d'Henry J. Moors, le trader le plus influent d'Apia, un Américain que les consuls soupçonnent d'armer les factions indigènes. Quelles relations entre Moors et ces musiciens ambulants ?

Je les ai pris pour une troupe de saltimbanques,

avouera le pasteur local. *J'ai pensé que c'étaient de pauvres forains qui venaient chanter ici avec l'espoir de gagner dans les bars d'Apia les quelques dollars de leur traversée pour Sydney.*

Saltimbanques, le révérend Clarke ne s'y trompe pas. Mais d'une espèce particulière. Comment se douterait-il que la guitariste et le joueur de pipeau viennent ici défier l'ordre sacro-saint des Blancs ? Que ces deux bateleurs, rebelles à la bêtise, rebelles à la rapacité de leur race, vont relever le gant de la cause samoane ? Que leur champion, les ouailles de toutes les missions d'Upolu l'appelleront un jour « Tusitala », le Conteur d'histoires ? Et qu'un siècle après les guerres civiles qui vont déchirer l'archipel le fin visage de Tusitala se profilera toujours sur les timbres de Samoa ?

APIA – SAMOA – décembre 1889-février 1890

LETTRE DE FANNY À MARGARET STEVENSON
Noël 1889

Ma chère Tante Maggy,

Cet endroit dépasse en splendeur nos rêves les plus fous. Je n'ai jamais rien vu de plus étrange... Vous pensiez sans doute que toutes les îles du Pacifique finissent par se ressembler ? Que les descriptions de Joe, que son enthousiasme pour l'expédition de Kalakaua ont influencé notre jugement ? Que nous ne pouvions qu'être impressionnés ou déçus en accostant ici ? Erreur ! Upolu est plus magique encore !

Comparé aux Marquises ou à Tahiti, le charme des Samoa n'opère pas immédiatement. Rien de spectaculaire. Apia, la capitale, nous a même paru dépourvue du moindre intérêt. Une seule rue qui longe la baie, un alignement de baraques, qui abritent au mieux des épiceries-quincailleries, au pire des bouges et des bars. La vue sur la rade est gâchée par les squelettes de six vaisseaux de guerre. Imaginez des épaves noires qui rouillent sous les averses tropicales, et que la dynamite ne peut détruire, sous peine de faire sauter la ville ! La pitoyable histoire de ces bateaux illustre la stupidité des trois puissances qui gouvernent l'île.

En quelques mots : depuis vingt ans, quatre familles royales indigènes se disputent le pouvoir. Dans les années 1870, les Allemands, les Anglais et les Américains ont profité de la situation pour contraindre les Samoans à leur vendre leurs terres contre des armes. Ce sont les Allemands qui se sont implantés avec le plus de succès. Une compagnie de Hambourg possède ici les plus grandes palmeraies de toutes les mers du Sud. Les Allemands réussissent bien dans le trafic du coprah. Pour les empêcher de jouir d'une trop grande puissance sur cette partie du Pacifique, un Américain, le colonel Steinberger, a conclu un accord avec le roi Laupepa, l'un des prétendants, pour qu'il règne quatre ans, laissant ensuite le pouvoir aux trois autres rois à tour de rôle. Chaque dynastie régnerait ainsi tous les douze ans — sous la férule du colonel américain promulgué Premier ministre. L'idée ne pouvait évidemment plaire ni aux Allemands ni aux Anglais, qui se débrouillèrent pour le renverser, lui et sa Constitution, laissant Samoa aux mains des factions partisanes que continuait d'armer l'une ou l'autre des trois puissances blanches. Héroïque, Laupepa se rendit, évitant ainsi la guerre civile. Les Allemands le déportèrent. Vivre loin de son île, c'est pour un indigène pire que la mort. Et là, tenez-vous bien, les Allemands, cultivant sans raison le mystère, ne lésinèrent pas : ils promenèrent Laupepa durant deux ans sur toutes les mers du monde, sans jamais le tenir au courant de son sort ni de sa destination. Le roi déchu fut amené jusqu'au large de Brême dont il ne vit que les lumières, avant de repartir en sens inverse jusqu'en Nouvelle-Calédonie. Pendant ce temps, Mataafa, l'ancien candidat des Allemands, l'ex-rival de Laupepa, organisait une résistance à l'occupation blanche, un soutien au roi exilé. Les trois pouvoirs se coalisèrent alors pour envoyer dans la rade les navires de guerre dont je vous parlais tout à l'heure... Est-ce que vous imaginez ce que représente une telle flotte devant le minuscule port d'Apia? Des centaines d'hommes et plus de quarante canons. L'Allemagne, la Grande-Bretagne et les Etats-Unis, trois gros chiens qui reniflent le même os — un tout petit cartilage... Mais la nature s'en est mêlée ! Comme si le ciel voulait se venger de la bêtise des hommes, il concocta l'un des plus violents cyclones de son histoire. L'incroyable, c'est que les capitaines des trois flottes l'avaient vu venir, ce cyclone : dans la journée du 16 mars 1889, le baromètre était descendu d'un coup. Mais ni les Américains, ni les Allemands, ni les Anglais ne voulaient être les premiers à quitter la rade. Il suffit pourtant d'un coup d'œil pour comprendre que cette baie est une cuvette où la violence des vagues se trouve décuplée par une digue redoutable : la barrière de corail. Au dernier moment, l'un des bateaux anglais a choisi de battre le cyclone et de fuir. Projetés les uns contre les autres, les six cuirassés avec tous leurs équipages ont coulé sur place. Après ce carnage où devaient périr plus de cent quatre-vingt-dix marins sans que les indigènes aient dû tirer un seul coup de feu, les trois pouvoirs se sont retrouvés à Berlin pour y signer ensemble un traité... Une belle farce ! Cet accord, que ne ratifiait aucun indigène, stipulait avec une grande générosité que les Samoa resteraient indépendantes et dirigées par le roi que les trois puissances choisiraient pour le peuple. Ce roi, mis et maintenu au pouvoir par les Blancs, dirigerait le pays avec le concours et le soutien de trois consuls, chacun représentant l'une des puissances... Je vous laisse imaginer, Tante Maggy, la pagaille. Ils ont restauré Laupepa qu'ils avaient exilé ; et banni Mataafa qui avait soutenu Laupepa. Ils ont écarté du trône les deux autres familles, qui continuent de clamer leurs droits, pendant que les trois consuls se dévorent entre eux... Les seuls dont la dignité sauve la situation, ce sont encore et toujours les indigènes. Je comprends la sympathie, la fascination même de Joe pour les Samoans. Les hommes sont bâtis comme des armoires à glace, le torse large qui bouge muscle par muscle et très lentement. Ils portent tous le lava lava, une grande pièce de tissu de couleur rouge ou bleue à fleurs blanches, comme nous en avions vu à Tahiti. Mais ils le nouent sur le côté, et Louis prétend qu'ils portent le lava lava comme les Ecossais portent le kilt. Il semble que ces gens ont cultivé l'art de la gestuelle, la plastique du mouvement, comme s'ils n'avaient pas d'autres expressions artistiques que leur propre beauté. Ils ont une façon de se déplacer, chaque geste au ralenti, comme fragmenté. Le buste droit, la tête haute, le visage aux yeux lointains... Les formes semblent tenir ici une place cruciale, le sens esthétique de leur société me paraît ancré bien plus profondément que chez nous. Chaque instant de leur vie tend imperceptiblement vers un idéal de beauté. Les garçons du village, par exemple, choisissent une ou plusieurs amies qui les conseillent sur leur coiffure, savent exactement les boucles et les ondulations qui conviennent à leur chevelure et mettent une sorte de passion à les orner de fleurs ou de feuilles. Les hommes et les femmes se réarrangent les uns les autres en bavardant sur les marches des falés. Les plus élégants se décolorent les cheveux avec une décoction de chaux et de citron. L'opération prend plusieurs jours et ils se baladent avec des têtes toutes blanches, comme des marquis du XVIIIᵉ siècle qui auraient planté dans leurs perruques d'immenses fleurs rouges... Leurs maisons, leurs jardins font l'objet de soins jaloux. Le désherbage me paraît même être leur seule activité. Ils gardent leurs pelouses rases et piquées de fleurs. Pour le reste, ils ne s'activent guère. Ils peuvent rester des heures immobiles à regarder la mer. A quoi songent-ils?... Pas une once d'agressivité. Une gentillesse qui n'importune jamais. Mais quelque chose de profondément, de totalement étranger. Ils sont pourtant chrétiens, et très pratiquants. Les missionnaires de toutes confessions s'entendent pour dire que leur faire accepter le christianisme a été chose aisée. Les Samoans attendaient depuis longtemps notre Dieu qui passait pour plus puissant et plus généreux que les leurs, à en juger par la richesse des Blancs. Le dimanche leur plaît tout particulièrement, les églises et les temples sont bondés et les services n'en finissent pas : les fidèles n'aiment rien tant que les interminables cantiques qu'ils entonnent dans leurs plus beaux atours... Pourtant, ces gens me paraissent plus différents de nous que tous les indigènes, même ceux des îles les plus féroces. Ils ont quelque chose d'absent qui me fascine et m'intrigue. Je ne suis pas certaine de pouvoir jamais les comprendre... Ce qui me frappe aussi, c'est leur langue et les inflexions de leur voix. Un chuchotement. Ils murmurent, j'ai quelquefois du mal à les entendre. Même les enfants ne crient pas. Ils rient. Ils courent. Mais sans bruit. En ce sens, l'atmosphère de Samoa est extrêmement différente de Tahiti. Sur le port, quand les familles de Savaii et de Manono, les îles voisines d'Upolu, se retrouvent, elles ne s'interpellent pas. Ce silence n'empêche ni la tension ni l'émotion. Mais ici encore les gestes et les mots semblent retenus et feutrés. Une accolade, un murmure, ils disparaissent par villages entiers dans un nuage d'humidité vers la brousse, le « bush » qui surplombe la ville. Mr Moors, le trader américain qui nous héberge, me disait que les démonstrations sont considérées comme un manque d'éducation. L'étiquette tient ici une place à laquelle les Blancs n'entendent rien. Cela va me prendre des mois, peut-être des années, avant d'en connaître les règles.

Des mois ? Des années ? Le séjour à Samoa n'est censé durer que jusqu'en février. Louis et Fanny ont renvoyé l'*Equator* et comptent rentrer par le *Lübeck*, le paquebot qui fait la liaison entre San Francisco, les îles et Sydney. En Australie les attendent Belle et Austin, dont ils comptent assurer la vie matérielle avant de rentrer définitivement en Angleterre.

*

Un homme blanc à la peau tannée marchait sur le platier, juste à la lisière de la barrière de corail. Armé d'un harpon, il observait les trous d'eau entre les doigts des coraux. La crête noire de la muraille se dressait hors de l'eau, des grappes de plantes y séchaient au soleil, toute une faune aquatique qui exhalait une odeur écœurante de vase et d'algues. Au loin, encastrant la plage, des rochers de lave noire se soulevaient plus hauts, plus menaçants, jusqu'aux cocotiers. Droit devant, le bassin s'aplatissait, se creusait sous le soleil comme une coupelle vide. Une femme indigène avançait à pas lents sur le rivage. Elle portait, coincé sur la hanche, un grand panier. Elle s'assit. De plus près, on s'apercevait qu'elle aussi était blanche. Aucun Samoan ne s'y serait trompé. Elle avait marché avec trop d'élan tout à l'heure sur la plage, elle s'était accroupie trop rapidement sur le sable. Même son immobilité, même son silence ne ressemblaient pas à la rêverie samoane.

Cependant une paix inaccoutumée la pénétrait. Elle enserra ses jambes et posa son menton sur ses genoux, sans quitter du regard la maigre silhouette qui longeait les coraux... Emerveillée. Elle ne s'y habituait pas... A trente-neuf ans, pour la première fois de son existence, Louis pêchait, Louis nageait, Louis montait à cheval, il avait même dansé le soir de Noël... En mai prochain, il rentrait à Londres. Quelle folie ! Elle la tenait, sa réponse : le soleil, la mer, un climat tropical — cela seul convenait à Robert Louis Stevenson ! La chaleur, et non l'altitude. L'océan, et non la montagne... Ne jamais s'éloigner de plus de 10° au nord ou au sud de l'équateur... Il pensait maintenant s'installer à Madère, y passer l'hiver, et remonter chaque été vers l'Angleterre... Prendre un tel risque simplement pour revoir ce Colvin que leurs récits de voyage ennuyaient, cet Henley auquel Louis avait fini par pardonner, toute la bande qui au fond, pensait-elle, se souciait de lui comme d'une guigne ! « ... Tandis qu'ici... Ici, songeait-elle... Pourquoi ne resteraient-ils pas ici ?... »

Elle percevait, à quelques mètres derrière elle, entre les palmiers qui frangeaient le rivage, la lente activité d'un village samoan. Cinq ou six maisons, sans murs, sans cloisons, avec un toit ovale en feuilles de pandanus, que soutenaient une vingtaine de piliers. Surélevé par un amoncellement de pierres noires, le falé n'était qu'une seule et vaste pièce en ellipse, ouverte à tous vents. Entre les piliers peints en bleu canard, en rouge ou en jaune vif, des stores roulés descendaient la nuit, se superposant pour protéger des courants d'air et de la pluie. Au pilier central du falé pendaient la calebasse d'eau et les tasses sculptées dans des noix de coco. Sur le fin gravier du sol reposaient les meubles, des caisses en bois où les femmes serraient les lava lavas, les tentures que l'on pourrait déployer afin de compartimenter l'ovale de la maison en plusieurs alcôves, et les nattes tressées où les membres de la famille s'étendraient pour dormir... Que demander de plus ? songeait Fanny. La nature subvenait aux besoins de chacun. Les femmes confectionnaient les vêtements dans l'écorce des arbres qu'elles tressaient et coloraient. Il suffisait de se baisser pour ramasser le fruit de l'arbre à pain, les noix de coco et les racines de taro. La mer foisonnait de poissons, et les attraper paraissait le sport le plus amusant, Louis ne s'en lassait pas, lui qui n'avait jamais rien su faire de ses dix doigts... Les questions qui se posent, songea-t-elle, ce sont les conséquences sur l'œuvre de Louis d'une installation permanente dans les mers du Sud. Trouvera-t-il de la difficulté à écrire ici ? Sa production risque-t-elle de ralentir ? Parviendra-t-il à se faire éditer ? Se coupera-t-il des journaux et des critiques ? Perdra-t-il ses lecteurs ? Dans ces îles perdues, les contacts intellectuels avec ses pairs vont-ils lui manquer ?... En admettant que Louis ait besoin de très peu de revenus pour survivre à Samoa, pourra-t-il gagner sa vie ?

Comme elle le faisait naguère à Grez, lorsqu'elle essayait de choisir entre Sam et Louis, de peser les inconvénients et les avantages de l'un et de l'autre, elle traça de l'index une ligne sur le sable. A gauche, les plus. A droite, les moins.

« Samoa présente un avantage, reprit-elle, un grand avantage sur les autres îles du Pacifique : le bateau qui relie l'Australie à San Francisco s'y arrête une fois par mois. Le courrier ne met que trente jours pour atteindre l'Europe... Upolu ne se trouve qu'à une semaine de la Nouvelle-Zélande. Et de là le télégraphe pour Londres prend moins d'une minute... Mais l'œuvre de Louis ? En admettant qu'il puisse correspondre avec ses éditeurs, corriger ses épreuves, publier sans encombre... l'œuvre de Louis souffrira-t-elle de son isolement ? Non, s'insurgea-t-elle. Le rendement des deux dernières années n'a jamais été meilleur, l'inspiration plus riche... Et sa puissance de travail !... Non, il n'y a aucune raison de

conclure que l'installation dans les mers du Sud l'empê-
chera de produire ! En outre, à ses activités d'écrivain il
pourrait ajouter celle de planteur ! »

Derrière elle, elle entendait bruisser la brousse.
Inquiétante, multiple... Qu'on lui donne à elle cette
terre vierge, qu'on lui donne cette jungle, cette forêt,
ces cascades, ces oiseaux, qu'on lui donne ces grands
arbres, qu'on lui donne ces fleurs, qu'on lui donne ce sol
et sa boue, Fanny Vandegrift en ferait de l'or... Elle
pétrirait l'humus jusqu'à le transformer en d'immenses
champs de vanille, de tabac et de cacao. Elle imaginait
déjà une grande clairière où s'alignaient ses plants, elle
sentait entre ses doigts rouler les graines noires qu'elle
respirait à pleins poumons.

Le soir tombait. La marée remontait. Les palmiers
sur la grève semblaient illuminés par la lune, comme si
l'océan n'avait été qu'un décor sous le feu des projec-
teurs. Aveuglée, elle voyait l'ombre de longs canoës qui
longeaient la grève. Les silhouettes des rameurs disparaissaient par instants derrière les cocotiers, pour reparaître entre deux troncs, et poursuivre en silence. L'eau
envahissait le bassin. Louis, dans le contre-jour, rentrait
lentement, brandissant pour elle son énorme crochet
chargé de poissons. A sa droite, elle sentait les habitants
du village qui s'avançaient sur la pelouse, une pelouse
bien rase qui étouffait l'écho des pieds nus. L'odeur de
la fumée, le murmure des femmes montaient des petites
maisons en appentis qui servaient de cuisine. Un
troupeau de petits cochons noirs trottinaient à la lisière
du sable ; un chien blanc, famélique, errait ; des poules
picoraient çà et là. Trois voix entonnèrent un cantique.
L'*Ave Maria* s'éleva dans l'air du soir. Aux derniers
rayons du soleil, les lampes à huile s'allumèrent dans les
maisons. Alors l'ombre gagna jusqu'à la demeure du
chef, et la lente mélopée de la prière s'éleva sur le
rivage.

C'était l'heure secrète où le silence de l'eau se faisait
plus profond. Et Louis prit place à côté d'elle sur la
plage.

Chère Tante Maggy, écrira Belle un mois plus tard.

J'étais couchée un matin dans ma petite chambre de la pension de famille que m'avait indiquée Louis, quand j'entendis un branle-bas de combat au rez-de-chaussée. La bonne de l'étage surgit dans ma chambre en hurlant : « Mrs Strong : c'est Mr Strong ! » Et Joe est entré. Il a été très malade à Samoa. Maman l'a envoyé ici en avant-garde, pour qu'il soigne sa cirrhose et son souffle au cœur en Australie. Mais dès son départ, très inquiète pour lui, maman a envoyé Lloyd à sa poursuite. Ils sont arrivés tous les deux en même temps.

Lloyd est en pleine forme et ne tarit pas sur leur voyage à bord de l'Equator... Mais la nouvelle, la grande nouvelle que vous savez déjà par le télégramme d'Auckland, la grande nouvelle, c'est que Louis a acheté un terrain à Samoa, qu'il va y construire une gigantesque maison !

Je ne vous envoie pas cette lettre avant d'avoir vu maman et Louis : je voudrais vous dire comment ils vont. Lloyd veut ajouter un mot.

Avec toute ma tendresse,

Belle

PS. : *La propriété à Samoa se trouve à cinq kilomètres derrière la capitale et à deux cents mètres au-dessus du niveau de la mer. Elle s'appelle Vailima, Les Cinq Rivières, à cause des cinq cours d'eau qui la traversent. Il y a près de cent trente hectares.*

Baisers

Lloyd

PS.PS. : *Le climat est idyllique. Deux bateaux par mois font la navette pour le courrier.*

Affection

Lloyd

PS.PS.PS. : *La terre est très riche. La vue somptueuse. Plein d'arbres. Très peu de moustiques.*
Sincèrement

Lloyd

PS.PS.PS.PS. : *Lloyd me dit qu'on peut y faire pousser de la vanille, du cacao et des oranges, qui devraient rapporter beaucoup d'argent. Lloyd va peut-être installer une scierie sur l'une des rivières. Maman, paraît-il, parle de créer une distillerie et de faire des parfums. Elle croit avoir trouvé l'arbre ylang-ylang. A New York, une goutte d'extrait d'ylang-ylang se vend sept dollars. Louis rêve de créer un club à Apia, où il y aurait des livres, du papier, un billard et du thé.*
Love

Belle

Seul détail que Lloyd et Belle omettent dans leurs post-scriptum : il n'y a rien sur ce terrain, rien qu'un enchevêtrement de buissons, d'arbres, de racines, de lianes. Vailima ou la jungle.

Avant d'avoir vu moi-même à quoi ressemblaient ces troncs, touché ces fougères, ces tiges, ces lierres, saigné par leurs épines et gonflé sous leur venin, je n'avais jamais évalué l'ampleur de la tâche des Stevenson.

Les muscles de cinq hommes, les bras écartés de deux géants ne parviendraient pas à étreindre le plus frêle de leurs banians. Et si, par miracle, les haches ou la dynamite réussissaient à les abattre, la terre fumante se nourrirait de leurs débris pour produire de nouvelles branches, pleines de suc et de sève. Grimpantes, rampantes, volubiles, flexueuses, les plantes de Vailima tressent entre sol et ciel un filet où la nature étrangle quiconque tente de l'assujettir.

Malgré leurs descriptions et les nombreuses photos, je n'avais pas mesuré la démence de leur entreprise.

Louis pesait moins de cinquante kilos. Fanny allait avoir cinquante ans...

Ce que Lloyd ne dit pas non plus, c'est qu'aucune route ne relie cette propriété à la capitale ; que, durant la saison des pluies, les rares sentiers qui descendent vers Apia se transforment en torrents de boue ; que les pluies tombent d'octobre à mai, que les vents décapitent les maisons ; que les quatre cents Blancs, fonctionnaires et trafiquants, regroupés par le destin sur cette île, préfèrent fomenter des intrigues et mélanger des cocktails plutôt que de construire à l'intérieur des terres ; que les trente-cinq mille Samoans méprisent le travail manuel, qu'en ce début d'année 1890 ils se regroupent en factions et s'arment pour une nouvelle guerre indigène. Enfin que, si les barils de poudre et les caisses de champagne encombrent les entrepôts des *traders,* il est impossible de dénicher en ville une boîte de clous, une pelle, une bêche ou une truelle. Le colon qui espère s'implanter doit tout importer de San Francisco et s'équiper, à trois mille cinq cents kilomètres de là, chez les commerçants les plus proches. A Auckland, ou bien à Sydney.

SYDNEY – février-avril 1890

L'ascenseur atterrit mollement dans le hall cossu du plus grand palace de Sydney, quand la grille, s'ouvrant au nez des clients, livra passage à un homme :

— Vous me prenez pour qui ? hurla-t-il en se dirigeant vers la réception. J'ai demandé une suite au premier, on m'emmène au quatrième...

Avec mépris, le concierge regarda s'approcher cette invraisemblable silhouette. Le chapeau de paille s'effilochait. Le costume semblait avoir passé les derniers six mois en tapon dans une malle, entre boules de camphre et de naphtaline, à en juger par l'odeur...

— ... J'ai demandé trois grandes chambres, bien aérées, on me donne un cagibi !... Et vous n'avez pas fait monter mes valises !

Balayant l'air de sa manche, le voyageur les montra

du doigt. Les témoins se tournèrent dans la direction indiquée. Des carapaces de tortue, des noix de coco, des milliers de coquillages s'amoncelaient dans des calebasses, que retenait un treillis de ficelles. Des tambours dans des filets de pêcheurs, une machette, des nattes, des armes, des masques, des coffres, des caisses — le produit de deux ans d'emplettes dans les mers du Sud —, un amoncellement propre à inquiéter le moins snob des liftiers quant au genre de ces clients. Sur ce tas, que l'homme était manifestement seul à juger digne du train d'un gentleman, veillait son épouse. Plus consciente que lui de l'incongruité de leur bagage, elle arborait un vague sourire de sphinx où l'ironie le disputait à la gêne. Dans ce temple de la civilisation, sur ce parquet ciré, sous ces tentures de velours et ces lustres, *je pris soudain conscience*, raconte Belle accourue à leur rencontre, *que tous deux semblaient au moins aussi bizarres que leurs bagages !*

Le manager leur fit comprendre qu'ils étaient indésirables et leur conseilla un hôtel moins chic. La direction du palace devait se repentir d'une telle méprise !

Le lendemain de son arrivée, le nom de Robert Louis Stevenson faisait la une de tous les journaux. S'il s'était cru célèbre à New York et à San Francisco, son succès dépassait à Sydney toutes les espérances. Ses livres — l'intégralité de son œuvre — s'affichaient à la vitrine de tous les libraires. Photos, articles, éditoriaux, interviews, le public australien découvrait son physique, ses habitudes, ses projets. Il passait quelques jours ici, avant de repartir passer l'été en Europe. L'été seulement...

*
**

— Mais ma mère comptait bien retourner à Samoa après leur voyage en Angleterre ! chuchota Belle, tandis que derrière la cloison montait une effroyable quinte de toux... Mr Stevenson a de nombreuses affaires à régler chez lui. Il doit voir son éditeur à Londres. Louer sa maison à Bournemouth... Sa propre mère vit encore à Edimbourg et...

— L'état du patient ne saurait souffrir de délai, Mrs Strong ! Il doit partir par le premier bateau pour Samoa, puisque tel est...

— Les docks sont fermés, docteur. Pas un bateau ne lève l'ancre. C'est la grève... Mon beau-père doit rester ici au moins jusqu'à la fin de la grève !

— Alors...

Le docteur Ross esquissa un geste qui laissait présager le pire.

Refermant derrière elle la porte du malade, Fanny leva son visage vers le médecin. Elle paraissait plus pâle, plus grise sous le hâle. Ses lèvres, que le temps n'avait pas marquées, semblaient s'être affaissées d'un coup. Elle venait d'avoir cinquante ans. Les cernes sous ses yeux, les entailles dans son cou, les cals et les taches de son sur ses petites mains, tout disait clairement que cette femme était usée par la vie. Ses yeux que Belle n'avait jamais vus pleurer depuis la mort de Hervey, son regard semblait soudain partir à la dérive. La phrase qu'elle formulait dans sa tête depuis quinze ans, ces mots jaillirent comme un cri :

— Mon mari va mourir ?

— Si vous ne le sortez pas rapidement de Sydney, je ne réponds de rien...

A peine Louis avait-il posé le pied sur le quai froid, humide en cet hiver australien, que l'inévitable s'était produit. Il avait attrapé un rhume, qui dégénérait en hémorragie pulmonaire. Il grelottait de fièvre dans une chambre de l'Union Club, il crachait le sang. Dehors, la pluie tambourinait aux carreaux.

— ... Ramenez votre mari sous les Tropiques... Installez-le dans une île quelconque. Et restez-y ! Quant à ses séjours en Angleterre dont me parlait votre fille, il ne saurait en être question, madame... Ni maintenant, ni jamais ! Vous m'avez compris ?... Votre falé à Samoa ne vous servira pas de résidence secondaire... Vous êtes condamnés à l'exil... Le message est clair, la preuve est faite : vous ne sortirez plus du Pacifique.

***

Sur les quais déserts du port de Sydney errait la silhouette d'une femme. Les mains dans les poches de son pardessus trempé, sans chapeau, sans gants, elle allait d'un ponton à l'autre, cherchait entre les caisses amoncelées, fouillait les hangars, escaladait les passerelles, arpentait les ponts déserts de tous les navires. Personne. Les rares marins qui erraient sur les docks l'envoyaient à la recherche de leur capitaine, au « Perroquet Bleu », à « L'Edenté », les tavernes où tous dépensaient leur solde en attendant que se règlent les conflits entre armateurs et subrécargues.

Le froid, la pluie lui mordaient le visage. Elle en avait perdu l'habitude. La peur. Elle avait cru tout oublier de cette peur-là... Le cauchemar resurgissait, plus intense que jamais. « Mon Dieu, faites que je disparaisse avant lui... Qu'il ne me laisse pas seule... Sans lui, je n'existe plus. » ... La dernière fois — c'était à Tahiti en octobre 1888. Le climat de Papeete n'avait pas plus réussi à Louis que les pluies de Sydney... Comble d'ironie : en Ecosse l'été, la température des deux villes paraîtrait clémente.

Elle ne sentait pas la brûlure du sel qui lui desséchait les lèvres, ni l'odeur de coprah qui traînait, huileuse, sur les docks. Elle n'entendait pas le miaulement des mouettes, ni le cliquetis des drisses qui battaient les mâts. Fanny était hantée par cette seule image, Louis retombant sur son lit, hagard, épuisé, après une quinte de toux. Comme à Oakland, Edimbourg, Davos, Marseille, Hyères, Bournemouth. Malgré les rafales de vent qui lui coupaient le souffle, elle ne voyait que ce visage trop maigre où même les grands yeux ne lui répondaient plus, ces grands yeux pleins de sève, de vie, qui semblaient s'éteindre. Les paupières retombaient, si pâles, si fines qu'elles moulaient les globes morts. Mort ? « S'il mourait... S'il m'abandonnait... » Cette idée qui l'obsédait depuis quinze ans, elle ne la supportait plus. La redécouverte de la souffrance lui donnait le vertige... « Eh bien, qu'il meure ! Trois jours suffiraient... Qu'il reste trois jours de plus à Sydney et qu'il meure !... Qu'on en finisse ! Moi, je me jetterai à la mer... » Ce n'était pas la première fois qu'elle se

représentait la vague verte et visqueuse qui l'emporte-
rait. Elle imaginait son corps nu, raide et ruisselant,
qu'on allongerait sur un quai. Elle visualisait les centaines de mâts au-dessus d'elle, qui danseraient comme
des squelettes de poissons dépecés. On allait l'emporter,
l'enterrer près de Louis. Leurs épaules se toucheraient,
leurs flancs, leurs jambes se souderaient dans un même
bloc de pierre... Oui, qu'il reste ici et qu'elle en finisse !
Seule la perspective de sa propre mort parvenait désormais à la soulager... Depuis deux ans, ils erraient dans le
Pacifique pour en arriver là. La fin dans une chambre
d'hôtel au cœur de la première ville civilisée qu'ils
rejoignaient. Deux ans pour ce résultat ! Par moments
cependant, elle reprenait espoir... A Tahiti aussi, on
avait donné Louis pour perdu ! A Tahiti aussi, le médecin
avait ordonné qu'il reprenne la mer... Mais, comme ici,
impossible de lever l'ancre. Le *Casco* avait alors besoin
de réparations. Impossible de lever l'ancre, comme ici,
reprenait-elle, tandis que des larmes d'impuissance
roulaient sur son visage, les larmes ou la pluie ?... A
Tahiti, elle avait décidé de le conduire de l'autre côté de
l'île, à Tautira, ce petit village dont chacun vantait la
beauté et la pureté de l'air... On disait qu'il n'y pleuvait
pas, qu'il y faisait chaud... Mais ici, en Australie, où
conduire Louis ?... A Tahiti, comme ici, il avait fallu aller
loin, au bout du monde, pour fuir l'humidité. Soixante-
cinq kilomètres entre Papeete et Tautira, soixante-cinq
kilomètres dans la forêt et vingt et un cours d'eau. Seul
moyen de transport, le chariot et les deux chevaux que
possédait, quelque part sur la côte, un Chinois. De
mémoire d'homme, l'heureux propriétaire d'une telle
rareté n'avait jamais voulu ni la vendre, ni la louer, ni se
louer avec son attelage. Un matin au lever du soleil, elle
était partie à pied de Papeete. A midi, elle était de retour.
En voiture. Ses arguments pour convaincre le Chinois,
Fanny aujourd'hui ne s'en souvenait plus. Il ne parlait
pas anglais. Elle ne parlait pas français. Mais elle l'avait
obtenue, cette charrette... Rétrospectivement, cette
réussite lui paraissait facile. Au moins avait-elle trouvé
quelqu'un à qui parler ! Ici, personne. Ce port peuplé de
navires était un port fantôme.

Comment ma mère dégota la Janet Nicholl, *je n'en ai pas la moindre idée,* raconte Belle dans son autobiographie. *C'était un petit bateau de commerce en partance pour les Line Islands. Tous les marins étaient des Canaques noirs originaires des îles Salomon ; l'équipage ne comptant aucun Blanc, la grève ne l'affectait pas. J'étais présente quand l'un des armateurs, Mr Henderson, vint rendre visite à ma mère dans la pension de famille. Elle faisait ses paquets, car elle avait entendu dire que la* Janet *levait l'ancre le lendemain. Sérieux, ferme, son visiteur prit une chaise et lui dit, pendant qu'elle continuait à boucler les valises, qu'il était hors de question que son bateau prenne des passagers.*

Il continua, expliquant en détail l'inconfort d'un tel voyage pour un malade. En outre, il n'y avait aucune cabine disponible pour une femme. Quand il se tut, ma mère, sans cesser d'aller et venir dans la chambre, de plier, d'entasser, de ranger, fit simplement la remarque qu'ils seraient trois, son mari, son fils, elle-même.

Mr Henderson persista à dire qu'il ne pouvait absolument pas prendre de passagers à bord. Ma mère m'envoya faire une course et je quittai la chambre, m'arrêtant au passage chez Lloyd qui attendait avec angoisse, pour lui dire qu'il n'y avait plus aucun espoir de partir. Quand je revins, je fus sidérée d'entendre Mr Henderson donner des instructions à ma mère sur la façon de trouver la Janet *dans le port. Du fait de la grève, le bateau avait mouillé à la sortie des docks. Il prévint d'être exacte à l'embarquement et la mit en garde contre le moindre retard.*

Le lendemain, il faisait froid, il pleuvait, quand nous descendîmes dans une grande barque qui tanguait abominablement. Un triste groupe de passagers. Louis était couché sur une civière, roulé dans une couverture. Sa femme se tenait à ses côtés, silencieuse, veillant sur son confort. Lloyd, Joe et moi nous accrochions tristement à notre banc, trop déprimés pour parler.

La Janet Nicholl *était peinte en noir, l'incarnation exacte d'un vieux rafiot délabré, au ras de l'eau (...) Elle avait de hautes rambardes et il nous fut difficile d'y* hisser *Louis* sur la civière, puis de le descendre dans sa cabine.

(...) *Quand Joe et moi quittâmes la* Janet Nicholl, *nous avions le cœur lourd. Cette fois, Louis semblait si malade que nous pensions ne jamais le revoir. C'était terrible de songer qu'il partait ainsi sur ce bateau vétuste, avec un équipage d'hommes ivres, de matelots noirs et sauvages. Je n'aimais pas non plus l'idée que ma mère soit la seule femme à bord, sans même Ah Fu pour veiller sur elle. (Il était parti pour son périple en Chine.)*

Bientôt nous reçûmes une lettre d'Auckland, où la goélette avait fait escale. A notre grande surprise, nous apprîmes que les voyageurs s'amusaient comme des fous. Dès l'instant où ils étaient arrivés sous les Tropiques, Louis avait récupéré... Ils comptaient rester sur la Janet Nicholl *cinq mois, s'arrêter dans toutes les îles, rendre visite à leur ami Tembinok', amasser les matériaux qui serviraient au prochain livre.*

*

Le mois d'août les reverra tous à Sydney... où Louis tombe de nouveau malade ! Cette fois, les jeux sont faits. Le nomade qui se vantait naguère d'avoir dormi au moins une nuit dans deux cent trente et une villes d'Europe, le vagabond qui suppliait sa mère de l'accepter comme tel, le rêveur de vingt-cinq ans qui écrivait à Fanny Sitwell, son premier amour : *Un fonctionnaire de Nouvelle-Zélande est venu dîner à Heriot Row ce soir. Il nous a parlé des îles des mers du Sud jusqu'à ce que je sois malade du désir de les visiter. Des lieux superbes, toujours verts, un climat idéal, des hommes et des femmes merveilleusement faits, avec des fleurs rouges dans les cheveux (...) Le nom de cet endroit : l'archipel des Navigateurs,* cet homme-là pose son sac et jette l'ancre.

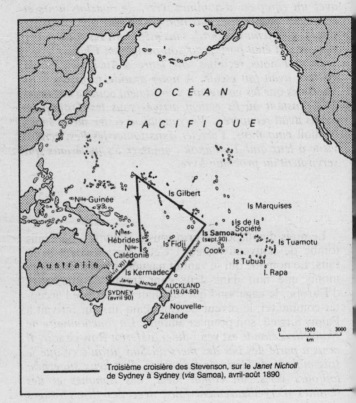

Troisième croisière des Stevenson, sur le *Janet Nicholl* de Sydney à Sydney (*via* Samoa), avril-août 1890

Sa maison, ses terres, il ne plaisantera qu'à demi en les appelant : le retour au fief de ses ancêtres, la relève du clan Stevenson, son « *Empire* ».

Les Stevenson ne prennent que le temps de s'approvisionner en plantes et en graines, en outils, en volailles : ils retournent chez eux. Tous les deux. Seuls. Pour entreprendre une tâche où vingt hommes ne suffiraient pas.

Fanny délègue son fils qui part pour Bournemouth : Lloyd a mission de vendre sa propriété, cette maison, ce jardin où elle avait cru trouver le repos. Il convoiera dans le Pacifique les meubles du salon bleu, et tous les bibelots de la bourgeoise villa. Il ramènera Tante Maggy qui passera une vieillesse heureuse, du moins elle l'espère, une fin paisible et déracinée auprès de son seul enfant. Quant à Belle et Joe, qui continuent de vivre à Sydney sur la rente que leur alloue leur beau-père, s'ils espèrent couper à la vie de famille que leur concocte Fanny sur son île, ils se trompent !

On compte sur eux pour le mois de mai, lorsque la maison sera construite, lorsque Fanny et Louis auront travaillé six mois, taillant, fauchant, creusant. *Et ma vie,* commente Robert Louis Stevenson en ce mois de septembre 1890, *promet à l'avenir d'être faite de beaucoup de pluies, de beaucoup de désherbage, de quelques lettres, et de diablement peu de nourriture !* A moins, encore une fois, que Fanny ne s'en mêle. Elle retrousse ses manches, rabat son chapeau, et s'attelle à la tâche. « *Tant que mes poules ne seront pas enfermées, j'en serai réduite à chasser l'omelette dans la savane.* » Elle commence donc par construire un poulailler. Elle bâtira ensuite une porcherie, une auge, une étable... Elle plantera soixante piquets, tendra huit cents mètres de clôture, débroussaillera à elle toute seule deux hectares et sarclera un potager où pousseront un jour des laitues, des tomates, des artichauts, des choux-fleurs, des courgettes, des petits pois, des oignons, des radis, même des asperges. Pour le moment, c'est la disette. *Notre dîner d'hier soir s'est réduit à un avocat, que nous avons partagé, ma femme et moi.* Ils n'ont ni les moyens de transport pour descendre à Apia, ni le temps de s'y approvisionner. Fanny tente de former une dizaine d'ouvriers samoans, qui ne connaissent pas plus le jardinage que la menuiserie. *Fanny montrait à Lafaele comment continuer la barrière qu'elle avait commencée,* écrit Stevenson à Baxter. *Il était plus probable que Lafaele allait la décapiter avec sa hache et lui écraser les doigts avec son marteau. Mais il était si plein de bonne volonté qu'elle l'a laissé faire. Résultat, l'ensemble de la barrière s'est effondré. Fanny, qui aurait dû se reposer, l'a donc reconstruite elle-même en entier. Ensuite, Lafaele devait fabriquer une mangeoire : il a construit une échelle par laquelle les cochons s'échapperont cette nuit. Ensuite, elle a préparé le dîner. Ensuite, comme une folle et une idiote, elle a tenu à me le servir. Ensuite, elle s'est écroulée en larmes...*

Le décor de leurs exploits, deux voyageurs, un peintre et un historien, deux riches touristes américains qui naviguent dans le Pacifique pour le plaisir et la santé, comme Louis naguère sur le *Casco*, le décriront à leur ami commun, Henry James :

Le Vailima des Stevenson : une clairière à peine débroussaillée, que constellent des souches brûlées. Une cabane au toit de tôle, flanquée d'une échelle extérieure pour accéder à l'étage... Un taudis irlandais, si sale qu'en comparaison une case indigène paraît un palais... Un homme tellement maigre, tellement émacié, qu'on dirait un paquet d'os dans un sac. Toujours en mouvement, avec des yeux brûlants qui luisent d'une sorte d'intelligence morbide. Il s'agite en pyjama rayé dégoûtant, une jambe de pantalon grossièrement rentrée dans une chaussette de laine ocre, l'autre dans une chaussette d'un pourpre presque marron... Une femme affublée de la chemise des missionnaires pas plus propre que le pantalon et les chaussettes de son mari, sauf qu'elle, elle a oublié de mettre ses bas. Des cheveux, des yeux, un teint aussi noirs que ceux d'une squaw apache ou d'une métisse mexicaine. Bien qu'il soit carrément impossible d'oublier leur crasse et leur misère, j'ai trouvé R.L. Ste-

venson extrêmement divertissant... Nous en sommes même venus à bien aimer madame. Finalement, elle est plus humaine que son mari. Lui se délecte dans les épreuves et les tribulations, il savoure l'inconfort, il jouit de la dureté d'une vie que seul un esprit de la forêt pourrait supporter... Nous avons une théorie là-dessus : Stevenson est un aitu, l'un des vampires qui hantent la brousse samoane... Il tue sa pauvre femme, dont la santé a été ruinée par deux années de croisière dans des conditions souvent épouvantables. Elle souffre de crises de rhumatisme aigu susceptibles de dégénérer en paralysie, et je la soupçonne d'être atteinte de dyspepsie... Bien qu'elle-même présente toutes les qualités requises pour une belle carrière de vampire, elle s'avère incapable d'empêcher son époux de lui sucer le sang. L'un et l'autre travaillent plus dur que tous leurs boys réunis... Au lieu d'acquérir tant de terrain, les Stevenson auraient mieux fait de s'acheter du savon !

CHAPITRE IX

LA FOLIE STEVENSON :
VILLA VAILIMA

Fanny V. de G. Stevenson
L'étrange femme
Nom indigène : Tamaitai

Si vous ne vous entendez pas avec elle,
ce sera bien dommage pour vous
et le plaisir de votre visite.
C'est elle qui mène la danse (...)
Une amie violente, une ennemie redoutable (...)
Est toujours haïe, ou platement adorée ;
indifférence impossible.
Les indigènes la croient ensorcelée
et pensent que les esprits lui obéissent.
A des visions et des rêves prémonitoires.

ROBERT LOUIS STEVENSON

SAMOA – VAILIMA I – septembre 1890-mai 1891

— Attaquer la forêt vierge, dompter une nature rebelle, la domestiquer... Ça vous connaît, Mrs Stevenson, concéda le *trader* Henry J. Moors, monté en visite à Vailima. Mais...

— Mais quoi ? coupa Fanny avec sécheresse.

En cette fin d'après-midi, la mystérieuse montagne de

522

brousse à gauche du cabanon, le mont Vaea, résonnait de cris aussi aigus que ceux d'enfants dans une cour de récréation. Le pépiement des oiseaux semblait même bizarrement humain, là au sommet des grands arbres que Fanny avait épargnés au cœur de la clairière.

— Mais...

Moors sourit avec une pointe de condescendance. Elle ne s'attendait pas à sa visite et l'avait reçu pieds nus, à son habitude, vêtue de son éternel holoku bleu maculé de sueur et de boue. Délaissant à regret son couteau de désherbage, elle l'avait conduit par l'échelle extérieure au premier étage du cabanon, dans la pièce qui lui servait de salon. Le rez-de-chaussée était entièrement occupé par les familles de ses boys, et par son matériel. « Comment une femme blanche peut-elle vivre dans un pareil désordre ? » se demanda le trafiquant. Par la porte du fond, il apercevait sa chambre. « ... Ça, songea-t-il, la chambre d'une dame ! » Il faut avouer que la pièce présentait un aspect extraordinaire. Parmi les robes accrochées à un grand portemanteau pendaient des brides, des licous, des sangles. Au premier plan, sur un coffre qui devait lui servir de coiffeuse, entre sa brosse à dents, son peigne et ses accessoires de toilette, s'amoncelaient des outils, marteau, sécateur, pinces, burins... Au mur, qu'elle avait tendu de tapas, entre les harnais et les colliers de dents de requin, étaient accrochés un seau, une lance sculptée, une lampe à pétrole. Son lit de camp semblait égaré entre deux caisses de munitions.

— Quand Lafaele perd deux fois de suite la même chose en bas, se sentit-elle obligée d'expliquer, j'ordonne que cette chose soit montée chez moi. C'est le seul moyen de remettre la main dessus...

Elle se leva pour fermer la porte.

— ... Avant que vous n'arriviez, je l'ai surpris en train d'allumer le feu avec de l'alcool à brûler, ce que je lui ai mille fois interdit. « Monte cet alcool dans ma chambre ! » ai-je ordonné à ma bonne habitude. Mais...

Fanny désigna le bidon sur lequel Moors était assis.

— ... Mais j'accepte tout dans ma chambre, sauf

l'alcool à brûler. Elle sourit, amusée : espérons que la flamme de mes invités ne le fera pas exploser...

Moors ne sembla pas goûter la plaisanterie.

Puissant, poilu, et de quatorze ans plus jeune que son hôtesse, cet Américain possédait l'un des comptoirs les plus importants des Samoa. Outre une épicerie-quincaillerie en ville, il possédait le Tivoli Hotel, une palmeraie et quelques caboteurs. Il faisait le trafic du coprah en indépendant. Ses épousailles avec une indigène l'avaient mis au ban de la société blanche. Ce qui ne l'empêchait pas d'y être reçu, mais sans sa femme. Fanny préférait de loin les réunions chez Moors aux thés dansants chez les consuls. Son mariage et ses affaires le liaient étroitement aux intérêts des Samoans. Intelligent, ambitieux, avec une réelle connaissance des peuples de Polynésie, Moors n'aimait rien tant que jouer un rôle, et sa soif de pouvoir ne connaissait guère de bornes. Il s'était empressé de prendre sous son aile l'illustrissime beau-père de son ancien camarade, Joe Strong. C'était Moors qui avait trouvé Vailima pour Robert Louis Stevenson et négocié la transaction. C'était Moors encore qui s'était chargé de faire débroussailler les cinq premiers hectares et construire ce premier cabanon — le taudis décrit par les amis de Henry James — qui allait abriter les Stevenson le temps de l'édification de la résidence.

— ... Mais, reprit-il en posant son chapeau sur la table que recouvrait aujourd'hui un châle rose de la maîtresse de maison, faire pousser du café prend du temps, Mrs Stevenson... Cela n'arrive pas, comme vous semblez l'imaginer, en une, ni même deux, ni même trois années... Il faut ici un minimum de cinq ans avant que les arbres ne portent leurs fruits... Et pendant ces cinq ans, combien d'ouragans vont déraciner vos plants, combien de boues les submergeront à la saison des pluies, combien de mauvaises herbes, de racines, de fougères les étoufferont... Et prenez garde au tui-tui, une plante vénéneuse qui empoisonnera toutes vos cultures...

— Je la connais, dit-elle sombrement en lui tendant ses mains rouges et gonflées.

Moors n'y jeta qu'un coup d'œil et poursuivit :

— ... Le tui-tui va dévaster vos caféiers juste au moment où vous les croirez près de fleurir... Ici, on plante environ six cents pieds par acre... Quels Samoans se donneront ce mal-là ?... Ils ne cultivent pas leurs propres terres... Le mot travail n'a aucun sens pour eux... Si vous comptez les appâter par la paye, sachez que leurs gages ne sont à leurs yeux que de l'argent de poche. Ils n'en ont pas besoin pour vivre, mais ils vous « l'emprunteront » avec de belles promesses... La notion de « vol » est ici moins claire que chez nous... Evidemment, vous pourriez, comme les Allemands, employer ceux que nous appelons les « black boys »... Vous les avez sûrement remarqués, ils marchent la tête basse dans les sentiers qui conduisent à Apia ; on ne peut les confondre avec les Samoans ! Petits, maigres, noirs comme le diable, ils ont été importés des îles Salomon sur ces bateaux qu'on nomme « black birders »... J'en ai fait moi-même le commerce pour les plantations d'Hawaï, et je vous souhaite bien du bonheur avec eux ! Ils sont stupides, et ne comprennent que la trique. Préparez le fouet et parquez-les... Les Samoans méprisent leur laideur, ils craignent leurs coutumes... Et pour cause : les black boys des plantations allemandes sont cannibales ! Ils se bouffent entre eux. Eh oui... Si vous choisissez ce système, vous vous coupez du reste de la population indigène de l'île. Au fait, j'ai découvert un détail que j'ignorais sur Vailima... Vos bois, et ce mont-là, le mont Vaea, servent de planque à tous les black boys qui s'évadent des plantations... Vous avez sûrement entendu des bruits étranges la nuit ? Je crains que les aitus ne soient pas les seuls à venir troubler votre sommeil...

— Pourquoi, demanda-t-elle froidement, venez-vous me dire tout cela, Moors ? Que voulez-vous que je fasse ?... Mes bagages ?

— Précisément, Mrs Stevenson. Votre époux est de nouveau à Sydney. Vous êtes seule ici. La saison des pluies commence. Ce n'est pas prudent. Je suis venu vous offrir l'hospitalité.

— C'est bien aimable à vous... Mais qui poursuivra

les travaux si je descends en ville ?... Vous savez pourquoi mon mari vient de repartir en Australie ? Pour accueillir sa mère. Il la ramène par le prochain bateau. Tout doit être terminé à son arrivée. J'ai moins d'un mois.

Par la fenêtre du cabanon, Fanny jeta un coup d'œil navré sur le chantier. Un énorme nuage de vapeur noire, qui menaçait d'exploser, enveloppait le squelette de Villa Vailima, un gros cube de bois flanqué sur toute sa longueur, au rez-de-chaussée comme à l'étage, de deux vérandas. Le vent faisait vibrer les piliers, soulevait les planches disjointes du perron et secouait la tôle du toit. Au total, neuf pièces, une buanderie et plusieurs salles de bains. Deux cents mètres carrés au sol. On prévoyait un hall lambrissé en séquoïa de Californie, avec un superbe parquet ciré assez grand pour cent danseurs et un piano.

Il avait fallu une vingtaine de devis et des centaines de dessins — ceux d'un architecte de Sydney, de Moors et de Fanny — avant de se mettre d'accord sur le plan définitif. « J'ai besoin de place, leur expliquait Louis... Ce que j'aime ici, c'est l'espace. Tant pis s'il n'y a rien d'autre dans la maison, j'aurai mon salon de dix mètres de large !... De mon lit, je verrai la mer, et le sommet de cette montagne... »

L'aile gauche de la résidence s'appuyait presque sur le flanc du mont Vaea. Denses, mystérieux, les bois grimpaient tel un mur abrupt, si proches des fenêtres qu'on pouvait apercevoir les rigoles de boue entre les arbres.

Cette fois, Moors avait suivi son regard.

— Justement, reprit-il. C'est de cela que je voudrais vous parler... Vous avez la folie des grandeurs ! Nul n'a jamais construit une telle maison sur ces îles ! Avez-vous songé à ce que l'ensemble de la propriété va vous coûter ? Louis me doit déjà sept mille dollars...

— Il vous les remboursera, Mr Moors... Je vous fais confiance : vous y retrouverez vos billes.

Le visage de Moors ne cilla pas.

— Combien de milliers d'exemplaires devra-t-il vendre pour me rembourser, madame ?

— D'ici cinq ans, comme vous le disiez vous-même, d'ici cinq ans mon café aura poussé... Je compte aussi cultiver le cacao... Vailima subviendra à ses propres besoins et libérera mon mari des pressions financières. Il n'aura plus besoin d'écrire pour nous entretenir... Nous ne vivrons pas de ses droits d'auteur, Mr Moors, mais de ce que rapportera ma plantation !

Le trafiquant ricana :

— L'utopiste de la famille, ce n'est pas votre époux, c'est vous !

— Moi, je me serais contentée d'un falé. Pas Louis... Louis rêve d'un palais... Vous savez comme moi, Moors, combien il aime recevoir... L'hospitalité de Vailima, il la veut somptueuse... Qu'on en parle jusqu'aux îles Fidji, jusqu'aux Tonga... Jusqu'à Londres !

— Mais cette cheminée que vous vous obstinez à construire, c'est « votre » idée, n'est-ce pas ?... Il n'existe pas une seule cheminée dans toute la Polynésie ! Vous devrez importer chaque brique de San Francisco, à dix cents pièce... Et d'Apia, les monter jusqu'ici... Avec le sable et le ciment ! Comment vous y prendrez-vous ? D'énormes arbres coupent votre sentier tous les mètres... On patauge dans la boue ; à cheval on ne passe pas, il faut mettre pied à terre ! Savez-vous combien, à elle seule, va vous revenir votre cheminée ? Plus de mille dollars !... Si ça n'est pas un caprice, ça ! Une lubie complètement inutile !

— Inutile, Moors ? explosa Fanny. Vous oubliez que Mr Stevenson est un homme malade... Le désherbage de ces derniers mois dont il s'est délecté avec tant de bruit, c'est le premier travail physique qu'il ait jamais pu accomplir... Quand il se vantait devant vous du bonheur d'arriver plein de boue en fin de journée, tout collant de sueur et de pluie, du bonheur de se changer, de se doucher sous la cascade, de s'asseoir face à l'immensité, c'était l'ivresse d'un homme qui jusqu'à l'âge de quarante ans a vécu comme un charançon dans un gâteau sec !... S'il produit sans discontinuer, s'il aime tant la vie et le travail, c'est qu'il sait qu'à tout instant la flamme peut s'éteindre... Et maintenant, regardez le temps, Mr Moors. Regardez !

Le nuage avait fini par exploser. Des torrents d'eau dégoulinaient des fenêtres. Le cabanon oscillait et grinçait. Chaque rafale l'ébranlait. Un déluge martelait le toit, avec, dans sa persistance, une régularité à rendre fou.

— ... Ce n'est que le début de la saison des pluies, disiez-vous... Vous sentez cette pièce ? Tout y est déjà humide et visqueux. La moisissure envahit les murs. La nuit, elle envahit même mes chaussures... Et vous avez le culot de dire qu'une cheminée ne serait pas utile ? Sans feu, comment sécherais-je les affaires de Louis ? Comment lutterais-je contre l'humidité des draps ? Vous semblez ignorer, Moors, qu'un rhume peut le tuer... Quant à ce que cette lubie va coûter, vous n'avez aucun souci à vous faire.

Moors, exaspéré, se leva et prit son chapeau.

— ... Je vous croyais les pieds sur terre, aboya-t-il... Je vous prenais pour l'esprit pratique de la famille. Je vois que vous partagez sa folie...

Dans le déluge, il dévala l'échelle en grommelant entre ses dents :

— ... Sans son charme et sans son talent... Cette femme n'est au fond qu'une paysanne.

« Paysanne. » Debout sous la pluie, Fanny suivit de son regard meurtrier le trafiquant qui détachait son cheval... Louis avait-il fait des confidences à cet escroc de Moors ?... « Paysanne », ce mot que le *trader* ne destinait pas aux oreilles de Mrs Stevenson venait de la cingler, la blessant jusqu'à la moelle. « Paysanne », c'était précisément la grande théorie de Louis, le discours qu'il lui tenait avant son départ pour Sydney. Il avait prétendu faire une ultime découverte sur sa femme : voilà, elle avait « *l'âme d'une paysanne* ». Paysanne, non parce qu'elle aimait travailler la terre, mais parce qu'elle s'enivrait de sa possession... Si Fanny avait été l'artiste qu'elle croyait être depuis vingt ans, la possession de la terre ne l'aurait pas précipitée dans l'extase où il la voyait quand elle jardinait ; ni dans l'extrême fureur où cette présente analyse la mettait. Il l'assurait par ailleurs de son plus total respect pour la gent paysanne, de sa grande admiration pour ce mystérieux univers... D'autant qu'à son avis nul n'avait le droit de se dire artiste à moins de subvenir aux besoins de sa famille.

Les paradoxes de Louis jetaient le trouble et le doute dans le cœur de Fanny. Lui croyait-il l'esprit à ce point enfoncé dans la matière, assez bête, pour ne pas comprendre qu'il la méprisait ?... Bien sûr, il la méprisait, comme l'avait méprisée Henley ! Comment osait-il coller bout à bout les anciennes bribes de sa doctrine de l'art pour l'art avec sa nouvelle philosophie de l'artiste dont la seule justification serait de subvenir au quotidien ? Ses théories ne servaient qu'à légitimer ses revirements et ses contradictions. Une seule constante : la soif de pouvoir. Quant à sa bonne conscience, il la préservait sur le dos et aux dépens de sa femme. Evidemment, à lui, les jeux de l'esprit ne coûtaient rien ! Il jouissait de la découverte de ses forces nouvelles... Elle l'y aiderait. N'était-ce pas ce qu'il attendait d'elle ?... S'il croyait n'avoir plus besoin de ses services, elle lui prouverait le contraire ! Sans elle, sans la paysanne, les châteaux en Espagne du poète s'effondreraient comme un tas de cendres... Sans elle, l'artiste cesserait d'exister ! Oui, la paysanne lui prouverait...

Robert Louis Stevenson a-t-il jamais pris conscience qu'en attirant sans cesse l'attention de Fanny sur les traits de sa personnalité qui ne s'accordaient pas avec l'image qu'elle avait d'elle-même, il ouvrait une dangereuse brèche à l'angoisse ? Que ces constantes remises en question la laissaient vide, pantelante, incertaine quant à sa propre identité ? Que c'était ses échecs à la School of Design et à l'Académie Julian qui l'avaient conduite à sublimer ses aspirations créatrices dans cet amour fou ?

D'autres ne s'y tromperont pas.

Après la mort de Fanny, ses enfants s'acharneront à radier de son journal toutes ses allusions à son orgueil blessé, tous les signes de tension avec leur beau-père. A grands traits d'encre, ils bifferont les phrases qui trahissaient peut-être le désespoir de leur mère.

Mais en 1955, quarante ans après le décès de Mrs R.L. Stevenson, trois ans après la disparition de Belle, un chercheur américain s'attaque au décryptage des passages censurés, et publie l'intégralité du journal. Sous l'épaisseur des triples ratures, que découvrira le lecteur ? A ma stupéfaction, rien ! Les paragraphes supprimés ne révèlent aucun scandale, aucun drame... Rien qui justifie de telles coupures. Seul transparaît un agacement passager. Les anodines prises de bec entre une femme et un homme qui s'aiment depuis quinze ans... Comment expliquer le souci des héritiers, leurs efforts pour effacer jusqu'aux traces les plus infimes d'un éventuel conflit ? Pourquoi tant de zèle ?

Belle et Lloyd ont-ils reconnu, dans ces bribes de doute et ces lambeaux d'angoisse, les premiers indices de la tragédie qui les emportera tous ?

*

Elle était allongée dans le noir sous sa moustiquaire. Elle écoutait la tempête, les yeux rivés au toit. Il allait céder et s'ouvrir sur elle. La tôle laisserait passer un torrent d'eau. Ce bruit continuel de gravier qui explosait contre la vitre la rendait folle... Le baromètre avait brusquement baissé dans la soirée. C'était le signe avant-coureur d'un ouragan, elle le savait... Pourquoi s'inquiéter ? Lafaele, l'hercule indigène qui l'aidait dans ses travaux champêtres, dormait au rez-de-chaussée avec sa femme... A moins qu'elle n'ait filé à Apia dès la première averse ; elle y faisait le tapin, le laissant seul, roulé sur sa natte, et secoué de sanglots... Lafaele exaspérait Fanny. Pas plus tard qu'hier, elle l'avait envoyé en ville chercher le nouvel arrivage de graines qu'elle avait commandées à Sydney. Tous les arbres du verger, les fleurs exotiques dont elle comptait distiller les parfums, même cette herbe à bison qu'elle attendait avec impatience, pour en planter le paddock. C'était avec cette herbe-là qu'elle comptait nourrir son bétail. « Très précieux, Lafaele. Bien faire attention. Bien prendre garde aux petites étiquettes... Sans les petites étiquettes, je ne peux rien faire avec ces graines... » Lafaele avait été plus que délicat. De retour à Vailima, il lui avait tendu fièrement son trésor, un petit paquet précautionneusement emballé dans une feuille de bananier. En l'ouvrant, Fanny avait découvert en vrac toutes ses étiquettes... Que dire ? Que lui reprocher ?... Entre le géant et la minuscule « Tamaitai », « madame » en samoan, se nouait une sorte d'attachement... Depuis le départ de Louis, il l'appelait « Mama »... Cette dépendance n'était pas faite pour la rassurer. En cet instant, elle se doutait qu'il avait encore plus peur qu'elle... Dans le vacarme, une rafale ébranla le cottage. Fanny crut tanguer jusqu'au sol. Les arbres dehors s'écrasaient avec des craquements de dents qu'on arrache. Elle ne voyait rien, mais elle sentit le nouveau désordre de la pièce. A tâtons, elle chercha les allumettes. Elle trouva la boîte sur un coffre. Elle plissa les yeux et leva le bras jusqu'au baromètre à la tête du lit. Le mercure était bas — incroyablement bas, plus bas que ce qu'avaient raconté les marins lors de ce cyclone qui avait détruit les six bateaux dans la rade d'Apia et noyé tous les équipages. « Ça va être terrifiant », prononça-t-elle intérieurement... La pluie qui continuait de déferler sur le toit lui semblait les restes d'une énorme vague qui s'était brisée sur la barrière de corail et remontait en bouillonnant vers Vailima. L'allumette s'éteignit, la replongeant dans le noir. Elle avait cependant eu le temps de voir que le portemanteau avec toutes les brides, tous les licous et les robes, avait été renversé par le dernier coup de vent. Sa brosse à cheveux et ses objets de toilette gisaient à terre parmi les outils. Elle mesura la violence des secousses que le cottage avait dû subir. Et le pire restait à venir. Mieux valait s'y préparer. Elle hurla : « Lafaele ! » Elle mit ses chaussures, arracha la moustiquaire. L'indigène apparut dans l'encadrement. Les boucles de ses cheveux noirs qu'il décolorait en roux étaient plaquées sur son front, son torse nu dégoulinait, son lava lava se collait à ses cuisses...

— Lafaele, emporte ce matelas, ces chandelles, la table et la moustiquaire dans l'étable !

— Moi, pas aller à l'étable ! Là-bas, fantôme... Esprit... Pas aller là-bas, pas aller là-bas.

Elle lui mit son chargement dans les bras et le poussa dehors.

Suffoqués par le vent et la pluie, ils traversèrent la clairière. Ils durent enjamber plusieurs cocotiers et patauger dans la boue avant de parvenir à ouvrir la porte. Lafaele se hâta de déposer les affaires et de repartir.

L'eau entrait par ruisseaux. Roulée en boule, les pieds dans les flaques, Fanny regardait, par les interstices des planches, la carcasse de la grande maison qu'elle craignait à tout instant de voir s'enfoncer et disparaître dans le déluge... Elle imaginait l'arrivée de Tante Maggy, ses exclamations de joie devant la chambre qu'elle lui préparait. Au calme, donnant directement sur la pelouse, une chambre verte, avec une petite entrée tendue du pavillon anglais qui flottait naguère sur le *Casco*... Tante Maggy se plairait-elle à Vailima ? Il fallait que tout soit prêt, qu'elle ait une bonne surprise... C'était tellement important, la première impression !

Les rafales se succédaient et secouaient l'étable, les coqs affolés chantaient le matin, les cochons grognaient en se cognant aux parois de leurs stalles, les chevaux hystériques hennissaient et piaffaient, l'ombre de Villa Vailima avait fini par se fondre dans un voile de pluie, et pas un instant Fanny ne regrettait d'avoir choisi pour elle-même un pareil lieu d'exil.

Les deux mois d'absence de Louis et la terrible lettre de Tante Maggy annonçant la nouvelle d'une rechute à Sydney, la menace toujours renaissante de sa mort, avaient balayé d'un coup griefs et vexations. Ne restait que la nostalgie. Elle avait compris, croyait-elle, qu'il n'avait jamais cherché à l'humilier, qu'il pensait par paradoxes, que leur agressivité des dernières semaines n'était due qu'à leur fatigue... Le produit de la susceptibilité bien connue de Fanny Stevenson.

Avec le recul, elle reconnaissait qu'ils n'avaient

jamais été plus proches, plus unis que durant cet hiver. Dieu sait pourtant si leur vie avait été dure. Ensemble ils avaient lutté pour extraire l'ordre du chaos, ils avaient lutté contre la nature et contre les hommes, contre le ciel et la terre, contre l'inertie de leurs boys, contre leur propre ignorance des règles sociales et morales du pays qu'ils avaient choisi pour vivre et mourir... Rentrer en Europe ? Rejoindre l'Amérique ? L'un et l'autre en avaient fait le deuil. Louis avait accepté — au prix de quelle souffrance ! — de ne pas revoir ses amis. Il savait qu'il n'arpenterait plus le salon de Heriot Row, le bureau de son père, sa chambre d'enfant ; qu'il ne ferait jamais cette entrée au Savile Club dont il avait imaginé la mise en scène durant ces deux dernières années. Cette entrée qu'il avait rêvée dramatique et joyeuse : le retour d'un Stevenson glorieux, bronzé, puissant, bouillonnant d'histoires à faire dresser les cheveux sur la tête de ses anciens compagnons. L'exil *ad vitam*. Pour tous deux. Car Fanny n'envisageait pas une seconde de laisser Louis enfermé dans son île, de l'abandonner à Samoa, tandis qu'elle, elle s'offrirait le plaisir d'une visite à Dora ou à Rearden, à sa mère et à ses sœurs... Non, rien n'égalait la magie de ces derniers mois ensemble... Quand courbés vers la terre — leur terre — ils bêchaient côte à côte sous un soleil blanc, quand la sueur dégoulinait le long de leurs nez pour se fondre en une même goutte sur le même brin d'herbe que l'un ou l'autre arrachait dans un rire... Et quelle excitation d'explorer ensemble les limites de leur propre domaine. De s'appuyer l'un sur l'autre dans la brousse, de se soutenir dans la boue, de marcher en file indienne en s'ouvrant un sentier, de lutter avec les lianes qui descendaient en nœuds coulants sur leurs têtes, de les abattre d'un coup de couteau, de les sentir lâcher et mourir avec ce craquement morbide qu'ils connaissaient si bien... Elle revoyait les grandes badines qui tombaient à leurs pieds au premier coup de machette, tandis que de courtes herbes s'obstinaient à se dresser sous sa jupe, à lui écorcher les chevilles et les mollets, à se planter dans ses genoux... C'était le prix à payer pour l'immense bonheur de découvrir soudain une bananeraie insoupçonnée, des arbres luisants chargés de fruits qu'ils travailleraient ensemble à dégager et à replanter. « Je crois que nous possédons quelque chose de profond et de fort, songeait-elle en grelottant de peur et de froid. Ma maison, ma terre me seront douces et clémentes. Elles ne m'ont jamais trahie... »

Sur cette dernière pensée, Fanny Stevenson, transie, seule, s'endormit devant le rêve de sa grande maison illuminée au pied du mont Vaea.

VAILIMA II – mai 1891-juillet 1892

Douzième anniversaire de mariage, note Fanny le 19 mai 1892. *Cela me paraît complètement impossible. Douze ans... Impensable ! Impensable aussi que nous habitions dans la brousse depuis près de deux ans. Tout semble tellement policé, tellement installé. Comme si nous avions toujours vécu ici.*

Devant la grande maison peinte en bleu-vert, avec son toit, ses volets, ses piliers, ses rambardes d'un rouge vénitien, la pelouse descend en pente douce jusqu'au long mur de pierre qui sépare le parc du paddock et de l'étable. Sur le gazon, comme piqués au hasard, s'élèvent d'immenses arbres qui ont échappé au débroussaillage de la clairière et aux ouragans. A l'arrière, les doubles haies d'hibiscus, tachetées de fleurs pourpres grandes comme des mains, ferment le jardin. Les rangées de citronniers jaune et vert croulent sous tant de fruits qu'on les utilise pour cirer le parquet du grand salon de Vailima ; quant aux milliers d'oranges rondes et dures comme des balles, on s'en frictionne sous la cascade, un onguent qui laisse la chevelure douce, odorante et soyeuse. D'interminables plates-bandes s'étirent au pied de la terrasse, des parterres de jasmin, de tubéreuses et de gardénias qui exhalent un parfum suffocant.

En kilt écossais, le torse frotté d'huile de noix de coco, un grand boy samoan prépare les fauteuils pour les cocktails qu'on servira sur la véranda. A gauche gazouille le chant de l'eau, la rivière qui se précipite au pied du mont, une suite de chutes qui viennent s'épandre dans un bassin d'eau fraîche. On entend le rire des jeunes servantes qui nagent. Devant, c'est la volée des cloches de la lointaine cathédrale qui sonnent les vêpres. Le mugissement d'une corne de brume monte de la rade d'Apia : un cuirassé doit manœuvrer dans ses eaux dangereuses. En droite ligne au-dessus de la cime des arbres, à perte de vue s'étire la mer. Le regard file jusqu'à la barre d'écume, à l'endroit où le gris du large se juxtapose au turquoise du lagon. Alentour, des collines ondulent jusqu'à l'horizon, de vastes perspectives qui s'ouvrent au vent. Partout, le souffle puissant de la brousse. Pas un toit en vue. Pas un champ, pas une culture, excepté ceux de l'immense propriété. Seule sur l'île semble se dresser Villa Vailima. Dignité, solidité, permanence, une demeure seigneuriale où règne le chef du clan Stevenson.

Tout à l'heure, sous le portrait de son mentor Sydney Colvin, et de Thomas son père, Louis présidera une longue table d'ébène chargée d'argenterie et de cristaux — ceux de la villa de Bournemouth que Lloyd a rapportés l'an passé. Dans les deux verres à pied, la splendide Faamua qu'on appelle en riant le Butler ou, selon l'humeur, la Coquine, une Samoane à peine vêtue d'un mouchoir, versera des vins français ; et l'on dégustera le pain aux raisins fait maison, les petits pois et les ananas du jardin. Tante Maggy, enjuponnée de soie noire pour le dîner, bénira le repas. Le jeune Austin racontera sa baignade dans la piscine. Lloyd rapportera les mille ragots d'Apia et les rumeurs de guerre. Joe glosera sur la laideur des femmes de consuls. Et la fille de la maison, Belle, qui sert aujourd'hui de secrétaire au maître, fera gaiement l'éloge de son travail. Flatté, il promettra de lire « leur » œuvre au dessert. Seule la place de Fanny demeurera vide. A tous les repas, elle arrive en retard. Ses manières choquent Tante Maggy, désespèrent Belle, exaspèrent Louis. En son absence, on doit dire les grâces et faire servir la soupe.

— Austin, sais-tu où est ta grand-mère ? finit par s'impatienter le chef de famille.

— A la plantation de café, répond placidement l'enfant... Ou bien dans son potager... Ou bien elle arrime le pont de singe au-dessus de la rivière... Ou alors elle panse son cheval... A moins qu'elle ne soigne le Black Boy dégoûtant qui est arrivé cet après-midi...

— Je l'ai vue qui traversait la pelouse, elle portait un arbre trois fois plus gros qu'elle, commente Belle... Ce fainéant de Lafaele la suivait à petits pas, à peine chargé d'une truelle.

— Austin, va la chercher !

C'est l'instant qu'elle choisira pour faire son apparition. Elle se tiendra quelques secondes immobile, minuscule silhouette bleue dans l'encadrement de l'énorme porte à glissière qui donne sur la véranda. Si les grands rideaux ocre sont tirés, elle restera dissimulée aux regards. A moins que son souffle n'agite les fils d'argent qui brochent le voilage. Pieds nus, sale, les cheveux dans les yeux, elle entre, tendant ses mains, murmurant d'une voix pleine de reproches :

— Je travaillais !

— Ce n'est plus l'heure de jardiner, maugrée Tante Maggy.

— Je saigne, se défend-elle.

— Tu n'as pas entendu la conque ? demande Louis. On a sonné trois fois. Où étais-tu ?

— Dans les cacaoyers... Douze mille plants à ce jour !

— Le cacao pouvait attendre... Assieds-toi.

Mais elle ne s'assied pas. Elle fait lentement le tour de la table en montrant ses paumes.

— Je saigne.

— Mais pourquoi n'as-tu pas mis des gants ? s'enquiert Louis devant la chair à vif de ses doigts entaillés à chaque jointure.

— Parce que Belle les a perdus.

536

— C'est faux ! s'écrie la jeune femme... Ils sont pendus à leur clou dans la buanderie.

Féroce, elle s'immobilise un instant.

— Dis que je mens si tu l'oses !

— Je n'ai pas dit ça, mais...

— Les gants n'étaient pas dans la buanderie...

Elle contourne sa propre chaise.

— ... Sinon, croyez-vous que je serais assez folle pour arracher le tui-tui à mains nues ? Peut-être mon gendre les a-t-il cachés pour que je me blesse ? insinue-t-elle, s'approchant dangereusement de Joe qui plonge dans son assiette... Ou bien se pourrait-il qu'il les ait vendus ?... Ce ne serait pas la première fois qu'il vend des objets derrière notre dos... Des objets nous appartenant, précise-t-elle pleine de menace, penchée sur son épaule. Vous qui vivez de nos largesses, Joe, croyez-vous que ce soit une façon de nous traiter ? Croyez-vous que nous ne sachions pas les bruits que vous colportez à Apia sur Belle et sur cette maison ? Quand je pense que vous complotez avec les consuls pour nous faire déporter !

Joe ne réagit pas, mais Belle fond en larmes.

— Fanny, assieds-toi, coupe Louis glacial, et mange !

Outrée, elle se tourne vers lui :

— Tu prends encore son parti ? Il ne fait rien de la journée, il prétend descendre chez le dentiste, mais ce n'est qu'un prétexte pour traîner à Apia... Il ne fait rien, rien, rien ! Sauf voler la clé de la cave pour se soûler la nuit et rajouter de l'eau à tous les bordeaux qu'il ouvre... Prétends que tu ne le sais pas ! Il nous pompe pendant que je m'acharne à maintenir cette plantation !... Regarde mes mains ! Regarde ! Voilà ce que ta propriété, ta terre, ta maison en ont fait... Des mains de paysanne !

*

Ces explosions brèves, imprévisibles, laissent Fanny ravagée par la terreur et le remords... Comment est-ce possible ? Elle ne comprend pas... Moins d'une heure après que l'une de ses tirades eut plongé toute sa famille dans l'angoisse, jeté Louis dans l'une de ses fureurs dont il mettra deux jours à se remettre, elle ne sait que faire pour obtenir leur pardon. On la voit errer dans la maison, frapper humblement à toutes les portes, implorer l'indulgence de sa belle-mère, de sa fille, de son mari... Elle ne comprend pas... Elle se méprise. Elle se déteste.

La semaine suivante, ses gentillesses, ses multiples attentions, son oubli complet d'elle-même, de sa santé, de son bien-être, lui regagnent tous les cœurs. L'ordre revient à Vailima. Chacun met ses humeurs sur le compte de la fatigue. Le docteur Funk, le médecin allemand attaché aux plantations, s'est permis d'attirer l'attention de Mr Stevenson sur l'épuisement physique de sa femme.

— Je sais, a-t-il répondu, elle en fait trop... Elle ne sait pas s'arrêter. Mais...

— C'est facile de me dire de m'asseoir, lui rétorque Fanny... Seulement les choses n'arrivent pas toutes seules !

A son tour, et à ses dépens, Louis apprend combien exaspérante peut être la sollicitude d'autrui, les « Repose-toi... Mets ton châle... Va chercher tes chaussures... », les conseils donnés à qui ne veut pas les entendre.

— ... Qui s'occupera des semis si je ne le fais pas ? Qui ?... Joe peut-être ?... Ou toi ?

Chaque échange tourne à la discussion, qui vire à la querelle... Toujours plus violentes et plus irrationnelles, les disputes se multiplient.

*

Tout avait commencé un an plus tôt, cinq mois jour pour jour après l'arrivée de Belle, de Joe, d'Austin ; de Tante Maggy et de sa femme de chambre australienne ; de Lloyd avec les meubles, les tapis, l'argenterie, les services à thé en porcelaine, la sculpture de Rodin, le portrait de Louis par Sargent, le bas-relief de Louis par St. Gaudens, les objets de Louis, le passé de Louis... Au total, trente tonnes de caisses que Fanny s'était débrouillée pour faire remonter jusqu'à Vailima. Les chaises Chippendale recouvertes de cuir, le dressoir aux mille boutons de cuivre, les deux Bouddah indiens rapportés jadis de Delhi par un frère de Tante Maggy, chaque souvenir, chaque bibelot avait trouvé naturellement sa place dans ce lieu qu'elle avait pensé, planifié, préparé durant six mois. L'ampleur de l'effort, nul ne l'avait vraiment mesuré. Les bibliothèques du bureau de Louis attendaient ses livres. Et le piano monté à dos d'homme, dernier colis à rejoindre Vailima, n'avait eu qu'à se glisser sous l'immense étui en feuilles de cocotier tressées qu'elle avait imaginé pour protéger l'instrument de l'humidité...

Dans sa salle de bains personnelle, il avait suffi que Tante Maggy tourne les robinets pour prendre une douche : un système de canalisations amenait l'eau d'une rivière en amont, par tout un réseau de réservoirs et de tuyaux dessiné et réalisé par sa bru. Dans les verres d'orangeade d'Austin, les glaçons tinteraient, il dégusterait peut-être un sorbet au dessert : au fond du jardin, actionnée par un générateur, ronronnait une machine à glace. Armée d'un niveau, d'une bêche, de cordes, la prêtresse du lieu venait de terminer un court de tennis pour le délassement des jeunes gens.

Les Strong avaient cru mettre les pieds au paradis. Comment résister à la griserie d'appartenir à Vailima, une terre dont ils jugeaient la beauté sans égale, à l'ivresse de participer à la gloire de la famille qui passait désormais pour la plus puissante de l'île ?

Prestige, beauté, c'était précisément ces deux notions, les clés de voûte du système social indigène, qui avaient assez impressionné les Samoans pour qu'ils s'intéressent à Vailima.

Moors n'avait pas exagéré la difficulté de se faire aider par les autochtones. Or Fanny devait très vite comprendre que de l'efficacité de son personnel dépendait la plantation. Sans serviteurs, Vailima ne pouvait fonctionner.

Sur le conseil des résidents d'Apia, elle avait d'abord tenté d'employer des Blancs. Echec. Les uns buvaient, les autres s'embarquaient, les troisièmes vous quittaient si d'aventure un employeur leur proposait une meilleure paye. Contre tous les avis, elle avait donc engagé Lafaele et son épouse, celle qui avait la réputation de vendre ses charmes. Trois mois plus tard, Mrs Lafaele gisait au fond de la baie, précipitée d'une falaise par l'un de ses clients. Le jour même de son enterrement, le veuf reprenait femme. Cette fois, c'était une ravissante samoane du village voisin de Vailima. Fanny l'avait employée à la lingerie et au ménage. Faamua avait fait venir ses amies, que le mystère et le luxe de la maison fascinaient.

Les Samoans avaient vu les arbres tomber, les briques, le bois, la chaux monter, ils avaient vu l'argenterie, la porcelaine, les tissus, les caisses de vin et de livres, sans parvenir à comprendre d'où provenaient de telles richesses. Leur propriétaire ne trafiquait pas le coprah, il ne possédait pas de magasin en ville, pas d'hôtel, pas de bar. Il ne vendait ni des armes ni de l'alcool. Il ne commandait pas aux bateaux de guerre et n'appartenait pas à la classe politique. Cette demeure, plus vaste, plus pleine que les résidences des trois consuls, il ne l'élevait pas, lui, avec l'argent des impôts… Alors ? De quel mystérieux pouvoir disposait-il ? Le hasard allait leur fournir la réponse. Peu après l'achèvement de Vailima, ils avaient lu, dans le journal publié par le révérend Clarke, la traduction de *La Bouteille endiablée* — la première traduction d'une fiction en langue samoane. Ecrite par Mr Stevenson, c'était l'histoire d'un Hawaïen, maître d'un génie enfermé dans une bouteille, qui exauçait tous ses vœux. Peu habitués à faire la différence entre un conte et une réalité, les lecteurs avaient naturellement déduit que cette bouteille appartenait au conteur de l'histoire, à « Tusitala »… Ils la tenaient, leur explication ! Le génie lui obéissait. Tusitala était bien un grand chef, dont la puissance se manifestait par la production de toutes sortes de richesses et par la sorcellerie : aux yeux des indigènes, l'une et l'autre participaient du surnaturel. Son épouse, qu'ils appelaient Tamaitai, « Madame », soignait et guérissait sa famille : elle avait donc le pouvoir de chasser les esprits. Rien ne lui échappait : erreurs, oublis, retards, elle voyait tout, elle avait des yeux tout autour de la tête.

Nul mieux que Fanny ne savait encourager cette façon de penser. Depuis toujours, elle avait foi dans ses intuitions et croyait en son instinct. Elle « sentait » quand un cheval se détachait au fond du jardin, quand Lafaele s'endormait loin d'elle à l'ombre des bananiers, quand une lettre ou une visite allait arriver. Elle se disait un peu « médium ».

Ses talents de guérisseuse, elle les devait à l'ancienne fréquentation des Indiens d'Austin, aux recettes de bonne femme léguées par sa grand-mère de l'Indiana, et à dix ans de lecture du *Lancet*, le journal médical britannique. Elle s'était tenue informée des dernières découvertes et des nouvelles drogues qu'elle faisait venir par San Francisco. Pour le reste, elle recourait au bluff et à la mise en scène : « Tu sais, disait-elle à Lafaele, qu'aucun esprit n'oserait s'attaquer à un homme qui m'appartient ? — Je sais ! affirmait-il. Mais il y a un an, Tamaitai ignorait mon existence, l'esprit en a profité pour s'introduire dans mon pied, il va me manger la jambe. — Ferme les yeux », ordonnait-elle en imposant les mains et en murmurant des incantations.

Si les indigènes craignaient le ridicule, Fanny les connaissait trop pour se moquer de leurs superstitions : elle se mesurait avec leurs rebouteux et s'amusait à jouer les sorcières.

Apprendre d'eux autant qu'ils apprennent de nous, de cet aphorisme qui avait guidé la curiosité de Louis durant ses deux années de voyage allait découler toute l'organisation de Vailima.

Il avait observé qu'un village samoan se composait d'une vingtaine de falés ; qu'à la tête de chacun se trouvait un « matai », qui portait soit le titre de chef, soit celui d'orateur. Dans les assemblées de chefs, chaque matai occupait la place que tenaient ses ancêtres avant lui. Il représentait les membres de sa maisonnée, dont il se tenait pour responsable. Cette maisonnée s'étendait de la famille — parents, femmes, enfants —

au groupe de quinze à vingt personnes liées au matai par le sang, par le mariage, et par la pratique très courante de l'adoption. Cellule économique, les membres de la maisonnée dépendaient du matai auquel ils obéissaient aveuglément. Ils travaillaient pour lui, et sous sa direction. En retour, le matai pourvoyait à la vie matérielle de chacun. Il leur devait justice, accueil et protection.

Ce système ne pouvait que trouver un écho chez l'homme qui écrivait en 1886 à sa mère : *C'est un peu de toi que j'ai hérité ma façon quasi féodale d'en user avec les serviteurs. Le sinistre destin du bourgeois qui choisit d'ostraciser ses domestiques — sa « famille » dans le vieux sens écossais du terme —, de les parquer loin de son intimité, de les priver de toutes les joies de la maison, nous attend à tous les tournants. Cette ségrégation entre maîtres et serviteurs crée une impossible relation humaine, et jette la confusion dans les esprits de tous.* R.L.S. avait trop détesté le manque de générosité des propriétaires de Bournemouth, leur indifférence à tout ce qui ne les concernait pas, pour reproduire ce comportement à Samoa. Dans la plus pure tradition écossaise, à la manière samoane, les employés de Tusitala ne seraient pas ses valets, mais les membres d'un même clan qui partageraient les fêtes et les deuils de son chef. Le conventionnalisme des Samoans, leur goût pour les systèmes — alors qu'ils paraissent les plus détendus, les plus libres des hommes —, leur passion pour ce qui ordonne et régularise l'existence, leur besoin d'extraire la beauté du chaos, tout allait concorder pour que Robert Louis Stevenson obtienne d'eux, et réciproquement, le meilleur d'eux-mêmes.

Louis exigerait de ses ouailles l'obéissance qu'ils devaient au matai, et l'exécution immédiate de ses ordres.

Le travail de chacun lui était imparti ; des listes de consignes distribuées ; des proclamations punaisées au grand tableau d'affichage du salon. Un vol, une grave négligence, et le coupable passait devant une cour de justice. En présence de toute la « famille », Robert Louis Stevenson écoutait le récit du délit qu'exposait lui-même l'accusé. Il résumait le cas, et statuait. La

punition, dont il expliquait les raisons et les conséquences, n'était jamais appliquée le jour même.
Condamné à l'amende, le fautif la versait à la caisse de
son église, qu'elle soit catholique ou protestante.

Avec la puissance du seigneur, Tusitala avait endossé
ses responsabilités.

Même quand son travail l'absorbait, quand il écrivait
avec passion, avec frénésie, même quand la poste
menaçait de reprendre la mer sans ses manuscrits, sans
ses lettres, il participait à la vie des membres de son
clan. A toute heure du jour, sur tous les sujets possibles,
querelles domestiques, rapports de bon voisinage, paie-
ment des impôts, ils pouvaient venir le consulter. Lui se
tenait toujours prêt à les écouter, à soutenir, à sauver
quiconque avait besoin de son aide. Il recevait les
parents de ses protégés, il construisait leurs falés sur ses
terres, il donnait pour eux de grandes cérémonies
indigènes et de splendides repas. *Hier,* écrit-il non sans
fierté à Sydney Colvin, *nous étions trente. Tu aurais dû
voir notre procession, tous dans nos habits du dimanche,
marchant solennellement de la villa à la nouvelle maison
indigène. On l'avait terminée pour la circonstance. Les
piliers et les poutres étaient enguirlandés de longues
tresses d'hibiscus rouges. Le gravier du sol recouvert
d'un tapis de grandes feuilles de pandanus. On nous a
placés avec beaucoup de soin, face aux femmes indigènes
de notre maison. Sur les côtés s'assirent les hommes. Les
chefs invités par la « famille » furent installés près de
nous (...). Après le repas, nous avons bu le kava — une
affaire extrêmement compliquée, chacun étant appelé à
prendre le bol selon un rite précis, à tremper ses lèvres
par ordre d'importance...*

L'originalité du regard que Louis portait sur les îles
du Pacifique l'avait conduit à étudier les sociétés indigènes non seulement dans leurs différences, mais surtout dans leurs similitudes avec la civilisation occidentale. Stevenson avait compris que ces « barbares »
samoans étaient plus fiers de leur lignage, plus pointil-
leux en matière de traditions qu'un hidalgo espagnol ; la
gloire du matai rejaillissait sur tous les membres de la
maison, comme autrefois la gloire du chef de clan des

Highlands. La nostalgie de son pays rendait l'histoire de l'Ecosse proche de son cœur, et son imagination s'enflammait à l'idée que Vailima puisse devenir l'aboutissement des travaux de son père et de ses ancêtres.

Tusitala avait donc sélectionné quelques détails visibles qui signaleraient, si besoin était, son appartenance à un clan dont l'aristocratie les flattait tous. En signe de ralliement, Fanny avait taillé les lava lavas de ses protégés en forme de kilt. Sur fond rouge, carreaux verts et lisérés jaunes : le tartan royal des Stuarts.

Belle, que l'aspect extérieur des êtres et des choses passionnait, s'était très vite intéressée à la prestance des « gens de Vailima ». En commun avec eux, elle avait le souci de l'esthétique, et la gaieté : tout naturellement, elle avait pris en main, au lendemain de son arrivée, le personnel de maison. A elle revenait le soin de diriger le ménage, la cuisine et le service de table. Bref, elle jouait les gouvernantes. Lourde tâche. Quatorze personnes à nourrir chaque jour, dont sept serviteurs pourvus de grandes familles, parents et cousins à tous les degrés, auxquels Vailima devait l'hospitalité.

Tante Maggy veillait sur la vie spirituelle de ce petit monde. Elle conduisait les prières, qu'on disait tous ensemble au salon chaque matin. Elle n'avait eu aucun mal à imposer ce rite. Les Samoans, religieux d'instinct, n'aimaient rien tant que se réunir pour chanter.

Lloyd, lui, s'occupait de l'intendance. Sa méticulosité, son goût de l'ordre, sa soif d'autorité, se complaisaient dans l'organisation du travail et le contrôle des comptes.

Joe, qui semblait collectionner tous les vices et toutes les faiblesses, dirigeait les équipes d'ouvriers agricoles. Son ami Moors, sévère quant à ses talents de contremaître, disait que Joe avait beaucoup trop le sens artistique pour ne pas ronfler au soleil sous les cacaoyers.

Au début pourtant, il avait fait de réels efforts. On l'avait vu disparaître dans la brousse, coiffé d'un casque colonial, botté, sanglé, la bêche à la main et le cacatoès à l'épaule. A mi-chemin entre l'explorateur d'Afrique et l'officier de l'armée des Indes, moustache en crocs et jambes flageolantes, le spectacle de Joe fermant la marche serrait le cœur de Belle. Qu'était-il advenu du jeune vaquero qui galopait dans la poussière de Monterey ? Quel rapport entre ce pantin pathétique que minaient l'opium, l'alcool et la haine, et le peintre si doué, si gai, de San Francisco ? Sa flûte, on l'entendait rythmer le travail des boys, sa voix compter les graines qu'ils plantaient. Mais son inefficacité n'avait d'égale que son hypocrisie. Plein de bonne volonté, il feignait pourtant de s'intéresser au rendement de ses équipes, au coût de leur nourriture, à leur paye. Ostensiblement, Joe tentait de prouver sa gratitude. Il était bien placé pour savoir que depuis près de deux ans il vivait de la générosité de Robert Louis Stevenson. Et cela, Strong ne pouvait l'accepter de celui qu'il avait longtemps regardé comme son alter ego. De trois ans plus jeune que Louis, Joe estimait son talent infiniment supérieur à celui du fabricant de best-sellers. Et sa santé infiniment plus précaire !... Son souffle au cœur avait manqué le tuer l'an passé... Et Louis l'envoyait, dans la chaleur moite et suffocante de sa brousse, superviser une bande d'incapables ? La vérité, c'est que Stevenson voulait sa mort... C'était, pensait Joe, l'idée fixe de sa belle-mère : libérer Belle ! Une obsession qui datait de Monterey. Depuis le début, Fanny cherchait à se débarrasser de lui...

— C'est d'ailleurs une habitude dans cette famille, maugréait Joe, couché avec sa femme dans le premier lit qu'avaient partagé les Stevenson à Vailima.

Ils habitaient le cabanon construit par Moors. Austin dormait dans l'ancien salon.

— ... On se débarrasse de ce qui ne sert plus.

— De quoi parles-tu ? s'impatienta Belle, qui le soupçonnait d'avoir bu.

— ... Regarde ta mère... Tant que Louis a eu besoin d'elle pour son travail, besoin de son jugement, de ses critiques, il lui a reconnu un formidable sens de la construction, du goût et de l'intuition en matière artistique... Maintenant qu'il se sent sûr de lui, de son génie, il la maintient dans la boue.

Belle haussa les épaules.

— Elle a trop à faire ! Sans elle, Vailima n'existerait pas.

— Exact... Si dans les débuts Louis s'est plu aux travaux manuels, il est bien vite remonté dans sa tour... Au fond, sous ses airs gentils, il est aussi fou qu'elle !... Si j'étais ta mère, je me méfierais d'un type qui se flatte de n'inventer que des assassins sympathiques, des meurtriers qu'on préfère à leurs victimes, des criminels se levant, blancs comme neige, du banc des accusés... Ça doit le connaître ! Après tout, les boucheries les plus sanglantes de la littérature, c'est Louis Stevenson qui les écrit ! Il n'est jamais meilleur que dans les scènes de violence... Celles dont personne ici ne sait rien... Regarde comme il la parque, ta mère, parmi ses poules et ses cochons, comme il la coince, comme il l'enferme dans son rôle de paysanne.

— Tu délires. Tais-toi donc ! Elle n'aime que cela, la terre, la « boue » comme tu dis...

— Tu parles ! Elle a peur du passé, elle a peur de l'avenir... Ne lui reste que le présent. Elle s'y accroche : cet endroit, c'est son triomphe ! Tu as vu son expression, la fièvre dans ses yeux le jour de notre arrivée ? Sa fierté en nous dévoilant tous ses efforts, tous ses succès ?

— J'ai vu, conclut Belle en maintenant fermée sa moustiquaire.

La crainte que s'y faufile un scolopendre, ces mille-pattes venimeux et velus, la maintenait éveillée. Elle en avait aperçu un, long comme la main, sur le chambranle de la porte.

— ... Et j'ai vu aussi que leur mariage est la plus belle réussite qu'on puisse rêver ! renchérit-elle. Chacun des deux reste le complément de l'autre sans cesser d'exister dans sa propre sphère... Je les admire et je les envie.

Joe ricana :

— Seulement, pour prouver leur bonheur, ils ont besoin de témoins... Ils s'ennuient tout seuls... C'est pour ça qu'on est là, nous... Pour les distraire d'eux-mêmes, pour leur servir de faire-valoir...

— Mon pauvre Joe ! Toi en faire-valoir ? siffla Belle... Quant à la distraction...

Joe jugea préférable de se taire. « Je n'ai jamais voulu venir ici, moi, songeait-il furieusement, se tournant vers le mur. C'est elle, c'est Belle qui m'y a forcé ! »

Et cela encore, Strong ne le pardonnait pas à Stevenson. Que s'était-il passé entre sa femme et Louis durant le dernier séjour du beau-père à Sydney ? « Rien ! » assurait la jeune femme.

— Que t'a-t-il dit ? demandait son mari. Qu'a-t-il fait pour que tu acquiesces soudain à toutes ses volontés ? Je croyais que tu ne supportais pas son besoin de diriger notre vie ? Je croyais que sa gaieté trop bruyante t'exaspérait ? A Hawaï, tu lui reprochais de se servir de son succès, de sa puissance et de son sale argent pour te couper de ta mère...

— Son sale argent, Joe, fait vivre ton fils ! Où serions-nous sans lui ? Crois-tu que j'ignore que tu as vendu des tableaux à Honolulu et que tu n'en as rien dit ? Que tu mendiais et prenais son argent, tandis que tu dépensais tes propres gains derrière son dos ? Tu as tout bu, tout fumé, tout claqué ! Sans le sale argent de Louis comme tu dis, ton fils n'aurait jamais pu fréquenter une école.

— Parce que tu crois qu'ici Austin va apprendre quelque chose ?

— Louis lui donnera des leçons d'histoire. Tante Maggy des cours de littérature... De toute façon, où veux-tu que nous allions ?... Nous avons la chance d'avoir des parents assez généreux pour nous accueillir, et je compte bien occuper ma place ici... Si nous le voulions, nous pourrions être heureux à Vailima, comme eux...

— Heureux ? Tu as vu l'état de ta mère ?

— Justement : à nous de la soulager. Je pourrais la remplacer tandis qu'elle prend du repos et quelques vacances.

En août 1891, soit deux mois après l'installation des Strong, la famille avait convaincu Fanny que sa santé nécessitait un changement d'air. Trop faible, trop épuisée pour résister, elle s'était laissé embarquer sur le premier bateau en partance. Elle passerait quinze jours au calme, et seule, à Fidji.

Ce fut durant l'absence de ma mère que je fis véritablement connaissance avec mon petit frère, raconte Belle, *que j'appris qu'en dépit de ses airs supérieurs et de son accent anglais Lloyd était le digne petit-fils de Jacob Vandegrift... Il remonta ses manches et nous nous mîmes au travail... Ce que Lloyd faisait, il le faisait bien. Ensemble, nous entreprîmes de réorganiser toute la maison.*

Quand Fanny reviendrait, ramenant à grands frais de Fidji un cuisinier indien, elle trouverait devant ses fourneaux le nouveau boy engagé par Belle. Il s'appelait Talolo. Il allait devenir l'un des piliers de la vie domestique à Vailima. Entraînant à sa suite les membres de sa famille, Talolo n'obéissait qu'à celle qui l'avait formé. En adoration devant Belle, il l'appelait « Teuila », « la dame qui embellit tout ce qu'elle touche ».

Autre changement : l'emploi du temps de Louis.

Un jour où Stevenson s'était montré inquiet quant à la pile de lettres à terminer avant le ramassage mensuel du bateau, « Teuila » avait demandé :

— Cela vous rendrait-il service que je prenne sous votre dictée ? Ou que je réponde à votre place au courrier sans importance... Ou que je recopie vos notes ?

— Bonne idée. Essayons !

Leur collaboration s'était avérée un tel succès qu'à son retour Fanny allait découvrir sa fille attablée dans le bureau de son mari, et penchée sur ses œuvres.

Belle arrivait à l'âge de sa mère lors de la rencontre à l'auberge Chevillon. Trente-quatre ans. Elle ressemblait trait pour trait à la Fanny d'autrefois.

L'histoire de cette nouvelle alliance, l'instant où s'était renouée leur complicité de Grez, Belle en fera le récit trente ans plus tard dans son autobiographie. *Un soir lors de son séjour seul à Sydney, Louis m'avait demandé d'aller faire des courses avec lui pour Vailima. Ma mère lui avait donné toute une liste et je me souviens combien ses instructions nous avaient intrigués : « Un* peu de peinture d'aluminium et une quantité raisonnable de sucre en poudre »... En revenant vers son hôtel, nous nous étions assis sur un banc dans le parc (...). Le lieu, l'heure étaient paisibles. Dieu sait pourquoi, je m'étais sentie soudain assez libre pour lui parler comme je ne l'avais jamais fait. Je lui avais dit brusquement tout ce que j'avais sur le cœur depuis des mois.

Je l'avais supplié de nous laisser rester à Sydney, Joe et moi. Je lui avais dit que j'étais très reconnaissante de tout ce qu'il faisait pour nous, mais que je ne pouvais supporter l'idée de lui peser davantage ; qu'en outre, ce n'était pas nécessaire. Nous pouvions très bien subvenir à nos besoins. Un journal m'avait offert une rubrique théâtrale. Des amis m'avaient assuré que je pourrais donner des cours de dessin, et que, si je ne trouvais pas assez d'élèves, je pourrais toujours monter une école de danse... Construire une maison à Samoa, créer une plantation devaient être une telle charge pour lui, et quelles dépenses ! Pourquoi augmenter les frais par notre présence ? Il travaillait si dur, il n'était pas en bonne santé... Sur ces mots, j'avais fondu en larmes.

Alors Louis m'avait donné sa vision des choses. C'était bien la première fois que je prenais conscience de sa souffrance... Il m'avait parlé de son désespoir en comprenant qu'il ne pourrait jamais retourner à Londres, jamais se réinstaller dans sa maison, jamais revoir sa ville natale d'Edimbourg. Condamné à l'exil à vie... Ce qu'il voulait désormais, c'était tenter de rendre cet exil supportable. « Toi et Lloyd, vous êtes la seule famille qui me reste », m'avait-il dit. « Je veux une maison, je veux une famille, ma famille, autour de moi. »

Il m'avait dit aussi que la plus grande ambition de Lloyd était d'aller à Oxford, mais qu'il y avait renoncé pour rester avec lui et avec notre mère à Samoa.

Nous avions ainsi parlé très tard dans la nuit, clarifiant d'anciens malentendus, revenant sur d'anciennes scènes. Bien que je l'eusse toujours respecté et admiré, une rivalité cachée, un vieil antagonisme nous opposaient depuis le début. Toutes ces années, je lui en avais voulu, peut-être parce que j'avais tellement adoré mon père...

Mais maintenant, tout était changé. Il avait parlé avec

tant de gentillesse, tant de compréhension, que mon ressentiment avait disparu d'un coup, et que je me sentais sa fille bien-aimée.

Etranges échos d'une existence à l'autre. Si Joe semble aujourd'hui le double de Louis, un double irresponsable qui n'aurait pas su grandir ; si Louis le traite maintenant avec l'indulgence qu'avait jadis montrée son propre père à son égard ; si le jeune Austin atteint l'âge de Lloyd à Monterey, Belle connaît avec son mari le même enfer, les cris et la haine qu'avait vécus Fanny avec Sam. Comme sa mère, elle a trouvé refuge et réconfort auprès de Robert Louis Stevenson.

*
**

Le soleil illuminait encore les derniers jours de ce mois de décembre 1891. Mais la saison des pluies s'annonçait, et le vent ne cessait déjà plus de souffler. Sur les plages, tout semblait constamment en mouvement, les feuilles des cocotiers grésillaient à chaque bourrasque. Dans les villages, les pièces de tissu à fleurs rouges se tendaient à l'horizontale sur les cordes à linge, et les filets de pêcheurs s'emmêlaient. A Vailima, les lava lavas des femmes qui traversaient la pelouse s'ouvraient brusquement sur leur poitrine, les kilts des hommes s'engouffraient entre leurs cuisses, les nuages arrivaient rapidement de la mer. Ils entraînaient derrière eux comme un sillage noir qui stagnait un instant sur la tôle rouge du toit. Au loin, l'océan passait du bleu au gris-vert. On entendait l'implosion des vagues sur la barrière de corail, un bruit sourd, continu, que le silence de Vailima ne couvrait jamais. L'air sentait l'eau, la citronnelle et le bois fumé.

Fanny avait lâché sa truelle pour coudre sous la véranda. C'était d'ordinaire le rayon de Belle, la couture. Mais depuis quelque temps Tamaitai prétendait jouir de la quiétude de cette occupation. Elle confectionnait des vestes pour les serviteurs. Le complément de leur bel uniforme qu'ils pourraient revêtir aux jours de fête. Elle avait fait venir de la toile rayée qui s'harmonisait avec l'écossais des pagnes.

Assise à l'ombre, elle créait l'illusion du calme et donnait à croire que l'ordre régnait à Vailima.

Seulement Fanny ne pouvait supporter longtemps ce travail. Faufiler, froncer, ourler, ne lui occupait pas suffisamment l'esprit. Certaines pensées l'agitaient. Rien de personnel. Elle ne s'inquiétait pas des bêtises de Lafaele, ni des escroqueries de Joe. Ce qui la troublait, ce qui l'affectait, c'est que les Blancs s'apprêtaient de nouveau à trahir la confiance des Samoans. Le traité de Berlin stipulait que les indigènes pourraient élire leur roi. La lignée du grand chef Mataafa, ses titres et la tradition le désignaient comme le chef des chefs, le seul homme auquel revenait naturellement le pouvoir. Or l'Allemagne, l'Angleterre et les Etats-Unis avaient convenu en secret que Mataafa ne serait pas éligible, qu'il resterait à l'écart. Un règlement de comptes pour s'être jadis mesuré aux Allemands et les avoir vaincus... Les Samoans ignoraient tout de ce protocole d'accord.

Quatre ans plus tôt, quand le roi Laupepa, brisé par l'exil, avait reçu la royauté des mains des Blancs, il s'était entendu avec Mataafa pour que celui-ci ne réclame rien, qu'il reste dans l'ombre jusqu'aux prochaines élections. Mataafa avait tenu parole. Durant cette période, il avait vécu à Malie, son fief, dans une sorte de retraite. « ... Maintenant le règne légal de Laupepa arrive à terme. Et les Blancs se gardent d'organiser une passation de pouvoir ! s'insurgeait-elle... Pourtant le vieux guerrier Mataafa n'est pas seulement le plus puissant des matais, c'est un gentleman. Il a tout fait pour Samoa ! Il a soutenu le roi durant son exil. Il a vaincu les trois puissances. Il a refusé tous les honneurs, résisté à toutes les tentations qui auraient pu entraver sa loyauté. Et maintenant, nous les Blancs, nous trahissons nos promesses et nous le forçons à prendre les armes contre ses frères ! Quel piège... Quelle injustice ! »

Etait-ce son habituelle compassion pour les faibles qui l'attristait ainsi ? Ou bien Fanny voyait-elle quelque similitude entre le douloureux destin de Mataafa et son propre sort ? Ses doigts s'énervaient sur la toile... Elle finissait par se débarrasser de l'ouvrage pour retourner à son cacao. Même Lloyd, même Louis avaient mis la main à la pâte toute la semaine dernière. Les centaines de petits paniers qu'elle avait disposés sous la véranda, ils les avaient remplis de terre, veillant à ce qu'aucun caillou, aucun insecte ne s'y glisse. Les graines de cacao, c'était elle, elle seule qui les plantait... Echaudée par ses dernières expériences, elle n'aurait laissé ce soin à personne !

Fanny se souviendrait longtemps du jour où elle avait confié à Lafaele un sac entier de graines de vanille, avec des instructions précises quant à la façon de les planter. Le lendemain matin, elle avait découvert toutes les graines enfoncées la tête en bas. Lafaele, mortifié, avait offert de les replanter, mais à cet instant, elle avait aperçu le *Lübeck* au large des côtes. La poste ! Un mois entre chaque courrier. Vite, il devait descendre en ville et rapporter l'énorme sac imperméable plein de lettres, qu'il monterait directement dans la chambre de Louis... Des courants contraires avaient fait dériver le bateau. En attendant le retour de Lafaele, Fanny et Belle avaient passé la journée à replanter chaque graine à l'endroit. A l'aube du lendemain, elles étaient retournées inspecter leur travail. Epouvantées, elles allaient découvrir que durant leur sommeil Lafaele avait replanté toutes les graines, les remettant à l'envers « pour faire à Tamaitai une bonne surprise ». Il avait réussi son effet. Elle avait remis les graines de vanille à l'endroit, mais, épuisé, l'ensemble de ses semis était mort.

Cette fois, son cacao, elle y veillait. La mise en terre avait duré une semaine. Au terme des travaux, Fanny avait fait tuer le cochon et donné cette grande fête dont on parlait dans tous les villages. Et chaque jour, durant la période de plantation, elle avait servi du chocolat chaud à ses aides, un délice crémeux et sucré, pour que tous ici connaissent ses qualités nutritionnelles, son goût exquis, et comprennent la valeur de leurs efforts.

— On n'a jamais vu un Samoan courir... sauf à Vailima ! concéda Moors dans un gloussement.

Derrière le bar de son hôtel, le trafiquant américain offrait un scotch à son ennemi personnel, le consul britannique Sir Berry Cusack-Smith. Les douze coups de midi venaient de sonner à la cathédrale. D'un geste, il invita son hôte à prendre place à l'une des petites tables du hall.

C'était une coutume à Apia : deux Blancs pouvaient passer des semaines sans s'adresser la parole, leurs épouses se croisaient sans se saluer... Jusqu'à ce qu'à l'occasion d'un bal à la Municipalité le hasard mette les ennemis face à face dans un quadrille. Ils trouvaient du plaisir à danser ensemble, et prenaient rendez-vous pour un verre. Chacun tentait de soutirer de l'autre quelques informations, avant de se brouiller à nouveau.

Raie sur le côté, cheveux ras, moustache large et cirée, la tête d'oiseau de Cusack-Smith se rapprocha de la trogne puissante de Henri Moors. Le contraste entre le col officier, la veste à boutons dorés du consul, et la chemisette en madras qui s'ouvrait sur la poitrine du trafiquant offrait un spectacle assez plaisant. Les deux hommes trinquèrent. Ils étaient seuls. Par la fenêtre qui donnait sur Beach Road, ils voyaient défiler de grands parapluies rouges et des grappes de lava lavas bariolés. En bandes de trois ou quatre, les indigènes se protégeaient des brusques et courtes averses qui concluaient la mauvaise saison.

— Mon épouse se plaint de ne rien obtenir d'eux, soupira le fonctionnaire. C'est bien pire qu'aux Indes... Elle dit les autochtones incurablement lents, stupides et paresseux. Comment fait donc Mrs Stevenson ?

— Elle a progressivement remplacé ses boys protestants par des catholiques.

Cusack-Smith fronça le sourcil :

— Les catholiques, Moors, appartiennent au chef Mataafa. Et Mataafa est un rebelle !

— Et c'est pour cela que vous voulez sa peau... Parce que Mataafa et ses catholiques échappent à l'influence de vos missions ?

Des trois consuls, le consul britannique se flattait d'être le plus libéral. Son petit visage n'exprima qu'un peu d'agacement :

— Je crains que vous n'ayez pas lu la proclamation de ce matin quant aux sanctions qu'encourent les partisans de Mataafa... N'en dites pas trop, Moors : je serais obligé de vous faire arrêter.

Au fond, Laupepa, Mataafa, quelle différence ? Cusack-Smith s'en moquait bien. L'un ou l'autre, peu importait. Non, ce qui comptait, c'était que l'Angleterre garde son droit d'ingérence dans les affaires du pays. Une influence égale à celle de ses deux autres partenaires. L'Allemagne, la plus puissante puisqu'elle possédait de nombreuses plantations, ne voulait de Mataafa à aucun prix. Bien. Cet os-là, l'Angleterre et l'Amérique le lui laissaient. Pourquoi rompre un équilibre déjà précaire, pourquoi se battre entre soi pour une histoire de « rois nègres » ?

L'équilibre semblait pourtant menacé par les cris d'indignation que poussait le résident le plus célèbre d'Upolu, citoyen britannique de surcroît. Robert Louis Stevenson réclamait le respect du traité de Berlin qui stipulait l'indépendance de Samoa et le droit des indigènes à choisir leur chef. Il conseillait le rapprochement de Laupepa avec Mataafa, afin que les deux chefs gouvernent ensemble. Il pensait, avec raison, que cette coalition éviterait la guerre... Or, de cette coalition, les consuls ne voulaient à aucun prix ! C'était même leur seul terrain d'entente. Garder le peuple divisé, pour continuer de régner sans les Samoans.

Les lettres de Robert Louis Stevenson au *Times* de Londres exposaient avec virulence l'incurie et la malhonnêteté des fonctionnaires blancs. Son but ? Obtenir leur renvoi. Ses protestations lui attiraient bien des antipathies. Les ressortissants des trois puissances occidentales rêvaient de le voir plier bagage. Qui des deux camps réussirait à évincer l'autre ? Les prises de position de Stevenson n'agaçaient pas seulement les pouvoirs politiques. A chaque lettre, Colvin se plaignait : il en avait assez de l'entendre défendre *ses Noirs et ses Chocolats* dont le destin n'intéressait personne.

Fanny était seule, avec Moors, à soutenir son mari. Elle savait pourtant ce que pouvait coûter leur opposition à la politique de la Grande-Bretagne et des Etats-Unis, leurs pays d'origine : la perte de leur cher Vailima. L'arrêté qui mettait au ban de la légalité les partisans de Mataafa menaçait explicitement les Stevenson de déportation. Quant à Moors, les consuls comptaient le piéger lors d'une livraison d'armes aux troupes de Mataafa.

— Vous m'avez questionné sur l'activité de Vailima, reprit le trafiquant d'un ton neutre... C'est Stevenson que vous devriez interroger ! C'est lui qui tient la plantation... Entre nous, quel gouffre financier ! Il y engloutit tous ses droits d'auteur. Il travaille à un rythme infernal. Il se lève à cinq heures du matin pour écrire. Il me confiait l'autre jour qu'en un an il avait achevé *Le Trafiquant d'épaves*, rédigé *L'Histoire de Samoa*, écrit *Ceux de Falesa*, pratiquement terminé *Catriona*, et commencé les recherches pour une biographie de son grand-père... Au total, près de deux mille pages publiées... sans parler de ses lettres et de ses articles. Il n'a pas le choix... Vailima et l'entretien de près de vingt personnes pomperaient les Rockefeller en cinq ans... Savez-vous qu'ils n'ont réussi à défricher que six hectares sur les cent trente ?... Et sur ces six hectares, c'est moi qui en ai fait nettoyer quatre ! ironisa-t-il... Pauvre Stevenson, il s'est mis un sacré poids sur le dos... Sans parler des coucheries de son gendre avec Faamua, la femme de son homme de main, et de la liaison de son beau-fils avec la fille adoptive du docteur Funk...

— Vous plaisantez ! s'exclama le consul, ravi et choqué... Lloyd avec...

— Que diable, il a vingt-quatre ans, et la petite est jolie...

— Une indigène !

Moors posa sur Cusack-Smith un regard lourd de menace :

— Et alors ?

— Je m'étonnais, voilà tout... Lloyd Osbourne me paraissait tellement correct !

— C'est un pisse-froid, vous pouvez le dire. Mais il a le sang chaud, il aime les filles, ça crève les yeux, il doit tenir cela de son père. Je me suis laissé dire que le premier mari de madame était un sacré coureur.

— Et la vieille douairière, comment supporte-t-elle ?

— En s'engueulant avec sa bru.

— Ciel ! s'exclama Cusack-Smith que la crudité de Moors enchantait. Je croyais qu'elles s'entendaient...

— ... Elles s'entendent. Mais ce sont deux femelles... Enfermées dans le même enclos, elles se disputent... à propos des catholiques justement. Mrs Stevenson mère appartient comme vous, comme moi, à l'Eglise protestante... Elle lit donc le service protestant chaque matin... Or vous connaissez la bonne vieille rivalité entre nos missionnaires protestants et les pères catholiques... Les ouailles des maristes qui peuplent Vailima refusent donc de lire les prières protestantes !... Mrs Stevenson mère s'est plainte à Fanny, mais Fanny a rétorqué qu'à Vailima la liberté de culte restera totale. Elle ne forcera personne à prier au salon. Je crois que cette réponse a mis la douairière dans tous ses états.

— Quelle famille ! soupira Cusack-Smith en se levant.

— ... Et ce n'est qu'un début ! ricana Moors. Je souhaite à Louis bien du bonheur pour maintenir l'ordre parmi tous ces pique-assiettes... Ça va lui donner plus de mal qu'à moi, qu'à vous, pour éviter la guerre avec Mataafa, conclut-il dans un clin d'œil tandis qu'il raccompagnait le consul jusqu'à la rue. Il le retint un instant par le coude... Dites-moi, Cusack, à propos de famille, je me suis laissé conter que l'épouse de lord Jersey, votre gouverneur général, le grand chef, si je ne m'abuse, de toutes les colonies britanniques en ces eaux troubles..., que madame son épouse va nous rendre visite ? Cela signifierait-il que la reine Victoria s'intéresse à notre île ?

Cusack-Smith se dégagea du bras puissant qui s'était glissé sous le sien.

— Le yacht de lady Jersey fera en effet escale à Apia… mais sa visite n'a rien d'officiel ! C'est Bazett Haggard, notre commissaire des terres, qui la reçoit. Elle ne descend pas chez moi, c'est vous dire le caractère purement amical et récréatif de ses vacances !

— Sa présence promet quelques bals, alors ? insista le trafiquant. La comtesse passe pour une grande dame… sportive… intrépide… Quelques matches de polo peut-être ?

— Pas avant août, Moors, pas avant août…

— Espérons, mon cher, que d'ici là vous aurez réussi à maintenir l'ordre…

— Espérons que d'ici là Mataafa et son village seront radiés de la carte !

Le consul remonta à cheval. Et Moors regarda cette maigre silhouette, tout de blanc vêtue à la mode coloniale, qui s'éloignait au pas entre les buissons de crotons jaunes, les cabanons administratifs et les entrepôts. Après l'averse, le soleil tapait dru sur les flaques. Du mont Vaea, qui surplombait la baie, tombait une chaleur de serre, humide et suffocante. Apia n'était une cité que de nom. Pas de quais pour le port, juste une jetée de bois et un ponton. Pas de pavés pour les rues, juste des artères de boue. Seule la cathédrale, toute blanche avec ses vitraux bariolés, ses grands murs et ses contreforts, donnait à la capitale l'illusion d'exister. Moors vit le consul prendre le trot vers la péninsule de Malinu'u, où demeurait le roi… Qu'allait-il faire chez Laupepa ? Sa Majesté habitait un falé à peine digne d'un chef. En face, dans le même village, le ministre de la justice construisait sa nouvelle et luxueuse résidence. « Encore une de leurs stupidités, songea Moors… Ces abrutis de Blancs ne se rendent pas compte qu'en humiliant Laupepa, en le maintenant dans le dénuement, ils diminuent son prestige et le rendent impopulaire… »

Moors laissa retomber derrière lui le battant de la porte-moustiquaire du Tivoli Hotel, pour descendre à son tour dans la rue et détacher son cheval. Le bâtiment faisait l'angle de la route qui conduisait à Vailima. Là se regroupaient les quelques cottages d'hommes blancs mariés à des Samoanes. Avec leurs petites barrières et leurs vérandas, c'était les seules vraies maisons d'Apia. Le quartier résidentiel. Un peu à l'écart, sous les manguiers des jardins, on apercevait les groupes de falés où les Blancs se devaient de recevoir la vaste famille de leur épouse indigène. Un devoir d'hospitalité auquel ils ne pouvaient se soustraire. Les frais de ces parents, qui s'installaient chez eux à demeure, pompaient leurs ressources de fonctionnaires et les gardaient à vie parqués dans cet enclos.

*
**

— Si Lloyd épouse cette fille, il ne sait pas ce qui lui pend au nez, ricana Joe.

— Mêle-toi de tes affaires, objecta sa femme.

Strong bouscula les petits cochons noirs que les lingères avaient attachés dans la buanderie, au pied de leurs tables de repassage. Elles étaient trois jeunes filles en lava lava rouge sur les hanches, la poitrine couverte par un bandana noué au cou. Elles transpiraient et leurs petits seins pointaient sous le foulard. Joe n'avait rien à faire ici. Belle, qui supervisait son équipe, le soupçonnait d'être venu tourner autour de Faamua, la « Coquine » comme l'appelait Louis. La seconde épouse de Lafaele était, elle aussi, très généreuse de ses charmes.

— Tu as raison, approuva Joe. Quand un homme a décidé de faire une bêtise...

— Lloyd n'a rien décidé du tout.

— Je m'en doute : c'est ta mère qui décidera pour lui... Elle va l'expédier quelques semaines à San Francisco et tout sera réglé, jusqu'à la prochaine fois. Ton frère a bien raison de s'amuser avec les filles d'ici. Quant à les épouser... pas si bête ! J'ai vu bien des types en courir le risque. Ça ne réussit jamais !

— Ce qui ne réussit jamais, rétorqua Belle en lui cédant le terrain, c'est de boire, de cocufier sa femme et de gaspiller sa vie !

Elle sortit. Et Joe, s'approchant de la « Coquine », la prit dans ses bras sous les fous rires des deux autres.

*
**

Au moment où j'ai interrompu mon journal, écrit Fanny, *nous avons surpris Joe empêtré dans un nombre assez considérable de graves indélicatesses... Nous l'avons chassé et nous avons demandé le divorce pour Belle à Apia. Nous l'avons obtenu sans difficulté. Joe avait une liaison avec une indigène en ville, une vieille histoire qui datait de son premier séjour à Samoa. Sans parler de son aventure avec Faamua. Il est arrivé un soir ici très tard, nous suppliant de lui pardonner et de le reprendre... J'ai été tellement choquée de le revoir que j'en ai attrapé une angine... Louis est aujourd'hui le seul tuteur de l'enfant (...).*

Austin et Belle, poursuit-elle dans une lettre à l'intention de sa sœur Nellie, *ont déménagé du cottage pour s'installer dans la grande maison. Belle occupe une chambre à l'étage, près du bureau de Louis. Il la prend officiellement pour secrétaire. Elle gagnera même quarante dollars par mois. Elle va écrire sous sa dictée. Nous attendons la visite d'un neveu de Tante Maggy, un cousin Balfour que Louis n'a jamais vu. Il habitera avec Lloyd dans le cottage laissé libre par les Strong.*

Pas un mot qui trahisse la souffrance de Fanny. Combien lointaine doit lui paraître l'époque où Louis n'écrivait pas une ligne sans la lui soumettre, où pas un paragraphe ne partait chez l'éditeur sans qu'elle ne l'ait approuvé. A Vailima, elle profite, comme tout le monde après le déjeuner, de la lecture du travail en cours. Mais sa critique pèse désormais moins lourd que le jugement de Lloyd. C'est Lloyd qui prend des notes, c'est lui qu'on interroge, c'est lui dont l'auteur inquiet craint le jugement.

En collaboration avec Robert Louis Stevenson, Lloyd a déjà écrit *Le Trafiquant d'épaves.* Si Colvin n'a pas apprécié ce roman d'aventures, les lecteurs se sont arraché le feuilleton. *Le Creux de la vague,* leur seconde collaboration, les auteurs l'ont jugé trop faible et laissée dans un tiroir. Il y restera jusqu'à l'arrivée de Graham Balfour, le cousin qu'annonce la lettre de Fanny.

Il est écossais. Il a vingt-trois ans. Et chez lui la distinction le dispute à la fantaisie. Un digne rejeton de la lignée de Tante Maggy. Diplômé d'Oxford, l'esprit curieux, l'âme littéraire, il s'enthousiasme pour cette dernière histoire. Louis et Lloyd trouvent en Graham un complice idéal, sa visite prévue pour un mois durera un an. Le trio se comprend à mi-mot... Et le clan des « jeunes » promet de beaucoup s'amuser à Vailima.

Cet hiver, les habitants d'Apia entendront plus souvent parler des maladies de Fanny Stevenson que de la santé de son illustre époux.

VAILIMA III – août 1892-juillet 1893

Lloyd, le visage tourné vers la petite silhouette de sa mère, referma doucement la porte. Elle souffrait d'affreuses douleurs aux reins. Le docteur Funk avait diagnostiqué des coliques néphrétiques que la morphine ne soulageait pas.

Allongée sur le divan de sa chambre, elle reçut son fils avec ce sourire timide qui le troublait depuis l'enfance. Pour lui, pour lui seul, elle avait conservé cette patience-là, ce silence, et cette enveloppante douceur qu'il recherchait chez les femmes indigènes. Lloyd les aimait petites, la peau très sombre, les yeux noirs et fixes. Comme sa mère.

Pourtant la tendresse, les caresses, les câlins, les mots d'amour chuchotés à l'oreille, Fanny n'en avait pas abreuvé son fils. Mais de son amour Lloyd n'avait jamais douté. Elle l'aimait avec force. Elle l'aimait avec sollicitude et vigilance. Elle le protégeait. Elle l'entourait. Elle le veillait. Fanny vivante, aucun mal ne pourrait détruire Lloyd Osbourne. Il le sentait. Il l'avait toujours senti.

La joie, les deuils, Lloyd avait tout partagé avec elle. Ensemble ils avaient perdu Hervey, ils avaient décou-vert Grez. Ensemble ils avaient aimé Louis, aimé Tante Maggy et l'Angleterre. C'était du moins l'impression de Lloyd, jusqu'à la brouille avec Henley. Henley, ce bouillonnant poète, Lloyd l'avait aimé de toute la force de son jeune cœur. Il le considérait comme son mentor en littérature. Terrible avait été la déconvenue quand, lors de son retour en Ecosse pour chercher Tante Maggy, Lloyd Osbourne s'était vu refuser la porte de Henley. Le journaliste lui avait fait dire qu'il ne tenait pas à le rencontrer, que ses visites, ses lettres resteraient sans réponse. La douleur de ce rejet, Lloyd n'en avait rien laissé paraître. Mais sa mère savait. Elle savait tout. A sa manière, il éprouvait pour elle un sentiment voisin de la vénération que lui témoignaient les indigènes. Curieux cocktail d'amour et de crainte. Il se méfiait de ses pouvoirs, il la tenait à distance, mais il ne pouvait vivre loin d'elle. Comme Lafaele qui ne savait quel prétexte inventer pour monter dans sa chambre et qui, lorsqu'il y pénétrait, restait pétrifié de peur, Lloyd n'entrait jamais chez sa mère sans une pointe d'appré-hension. Le mystère de Fanny demeurait entier. La peau de tigre du sofa et l'empreinte du pied qui s'imprimait au plafond lui procuraient le même vertige qu'aux serviteurs. Comme Lafaele qui souriait poliment quand Fanny lui expliquait que ce pied n'était que la trace du pas de quelque ouvrier sur le vernis, qu'il s'y trouvait *avant* qu'on cloue le panneau au plafond, Lloyd acquiesçait aux paroles de sa mère et n'en pensait pas moins. Tamaitai commandait aux esprits. Les aitus se promenaient en liberté dans sa chambre.

Le lieu n'avait pourtant rien d'inquiétant. Il ne ressemblait plus au bric-à-brac d'autrefois. Les quartiers de Fanny occupaient l'aile droite de la maison, et les grandes baies faisaient l'angle, ouvrant sur la mer et sur l'un des courts de tennis. La double exposition rendait la pièce si claire que le vert des murs paraissait bleu au soleil. Les grands rideaux topaze du lit, les banquettes ocre sous la fenêtre, le tapis turc à ramages jaunes, si épais que les pieds nus s'enfonçaient jusqu'à la cheville, tout invitait le visiteur au bien-être.

Lloyd prit la main qu'elle lui tendait et s'assit sur la banquette à côté d'elle. Ce geste ne leur ressemblait pas. Comment imaginer que cet homme avec son mètre quatre-vingts, sa silhouette blonde, sa démarche rigide qu'accentuait encore sa myopie, puisse être issu d'une telle femme? Debout, Fanny lui arrivait à peine à la poitrine. A cinquante-deux ans, elle restait aussi souple, aussi rapide qu'il semblait raide et lent, aussi emportée, aussi violente qu'il paraissait froid. Dans les veines de Lloyd coulait tout l'héritage de la famille Vandegrift. Le vent du nord soufflait sur son esprit, qu'il avait caustique et pince-sans-rire.

— Regarde, dit-elle en lui montrant le paysage...

Il apercevait entre les cimes le vaste océan qui brasillait, blanc sous le soleil...

— ... Jamais tu ne reverras ce que nous avons devant les yeux... Cette heure est fugitive... Mais prolongeons un instant ce plaisir...

Elle eut conscience de la surprise, presque de l'inquiétude de Lloyd, et sourit :

— Tu me trouves un peu bizarre? Pardonne-moi... Funk m'a prescrit une drogue. Je me sens beaucoup mieux, mais peut-être me met-elle dans un drôle d'état... Vois-tu, poursuivit-elle en reprenant la main de son fils, je regrette tellement que Tante Maggy s'ennuie ici... Car elle s'ennuie, n'est-ce pas? Elle voudrait nous convaincre d'abandonner la plantation, de nous installer dans les colonies, en Nouvelle-Zélande par exemple... Je pense tout de même qu'elle serait plus heureuse à Vailima si elle était occupée... Mais je n'arrive pas à trouver ce qui l'amuserait... Cela m'est tellement difficile d'imaginer qu'elle puisse préférer une vie sociale, un univers où l'on dépose des cartes de visite cornées chez les uns, chez les autres, une vraie église, de vraies réceptions, la sieste du dimanche... Que quiconque puisse préférer cela à la vie paradisiaque que nous menons ici... On se sent si proche de Dieu à Vailima!

De nouveau, Llyod jeta un regard inquiet sur sa

mère. Etait-ce vraiment le nouveau médicament qui la mettait dans cet état d'extase qu'il ne lui connaissait pas ?

— Dis-moi, reprit-elle avec sa voix d'autrefois, une voix basse sans inflexions, une voix qu'il n'avait pas entendue depuis leur installation à Samoa, cette voix d'eau sous la glace, étrange, insidieuse... Dis-moi, comment va Belle ?... Je suis inquiète pour elle. Depuis l'arrivée de Graham, je la trouve toute drôle... Tu sais comment est ta sœur... Capable de suivre n'importe quel homme, pourvu qu'il ait une belle tête et du talent. Je dois dire que, comparé à l'infâme Joe, quel délice que Graham Balfour. Il s'est fondu tout naturellement dans la famille. Mais elle oublie qu'il a vingt-trois ans... Et elle... Elle...

Lloyd s'abstint de faire remarquer que Louis n'était guère plus âgé quand sa mère l'avait aimé. Onze ans séparaient Graham Balfour de Belle Strong, comme Louis de Fanny.

— C'est un oiseau, ta sœur. Elle a autant de cervelle qu'un petit pois. Parle-lui, toi... Elle t'écoutera. De moi, elle n'acceptera rien... Si Graham pouvait tomber amoureux d'elle, quelle chance !... Je serais la première à les féliciter... Mais ce jeune homme n'est pas pour elle... Je ne veux pas qu'elle souffre, tu comprends ?... Et je ne veux pas non plus qu'on dise à Londres que nous nous jetons tous à la tête de la famille de Louis... Lady Jersey serait trop contente de répéter partout que ma fille se donne en spectacle !

— Lady Jersey ? s'étonna Lloyd. Sûrement pas ! Elle a pris Belle en affection, toutes deux s'entendent comme larrons en foire... La comtesse est exquise, maman. C'est une grande admiratrice de Louis. Elle connaît son œuvre sur le bout des doigts. Même son *Histoire de Samoa*. Nous l'emmenons demain rencontrer Mataafa.

Si Lloyd avait vu l'expression de sa mère, il aurait sans doute modéré ses transports.

Sans mot dire, elle se leva, traversa la pièce, enfila le couloir.

— Tu prétends travailler à la paix, Louis, explosa-t-elle en faisant irruption dans le bureau, mais si tu fais cela, c'est toi qui vas déclencher la guerre !

— Si je fais quoi ? s'impatienta-t-il.

Il ne tolérait pas qu'on l'interrompe pendant qu'il dictait. Belle, le manuscrit sur les genoux, se tassa, toute petite sur son tabouret.

— Emmener lady Jersey au camp de Mataafa ! Cette femme, que tu prétends si brillante, si courageuse, si littéraire... Cette femme, c'est l'épouse du gouverneur général de la Nouvelle-Galles du Sud. Elle représente la reine... « Ta » reine, qui considère Mataafa comme un révolté, un fanatique, un homme à abattre...

Louis se contint, posa ses papiers et, prenant Fanny par le coude, la conduisit jusqu'au divan qui lui servait de lit. Belle en profita pour s'esquiver.

— Justement, dit-il avec une affectation de calme : que lady Jersey constate la bonne volonté de Mataafa, qu'elle juge de sa sagesse... Qu'elle prenne conscience qu'il n'a cessé de retenir ses troupes, qu'il ne cherche pas la guerre, que sans lui, sans ses efforts, Upolu serait aujourd'hui dévasté !

— La rencontre d'un personnage officiel tel que lady Jersey avec Mataafa va mettre le consul britannique dans une position impossible vis-à-vis des deux autres puissances. Tu cherches absolument à exaspérer les Allemands ? Comment va-t-on leur prouver que l'Angleterre ne trahit pas ses engagements à leur égard, qu'elle n'est pas devenue derrière leur dos le supporter de Mataafa ?

Résistant à sa pression, Fanny refusait de s'asseoir. Tandis qu'il tentait de s'installer dans les coussins, elle lui parlait de haut :

— ... Tu vas forcer lord Jersey et Cusack-Smith à fondre sur Mataafa pour prouver leur bonne foi ! Les Allemands n'attendent que cela, l'aval des Anglais pour attaquer...

— Personne n'a besoin de savoir que la dame qui m'accompagne est l'épouse du gouverneur : ce n'est pas la première fois que je rends visite à Mataafa dans son village... je la présenterai comme ma cousine, Miss Amelia Balfour...

— Parce qu'en plus tu comptes mentir à Mataafa ? Tu te conduis d'une façon non seulement ignoble, mais stupide. Tu espères le tromper ? Aucun secret n'est gardé dans cette île, les rumeurs se propagent comme des traînées de poudre. Mataafa ne sera pas dupe. Et les consuls seront informés dans la seconde !

A bout de nerfs, il sauta sur ses pieds. Tous deux se mesurèrent.

— Fanny, tu es paranoïaque !... Tu vois le mal partout... Cette équipée ne peut qu'aider la cause de Mataafa. Personne à Apia n'en saura rien. Ce sera une aventure tellement exaltante... J'ai rendez-vous demain à l'aube avec lady Jersey. Nous nous retrouvons sur le dernier gué de la Papase'ea River. Belle, Lloyd et Graham m'accompagnent... Et tu es, toi, la très bienvenue !

— Exaltante comme tu dis, cette équipée !... Tu joues à la guerre, Louis, comme jadis tu jouais aux soldats de plomb avec Lloyd, comme tu le fais aujourd'hui avec Austin... Et maintenant avec cette femme, vaniteuse et vulgaire, lady Jersey !

— Tu ne comprends pas, Fanny, dit-il en se radoucissant... Je veux mourir les bottes aux pieds ! Me noyer. Tomber de cheval. Etre descendu d'un coup de fusil. N'importe quoi plutôt que repasser par cette longue désintégration de Bournemouth...

— Oh que si, je comprends ! Et ton égoïsme me soulève le cœur. Tu es de la même veine que les Cusack-Smith... Que tous les Blancs d'Apia... Toi. Toi. Toi. Tu ne penses qu'à ton plaisir... Eux, c'est l'argent qui les fait marcher, l'intérêt. Toi, c'est l'aventure. Tu es incapable de renoncer au plaisir d'une aventure, même si elle doit coûter la vie aux êtres que tu prétends défendre... Les indigènes vont pâtir de cette *équipée tellement exaltante*. Tu t'en fiches, pourvu que ton cœur batte et que tu te sentes vivant.

Elle lui décocha un regard féroce, où le mépris le disputait à la menace :

— Si tu emmenais demain lady Jersey chez Mataafa,

Robert Louis Stevenson ne serait pas l'homme que je croyais !

— Si je me pliais à la tyrannie d'une paysanne hystérique, répondit-il sur le même ton, je ne serais pas Robert Louis Stevenson !

Il claqua la porte et la laissa seule.

*

« Comme j'aimerais que la nature artistique de Louis reçoive une monumentale correction, que les prétentions aristocratiquement écossaises de cette famille prennent une gifle dont aucun ne se remette », songeait-elle méchamment en les écoutant rire et projeter leur expédition du lendemain.

En bout de table, Fanny ne desserrait plus les mâchoires. Elle avait le visage sévère et concentré. Les gestes lents et circonspects. Elle se tenait en bride. Elle ne leur dirait rien. Elle ne leur parlerait pas de la catastrophe qu'elle sentait venir. Oui, elle se tenait en bride, et fermement. Elle se concentrait, elle se regroupait sur la garde de ce prisonnier rusé, son esprit... Elle s'accrochait à la table avec la terreur de laisser échapper les pensées qui lui mangeaient l'âme. Si elle n'y prenait garde, elle leur crierait à tous ses menaces et son mépris. Elle s'agrippait à la nappe, plantant ses ongles dans le damas.

D'un coup, ses muscles se détendirent, et sa volonté céda. Quelque chose parut se briser dans sa tête et s'engouffrer avec le fracas et la chaleur d'un incendie... Il fallait que Belle s'en aille, que Tante Maggy s'en aille, et Lloyd, et Graham... Qu'elle reste seule avec Louis... Seuls tous les deux... A moins... A moins qu'elle ne parte, elle.

Elle sauta de son siège, traversa le hall, et, dégringolant les deux marches de la véranda, elle se retrouva sur la pelouse. Talolo et Lafaele qui se disputaient à voix basse sur le seuil de la cuisine, un appentis à l'écart de la maison, levèrent la tête. Ils virent avec surprise les traits décomposés de Tamaitai. Elle disparut dans l'ombre, pour revenir près d'eux sans avoir conscience de leur présence. De long en large, elle arpentait la pelouse entre la cuisine et le mont Vaea, murmurant et gesticulant. Ils finirent par s'assoupir, sans cesser de surveiller leur étrange maîtresse. Ils pensaient que Tusitala finirait par l'appeler pour qu'elle retourne se coucher. Mais Tusitala n'appela pas.

Au lever du soleil, telle une bande de conspirateurs, Louis, Belle, Graham et Lloyd se faufilèrent jusqu'aux écuries. Ils sellèrent les chevaux et s'acheminèrent vers la ville en une mystérieuse cavalcade.

Vide. La maison était vide. Tante Maggy astiquait le cuir des livres à l'étage, préservant les reliures de l'humidité dévastatrice. A moins qu'elle ne soit descendue au paddock. En chapeau de paille, gants de jardinage et petit panier au bras, elle y chassait le « lantau », une graine qu'elle accusait d'empoisonner son cheval. Si d'aventure un visiteur se profilait dans le sentier, Tante Maggy remonterait rapidement vers la maison, entrerait dans sa chambre par la porte de derrière, et ressortirait quelques instants plus tard en bonnet tuyauté et robe de taffetas noire. Gracieuse, souriante, elle jouerait aimablement les hôtesses, surtout s'il s'agissait du pasteur Clarke ou de quelque missionnaire.

Accroupie sur les rochers chauds, rugueux, de la cascade où la rivière ne coulait plus, où le bassin était à sec en ce mois d'août, Fanny scrutait au-dessus d'elle le mont Vaea... Elle détestait ce mont, avec sa forêt et son ombre éternelle.

Ce mamelon énorme semblable à une montagne dans un dessin d'enfant, on le voyait de partout. On le voyait de la mer, on le voyait d'Apia, de l'entrée de Vailima, de la véranda, de la chambre de Louis... On l'entendait le jour, c'était les oiseaux ; la nuit, les énormes chauves-souris. Il bruissait toujours. Même son silence, on l'entendait. Chacun parlait du mont Vaea. Lafaele, terrifié par les esprits, refusait de s'y aventurer. Talolo, Sosimo, Faamua racontaient qu'ils y avaient rencontré l'aitu Fafine, une femme vampire qui vous attirait dans les bois pour vous sucer le sang. Même le pasteur Clarke évoquait les combats qui s'étaient livrés ici moins de vingt ans plus tôt. En mai dernier, les boys avaient trouvé les restants d'un squelette, un corps pour deux crânes. On en avait déduit qu'il s'agissait d'un guerrier porteur de la tête de son ennemi qu'il ramenait en trophée, conformément à l'usage... Et Louis, qui chaque matin regardait de sa fenêtre le sommet du mont, ne l'évoquait que pour parler de sa mort : « Je veux qu'on m'enterre là-haut, le sommet du mont Vaea sera ma tombe. »

Au-dessus d'elle, la montagne exhalait comme un souffle où se confondaient la peur de Fanny et son oppressante solitude. Elle regarda autour d'elle. De gros lézards noirs se tortillaient sur le sol pour disparaître entre les pierres. De petits fruits se détachaient des arbres, ils tombaient de branche en branche, avec un cassement sec de grenade qu'on dégoupille, et venaient exploser à ses pieds. Etait-elle visée par une main malhabile ? Sur le bord du bois, l'herbe tremblait encore. De la cascade jusqu'aux fourrés courait comme un frémissement. Pas le moindre souffle d'air. Quelqu'un venait-il de passer par là ? L'aitu Fafine cherchait-elle à l'entraîner dans les buissons ? Elle se leva et pénétra dans l'étroit passage, ce sentier noir, bourbeux, qui se faufilait entre les arbres et ne menait nulle part. Elle avançait, déconcertée, énervée par la violence de cette vie tropicale. Tout ici avait besoin du soleil pour mieux fermenter dans les ténèbres. La forêt, comme Vailima, semblait toutes fleurs et toutes couleurs, mais cette gaieté n'était que la floraison de la mort... La terre de Vailima, promesse de joie et de beauté, ne contenait que poison et pourriture... Le ciel de Vailima, avec son treillis de lianes énormes, ne cachait lui aussi que le vide.

La terreur d'une force inconnue qui s'était emparée de son cœur la fit trébucher. Elle tomba dans la terre, se laissa assommer par le soleil qui filtrait dru à travers les feuilles, rouler parmi les troncs, enfouir dans les herbes. Elle resta là, le visage levé, se perdant dans ce mirage tiède et odorant, laissant se dissoudre en elle le restant de ses forces.

Elle se sentit soudain apaisée. Elle en oublia sa colère et son désespoir.

Le souvenir de son amour pour Louis, de ses combats pour le maintenir en vie, de son ambition et de ses échecs, se dissolvait lentement dans cette humidité qui liquéfiait le regret et l'espérance.

*
**

La petite bande resta absente deux jours et deux nuits... Ils reviendraient sûrement ce soir... Pourquoi n'irait-elle pas à leur rencontre ? Toutes les pensées de Fanny se concentraient désormais sur cette grande scène de retrouvailles... Elle demanderait pardon à Louis de ne plus lui être indispensable... et tout redeviendrait comme avant. Oui, elle dirait à Louis combien elle avait souffert qu'il n'ait plus besoin d'elle, combien elle avait craint qu'il la rejette loin de lui. Elle le lui dirait. Et tout serait comme avant ! Ils seraient de nouveau unis. Tous les deux seuls pour combattre ensemble l'univers.

Laissant derrière elle la route de Vailima, elle descendit à pied vers le village. Dans le tournant, à l'embranchement qui conduisait vers Apia, elle entendit un homme qui riait fort et joyeusement. C'était la voix de Louis. Fanny s'arrêta pour écouter, mais ils surgirent devant elle et les cavaliers passèrent au galop sans la voir.

Quand Louis et Lloyd, Belle et Graham rentrèrent de leur expédition, ils ne la trouvèrent pas. Fourbus, la tête pleine d'images et de rêves, ils allèrent se coucher. D'un commun accord, ils avaient décidé de ne pas se vanter de leurs exploits auprès de Fanny. Ils ne raconteraient rien.

Trois jours après leur retour, dans le hall où se tenait la famille, Fanny décocha à Louis un regard féroce. L'équipée chez Mataafa avait provoqué l'incident diplomatique prévu. Lady Jersey s'en était retournée penaude auprès de son mari, qui s'étranglait de rage. Cusack-Smith tenait, ou presque, son ordre de déportation du clan Stevenson. Les trois puissances s'armaient pour la guerre, et la Grande-Bretagne fournissait largement les troupes de Laupepa en hommes et en munitions.

Stevenson fumait en silence, préparant mentalement les chapitres du lendemain qu'il dicterait à Belle. Son calme faisait à sa femme l'effet d'un affront. Pourquoi cet égoïste, cet inconscient, cet indifférent ne parlait-il pas ce soir ? Epuisait-il avec Belle tous les plaisirs de la conversation ? Les bavardages de cet oiseau insipide flattaient-ils son orgueil blasé ? Par son silence, cherchait-il à la torturer ? Il ne la jugeait sans doute plus digne de tenir un stylo et de comprendre ses élucubrations d'artiste ! Il préférait pour cela les menottes de cette coquette de Belle, qui ne voulait pas toucher un râteau, crainte d'abîmer ses blanches mains. Fanny Stevenson n'avait rien à faire parmi tous ces gens-là. Elle devait retourner dehors, dans l'herbe, dans l'eau, dans la terre... Oui, bien sûr, c'était cela. La forêt l'appelait. Elle se leva et courut vers la porte. Au passage, elle renversa le guéridon avec le décanteur et les verres d'alcool. Dans le fracas et le moment de stupeur qui suivit, personne ne réagit. Seule Belle s'écria :

— Elle est devenue complètement folle !

Pour la première fois, quelqu'un exprimait ce que Louis n'osait formuler depuis des mois. Il se précipita derrière Fanny.

Elle s'enfonçait dans la brousse, la marche hallucinée d'un être qui poursuit un spectre. Quand elle atteignit la cascade, elle s'arrêta, le visage tendu comme si elle écoutait une voix. La sueur perlait sur son front. Au-dessus d'elle se dressait, noir sur le ciel plus noir encore, le mont Vaea. Le silence. Cette immobilité du monde lui paraissait un reproche, une accusation. Il n'existait nulle part de sécurité. Moins qu'ailleurs dans les bras de Louis et de Lloyd qui l'avaient rejointe et tentaient de la ramener. Des traîtres. Des espions, et des hypocrites. Ils n'aspiraient qu'à se débarrasser d'elle... Pourquoi prétendaient-ils maintenant l'arracher à la terre qui la réclamait? Elle se débattait contre cette impression d'être vaincue d'avance. Elle perdait pied, elle retombait dans les ténèbres. Ils la redescendaient vers Vailima. Elle leur résistait de tous ses membres. Soudain, d'un coup, elle abandonna la lutte.

Allongée dans sa chambre, elle fut parcourue d'un grand frisson. Rejetant brutalement, comme un objet de dégoût, la main de Belle qui se posait sur son front, elle sauta du lit pour foncer sur la porte.

— Louis! hurla la jeune femme.

Ce nom qui résonna dans la nuit la riva au sol. Fanny demeura un instant debout, immobile. Elle haletait péniblement, en reprenant son souffle. Stevenson parut sur le seuil.

— Elle ne me supporte pas, expliqua Belle en larmes. Elle ne me laisse pas l'approcher... Elle me hait.

— Va te coucher. Je la veillerai ce soir. Je la veillerai tous les soirs.

Belle sortit. Il s'approcha doucement de Fanny, lui saisit les épaules, et la tourna vers lui comme il l'avait fait, pour la première fois, dans la barque de Grez.

— Qu'est-ce que tu essayes de me dire? demanda-t-il d'une voix tendre qui suppliait. Qu'est-ce que je dois comprendre, Fanny?

Elle posa son front sur le torse maigre de Louis. Sa tête éclatait.

— Tu parles, chuchota-t-elle, tu parles sans cesse. Tu ne dis rien!

— Oh mon petit, murmura-t-il en la serrant contre lui, parler est une chose si difficile. On parle et ce n'est jamais ce qu'on aurait voulu dire... Alors mieux vaut le silence. Mieux vaut la gentillesse, le ménagement et l'indulgence...

— Mais, cria-t-elle en s'écartant brusquement de lui, je meurs de cette indulgence !

— Bon, dit-il en tentant d'être gai, je ne te passerai plus rien, je serai impitoyable... Et demain, tu me diras tout ce que tu voulais crier ce soir. Maintenant, recouche-toi.

Fanny obéit. Elle s'endormit tout de suite, d'un sommeil lourd et sans rêves. Elle ne pouvait reposer que lorsque Louis veillait.

— Elle va mourir, docteur ?

Cette phrase que Fanny avait répétée durant quinze ans, c'était Louis qui la prononçait aujourd'hui. L'angoisse, la souffrance, la compassion, le regard éperdu qu'il posait sur la petite tête résolument tournée vers le mur, en disaient long sur ses sentiments.

— Je ne crois pas que sa vie soit en danger, murmura le médecin en refermant sa serviette.

Barbichette, longues moustaches tombantes et cheveux gris en brosse, le docteur Bernard Funk affectait, quoi qu'il arrive, l'optimisme le plus béat. Son entrain, ses cigares et sa canne appartenaient au paysage d'Apia. Il était arrivé douze ans plus tôt, en février 1880, pour le compte des Ets Godefroy and Son, la plus grosse compagnie allemande à faire le trafic du coprah. Ancien chirurgien de l'armée prussienne pendant la guerre franco-allemande, il avait étudié la médecine à Berlin et à Tübingen. Mais son dada, c'était la météorologie. Il prétendait bruyamment que l'étude des nuages l'intéressait davantage que celle de ses patients.

— ... Soyez rassuré, sa vie ne craint rien.

— Et sa raison ?

Jusqu'à cet instant, Belle n'avait jamais mesuré l'amour de son beau-père pour cette femme... A quel point Stevenson l'aimait, l'inflexion de sa voix, ses mains qui tremblaient, ses nuits, ses jours près d'elle, tout en lui criait sa passion et sa terreur de la perdre.

— Sa raison... Il n'est pas exclu qu'elle s'éteigne.

— Définitivement ?

Le docteur Funk eut un grand geste de la main.

Acquiescement ? Ignorance ? L'Allemand se leva...

L'intuition de Belle en arrivant à Vailima ne l'avait pas trompée, et Joe n'était qu'un imbécile... Parce que Robert Louis Stevenson ne lutinait pas Fanny dans les coins, parce qu'il ne l'appelait pas « chérie » et qu'il ne la prenait pas dans ses bras en public, ils avaient cru refroidie son ancienne tendresse... Que Fanny fût toujours éprise de son mari — c'était visible, c'était certain. Qu'il lui ait conservé son estime et sa reconnaissance — personne n'en doutait. Mais comment n'avoir pas vu les signes de cet attachement charnel qui crevait les yeux aujourd'hui ?

Le mois dernier, lors d'un jeu de la vérité, Louis avait donné dix sur dix à Fanny pour la beauté... Belle avait compris ce compliment comme une gentillesse de Louis. Erreur. A cinquante-trois ans, Fanny Vandegrift restait pour Stevenson l'incarnation de la féminité. Etrange. Imprévisible. Insaisissable.

Du félin elle avait la force et le mystère.

Louis, comme Lloyd, aimait les femmes à la peau mate. Il aimait les épaules rondes ; les mains petites, brunes et noueuses ; les sombres chutes de reins, et les pieds toujours nus... Belle, durant toutes ces années, avait manqué l'essentiel de la vie à Vailima.

Elle escorta le docteur Funk dans le couloir, comme elle le faisait jadis à Sydney quand Fanny, après une visite du médecin, restait un instant seule au chevet de Louis.

— Vous croyez, docteur, demanda la jeune femme avec difficulté, vous croyez que ma mère devient folle ?

— Qu'est-ce que la folie, philosopha Funk, qu'est-ce que la folie ?

— Elle refuse de manger. Elle refuse de parler. Elle reste toujours tournée contre le mur. Nous ne parvenons pas à la distraire... C'est comme si elle ne nous entendait pas...

— Vous me parliez de délire tout à l'heure ?

— Elle a soudain comme des hallucinations. Elle voit des choses.

— Qu'est-ce qu'elle dit ?

— Ça n'a aucun sens.

— Mais que dit-elle ? insista le médecin.

— J'ai l'impression qu'elle confond le passé et le présent... Qu'elle se prend pour quelqu'un d'autre...

— Qui ?

— Je crois qu'elle revit l'agonie de mon petit frère... Qu'elle souffre de sa souffrance. Belle marqua une pause : Quelquefois, elle murmure des phrases que je ne comprends pas.

— Par exemple ?

Gênée, Belle hésita :

— Elle dit... que Louis est en train de construire une étable pour la traire... Que...

La jeune femme secoua douloureusement la tête :

— Que... ? répéta l'Allemand.

— Qu'il la prend pour une vache à lait.

Le bouillonnant Funk émit un petit rire :

— Dans son délire, votre mère ne manque pas d'humour...

— Vous trouvez ? grommela Belle.

— Mrs Stevenson utilise au pied de la lettre les expressions qui traduiraient ses griefs...

— Quels griefs ?

— Ça, je l'ignore... Si je les connaissais, votre mère serait déjà guérie, pontifia-t-il... Depuis vingt ans, elle vit sous tension... Et ces deux dernières années n'ont pas été faciles... Mais la vie est-elle jamais facile, hein ?

Le petit docteur marqua une pause, comme s'il pesait l'extraordinaire justesse de cette réflexion. Puis, ôtant son lorgnon pour regarder autour de lui :

— Cette demeure par exemple, Vailima, quel exploit ! Construite en six mois... Vous vous rendez compte ? Six mois pour édifier une telle maison dans un endroit pareil ? Un miracle !... En entrant, j'ai vu qu'on avait fini de poser le toit du nouveau bâtiment. Vous vous agrandissez du double ?

Belle éluda :

— Cette... cette maladie pourrait-elle... Est-ce que c'est la ménopause ?

— Pourquoi pas ? acquiesça Funk. Chez votre mère, les symptômes des maux les plus bénins se trouvent multipliés par dix... Tout ce qui la touche semble plus

grand, plus vaste que chez le commun des mortels...
Peut-être ne souffre-t-elle au fond que du retour d'âge,
un désordre bien naturel... A moins... à moins qu'elle
ne soit atteinte de la maladie de Bright ?

— Qu'est-ce que c'est ?

— Une maladie nouvelle. Nous n'en connaissons les
symptômes que depuis vingt ans... Funk poussa un long,
un profond soupir... Et nos chères Samoa se trouvent si
loin des hôpitaux, des universités et des échanges entre
confrères... D'après mon souvenir, la maladie de Bright
bousille les reins en entraînant des troubles de conscience... Elle peut modifier le comportement... Je traite
votre mère pour des coliques néphrétiques depuis deux
ans... Allez savoir si ses calculs n'ont pas déglingué tout
le système... Evidemment, comme vous le suggériez,
son mal peut aussi n'être que psychique.

— Vous voulez dire la folie ?

— La schizophrénie, rectifia Funk. N'avait-elle pas
déjà connu des vertiges, des pertes de mémoire... A la
mort de votre frère, précisément ?

— Ah, mais ses malaises ne ressemblaient pas... ne
ressemblaient pas à ça ! Vous ne pouvez pas imaginer
comment elle est quand... quand elle perd la tête, haleta
Belle que le souvenir de certaines scènes épouvantait...
Quelquefois, j'ai l'impression qu'elle...

Belle n'acheva pas. S'appuyant à la rambarde de la
véranda, elle laissa son regard filer sur la plantation :

— ... J'ai rêvé qu'elle mettait le feu à Vailima...
reprit-elle, qu'elle alimentait l'incendie en y précipitant
les livres de mon beau-père.

— C'est vous, mon enfant, qui vous surmenez.

— ... Comme si ma mère, incapable de le rejoindre
dans le bonheur, cherchait à l'entraîner dans la mort...
J'ai quelquefois l'impression qu'elle veut le tuer !

— S'il y a une chose dont je suis absolument certain,
coupa gaiement Funk, c'est de l'absolue dévotion de
votre mère pour Mr Stevenson.

— Justement... L'amour, la haine, les deux revers de
la même médaille ?

— Psychologie de bazar !

Le bruyant docteur Funk ne lâcha pas le pommeau de

sa canne pour secouer son index en signe de réprimande :

— ... Vous, gronda-t-il, complice, vous avez trop lu *Le Cas étrange du Dr Jekyll*. Prenez l'air et quittez ces idées morbides !

Ils traversaient la pelouse, marchant à petits pas vers Lafaele qui ramenait par la bride le cheval du médecin. De délicieux parfums montaient des bosquets, des fruits et des fleurs.

— ... Là : regardez vos ananas, comme ils se gobergent, s'extasiait le petit homme... Tellement gorgés de jus que je parierais qu'ils dépassent les huit kilos... Profitez bien de Vailima ! Profitez, Mrs Osbourne ! Comme il est riche, votre jardin... Comme elle est belle, votre lumière, comme elle est crue. Avec ce ciel plombé, cette mer grise, ces grands arbres phosphorescents, on se croirait en Ecosse après la pluie... N'étaient les petites gouttes rouges de vos caféiers qui flamboient dans les derniers rayons du soleil. Le soir tombe. Vous savez combien la nuit vient vite ici...

Le docteur interrompit son envolée lyrique pour coincer sa canne dans ses fontes et monter à cheval.

— ... Tenez-moi au courant, jeta-t-il en prenant le trot.

Belle croisa frileusement les bras sur sa poitrine. Elle ne pouvait se résoudre à rentrer tout de suite à la maison. Elle restait piquée dans la pente du gazon, telle une grosse fleur entre les cimes rondes des manguiers, les gerbes luisantes des palmes de bananiers, les fruits bosselés des chiramoyas. « ... Profitez, Mrs Osbourne ! » Quand Funk l'avait appelée par son nom de jeune fille, elle avait eu la pénible impression qu'il ne s'adressait pas à elle. « Mrs Osbourne », c'était sa mère. « Prenez l'air, Mrs Osbourne » : ainsi s'était exprimé le médecin de Hervey au lendemain de sa mort... Voilà, Mrs Osbourne, c'était Belle désormais. Jusqu'où prendrait-elle le relais ?... La jeune femme poussa un long soupir de tristesse... Graham Balfour ne jouerait pas les Louis Stevenson, il ne s'éprendrait pas d'une femme plus âgée... Du moins pas d'une Mrs Osbourne... Elle se savait attirante, pleine de charme et de vie... Graham Balfour n'y semblait pas sensible... Pourquoi? N'avait-elle pas ce que possédait sa mère pour séduire un homme jeune?... Belle Osbourne était trop saine peut-être? Trop ouverte, songeait-elle avec amertume... On lisait à livre ouvert sur son visage... Pas de secret, pas de mystère.

Avec lenteur, Belle se tourna vers Vailima. Accolé à la maison, un peu en retrait, s'élevait le nouveau bâtiment... Vailima, l'œuvre de Fanny, conclut mélancoliquement la jeune femme... Démesurée. Exotique. Et violente... *Vailima,* c'était l'histoire d'un homme au faîte de sa gloire; d'un palais sur une île qui servait d'écrin au génie; et d'une femme qui se débattait contre la folie dans le secret des alcôves : un conte fantastique digne d'une rêverie Vandegrift, une fable née de l'imagination maternelle. *Les Hauts de Hurlevent,* revus et corrigés par Fanny Stevenson...

Belle remonta les deux marches du perron. Ses pieds nus, silencieux, s'avancèrent jusqu'à la porte. Elle retarda son retour à la chambre verte et s'appuya au chambranle... Par chance, Austin se trouvait chez la tante Nellie, à Monterey. On l'avait embarqué en septembre, pour toute l'année scolaire. Cette séparation, qui avait tant coûté à Belle, la soulageait ce soir. A douze ans, son fils fréquentait une école et jouait avec des garçons de son âge... Tante Maggy passait l'hiver en Ecosse. Elle était allée rendre visite à sa sœur, et vendre la maison du 17 Heriot Row. L'été prochain, elle rapporterait le mobilier, le restant des tableaux, des cristaux, des bibelots, tous les objets de la tradition Stevenson, qui prendraient place dans la seconde aile de la maison. L'escalier d'honneur, large de deux mètres, conduisait aux chambres prévues pour une très nombreuse famille... Mon Dieu! Comment Belle avait-elle pu oublier ce détail? Pourquoi ne l'avait-elle pas signalé au médecin?... Dans son délire, Fanny croyait attendre dix enfants de Louis — dix enfants qu'elle portait en elle! Elle se voyait avec un ventre tellement énorme qu'elle ne pouvait remuer... C'était cette rondeur, expliquait-elle, qui l'avait forcée à porter l'holoku toutes ces années. Elle était enceinte !... Quand Belle lui avait démontré l'inanité de cette illusion, Fanny avait fondu en larmes. Elle voulait s'excuser auprès de Louis. Se faire pardonner. Oui, il fallait absolument qu'il lui pardonne de ne pas lui avoir donné tous les enfants qu'il désirait... Lors de cette scène, elle s'était bouché les oreilles quand Louis avait juré qu'elle se trompait, qu'il ne voulait pas d'enfants, qu'il n'en avait jamais voulu, qu'il ne ferait à personne le cadeau de sa mauvaise santé...

Belle respirait à longs traits l'air du soir... Encore quelques instants avant de remonter... Elle savait. Elle savait que Louis mentait. Dans les lettres à Edmund Gosse, qu'elle avait prises sous sa dictée, il confiait à son ami la douleur de l'homme qui va mourir sans laisser de descendance. Le redoutable instinct de Fanny ne l'avait pas trompée... Demain, Belle ferait au médecin le récit de cette souffrance-là.

Ce vieux Funk s'en est mieux tiré que je ne pouvais l'espérer, écrit Robert Louis Stevenson à sa mère le 17 avril 1893... *Au milieu de tous ces drames, Belle s'est effondrée. Je pense que ses malaises n'étaient dus qu'à l'anxiété et au surcroît de travail. Talolo et Sosimo sont tous les deux tombés malades avec des abcès. Quelle charmante maison. J'étais extrêmement content que tu ne sois pas là. Maintenant, nous avons tous récupéré, en tout cas nous sommes sur le chemin. (Belle proteste quant à ce que je viens de dire. Elle insiste pour que je te dise la vérité, que Fanny ne va pas mieux.) C'est vrai qu'elle semble avoir régressé ce matin, mais elle est loin d'être aussi mal qu'elle l'a été.*

(Elle est couchée, intervient sa secrétaire. *Elle ne fume pas, elle refuse de manger ou de parler. Louis ne veut pas vous alarmer, mais je pense qu'il faut que vous sachiez dans quelle inquiétude nous nous débattons... J'aimerais qu'elle s'intéresse à quelque chose ! Belle)*

Peut-être Belle a-t-elle raison, mais je m'offre le luxe d'un peu d'espoir.

Nous nous sommes interrompus pour déjeuner et je pense, contrairement à ma secrétaire distinguée, que Fanny va beaucoup mieux qu'hier !

(Tu parles ! Elle n'a pas pris son petit déjeuner, ni son déjeuner, si vous appelez ça mieux ! B.)

Le 20 avril, cette fois à l'intention de Colvin, Louis et Belle continuent leur rapport.

Fanny va vraiment mieux. Et je vais demander à Belle d'apposer sa signature sur ce bulletin de santé, ce qui tendra à prouver que ce n'est pas une illusion de ma part, ni une tricherie pour vous rassurer tous.

(C'est vrai, elle va mieux. Belle)

La nuit dernière, les chats nous ont réveillés, elle et moi, vers dix heures. Belle n'était pas encore couchée. Aussi nous nous sommes tous les trois installés dans ma chambre, nous avons bu un grog et fumé une cigarette. Nous étions presque aussi gais que des garçons en virée. C'était merveilleux. Fanny était aussi gentille que possible et elle ne semblait absolument pas malade. Hier, pour la première fois, elle est sortie dans son jardin avec une ombrelle et m'a épuisé, moi qui essayais de la suivre partout.

Un mois plus tard, en mai 1893, Louis triomphant s'écrie : *Elle va bien à nouveau. Elle semble calme. Il lui reste quelques idées bizarres dont elle ne se débarrassera pas, mais qui sont sans importance. Elle va bien. Bien. Bien.*

Ce qu'il ne dit pas dans cette dernière lettre, c'est que les tambours grondent dans les montagnes. Que des bandes armées descendent vers Apia, que les guerriers se noircissent le visage pour impressionner l'adversaire dans les corps-à-corps. Que les femmes se rasent la tête et que leurs chevelures ornent les costumes de leurs pères ou de leurs maris. Que les hommes de Vailima miment les danses de mort sur la pelouse en poussant d'étranges cris.

VAILIMA IV – juillet 1893-décembre 1894

3 juillet

On ne parle de rien d'autre, on ne pense à rien d'autre. La guerre.

(...) Il y a quelques jours, Louis et Palema (le nom de Graham Balfour traduit en samoan) sont allés aux avant-postes des rebelles pour voir ce qui se passait (...) Ils sont revenus très excités, brûlant d'envie de se ruer dans la bagarre. Je vois qu'il va être difficile de retenir Louis (...)

5 juillet

(...) C'est vraiment une chose effroyable de se trouver confinée dans la position d'une femelle britannique. Lloyd et Palema sont jeunes et bien sûr intolérants, mais quelle surprise de découvrir que Louis partage leurs idées ! Si notre maison est attaquée, nous sommes censées, Belle et moi, nous retirer dans nos appartements avec notre tapisserie, sans nous permettre de demander ce qui se passe. Je voudrais bien voir ça chez quelqu'un de ma trempe. Je n'ai jamais été lâche de ma vie et je n'ai jamais perdu mon sang-froid. Pourtant Dieu sait qu'il m'est arrivé de me trouver dans des situations difficiles (...)

6 juillet

(...) Les trafiquants blancs d'Apia, qui naguère trai-taient les Samoans de « nègres », qui les forçaient à marcher trois pas derrière eux comme des chiens, sont maintenant à tu et à toi avec les guerriers aux torses larges et huilés. Très révélateur de ce qui se passe (...)

La vérité, c'est que cette guerre est la guerre des trois consuls, et je crains qu'ils aient fabriqué une bombe qu'il ne sera pas facile de désamorcer (...)

8 juillet

(...) Alors que nous étions tous assis à table après le dîner, vers sept heures, nous avons reçu un message de la mission : on se battait désespérément à Vaitele. Onze têtes avaient été coupées par les hommes de Laupepa et rapportées en trophée à Malinuu. Beaucoup de blessés avaient été ramenés au pasteur Clarke. Parmi eux des morts. Louis a bondi (...)

J'ai dit que j'y allais aussi (...)

A la mission, les gens couraient dans tous les sens et toutes les lumières brûlaient aux fenêtres. Le révérend Clarke s'est hâté à notre rencontre. Il a dit que c'était vrai, qu'il y avait des blessés, que trois morts lui avaient été amenés et que les onze têtes prises par le gouvernement pendaient à un arbre au-dessus de paniers, à côté de la hutte du roi à Malinuu. Parmi ces crânes, la tête d'une taupo, la vierge qui préside dans chaque village aux cérémonies. Décapiter les femmes, c'est une chose dont on n'avait jamais entendu parler à Samoa.

Demain matin, un groupe ira enterrer les morts laissés sur le champ de bataille. On nous a dit que Mataafa n'avait pas coupé de têtes, parce qu'il avait été vaincu si rapidement qu'il n'en avait pas eu le temps. Je n'en crois pas un mot (...)

9 juillet

(...) Mataafa est vaincu. Il a dû mettre le feu à Malie, son propre village (...). Il est en fuite. On dit qu'il s'est réfugié à Manono, l'île voisine d'Upolu.

Le fils de Mataafa a été tué à coups de hache. En tout, trois têtes de femmes ont été apportées à Malinuu (...)

Eh bien, je suppose qu'on peut dire qu'il y a une tête de femme pour chaque puissance, ou, si l'on préfère, une tête de femme pour chacun des trois consuls. Il est maintenant quasi certain que Mataafa n'a pas commis d'atrocités. Il se peut qu'il n'en ait pas eu le temps, mais je crois, moi, qu'il a interdit à ses hommes de décapiter l'ennemi mort ou seulement blessé, qu'il les a convaincus de la barbarie d'un tel exploit. De ce rite, de cette tradition, il avait beaucoup parlé avec ses amis blancs (...)

C'est une chose terrible de penser que Louis a retenu si

longtemps le bras de Mataafa. Si Mataafa avait fondu sur Malinuu et sur Apia quand il en avait l'intention, il aurait gagné, il serait aujourd'hui heureux, en sûreté avec tous ses proches autour de lui, aux dépens probablement de quelques vies qui ne valaient pas grand-chose. Son désir de faire le bien, de tirer profit des conseils de ses amis, l'a conduit à la ruine, et probablement à une mort honteuse.

Moi-même, je ne me sens pas innocente. En pensant que nous agissions dans l'intérêt de Mataafa et de Samoa, et par peur d'un bain de sang, nous avons conseillé la paix. Mais le résultat, c'est qu'à cause de nos conseils des têtes de femmes ont roulé aux pieds des représentants des trois pouvoirs et que, comme des lâches qu'ils sont, ils les ont acceptées en silence. Le pauvre vieux roi Laupepa, qui tremblait devant ces têtes de femmes, n'est qu'un instrument et un pantin. Ce sont les conseillers du roi, Cusack-Smith, Beirman et Blacklock, qui ont fait cette guerre et qui ont donné leurs ordres à son armée, si on peut appeler ça une armée. Laupepa a signé ce qu'on lui a dit de signer.

Après le déjeuner, Louis est descendu à la mission pour aider à soigner les blessés (...)

11 juillet

(...) Je m'étonne, vraiment je m'étonne, de la patience des Samoans. Si j'étais Samoane, (...), je fomenterais un massacre de Blancs (...)

17 juillet

(...) Je n'ai pas été capable de poursuivre mon journal tant la colère m'étrangle.

Il y a quelque temps, on parlait de Mataafa comme un grand chef puissant que tout le monde respectait. Ça, c'était quand on avait peur de lui. Maintenant qu'il est un fuyard dont on a tué les enfants, on lui jette des pierres. Dans un combat, mes sympathies vont toujours au plus faible. Mais je me souviens, moi, que quand Mataafa était un homme fort nous lui avons offert notre amitié et nous avons rompu le pain avec lui. Si je lui avais donné mon amitié alors, je la lui donne cinquante mille fois plus maintenant (...)

Au déjeuner, alors qu'on portait des toasts, j'ai levé mon verre et j'ai bu à la santé de « Moors, mon pire ennemi, et le seul homme blanc de Samoa qui ne soit pas un couard ».

18 juillet

(...) Le bruit court que Mataafa est cerné à l'île de Manono. Si les hommes de Mataafa, huit cents environ, sont désarmés et laissés à Manono jusqu'à ce que les pouvoirs aient statué sur leur sort, il est plus que probable qu'ils seront massacrés par leurs ennemis (...)

(...) Tard dans l'après-midi, deux bateaux allemands sont revenus de Manono avec la nouvelle que Mataafa s'était rendu et qu'il était prisonnier à bord du bateau britannique, avec vingt-huit de ses chefs.

19 juillet

(...) Avant le lever du soleil, Louis et Lloyd sont descendus au port accueillir le bateau (...). Les premiers ils sont montés à bord, seuls visages pleins de sympathie que les prisonniers aient vus cette semaine. Mataafa paraissait vieux et brisé. Il a tenu à Louis un discours incohérent (...)

Le capitaine avait donné sa parole d'honneur à Mataafa que, s'il se rendait, ses gens et leurs villages seraient sous sa protection. Il s'est rendu. Le bateau a levé l'ancre. A peine prenait-il la mer que la garde de Laupepa brûlait leurs maisons, que les flammes ravageaient tous les villages des fidèles de Mataafa. Il est tombé à genoux devant le capitaine et l'a supplié de protéger ses partisans. Vainement.

Toute la journée, mon pauvre Talolo est demeuré prostré, le visage dans les mains. Moi qui ne savais pas encore à quel point la parole d'honneur d'un Anglais ne valait pas un clou, j'ai tenté de le consoler (...). Mais il s'est contenté de murmurer quelque chose du genre : les Blancs, tous les mêmes.

Pour en revenir au bateau, Lloyd est retourné à terre pour acheter du tabac, du kava, un bol à kava et tout le nécessaire pour la préparation de ce breuvage traditionnel. Il a trouvé aussi un crucifix pour Mataafa et des lava lavas blancs pour les chefs qui étaient à peine vêtus d'un morceau de tapa (...). Lloyd a été très bouleversé par le sort de Mataafa et de ses chefs, par leurs regards anxieux, leurs mots couverts et leur douleur.

Quand j'ai dit ce que je pensais aux autorités blanches de leur conduite et de leur trahison à Manono, quand je les ai accusées d'avoir brûlé les maisons, le consul américain s'est récrié : « Ça n'était pas des maisons, c'était des huttes indigènes ! »

Je sais, moi, ce que c'est qu'une « hutte indigène ». J'en ai construit trois et, si elles brûlaient, ce serait pour moi une catastrophe (...). L'imbécile ! C'est comme si la reine disait de la maison de Cusack-Smith : Quelle importance ? Ça n'était pas Balmoral, c'était une résidence de consul. On verrait sa tête ! (...)

24 juillet

(...) Quand Louis a demandé à Cusack-Smith quelles mesures il comptait prendre pour mettre fin à cette habitude de décapiter les blessés, il a répondu que Louis n'avait qu'à envoyer une pétition au roi Lauppepa. Louis s'est exécuté. Cusack-Smith la lui a renvoyée en disant qu'elle était trop « samoane » ! (...)

25 juillet

(...) Après avoir été très fatigué, Louis va mieux. Il n'était pas en état de supporter les épreuves et les agitations de la guerre, et mon attaque féroce concernant notre conduite à l'égard de Mataafa ne pouvait certainement pas lui faire du bien. Il m'a traitée de sale idiote enthousiaste. Eh bien, enthousiaste et idiot, il l'est lui aussi. J'exige qu'il soit conséquent avec lui-même, et fidèle à son idéal (...)

26 juillet

(...) Lloyd est parti pour Apia. Il apporte du kava et du tabac à Mataafa. A bord, il apprend que Mataafa et ses principaux lieutenants vont être déportés sur-le-champ. Ils ont supplié qu'on leur dise où on les envoyait. Les autorités ont refusé de répondre. Lloyd est rentré à toute allure pour nous prévenir (...). Les autres chefs

seront emprisonnés à Apia. Je suis très désolée qu'on m'ait empêchée d'aller rendre visite à Mataafa sur le bateau. Il paraît que ce n'était pas « convenable », qu'une dame ne pouvait témoigner de la sympathie à ses amis défaits, à moins que le capitaine ne l'ait invitée à son bord. Quelle sorte de boulet est donc une matrone britannique, et pourquoi devrais-je, moi, la prendre pour modèle : une Anglaise comme il faut doit se conduire en paralysée grabataire !

Laupepa n'est pas non plus monté à bord du vaisseau de guerre où Mataafa se trouvait détenu. Je suppose qu'on l'en a empêché, de crainte que les deux chefs, en se retrouvant, pleurent sur l'épaule l'un de l'autre et se réconcilient.

Ici se termine le journal de Fanny.

Mais, le 22 novembre 1893 sur Beach Road, les badauds d'Apia allaient assister à un bien curieux spectacle, une extraordinaire parade offerte par le clan de Vailima.

Ce jour-là, les premières lueurs de l'aube descendaient à peine sur les toits fauves des falés regroupés tel un village derrière la résidence, quand Louis, Fanny, Belle et Lloyd montèrent à cheval. La fumée des feux s'élevait, à peine visible, vers le mont Vaea, une masse sombre dans la brume du petit matin. Entre les piliers des quatre maisons indigènes, les hommes remontaient les stores. Le corps demi-nu des femmes s'étirait sous la calebasse, ou balayait déjà le gravier noir de la pièce en ellipse. De l'arbre à pain épargné par la dernière tempête montait le cri d'un oiseau. Un bébé vagissait. Les enfants de la parenté des douze serviteurs de Vailima couraient jusqu'aux chevaux en criant de gais « Talofa ». « Talofa », répondait Belle en se tournant sur sa selle.

Le côté gauche du sentier était tendu de fils barbelés qui bornaient la propriété. Le côté droit se ravinait d'ornières. Les bêtes trébuchaient et glissaient.

Le jour s'était levé. En sortant de la forêt, les

cavaliers débouchèrent sur une pelouse rase, piquée de cases perdues dans les bananiers. De petits chiens blancs faméliques se précipitèrent en aboyant.

Ils prirent le trot sur la piste toute droite qui s'enfonçait dans les hectares de cocotiers, au cœur de la Weber Plantation.

Au Tivoli Hotel, ils mirent pied à terre et laissèrent leurs chevaux. Puis, occupant toute la largeur de Beach Road, ils se rendirent au plus gros magasin d'alimentation d'Apia, Herr Berger Trading Post, où se fournissait la colonie allemande. Là, ils louèrent un énorme tombereau, celui où les black boys empilaient des tonnes de coprah. A la queue leu leu, ils y portèrent des noix de coco, des racines de kava, des bananes, des fruits de l'arbre à pain, des boîtes de tabac à fumer et à chiquer, qu'ils chargèrent lentement, afin que tous les résidents puissent profiter du détail de leurs emplettes. Fanny prit le cheval de droite par la bride, Louis celui de gauche. Belle et Lloyd fermèrent la marche.

Longeant les palmiers du bord de mer, ralentissant devant les bungalows des consuls, les baraquements de la Municipalité et du Tribunal, ils traversèrent la ville de part en part. La carcasse de l'*Adler*, l'un des bateaux de guerre coulés jadis par l'ouragan, surgissait noire au cœur de la baie, tel un monstre marin qui pourrissait au soleil. Un petit groupe d'indigènes murmurait à voix basse en suivant l'étrange équipage. On avait rarement vu des Blancs se charger ainsi de tout un tas de racines de kava et de taro.

Sur l'étroite digue qui enjambait le marécage des palétuviers, Fanny et Louis s'avancèrent ensemble. La prison se dressait derrière la barrière grise de tôles ondulées qui fermait la voie. Un seul bâtiment, une baraque de bois scindée par un couloir où s'ouvraient six cachots. Les dix-huit chefs s'étaient rassemblés dans la cour. En lava lava, torse nu et tatoué, mais sans leurs colliers de fleurs et leurs chapelets de graines, sans leurs chasse-mouches et leurs bâtons de marche, le corps amaigri, les yeux anxieux, d'un même mouvement ils entourèrent les visiteurs. Certains, très âgés, semblaient à bout de force. « Old Poe », le beau-père de Talolo que

Fanny connaissait bien, parvenait à peine à se tenir sur ses pieds enflés et gorgés d'eau. Et cependant, quel formidable souffle d'espoir que cette visite. En présence de toute la ville, au risque de la déportation, un homme, Tusitala, apportait à ces guerriers vaincus, trahis, l'assurance de son amitié.

Le 25 décembre suivant, les dix-huit chefs emprisonnés allaient lui rendre la courtoisie. Les Stevenson passeraient leur Noël 1893 en prison. Cette fois, dans la cour, la surprise serait pour eux. Les familles, les villages, les clans des chefs avaient envoyé des centaines de cochons, de poissons, de volailles, tout un amoncellement de vivres et de paniers pour un festin polynésien. *Aucune fête,* écrit Louis à Colvin, *ne fut jamais donnée en l'honneur d'une seule famille, aucun de ces dizaines de cadeaux offert à un homme blanc. Belle fut assise à la droite du plus important des chefs, et Fanny fut appelée la première pour boire le kava. Jamais une femme, jamais une Blanche n'avait eu cet honneur.* Ensuite, conformément à la tradition, chaque objet fut présenté à Louis, cadeau par cadeau. L'orateur salua Tusitala comme leur seul ami, s'excusant de n'avoir pas d'argent pour lui offrir des choses de valeur, telles que du bœuf salé et des boîtes de biscuits. « Ceux-ci, concluait-il, ne sont que les présents des pauvres prisonniers à l'Homme riche. » Paroles de courtoisie, rhétorique indigène qui privilégiait la litote. Les offrandes incluaient de somptueux tapas, des douzaines d'éventails et de paniers, et, comme pièce de résistance, plusieurs « ulas », ces colliers de graines rouges que les chefs enlevèrent de leur cou pour en couvrir les épaules de leurs hôtes. Fanny et Louis protestèrent, alléguant qu'ils ne pouvaient accepter un tel sacrifice. Le sens purement politique du geste, ils le comprirent lorsqu'on leur répondit que le roi Laupepa avait beaucoup admiré ces « ulas » ; qu'il avait même demandé à les emprunter ; que Louis et Fanny, Belle et Lloyd devaient les porter en passant lentement devant le palais du roi. Ils s'exécutèrent.

Sous l'œil exaspéré des autorités blanches, le clan Tusitala parada à pied, remontant la péninsule jusqu'à

Malinuu, jusqu'au falé royal, leurs ulas pourpres autour du cou, leurs piles de cadeaux dans les bras. La foule se chargea des commentaires sur leur élégance et la générosité des présents que chacun pouvait admirer... Ce qu'il fallait de courage pour s'exhiber ainsi, les Samoans étaient seuls à l'apprécier. Le parti du troisième prétendant au trône, Tamasese, fomentait en cette fin d'année 1893 une nouvelle guerre. Tusitala et sa famille feraient d'excellents otages dont la prise gênerait le gouvernement des trois puissances, ainsi que la faction vaincue de Mataafa. Louis et Fanny le savaient. Dans leurs efforts pour surmonter la peur, ils mettaient toute leur grâce, et toute leur joie.

La loyauté de Fanny n'en resterait pas là. Quinze jours plus tard, elle se débrouillait pour introduire dans la prison le jovial docteur Funk. Elle voulait qu'il examine les jambes de Old Poe, qu'elle avait trouvé très mal lors de sa dernière visite. Le médecin déclara qu'on ne pouvait soigner ce vieillard au fond d'un marécage. Il fallait le transporter en ville, ou bien à Vailima. Fanny obtint du directeur de la prison, un comte autrichien qu'elle avait su séduire, qu'il tourne la tête tandis qu'elle emmenait le prisonnier. Elle donna sa parole qu'elle le ramènerait elle-même quand il serait guéri. Elle tint sa promesse. Old Poe regagna sa cellule. Le comte autrichien, lui, perdit son emploi : elle l'accueillit à Vailima.

**
*

Mataafa demeurerait exilé plusieurs années dans les Marshall Islands. Mais, le premier lundi de septembre 1894, les dix-huit chefs de la prison d'Apia furent libérés. Au bout de douze mois de détention, ils pouvaient enfin rentrer chez eux. Ils préférèrent monter à Vailima. A leur tête marchait Old Poe. Sur la pelouse, à toute la maisonnée rassemblée pour fêter leur libération, ils annoncèrent qu'en reconnaissance pour la générosité du Conteur d'histoires, pour la compassion de sa femme, pour leur fidélité durant les mauvais jours, les chefs avaient décidé de leur faire un cadeau. Après moult délibérations, ils avaient choisi de leur construire une route qui conduirait de Vailima à la Weber Road. Ils feraient venir des jeunes de leurs villages, ils se débrouilleraient pour nourrir leurs équipes, ils ne demandaient aux Stevenson de ne leur fournir que des outils.

L'immensité de ce geste, nul ne la mesure qui oublie combien les Samoans répugnent au travail manuel. Les jeunes le considèrent comme une insulte, les chefs le méprisent, et l'absence de voies de communication demeure l'un des grands freins de l'économie de Samoa.

Cette route-là serait néanmoins achevée. Les chefs l'appelleraient la « Route de la Gratitude ».

Bouleversés, Louis et Fanny Stevenson allaient accepter cet inestimable présent lors d'une fête qu'ils offriraient aux familles des chefs, à tous les membres du clan Tusitala.

L'aube qui se leva sur ce jour du 20 octobre 1894 leur parut à tous le plus beau matin du monde. L'air semblait si pur qu'il irradiait dans le ciel d'invraisemblables transparences. De la mer déferlaient sur le toit de Vailima des nuages au bleu si cru, au rose si fort, qu'ils allaient s'écraser en grosses vagues pourpres sur les flancs du mont Vaea. Du fouillis des arbres, des vignes, des fleurs, de toute la forêt émanait une troublante sensation de paix. Un miracle de fraîcheur. Le gazouillis d'un oiseau, dans le pin longiligne qui se dressait sur la pelouse, cassait seul le silence. Au loin, la barrière de corail scintillait juste un tout petit renflement, et l'on ne savait où la mer commençait, où continuait le ciel. Le mugissement éternel du Pacifique, qui n'allait ni ne venait, appartenait à la vie de Vailima, comme les battements du sang aux oreilles du dormeur.

La fête avait commencé par un « siva » offert par les jeunes filles de la maison. Drapées dans leurs lava lavas écossais, les seins nus sous les colliers de fleurs, elles s'alignèrent sur la pelouse, une longue rangée grave et recueillie. Elles s'assirent en tailleur. Dans le creux de leur cou, on apercevait le pourpre des piliers de Vailima, les grandes baies vitrées, l'amoncellement des taros, des poissons, des porcelets, un festin qui attendait les hôtes sur le tapis de feuilles de la véranda.

Louis, Fanny et les dix-huit chefs s'étaient assis sur les nattes très anciennes qui symbolisaient la puissance de chaque maison. Ces nattes avaient le sens et la valeur d'un bijou de famille, de la chevalière ou du médaillon armorié que se transmettent les générations. Derrière eux, debout, se tenaient les hommes. De leurs torses bruns, puissants, huilés, où dansaient des colliers, montait cette odeur sucrée de l'huile de coco dont ils s'enduisaient, de la graine de pandanus dont ils se paraient. Ils se regroupèrent, s'avançant sur la pelouse avec cette splendide démarche, ce lent balancement des hanches, du cou et de la tête qui évoquait l'indifférence, la sûreté de soi de quelque statue grecque. Les draperies de leurs lava lavas, qu'ils nouaient autour des reins ou rejetaient sur leurs épaules, dont le méticuleux arrangement désignait le sexe, l'âge et le rang social, rappelaient la coquetterie d'Ajax avant la bataille.

Devant eux, semblables à des divinités indiennes, les jeunes filles replièrent leurs longues jambes aux chevilles ornées de bracelets rouges. Faamua entonna un chant. Les autres la suivirent. En cadence, elles ondulaient les bras. Leurs épaules roulaient, et leur taille, et leurs hanches, sans qu'une seule vertèbre de leur dos ne bouge. Toujours droites, elles se levaient un peu sur les cuisses, leurs pieds, leurs orteils frémissaient comme les vagues qui frisent sur le rivage et ne meurent jamais. Leurs ventres frissonnaient, leurs doigts se recourbaient, leurs épaules se pressaient, elles étendaient les mains à droite, à gauche, nageant une sorte de brasse indienne sur les nattes, et leurs tailles s'étiraient tandis que leurs cuisses immobiles suivaient le va-et-vient de leurs ondulations par le seul frémissement des muscles.

Après le siva, les chefs se réunirent sous la véranda. Ils se placèrent conformément à l'étiquette. Sur le sol, adossés à la maison, Fanny et Louis écoutaient les interminables discours des orateurs et les traductions des interprètes. Debout, Lloyd, qui parlait samoan, leur apportait quelques précisions. A son tour, Louis se leva. De son regard brun et chaleureux, il enveloppa la longue file d'hommes et de femmes qui s'alignaient jusqu'au bout de la véranda. Peu de Blancs. Rares étaient les Anglais, les Américains, les Allemands qui avaient accepté de se rendre à une fête en l'honneur des rebelles vaincus de Mataafa. Seuls les indigènes et les métis ne craignaient pas de se compromettre.

« *Aujourd'hui*, dit-il solennellement, *la Route de la Gratitude est achevée. Et tous, vous l'avez empruntée pour monter jusqu'ici. Cette route a été creusée par vous, chefs (…). Quelques-uns étaient vieux, d'autres malades, tous venaient d'être libérés d'une longue, d'une épuisante détention. En dépit de la chaleur, de l'humidité, j'ai vu ces chefs travailler de leurs mains, vaillamment, laborieusement (…). Et je voudrais vous dire, chefs, que, lorsque je vous ai vus penchés sur cette route, mon cœur s'est mis à battre. Il battait de reconnaissance, mais surtout il battait d'espoir. Dans ces gestes que vous accomplissiez, j'ai lu une promesse de bonheur pour Samoa. Ce que j'ai vu en vous, c'est une armée de guerriers qui luttaient contre toutes les agressions, pour la défense de notre pays commun. Il y a un temps pour se battre, il y a un temps pour creuser. Vous, les Samoans, vous pourrez combattre, et vous pourrez gagner, et gagner encore, gagner vingt fois, gagner trente fois… Mais vos victoires seront toujours vaines ! Il n'y a qu'un seul moyen de défendre Samoa. Ecoutez-le avant qu'il ne soit trop tard. Ce moyen, le seul, c'est de construire vos routes, c'est de cultiver vos jardins, c'est de veiller sur vos arbres, c'est de vendre vous-mêmes le produit de vos terres. En un mot, c'est d'occuper et d'utiliser votre pays : si vous ne le faites pas, d'autres à votre place le feront !* »

●

Deux heures avant le coucher du soleil, les derniers invités se retirèrent. Ils descendirent en procession la Route de la Gratitude. Louis et Fanny accompagnèrent leurs hôtes jusqu'à l'embranchement. Là, tous ensemble, ils plantèrent une pancarte. On peut toujours y lire le nom et les titres des bâtisseurs. Puis les clans se séparèrent, les uns s'enfoncèrent vers les terres, les autres se dirigèrent vers la mer. Tusitala et Tamaitai remontèrent lentement vers Vailima. C'était la première fois que leurs chevilles s'enfonçaient mollement dans la terre grasse de ce sentier, que les ornières ne les faisaient pas trébucher. Torrents de boue à la saison des pluies, trous béants où versaient les chevaux et les carrioles, plane, droite désormais, la Route de la Gratitude conduisait d'une traite à la grande maison illuminée. L'air sentait l'humidité. La forêt bruissait de respirations étranges. Le soir tombait. Les oiseaux se taisaient. Dans le berceau des arbres, les silhouettes très rapprochées d'un homme et d'une femme se détachaient distinctement. Elle portait une robe de velours noir, et les grands anneaux d'or de ses oreilles dansaient dans la nuit grise de sa chevelure. Lui, en bras de chemise, pantalon blanc rentré dans les bottes, large ceinture pourpre autour de la taille, il paraissait trop long, trop maigre à côté d'elle. Ses yeux en amande, son sourire sibyllin sous la moustache, gardaient le charme éternel d'un très jeune homme... Il passerait d'un coup de l'adolescence à la vieillesse.

Derrière eux, les cantiques qui préludaient à la prière du soir montaient du village de Tanugi-Manono, douces, lancinantes voix de femmes où le chant tribal se mêlait aux hymnes religieux de la chrétienté. Au fond de la forêt, telle une torche dans la nuit tropicale, scintillait Vailima. Le soir, en rentrant d'Apia, Louis n'aimait rien tant qu'apercevoir ces lumières au cœur de la brousse. L'usage voulait qu'une chandelle brille à chaque fenêtre. Sa vie reposait sur le contraste, sur l'équilibre entre la « civilisation » et la « barbarie ». L'idée que dans son salon se juxtaposent les *Prisons* de Piranèse et les tambours des Marquises le grisait ; les dernières œuvres de Paul Bourget et les colliers de dents de requin des Tuamotu ; les gouaches de Bob Stevenson et les nattes à dessins géométriques des Samoans ; les robes du soir de Tante Maggy et les seins dressés de Faamua — tous ces paradoxes l'enchantaient... A ses yeux, le charme de Fanny, sa grâce timide et sauvage, tenait encore à ces contradictions, à tout ce que cette femme concrète, palpable, ancrée dans la terre, gardait d'inaccessible.

Alors que, depuis quatorze ans, Louis appréciait avec lucidité la force et les faiblesses de Fanny, qu'il avait plongé au cœur de sa terrible maladie, pénétré dans son désespoir, fouillé son âme, ses replis, ses secrets les plus arides, alors qu'il avait tout vu d'elle, tout connu, tout compris, cette femme dans son absolue nudité lui échappait encore. Comme la pensée fugitive qui s'évanouit avant que les mots aient pu la fixer.

Le visage levé vers les lumières de la maison, ils ralentirent tous deux. Leurs cœurs battaient au même rythme, et Louis se tourna vers Fanny. Depuis sa maladie, elle lui paraissait plus petite, plus fragile. Sans cesser de marcher, il entoura son cou et la rapprocha de lui. Elle se laissa couler contre ce maigre corps qui la tenait serrée. Un sourire de sphinx errait sur ses lèvres quand elle leva son regard sur ce visage émacié dont elle aussi connaissait tous les mystères.

— Ton discours sur Samoa, chuchota-t-elle intensément, ce que tu as dit aux chefs, comme c'était juste.

Il rit de plaisir :

— C'est la première fois que tu m'accordes un compliment depuis des mois.

Elle ne répondit pas et s'appuya à son bras. Une grande vague de tendresse les submergeait l'un et l'autre. Le chant mystérieux des rivières de Vailima roulait autour d'eux dans le fouillis d'arbres étranges, de buissons d'hibiscus qui paraissaient noirs sur le gris des grandes feuilles. A mesure qu'ils montaient, elle pesait plus lourdement.

— Tu es fatiguée ? demanda-t-il.

Si Louis ne s'était guère soucié du confort de sa femme durant toutes ces années, s'il n'avait pas supporté ses querelles avec Belle, ses constantes bouderies après leur installation à Vailima, il ne savait désormais quelle gentillesse inventer pour qu'elle retrouve la paix. Il l'entourait de soins. Il était toujours inquiet. Il craignait qu'elle n'en fasse trop, qu'elle ne s'épuise. L'organisation de la fête d'aujourd'hui, les vingtaines de poulets farcis, les porcelets, les marinades de poissons, la préparation du kava, c'était bien sûr l'œuvre de Fanny.

— Non, répondit-elle. Et toi ?

Il la serra contre lui sans répondre.

— Tu es fatigué ? insista-t-elle...

— Je vieillis...

Elle rit :

— Ça, c'est à voir...

— J'ai écrit trop de livres, soupira-t-il... Et les meilleurs sont derrière !

Se dégageant, violente, elle s'insurgea :

— Qu'est-ce que tu racontes ? Ce que tu nous a lu hier, je n'ai jamais rien entendu de plus beau !... *Hermiston le juge pendeur,* c'est ton chef-d'œuvre !

— Si je pouvais recommencer, je reverrais toutes mes héroïnes... Vois-tu, le pire dans notre éducation, c'est que la morale chrétienne condamne et renie la sexualité. Je suppose que je ne pouvais pas être plus libre que ma génération... Mais je regrette que mes personnages féminins soient restés si neutres dans l'amour, si...

— Mais c'est faux ! Tes deux Kristie du *Juge pendeur* ne pouvaient être plus complexes... multiples... vivantes !

Une expression de bonheur détendit les traits de Robert Louis Stevenson : ils avaient signé la paix. Elle se réconciliait enfin avec l'idée que Belle puisse travailler pour lui... Ce soir, tous deux savaient combien Louis avait besoin de l'approbation et des critiques de Fanny.

— Une question me hante et ne me quitte pas, poursuivit-il : ai-je jamais rien écrit de bon ? Qui pourrait me le dire ? Et pourquoi voudrais-je le savoir ? Dans si peu de temps j'aurai cessé d'exister. Mes mots auront cessé d'exister, mes phrases, mon langage. Tous morts à la mémoire des hommes... Et pourtant... Pourtant j'aimerais tant laisser un souvenir, une image, un reflet dans l'esprit de mes descendants...

Ils avaient traversé la pelouse pour s'asseoir côte à côte sur les marches froides, humides, du perron de Vailima. D'où venait cette fatigue nouvelle ? Comment le distraire de cette tristesse qu'il prenait pour de la sérénité ? Comment secouer cette étrange torpeur ?... La douleur, la maladie, c'était pour lui de vieilles histoires. Mais jusqu'à présent sa phtisie, sa peur de mourir, tous ses maux lui avaient appartenu. Ils demandaient moins d'imagination, moins d'efforts, moins de compassion que ce combat qu'il avait livré l'an passé pour sortir du désespoir la femme qu'il aimait et qu'il avait peut-être torturée... Avait-il atteint les limites de lui-même, avait-il touché le fond de sa propre souffrance en plongeant dans les abîmes du désespoir de Fanny ?... Certes il semblait en pleine possession de ses moyens. Et pourtant.

— Tu as trop travaillé ces dernières années, conclut-elle, soucieuse.

— Mais le seul talent que j'aie jamais eu, Fanny, c'est pour le travail ! Mon succès, je ne le dois qu'à ma remarquable industrie... Quelle activité j'ai dû déployer, pour développer jusqu'à l'extrême mon tout petit fonds de richesses... Au total, combien de volumes ? Vingt-deux ? Vingt-cinq ?

— Baxter nous dira cela quand il apportera les deux premiers tomes de tes œuvres complètes, commenta-t-elle... Il doit s'embarquer de Liverpool à cette heure...

— C'est à son mariage que j'ai pour la première fois rêvé de t'avoir à jamais près de moi... Pauvre Charles... Ce jour-là, j'ai compris combien je te voulais pour femme.

L'un et l'autre songèrent au triste destin de l'avocat qui venait de perdre son épouse à Edimbourg. La rumeur courait que Baxter s'était mis à boire.

— De tous mes amis, il est le seul dont je me sente encore proche, le seul que je n'aurais jamais imaginé voir ici ! A mesure que je vieillis, les choses perdent beaucoup de leur sens... Comme l'épouse de Baxter, j'étais fait pour mourir jeune.

— Tout n'est pas perdu, ironisa-t-elle.

Elle fit le geste de chasser un moustique, et se pencha sur les photophores. Elle souffla les bougies qui éclairaient l'escalier. Leurs silhouettes, dont on ne voyait plus les visages, se découpaient comme deux ombres chinoises sur les fenêtres dorées de la maison. Louis poussa un soupir et leva le regard sur la masse noire du mont Vaea. Pas un bruit. Même les chauves-souris avaient cessé de battre des ailes entre les feuilles des arbres. Seule la cascade murmurait, et la vague éternelle sur les coraux.

— Tu te souviens de tes doutes à la suite de l'exil de Mataafa ? demanda-t-il. Tu te reprochais notre intervention dans les affaires de Samoa ? Tu disais que nous nous étions offert une bonne conscience sur le dos des indigènes ? Tu m'en voulais d'avoir endossé pour mon seul plaisir des responsabilités que je ne pouvais assumer... Plus ça va, plus je pense que tu avais raison... Mais que devais-je faire ? Que pouvais-je faire ? Laisser les consuls danser leur ronde d'injustice, de folie et de mort ? Les laisser piller Samoa avec une cupidité dont ils n'étaient même pas conscients ? Que devais-je faire ? répéta-t-il. Regarder les indigènes exploser dans le ciel d'Upolu tandis qu'on dynamitait leurs prisons... J'ai cru bien agir... Pourtant, c'est toi qui avais raison... Nos faiblesses sont invincibles, et nos vertus stériles... Les efforts que nous nous obstinons à faire pour nous conduire décemment sont voués à l'échec. La bataille tourne forcément à notre désavantage au coucher du soleil... Veux-tu que je te dise ? L'existence est splendide, parce que, selon toute apparence, elle est désespérée...

Elle haïssait ces phrases qui n'appartenaient pas au Louis dont elle admirait, depuis près de vingt ans, la joie de vivre et l'optimisme. Ces phrases terribles sur la condition humaine qu'il laissait échapper et qu'elle refusait d'entendre.

Etait-ce à cela que Louis pensait quand il fermait les lèvres sur le sang qui lui emplissait la bouche ? A cela qu'il pensait, quand il désherbait frénétiquement la brousse de Vailima ?

— ... Ce n'est pas nous qui courons après l'inaccessible idéal, Fanny, c'est lui qui nous traque. Le désir du bien nous poursuit, nous pourchasse...

— Tais-toi, murmura-t-elle... Quand tu philosophes, je te perds. Et sans toi, je n'existe pas... Sans toi, Louis, je ne suis rien.

— Ça, Fanny, dit-il gaiement, ça n'est qu'une hypothèse... La certitude, l'unique certitude, c'est que sans toi je n'aurais pas vécu assez longtemps pour publier un seul livre. L'air que je respire, c'est de toi que je le tiens. Ma vie, je te la dois.

Elle se serra contre lui, il la prit dans ses bras. Ils restèrent tous deux silencieux dans le voile de douceur et de paix qui enveloppait Vailima.

Lundi 3 décembre 1894

5 heures — Il pleut. Sosimo, chargé d'un plateau, frappe à la porte du bureau. C'est la routine. Il apporte une tasse de thé, deux toasts. Couché, à la lueur des lampes, Robert Louis Stevenson prend des notes pour le travail qu'il dictera tout à l'heure.

6 heures — Le jour se lève. Petit déjeuner général dans le hall. Austin est arrivé de son collège de Wellington pour les vacances d'été.

7 heures — Chacun vaque à ses occupations.
Lloyd tape à la machine des memorandums qu'il affichera au tableau. Sur la grande table du hall, Belle préside à l'astiquage de toutes les lampes, au total une cinquantaine, qu'il faut démonter pièce par pièce. Au fond du jardin, Fanny s'enferme dans son laboratoire. Elle y distille des parfums.

9 heures — Belle monte chez Louis prendre sous sa dictée. Il travaille à un grand roman écossais qui le conduit loin de l'exil et du Pacifique. Il considère *Hermiston le juge pendeur* comme son chef-d'œuvre.

11 heures — Louis interrompt l'écriture du chapitre IX pour répondre aux lettres apportées dimanche par le bateau mensuel. Fanny entre dans le bureau. Elle arbore son expression fébrile des mauvais jours. Louis craint une rechute de sa terrible maladie. Il tente de la distraire. Elle dit qu'elle ne peut pas travailler, que

depuis deux jours un affreux pressentiment la tenaille.
« Quelque chose va arriver. » Elle ne sait pas quoi. Elle
ne sait pas à qui. Elle redoute un danger pour Graham
Balfour qui vient de reprendre la mer sur un minable
caboteur. Il compte visiter les îles, comme naguère l'ont
fait les Stevenson. Elle se retire. Elle dit qu'elle envoie
Sosimo prendre des nouvelles au port.

12 heures — La conque sonne le déjeuner. Fanny
demeure muette. Elle ne touche pas à son assiette. Au
dessert, Sosimo apparaît dans le hall. Il annonce qu'on
ne parle d'aucun naufrage à Apia. Louis taquine Fanny.
Il se moque gentiment de ses enfantillages. Il espère
secouer sa peur. Il ne réussit qu'à l'enfoncer dans son
humeur. Au café, elle s'esquive.

14 heures — Louis traverse la pelouse. Il la retrouve
au fond du jardin. Epaule contre épaule, ils remontent
ensemble vers la maison. « ... Je ne peux pas m'en
empêcher, s'excuse-t-elle à mi-voix. Je sais, je sens que
quelque chose d'effrayant menace quelqu'un que nous
aimons. Où, quoi ? L'un d'entre nous est en sursis.
Qui ?... J'ai un poids sur le cœur, une chape dans la tête,
que je ne parviens pas à soulever... Laisse-moi broyer
du noir toute seule... Si nous découvrons que je me suis
trompée, nous en rirons ensemble. Et je prendrai une
bonne dose de calomel pour m'adoucir la bile ! » Ils se
sourient et se séparent.

15 heures — Louis remonte dans son bureau. Fanny
retourne à ses alambics.

18 heures — Louis sifflote et dévale l'escalier. Il
trouve Fanny attablée sous la véranda. Elle aligne la
dizaine d'ingrédients, les bouteilles et les bols nécessaires à la préparation de la « mayonnaise Vailima ».
C'est la célébrité de la maison. Louis en fait ses délices.

18 h 30 — Lloyd remonte d'Apia. Il s'arrête bavarder
avec eux, repart vers son bungalow pour prendre une
douche et se changer. Debout derrière la chaise de

Fanny, Louis murmure à son oreille : « Est-ce que madame aimerait qu'un grand bel homme lui donne un coup de main ? » Ils se penchent tous deux sur le saladier. L'une tourne et monte la mayonnaise ; l'autre verse, goutte à goutte, l'huile et le jus de citron. Leurs têtes se touchent. Ils ne se parlent pas. Louis repose avec brutalité l'huilier sur la table. « Quelle douleur ! » il a porté sa main à son front. Il tente de se redresser. « Est-ce que j'ai l'air bizarre ? — Non ! » hurle-t-elle. Elle ment. Elle a lâché la cuillère, elle s'est précipitée. Il tombe à genoux. Sosimo le rattrape. Ensemble, ils le portent à l'ombre. Ils approchent le grand fauteuil de son grand-père. « Ma tête, murmure-t-il... Ma tête ! » Elle l'assoit. Il perd connaissance. Elle le gifle, elle l'appelle. Elle ouvre sa chemise. Elle lui frictionne les bras, le cœur. D'une voix presque inaudible, elle commande du brandy, de l'eau chaude, des linges froids. Il a les yeux exorbités. Il respire avec difficulté. Elle l'évente. Elle l'appelle. Toujours elle l'appelle : « Louis ! » Son cri attire Belle, Tante Maggy. Elle humecte ses lèvres. Elle tamponne son front. Elle délace ses bottes. « Allez chercher Lloyd », ordonne-t-elle.

Lloyd traverse la pelouse. Il court. Il a vu Louis renversé sur le fauteuil. Fanny à genoux. Belle et Tante Maggy debout, très pâles.

— Funk, murmure-t-elle. Vite !

Lloyd a sellé la jument la plus rapide. Il galope dans la pente de la Route de la Gratitude. Entre les cocotiers de la Weber Road, à bride abattue. Il traverse la ville.

— Je n'ai pas de monture, s'excuse le médecin.

— Prenez la mienne.

Funk part au trot. Lloyd court derrière. Au Tivoli Hotel, il vole un cheval sous l'œil de son propriétaire, et remonte au galop.

Fanny a fait descendre un lit de camp dans le hall. Louis est allongé. Il respire péniblement. Il a le visage rouge, congestionné. Les yeux révulsés. Les serviteurs se sont assis en demi-cercle autour de lui. Talolo, Sosimo gardent un genou en terre, prêts à obéir au moindre commandement. « Une attaque », la rumeur

se répand. Le pasteur Clarke monte de la mission...
Il avait été le premier à repérer, dans le port d'Apia,
Louis et Fanny. Il les avait pris pour des forains.

Fanny, penchée sur Louis, tient sa main et tâte son
pouls. De seconde en seconde, le rythme s'espace.
Funk entre. Fanny recule. Funk ausculte. Fanny
s'avance. Funk se relève :

— Un caillot de sang au cerveau... Il n'y a plus
rien à faire.

A 20 h 10, le soir du 3 décembre 1894, Robert
Louis Stevenson est mort.

Fanny se tient debout dans le hall, au pied du
grand escalier. Une petite silhouette raide. Froide
comme le marbre. Elle ne verse pas une larme.
« Sans toi, avait-elle dit, je ne suis rien. »

— Il faut l'enterrer demain avant 15 heures, murmure dehors le docteur Funk à l'oreille de Lloyd.

Lloyd, le regard fixé sur le sommet du mont Vaea,
ne réagit pas. Le médecin insiste :

— Avant 15 heures... à cause de l'humidité... Ce
serait un désastre...

— Impossible ! J'ai besoin d'au moins trois jours...
Comment couper une voie dans cette jungle ? En une
nuit ? Surhumain ! « Je veux être enterré là-haut »,
répétait-il. Par superstition, j'avais toujours refusé de
faire ouvrir un passage. Et maintenant...

— Avant 15 heures demain, répète Funk.

C'est encore Fanny qui va puiser en elle l'énergie
nécessaire pour réaliser l'ultime désir de l'homme
qu'elle aime. Elle envoie des messagers aux dix-huit
chefs. Ses amis. Ceux qui naguère ont construit la
Route de la Gratitude.

— Mais il nous faudrait au moins deux cents
hommes ! s'exclame Lloyd.

— Tu les auras.

— Mais les outils ? Même si les chefs réunissent
tous les matais, tous les hommes valides, tous les
jeunes gens de leurs villages, même s'ils arrivaient ici
avant l'aube, où trouverions-nous les haches, les

machettes, les couteaux, les leviers, les pics, les pioches ?

« Le désir de Louis... Respecter le désir de Louis... »

— Descends à Apia, fais ouvrir tous les magasins. Que Moors et les autres écument leurs entrepôts. Prends Talolo et Sosimo avec toi. Frappez chez tous les Blancs et remontez ici avec les instruments dont les chefs auront besoin.

— Mais personne n'est jamais parvenu au sommet de ce mont. Qu'allons-nous trouver là-haut ?

— Louis y était arrivé... Les Samoans le suivront.

— Les flancs sont tellement escarpés qu'on tomberait de cent mètres en ligne droite. La pluie a dû rendre les pentes boueuses. Il fait si noir...

Les seuls bruits que nous entendîmes toute la nuit furent les coups de cognée dans la montagne, écrira Belle, *le murmure des centaines de voix qui se mêlait au craquement des arbres abattus, le chuintement des branches qui s'écrasaient dans la boue.*

L'aube se lève, lourde et chaude. L'air stagne. Des centaines d'indigènes travaillent encore. A chaque chef, une équipe. A chaque homme, un petit bout de montagne. La brume descend lentement de la cime des arbres pour peser sur la mince saignée de terre. Respirer devient difficile. Ils poursuivent.

Dans le grand hall, les lampes meurent. Pas un pleur. Pas un cri. Pas une lamentation. Sosimo murmure une prière où se mêlent la langue latine et la langue samoane. Fanny lentement enduit le corps de Louis d'une huile odorante. Elle frotte avec douceur cette poitrine creuse, ces bras maigres dont sa main fait le tour, ces longs pieds diaphanes. « Mourir avec mes bottes aux pieds », disait-il... Elle l'habille comme il serait descendu ce soir pour le dîner. Chemise blanche, pantalon brun, large ceinture indigo. Elle le revêt encore de sa veste de velours noir qu'elle lui a vue à

Grez, à Paris, à Hyères, à Bournemouth, de si longues années.

Elle lui joint les mains sur le cœur. La pauvre alliance d'argent qu'il avait achetée le matin de leur mariage brille à son doigt. Sur ce corps endormi, elle déroule lentement le pavillon britannique auquel il tenait tant depuis l'exil.

De partout convergent les chefs. Ils portent des colliers de fleurs et des nattes précieuses. Ils déposent une à une les guirlandes, les nattes sur le lit. Epuisés par la nuit, tous, ils s'abîment dans la prière. Hommes, femmes, les membres du clan Tusitala entonnent à mi-voix psaumes et cantiques. Les hymnes baignent la foule silencieuse massée sous la véranda.

A une heure de l'après-midi, six Samoans chargent le cercueil sur leurs épaules. Ils traversent la grande pelouse et s'enfoncent dans le très étroit passage. En file indienne, soixante indigènes et dix-neuf Blancs leur emboîtent le pas. L'ascension sera si rude que beaucoup devront s'arrêter en chemin. De monticule en monticule, tout au long de la pente, des grappes de six jeunes gens se relayent.

Le cortège mettra plus de deux heures pour atteindre la plate-forme où Lloyd a creusé la tombe. Le dernier vœu de Tusitala, ses amis samoans l'ont exaucé. Au prix d'une tâche dont nul ne peut mesurer l'ampleur, qui n'a lui-même gravi cette impénétrable montagne.

Sous les pagnes funéraires, le sable et les fleurs, face au Pacifique, au-dessus de Vailima, Robert Louis Stevenson repose.

Quelques jours plus tard, racontera Austin, *je surpris ma grand-mère debout, immobile dans un rayon de lune sous la véranda. Elle tenait son petit visage levé sur le mont Vaea.*

La brusquerie, presque la trahison de cette disparition, réduit Fanny au néant. Durant dix-neuf ans, elle a combattu l'hémorragie pulmonaire. Durant dix-neuf ans, elle a protégé Louis du moindre courant d'air, elle a traqué les rhumes, les microbes... Elle avait cru gagner la bataille à Samoa. Triompher de la maladie et de la pauvreté. Et le destin l'a prise en traître. Ce n'est pas sa vieille ennemie, la tuberculose, qui a emporté Stevenson. Mais un mal nouveau, imprévisible, une rupture d'anévrisme. *Après toutes ces années passées à me préparer*, écrira-t-elle à Colvin, *je n'étais pas prête quand le moment est arrivé... Le jour de sa mort, j'ai dit à Louis : « Je ne suis pas une lâche... » Vain mot ! Où est mon courage maintenant ?*

VAILIMA V – janvier 1895-septembre 1897

Tassée dans son grand fauteuil de cuir, elle gardait les yeux fixés sur l'âtre. Le feu mourait. La cheminée, la seule cheminée du Pacifique, fumait. Une bougie diffusait sa trouble lueur sur la longue table d'acajou. Sur cette même table rutilaient naguère l'argenterie de Heriot Row, et les quatre verres du service Stevenson... Dieu sait pourquoi l'image de ces verres dansait devant ses yeux... Moins de trois mois plus tôt... Le pourpre du sherry, l'ocre du madère, le violet du porto, l'amarante du bordeaux. La dernière fête à Vailima. Quelle douceur, quelle paix... Le soir de Thanksgiving, Louis avait reçu tous les concitoyens de Fanny, les résidents américains de Samoa... Ils avaient découpé la dinde traditionnelle en mémoire des premiers immigrants du Nouveau Monde. Elle le voyait debout, qui levait son verre, qui se tournait vers le petit visage radieux d'Austin, elle entendait sa voix chaude et chantante qui clamait : « Il y a même un enfant dans la maison : Vailima est bénie ! »

L'averse avait cessé. Le feu était mort. Elle ne bougeait pas. Devait-elle rester pour l'accueillir quand il rentrerait ? Monter se coucher ? Sortir ?... Une sensation d'isolement infini l'enfermait dans ce hall où tout parlait de lui. Pourquoi ouvrirait-elle les yeux ? Elle savait que derrière elle, à la flamme vacillante de la bougie, se dressait le portrait de Louis. Il continuait de marcher dans son cadre en bois, il caressait sa moustache, il allait lui parler. Il allait lui dire ce qu'il lui répétait sans cesse quand elle souffrait, que les doutes, que les conflits n'étaient pas des états pathologiques, au contraire, qu'ils étaient la base et la norme de la vie de l'homme. Elle tentait de raisonner... Ces derniers temps, l'absence de conflits entre eux aboutissait-elle à cela, la mort ? Etait-ce parce qu'ils avaient trouvé la paix à Vailima que Louis l'avait quittée ?... Sa propre tête, Fanny la sentait, la voyait comme une pelote de laine qui se dévidait sur le plancher. Le fil de ses pensées se dédoublait en s'épandant loin d'elle... Elle finit par se lever. Elle traversa le hall et s'approcha de la porte à glissière qu'elle ouvrit. Le courant d'air éteignit la flamme. Les bras en croix, elle regarda le mont. Il faisait nuit noire. Derrière le voile de brume, les étoiles scintillaient, pâles et mouillées. Avec une vigilance hargneuse, une curiosité acharnée, elle scruta le sommet. Elle avait l'impression de s'avancer tel un fantôme sur la pelouse, elle croyait traverser le jardin, s'engager dans le sentier, monter. D'autres femmes tout aussi solitaires se pressaient à sa suite. Une longue file de femmes identiques dans la brousse... Elles disparurent... Leur absence l'agita. Une grande vague d'angoisse la submergea. Elle quitta le hall, longea la véranda et monta l'escalier qui conduisait au bureau. Chaque marche lui parlait de Louis. Elle l'entendait. Elle le sentait. Elle le voyait. Elle désirait sa présence à s'en rendre malade. Elle avait mal au cœur. Elle allait vomir. Elle explosait du désir de Louis. Arrivée sur le palier, elle reprit son souffle. Chaque recoin lui parlait de Louis. Les longues mains de Louis se refermaient sur la rambarde. Sa voix familière lui décrivait le paysage, la ressemblance entre ces collines phosphorescentes et les vallons de l'Ecosse... Elle passa devant la chambre de Belle. Elle entrevit la silhouette de sa fille en chemise de nuit qui coiffait sa chevelure. Un geste inlassable de haut en bas sur ces vagues noires. Belle était si fière de ses longs cheveux qui, dénoués, lui arrivaient aux genoux. Depuis... depuis décembre, elle les perdait par poignées. Entre les arbres, au pied du mont, brillait la fenêtre de Lloyd. Charles Baxter, qui avait appris la mort de Louis à Suez, lui tenait tristement compagnie. Lloyd ne desserrait plus les dents. Il s'était mis à tousser. Funk craignait pour ses poumons. Une vieille histoire : au lendemain de la mort d'Hervey, c'était la fragilité des poumons de Lloyd qui les avait tous envoyés à Grez... En deux mois, il avait perdu dix kilos. Baxter et Graham l'emmèneraient avec eux quand ils rentreraient par San Francisco. Au rez-de-chaussée, la chambre de Tante Maggy, cette jolie chambre verte que Fanny avait décorée avec tant de soin, allait rester vide et noire elle aussi. La vieille dame était repartie vivre chez sa sœur en Ecosse. Dans la Bible familiale, Margaret Stevenson avait écrit, sous la date de la naissance et du mariage de son fils : *Mort soudainement d'apoplexie à Vailima, Samoa (...) Et je reste seule, désolée.*

Fanny longea prudemment le long balcon de l'étage. Des falés en contrebas lui parvenaient les sons traînants de la prière du soir... Comment nourrir toutes les bouches de Vailima ? Comment rémunérer les services des douze indigènes de la maison ? Sans Louis ? Sans le talent de Louis ? Dix jours après son enterrement, Fanny avait dû licencier les équipes extérieures qui s'occupaient de la plantation... Depuis combien de temps les Stevenson vivaient-ils à Samoa ? Quatre années ? Un siècle... Et cependant, quatre ans, qu'est-ce pour un cacaoyer ? Quatre ans seulement !

Par la porte extérieure, elle pénétra dans la bureau de Louis. L'humidité gonflait les rayonnages des bibliothèques, le bois craquait. L'odeur familière des livres, les deux hibiscus rouges que Sosimo continuait de poser chaque matin sur sa table, tout semblait attendre Louis. Il allait rentrer. Et elle, elle allait s'éveiller... Elle s'allongea sur le divan où naguère il prenait ses notes, elle appuya son dos au mur où naguère il s'appuyait, elle ferma les yeux... Dormir ! Au réveil, Louis l'aurait rejointe et Fanny appartiendrait de nouveau au monde orgueilleux de Vailima. Mais, tant qu'elle ne parviendrait pas à dormir, elle ne s'éveillerait pas de ce cauchemar...

D'abord Belle eut peur. Par la vitre de la porte close, elle avait cru voir Louis allongé sur son lit, tel qu'elle le trouvait quand elle venait prendre sous sa dictée. Il allait sauter sur ses pieds, et pendant qu'il marcherait, qu'il gesticulerait, que de sa voix d'acteur il jouerait tous les personnages de ses livres, les idées fuseraient et l'œuvre s'accomplirait.

Mais la silhouette ne bougea pas quand Belle ouvrit la porte. Levant sa lampe, elle la reconnut. Fanny avait les yeux clos. Le visage rétréci par la souffrance. Les traits, la bouche blêmes. Une vieille dame. Pour la première fois, l'idée vint à Belle que sa mère pouvait mourir. Ce petit corps sec, tassé, vidé, ces traits ravagés appartenaient à une femme au bout de son chemin. De peine, le cœur de Belle se recroquevilla. La prodigieuse énergie de Fanny lors de la disparition de Louis, le vertigineux silence de sa douleur, tout donnait à croire en son immortalité. Belle mesurait à son tour qu'elle allait perdre sa mère. Bientôt Fanny disparaîtrait.

Lorsque la jeune femme s'immobilisa devant la petite forme atrophiée, Fanny ouvrit les yeux et la fixa avec cette expression absente qu'elle arborait depuis ce terrible lundi de décembre.

— Je ne t'avais pas entendue, murmura-t-elle avec difficulté. Tu ne dors pas?

Dans sa grande chemise de nuit, Belle secoua la tête et posa la lampe sur le bureau. La pièce était vaste et tous les murs tapissés de livres. En cet instant, l'une et l'autre sentaient la maigre silhouette qui marchait d'un mur à l'autre.

Fanny se souleva sur les coudes et dit :

— Approche.

Belle s'avança. Elle demeurait debout, penchée sur ce corps rabougri que la vie avait vaincu.

— Je voulais te demander quelque chose... commença Fanny.

Son regard noir fila par la fenêtre et se perdit dans l'ombre du grand pin dressé nu sur la pelouse.

— ... Je voulais te demander... si tu m'avais pardonné?

De surprise, Belle recula.

— Moi ?

— Toi.

— Grand Dieu, de quoi ?

Leurs paroles semblaient mettre un temps infini pour rejoindre le cerveau de Fanny. Soudain elle rassembla ses pensées et murmura :

— ... Te demander pardon de... ma jalousie. Je t'ai fait mener une vie d'enfer ici. Tous les soucis que je t'ai donnés... A toi... A Louis...

Elle se pelotonna dans l'angle. Mille regrets, mille remords l'assaillaient. Telle une enfant tétanisée par la peur, par la honte, elle semblait guetter le moindre bruit avant d'achever.

— ... Qui sait si cela, mes querelles, mes crises... n'ont pas hâté sa mort ?

Elle écarquilla les paupières devant ce qu'elle entrevoyait, et recula encore :

— ... Ai-je fini par le tuer ?

— Oh, maman, ne pense jamais cela !

Les deux femmes se serrèrent l'une contre l'autre et, pour la première fois, ensemble elles pleurèrent.

*
**

Dans la grande maison vide au cœur de la brousse, deux femmes demeurent face à face. Elles ne se quitteront plus. L'une divorcée, l'autre veuve, toutes les deux seules. Elles parlent peu. Elles travaillent dur. Elles poursuivent la tâche qu'elles avaient commencée. Elles tentent de maintenir la plantation telle qu'il l'a aimée. L'une et l'autre évitent de parler du défunt, elles évitent aussi toute allusion à l'avenir. Elles cultivent. Elles cousent. Elles cuisinent.

Jusqu'au mois d'avril 1895, Fanny et Belle vont lutter contre les orages et les mauvaises herbes, contre le silence et la solitude. Au printemps Belle coupe ses cheveux qui continuent de tomber. Fanny souffre de calculs rénaux qui la paralysent. Le docteur Funk leur conseille instamment un changement d'air. Elles partent donc pour un répit à Honolulu, où Belle avait été si heureuse. Mais à Honolulu, tout s'en va aussi...

Le parti des missionnaires a renversé le parti du roi. Kalakaua est mort. Sa sœur, la reine Liliuokalani, vit en recluse sous la surveillance des officiers américains. Les Etats-Unis vont annexer Hawaï. Fanny erre sur la plage de Waikiki.

Tout est différent, tout est pareil, tout ici me parle de Louis. Je ne crois pas qu'il y ait un seul instant où je ne pense à lui. Les gens me disent « Tout de même, quel réconfort pour vous que la célébrité de votre mari ! » Je suis fière de sa gloire, mais pas réconfortée. J'aimerais mieux avoir mon Louis avec moi, mon Louis pauvre, obscur — vivant. Je n'aime pas non plus que les gens m'offrent leur sympathie. Je l'accepte seulement de ceux qui l'aimaient pour ce qu'il était, non pour ce qu'il a écrit... Il paraît que l'on s'habitue à tout avec le temps. A moi, chaque jour sans lui paraît plus dur à vivre.

Elles poussent jusqu'à San Francisco. Le juge Timothy Rearden vient de mourir. Le banquier John Lloyd a épousé une Bostonienne qui refuse de recevoir Fanny. Il prend néanmoins ses affaires en main. Elle habite chez sa vieille amie, Dora Williams, Dora l'exaltée qui participe à des séances de spiritisme pour communiquer avec Virgil, son époux disparu. Les deux femmes se retrouvent autour de tables tournantes. Vertige.

Et cependant, à aucun moment, la raison de Fanny ne vacille. Plus une crise, pas une rechute durant toute cette terrible épreuve. Son équilibre mental paraît plus solide que jamais. Mieux : elle ne souffre plus. A San Francisco, sa santé se rétablit. Si elle ne trouve de goût à rien, si l'ennui l'accable, elle a cessé d'avoir peur. Le drame qu'elle redoutait depuis vingt ans a fini par arriver. Et l'affreuse angoisse de perdre Robert Louis Stevenson a disparu avec lui.

Dans le malheur, Fanny se détend. Il semble qu'obscurément la perte de Louis la rassure. Immuable dans la mort, il lui appartient bien davantage...

Je voudrais vous parler de cette femme qui me touche et m'intéresse, écrira bientôt Henry James à Mrs Sitwell... *Fanny Stevenson, tellement superbe à sa façon... Elle ressemble à une vieille lionne grisonnante, ou à une reine du Pacifique, captive et résignée.*

Résignée, Fanny ne l'est qu'en apparence.

En Californie, Lloyd tombe amoureux. Il a souffert d'une dépression nerveuse et manqué mourir de chagrin au printemps dernier. Un an après la disparition de celui qui incarnait le père, le frère, le partenaire, il s'est épris d'une jeune institutrice de vingt-cinq ans. Courageuse et cultivée, elle enseigne dans les missions du Nouveau-Mexique. Elle s'appelle Katharine Durham.

Comme toutes les Katharine de son existence, celle-ci ne portera pas bonheur à Fanny. Sous la solidité, sous la douceur de ses manières, Katharine cache une soif de puissance, un besoin d'exister plus frénétique encore que celui de sa belle-mère. Plus intellectuelle que Fanny, elle n'a pas sa générosité, ni son charme, ni sa finesse. Lloyd l'épouse à Honolulu le 9 avril 1896.

Au terme d'une année d'absence, Mrs Robert Louis Stevenson accueille Belle et Austin, Lloyd et Katharine à Samoa. Fanny exulte : Vailima va revivre ! Cette fois, sa fameuse intuition ne lui souffle pas qu'elle reçoit une rivale qui va empoisonner ses rapports avec les Blancs, la brouiller avec ses voisins, faire de la vie sur la plantation un enfer.

Alors que Katharine Durham Osbourne se recueille au sommet du mont Vaea, elle est foudroyée par une révélation : personne ici ne comprend Robert Louis Stevenson ! Fanny, Belle, Lloyd trahissent sa mémoire et son œuvre. *Quand sa femme me dit que l'œillet était la fleur préférée de Louis, je sais, moi, je sens qu'il préférait une autre fleur !* Katharine n'a pas connu Stevenson ? Peu importe ! C'est elle, la dernière Mrs Osbourne, l'unique dépositaire du testament littéraire du grand auteur.

Forte de cette certitude, elle va publier des articles, écrire des livres, donner des conférences qui viseront, avec une obstination pathologique, à discréditer l'influence d'une autre femme sur son héros. *Bien sûr*, racontera Katharine à la presse, *la Vandegrifter fascinait Louis... J'admets que Fanny exerçait un mystérieux pouvoir de séduction sur le sexe opposé. Elle subjuguait comme une bohémienne. Sa volonté, son culot, son goût du spectacle attiraient, par contraste, les hommes de devoir... Mais si je regarde mon propre passé, le romantisme de mes aventures dame le pion aux pauvres expériences de Fanny Vandegrift (...) « Et je n'en ai pas fini ! » comme dirait Louis. Au fond, Mrs Stevenson n'est jamais sortie de l'enfance, pour tout dire, elle appartient à l'enfance de l'âge, une primate de race noire. Elle date de dix siècles avant Jésus-Christ.*

Les commérages de Katharine Durham se répandront dans tous les échos littéraires durant les trente années qui vont suivre. Ils porteront leurs fruits. Son acharnement, sa névrose projetteront l'image d'une épouse à la fois grossière et bégueule sur la mémoire de Mrs Robert Louis Stevenson.

De leurs démêlés, Fanny ne soufflera mot. Elle garde un silence hautain... Avec son efficacité coutumière, elle se contentera de faire saisir chez les éditeurs les livres de sa bru, et de l'humilier dans un paragraphe de son testament, que le *Pall Mall Magazine* de Londres et le *New York Times* publieront en première page après sa mort : *A Katharine Durham Osbourne, d'une incroyable férocité, qui vécut exclusivement de ma générosité tout en me poursuivant de ses calomnies, je lègue... cinq dollars.*

L'humour et le mordant de ces quelques lignes la résument tout entière. *Une amie violente*, avait dit Louis, *une ennemie redoutable...* Habile aussi. Ce testament, où Katharine figure, empêche toute contestation : la femme de Lloyd n'a pas été oubliée.

En attendant sa vengeance posthume, Fanny vit de nouveau sous tension. Vailima sans Louis, c'est l'anarchie. C'est aussi un gouffre financier. Veuve, Mrs Stevenson n'a plus les moyens d'entretenir Lloyd et sa famille, Belle, Austin et les vingt indigènes dont elle aurait besoin pour lutter contre la forêt, contre les arbres, les lianes, les racines qui envahissent ses cultures.

Et puis, le cœur n'y est plus.

A Edimbourg, Tante Maggy vient de mourir. Elle n'avait que dix ans de plus que Fanny. La mère de Louis disparue, Fanny reste l'unique héritière de la succession Stevenson. Colvin s'est chargé d'écrire la biographie de son ami. Livré à lui-même, il ne travaille pas. De son côté, Baxter s'est permis de publier un ouvrage posthume de Louis que Fanny juge indigne de son talent. Les lecteurs risquent d'oublier ou de méjuger Robert Louis Stevenson. A moins que la Vandegrifter ne s'en mêle...

Pour protéger son œuvre, pour célébrer son génie, pour que Louis au-delà de la mort continue d'exister, Fanny va reprendre les armes. Elle va rentrer en Angleterre. Elle va retrouver ceux qu'elle s'était juré de ne jamais revoir : *les coups de poing déguisés en copains*. Elle va se battre avec Baxter, pour qu'il retranche des œuvres complètes *Les Fables* éditées sans son autorisation. Avec Colvin, pour qu'il se hâte de rédiger une *Vie de Stevenson. Pardonnez mon impatience,* lui écrit-elle après l'avoir accusé de paresse et d'indifférence... *Pardonnez ma révolte... Mais, quand je ne me sens pas bien, je me dis que je ne peux pas, que je ne dois pas mourir sans avoir lu « La Vie »... Et pour être totalement franche, quand j'entends que vous êtes malade, ma première pensée va dans la même direction : « Il ne peut pas, il ne doit pas mourir avant de l'avoir écrite. » Si vous voulez me détruire, menacez d'arrêter le travail. C'est pour « La Vie » que je me lève tous les matins. Pour « La Vie » d'abord, et pour mes enfants.*

Deux ans durant, elle va talonner Colvin. Elle finira par lui ôter la responsabilité du projet et par confier la tâche à Graham Balfour que Belle avait tant aimé, que Louis avait chargé du tri de ses lettres et de ses papiers.

Le choix de Fanny respecte, pense-t-elle, la volonté de Stevenson. Balfour est le seul à bien connaître le passé familial de son cousin, le seul qui ait partagé sa vie à Vailima. Il en sait tous les secrets... Et sa vision s'accorde avec celle de Fanny. Il raconte l'histoire telle qu'elle désire l'entendre. La querelle avec Henley, la grave maladie mentale de Mrs Stevenson n'y figurent pas ; mais le courage de Louis, sa bonté, son génie le hissent au rang des héros. Il trace le portrait du poète qui avait forcé le respect de Fanny Osbourne à Grez, et gagné son amour.

Cette version, la version de Mrs Stevenson, réveille la haine de Henley. En novembre 1901 dans le *Pall Mall Magazine*, il éreinte la biographie, il éreinte Balfour, il éreinte Stevenson... C'est toujours Fanny qu'il vise : *Et voilà*, écrit-il méchamment, *on se retrouve avec les dernières lettres du grand homme et le bilan de Mr Balfour : Stevenson, un ange venu du ciel. Pour ma part, je refuse de le reconnaître dans ce portrait acidulé (...). Si mes protestations donnent au lecteur l'impression que ma vision de Robert Louis Stevenson me demeure totalement personnelle, je m'excuse auprès de lui de ne me sentir aucunement concerné par ce séraphin en chocolat qu'on nous dépeint ici, par cette effigie en sucre d'orge d'un homme de chair et de sang. Son meilleur rôle, la partie la plus intéressante de la vie de Stevenson, ne seront jamais écrits — même par moi (...). J'entends partout vanter ses innombrables générosités et je me souviens, moi, de quelques exemples d'une conduite d'un tout autre genre (...). Un dernier mot : je lis à chaque page qu'il faut admirer « R.L.S. » parce qu'il était un homme condamné et qu'en dépit de sa maladie il a choisi de vivre sa vie. Ne sommes-nous pas tous condamnés et ne vivons-nous pas tous notre vie ? Qu'un homme écrive de belles pages aux portes de la mort ne suffit pas à en faire un héros.*

Pour la première fois, Fanny hausse les épaules : *Henley devait être ivre en barbouillant ces pages...* Elle passe outre. Mais elle n'a rien oublié. Et surtout pas que Henley a refusé le dernier souvenir de Louis, le pavillon britannique qui flottait sur le *Casco*, ce drapeau qui avait recouvert sa dépouille le matin du 4 décembre 1894. Dépassant sa propre rancune, elle le lui avait envoyé pour répondre à ce que Louis aurait exigé d'elle.

Henley reste à ras de terre ? Peu importe ! Impatiente de poursuivre sa quête, infatigable à construire son œuvre, Mrs R.L.S. a retrouvé sa raison de vivre.

Elle a quitté Samoa pour n'y plus revenir de son vivant. Elle a vendu Vailima. Une bouchée de pain, un cinquième de ce que la plantation leur a coûté, à un marchand allemand ancien fourreur à Vladivostock.

En sa possession, Mrs Stevenson ne garde que le sommet d'une montagne et la saignée de terre qui y conduit.

En ce matin du 7 septembre 1897, sept ans jour pour jour après son arrivée, Fanny respire une dernière fois la vanille, le bois fumé, le citron sauvage... Le parfum de Samoa. Une dernière fois, elle descend la Route de la Gratitude. Tous ses amis indigènes l'accompagnent. Du vapeur, elle verra longtemps leurs étroites pirogues chargées de fleurs danser dans le port d'Apia. Elle verra aussi, derrière la petite ville endormie, les toits rouges de Vailima et le pic boisé du mont Vaea.

Je compte sur sa puissance de récupération, avait écrit Louis... *Elle a un tel ressort...*

ÉPILOGUE

FANNY

SAN FRANCISCO – 1903-1914

— Choquant... Ignoble... Monstrueux... Je ne vais plus oser sortir... Comment mes fils pourront-ils se montrer ?

Ainsi s'exprimait Mrs Lloyd Osbourne en traversant les salles de la vaste maison qu'elle partageait avec sa belle-mère. L'aile sud dominait toute la ville de San Francisco. L'aile nord-est, l'aile de Fanny, surplombait le Pacifique.

A l'angle de Hyde et de Lombard Street, face à l'océan, la citadelle de Mrs R.L. Stevenson existe toujours. Les touristes qui grimpent chaque jour jusqu'à ce pic pour se pencher sur la rue la plus pentue de la ville remarquent-ils cette forteresse crépie de rose, avec son toit plat, ses perrons en fer forgé et son jardin suspendu ? Aucun guide ne signale qu'au début du siècle, derrière ses gros murs, s'amoncelaient tous les trésors de l'homme qui avait fait rimer littérature avec aventure. Les premières éditions de ses œuvres, les trophées de ses voyages, les bibelots de son enfance, de Bournemouth, de Vailima... Où trouver l'histoire de ce fort que ni le tremblement de terre ni le feu qui ravagèrent la ville ne réussiront à détruire en 1906 ? Destin romantique s'il en fut. Cette maison allait bientôt abriter les prières d'un couvent de carmélites. En attendant le silence éternel des religieuses,

615

la grande bâtisse retentissait des cris d'une belle-fille outragée :

— Un scandale ! Il est encore plus jeune que mon mari... Il a l'âge d'Austin... De son petit-fils ! Vingt-trois ans... Et elle — combien ? Elle avoue la soixantaine, mais qui sait ? Comment ose-t-elle installer ici sous son toit, sous le mien, ce... « secrétaire » ? Un pique-assiette qui va vivre des droits d'auteur de ce pauvre Louis, et pomper sa fortune... Comment ose-t-elle ? Ce... ce protégé, ce Field n'est même pas le premier...

Le « premier », auquel la femme de Lloyd faisait élégamment allusion, ne s'appelait pas Field en effet, mais Burgess. Jeune artiste, dessinateur, homme de lettres très lancé dans l'avant-garde de San Francisco, Gelett Burgess n'avait qu'un défaut selon ses amis : imiter servilement les tics littéraires de son auteur favori, sa façon de penser, d'écrire... Copier en tout les manières de Robert Louis Stevenson. Quand la veuve de son héros, lors d'un bref séjour en Californie, était revenue pour la première fois de Samoa, Burgess avait fait l'impossible pour lui être présenté. Il avait trente ans. Elle, cinquante-huit. Fasciné par *la courbure de sa bouche que le courage affermissait, que la générosité adoucissait, par la ligne de ses lèvres, par son menton volontaire,* Burgess avait fait sa cour et poussé l'audace jusqu'à proposer un projet de dessin pour la pierre tombale de son maître. Mrs Stevenson s'était laissé séduire par la sobriété du carton, qu'elle avait fait réaliser en bronze. Les deux tablettes imaginées par Gelett Burgess sont désormais scellées dans le mausolée blanc au sommet du mont Vaea.

En se réinstallant définitivement à San Francisco, elle l'avait revu. Il se considérait déjà comme son protégé. Elle aimait jouer les mécènes. La gaieté de Burgess, son esprit, sa verve firent le reste. Il devint son amant. Le troisième homme de sa vie.

Leur liaison, dont j'ai longtemps douté, m'a été confirmée par la découverte d'un paquet de lettres que conserve la Bancroft Library de Berkeley University. On peut y lire les paroles de Fanny, une reconnaissance enflammée pour le plaisir reçu et la joie donnée. Des mots d'amour à faire rougir de surprise ou de plaisir les plus sceptiques, ceux qui douteraient de la passion d'un homme pour une femme de trente ans son aînée.

L'aventure fut néanmoins de courte durée. Gelett Burgess commit la faute d'utiliser son intimité avec la veuve de Stevenson pour vendre quelques articles. Elle le congédia. Cinq ans plus tard, la rencontre d'Edward Salisbury Field, dit Ned, allait ouvrir une ère nouvelle.

A vingt-trois ans, Ned Field travaille comme journaliste pour le groupe de presse Hearst. Un mètre soixante-quinze. Joli garçon. Une conversation si pleine de charme et d'esprit que son illustre employeur le reçoit à dîner. En commun avec Burgess, Field depuis l'enfance a une passion pour la vie et l'œuvre d'un grand auteur, Robert Louis Stevenson. A la différence de Burgess, il ne connaît d'autre ambition que le bonheur. Et, contrairement à ce que laisse entendre Katharine Durham, Field n'a besoin ni de la fortune ni du renom de Mrs Stevenson. Son père a jadis fondé dans l'Indiana la maison d'édition qui deviendra un jour la très célèbre Bobbs Merrill. Field père joue aujourd'hui les promoteurs immobiliers à Los Angeles. Avec succès. Deux ans plus tôt, il a envoyé son fils jeter sa gourme à Paris. Ned, pilier du Bohemian Club, comme l'avaient été Sam Osbourne et Timothy Rearden avant lui, passe pour un joyeux compagnon. Dans les archives du Club, il figure comme un membre actif, populaire et très sportif. Pour plaire à Fanny, il a trois atouts. L'âme vagabonde, la tête littéraire et les « doigts verts ». Juste ce qu'il faut de personnalité pour soutenir le choc de la rencontre avec une telle sirène. *Jeune, elle était jolie. En vieillissant, elle devint belle,* raconte sa sœur Nellie. *Les jeunes adoraient sa compagnie.*

Bijoux barbares, brocarts, velours, dentelles, Fanny a retrouvé sa coquetterie d'antan. Avec son profil ambré que foncent aujourd'hui ses boucles blanches, ses yeux noirs et perçants, son pied minuscule chaussé d'une ballerine rouge qu'elle découvre aux passants, elle surprend. Elle séduit. Elle le sait. *Toi aussi, joue la carte « orientale »,* conseille-t-elle à Belle... *Sinon tu ne resteras qu'une petite dame rondouillarde à la peau trop sombre. Force la note exotique et tu deviendras une houri... Fais attention à ta voix, parle posément, et surtout ne nasille pas.*

Avec un détachement apparent qui cache sa timidité de toujours, Fanny réunit tous les fils de son existence. Le silence de l'amoureuse de Sam, l'avidité primesautière de l'amie de Rearden, la dévotion passionnée de l'épouse de Stevenson. Elle écoute en souriant la conversation de Ned et plane tel un sphinx sur l'avant-garde de San Francisco.

Ensemble, ce jeune homme et cette vieille dame indigne créeront un ranch dans les montagnes de Santa Cruz, une petite hacienda au Mexique, une dernière propriété au fond d'un splendide jardin à quelques kilomètres de Santa Barbara. *Construire,* dit-elle, *c'est tellement excitant.* Lui, il s'amuse. Chaque moment avec elle lui paraît plein de charme, de fantaisie, de surprise. Au point qu'il ne la quittera pas un seul jour. Pendant dix ans, Ned partagera toutes les heures de Mrs Robert Louis Stevenson. Jusqu'à la fin.

Les parents Field, comme les parents Stevenson une génération plus tôt, ne manqueront pas de s'inquiéter de cette cohabitation. Echos lointains d'une histoire ancienne, ils se lamentent de voir leur fils perdre sa jeunesse auprès d'une bohémienne vieillissante. Fanny laisse dire et n'en fait qu'à sa tête. *As-tu oublié de m'envoyer la photo d'une jolie fille que je t'avais demandée pour raison d'Etat ?* écrit-elle à Belle. *A qui la fille ressemble n'a aucune importance. Tu peux même l'acheter dans une boutique. Je préférerais une blonde,* poursuit-elle malicieuse. *Je pense vraiment que mon jeune homme devrait l'avoir sur lui. Il n'aura qu'à la montrer à sa famille et le tour sera joué (...) Adresse la photo à Ned F. Je comprendrai.*

De la rue Ravignan à la rue de Douai, dans l'une des premières Ford qu'elle a importées de New York, Fanny Stevenson fonce sur les pavés gris de Montmartre. Ses écharpes au vent, ses petites mains posées sur le plaid, elle passe en trombe devant le passage des Panoramas et l'atelier Julian. Bien entourée. Son fils Lloyd la conduit. Son compagnon Ned lit la carte. Dans leurs costumes de « motoriste », gantés, chapeautés, leurs beaux visages masqués de lunettes, ils traversent la France, poussent jusqu'à Hyères, jusqu'à Marseille, remontent par les Cévennes, s'arrêtent au Puy, au Monastier où l'ânesse Modestine avait, trente ans plus tôt, évoqué une « certaine dame » à un très jeune homme. Au retour vers Paris, entre les peupliers, ils apercevront le pont de Grez, la tour de la Reine Blanche, la petite église du XIIᵉ siècle. Mais sur ces lieux-là Fanny ne voudra pas retourner.

Mes plans sont vagues, avait-elle écrit à Belle en quittant Samoa. *Les années qui m'attendent ressemblent à de grandes salles vides pleines d'échos. Tu dis que ce n'est pas gai. Mais je n'ai jamais été très bonne pour la gaieté. Peut-être vais-je découvrir dans ce vide une certaine grandeur.*

A soixante-dix ans, Fanny Vandegrift a trouvé mieux : la légèreté. Comparée aux années de maturité, sa fin de vie paraît bien souriante ! Mais pas un instant Fanny ne renonce. A Saint-Jean-de-Mer, à Madère, au Mexique, à Londres, à Paris, elle poursuit la même quête. Elle court après le même rêve. Garder Louis vivant. Qu'il continue d'exister au-delà de la mort. Que la postérité reconnaisse et célèbre son génie. Elle vise le même idéal. Une nouvelle édition des œuvres de Robert Louis Stevenson. En collaboration avec Edward Salisbury Field, elle préface, elle collationne, elle corrige les épreuves, elle supervise le lancement. Ensemble, ils travaillent tous deux à l'éternité du « Conteur d'histoires ».

Le 25 mars 1911, elle écrit encore aux éditeurs de son défunt mari : *Avec cette note, je vous envoie l'introduction à la* Défense du père Damien. *Je ne sais pas comment rédiger tous les autres articles que vous me demandez... Et ce que je vous envoie est sans doute très mauvais. Je rougis quand j'y pense, mais je suis incapa-*

ble de faire mieux. Si c'est trop mauvais, dites-le-moi, je vous en prie, et j'essaierai à nouveau. Le travail de Louis était tellement mêlé à sa vie privée qu'il m'est très difficile de savoir quand j'en dis trop, ou pas assez. Je déteste soulever le voile et laisser le public s'introduire dans des détails privés qui ne le regardent pas. Je pense que c'est cette gêne qui rend mon style si maladroit — style est un grand mot —, j'aurais dû dire mon mauvais style.

Infatigable, elle poursuit l'œuvre. Quelques jours avant sa mort, elle met en forme son journal de voyage à bord du *Janet Nicholl,* toutes ses impressions qu'elle avait notées pour seconder Stevenson lorsqu'il écrirait son grand livre sur les mers du Sud.

A la mi-février 1914, vingt ans après la mort de Tusitala, deux mois avant le début de la Grande Guerre, un vent formidable souffle sur son jardin de Santa Barbara. La pluie tombe par rafales. Elle martèle les tuiles et les terrasses. Le rideau va tomber sur une scène zébrée d'éclairs. Dramatique jusqu'à la fin, Fanny s'éteint un jour noir d'orage. Le dernier mot revient à ceux qui l'ont toujours passionnément aimée : ses serviteurs.

Chère Mrs Strong, écrit sa femme de chambre à Belle, qui est en voyage à Honolulu. *Nous avons tous le cœur brisé en pensant que notre chère petite Madame s'en est allée pour toujours. Cela semble tellement cruel pour vous qu'elle soit partie en votre absence, vous qui lui avez consacré toute votre vie... Tellement affreux qu'elle nous ait quittés au moment précis où elle profitait tellement de l'existence (...) Elle n'était pas malade et elle n'a pas souffert. Dimanche, des amis sont venus passer tout l'après-midi, pour entendre avec elle Mr Field lui lire sa nouvelle pièce. En écoutant, Mrs Stevenson était si jolie ! Elle portait sa robe de satin bleu gansée de crêpe, et un léger voile de tulle noir et blanc sur ses beaux cheveux (...) Mardi soir, le 17 février, elle se sentait bien, elle a lu les journaux jusqu'à neuf heures et Mr Field a joué aux cartes avec elle jusqu'à dix heures trente. Ensuite, elle s'est retirée. Le lendemain, comme chaque matin, j'ai été*

la voir et j'ai trouvé ma chère petite Madame incons-
ciente. J'ai d'abord cru qu'elle s'était évanouie et j'ai
couru chercher Mr Field. Il a sauté du lit, il a mis sa robe
de chambre, il s'est précipité chez elle pendant que je
téléphonais au docteur (...) Elle ne s'est jamais réveillée,
et à deux heures ce jour-là elle s'est arrêtée de respirer. Mr
Field ne l'a pas quittée un seul instant. Il n'a rien voulu
prendre de toute la journée. J'ai fini par lui faire avaler
une tasse de café avant qu'il ne vous télégraphie, à vous et
à Mr Osbourne (...) C'est un coup affreux pour nous
tous (...) Cette maison ne sera jamais plus la même pour
William et pour moi, nous adorions notre petite dame.
C'était un plaisir de tout faire pour elle. Elle était si
généreuse. Je l'ai adorée depuis la minute où je l'ai vue et
je considérerai toujours que la servir fut la joie de ma vie,
et mon plus grand privilège.

Et la pluie va continuer de tomber durant des jours et
des nuits. Lloyd, qui arrive de New York, devra passer
de longues heures dans des trains détournés par le
déluge, sur des routes coupées par la tempête, avant de
rejoindre sa mère. Le corps de Fanny sera incinéré,
conformément à sa volonté.

Mais avait-elle prévu le coup de théâtre qui ferait
jaser tout San Francisco, pâlir Colvin et consorts,
sourire Henry James ? Le 29 août 1914, soit six mois
après la mort de sa mère, Belle Strong épouse Ned
Field. Elle a cinquante-six ans, lui trente-quatre.

Leur liaison date-t-elle du vivant de Fanny ? Pourquoi
s'en sont-ils cachés ? Ou bien cette disparition a-t-elle
fait naître entre eux des sentiments nouveaux ? S'unis-
sent-ils par affection ? Habitude ? Solitude ? Intérêt ? Si
Belle s'était laissé enlever pour son premier mariage,
elle avait eu dix ans pour réfléchir au second. A-t-elle eu
conscience que Ned cherchait à se lier aussi étroitement
que possible à la femme qu'il avait tant aimée, à celle
qu'il venait de perdre, en épousant sa fille, son double ?
De quarante ans plus jeune que l'une, de vingt ans plus
jeune que l'autre, Edward Salisbury Field allait trouver
le bonheur auprès des deux générations.

Avant de se livrer à leur joie, les Field restent hantés par le désir, par le besoin, d'accomplir un ultime devoir. Combler le dernier vœu de Fanny, que les jeux de la politique internationale les empêchent de réaliser.

Quinze ans plus tôt, juste après que Mrs R.L. Stevenson eut quitté Samoa, les trois puissances avaient abrogé le traité de Berlin pour se partager le gâteau. L'Amérique s'était installée à Pago Pago sur l'île de Tutuila. L'Angleterre s'était retirée de l'archipel en échange du renoncement de l'Allemagne sur les îles Tonga, Salomon et Niue. L'Allemagne avait annexé Upolu, Savaï, Manono et Aponina, qu'on appelle désormais les Samoa occidentales. Comble d'ironie : les Allemands avaient installé Mataafa à la place de Laupepa dans le rôle du pantin ! A la mort de Fanny, la guerre de 14 avait fermé les frontières des colonies allemandes au monde anglo-saxon.

Nouveau coup de théâtre ! La Grande-Bretagne convainc la Nouvelle-Zélande d'envahir les Samoa occidentales. Trop occupée par d'autres batailles, l'Allemagne se laisse chasser.

Le drapeau britannique flotte à nouveau sur Vailima. Le gouverneur, un Ecossais, met la propriété à la disposition des Field. Le 12 mai 1915, Belle s'embarque de San Francisco. Avec le dernier compagnon de sa mère, elle retourne à Samoa...

SAMOA – juin 1915

La veille du mercredi 23 juin 1915, il avait plu sans discontinuer sur Vailima, et ce déluge avait causé bien du tourment à Mrs Ned Field. Tard dans la nuit, Belle avait écouté les vents et s'était souvenue. Puis l'aube d'un matin selon ses vœux s'était levée : fraîche et ensoleillée, comme vingt ans plus tôt celle du 4 décembre 1894.

La cérémonie des obsèques de Mrs R.L. Stevenson

avait été organisée par ses amis indigènes, par ses serviteurs d'autrefois, ceux que les guerres et le temps avaient épargnés. Belle avait veillé à ce que fussent invités les chefs qui avaient construit la Route de la Gratitude et les deux cents hommes qui avaient en une seule nuit ouvert un sentier sur le mont Vaea. Des fours de pierre derrière la maison s'échappaient les arômes sucrés de la banane, de l'ananas et du cochon qu'on préparait pour la grande fête que les chefs donneraient après les funérailles.

Le coffret de bronze — les cendres de Fanny — reposait dans le hall qui donnait de plain-pied sur la véranda, face à l'océan. Belle, en longue robe de deuil, une tunique blanche à la manière samoane, se tenait les bras en croix entre les deux portes coulissantes. Elle regardait la barrière de corail qui brasillait par-delà les cimes des arbres, et les groupes de vieux samoans qui remontaient la pelouse à pas lents, un brassard noir au bras gauche, des guirlandes de fleurs rouges au cou. De loin, elle ne parvenait plus à distinguer s'il s'agissait du grand chef Tamasese et de Vaaaga sa femme, du fils de l'ancien roi Laupepa ou des enfants du cuisinier Talolo. « Tout est pareil. Tout est différent. J'avance sur la pelouse sans rien reconnaître. » Les haies d'hibiscus avaient disparu, les courts de tennis, le potager de sa mère, ses fleurs, son précieux cacao. La cascade était devenue un barrage, et la pièce d'eau une piscine avec des cabines de bain. « Pourtant, je suis de retour à Vailima », se répétait-elle. « Je suis à Vailima. » Elle n'y croyait pas. « A Vailima. » Ses émotions, dont elle avait tant redouté la violence, demeuraient confuses et feutrées.

Neuf heures viennent de sonner. Le soleil monte. Il est temps. Ned se recueille devant la table encore chargée des étoffes samoanes et des couronnes de fleurs qui recouvrent le coffret. Comme naguère la dépouille de Tusitala. Le cortège s'ébranle vers la montagne. La brousse se referme. Ils avancent par petites étapes. Belle sait, pour l'avoir emprunté une fois, que le sentier grimpera toujours plus abrupt jusqu'au sommet. Plus sinueux et plus glissant. Ils ne verront pas le ciel avant deux heures. Mais les rayons qui se coulent au travers des feuilles tombent dru et chauds sur leurs têtes.

La procession zigzague entre les lianes, les palmes et les racines géantes. Ils traversent des nappes d'ombre et des flaques émeraude. De brusques éclaboussures de lumière les aveuglent et les figent.

Costume colonial, tête nue, visage tendu, le plus jeune ouvre la marche : Ned Field. C'est lui, le compagnon des dernières heures, qui reconduit Fanny Vandegrift auprès de l'homme qu'elle n'a jamais cessé d'aimer, c'est lui qui porte, enveloppé dans un tapis précieux, le coffret de bronze. Immédiatement derrière, côte à côte, viennent deux dames : Vaaaga, la femme du grand chef Tamasese, et Belle. Chacune tient à bout de bras un pagne funéraire qu'elle déploie sur toute sa largeur. L'un safran, l'autre indigo, ceux-là même qui jadis recouvrirent le corps de Louis. Suivent les deux chefs Laupepa et Tamasese. Enfin, à perte de vue entre les arbres, leurs torses bardés de guirlandes de fleurs, les reins ceints de lava lavas blancs, les survivants de la Route de la Gratitude et tous les amis de Fanny Stevenson.

La colonne après maintes haltes parvient au sommet du mont Vaea. C'est une plate-forme, grande comme une chambre à coucher, que la brousse, dense, humide, bruissante, enferme presque. Là, face au Pacifique, au mugissement de la barrière de corail, s'élève un grand tombeau blanc : *Ici repose le Conteur d'histoires.*

En largeur, sur les flancs du mausolée, s'insèrent les deux tablettes funéraires qu'avait jadis dessinées le jeune Gelett Burgess : *Où tu iras, j'irai. Où tu mourras, je mourrai. Ton pays sera mon pays, ton Dieu mon Dieu :* telle est à l'ouest l'épitaphe qui court en langue indigène. C'est le verset du Livre de Ruth qu'avait choisi Margaret Stevenson pour son enfant. Le symbole de Samoa, un hibiscus, y fleurit dans le bronze. A l'est, du côté des luxuriantes montagnes de Tamaaga, les pluies, les vents et le temps polissent une seconde inscription : le chardon d'Ecosse, un nom, un poème.

Le Requiem que Robert Louis Stevenson avait écrit pour lui-même quand il avait cru mourir lors de sa première hémorragie pulmonaire à San Francisco. *J'ai vécu gaiement, gaiement je meurs.*

Sur le socle de granit blanc, parmi les étoffes et les fleurs, ils ont posé le coffret.

Le gouverneur de l'île a lu le service anglican. Le pasteur indigène a dit son oraison funèbre. Et le maçon qui jadis construisit la tombe s'apprête à y sceller les cendres.

Alors, se détachant du demi-cercle des amis en prière, un vieux chef s'avance et se tourne vers Belle :

— L'occasion est trop douce pour la tristesse, lui dit-il en samoan. Ils sont enfin réunis dans la terre de leurs amis qui chériront leur mémoire. Tu peux partir en paix. Tamaitai est heureuse : elle a retrouvé son grand amour.

Mrs Field baisse la tête. Il lui semble qu'elle perd sa mère pour la seconde fois. Que cette tombe, qui enferme les deux amants, l'écarte loin d'eux et la rejette. Pendant cinquante-sept ans, Belle a accompagné, entraîné, retrouvé Fanny. L'art, l'aventure, l'amour, elles ont tout partagé. Elles partagent encore Ned, leur dernier compagnon de route à toutes deux. Comment l'abandonner maintenant ? Comment partir le cœur en paix ? Belle a vécu toute son existence à travers celle de Fanny. Mais Fanny n'a vécu qu'à travers son amour pour Robert Louis Stevenson. Et ce secret-là, en dépit de tous ses efforts, Belle ne l'a pas percé.

Les hommes de Malietoa Laupepa ont hissé sur la plate-forme une troisième tablette, où Belle et Ned ont fait inscrire le poème que Robert Louis Stevenson composa à la gloire de celle qui ne l'a jamais quitté et qui vient le rejoindre :

Maître et tendresse, camarade et maîtresse, épouse,
Compagne de route,
Fidèle jusqu'au bout du voyage,
Ame libre, cœur épris d'absolu [...]   .

Gravées dans le bronze, deux fleurs, le lys tigré et l'hibiscus, encadrent ces six lettres anonymes, F.V. de G.S., les initiales de celle qui fut Fanny Vandegrift, Fanny Stevenson. Fanny.

CE QU'ILS SONT DEVENUS

Les SAMOA OCCIDENTALES resteront néo-zélandaises jusqu'en 1961. A cette date, elles obtiendront leur indépendance. *Vailima* servira de résidence officielle à tous les chefs du gouvernement jusqu'au cyclone de décembre 1992, qui endommagera très gravement la maison. Trois hommes d'affaires américains, dont deux mormons anciens missionnaires à Upolu, viennent d'obtenir du gouvernement samoan la location de la propriété pendant vingt ans, pour une noix de coco symbolique par an. Ils comptent restaurer la plantation et faire de Vailima le Musée Stevenson du Pacifique, qui devrait ouvrir ses portes le jour du centenaire de la mort de Louis, le 3 décembre 1994. A la suite de protestations internationales, le projet d'un funiculaire pour monter à la tombe vient d'être abandonné.

BELLE arpentera gaiement Broadway, l'avenue des théâtres de New York, durant près d'un quart de siècle. Elle n'aura qu'à traverser la rue pour assister dans la même semaine aux pièces de son frère, de son fils et de son mari. Tous vivront dans l'aisance jusqu'à la fin de leur existence. A la mort de leur mère, Lloyd héritera des droits d'auteur de la succession Stevenson. Belle, de tous les objets et des maisons de Fanny. Elle recevra en outre les terrains que Ned Field avait, par l'intermédiaire de son père, fait acheter à Mrs Stevenson. De ces terrains jailliront en 1920 des geysers de pétrole. Belle, la petite fille qui avait grandi parmi les chercheurs d'or, couru dans les galeries, sur les mamelons des mines, deviendra milliardaire à l'âge de soixante-deux ans. Quant à son jeune mari, scénariste de Mary Pickford et de Georges Cukor, elle le perdra comme ils avaient vécu : lors d'une fête. Au lendemain du soixantième-seizième anniversaire de Belle, c'est Ned qui ne se réveillera pas. A cinquante-six ans, il meurt d'une indigestion. Mais, fidèle à sa gaieté légendaire, il avait demandé à être enterré dans des habits bariolés pour ne déprimer personne.

Son jeune mari, son frère, son fils, Belle les enterrera tous. Elle ne meurt qu'en 1953, en pleine possession de ses moyens, à l'âge de quatre-vingt-treize ans.

LLOYD OSBOURNE aura, de son mariage avec Katharine Durham, deux fils. En dépit d'une enfance tiraillée entre une mère et une grand-mère, leur loyauté aux deux femmes ne se démentira pas. Au terme d'une longue séparation, Lloyd divorcera en 1914, pour se remarier avec une protégée de Fanny, Ethel Head. Le mariage tiendra vingt ans, et se brisera dans un nouveau divorce.

L'aisance où le laisse l'héritage de sa mère explique peut-être que Lloyd ne se soit pas taillé un grand nom dans la littérature. En dépit de ses petits succès d'auteur dramatique et du charme de quelques livres, il ne tiendra pas les promesses de ses collaborations littéraires avec son beau-père.

La Première Guerre mondiale le surprend à Grez, la seconde à Nice. Il a soixante-douze ans. Il vit avec une Française de vingt-six ans, qui vient de lui donner un troisième fils. Lloyd reconnaîtra cet enfant, qu'il baptisera du nom de son père : Sam Osbourne. Fuyant l'invasion allemande, il se débrouillera pour rejoindre les Etats-Unis. Il y fera venir sa compagne et le jeune

Sam, qui atteindront New York quelques jours avant sa mort, le 22 mars 1943. Il avait soixante-quinze ans.

AUSTIN STRONG, son neveu, aura signé avec lui la première adaptation dramatique de *L'Ile au trésor*. De tous les descendants de Fanny, c'est Austin qui réussira le plus brillamment. Sa grand-mère lui a légué le goût de la terre : il devient paysagiste et dessine le Cornwall Park à Auckland, en Nouvelle-Zélande. De son « Oncle Louis », un très jeune grand-père, il a hérité la passion pour les voiliers : Austin Strong sera le commodore du célébrissime Sailing Club de Nantucket. A vingt-cinq ans, il abandonnera l'horticulture pour la littérature. Il se lance dans le théâtre. Ses pièces feront la une de Broadway jusque dans les années 30. *The Toymaker of Nüremberg* et *Seventh Heaven* seront l'une et l'autre adaptées plusieurs fois au cinéma. *Il est devenu un splendide jeune homme,* avait écrit fièrement Fanny... *Tout le contraire sur tous les plans de son pauvre père.*

JOE STRONG est rentré à San Francisco en juillet 1892. Comme l'avait fait jadis son beau-père Sam Osbourne, il s'est remarié. Heureux en ménage, il mourra sept ans après son divorce de Belle, à l'âge de quarante-six ans, comme Sam Osbourne.

ROBERT ALAN MOWBRAY STEVENSON, le premier Stevenson qui ait attiré l'œil et retenu le cœur de Fanny Osbourne, « Bob », ne survivra que six ans à Louis. Il va mourir en avril 1900, au terme d'une vie obscure de professeur d'histoire de l'art à l'université de Liverpool. Ses essais sur Vélasquez ouvrent la voie de la critique moderne. Il laisse une femme et deux enfants dans une relative pauvreté. Ce sera William Ernest Henley qui organisera une souscription pour leur venir en aide.

WILLIAM ERNEST HENLEY ne survivra que sept ans à son article de novembre 1901. La bassesse de cette attaque à la mémoire de l'écrivain qui avait été son ami le plus cher lui vaudra bien des critiques. Les complices d'autrefois, Colvin, Baxter, Gosse, tous s'entendront pour clamer haut et fort que si quelqu'un devait se taire, c'était Henley. Son analyse littéraire de l'œuvre de Stevenson retentira pourtant sur les jeunes générations. Pour de longues années, Robert Louis Stevenson sera relégué au rang d'un petit maître, un auteur pour enfants, un *séraphin en chocolat, une effigie en sucre d'orge.* Jusqu'aux années 50, il incarnera le type de l'écrivain timoré de l'ère victorienne, lui qui n'avait pourtant cessé d'en dénoncer les peurs et les hypocrisies.

SYDNEY COLVIN, maltraité par Lloyd et par Fanny lors de leur bataille à propos de la « Biographie », se brouillera quelques années avec eux. En 1903, il finira par épouser Mrs Sitwell. Ils vivront heureux jusque dans les années 20. Peu avant la publication du livre de Graham Balfour, Colvin avait publié *Les Lettres de Stevenson à ses amis et à sa famille.* Soucieux de ne blesser personne, il avait supprimé de longs passages, sans jamais signaler ses coupures. Il avait occulté la psychose de Fanny à Samoa. Colvin était le seul auquel Louis l'ait jamais confiée. Les montages arbitraires de Colvin ne seront révélés qu'en avril 1967, dans un article qui n'hésitera pas à suggérer que l'inquiétude de Louis durant la maladie de sa femme, la tension de ces mois terribles ont contribué à son attaque du 3 décembre 1894.

MRS THOMAS STEVENSON, « Tante Maggy », s'est réinstallée en Ecosse quelques mois après la mort de Louis. Elle laisse à Vailima tous les meubles et les objets de la maison de Heriot Row, qu'elle avait vendue. Avec sa discrétion coutumière, elle assiste incognito aux cérémonies à la gloire de son fils. Elle meurt d'une pneumonie en 1897 : *Voici Louis... Je dois partir* seront ses dernières paroles.

ANNEXES

Prologue – Ned Field

Voir : Nécrologie de Edward Salisbury Field du *New York Times* et de l'*Herald Tribune* du 22 septembre 1936. Voir The National Cyclopaedia of American Biography. Voir aussi les Archives du Lambs Club, du Players Club et du Bohemian Club. Et la liste de ses ouvrages dans la bibliographie générale.

Edward Salisbury Field, 23 ans, originaire d'Indianapolis, Indiana, a bien rencontré à San Francisco en 1903 « Fanny Stevenson », une ancienne amie de sa mère. Elle avait quarante ans de plus que lui. Ils allaient passer ensemble les onze prochaines années. Ils vivraient sous le même toit, voyageraient, travailleraient, sans se quitter un seul jour. Et ce serait Ned Field qui fermerait les yeux de Mrs Stevenson, dans leur maison de Santa Barbara, California, le 18 février 1914 à quatorze heures. Fut-il son amant ? On l'a dit, et c'est probable. Mais, contrairement à un autre jeune admirateur de Fanny, avec qui elle avait échangé une correspondance ne laissant aucun doute quant à leurs relations (voir Epilogue), je n'ai pas trouvé de lettre m'apportant la preuve de leur intimité. Ned épousera Belle et tous deux vivront dans le souvenir passionné de celle qu'ils avaient aimée.

Chapitre I
LA FILLE DE JACOB

INDIANAPOLIS 1864

Sur la jeunesse de Fanny, voir sa biographie écrite par sa plus jeune sœur, *The Life of Mrs Robert Louis Stevenson*, de Nellie Sanchez (Charles Scribner's, New York, 1920).

Voir aussi les écrits inédits de Fanny sur son père, *A Backwoods Childhood*, (Centers' Collection, Indianapolis) et le récit truffé de détails sur la maison de campagne que les Vandegrift possédaient dans le Hendricks Coutry, *A Tiger Lilly Transplanted*, par Lannes McPhetrige, inédit (Danville Public Library, mai 1926).

LETTRE DE NEW YORK

Ce qui reste de la correspondance de Fanny à sa famille est conservé à Indianapolis par l'une des descendantes de Joséphine Vandegrift. Une vingtaine de ces lettres ont été recopiées par Mrs Betty Lane lorsqu'elle était conservatrice de la bibliothèque municipale de Plainfield, Indiana. Malheureusement, beaucoup d'autres lettres ont été détruites. J'ai monté deux longues lettres de Fanny qui racontaient son voyage en train à travers les Etats déchirés par la guerre de Sécession.

Sur la vie dans l'Indiana au temps de la guerre de Sécession, voir Meredith Nicholson, *The Hoosiers* (London, MacMillan, 1916).

LA ROUTE DE PANAMA

Voir Doris Muscadine, *Old San Francisco, Biography of a city* (N.Y. Putnam, 1975) ; Dee E. Brown, *Gentle Tamers, Women in the Old West* (N.Y. Bantam Books, 1974).

Je me suis aussi servie de la correspondance de Timothy Rearden. Pour atteindre la Californie, Rearden était, comme Fanny, passé par Aspinwall où il avait dû attendre une semaine le steamer qui n'arrivait pas au port de Panama City. Comme elle, il s'était embarqué sur le *Moses Taylor*, mais un an plus tôt en 1863. Les lettres de Timothy Rearden à sa famille sont conservées à la Bancroft Library, University of California à Berkeley. Baeck Collection.

Dans sa merveilleuse biographie, *This Life I've Loved* (Longmans, Green and Co. New York, 1937), la fille de Fanny évoque leur traversée de l'isthme en train et leur arrivée à San Francisco. Belle Osbourne n'avait alors que six ans, et ses Mémoires contredisent quelquefois les rares lettres de Fanny à sa famille. Je n'ai trouvé aucune trace de Mr Hill, après qu'il a été mentionné plusieurs fois dans la correspondance. Fanny restera pourtant liée avec d'autres passagers, Miss Annie McAlpine, Art et Jenny Hyatt, qui lui rendront visite au printemps 1867 à San Francisco.

ARRIVÉE A SAN FRANCISCO

Voir Isobel Field, *This Life I've Loved (op. cit.)* ; Nellie Sanchez, *The Life of Mrs Robert Louis Stevenson (op. cit)*.

Dans leurs deux livres, la fille et la sœur de Fanny diffèrent sur un point : l'une écrit que Sam Osbourne attendait sa famille au bateau de San Francisco, l'autre qu'il l'attendait à 700 kilomètres de là, sur la Reese River, à Austin Camp. Je crois ces deux versions peu exactes. Le 17 juin 1864, Sam se trouve à Austin où il enregistre un acte de propriété, après avoir encore emprunté 300 dollars pour partager une concession avec deux partenaires, Moses Kirkpatrick et Mr H. Kurge. Mais le 5 juillet son nom figure sur la liste des arrivées à Austin par diligence en provenance de San Francisco, liste publiée quotidiennement par le journal local, le *Reese River Reveille*. Entre le 17 juin et le 5 juillet, il a donc quitté Austin pour y retourner. Les deux fois sans Fanny. La date de son retour à Austin précède de quelques jours l'arrivée à San Francisco du *Moses Taylor* en provenance de Panama. Je suppose que Fanny et lui se sont ratés.

NEVADA – 1864

Je n'ai rien trouvé sur les premières impressions de Fanny dans le Nevada. Je me suis donc servie de mes propres réactions en parcourant sur ses traces la route du Pony Express, encore surnommée de nos jours « The Loneliest Road in America ». La route la plus solitaire d'Amérique mérite bien son nom : dans le désert, 400 km en ligne droite. Pas une voiture. Pas une maison.

Sur l'histoire du Nevada, des ruées et des mines d'argent, les documents abondent. Se reporter à la bibliographie générale.

Chapitre II
LA FEMME DE SAM

AUSTIN

Sur Austin, il existe deux livres particulièrement remarquables.

D'Oscar Lewis : *The Town that died laughing* (Boston Little Brown, 1955) et de Donald Abbe, *Austin and the Reese River Mining District* (University of Nevada Press, Reno, 1981).

Je me suis aussi beaucoup appuyée sur les *Journals of Alf Doten* (University of Nevada Press, Reno, 1973). Ce reporter, Doten, deviendra plus tard rédacteur en chef du *Reese River Reveille* d'Austin, qui est toujours publié. Je l'ai trouvé en pile, inchangé, au saloon de l'International Hotel d'Austin.

Les archives du *Reese River Reveille*, conservées au Nevada Historical Society de Reno, sont une inestimable source d'informations sur l'état des mines, les arrivées en provenance de l'Est ou de San Francisco, les départs, les morts et les mariages. Tout y est consigné. De même les cahiers de recensement conservés à Carson City, Nevada, donnent une idée assez exacte de l'état de la population entre 1862 et 1864. Au recensement de 1863, sur 1 168 habitants, j'ai compté 44 femmes. Sur ces 44 femmes, 18 ont moins de 14 ans. Restent 26 pour toute la région. Une promenade dans les cimetières donne aussi une assez bonne idée de l'âge moyen auquel la plupart des habitants meurent : moins de 25 ans.

Dans le *Reese River Reveille* du 4 avril 1865, j'ai trouvé le compte rendu du suicide d'un certain Benton Van de Grift, employé au télégraphe d'Austin après avoir été employé de poste à Indianapolis. Je sais qu'il est cousin de Fanny par son père et que Belle mentionne sa mort dans *This Life I've Loved (op. cit)*. Elle semble dire que Benton Van de Grift avait quitté l'Indiana en même temps que Fanny. N'ayant, en dépit de toutes mes recherches, rien trouvé sur lui, j'ai fait l'impasse. Ce dont je suis certaine, c'est qu'il n'a pas quitté l'Indiana avec Sam. Dans une lettre à Jacob Vandegrift, Sam assure qu'il trouvera à Benton du travail dans le Nevada, fût-ce du travail manuel. Il encourage même son beau-père à s'embarquer avec Benton, lui jurant que, s'ils ne font pas tous fortune, ils n'y perdront rien. Dans toutes ses lettres, Sam, prosélyte, invite la famille de sa femme à quitter la ferme et à le rejoindre à l'Ouest.

Précisons que la nécrologie de Benton Vandegrift mentionne qu'il souffrait d'une *inflammation of the brain* qui, le rendant fou, le conduisit au suicide. Inflammation du cerveau — encéphalite —, le mal dont Fanny ne cessera de se plaindre dans sa correspondance.

Notons aussi que le *Reese River Reveille* du 4 avril 1865 signale le départ d'Austin pour l'Ouest de Virgil Williams, qui deviendra un jour le maître de Fanny. Se sont-ils connus dans le Nevada ? S'agit-il simplement d'une coïncidence ? Rien ne m'a laissé supposer que leur amitié soit née à Austin.

Pour la vie quotidienne des femmes dans l'Ouest, se reporter à la bibliographie générale. Voir en particulier le *Gentle Tamers, Women in the Old West*, par Dee Brown *(op. cit.)* et *Women in the West* (Antilope Island Press, 1982). Les journaux intimes de Flora Bender, conservés à la National State Historical Society, et de Claire Hewes (University of Nevada, Library) m'ont été particulièrement précieux. Et les autobiographies de E.J. Oulrin, *Mountain Charley* (University of Oklahoma Press, 1968), de Melinda Jenkins, *Gambler's Wife* (Huston, Bufflin Co., 1933) et de Sarah Royce, *A*

Frontier Lady (New Haven Yale University Press, 1932). Enfin, l'article paru dans l'*Overland Monthly* (mai 1869), *How we Live in Nevada,* par Louise M. Palmer.

Voir aussi et surtout, de Mrs McNair Mathews, *Ten years in Nevada* (Bakers and John, 1880). Cette Mrs Mathews est très représentative de la mentalité des « femmes honnêtes » dans les villes du Far West. Bien des fois, sa voix se confond avec celle de Fanny. En lisant les autobiographies, les lettres et les journaux intimes des pionnières, j'ai été extraordinairement frappée par leur ressemblance avec les réactions et les propos de Fanny. Robert Louis Stevenson ne s'y trompera pas. Elle ne cessera jamais d'appartenir à ce groupe social, limité dans le temps et l'espace, les pionnières.

VIRGINIA CITY

Sur l'histoire de Virginia City et de la Comstock Lode, je me suis appuyée sur le remarquable ouvrage de Carl Burgers Glasscock, *The Big Bonanza* (The Bobbs Merrill Co., Indianapolis, 1931). Voir aussi *The Comstock Commotion,* de Lucius Beebe (Stanford University Press, Stan Co., 1945) ; *Silver Kings,* de Oscar Lewis (David McKay Co, N.Y., s.d.) ; *Mark Twain, his life in Virginia City,* de George William III (Three by the River, Riverside, Cal., s.d.) ; *The Red Light Lady of Virginia City,* de George William III (Tree by the River, Riverside, Cal., 1984) ; *Mark Twain in Virginia City,* de Paul Fatout (Indiana University Press, 1964). *Gold Digger and Silverminers,* de Marion S. Golman (University of Michigan Press, 1981) donne de très utiles informations sur la condition des femmes « honnêtes » ou prostituées, et de leurs relations avec la population mâle de Virginia City.

Pour la vie quotidienne à Virginia City, voir *Ten years in Nevada,* par Mrs McNair Mathews *(op. cit.) ; The Life I've Loved,* par Isobel Field, *op. cit.*

Trois chefs-d'œuvre par trois reporters de Virginia City m'ont été extraordinairement précieux : *The Big Bonanza,* de William Wright (pseudo Dan de Quille) (N.Y. Apollo Editions, 1969) ; *The Journals of Alf Doten (op. cit.) ; Roughing it,* de Mark Twain (American Publishing Co., Hartford, Con. 1872). Leurs écrits ont en commun l'humour et la vigueur, un goût du macabre, une tendance à l'exagération, le tout aboutissant à un sens très aigu du réalisme. En dépit de ses inexactitudes ou plutôt à cause d'elles, *Roughing it* rend génialement compte de l'esprit des chercheurs d'or des années 1860.

Sur le travail dans les mines : *The Miners* (N.Y. Time Life Books, 1975).

J'ai comparé les dates quant à la profondeur des galeries. Elles atteindront 900 m de profondeur dans les années 1870, et non l'année où Fanny résidait à Virginia City, soit 1865-1866.

La lettre de Sam à son beau-père est conservée au Silverado Museum, St Helena, California. Pour l'année 1864-1865, il figure dans l'annuaire de Virginia City comme Deputy City Clerk, Office n° 2, Roe Building.

Il est exact que Fanny a quitté Virginia City pour Sacramento après une maladie de Belle (Dan Centers Coll. Indiana). Exact aussi que, durant son absence, Sam Osbourne a prêté ses meubles à l'une de ses maîtresses. En rentrant, Fanny a trouvé la maison vide. « Si elle ne me rend pas mes affaires, j'irai voir la police et j'agirai sous ma seule responsabilité en allant me servir chez elle. La bonne femme est à moitié turque, mais même si elle était complètement turque, elle n'aurait pas mes affaires ! » Lettre à Jo. Dans Centers Collections. (Fanny ne date aucune de ses lettres. Quelquefois le correspondant a gardé l'enveloppe, et le cachet de la poste fait foi.)

Sur le départ de Sam Osbourne, voir *The Life I've Loved*, de Isobel Field *(op. cit.)*, *The Life of Mrs Robert Louis Stevenson (op. cit)*.

En mars 1866, le 26 exactement, un convoi de prospecteurs part pour le Montana. Alf Doten le note dans son *Journal* : « Un convoi de huit chariots a quitté cette ville ce matin pour le Montana. Avec 40 à 50 personnes. Beaucoup partaient à cheval. C'est à ce jour le plus grand exode au départ de cette ville. » Sam quitte aussi Virginia City pour le Montana à la fin de mars 1866. J'en déduis qu'il fait partie de ce convoi, mais je n'ai à ce sujet aucune certitude.

Aucune certitude non plus quant à la date exacte du départ de Fanny pour San Francisco. Ses lettres sont datées de Virginia City jusqu'en novembre. Après, silence. Je sais seulement que, durant l'hiver 1866, les mines en Virginia City sont en « borrasca » (déveine). Depuis deux ans, beaucoup de raffineries ont fermé. Elles sont systématiquement rachetées au nom de la Banque of California par celui qui va devenir le roi de la Comstock Lode, William Sharon. Les petits propriétaires ruinés s'exilent à San Francisco avec le sieur John Lloyd, ancien mineur d'Austin, qui deviendra à son tour président de la banque où Fanny placera plus tard les droits d'auteur de Stevenson.

SAN FRANCISCO – 1866-1875

Se reporter à la bibliographie générale. Mais quatre livres m'ont particulièrement aidée pour décrire le San Francisco de

Fanny : de Kevin Starr, *Americans and the California Dream, 1850-1915* (N.Y. Oxford University Press, 1973) ; de Oscar Lewis, *This was San Francisco* (David McKay Co., N.Y., 1962) ; de Doris Muscatine, *Old San Francisco, Biography of a City (op. cit.) ;* de Julia Cooley Altrocchi, *Spectacular San Franciscans* (EP. Dutton, N.Y. ; 1944).

La disparition de Sam est racontée dans les Mémoires de Belle, *This Life I've Loved (op. cit.),* et dans la biographie de Nelly Sanchez, *The Life of Mrs Robert L. Stevenson (op. cit.).*

J'en ai trouvé quelques allusions postérieures dans une lettre de Fanny à sa sœur Cora, qui va épouser, le 24 décembre 1874, Sam Orr, le meilleur ami d'Osbourne, celui avec lequel il aura disparu plusieurs mois. Le temps de leur errance varie, selon les versions, de huit mois à deux ans. Huit mois paraissent plus vraisemblables, probablement entre mars 1866 et novembre 1866. A la bibliothèque de Plainfield, j'ai retrouvé une lettre de Fanny à Jo, postée de San Francisco et datée de mai 1867. Elle écrit : *Sam est déterminé à rentrer dans l'Est dès qu'il le peut. Je suis certaine que nous rentrerons bientôt.* Il a donc rejoint sa famille, et son retour, par le ton de la lettre, semble déjà assez lointain. *Est-ce que tu peux imaginer que Sam aura trente ans dans un mois ou deux ? Il est toujours le même garçon turbulent, le même casse-cou, le même boute-en-train.*

CLAYTON (INDIANA)

The Life I've Loved, d'Isobel Field *(op. cit.),* donne une très bonne description de la maison Vandegrift.

Je me suis aussi appuyée sur la formidable généalogie établie par Frederick A. Thomas (fils de Jo Vandegrift et de son second mari, Benjamin F. Thomas), conservée au Genealogy Department de l'Indiana State Library (Indianapolis). Voir aussi *The People's Guide,* de Hendricks County (Indianapolis Printing Pub., 1874), conservé à la bibliothèque municipale de Danville. Enfin et surtout, *A Tiger Lilly Transplanted,* de Lannes McPhetrige *(op. cit.),* où les photos de la maison prises en 1926 nous la montrent telle qu'elle était encore onze ans après la mort de Fanny. Aujourd'hui, tout reste presque inchangé. L'ensemble m'a paru un peu plus petit que je ne l'imaginais, mais avec de très jolies proportions. La maison est toujours en briques, son porche de bois peint en blanc. Elle est habitée par des fermiers qui cultivent les champs parsemés de grands arbres.

Chapitre III
L'AMIE DE REARDEN

EAST OAKLAND

Au début des années 1870, East Oakland s'appelait encore Brooklyn. J'ai opté pour East Oakland afin d'éviter toute confusion avec le Brooklyn de New York.

Dans l'annuaire conservé à l'Historical Room de la bibliothèque d'Oakland, Fanny figure en tant qu'épouse de Sam Osbourne esq., Court Reporter à San Francisco. En 1878, elle figure à la même adresse, mais cette fois en tant qu'artiste. Sam n'est plus mentionné.

Il existe de nombreuses descriptions de la propriété d'East Oakland. Les unes sont écrites par Belle, les autres par Nelly Vandegrift qui y vécut avec Fanny de 1878 à 1880. Les dessins de Belle sont conservés au Silverado Museum de St Helena, Cal. (Album Isobel Field n° 1), ainsi que plusieurs photos faites par Fanny.

SAN FRANCISCO SCHOOL OF DESIGN

Sur l'émergence d'une communauté artistique au Far West, la littérature abonde. Se reporter à la bibliographie générale. Mais voir en particulier : *Inventing the Dream : California through the Progressive Era* (N.Y. Oxford University Press, 1985), remarquable ouvrage du professeur Kevin Starr, qui m'a reçue à San Francisco et pilotée dans ma découverte de la bohème des années 1870-1880.

Mr Kevin Starr m'a, en outre, introduite au Bohemian Club dont il est membre. Dans les archives du Club, j'ai trouvé bon nombre d'informations sur les personnalités de Virgil Williams et de Ned Field, le secrétaire et dernier compagnon de Fanny.

Les œuvres de Virgil Williams et de ses élèves les plus talentueux sont conservées à l'Oakland Museum. On en trouve un catalogue assez complet dans le livre de Marjorie Arkelian, *The Khan Collection of Nineteenth Century Paintings by Artists in California* (The Oakland Museum Art Department, Oakland, 1975). Virgil Williams, Dora Norton Williams, Fanny Osbourne et Belle Osbourne sont mentionnés dans le livre d'Edan Milton Hughes, *Artists in California 1786-1940* (Hughes Pub. Co., San Francisco, 1986). Je me suis aussi appuyée sur : *San Francisco Art Association, Constitution by Laws, List of Members and Rules of the School of*

Design of the San Francisco Art Association (San Francisco, Cal. B.F. Sterett, 1878) ; Jeanne Van Nostrand, *San Francisco 1866-1906 in Contemporary Paintings, Drawings and Watercolours* (San Francisco Bookclub of California, 1975) ; Edmund Swingelhurst, *The First Hundred Years of Painting in California 1775-1875* (San Francisco, J. Howell Book, 1980) ; Oscar Lewis, *Bay Window Bohemia,* On Account of the Brillant Artistic World of Gazlit California (Garden City, N.Y. Doubleday, 1956).

La Bancroft Library de l'Université de Californie à Berkeley conserve les lettres de Fanny Osbourne à l'avocat Timothy Rearden entre 1875 et 1892. Timothy Rearden, avocat, deviendra juge à la Cour suprême de Californie en 1885. Ces lettres ont été léguées à la bibliothèque par la fille de Timothy Rearden, Mrs Baeck. Dans la collection Baeck, on trouve, entre autres, deux excellentes photos de Rearden, dont l'une date de 1875, début de sa correspondance avec Fanny Osbourne.

La Bancroft Library conserve aussi les papiers légués par Miss Anne Roller Issler, qui a été conservatrice du musée Stevenson à Monterey. Miss Roller Issler préparait ses remarquables articles : *Robert Louis Stevenson in Monterey* (Pacific Coast Branch of the American Historical Association, University of California Press, Berkeley and Los Angeles, 1965), quand elle a correspondu avec Mrs Baeck à propos de son père, Timothy Rearden.

Les réponses de cette dernière fourmillent de précisions et de détails touchants sur la personnalité de Rearden. Elle n'aime guère Fanny et s'insurge qu'on ait jamais pu parler d'amitié amoureuse entre son père et cette femme-là. Elle critique en particulier *A Violent Friend* (N.Y. Garden City, Doubleday, 1968), l'excellent livre de la seconde biographe de Mrs Stevenson, Margaret MacKay. Mrs Baeck lui reproche d'avoir fait de Timothy Rearden un personnage frivole. Mrs Issler défend avec tact la version de Mrs MacKay.

Chapitre IV
QUAND MÊME !

Pour décrire le voyage de San Francisco à Anvers, je me suis servie du livre de Dee Brown, *Hear That Lonesome Wistle Blow* (Holt, Rinehart and Winston, N.Y., 1977), qui donne une excellente idée des conditions de transport américain en 1875.

Il est amusant de noter aussi qu'à cette époque la France s'intéressait à la vie quotidienne aux Etats-Unis. Sarah Bernhardt joue au printemps 1876 à la Comédie-Française *L'Américaine*. *L'Illustration* donne d'avril à août de la même année un feuilleton, *Notes sur les Etats-Unis,* reportage exhaustif sur les conditions de voyage en Amérique. Les dessins fourmillent de détails quant aux occupations des passagers, à leur cadre de vie dans les cabines, les trois ponts et les wagons de chemin de fer.

ANVERS – PARIS – Correspondance de Fanny Osbourne

Seule la dernière lettre datée d'avril 1876, où Fanny raconte à Timothy Rearden l'agonie de son enfant, est entièrement de sa main. C'est pour aboutir à cette lettre terrible que j'ai choisi de faire appel au témoignage direct de sa correspondance durant toute la première période belge et française. Que ce soit par les yeux de Fanny Osbourne, par sa voix, que le lecteur découvre les ateliers de peinture pour dames, la misère à Paris, la maladie de Hervey. Qui mieux que cette mère pouvait raconter l'horreur ? Pour évoquer cette époque de la vie des Osbourne, je me suis donc servie de deux groupes de lettres : le premier, adressé à Dora Williams, est conservé dans les cartons de la Beinecke Rare Book and Manuscript Library à Yale University ; l'autre groupe, à Timothy Rearden (Baeck Collection, cité) à la Bancroft Library, University of California, Berkeley. Ce dernier groupe de lettres, au total plus de deux cents feuillets, m'aura été très précieux. Fanny y apparaît avec tous ses défauts, toutes ses faiblesses, toute son humanité. C'est la première lecture de ces lettres qui m'a touchée au point d'écrire ce livre.

Pour certaines, les lettres adressées aux deux correspondants ont été écrites aux mêmes dates et racontent les mêmes événements. Les retranscrire intégralement avec leurs redites et leurs digressions aurait considérablement ralenti le récit. J'ai donc choisi dans chaque lettre le paragraphe qui me paraissait le plus révélateur, quitte à l'accoler au paragraphe le plus vivant de la lettre adressée à l'autre correspondant. Ainsi, le début d'une lettre à Dora s'emboîte-t-il quelquefois avec la fin de la lettre à Rearden sur le même sujet. Si les mots n'appartiennent pas toujours à Fanny, la vision est sienne, et j'ai cherché à rendre compte de son esprit et de son ton. J'espère, par ce travail de montage, avoir cerné au plus près la vérité.

Les télégrammes de Sam, les réponses de Fanny sont authentiques. Ils sont conservés au Silverado Museum à St. Helena, California, où je les ai retrouvés dans l'album de

Belle. La fille de Fanny y avait en outre collé les tickets de train et de bateau de son père. Ainsi que le billet d'un opéra qu'ils virent ensemble à Paris le 9 avril 1876 : il s'agissait du premier spectacle monté au Palais Garnier, la *Jeanne d'Arc* de Mermet.

Malgré mes recherches, je n'ai pas retrouvé les lettres de Timothy Rearden. A partir des réactions épistolaires de Fanny qui reprend quelquefois mot pour mot, pour s'en défendre, certaines phrases de son correspondant, j'ai imaginé ce que Rearden avait pu lui écrire.

Pour combler les derniers trous du puzzle, je me suis appuyée sur *This Life I've Loved* d'Isobel Field *(op. cit)*. Sur les souvenirs d'enfance de son frère, sur les préfaces de Mrs Robert Louis Stevenson et de Lloyd Osbourne aux *Œuvres complètes de Robert Louis Stevenson* (Tusitala Edition, Heinemann, Londres, 1923-24).

Et, pour ce qui concerne la tombe du petit Hervey, voir les lettres de Robert Louis Stevenson à son avoué et ami, *Stevenson's Letters to Charles Baxter* (éditées par Ferguson et Waingrow, Yale University Press, New Heaven, 1956).

GREZ-SUR-LOING

Au bord du Loing, l'hôtel Chevillon et son jardinet en espaliers existent encore. En 1988, l'année où j'ai commencé mes recherches, il était en vente. Il fut acheté en été 1989 par un industriel suédois qui en fit une fondation. « La Fondation Grez-sur-Loing » travaille aujourd'hui à la restauration de la vieille bâtisse, où l'on aménage des studios, des ateliers, une bibliothèque et une salle de travail. L'hôtel Chevillon accueillera bientôt une nouvelle génération de créateurs suédois. Pour soutenir les efforts de cette fondation et la faire connaître au public, le Centre culturel suédois a donné à Paris, en décembre 1991, une première exposition sur *L'Ecole de Grez-sur-Loing, une colonie d'artistes nordiques dans les années 1880*. Les tableaux, quoique postérieurs d'une dizaine d'années au séjour de Fanny, évoquent la douceur des paysages de Grez, l'atmosphère cosmopolite de l'auberge, la gaieté des jeunes peintres. Le catalogue de l'exposition, *L'Art suédois à Grez*, m'a été particulièrement précieux.

Le lecteur trouvera une liste de tous les artistes qui ont habité l'hôtel Chevillon à Grez dans la remarquable plaquette de Mme Fernande Sadler, *L'Hôtel Chevillon et les artistes de Grez-sur-Loing* (contribution à l'histoire régionale publiée par l'*Informateur de Seine-et-Marne,* s.d.).

Certains tableaux sont exposés à la mairie de Grez-sur-Loing, ou conservés dans ses réserves.

Outre les frères Goncourt qui évoquèrent plusieurs fois Grez et l'auberge Chevillon dans leur *Journal* (Flammarion-Fasquelle, Paris, s.d., tome II), le peintre Will Low dans *A Chronicle of Friendship* (Hodder and Stoughton, Londres, 1908) et le paysagiste Birge Harisson dans son grand article *With Stevenson at Grez* (The Century Magazine, décembre 1916) racontèrent la gaieté qui régnait à Grez. Précisons que Birge Harisson s'y plut tant qu'il y acheta une maison et s'y installa.

Grez-sur-Loing reste à jamais un lieu mythique dans l'imagination de tous les protagonistes. Belle Osbourne, qui connut là son premier amour, retourne sans cesse à cette période de son existence dans *This Life I've Loved (op. cit.)*. Lloyd Osbourne raconte plusieurs fois sa première rencontre avec l'homme qui allait devenir son beau-père. Il y revient dans ses préfaces aux *Œuvres complètes de Robert Louis Stevenson* (*op. cit.*), et dans son livre *An Intimate Portrait of Robert Louis Stevenson* (Scribner, N.Y., 1924). Lloyd Osbourne se trouvait encore à Grez, chez Birge Harisson précisément, lors de la déclaration de la Première Guerre mondiale.

L'inspiration de Robert Louis Stevenson l'entraîne constamment dans la forêt de Fontainebleau, à Barbizon et à Grez. Je me suis beaucoup appuyée sur ses descriptions pour évoquer le charme des colonies d'artistes qu'il a tant aimées. Deux passages m'ont particulièrement servi. *Forest Notes,* publié dans le *Cornhill Magazine* en mai 1876, soit deux mois avant sa rencontre avec Fanny Osbourne. Une lettre à sa mère, datée d'août 1876, où il décrit Grez qui, ce jour-là, ne l'avait pas particulièrement séduit, in *The Letters of Robert Louis Stevenson to his Family and Friends* (éditées par Sydney Colvin, Methuen, London, 1901, vol. I) et bien sûr son magnifique roman, *Le Trafiquant d'épaves* (Tusitala Edition, *op. cit.*).

Pour présenter Bob Alan Mowbray Stevenson, à l'égard duquel j'éprouve une sympathie toute particulière, je me suis servie des lettres de W.E. Henley, publiées dans la remarquable biographie de John Connel, *William Ernest Henley* (Constable and Co., London, 1949).

Si j'avais eu, au début de mes recherches, une réserve quant à l'amour de Bob Stevenson pour Belle Osbourne — passion que Fanny seule se plaisait à évoquer —, ce doute s'est trouvé dissipé par la découverte d'une lettre de Bob à Louis, conservée dans les cartons de la Beinecke Library de Yale.

Cernay la Ville, le 11 janvier 1879
Je n'ai pas d'espoir et suis chaque jour plus amoureux (...)
Belle a rompu avec O'Meara. Elle m'a écrit une lettre très

gentille, mais qui date d'un certain temps, où elle me disait combien elle avait été malheureuse et aussi qu'elle avait envie de me voir, car elle n'avait plus personne à aimer. Mais quel bien cela me fait ! Si seulement je pouvais avoir 500 à 1 000 livres par an, j'ose espérer que Belle m'épouserait, seulement voilà, je ne les ai pas. Je crois que je serais tellement heureux si je pouvais voir Belle, ne serait-ce que trois heures une fois tous les quinze jours, même si elle habitait dans une autre maison avec d'autres gens (...)

Pour la naissance de l'amour entre Fanny et Louis, je me suis servie des lettres de Fanny à Rearden (coll. citée) ; des lettres de Louis à Charles Baxter *(op. cit)* ; des lettres de Louis à Mrs Sitwell et à Sydney Colvin, *Letters of Robert Louis Stevenson (op. cit.)* ; et surtout de deux articles publiés de Robert Louis Stevenson, *On Falling in Love* (*Cornhill Magazine,* 1876), *Truth in Intercourse* (*Cornhill Magazine,* 1879), essais à consonance philosophique où Stevenson raconte avec romantisme sa propre aventure.

Chapitre V
UNE GENTILLESSE PASSIONNÉE

PARIS – Deuxième hiver – octobre 1876-avril 1877

Pour la description d'un atelier de dames durant les années impressionnistes, je me suis appuyée sur l'article plein d'humour de la voisine de palier de Fanny Osbourne au 5, rue de Douai, conservé parmi les papiers de Timothy Rearden à la Bancroft Library, *A Lady's Studio,* par Margaret Wright, coll. citée. Voir aussi les deux articles de Robert Louis Stevenson publiés dans le *London Magazine* du 10 et du 17 février 1877, *In the Latin Quarter : a Bal at Mr Elsinare's, A Studio of Ladies.*

Dans le premier article, Robert Louis Stevenson décrit explicitement Belle, qu'il appelle Belle Bird. Fanny et Belle font référence à cet article dans une lettre à Rearden datée d'avril 1877. Rearden les avait accusées, à la lecture de cet article, de coquetterie et de légèreté.

La merveilleuse série de caricatures envoyée par Belle à son père et conservée dans les cartons du Silverado Museum (St. Helena, Californie) rend parfaitement compte de l'atmosphère de l'atelier Julian. On y reconnaît la Suédoise avec sa rage de dents, l'Anglaise en papillotes, on y devine l'effervescence et la tension.

Je me suis aussi beaucoup appuyée sur le *Journal de Marie*

Bashkirtseff (Edition Mazarine, Paris, 1980) qui décrit l'atelier Julian dans les mêmes années.

Voir aussi *L'Atelier Julian, 100 ans d'histoire de la peinture.*

Pour l'évolution des rapports amoureux entre Robert Louis Stevenson et Fanny Osbourne, voir les deux superbes biographies consacrées : l'une à Stevenson, *Voyage to Windward,* par Mr J.C. Furnas (Faber and Faber, London, 1952), l'autre à sa femme, *The Violent Friend,* par Mrs Margaret MacKay (Doubleday, New York, 1968).

Ces deux livres sont à mes yeux deux chefs-d'œuvre d'intelligence et d'exactitude.

Mr J.C. Furnas reste à ce jour le meilleur biographe de Robert Louis Stevenson, le plus fin connaisseur de l'homme et de l'œuvre. Mais il n'aime pas du tout Fanny Osbourne ! C'est un peu l'antipathie de ce formidable chercheur, de ce très grand écrivain, qui m'a donné la passion de réhabiliter Fanny à ses yeux.

Pour les amours de Frank O'Meara et de Belle Osbourne, voir *This Life I've Loved (op. cit.).* Voir aussi les lettres de Fanny à Timothy Rearden (Bancroft Library, Baeck Collection).

Sur les élèves de l'Atelier Carolus Durand, dont Frank O'Meara, John Singer Sargent et Bob Alan Mowbay Stevenson faisaient partie, voir *A Chronicle of Friendship,* de Will Low *(op. cit.).* Sur leurs amis de Grez, et Théodore Robinson en particulier, voir aussi l'excellent catalogue du Musée américain de Giverny, *Lasting Impressions, American Painters in France 1865-1915* (Terra Foundation of the Arts, 1992).

Le poème de William Ernest Henley, *A Californian Girl,* appartenait à une série intitulée *A Gallery of Fair Women* et publiée dans le journal très conservateur dont il était rédacteur en chef, *The London Magazine.* Le poème inspiré par Fanny parut dans le numéro de mai 1877. Le journal manquait continuellement d'articles, et Stevenson produisait pour Henley de la copie à la chaîne. Il est arrivé que Henley et Stevenson fournissent à eux tout seuls la matière de tout un numéro. Le journal périclita au printemps 1879.

GREZ – Deuxième été – juin-septembre 1877

Les biographes s'entendent d'ordinaire pour dire que Sam Osbourne n'est venu à Paris qu'à la mort de son fils (avril 1876). J'ai trouvé la trace d'un second voyage de Sam en France dans l'album de photos, de souvenirs, conservé au Silverado Museum (St. Helena, Californie). Belle y a collé le billet de bateau, la date d'arrivée de son père à Paris (20 mai 1877) et son passage de retour *via* Montréal (20 juin 1877). Il ne passe que la première semaine de juin à Grez : Fanny fait allusion au message qui le rappelle à San Francisco dans deux lettres écrites de Grez à Timothy Rearden.

Dans les cartons Baeck, la première de ces lettres est datée de juillet 1876. Je pense qu'il s'agit là d'une erreur. Fanny y raconte l'épisode des chanteurs ambulants invités par Stevenson à résider chez Chevillon ; or cet épisode date à coup sûr de juillet 1877. En outre, elle dit à Rearden qu'elle fréquente les artistes de Grez « depuis deux ans ». Ceci me conforte dans l'idée que le séjour de Sam à Grez date de son second passage.

La correspondance de Louis (*Letters to Family and Friends, op. cit.*) prouve sa présence à Edimbourg durant la période où Sam habite en France. Je ne pense pas que les deux hommes se soient rencontrés à cette époque. En revanche, Bob et Sam ont partagé le même repas à la table d'hôte de Chevillon.

J'entends Belle qui flirte avec six Ecossais à la fois, dont tous les noms se terminent par « son », deux paires de frères, une paire de cousins (...) L'un des Ecossais, je suis navrée de le dire, écrit Fanny dans cette lettre que je crois de juillet 1877, *a perdu la tête à cause d'une histoire que mon mari lui a racontée. Depuis, il nous rend la vie impossible. Il va se mettre au lit et y rester.* Je suppose qu'il s'agit de Bob aux réactions toujours extrêmes.

Pour les dialogues amoureux entre Louis et Fanny, j'ai cité intégralement certaines réflexions de Stevenson sur l'amour dans *On Falling in Love (op. cit.)*, et sur la vérité dans les rapports humains dans *Truth in Intercourse (op. cit.)*.

Après la mort de Fanny, sa fille et sa sœur, qui fut aussi sa première biographe, se donnèrent beaucoup de mal pour nier un quelconque attachement charnel avec Stevenson avant leur mariage. Peine perdue. D'autant que certains « stevensonniens » prétendirent que le coup de foudre réciproque avait immédiatement débouché, dès l'été 1876, sur une liaison. Je crois improbables ces deux versions.

S'il est difficile de dater avec exactitude le moment de la « chute », il est certain que Fanny devint la maîtresse de Louis avant le printemps 1878. Stevenson, séparé d'elle, enfermé à Edimbourg chez ses parents, écrit alors à Henley : *Le temps est si sombre que je dois allumer le gaz toute la journée (...) Je suis un misérable veuf, mais aussi longtemps que je travaille je garderai ma bonne humeur (...) Est-ce que je n'aime pas ? Est-ce que je ne suis pas aimé ? Et n'ai-je pas des amis qui sont l'orgueil de mon cœur ? Oh non, non, ton sale cafard ne me gagnera pas... Je serai seul, affreusement seul puisque je ne peux pas l'empêcher et je détesterai aller au lit où la petite tête bien-aimée ne m'attend pas sur l'oreiller — Seigneur, je ne peux pas empêcher cela non plus. Mais je ne ferai pas une montagne de ma petite souffrance et je ne tirerai pas une tête de trois pieds de long aux étoiles.*

Ce passage très explicite pour un Stevenson d'ordinaire discret date d'avril 1878, quand l'intimité de Louis et de Fanny est établie, acceptée, connue de tous leurs amis. Je suppose donc que la liaison a commencé à la fin de l'été 1877, qu'elle s'est consolidée pendant l'hiver.

PARIS – *Troisième hiver – septembre 1877-avril 1878*

Une lettre de Fanny à Rearden, qui raconte son voyage à Londres, ses premières impressions sur la vie intellectuelle anglaise et sa rencontre avec Sydney Colvin, William E. Henley, Leslie Stephen et Mrs Sitwell, est conservée à la Bancroft Library, Baeck Collection, novembre 1877.

Pour la visite du père de Louis, Mr Thomas Stevenson à Paris en février 1878, voir deux lettres adressées par Louis, l'une à Sydney Colvin : *Ne sois pas surpris... mais admire plutôt mon courage et celui de Fanny. Nous voulons autant que nous le pouvons être en règle avec le monde* (Beinecke Library, Yale University, Collection Stevenson) ; l'autre à son père précisément, après leur entrevue au café : *J'ai fait un pas vers toi, un pas vers une relation plus intime... Ce fut entre nous un moment privilégié et j'en ai tiré plaisir et profit. Mais prends-le comme tel. Pas plus pas moins. Un moment d'exception...* (*Letters to his Family and Friends, op. cit.*).

GREZ-SUR-LOING – *Troisième été – juin-juillet 1878*

Les tourments, les hésitations, l'angoisse de la séparation imminente sont explicitement exprimés dans toutes ses lettres à ses amis, de février 1878 à juillet. La lettre à Charles Baxter, lui posant la question de la possibilité légale d'un mariage entre un sujet écossais et une Américaine, date de juillet 1878 (*Letter to Charles Baxter, op. cit.*). Baxter sera l'avoué de Louis et s'occupera de toutes ses affaires, qu'elles soient privées ou publiques. Il se chargera même de percevoir pour lui ses droits d'auteur et de négocier l'édition de ses œuvres complètes.

NO MAN'S LAND – *juillet-août 1878*

Fanny quitte Paris pour Londres fin juillet 1878. C'est Bob qui vient la chercher à Douvres, Louis étant retenu à Paris par son emploi de secrétaire auprès de l'un de ses anciens professeurs, l'ingénieur Fleeming Jenkin, membre du jury à l'Exposition universelle. Il installe toute la famille Osbourne à Chelsea, in Radnor Street, où Stevenson vient les rejoindre début août. Officiellement, il habite chez Henley in Sheperd Bush. Le 12 août 1878, il conduit Fanny à Victoria Station, où elle embarque sur le train-bateau qui l'emmène à Liverpool. De Liverpool, elle voguera sur le *City of Richmond,* en direction de New York, avec un détour par l'Irlande. Elle passe la fin du mois dans l'Indiana, prend le Transcontinental jusqu'à Sacramento où elle arrive en septembre 1878, trois ans jour pour jour après le début de sa grande aventure européenne.

Toutes ces dates sont consignées par Belle dans son album (Silverado Museum, St. Helena, Californie).

Frank O'Meara mourra en 1888 et restera son grand amour malheureux. De Samoa, le 22 mai 1893, soit quinze ans après leur rupture, Belle écrit à son ami Charles Warren Stoddard : *Le volcan que je gardais bien caché en moi montre quelques velléités d'exploser... Une semaine avec Frank — c'est tout ce que je demande —, une semaine avec Frank, et je redeviendrais ensuite sage comme une image.* Une grande rétrospective de son œuvre, exposée à Dublin en 1989, vient d'attirer l'attention du public sur le talent méconnu de Frank O'Meara.

Chapitre VI
A ROMANCE OF DESTINY

SAN FRANCISCO – Hiver 1878-1879

Pour le retour de Belle et ses sentiments à l'égard de son père, voir *This Life I've Loved (op. cit.).* Voir aussi la première biographie de Fanny par sa sœur Nellie Vandegrift Sanchez, *The Life of Mrs Robert Louis Stevenson (op. cit.).*

Nellie était la benjamine des sœurs Vandegrift. Son aînée Fanny la ramena avec elle en Californie au retour de son séjour dans l'Indiana. Dix ans plus tôt, lors de son précédent passage, elle avait pris sous son aile une autre sœur, Cora.

Sur le caractère de Nellie et ses rapports avec Fanny, voir ce qu'en dit son futur beau-frère, Robert Louis Stevenson, à Sydney Colvin, lettre d'octobre 1879 : *Ma sacrée belle-sœur. Elle n'est pas une mauvaise fille comme tu le verras. Mais très embarrassante pour un homme d'ordinaire. Elle est si consciencieusement égoïste !* Louis fait-il allusion aux préoccupations de Nellie qui craint que la liaison de Fanny ne compromette son propre mariage ? Les rapports entre Nellie et Louis iront s'améliorant et tourneront à la complicité quand Stevenson habitera East Oakland. Il lui dédiera longuement *Le prince Othon* (Stevenson Tusitala Editions, *op. cit.*). Sur la carrière littéraire de Nellie, voir l'article que lui consacre son fils, Louis

Adolfo Sanchez, dans l'*Academy Scrapbook* (Academy of California Church History, 1959).

Pour la conduite de Fanny et sa dépression nerveuse à Oakland durant l'hiver 1878-1879, voir sa correspondance avec Rearden (Beinecke, coll. citée) et les lettres de Louis à Colvin (Beinecke Library, Yale University) et *Letters to his Family and Friends (op. cit.)*. Voir aussi les lettres à Henley (National Library of Scotland, Edimbourg) et *Letters to Charles Baxter (op. cit.)*.

Sur les infidélités de Sam, ses revenus, ses dépenses et l'instabilité de son caractère, voir l'interview qu'accorde Dora Williams à l'*Indianapolis Star* du 6 janvier 1889 (p. 2, colonne 6), conservée à l'Indianapolis State Library.

MONTEREY – *février-octobre 1879*

Nul n'a mieux décrit la péninsule que Robert Louis Stevenson dans *The Old Pacific Capital* (Scribners, New York, 1897).

Je me suis servie de mes propres impressions et plongée dans la collection de vieilles photographies conservées par Mr Pat Hataway de Monterey. Voir aussi les plans de l'ancienne ville et les tableaux de Colton Hall Museum of the City of Monterey.

Un article signé F.M.O. (Fanny Mathilda Osbourne) décrit les plaisirs de la péninsule. Intitulé *An Old Spanish Rodeo on Catel Rancho in Carmel Valley*, il paraît en janvier 1880 — date approximative de son divorce — dans le *Lippincott Magazine of Popular Littérature and Sciences*. Les nombreuses illustrations sont de Belle Osbourne et de Joe Strong.

Voir aussi, à la Monterey Public Library, le *Monterey Californian* de l'été 1879, avec ses publicités pour l'auberge de Jules Simoneau, située à côté de l'ancienne prison, pour le Bohemia Saloon d'Adolfo Sanchez, pour la vie quotidienne de la ville. Lire surtout les numéros des 7 octobre 1879, 14 octobre, 21 octobre, 4 novembre, 11 novembre, 18 novembre, 25 novembre et 9 décembre, pour les quelques articles non signés que Stevenson y aurait écrits, notamment le récit d'une chasse au trésor dans les numéros des 16 et 23 décembre 1879.

Joseph Dwight Strong a bien été l'un des fondateurs de la première communauté artistique de Monterey. Fils d'un ancien missionnaire à Hawaï résidant aujourd'hui à East Oakland, boursier de la ville, Joe Strong avait été envoyé à Munich pour parachever ses études artistiques. La Bancroft Library à Berkeley conserve un double de la courte autobiographie de Miss Elisabeth Strong, sœur de Joe, qui vécut à Monterey avec lui, puis s'installa à Paris sur les traces de sa belle-sœur, Belle Osbourne, pour étudier la peinture. Elle devint un peintre animalier de quelque renom et figure avec son frère dans la liste des artistes californiens, *Artists in California 1746-1940 (op. cit.).*

Sur Joe Strong, voir les annales du Bohemian Club *(op. cit.).*

Les salons du club conservent aujourd'hui un portrait peu connu de R.L.S. signé par Strong. Certaines de ses œuvres peintes dans les îles du Pacifique sont exposées au Silverado Museum de St. Helena. Ses fresques, qui ornaient les murs des salons de l'hôtel Sans Souci sur la plage de Waikiki à Hawaï, ont disparu avec la destruction du bâtiment.

Les quelques œuvres que j'ai pu admirer m'ont semblé très talentueuses.

SWANSTON COTTAGE, Ecosse – juin 1879

Sur les rapports de Stevenson avec ses parents, sur leurs sentiments à l'égard de sa relation avec Mrs Osbourne, je me suis servie de la correspondance de Robert Louis Stevenson conservée à la Beinecke Library (coll. citée). Pour la description de Swanston Cottage, j'ai puisé dans mes impressions lors de ma visite durant l'été 1989. Je me suis aussi inspirée des notes de Lord Guthrie, qui en devint locataire en 1908 : *Robert Louis Stevenson* (W. Green and Son, Edimbourg, 1924).

Les bijoux que porte Mrs Thomas Stevenson dans cette scène existent toujours. Notamment le bracelet de cheveux tressés que ferme un gros médaillon à l'image de Louis enfant. Ils sont conservés par un collectionneur, M. Robert E. Van Dyke, de Hawaï.

SWANSTON COTTAGE, ÉDIMBOURG, LONDRES, GLASGOW, NEW YORK, SAN FRANCISCO – août 1879

Pour l'odyssée de Robert Louis Stevenson, se reporter à ses propres ouvrages, chefs-d'œuvre du récit de voyage : *L'Emigrant amateur* (Scribners, New York, 1897), *A Travers les plaines* (Scribners, New York, 1897), *Les Squatters de Silverado* (Scribners, New York, 1897).

Il est exact que Thomas Stevenson paiera cent livres sterling aux éditeurs pour que *L'Emigrant amateur* ne voie jamais le jour. Il fut donc retiré du commerce avant sa publication. Mr J.-C. Furnas, dans *Voyage to Windward (op. cit.),* explique ce geste par l'opinion de Stevenson père que ce livre n'était pas à la hauteur du talent de son fils ; par le refus d'entendre les douleurs de Louis explicitement racontées ; même si ces douleurs avaient été librement choisies, elles faisaient honte à la famille.

Voir aussi l'édition française de ces œuvres, établie et présentée par M. Michel Le Bris, *La Route de Silverado* (Phoebus, Paris, 1987). Le lecteur y trouvera, traduites pour la première fois en France, les lettres et le journal de Robert Louis Stevenson durant cette difficile période.

MONTEREY – août 1879

Si Belle, dans son autobiographie : *This Life I've Loved (op. cit.)*, reste dans le vague quant à la date exacte de son mariage, elle laisse croire au lecteur que cet événement se situe *après* l'arrivée de Stevenson à Monterey le 30 août 1879. Or son mariage se trouve nommément consigné le 9 août 1879, dans le registre d'un pasteur de Pacific Grove Retreat.

Vu par le jeune Sammy, le récit de l'arrivée de Robert Louis Stevenson à Monterey et toutes les impressions de l'enfant en cette fin d'été 1879 sont réunis dans un petit livre, *An Intimate Portrait of R.L.S.*, qu'il signa sous le nom que lui donna sa mère en 1887, à la disparition de Samuel Osbourne Sr. C'est sous ce nom, Lloyd Osbourne, que le fils de Fanny restera connu de la postérité. Lloyd Osbourne écrivit en collaboration avec Stevenson quelques romans, notamment *Le Trafiquant d'épaves* et *Le Creux de la vague (op. cit.)*. Il signa d'innombrables articles sur son illustre beau-père, des recueils de nouvelles, des pièces de théâtre.

Les hésitations, les tourments de Fanny à l'arrivée de Louis sont douloureusement décrits dans la correspondance de Stevenson (Beinecke Library, coll. citée) et suggérés dans la biographie de Nellie Sanchez *(op. cit.)*.

EAST OAKLAND – mi-septembre 1879

Les rapports de Fanny et de Belle continueront de se dégrader jusqu'à la disparition de Sam Osbourne. Même après son mariage avec Robert Louis Stevenson, les lettres de Fanny à Dora Williams (Bancroft Library, coll. citée) regorgent de remarques désagréables à l'égard de Belle, de Joe, et même du petit Austin Strong. Les deux femmes ne se réconcilieront qu'à San Francisco, en 1888.

LONDRES – Savile Club – hiver 1879

Pour les dialogues de William Ernest Henley, de Sydney Colvin et d'Edmund Gosse, je me suis servie des lettres qu'ils échangeaient à propos de leur ami commun, et de leur correspondance avec Robert Louis Stevenson. Voir les lettres de Henley, conservées à la National Library of Scotland et à la Beinecke Library (coll. citées). Voir aussi *The Colvins and their Friends (op. cit.)*. J'ai pratiquement retranscrit leurs propos mot pour mot, notamment la lettre de Gosse à Louis du 27 février 1879 : *J'ai parié six pences contre moi-même que je ne te reverrai plus,* et la lettre de Henley à Colvin de février 1880 : *Ne repousse pas le moment de lui dire la vérité sous prétexte qu'il est malade.*

Pour la personnalité de Sydney Colvin, E.V. Lucas, *The Colvins and their Friends (op. cit.).* Pour le caractère et le physique d'Edmund Gosse, je me suis inspirée de *The Life and Letters of Sir Edmund Gosse,* par The Honourable Charteris Evans (Heinemann, London, 1931). Enfin, pour William Ernest Henley, lire la biographie de John Connel *(op. cit.)* et le livre de Jerome Hamilton Duckley : *William Ernest Henley. A Study in the Counter Decadence of the Nineties* (Princeton University Press, 1945).

MONTEREY – EAST OAKLAND – décembre 1879-mars 1880

Pour la vie de Robert Louis Stevenson à Monterey, se reporter à l'enquête d'Anne Roller Issler, *Robert Louis Stevenson in Monterey* (Pacific Historical Review, vol. 34, nº 3, University of California, 1965). Voir aussi le livre d'Anne B. Fischer, *No More a Stranger* (Stanford University Press, s.d.) et celui de la belle-fille de Fanny, première épouse de Lloyd Osbourne, Katharine Durham, *Robert Louis Stevenson in California* (McClurg, Chicago, 1911). Enfin, la formidable chronologie établie par M. Roger Swearingen, *Robert Louis Stevenson in California — Chronology 1879-1880* (manuscrit).

La ressemblance entre Sam Osbourne et Robert Louis Stevenson a été soulignée par de nombreux biographes. Notamment par Georges S. Hellmann, *The True Story, A Study in Clarification* (Little Brown, Boston, 1925), dont le livre est par ailleurs truffé d'inexactitudes.

Les propos sur le racisme et sur la tolérance que je cite ont bien été écrits et par Osbourne et par Stevenson. J'ai tiré :

Chinatown était en feu hier..., de la lettre de Sam à son fils, datée du 7 septembre 1881 et conservée au Silverado Museum ;

De tous les sentiments les plus stupides... appartient à *L'Emigrant amateur (op. cit.) ;*

Ce sont les demi-portions qui deviennent des extrémistes... revient à Osbourne dans sa lettre à Sammy du 29 novembre 1882 (coll. citée) ;

Mais il est tout aussi important de concéder... : lettre d'Osbourne encore, le 28 août 1883.

La confusion des sentiments de Robert Louis Stevenson à l'égard de Sam Osbourne l'a conduit à se poser beaucoup de questions sur sa propre conduite : *Letters to His Friends and Family (op. cit.).*

SAN FRANCISCO – fin décembre 1879-mars 1880

Pour la vie de Robert Louis Stevenson à San Francisco et la description de toute cette période de misère et de lutte, se reporter à l'ouvrage exhaustif de Mrs Anne Roller Issler, *Happier for his Presence (op. cit.).*

J'ai imaginé les témoignages de Mrs Carson, la logeuse de Robert Louis Stevenson, qui n'aimait pas Fanny, et de Dora Williams, en m'inspirant des bribes d'interviews cités par Mrs Issler et de la conférence donnée par Dora Williams le 13 novembre 1897 au Century Club de San Francisco, dont le texte écrit de sa main est conservé au Silverado Museum. J'ai monté ces témoignages pour en faire deux récits complémentaires et cohérents. Mais l'emploi du temps de Robert Louis Stevenson, le coût de ses repas, les lieux, les dates et les événements sont rigoureusement exacts. Quant au mari de Mrs Carson, il a servi de modèle au « Speedy » du *Trafiquant d'épaves*. De retour à San Francisco en 1888, Stevenson rendra visite à Mrs Carson. Elle sera l'un des hôtes d'honneur lors de l'inauguration du premier monument à la gloire de Robert Louis Stevenson, qui s'élève toujours sur Portsmouth Square à San Francisco.

La date exacte du divorce de Fanny reste sujette à caution. Je pense avec Mr Furnas qu'il eut lieu en janvier 1880 (voir lettres de janvier et février à Colvin et à Baxter, *op. cit.*). Mais James Pope Henessy, dans sa biographie *Robert Louis Stevenson* (Simon and Shuster, New York, 1974) le situe très précisément le 18 décembre 1879 ; tandis qu'Anne Roller Issler parle de mars-avril 1880. Cette dernière date repose sur une tradition orale d'East Oakland. J'ai retrouvé à la Bancroft Library de Berkeley le témoignage de la fille des voisins de Fanny, dont le récit date des années 30 : *Dimanche dernier, j'ai dit à ma mère que John Howell avait reçu une photo de la vieille maison des Osbourne au coin de la 11ᵉ avenue et de la 18ᵉ rue, occupée ensuite par Mr Barrett. Ceci rappela à notre souvenir la présence de Robert Louis Stevenson à cet endroit, et ma mère fit remarquer que si divorcer est aujourd'hui extrêmement courant et fait partie de la vie, divorcer il y a quarante ou cinquante ans à East Oakland était considéré comme une honte et une disgrâce. Elle se souvint ensuite que Mrs Osbourne avait divorcé un jour, pour se remarier ce même jour ou le lendemain avec Robert Louis Stevenson... Ce jour-là, Mr Colby, l'épicier qui était venu livrer sa marchandise, avait demandé à ma mère si elle connaissait la nouvelle. Elle dit que non. Il s'écria : Mon*

Dieu, vous ne savez pas que votre voisine d'en face vient d'épouser le malade qui a vécu chez elle tout l'hiver? Elle l'a épousé juste après avoir divorcé de son mari... Si elle n'avait pas fichu le camp de la ville immédiatement, tout East Oakland leur aurait fait tâter du goudron et des plumes.

EAST OAKLAND – *avril-mai 1880*

La première hémorragie pulmonaire de Robert Louis Stevenson a bien eu lieu au Tubb's Hotel d'East Oakland en avril 1880. La tuberculose fut diagnostiquée par le docteur William A. Bamford.

Mais s'agissait-il vraiment de phtisie, comme on le croira durant les quinze ans qui vont suivre ? Une chose est certaine : si la maladie de Stevenson en présente tous les symptômes, il n'en mourra pas. C'est une hémorragie cérébrale qui le tuera en décembre 1894.

Au XX⁰ siècle, on prétendra même que Robert Louis Stevenson n'a jamais été tuberculeux. Il aurait souffert d'une maladie de la plèvre, aussi douloureuse que la phtisie, mais sans rapport avec le bacille de Koch. Dans son *Voyage to Windward (op. cit.)*, Mr Furnas s'interroge longuement sur la possibilité d'une erreur de diagnostic. Une lettre du chef de service du Département de la tuberculose et des maladies pulmonaires à l'hôpital de San Francisco, lettre que Mr Furnas reçut après la publication de son livre, tendrait à confirmer cette hypothèse. Cette lettre, datée du 11 mars 1957, la voici :

Personnellement, je pense que nous avons aujourd'hui suffisamment de preuves pour dire que Robert Louis Stevenson n'a jamais eu la tuberculose, mais une autre maladie pulmonaire, la bronchiectasie. Cette maladie, assez connue, commence durant l'enfance, après une pneumonie ou une crise de croup, ou une suite de graves bronchites à répétition. La membrane normalement fine (...) s'épaissit avec la maladie, gonfle ou suinte, et les défenses habituelles d'un système respiratoire normal disparaissent. En résultat se développe un formidable terrain pour les bactéries qui alors prolifèrent à une vitesse anormale. Le patient se met à tousser. Il perd du poids, il a de la fièvre, épuisement, perte d'appétit, et tous les signes d'une grave infection. Quand les bactéries envahissent les tissus pulmonaires avoisinants, il y a récurrence de bronchites et de pleurésies. Le patient fait des pneumonies à répétition. Une des caractéristiques de cette maladie, c'est la présence de crachements de sang et d'hémorragies pulmonaires (...) Je pourrais continuer à vous décrire tous les symptômes de ce mal et je suis sûr que vous serez d'accord avec moi pour reconnaître qu'il convient entièrement à la description clinique du cas de Robert Louis Stevenson. A son époque, il n'y avait aucune méthode pour diagnostiquer cette maladie. Les radios n'existaient pas (...) D'un autre côté, la tuberculose pulmonaire était le grand mal du siècle et on considérait comme absurde l'idée que puissent exister d'autres maladies aux symptômes identiques (...) Il y a vingt ans, j'étais moi-même un patient du sanatorium de Trudeau à Saranac (où fut soigné Robert Louis Stevenson), j'ai eu accès aux dossiers du docteur Trudeau et à ses rapports sur Robert Louis Stevenson. Comme vous le savez, il n'y a jamais eu aucune évidence qu'un bacille de Koch existât dans ses analyses. Or, ce bacille, on était capable de le repérer à son époque.

Quoi qu'il en soit, Stevenson manqua mourir, et les détails de sa convalescence sont rapportés dans la biographie de Nellie Sanchez, qui a nettement tendance à faire de sa sœur une sainte.

Si certaines des lettres de Margaret Stevenson à son fils sont conservées à la Beinecke Library de Yale, je n'ai trouvé aucune preuve que Fanny ait écrit aux parents *avant* le mariage. Cependant, la plupart des biographes de Stevenson la soupçonnent d'avoir correspondu en secret avec Edimbourg. Je n'ai pas trouvé non plus la lettre qu'elle aurait adressée à Sydney Colvin qui l'aurait communiquée à la famille. Que Fanny ait prévenu Colvin de la gravité de l'état de Stevenson paraît très probable. Elle connaissait Colvin pour l'avoir rencontré avec Mrs Sitwell en mars 1877, à Londres.

La lettre du 19 avril 1880 de Nellie Vandegrift à sa sœur Betty est conservée à la bibliothèque de Plainfield, Indiana. Betty avait été très malade. On avait craint qu'elle ne bascule dans la folie. C'est la crainte d'aggraver l'aliénation de sa sœur qui invitera Fanny à taire la nouvelle de son divorce et à retarder le plus possible son remariage. Robert Louis Stevenson y fait allusion dans sa lettre à Baxter du 22 février 1880. Il est exact aussi qu'en sens inverse les tristes prognostics du médecin de Louis finiront par hâter leurs noces.

Mercredi 19 mai 1880

Un tableau du *Casco* était en effet exposé dans la salle d'attente de l'embarcadère d'East Oakland. Mais il existe plusieurs peintures de la goélette du docteur Merritt, toutes conservées aujourd'hui au musée d'Oakland. De quelle version s'agissait-il ? Dans le doute, j'ai choisi celle qui me faisait rêver.

Mille rumeurs scandaleuses ont couru sur le déroulement du

mariage de Robert Louis Stevenson et Fanny Osbourne. Dues pour la plupart à la mauvaise langue de Katharine Durham, première femme de Lloyd Osbourne, qui détestait sa belle-mère, elles furent reprises par divers journaux.

Fanny, pour démentir ces bruits absurdes, racontera elle-même la scène au premier biographe de Stevenson, Graham Balfour, dont les papiers sont conservés à la National Library of Scotland, Edimbourg. Dans une lettre de 1901, elle lui précise que seuls Dora, le révérend, sa femme et un chat assistaient à la cérémonie. La version de Dora dans sa conférence au Century Club de San Francisco, le 13 novembre 1897, est rigoureusement identique.

Dans les lettres de la belle-fille de Fanny, conservées à la Hamilton Library d'Honolulu (in Catton Papers Collection), Katharine Durham assure que Fanny n'était pas plus jeune que son premier mari Sam Osbourne comme le veut la légende, mais son aînée de six ans. Si tel était le cas, Robert Louis Stevenson aurait été le cadet de Fanny non de dix, mais de seize à dix-sept années. Cette version, contredite par l'acte de naissance de Miss Vandegrift à Indianapolis, continue de circuler parmi les stevensoniens.

Le lendemain du mariage, 20 mai 1880, Robert Louis Stevenson fera porter par Dora le livre de son père au pasteur Scott. *In Defense of Christianity*, par Thomas Stevenson. Ce petit ouvrage fut légué, avec tous ses livres et ses papiers, par le révérend à la bibliothèque du San Francisco Theological Seminary de San Anselmo. Sur le pasteur qui maria Robert Louis Stevenson, lire Clifford Merril Drury, *Biography of William Anderson Scott* (Arthur H. Clark Co. Glendale, California, 1967).

Après la cérémonie, Louis et Fanny invitèrent Dora à dîner dans une pâtisserie viennoise. Ils ne revinrent jamais au cottage d'East Oakland. Ils passèrent deux nuits au Palace Hotel de San Francisco. Voir les articles du *San Francisco Chronicle* du 10 et du 19 janvier 1989. Ils récupérèrent leurs bagages au débarcadère. Ils repartirent directement pour les montagnes de St. Helena, où ils comptaient passer leur lune de miel. Ils la vivraient à la belle étoile, dans une mine désaffectée de la ville fantôme de Silverado. Et Fanny mettrait ses anciens talents de pionnière pour transformer le campement désert en nid douillet. Voir *The Silverado Squatters (op. cit.)*.

Chapitre VII
MRS ROBERT LOUIS STEVENSON

LONDRES – Savile Club – août 1880

Pour la discussion entre Edmund Gosse et Sydney Colvin, je me suis servie de longues lettres écrites par Sydney Colvin en août 1889, notamment celle à William Ernest Henley. Voir *The Colvins and their Friends,* par E.V. Lucas (*op. cit.*, p. 127-128). J'ai repris presque mot pour mot dans les dialogues les termes de cette lettre.

LIVERPOOL – Northwestern Hotel

Pour imaginer les premières impressions de Mr et Mrs Thomas Stevenson, je me suis servie du *Journal de Margaret Stevenson,* conservé à la Beinecke Library de Yale (coll. citée).

Pour les relations de Sammy et de Fanny avec les parents Stevenson, voir les lettres de l'un et de l'autre à Belle Strong, conservées au Silverado Museum (coll. citée), ainsi que les lettres de Fanny à Dora Williams, conservées à la Bancroft Library (coll. citée).

ÉDIMBOURG – 17 Heriot Row

Pour la surprise de Louis devant la façon dont Fanny s'entend avec sa famille et se coule dans son univers, voir dans *I Can Remember Robert Louis Stevenson,* de Rosaline Masson (Chambers, London, 1922), la lettre qu'il écrit dès l'arrivée en Ecosse à James Cunningham, qu'il a rencontré sur le bateau entre New York et Liverpool.

Pour la scène que Fanny ose faire à son beau-père lors du premier dîner à Heriot Row, voir les récits de ses biographes, Nellie Sanchez, *The Life of Mrs Robert Louis Stevenson (op. cit.)* et Margaret MacKay, *The Violent Friend (op. cit.).*

Voir aussi ses lettres à Belle (Silverado Museum, coll. citée) et à Dora Williams (Bancroft Library, coll. citée).

Pour la description de la maison, je me suis servie de ma visite au 17 Heriot Row, où les propriétaires actuels ont eu la gentillesse de me recevoir. J'ai aussi utilisé l'inventaire des meubles et des objets ayant appartenu à la famille Stevenson, conservé à la Stevenson House de Monterey.

Les versets du Livre de Job que lit Thomas Stevenson dans cette scène sont ceux qu'il a recopiés dans son testament, afin qu'ils soient lus à ses funérailles. Le testament de Thomas Stevenson est conservé à la Beinecke Library (coll. citée).

LONDRES – octobre 1880

Pour la description de Fanny par Sydney Colvin, voir *The Colvins and their Friends (op. cit.)* et toutes les préfaces de Colvin aux *Letters of Robert Louis Stevenson (op. cit.).*

Les lettres de Margaret Stevenson sont conservées à la Bancroft Library (coll. citée), celles de Fanny à Margaret au Silverado Museum (coll. citée). La lettre de Fanny que je traduis ici date d'octobre 1880. Elle est la première d'une importante série qui compte une centaine de feuillets et relate l'état d'esprit de Mrs Robert Louis Stevenson durant ses sept années européennes.

J'ai tiré la matière des discussions artistiques de Louis avec ses amis d'une lettre postérieure à cette scène. Il s'agit d'une véritable profession de foi en matière d'esthétique que Louis enverra de Hyères à Bob Stevenson en octobre 1883. Cette lettre est conservée à la Pierpont Morgan Library de New York.

DAVOS – SAINT-MARCEL – HYÈRES
BOURNEMOUTH

Voir les lettres de Fanny à Margaret Stevenson (Silverado Museum, coll. citée) ; les lettres de Fanny à Dora Williams (Bancroft Library, coll. citée) ; les lettres de Fanny à Belle Strong (Silverado Museum, coll. citée).

Voir aussi la correspondance de Robert Louis Stevenson avec Henry James, éditée, présentée par M. Michel Le Bris : *Une amitié littéraire* (Verdier, 1987).

Se référer aussi au livre de Lloyd Osbourne, *An Intimate Portrait of Robert Louis Stevenson by His Stepson (op. cit.),* et surtout au *Voyage to Windward,* par J.C. Furnas *(op. cit.).*

NEW YORK – SARANAC

Voir le livre de Margaret Stevenson, *From Saranac to the Marquesas* (Methuen, Londres, 1903).

Pour la querelle entre Henley et Stevenson, lire toutes les lettres écrites par Louis et par Fanny à Charles Baxter entre mars et juin 1888. On y trouvera aussi certaines des réponses de Henley. *Letters to Charles Baxter (op. cit.).* Lire aussi la correspondance de Henley et de Sydney Colvin dans *The Colvins and their Friends (op. cit.).* Lire surtout les lettres de Henley conservées à la National Library of Scotland, à Edimbourg, ainsi que les deux biographies qui lui sont consacrées : de John Connel *(op. cit.)* et de Jerome Hamilton Duckley, *William Ernest Henley. A Study in the Counter Decadence of the Nineties (op. cit.).*

Fanny avait déjà atteint San Francisco en mars 1888, quand

Robert Louis Stevenson reçoit à Saranac la lettre de Henley qui accuse son épouse de plagiat. A son tour, Stevenson informe Fanny de l'accusation par une lettre qu'elle reçoit la veille du jour où elle doit se faire opérer d'un phlegmon à la gorge qu'elle prend pour une tumeur cancéreuse. J'ai coupé l'épisode du phlegmon qui compliquait encore les relations. Je n'ai gardé que ce qui me paraissait essentiel à la compréhension de l'incident de *L'Ondine (The Nixie)*, dont une version est conservée au Silverado Museum (coll. citée).

Pour le télégramme annonçant la possibilité de louer le *Casco*, voir *A Chronicle of Friendship*, de Will Low *(op. cit.)* et *Stevenson at Manasquan*, de Charlotte Eaton (Bookfellows, Chicago, 1921).

Chapitre VIII
LE CHANT DES SIRÈNES

La phrase d'exergue est tirée d'une lettre de Stevenson à James Payne in *The Letters of Robert Louis Stevenson (op. cit.*, vol. 3).

SAN FRANCISCO – LES MARQUISES – LES TUAMOTU – TAHITI – HAWAÏ – A bord du Casco.

Sur l'aventure qui commence en ce mois de juin 1883, Robert Louis Stevenson a tout écrit. Récits de voyage, nouvelles, romans, pamphlets, journaux intimes, et lettres. Une œuvre considérable. Raconter après lui cette période de sa vie, c'est trop souvent risquer la paraphrase. J'ai donc pris le parti d'inviter le lecteur à retourner aux sources. *Dans les mers du Sud* (Folio-Gallimard, 1983) rend formidablement compte des réactions de Louis et de Fanny devant les mondes qu'ils découvrent.

Le Trafiquant d'épaves, préfacé par Francis Lacassin (10/18, Paris, 1977) et la nouvelle édition du *Reflux* (Albin Michel, Paris, 1991) sont deux chefs-d'œuvre du roman d'aventures. Le Nares du *Trafiquant d'épaves* est directement inspiré du capitaine Otis du *Casco*.

J'espère avoir réussi à mettre l'eau à la bouche du lecteur : qu'il se plonge dans *Ceux de Falesa*, présenté et préfacé par Michel Le Bris (La Table Ronde, Paris, 1990), dans *La Bouteille endiablée* et *L'Ile aux voix*, deux merveilles rassemblées dans le *Stevenson* de la collection Bouquins (Robert Laffont, Paris, 1984).

Je me suis bien sûr appuyée pour ce chapitre sur le troisième volume des *Letters to Family and Friends (op. cit.)*, qui rend compte de la violence des émotions de Stevenson et de ses compagnons de voyage.

Pour le reste, j'ai utilisé mes propres réactions, en m'embarquant un siècle plus tard sur les traces de Fanny.

HAWAÏ

La description de Iolani Palace se fonde sur ma visite à Honolulu en août 1992. Je me suis aussi beaucoup inspirée de *This Life I've Loved* d'Isobel Field *(op. cit.)*.

Pour l'histoire de Hawaï, se référer à la bibliographie générale. Le livre d'Edward Joesting, *Hawai* (Robert Hale, London, 1978) m'a été très précieux pour bien comprendre la situation économique et politique de l'archipel, ainsi que le livre de J.C. Furnas, *Anatomy of Paradise* (Curtis Publishing, 1947).

Voir bien sûr *Hawaii* de James Michener et *Rascals in Pacific* (Socker and Warbut, Londres, 1957). Voir aussi *Hawaii's Story,* par Liliuokalani, propre sœur de Kalakaua et dernière reine d'Hawaï (Mutual Publishing, 1990).

Les dix lettres de Louis et de Fanny dont j'ai traduit ici des extraits sont publiées dans *Travel in Hawaii — Robert Louis Stevenson,* édité et préfacé par A. Groveday (University of Hawaii Press, 1973). J'ai cité ces extraits en respectant l'ordre chronologique, mais la lettre n° 2 adressée à Charles Baxter est un composite de cette lettre à Charles, se référant au risque financier que Stevenson a pris avec le *Casco,* avec la lettre de la même période à Bob.

Il existe en outre une étonnante collection de photographies, véritable chronique de la vie quotidienne des Stevenson dans les mers du Sud. Certaines de ces photos ont été rassemblées dans *R.L.S. in the South Seas. An Intimate Photografic Record,* édité et préfacé par Alanna Knight (Mainstream Publishing, 1986).

Une centaine d'autres photos inédites prises par Lloyd Osbourne, mais aussi par Fanny et par Louis, sont conservées à Edimbourg, dans les cartons de Lady Stair House Museum. Une partie de cette collection avait malheureusement brûlé lors de la troisième croisière des Stevenson en avril 1890. Dans le seul livre que Fanny ait jamais signé toute seule, elle raconte l'accident. *The Cruise of the* Janet Nicholl — *A Diary by Mrs Robert Louis Stevenson* (Scribners, New York, 1914), sera publié après sa mort.

LES ÎLES GILBERT, LES ÎLES SAMOA – *A bord de l'*Equator

Voir *In the South Seas,* par Robert Louis Stevenson (Œuvres complètes, *op. cit.*). Sur l'histoire des Samoa, la situation politique extrêmement compliquée, les batailles entre les trois puissances qui les gouvernent, le dossier le plus complet et le plus passionnant est toujours celui de Robert Louis Stevenson : *A Footnote to History* (Œuvres complètes, *op. cit.*).

Voir aussi le très bon guide édité par Lonely Planet, *Samoa Travel Survival Kit,* par Deanna Swaney. Voir aussi *Le Voyage à Samoa,* de Marcel Schwob (Ombres, Toulouse, 1990) ; les nouvelles de Somerset Maugham, *L'Archipel aux sirènes* (Hachette, Paris, 1961) ; les formidables nouvelles du trafiquant Louis Beck, *Pacific Tales* (K.P.T. Ltd, 1987) et les impressions de voyage d'un homme qui rencontra Stevenson à Samoa, le peintre John La Farge, *An American Artist in the South Seas* (K.P.I., 1987).

APIA – *SAMOA* – *décembre 1889-février 1890*

La politique coloniale de l'Allemagne, de la Grande-Bretagne et des Etats-Unis entre 1880 et 1900 est extrêmement complexe. Leur gouvernement tripartite à Samoa, avec ses revirements, ses imbroglios et ses inconséquences, atteint le summum de la confusion. Soucieuse de clarification pour le lecteur, voire de simplification, j'ai choisi de laisser Fanny raconter. Mais la lettre de Fanny à Tante Maggy est entièrement de ma main. Je me suis inspirée de son récit aux mêmes dates, où elle raconte ses premières impressions (Silverado Museum, coll. citée), de mes propres notes et de mes lettres lors de mon arrivée à Samoa un siècle plus tard, du livre de Robert Louis Stevenson racontant l'histoire de cet archipel *(A Footnote to History, op. cit.),* du livre du trafiquant à Henry J. Moors, *With Stevenson in Samoa* (Small Maynard, Boston, 1910) et des récits de voyage du peintre John La Farge, *An American Artist in the South Seas (op. cit.).*

SYDNEY – *5 février 1890*

Cette lettre de Belle et de Lloyd est un montage des deux lettres du 5 et du 6 février 1890 qu'ils envoyèrent à Tante Maggy pour lui annoncer l'achat de Vailima (Silverado Museum, coll. citée).

Pour la façon dont Fanny a pris d'assaut la *Janet Nicholl,* voir l'original du récit de Belle dans *This Life I've Loved (op. cit.).*

La description de Vailima, de la clairière, du premier

cabanon, et des deux Stevenson est due à la plume acerbe du compagnon de voyage de John La Farge, l'historien Henry Adams, in *Letters* (Constable, Londres, 1930).

Chapitre IX
LA FOLIE STEVENSON : VILLA VAILIMA

L'exergue est tiré d'une lettre de Robert Louis Stevenson à James Barrie. Cette lettre, datée du 2 avril 1893, décrit par le menu chaque personnage de Vailima. Robert Louis Stevenson s'y met en scène avec Belle, Lloyd et Fanny. L'analyse qu'il fait du caractère de Fanny révèle la profonde connaissance qu'il a de sa femme, et sa tendresse pour elle. C'est l'analyse la plus vivante, la plus concise du caractère de Fanny.

Pour écrire ce chapitre, je me suis appuyée sur de très nombreuses sources, dont le lecteur trouvera le détail dans la bibliographie générale. *The Cyclopedia of Samoa* (McCarron Stewart, Sydney, 1907) m'a été particulièrement précieuse pour évoquer Apia, ses boutiques, ses bungalows, ses habitants à l'époque des Stevenson. On y trouve notamment la photographie du docteur Funk, du consul Cusack-Smith, des grands chefs Mataafa et Tamasese. Ainsi que le curriculum vitae du trafiquant américain Moors.

J'ai été obligée de réduire à quelques types humains la profusion des personnages appartenant au gouvernement, les chefs et les hommes des trois factions indigènes, et la douzaine de serviteurs à Vailima. Pour incarner les puissances blanches, j'ai choisi le consul britannique Sir Cusack-Smith, pour les factions indigènes Mataafa, pour les serviteurs Lafaele, l'homme de main de Fanny, Talolo, le cuisinier formé par Belle, et Sosimo, le valet de chambre de Louis. Telles sont les seules libertés que je me suis permises dans un souci de simplification. Je n'ai pas mentionné non plus les voyages que Louis ou Fanny, Belle ou Lloyd, ont effectués durant une semaine ou un mois à Honolulu et à Sydney. A moins que ces voyages aient une importance quelconque dans le déroulement de l'histoire. Deux documents se sont révélés indispensables pour reconstruire jour après jour la vie quotidienne de Vailima : les *Vailima Letters* de Robert Louis Stevenson (Methuen, Londres, 1895) ; *Our Samoan Adventure* de Fanny Stevenson, édité par Charles Neider (Harper Brothers, New York, 1953). Ces deux documents ont pourtant été largement censurés, le premier par Sydney Colvin, le second par les enfants de Fanny. Pour le rétablissement des passages supprimés dans les lettres de Louis, lire le passionnant article du professeur Bradford A. Booth in *Harvard Library Bulletin,* vol. 15, avril 1967 : *The Vailima Letters of Robert Louis Stevenson.* Cet article révèle la gravité de la psychose de Fanny Stevenson en octobre 1892 et au printemps 1893. Il laisse entendre que la vie à Vailima était loin d'être aussi idyllique que Belle et Lloyd voudront le laisser croire. Robert Louis Stevenson tient à garder secrète la maladie mentale de son épouse. Il n'en fit la confidence qu'à Sydney Colvin. Le professeur Booth suggère que les désordres mentaux de Fanny lui ont gâché la vie et hâté sa mort.

Belle Strong et Lloyd Osbourne ont écrit à profusion sur Vailima. Voir notamment leurs *Memories of Vailima* (Scribners, New York, 1902) ; *This Life I've Loved (op. cit.)* ; *An Intimate Portrait of Robert Louis Stevenson (op. cit.),* où Lloyd décrit la mort de Louis. Voir aussi toutes les lettres de Margaret Stevenson à sa sœur Jane Balfour, *Letters from Samoa* (Methuen, Londres, 1906), et toutes celles qui lui sont adressées, lors de ses deux voyages en Ecosse, par Fanny, par Belle et Lloyd (Silverado Museum, coll. citée).

Pour toute cette partie si riche en documents, j'en suis toujours revenue aux deux chefs-d'œuvre, l'un consacré à Louis, l'autre à Fanny : *Voyage to Windward (op. cit.)* ; *A Violent Friend (op. cit.).* Margaret MacKay est la première biographe de Fanny qui ose s'appesantir sur sa « maladie secrète ». Après avoir lu les travaux des psychiatres et psychologues écossais, le docteur Harold Searls, le docteur Gregory Bateson notamment, j'en suis venue à penser que Fanny présentait en effet de nombreux symptômes de schizophrénie.

Les biographes de Stevenson mentionnent depuis vingt ans la possibilité qu'elle ait été atteinte de la maladie de Bright, sans jamais s'étendre sur les symptômes. Il est fort probable que Fanny ait souffert de cette maladie des reins, dont elle ne cesse de se plaindre dans son journal. Elle souffrait en outre de calculs dans la vésicule biliaire, dont elle se fera opérer en Angleterre en 1898.

Le bruit court encore qu'elle aurait été enceinte, qu'elle aurait fait une fausse couche et qu'on aurait enterré le bébé dans la cave de Vailima. Aussi dramatique et romanesque soit elle, cette éventualité me paraît hautement improbable. A Vailima, du vivant de Louis, elle a entre cinquante et cinquante-quatre ans. Je serais donc tentée de conclure qu'à tous ses maux physiques se mêle le contrecoup de la ménopause.

Sur les sentiments de Belle à l'égard de Fanny, de Louis et de Graham Balfour, voir ses *Lettres-Confidences au poète*

Charles Warren Stoddard, conservées au Silverado Museum.

Sur la haine de la première femme de Lloyd Osbourne à l'égard de sa belle-mère et de sa belle-sœur, voir l'abondante correspondance de Katharine Durham à Robert Catton, conservée à la Hamilton Library de Honolulu. Ses lettres regorgent d'anecdotes sur Fanny, sur Belle et sur Lloyd. Toutes tendancieuses, elles éclairent néanmoins certains aspects de leur personnalité.

Les lettres de Fanny à cette même famille Catton de Honolulu, conservées elles aussi à la Hamilton Library, rendent bien compte de l'atmosphère de Vailima, de ses efforts pour sauver la plantation, de ses échecs après la mort de Louis. Elles traduisent aussi sa formidable complicité avec sa fille au terme de toutes ces années d'amour et de rivalité. Leur tendresse ne se démentira pas.

Épilogue

Dans ses lettres à la famille Catton de Hawaï, Katharine Durham ne traite pas Edward Salisbury Field avec plus d'indulgence que Lloyd et Belle. Elle reconnaîtra néanmoins que le mariage de sa belle-sœur avec le très jeune Ned sera un succès.

Les lettres de Fanny à son jeune admirateur Gelett Burgess, conservées à la Bancroft Library de Berkeley University (Burgess Collection) ne laissent aucun doute sur leurs relations. La biographie inédite de Burgess par Joseph Backus, que j'ai eu le plaisir de lire au Silverado Museum, décrit clairement les sentiments du jeune homme à l'égard de la veuve de Stevenson. Ce sera Fanny qui l'introduira auprès de Henry James, avec lequel Burgess échange une correspondance.

La lettre d'Agnès Crowley, la femme de chambre, racontant à Belle la mort de Fanny est conservée au Silverado Museum (coll. citée). La même lettre est reproduite presque mot pour mot dans *The Life of Mrs Robert Louis Stevenson (op. cit.),* mais elle est adressée à Nellie Sanchez.

Pour évoquer le retour des Field à Samoa, et les obsèques de Fanny, je me suis appuyée sur le journal de Belle (de mai à septembre 1915) au Silverado Museum *(op. cit.).* Elle y semble très éprise de son mari. Il existe d'extraordinaires photos du cortège montant dans la brousse jusqu'au mont Vaea, conservées à la Beinecke Library de Yale et au Silverado Museum.

REMERCIEMENTS

A mon grand regret, je ne peux citer ici tous ceux qui m'ont aidée durant cette longue aventure. Sans l'affectueux soutien de ma famille et de mes amis, sans le concours de correspondants inconnus, ce livre n'aurait jamais vu le jour.

Je tiens à exprimer toute ma gratitude à Danielle Guigonis, dont la patience et l'efficacité quotidienne m'ont soutenue dans les moments de doute. Que Colette Goujon à New York, Tony Guigonis et Emilia Rosa à Paris, Georges Tuiletufuga à Upolu, sachent combien j'ai été touchée de leur assistance.

Je remercie de leur immense gentillesse Paul et Manuela Andreota, Carole Hardouïn, Sophie Lajeunesse, Mathieu Meyer, qui passèrent de longues heures à corriger le manuscrit, Carlos et Xavier Moro, qui m'escortèrent dans mes voyages les plus difficiles.

Toute ma reconnaissance va à l'auteur d'une remarquable biographie de Robert Louis Stevenson, Mr J.C. Furnas, qui n'a cessé de me soutenir de ses encouragements et de ses conseils si précieux. Je tiens aussi à remercier les « stevensoniens » du monde entier qui n'ont pas hésité à prendre sur leurs propres travaux le temps de répondre à mes incessantes questions. Je remercie du fond du cœur Mr Ernest Mehew en Angleterre ; Mrs Jenni Calder, Mr David Daiches, Mr Robin Hill en Ecosse ; Mr Francis Lacassin, Mr Michel Le Bris en France ; Mrs Betty Lane, Mr Barry Menikoff, Mr Roger Swearingen, Mr Roger Van Dyke, Mr Dan Wakefield aux Etats-Unis. Et les conservateurs de deux très importantes bibliothèques consacrées à Robert Louis Stevenson, Mr Vincent Giroud de la Beinecke Rare Book and Manuscript Library à Yale University, et Miss Ellen Shaffer du Silverado Museum de St. Helena, qui tous deux ont fait preuve à mon égard d'une amabilité inlassable : sans eux, ce livre n'existerait pas.

Que les nombreuses bibliothèques que j'ai mises à contribution soient remerciées de leur obligeance. Notamment la Beinecke Rare Book and Manuscript Library, Yale University ; Silverado Museum et la Bancroft Library, University of California, Berkeley, qui m'ont généreusement autorisée à citer les lettres inédites de Dora Williams, Fanny Stevenson et Timothy Rearden conservées dans leurs collections. Tous mes remerciements vont aussi aux Archives of Hawaii, Auckand Public Library, Bishop Musueum of Honolulu, British Museum, California Historical Society, California State Library, Danville Public Library, Indiana State Historical Society Library, Indiana State Library, Lady Stair's House, Library of Congress, Lily Library, Monterey State Historic Park, National Library of Australia, National Library of Scotland, Nevada Historical Society, Nevada State Museum, New York Public Library, Oakland Public Library, Pierpont Morgan Library, Princeton University Library, Public Library of Western Samoa, Robert Louis Stevenson's Club of Scotland, Sacramento History Center, University of Hawaii at Manoa. Et à l'ambassade des Samoa occidentales à Bruxelles.

Je tiens aussi à remercier les éditeurs new-yorkais Longman's Green and Co. pour l'autorisation de citer des passages de *This Life I've Loved*, par Isobel Field (1937) ; Charles Scribner's Sons pour *An Intimate Portrait of R.L.S.*, par Lloyd Osbourne (1924) ; Harper Brothers and Charles Neider pour *Our Samoan Adventure*, par Fanny et R.L. Stevenson (1955) ; la Yale University Press de New Haven pour *Stevenson's Letters to Charles Baxter* (1956).

Enfin, je tiens à exprimer mon immense gratitude, mon admiration et mon affection toute spéciale à mon éditeur, Robert Laffont, et à toute son équipe.

SOURCES BIBLIOGRAPHIQUES

Sept œuvres m'ont été particulièrement précieuses.

BALFOUR, Graham, *The Life of Robert Louis Stevenson*, 2 vol., Methuen, Londres, 1901.

FIELD, Isobel Osbourne Strong, *This Life I've Loved*, Michael Joseph, Londres, 1937.

FURNAS, J.C., *Voyage to Windward*, Faber and Faber, Londres, 1952.

MACKAY, Margaret, *A Violent Friend*, Doubleday, New York, 1968.

OSBOURNE, Lloyd, *An Intimate Portrait of Robert Louis Stevenson*, Scribner's sons, New York, 1924.

SANCHEZ, Nellie van de Grift, *The Life of Mrs Robert Louis Stevenson*, Scribner's sons, New York 1920.

STEVENSON, Robert Louis, *Works* (y compris lettres), 35 vol., avec préfaces par Mrs R.L. Stevenson, Lloyd Osbourne et Sydney Colvin, Tusitala Edition, Heinemann, Londres, 1923-24.

– *Works* (y compris lettres), 26 vol., Lloyd Osbourne ed. avec *Notes par Mrs R.L. Stevenson*, Vailima Edition, Heinemann, Londres, 1922-23.

ABBE, Donald R., *Austin and the Reese River Mining District*, University of Nevada Press, Reno, 1985.

ADAMS, Henry, *Henry Adams and His Friends*, Houghton Mifflin Co., Boston, 1947.

– *Letters*, Constable, London, 1930.

ADCOCK, A., St. J. ed., *Robert Louis Stevenson — His Work and His Personality*, Hoder and Stoughton, Londres, 1924.

ALDINGTON, Richard, *Portrait of a Rebel, Robert Louis Stevenson*, Evans, Londres, 1957.

ALLEN, Maryland, « South Seas Memories of Robert Louis Stevenson », *The Bookman*, New York, août 1916.

ANNAN, Noël, *Leslie Stephen, The Godless Victorian*, Weidenfeld and Nicolson, Londres, 1984.

BAILDON, H.B., *Robert Louis Stevenson*, Chatto and Windus, Londres, 1901.

BAKER, Ray Jerome, *Honolulu Then and Now*, Baker, Honolulu, 1941.

BALFOUR, Michael, « How the Biography of Robert Louis Stevenson Came to Be Written », *The Times Literary Supplement*, Londres, 15 et 22 janvier 1960.

BARNHART, Jacqueline Baker, *The Fair but Frail*, University of Nevada Press, Reno, 1986.

BAY, J.C.B., *Echoes of Robert Louis Stevenson*, Walter M. Hill, Chicago, 1920.

BECKE, Louis, *Pacific Tales*, K.P.I., New York, 1987.

BEEBE, Lucius Morris, *Legends of the Comstock Lode*, Standfort, Cal., 1956.

BEER, Thomas, *The Mauve Decade*, Alfred A. Knopf Inc., New York, 1926.

BENSON, E.F., *As We Were*, Longmans, Londres, 1930.

BERMANN, Richard A., *Home From the Sea*, The Bobbs-Merrill Co., Indianapolis, s.d.

– *Robert Louis Stevenson in Samoa*, Mutual Pub, Hawaï, 1967.

BETHKE, Frederick John, *Three Victorian Travel Writers*, G.K. Hall, Boston, 1977.

BILLY, André, *Les Beaux Jours de Barbizon*, Editions du Lavois, Paris, 1947.

BIRD, Isabella, *Six Months in Hawaii*, K.P.I., New York, 1987.

BLACK, Margaret Moyes, *Robert Louis Stevenson*, Famous Scots Series, Oliphant Anderson and Ferrier, Edimbourg et Londres, 1899.

BLONDEL, Jacques, *Aspects du romantisme anglais*, Université de Clermont II, Clermont-Ferrand, 1980.

BONET-MAURY, Gaston, « R.L. Stevenson, voyageur et romancier », *Revue des Deux-Mondes*, septembre 1902.

BOODLE, Adelaide A., *R.L.S. and His Sine Qua Non*, Murray, Londres, 1926.

BOOTH, Prof. Bradford A., « The Vailima Letters of Robert Louis Stevenson », *Harvard Library Bulletin*, Cambridge, Mass., avril 1967.

BROWN, Dee A., *Gentle Tamers : Women of the Old West*, Putman I. W., New York, 1958.

Brown, George, *Pioneer Missionary and Explorer,* Hodder and Stroughton, Londres, 1908.

Brown, George E., *A Book of Robert Louis Stevenson,* Methuen, Londres, s.d.

Brown, J. Ross, *A Peep at Washoe,* Lewis Osborne, Palo Alto, Cal., 1968.

Brown, Mark II, and Felton, W. R., *The Frontier Years,* 1955.

Buckley, Jerome Hamilton, *William Ernest Henley,* N.J. Princeton University Press, 1945.

Buell, Llewellyn M., « Eilean Earraid : the Beloved Isle of Robert Louis Stevenson », Scribners, New York, février 1922.

Burgess, Gelett, « An Interview with Mrs Robert Louis Stevenson », *The Bookman,* New York, septembre 1898.

– *Some Mad Americans in Dorking,* Illustrated London News CXIII, 17 septembre 1898.

Burlingame, Roger, *Of Making Many Books,* Scribners, New York, 1946.

Calder, Jenni, *R.L.S. : A Life Study,* Hamish Hamilton, Londres, 1980.

– *Stevenson and Victorian Scotland,* University Press, Edimbourg, 1981.

Carre, Jean-Marie, *Robert Louis Stevenson,* Gallimard, Paris, 1929.

Carrington, James B., « Another Glimpse of R.L.S. », *Scribners,* New York, août 1927.

Chalmers, Stephen, *The Penny Piper of Saranac,* Houghton Mifflin Co., Boston, 1896.

Charteris, Evan, *John Singer Sargent,* Heinemann, Londres, 1927.

– *The Life and Letters of Sir Edmund Gosse,* Heinemann, Londres, 1931.

Chastaings, Pierre, *Avec Stevenson dans les Cévennes en 1878,* Pensée universelle, Paris, 1979.

Chesterton, J.K., *Robert Louis Stevenson,* Hoddor and Stoughton, Londres, 1927.

Churchill, William, « Stevenson in the South Sea », *McClure's,* décembre 1894.

Clare, Maurice, *A Day with Robert Louis Stevenson,* Hodder and Stoughton, Londres, s.d.

Clark, Harry Hayden, *American Litterature,* Appleton-Century-Crofts, New York, 1971.

Clarke, W.E., « Robert Louis Stevenson in Samoa », *Yale Review,* janvier 1921.

CLIFFORD, Mrs W.K., « The Sidney Colvins : Some Personal Recollections », *Bookman*, Londres, avril 1928.

COHEN, Edward H., *The Henley-Stevenson Quarrel*, University Presses of Florida, Gainesville, 1974.

COLVIN, Sydney, *Memories and Notes of Persons and Places, 1852-1912*, Charles Scribner's Sons, New York, 1921.

– « Robert Louis Stevenson at Hampstead », *Hampstead Annual*, 1902.

– GOSSE, Edmund, et autres, *Robert Louis Stevenson, His Work and Personality*, Hodder and Stoughton, Londres, 1924.

CONNELL, John, *W.E. Henley*, Constable, Londres, 1949.

CONRAD, Joseph, *La Folie Almayer*, Gallimard, Paris, s.d.

COOPER, Lettice, *Robert Louis Stevenson*, English Novelists Series, Home and Van Thal, Londres, 1947.

COPELAND, Charles Townsend, « Robert Louis Stevenson », *Atlantic Monthly*, avril 1895.

COULTER, E. Merton, *Auraria : The Story of a Georgia Gold-Mining Town*, 1956.

CUNLIFFE, J.W., *English Literature During the Last Half Century*, Macmillan Co., New York, 1923.

CUNNINGHAM, Alison, *Cummy's Diary*, Chatto and Windus, Londres, 1926.

DAICHES, David, *Robert Louis Stevenson*, Maclennan, Glasgow, 1947.

– *Robert Louis Stevenson and His World*, Thames and Hudson, Londres, 1973.

DALGLISH, Doris N., *Presbyterian Pirate*, Oxford University Press, Londres, 1937.

DANIELS, Zeke, *This Life and Death of Julia C. Bulette*, Lamp Post, Virginia City, Nev., 1958.

DAPLYN, A.J., « Robert Louis Stevenson at Barbizon », *Chambers's Journal*, Series 7, 1917.

DARK, Sidney, *Robert Louis Stevenson*, Hodder and Stoughton, Londres, s.d.

DAWS, Gavan, *A Dream of Islands*, Mutual Pub., Hawaii, 1989.

DELEBECQUE, Jacques, « A Propos du roman d'aventures : Notes sur quelques ouvrages de R.L. Stevenson », *Mercure de France*, Paris, janvier-février 1921.

DE QUILLE, Dan, *The Big Bonanza*, Alfred Knopf, 1947.

DE VOTO, Bernard, *Mark Twain's America*, Houghton Mifflenco, 1932.

DICKIE, Francis, « The Tragic end of Stevenson's Yacht *Casco* », *World Magazine*, 4 janvier 1920.

DINNEAN, Lawrence, *Les Jeunes : An Account of Some Fin de*

Siècle San Francisco Authors and Artists, University of California, Berkeley, 1980.

DOTEN, Alfred, *The Journals of Alfred Doten,* University of Nevada Press, Reno, 1973.

DOUGHTY, Leonard, « Answering R.L.S. », *Southwest Review,* automne 1928.

DOUGLAS, Ann, *The « Feminization » of American Culture,* Knopf, New York, 1977.

DROPPERS, Garrit, « Robert Louis Stevenson », *Harvard Monthly,* mars 1887.

DRURY, Clifford M., *First White women over the Rockies,* 1966.

– *Biography of William Anderson Scott,* Arthur H. Clark Co., Glendale, Cal., 1967.

DRURY, Wells, *An Editor of the Comstock Lode,* University of Nevada Press, Reno, 1984.

DUNCAN, William Henry Jr., « Stevenson's Second Visit to America », *Bookman* New York, janvier 1900.

EATON, Charlotte, *A Last Memory of Robert Louis Stevenson,* Thomas Y. Crowell, New York, s.d.

EDEL, Leon, *Henry James, une vie,* Le Seuil, Paris, 1990.

EDINBURGH PUBLIC LIBRARY, *Catalogue of The Robert Louis Stevenson Collection,* Edimbourg, 1950.

ELLISON, Joseph W., *Tusitala of the South Seas : The Story of Robert Louis Stevenson's Life in the South Pacific,* Hastings House, New York, 1953.

ELWIN, Malcom, *Old gods Falling,* Collins, Londres, 1939.

– *The Strange Case of Robert Louis Stevenson,* MacDonald, Londres, 1950.

ENO, Henry, *Letters from Californie and Nevada, 1848-1871,* W. Turrentine Jackson ed., 1965.

ESAREY, Logan, *Indiana Home,* K.P. (Rogers), 1953.

EWING, Sir Alfred, *An Engineer's Outlook,* Methuen and Co., Londres, s.d.

FABRE, Frédéric, « Un ami de France : Robert Louis Stevenson dans le Velay », Extrait de la *Revue d'Auvergne,* 1932.

FATOUT, Paul, *Marc Twain in Virginia City,* Indiana University Press, 1964.

FENDER, Stephen, *Plotting the Solden West,* Cambridge University Press, Cambridge, New York, 1981.

FERLINGHETTI, Lawrence et PETERS, Nancy J., *Literary San Francisco,* City Lights Books, San Francisco, 1980.

FESTETICS de TOLNA, comte Rodolphe, *Chez les cannibales,* Librairie Plon, Paris, 1903.

FIELD, Edward Salisbury, *The Complete Optimist* by Child Harold, Ed. Dutton Co., New york, 1912.

- *Cupids Understudy*, Grosset and Dulap Cop., New York, 1909.
- (en collaboration avec FRANCES, Marion), *Happy Endings*, New York, 1930.
- *In Pursuit of Priscilla*, Philadelphie, 1906.
- *The Purple Stockings*, Grosset and Dulap, New York, 1911.
- *The Quest and Other Poems*, R.G. Badger, Boston, 1904.
- *The Rented Earl*, W.J. Watt, New York, 1912.
- *The Saphire Bracelet*, W.J. Watt, New York, 1910.
- *A Six Cylinder Courtship*, Grosset and Dulap, New York, 1907.
- *Twin Beds*, W.J. Watt, New York, 1913.
- *Twin Beds* (adaptation du roman avec MAYO, Margaret), New York, 1915.
- *Wedding Bells*, Typed Script, NCOF, p.u. 467.

FIELD, Isobel OSBOURNE STRONG, *Robert Louis Stevenson, Saranac Lake*, Stevenson Society of America, New York, 1920.
- (avec Lloyd OSBOURNE), *Memories of Vailima*, Charles Scribner's Sons, New York, 1902.

FIGARO (Le), 1875-1876.

FINCH, Philip, *Virginia City Fiction*, Birthright, New York, 1979.

FISHER, Vardis, and HOLMES, Opal L., *Gold Rushes and Mining Camps of Early American West*, 1968.

FLETCHER, C., Brundson, *Stevenson's Germany*, Heinemann, Londres, 1920.

FRADY, Steven R., *Red Shrits and Silver Helmets,* University of Nevada Press, 1984.

FRASER, Marie, *In Stevenson's Samoa*, Smith, Elder and Co., Londres, 1895.

FURNAS, J.C., *Anatomy of Paradise*, Curtis Pub., New York, 1947.

GAUGUIN, Paul, *Noa Noa, Séjour à Tahiti*, Complexe, Bruxelles, 1989.

GEDULD, Harry, M., *The Definitive Dr Jekyll and Mr Hyde Companion*, Garland, New York, 1983.

GENUNG, John Franklin, *Stevenson's Attitude to Life*, Thomas Y. Crowell, New York, 1901.

GILDER, Jeannette L., *Stevenson — and After*, Review of Reviews (U.S.), février 1895.

GILDER, Richard Watson, *Letters*, Constable, Londres, 1916.

GOLDMAN, Marion S., *Gold Diggers and Silver Miners*, University of Michigan Press, Ann Arbor, 1981.

GORSKY, Bernard, *Trois tombes au soleil*, A. Michel, Paris, 1976.

Gosse, Edmund, *Bibliographical Notes on the Writings of Robert Louis Stevenson,* Privately printed at the Chiswick Press, Londres, 1908.
– *Critical Kit-Kats,* Charles Scribner's Sons, New York, 1914.
– *Leaves and Fruit,* Charles Scribner's Sons, New York, 1927.
– *Questions at Issue,* William Heinemann, Londres, 1893.
– *Silhouettes,* Charles Scribner's Sons, New York, s.d.
– *Some Diversions of a Man of Letters,* William Heinemann, Londres, 1919.
– « Stevenson's Relations with Children », *Youth's Companion,* 13 juin 1899.
Green, Roger Lancelyn, *Stevenson in Search of a Madonna,* English Associates, Essays and Studies, Murray, Londres, 1950.
Greene, Charles S., « California Artists. II. Joseph D. Strong, Jr. », *Overland Monthly,* mai 1896.
Greever, William S., *Bonanza West : Western Mining Rushes, 1848-1900,* 1963.
Groffier, Jean, *Robert Louis Stevenson : la dualité incarnée,* H. Peladan, Uzès, France, 1977.
Guthrie, Lord C.J., *Robert Louis Stevenson,* Green and Son, Edimbourg, 1920.
– « *Cummy* », *The Nurse of Robert Louis Stevenson,* O. Schulze, Edimbourg, 1913.
Gwynn, Stephen, *Robert Louis Stevenson,* Macmillan, Londres, 1939.
Hamilton, Clayton, *On the Trail of Stevenson,* Hodder and Stoughton, Londres, 1915.
Hammerton, J.A., *On the Track of Stevenson,* J.W. Arrowsmith, Bristol, s.d.
– *Stevensoniana,* J. Grant, Edimbourg, 1910.
Hammond, John R., *A Robert Louis Stevenson Companion,* Macmillan, Londres, 1984.
Harrison, Birge, « With Stevenson at Grez », *Century,* décembre 1916.
Hart, James D., *From Scotland to Silverado, Robert Louis Stevenson,* Harvard University Press, Cambridge, Mass., 1966.
Hattori, Eugene Mitsuru, *Northern Paiutes on the Comstock,* Nevada Stade Museum, Carson City, 1975.
Hellman, Georges S., *Lanes of Memory,* Alfred A. Knopf Inc., New York, 1927.
– *The True Stevenson,* Little, Brown and Co., Boston, 1925.
– « R.L.S. and the Streetwalker », *American Mercury,* juillet 1936.
– « Stevenson and Henry James », *Century,* janvier 1926.

- « The Stevenson Myth », *Century,* décembre 1922.
- « Stevenson's Annotated Set of Wordsworth », *Colophon,* VII, 1931.

HENLEY, William Ernest, *Essays,* Macmillan and Co., London, 1921.
- « Obituary of R.A.M. Stevenson », *Pall Mall Magazine,* juillet 1900.
- « R.L.S. », *Pall Mall Magazine,* décembre 1901.

HERVIER, Paul-Louis, « Stevenson jugé par son beau-fils », *La Nouvelle Revue,* mai-juin 1922.

HINCKLE, Warren, *The Richest Place on Earth,* Houghton Mifflin, Boston, 1978.

HINKLEY, Laura L., *The Stevenson : Louis and Fanny,* Hastings House, New York, 1950.

HINSDALE, Harriet, *Robert Louis Stevenson,* Caxton Printers, Caldwell, Idaho, 1947.

HOLLAND, Clive, « Robert Louis Stevenson at Bournemouth », *Chambers's Journal,* décembre 1934.

HUBBARD, Elbert, *Little Journeys to the Homes of English Authors,* Putnam, Londres, 1903.

HUGHES, Edan Milton, *Artists in California, 1786-1940,* Hughes Pub. Co., San Francisco, 1986.

ILLUSTRATION (L'), 1874, 1875, 1876, 1877, 1878.

ISSLER, Anne Roller, *Happier for His Presence,* Stanford University Press, 1949.
- « Robert Louis Stevenson in Monterey », *Pacific Historical Review,* Los Angeles, août 1965.
- *Stevenson at Silverado,* Caxton, Caldwell, Idaho, 1939.

JACQUETTE, Rodolphe, *Tusitala, ou la Vie aventureuse de Robert Louis Stevenson,* Seghers, Paris, 1980.

JAMES, Alice, *Diary,* Leon Edel, ed. Hart-Davis, Londres, 1965.

JAMES, Henry, *Letters,* 2 vol., Percy Lubbock, ed. Macmillan, Londres, 1920.
- *Partial Portraits,* Macmillan, Londres, 1888.
- and STEVENSON, Robert Louis, *Letters,* Janet Adam Smith, ed. Hart-Davis, Londres, 1948.
- *Selected Letters,* edited by Leon Edel, Belknap, Harvard University Press, 1987.

JAPP, Alexander H., *Robert Louis Stevenson,* Werner Laurie, Londres, 1905.

JERSEY, Countess of, *Fifty-One Years of Victorian Life,* Murray, Londres, 1922.

JOESTING, Edward, *Hawaii, an Uncommon History,* Robert Hale, Londres, 1974.

JOHNSON, Paul, *San Francisco : As it is, At it was,* Doubleday, New York, 1979.

JOHNSTONE, Arthur, *Recollections of Robert Louis Stevenson in the Pacific,* Chatto and Windus, Londres, 1905.

KELMAN, John Jr., *The Faith of Robert Louis Stevenson,* Edimbourg, 1903.

KENT, Harold Coinfield, *The Life of Rev. Dr Charles Mc Ewen Hyde,* Charles E. Tuttle, Rutland, Vermont, 1973.

KNIGHT, Alanna, *The Passionate Kindness,* Hilton House Books, Aylesbury, 1974.

LAFARGE, John, *An American Artist in the South Seas,* K.P.I., New York, 1987.

LANG, Andrew, *Adventures Among Books,* Longmans, Green, Londres, 1905.

LAWSON, M.S., *On the Bat's Back,* The Story of Stevenson, Lutterworth, Londres, 1950.

LE BRIS, Michel, *La Porte d'or,* Grasset, Paris, 1986.

LE GALLIENNE, Richard, *The Romantic Nineties,* Putnam, Londres, 1925.

LESLIE, Mrs Shane, *Girlhood in the Pacific,* Macdonald, Londres, s.d.

LEWIS, Marvin, *Martha and the Doctor,* University of Nevada Press, 1977.

LEWIS, Oscar, *The Autobiography of the West,* Holt, New York, 1958.

– *Bay Window Bohemia,* Doubleday, New York, 1956.

– *The Life and Times of The Virginia City Enterprise,* J.L. Osborne, Ashland, Co., 1971.

– *The Town that Died Laughing,* Little Brown, Boston, 1955.

– *Silver Kings,* Alfred Knopf, 1947.

– *The War in the Far West, 1861-1865,* Doubleday, New York, 1961.

LILUOKALANI, *Hawaii's Story,* Mutual Pub, Hawaï, 1990.

LOCKETT, W.G., *Robert Louis Stevenson at Davos,* Hurst and Blackett, Londres, s.d.

LORD, Eliot, *Comstock Mining and Miners,* David Myrick ed., 1959.

LOTI, Pierre, *Le Mariage de Loti,* Safrat, Paris, 1991.

LOW, Will H., *A Chronicle of Friendships, 1873-1900,* Hodder and Stoughton Londres, 1908.

LUCAS, E.V., *The Colvins and Their Friends,* Methuen, Londres, 1928.

LYMAN, George D., *Ralston's Ring : California Plunders Comstock Lode,* 1934.

MacCALLUM, Thomas Murray, *Adrift in the South Seas,* Wetzel Publishing Co., Inc., Los Angeles, s.d.

McCLURE, Samuel S., *My Autobiography*, Murray, London, 1914.

MacCULLOCH, J.A., *R. L. Stevenson and the Bridge of Allan*, John Smith and Son, Glasgow, 1927.

McGAW, Siter Martha Mary, *Stevenson in Hawaii*, University of Hawaii Press, Honolulu, 1950.

MacKANESS, George, *Robert Louis Stevenson*, Privately printed, Sydney, 1935.

– *R.L.S., His Association with Australia*, Australian Historical Monographs, 1976.

McKAY, George L., *A Stevenson Library : Catalogue of the Edwin J. Beinecke Collection*, 6 vol., Yale University Press, 1951 et suiv.

MacKENZIE, Copton, *International Profiles : R.L.S.*, Grampian Book Ltd, Morgan, 1968.

McLAREN, Moray, *Stevenson and Edinburgh*, Chapman and Hall, Londres, 1950.

McNAIR, Mathews, *Ten Years in Nevada*, Historical Society, F. 841, M 16, New York, 1880.

MAITLAND, Frederic William, *The Life and Letters of Leslie Stephen*, G.P. Putnam's Sons, New York, 1908.

MAIXNER, Paul, *Robert Louis Stevenson : The Critical Heritage*, Routledge and Kegan Paul, Londres, Boston, 1981.

MARDER, Daniel, *Exiles at Home*, University Press of America, Lanham, MD, 1984.

MARTIN, Michael Rheta, *Dictionary of American History*, Rowman and Littlefield, Totowa, N.J., 1978.

MASER, Frederick E., *A Collector's View of Robert Louis Stevenson*, Philadelphie, 1970.

MASSON, Flora, *Victorians All*, Chambers, Londres et Edimbourg, 1931.

MASSON, Rosaline, *A Life of Robert Louis Stevenson*, Frederick A. Stokes Co., New York, 1923.

– *I Can Remember Robert Louis Stevenson*, W. and R. Chambers, Londres et Edimbourg, 1922.

– *Poets, Patriots, and Lovers*, James Clarke and Co. Ltd, Londres, 1933.

– *Robert Louis Stevenson*, T.C. et E.C. Jack, Londres, s.d.

MAUGHAM, Somerset, *L'Archipel aux sirènes*, Hachette, Paris, 1961.

MEAD, Margaret, *Mœurs et Sexualité en Océanie*, Plon, Paris, 1963.

MELVILLE, Herman, *Omoo*, K.P.I., New York, 1987.

– *Typee*, K.P.I., New York, 1987.

MIDDLETON-SAFRONI, A., « With R.L.S. in Old Samoa »,

The Journal of the Robert Louis Stevenson Club, Londres, maï 1950.

Moody, Eric, *Western Carpet Bagger*, University of Nevada Press, 1978.

Moorman, Lewis J., *Tuberculosis and Genius*, University of Chicago Press, Chicago, s.d.

Moors, Harry Jay, *With Stevenson in Samoa*, Fisher Unwin, Londres, 1910.

Morris, David B., *Robert Louis Stevenson and the Scottish Highlanders*, Stirling, Eneas Mackay, s.d.

Morse, Hiram G., *Robert Louis Stevenson as I Found Him in His Island Home*, N.P., 1902.

Moure, Nancy Dustin Hall, *Dictionary of Art and Artists in Southern California before 1930*, Dustin Publications, Glendale, Cal., 1975.

Muir, Edwin, « Robert Louis Stevenson », *Modern Scot*, automne 1931.

– *Scott and Scotland*, George Routledge and Sons Ltd, Londres, 1936.

Munro, D.G. Macleod, *The Psychopathology of Tuberculosis*, Humphrey Milford, Oxford University Press, Londres, s.d.

Muscatine, Doris, *Old San Francisco*, Putnam, New York, 1975.

Nakajima, Atsushi, *Light Wind and Dreams*, The Hokoseido Press, 1962.

Nicholson, Meredith, *Hoosiers*, McMillan, Londres, 1916.

Nickerson, Roy, *Robert Louis Stevenson in California*, Chronicle Books, San Francisco, 1982.

Noble, Andrew, *Robert Louis Stevenson*, Barnes and Noble, Londres, 1983.

Norris, Frank, *A Story of San Francisco*, Penguin Books, New York, 1982.

Oakland Museum, Art Dept., *The Kahn Collection of Nineteenth-Century Paintings*, by Marjorie Arkelian, Oakland Museum, 1975.

Osbourne, Alan, « A Letter to the Editor of The Times Literary Supplement », Londres, 25 mars 1960.

Osbourne, Katharine Durham, *Robert Louis Stevenson in California*, A.C. McClurg and Co., Chicago, 1911.

Osbourne, Lloyd, *Somes Letters of Robert Louis Stevenson*, Methuen, Londres, 1914.

– et Strong, Isobel, *Memories of Vailima*, Scribner, New York, 1902.

Pinero, Arthur Wing, *Robert Louis Stevenson as a Dramatist*,

N.P. printed for the Dramatic Museum of Columbia University, 1914.

POPE-HENNESSY, James, *Robert Louis Stevenson,* J. Cape, Londres, 1974.

PRIDEAUX, Col. W.F., C.S.I., *A Bibliography of the Works of Robert Louis Stevenson,* Rev. ed. Hollings, Londres, 1917.

– *Stevenson at Hyères,* Privately printed, 1912.

QUILLER-COUCH, Arthur Thomas, *Adventures in Criticism,* G.P. Putnam's Sons New York, 1925.

RALEIGH, Walter, *Robert Louis Stevenson,* Arnold, Londres, 1895.

RANKIN, Nicolas, *Dead Man's Chest,* Faber and Faber, Londres, Boston, 1987.

RATHER, Lois, *Stevenson's Silver Ship,* Rather Press, Oakland, 1973.

REARDEN, Timothy, « Favoring Female Conventionalism », Overland Monthly, vol. 1, n° 1, juillet 1868.

REINHARDT, Richard, *Treasure Island,* Scrimshaw Press, San Francisco, 1973.

RICE, Richard Ashley, *Robert Louis Stevenson,* Bobbs-Merrill Co., Indianapolis, s.d.

– *Journey to Upolu,* Dood, Mead, New York, 1974.

RICKLEFS, Roger, *The Mind of Robert Louis Stevenson,* Thomas Yoseloff, New York, Londres, 1963.

RIVENBURGH, Eleanor, « Stevenson in Hawaii », *Bookman,* New York, octobre-novembre-décembre 1917.

– *Robert Louis Stevenson's Handwriting,* Edwin J. Beinecke Collection, Private printed, New York, 1940.

ROSENBACH, A.S.W., *Catalogue of the Robert Louis Stevenson Collection in the Winder Library,* Harvard University, Privately printed, 1913.

ROSS, Nancy W., *Westward the Women,* 1945.

RUSSAILH, Albert Benard de, *Journal de voyage en Californie à l'époque de la ruée vers l'or,* A. Montaigne, Paris, 1980.

RYAN, J. Tighe, « A Gossip about Robert Louis Stevenson », *The Antipodean,* Sydney, 1894.

SADLER, Fernande, *L'Hôtel Chevillon et les artistes de Grez-sur-Loing.* (Fontainebleau s.d.)

SAFRONI-MIDDLETON, A., « A New View of R.L.S. », *John o' London's Weekly,* 20 janvier 1950.

– *Sailor and Beachcomber,* Grant Richards Ltd., Londres, 1915.

SANCHEZ, Nellie Van de Grift, « Some Stevensons Legends », *Overland Monthly,* janvier 1930.

SCHWOB, Marcel, « R.L.S. », *New Review,* février 1895.

– *Voyage à Samoa,* Ombres, 1990.

SEGALEN, Victor, *Les Immémoriaux*, Le Seuil, Paris, 1979.

SHIPMAN, Louis Evan, « Stevenson's First Landing in New York », *Bookbuyer,* février 1896.

SILVERMAN, Ruth, *San Francisco Observed : A Photographic Portfolio from 1850 to the Present,* Chronicle Books, San Francisco, 1986.

SIMPSON, Eve Blantyre, *Robert Louis Stevenson,* Luce, Londres, 1906.

– *The Robert Louis Stevenson Originals,* Foulis, Edimbourg, 1912.

– *Robert Louis Stevenson's Edinburgh Day,* Hodder and Stoughton, Londres, 1914.

SITWELL, Sir Osbert, *Great Morning,* Little, Brown and Co., Boston, 1947.

SLOCUM, Captain Joshua, *Sailing Alone Around the World,* Low, Londres, 1900.

SMITH, George Horace, *History of Comstock Lode,* 1943.

SMITH, Helena Huntington, « Pioneers in Petticoats », *Am. Heritage,* 10, n° 2, 1959.

SMITH, Janet Adam, *Henry James and Robert Louis Stevenson,* Rupert Hart-Davis, Londres, s.d.

– *R.L. Stevenson,* Great Lives Series, Duckworth, Londres, 1937.

STARR, Kevin, *Americans and the California Dream, 1850-1915,* Oxford University Press, New York, 1973.

– *Inventing the Dream,* Oxford University Press, New York, 1985.

– *Land's End,* McGraw Hill, New York, 1979.

STEPHEN, Leslie, *Studies of a Biographer,* Duckworth and Co., Londres, 1898.

STERN, G.B., *He Wrote Treasure Island,* Heinemann, Londres, 1954.

– *No Son of Mine,* Cassell, Londres, 1948.

STEUART, John A., *The Cap of Youth,* J.B. Lippincott Co., Philadelphie, 1927.

– *Letters to Living Authors,* Sampson, Low, Marston, Searle and Rivington, Londres, 1890.

– *Robert Louis Stevenson,* Little, Brown and Co., Boston, 1924.

– *Robert Louis Stevenson : Man and Writer,* 2 vol., Low, Londres, 1924.

STEVENSON, Fanny Van de Grift Osbourne, *The Cruise of the Janet Nichol Among the South Sea Islands,* Ghatto and Windus, Londres, 1915.

– « Too Many Birthdays », *St. Nicholas,* juillet 1878.

– « The Warlock's shadow », *Belgravia,* juin 1881.

- « Miss Pringle's Neighbors », *Scribner's,* juin 1887.
- « The Nixie », *Scribner's,* mars 1888.
- « The Half-White », *Scribner's,* mars 1891.
- « The Far West », *The Queen,* 31 mars, 5 avril 1894.
- « A Backwoods Childwood », Manuscrit conservé à Yale University.
- « Kept at the Underlaker », Manuscrit conservé à Yale University.
- « Under Sentence of the Law », *McClure's,* juin 1893.
- « Some Letters of Mrs R.L. Stevenson and One from Henry James », *The Empire Review,* Londres, mars-avril 1924.
- « More Letters of Mrs Robert Louis Stevenson », ed. *Scribner's Magazine,* New York, avril 1924.
- et Robert Louis, *The Dynamiter,* Longmans Green, Londres, 1885.
- *Our Samoan Adventure,* Charles Neider, ed. Weidenfeld and Nicholson, Londres, 1956.

STEVENSON, Margaret Isabella Balfour, *From Saranac to the Marquesas and Beyond,* Methuen, Londres, 1903.
- *Letters from Samoa,* Methuen, Londres, 1906.
- *Stevenson's Baby Book,* John Henry Nash, San Francisco, 1922.

STEVENSON, Robert Louis, *Canaux et Rivières,* Encre, 1985.
- *Collected Poems,* Janet Adam Smith, ed. Hart Davis, Londres, 1950.
- « In the Latin Quarter-I, A Ball at Mr Elsinare's », From *London Magazine,* 10 février 1877.
- *Vailima Letters to Sydney Colvin,* ed. Methuen, Londres, 1895.
- *Letters to His Family and Friends,* Sydney Colvin, ed. Methuen, Londres, 1899.
- *Letters to Charles Baxter,* De Lancey Ferguson and Marshall Waingrow, eds. Oxford University Press, 1956.
- *Prayers Written at Vailima,* Chatto and Windus, Londres, 1895.
- *Some Letters,* Lloyd Osbourne, ed. Methuen, Londres, 1914.
- and Fanny, *The Hanging Juge, a play,* Privately printed, Londres, 1914.
- *Stevenson,* Edition établie par Francis Lacassin, Bouquins, Laffont, 1984.
- *Les Aventures de David Balfour,* Edition établie par Francis Lacassin, 10/18, 2 vol., 1976.
- *Le Cas étrange du Dr Jekyll et de M. Hyde,* Edition établie par Francis Lacassin, 10/18, 1976.

- *Le Creux de la vague,* Edition établie par Francis Lacassin, 10/18, 1977.
- *Dans les mers du Sud,* Edition établie par Francis Lacassin, Folio, 1983.
- *La Flèche noire,* Edition établie par Francis Lacassin, 10/18, 1983.
- *La France que j'aime,* Edition établie par Francis Lacassin, 10/18, 1978.
- *Le Maître de Ballantrae,* Edition établie par Francis Lacassin, 10/18, 1977.
- *Les Mésaventures de John Nicholson,* Edition établie par Francis Lacassin, 10/18, 1987.
- *Saint Yves,* Edition établie par Francis Lacassin, 10/18, 2 vol., 1987.
- *Le Trafiquant d'épaves,* Edition établie par Francis Lacassin, 10/18, 2 vol., 1976.
- *A Travers l'Ecosse,* Edition établie par Michel Le Bris, Complexe, Bruxelles, 1992.
- *Ceux de Falesa,* Edition établie par Michel Le Bris, La Table ronde, Paris, 1990.
- *Essai sur l'art de la fiction,* Edition établie par Michel Le Bris, La Table ronde, Paris, 1988.
- *Janet la revenante,* Edition établie par Michel Le Bris, Complexe, Bruxelles, 1992.
- *Les Nouvelles Mille et Une Nuits,* Edition établie par Michel Le Bris, Phoebus, 3 vol., Paris, 1992.
- *Robert Louis Stevenson — Henry James, une amitié littéraire,* Edition établie par Michel Le Bris, Verdier, 1987.
- *La Route de Silverado,* Edition établie par Michel Le Bris, Phoebus, Paris, 1987.
- *Charles d'Orléans,* Gallimard, Paris, 1992.
- *Fables,* Rivages, Paris, 1990.
- *L'Ile au trésor,* Livre de poche, Paris, 1961.
- *Jardin de poèmes pour un enfant,* Hachette, Paris, 1992.
- *La Magicienne,* Rivages, Paris, 1991.
- *Olalla,* Rivages, Paris, 1991.
- *Will du Moulin,* Allia, Paris, 1992.

STEVENSON, Thomas, *Christianity Confirmed by Jewish and Heathen Testimony,* Adam and Charles Black, Edimbourg, 1884.

STEWART, George R., « The Real Treasure Island », *University of California Chronicle,* avril 1926.

STODDARD, Charles Warren, *Exits and Entrances,* Lothrop Publishing Co., Boston, s.d.

- « Stevenson's Monterey », *National Magazine,* décembre 1906.

STRONG, Austin, « His Oceanic Majesety's Goldfish », *The Atlantic Monthly,* Boston, mai 1944.

– « The Most Unforgettable Character I've Met », *The Reader's Digest,* Pleasantville, New York, mars 1946.

STUBBS, Laura, *Stevenson's Shrine,* Alexander Mering, Londres, 1903.

SUTRO, Adolph, *Biography, 1830-1898.*

SWEARINGEN, Roger G., *The Early Literary Career of Robert Louis Stevenson,* Yale University, New Heaven, 1970.

– *The Prose Writings of Robert Louis Stevenson,* Archon Books, Hamden, Conn., 1980.

SWINGLEHURST, Edmund, *San Francisco,* Mayflower Books, New York, 1979.

SWINNERTON, Frank, *Robert Louis Stevenson,* Secker, Londres, 1914.

– *Stevenson and Victorian Scotland,* Jenni Calder, University Press, Edimbourg, 1981.

SYMONDS, John Addington, *John Addington Symonds,* John Murray, Londres, 1903.

– *Letters and Papers,* Murray, Londres, 1923.

– *Our Life in the Swiss Highlands,* Black, Londres, 1907.

TAYLOR, Albert P., *Under Hawaian Skies,* Advertiser Publishing Co., Honolulu, 1926.

THEROUX, Paul, *The Happy Isles of Oceania,* Hamish Hamilton, Londres, 1992.

THOMPSON, Francis, *The Real Robert Louis Stevenson,* New York University Publishers, 1959.

TILDEN, Freeman, *Following the Frontier with F. Jay Haynes,* 1964.

TRIGGS, W. H., « R.L. Stevenson as a Samoan Chief », *Cassell's Family Magazine,* février 1895.

TRUDEAU, Edward Livingston, *An Autobiography,* Doubleday, Page and Co., New York, 1916.

TWAIN, Mark, *Mark Twain's Autobiography,* Harper and Brothers, New York, 1924.

VAN NOSTRAND, Jeanne Skinner, *The First Hundred Years of Paintings in California, 1775-1875,* J. Howell-Books, San Francisco, 1980.

– *San Francisco, 1806-1906, in Contemporary Paintings, Drawings, and Watercolors,* Books Club of California, San Francisco, 1976.

WALLACE, William, « The Life and Limitations of Stevenson », *Scottish Review,* janvier 1900.

– « Scotland, Stevenson, and Mr Henley », New Liberal Review, février 1902.

WARD, Harriet S., *Prairie Schooner Lady : Journal, 1853,* Ward G. and Florence S. DeWitt, eds., 1959.

WEISBUCH, Robert, *American Litterature and British Influence in the Age of Emerson,* University of Chicago Press, 1986.

WENDT, Albert, *Leaves of the Banyan Tree,* Penguin Books, New York, 1986.

– *The Birth and Death of the Miracle Man,* Penguin Books, New York, 1987.

WILLIAMS, George III, *The Redlight Ladies of Virginia City,* Tree by the River Pub., Riverside, Cal., 1984.

WILLIAMSON, Kennedy, *W.E. Henley,* Harold Shaylor, Londres, s.d.

TABLE DES MATIÈRES

OUVRAGES DE LA COLLECTION
« GRAND PUBLIC »

Dans un mois, dans un an
Faux-fuyants (les)
Garde du cœur (le)
Laisse (la)
Merveilleux nuages (les)
Musiques de scènes
Républiques
Sarah Bernhardt
Un certain sourire
Un orage immobile
Un piano dans l'herbe
Violons parfois (les)

SAN ANTONIO
Béru-Béru
Béru et ces dames
Clefs du pouvoir sont dans la
boîte à gants (les)
Cons (les)
   tome 1
   tome 2
Confessions de l'ange noir
Faut-il tuer les petits garçons qui
ont les mains sur les hanches ?
Histoire de France vue par San
Antonio (l')
Mari de Léon (le)
Sexualité (la)
Soupers du prince (les)
Standinge selon Bérurier (le)
Un tueur (kaput)
Vacances de Bérurier (les)
Vieille qui marchait dans la mer
(la)
Y a-t-il un Français dans la salle ?

SASSON JEAN-PAUL
Sultana

SAUBIN BÉATRICE
Epreuve (l')

SEIGNOLLE CLAUDE
Diable en sabots (le)
Malvenue (la)
Marie la Louve
Nuit des halles (la)

SIGNOL CHRISTIAN
Cailloux bleus (les)
Menthes sauvages (les)
Adeline en Périgord
Amandiers fleurissaient rouge
(les)

Ame de la vallée (l')
Antonin paysan des Causses
Chemins d'étoile (les)
Marie des Brebis
Rivière Espérance (la)
Royaume du fleuve (le)

SIMENON GEORGES
Affaire Saint-Fiacre (l')
Chat (le)
Chien jaune (le)
Fiançailles de M. Hire (les)

STEEL DANIELLE
Coup de cœur
Un si grand amour .

STOCKER BRAM
Dracula

SULITZER PAUL-LOUP
Riches (les)
   tome 1
   tome 2

TARTT DONNA
Maître des illusions (le)

TINE ROBERT
Bodyguard

TROYAT HENRI
Araigne (l')
Clé de voûte (la)
Faux jour
Fosse commune (la)
Grandeur nature
Jugement de Dieu (le)
Mort saisit le vif (le)
Semailles et les moissons (les)
   1. Les semailles et les mois-
     sons
   2. Amélie
   3. La Grive
   4. Tendre et violente Elisa-
     beth
   5. La Rencontre
Signe du taureau (le)
Tête sur les épaules

WOOD BARBARA
African Lady
Australian lady
Séléné
Vierges du paradis (les)

OUVRAGES DE LA COLLECTION
« GÉNÉRALE »

Le cœur triomphant
Enfer vert
Les frontières de l'amour
Médecin du désert
Natacha
Nuits sur le Nil
Le retour tragique
Sous le ciel de Madère

JUDITH KRANTZ
Scrupules

ROSALIND LAKER
Aux marches du palais
Les tisseurs d'or

T.N. MURARI
Taj

SUSAN ELISABETH PHILLIPS
La belle de Dallas
La fille lumière

NEIL RAVIN
Demain est déjà si loin

ANNE RIVERS SIDDONS
La Géorgienne
La jeune fille du Sud
Pouvoir de femme
Vent du sud

REBECCA RYMAN
Le trident de Shiva

PHILIP SHELBY
L'indomptable

SIDNEY SHELDON
Quand reviendra le jour

FRANK G. SLAUGHTER
Afin que nul ne meure
Bois d'ébène
Le cœur a ses raisons
Le cœur d'un autre
Divines maîtresses
La femme aux deux visages
La fin du voyage
Lorena
Un médecin pas comme les autres
Mirage doré
Non pas la mort mais l'amour
Sangaree

KATHY CASH SPELLMANN
La fille du vent

DANIELLE STEEL
Un si grand amour
Coup de cœur

ALEXANDRE TORQUET
Ombre de soie

BARBARA VICTOR
Chassé-Croisé

JEANE WESTIN
Amour et gloire

JENNIFER WILDE
Secrets de femmes

BARBARA WOOD
African Lady
Australian Lady
Séléné
Les vierges du paradis

Achevé d'imprimer en février 1995
sur les presses de l'imprimerie Bussière
à Saint-Amand (Cher)